신채호의
조선상고사 바로읽기

정 소 문 정해

서 문 당

일러두기

이책은 아래와 같이 부호와 글자를 사용했다.

1. ( ) : 음과 뜻이 같은 한자나 영문을 묶는다.

2. 〔 〕 : 인용원문에 없는 부연문이나 괄호가 겹치는 경우 묶는다.

3. 〈 〉 : 보충문이나 주를 묶는다.

4. " " : 대화 및 큰 강조부분을 묶는다.

5. ' ' : 인용문이나 작은 강조부분을 묶는다.

6. 「 」 : 책이름을 묶는다.

7. 원주(原注) : 본문보다 약간 작은 검은 글자를 사용한다.

8. 정해자주와 단어 뜻 : 원주보다 더 작은 가지 빛 글자를 사용한다.

(끼워 넣은 말은 군청색 글자를 사용한다)

정해자 : 정소문(鄭少文 ; 1939. 3. 26. 생)/ **약력** : 서울일일신문(연합신문)/ 경향신문·한국일보·주간한국·주간여성·서울경제신문 교정·편집기자/세계일보 논설위원(설왕설래전담 : 91. 6. 19~95. 6. 25-비종교인)/ **역저서** : 조선왕조실록(朝鮮王朝實錄 : 중종·명종·선조실록 : 일부) / 오주연문장전산고(五洲衍文長箋散稿 : 일부) / 성호사설(星湖僿說 : 일부) / 기측체의(氣測體儀 : 일부) /필원잡기(筆苑雜記 : 청강선생후청쇄어 합본) / 해동소학(海東小學) / 고본 삼국지(古本 三國志 : 전10권) / 해외여행-당신은 무엇을 보았는가 / 상고사어신해(上古史語 新解 : 단군은 있는가 어디 있는가) 등이 있음.

서 문 (序 文)

신 단재(申丹齋)의 조선사(朝鮮史) 권두(卷頭)에 적음

안 재 홍(安 在 鴻)

단재(丹齋) 신채호(申采浩)는 구한말이 낳은 천재적 사학자(史學者)고, 또 열렬한 독립 운동가이다. 그의 준열(峻烈)한 천성과 예리한 눈은 당시 누구도 따를 수 없고 고매한 사상은 남들보다 한층 뛰어나 있었다. 이에 간행된 「조선사(朝鮮史)」는 그의 유저(遺著) 중 가장 이채로운 것이다.

단재는 충북 청주(淸州)에서 태어났다. 약관(弱冠:20세)에 이미 사상혁명과 새로운 도덕을 수립해야겠다는 뜻을 세웠다. 때는 러시아제국과 일본제국(帝國)이 청제국(淸帝國)을 번갈아 침략하던 시기였으므로, 5천년 조국의 명맥은 날로 기울어가고 민인(民人)의 걱정과 답답함은 걷잡을 수 없었다. 서울 평단(評壇)에 나선 단재는 그 누를 수 없이 복받치는 정렬을 한 자루 붓에 맡기어 사회에 드러내고 써 민족의 심장을 고동쳐 움직이게 했다.

그가 필정(筆政)을 잡고 있던 「황성일보(皇城日報)」와 「대한매일신보(大韓每日申報)」는 아마 그의 청년시대 마음의 집으로 살고 있던, 꺼지지 않는 꿈의 자취라고 하겠다. 그는 국정(國政)의 득실을 통렬히 논했고 당시 인물의 장단점을 포폄(褒貶:칭찬하거나 깎아내림)했으며, 당시 더럽게 물들어가는 사상과 추락하는 도의에 분개했다. 그는 그 병균(病菌)의 밑 둥이 국가의 역사적 전통(史統)이 바로잡히지 못하고 민족정기가 나타나지 않은데 있다고 보고, 선유사가(先儒史家)들의 왜곡된 역사 기록과 전도된 가치관, 어그러진 시비(是非)를 낱낱이 열거하여 논박했다. 이로써 단재는 당시 엄연한 국민사상개혁의 급진 선봉이었다.

그는 정치 논평을 연속 집필하는 이외에 「독사여론(讀史餘論)」을 쓰고 「을지문덕(乙支文德)」을 쓰고 「동국거걸 최도통전(東國巨傑崔都統傳)」을 쓰고 다시 「이순신전(李舜臣傳)」을 쓰고 「이태리건국삼걸전(伊太利建國三傑傳)」도 쓰고, 때로는 이전 시대 한시인(漢詩人)의 고루하고 좁은 견해를 논박하는

등, 민족의식을 세련되게 끌어올리고 나라의 기풍을 진작시켜 드날리고자 온갖 것을 이용하며 몸으로써 그 중류에 버티고 서 있었다.

그러나 넘어지는 대하(大廈)를 혼자서 떠받치며 버틸 수는 없는 법이다. 경술년 변국(庚戌國恥:1910년 8월 29일)으로 일제(日帝)의 가엾는 야망은 드디어 반만년의 조국을 통째로 주워 삼켰다. 단재는 표연히 한 자락 포의(布衣)로 조국을 등지게 되어, 가느다란 막대 하나로 가을바람을 가르며 압록강을 건넜다.

이로부터 어떤 때는 남·북만주, 어떤 때는 시베리아로, 사시랑이(사철 떠돈다는 뜻. 다른 뜻도 있다) 생애(生涯)는 정주(定住)할 수 없는 운명의 길이었다. 어떤 때는 해삼위(海蔘葳:블라디보스토크)의 한국 교포와 함께 석판으로 신문사(報館)를 경영하기도 하고, 또 어떤 때는 유랑하는 투사(鬪士)와 함께 신발 끈을 동여매고 동구(洞溝)의 폐허, 대고구려 황성(皇城)에서 옛 왕들의 능묘 비갈(陵墓碑碣)을 더듬기도 하였으나, 빈곤(貧困)은 그림자처럼 따라다니고 세상일은 가시덤불처럼 거칠어져만 가는, 아프고 한 많은 삶의 지속이었다.

그가 북경(北京)의 여관방에서, 남경(南京)과 상해(上海)의 골곡에서, 모진 추위와 호된 더위 속에서도 그 맵고 날카로운 비판의 눈을 부릅뜨면서 긴 한숨, 짧은 걱정, 높다란 꾸지람, 나직한 군소리에, 비바람 눈서리, 뜨고 지는 해와 달, 열해 또 스무 해 거푸 거듭 지나는 동안 기미운동(三一獨立運動)이 터지고 임시정부(臨時政府)가 나타나고,「독립신문(獨立新聞)」이 창간되는 등 단재가 바라던 일이 이루어지자, 붓대를 고쳐 잡고 민중의 마음속에 있는 거문고를 켜고 퉁기고 울리고 접질러, 높고 웅숭깊은 소리가 천하에 울려 퍼지게 한지 또 수년이었다.

그러나 남을 칭찬하는 일이 적고 평가가 신랄했던 단재라, 원고청탁 등을 스스로 거절하고 다시 연경(燕京:北京)의 더러운 골목과 몽고(蒙古)의 두메 및 강남(江南)의 먼 길을 이리저리 돌아다니면서 해외망명의 슬픔을 절절히 느끼느라 미처 고향생각(越鳥巢南枝)을 일으킬 겨를마저 없었다.

단재는 드디어 무정부주의 결사(無政府主義結社)에 간여했고 간교한 왜경

(倭警)의 손에 끌려 여순(旅順) 감옥에 10년 동안 구금되었으며 마침내 수의
(囚衣)를 벗지 못한 채 적국 간수(看守)가 싸늘하게 지켜보는 가운데 다시는
돌아오지 못할 길로 떠났다.

그날은 병자년(1936) 2월 21일로 천추에 잊지 못할 깊은 한(恨)을 남긴 날
이다. 단재의 한 많은 일생은 57세로서, 원수 일제의 기염이 하늘 높은 줄
모르고 올라가던, 아니, 실은 단말마(斷末魔)적 발악(發惡)이 최고조에 달했
던 그때, 조국 재건은 먼동의 서광조차 바라볼 수 없던 그때, 가장 쓸쓸한
듯 그러나 광채가 두루 퍼져 내리비치는 속에 고국의 술렁대는 대중(大衆)을
그리워하면서 이승을 떠났다.

단재의 일념은 첫째 조국의 씩씩한 재건이었고 둘째 그것이 미처 이루어
지지 않는다면 조국의 민족사(民族史)를 똑바로 써서 시들지 않는 민족정기
(民族正氣)가 두고두고 자주독립(自主獨立)을 이루어 내도록 기다리려는 것
이었다.

그는 바람처럼 불려 다니는 나그네 몸으로 참고서류가 손에 잡히기 지극
히 어려운 생활 속에서, 「조선사연구초(朝鮮史研究草)」를 짓고 「조선사(朝
鮮史)」를 짓고 「조선상고문화사(朝鮮上古文化史)」를 짓고, 또 그가 발표하지
못한 복고(腹稿:머리 속에 구상해 놓은 것)에는 「정인홍공약전(鄭仁弘公略傳)」·
「육가라국고(六伽羅國考)」 등이 있었는데, 「연구초」 이외에는 혹 그 원고가
중간에 분실도 되고 또 미처 끝내 놓지 못한 형편이라 아깝기 짝이 없다. 이
제 뜻있는 사람의 노력으로 「조선사(朝鮮史)」가 나오게 된 것은 기쁘고 다행
한 일이다.

단재는 나보다 나이도 11세 위이고, 내가 서울에서 중학을 다닐 때 단재
는 이미 지도층의 명사(名士)였다. 나는 우연히 단재를 함께 묵던 하숙집에
서 만나 보았고, 다음 1913년 중국 계축혁명(第二革命:辛亥革命이후 袁世凱를
타도하고자 벌였던 군사봉기) 때 상해(上海) 여관에서 다시 만났다. 나는 단재를
항상 존경하였다.

내가 「조선일보(朝鮮日報)」를 운영할 때 「조선사」와 「조선상고문화사」를

학예란(學藝欄)에 매일 게재하였다. 후일 단재는 면회하러 간 기자(記者)에게 "그것은 확정되지 않은 원고이니, 아직 퇴고(推敲)해야 할 여지가 있는 것이다."라고 하였다. 단재가 미흡하게 생각한 것이니, 혹은 가다가 그러한 점도 있겠지만, 조선사단(朝鮮史壇)과 학계(學界)의 하나의 귀중한 보배임은 틀림없다. 위와 같은 인연이 있어 이에 감히 조리 없는 말을 베풀어 책머리에 싣는다.

단기 4281년 9월 15일

한성일보(漢城日報) 누상(樓上)에서

〈위에 "고향생각"이라고 해석한 "월조소남지(越鳥巢南枝)"는 무명(佚名)씨의 고시(古詩) 19수(首)의 하나인 '행행중행행(行行重行行)' 시의 한 구절이다. "북쪽 말은 남쪽으로 와서도 북쪽 바람을 맞으며 서 있고(胡馬依北風), 남쪽 새는 북쪽으로 와서도 남쪽 가지에 둥지를 튼다(越鳥巢南枝)"는 의미인데, 잠시도 고향을 못 잊는다는 뜻을 담고 있어 '고향생각'으로 풀었다. 이 시의 전문은 다음과 같다. "가고 가고 또 가니, 그대와는 생이별이네/ 서로의 거리가 만 여리, 하늘 끝 양쪽에 떨어져 있네./ 길은 험하고 또 멀기도 하니, 만날 수 있을지 어찌 알겠는가./ 북쪽 말은 북쪽바람을 맞으며 서 있고, 남쪽 새는 남쪽가지에 둥지를 트는데/ 떠난 지 오래도록 돌아오지 않으니, 내 몸은 애가 타 날마다 여위어가네/ 새로운 재미에 흘려, 고향으로 돌아올 생각을 잊은 것인가./ 복받치는 그리움은 사람을 늙게 만들고, 세월은 어느덧 흘러 노경으로 들어섰네./ 나를 버려둔데 대해 다시 더 무어라 하지 말게. 밥 한술이라도 더 뜨고 건강하도록 노력하시게.(行行重行行, 與君生別離./相去萬餘里, 各在天一涯./道路阻且長, 會面安可知?/胡馬依北風, 越鳥巢南枝./相去日已遠, 衣帶日已緩./浮雲蔽白日, 遊子不顧返./思君令人老, 歲月忽已晩./棄捐勿復道, 努力加餐飯!)"-정해자〉

정해자(精解者)의 말

단재 신채호(丹齋申采浩)는 구한말 조선의 선각자이자 사상가이고 역사가이며 문필가로 누구나 아는 독립운동가이다. 그 혁혁(赫赫)한 인물에 대해서는 더 설명할 필요가 없다.

나는 여기서 이 책에 관해서만 말하고자 한다. 단재가 이 책을 쓰게 된 동기부터 알아보자. 우리 고대사(古代史)는, 압록강(鴨綠江) 이남이 '이상적 강역(理想的彊域)'이라는 정약용(丁若鏞)의 설이 일제에 의해 각광을 받으면서 식민사관(植民史觀)이 확립되었고 이에 물이 든 최남선(崔南善) 같은 학자들은 '단군의 백두산 개국설'을 들고나와 인류문화가 백두산에서부터 펴져나갔다고 주장하며 일제에 동조함으로써 우리의 역사영역은 압록강 이남으로 국한되었고 우리민족은 고려 중기 이후 생성된 단군의 자손으로 확정되게 되었다.

이에 반발하여 '요동 조선론(遼東朝鮮論)'을 펴 당시 사회에 큰 충격을 주고 열렬한 대중적 지지를 받으며 고대사 개조작업에 나선 것이 단재 신채호이고 이 '조선사(朝鮮[上古]史)'이다. 요동, 즉 만주(滿洲)에 세워졌던 '삼조선(三朝鮮)'이 조선의 시원(始原)이라는 것인데, 그 전부터 있었던 삼한설(三汗說) 등 단편적 주장을 체계화하고 중국의 사서(史書)와 우리나라 고기(古記)등을 재해석하는 한편 그의 「조선사연구초(朝鮮史研究草)」를 부연하여 생동감 있게 꾸민 역작이다. 그러나 당시 강력한 힘으로 구심축 역할을 했던 단군에서 벗어나지는 못했다.

아마 안가라강(바이칼 출구) 일대에서 남하한 우리의 조상이 우하량(牛河梁)에 둥지를 틀고 국가건설단계로 들어서 치우(蚩尤)를 정점으로 홍산문화(紅山文化)를 개척한 예맥족(濊貊族)의 구이(九夷)·고리(九黎)·고리(槀離)·부리(夫餘)·고례(高禮)·고려(高麗)로 이어지는 동아줄 같은 연줄을 탔다면, 단재의 삼조선 설계도 많이 달라졌을 것이고 도참설(圖讖說) 대신 태양(하늘;알)

의 아들들이 엮어온 곰 토템과 호랑이 토템 및 용봉(龍鳳)토템의 현대적 해
석도 가능했을 것이다. 그러나 아쉽게도 BC 4000~3000년 전 우리 조상의
터전 우하량은 1980년대 초에야 발견 되었다.

　우리 고대사를 단적으로 말한다면 요동(遼東)이 어디냐 하는 것이고 또 요
수(遼水)가 어느 물길을 가리키느냐 하는 것으로 집약(集約)된다. 그러나 진
말(秦末) 한초(漢初)의 요동은 우리가 알고 있는 것처럼 오늘날 요녕성(遼寧
省:야오닝성) 요수(遼河) 동쪽의 요동이 아니었다. 서언왕(徐偃王)이 차지하
고 있던 오늘날 강소성(江蘇省:쟝수성)과 안휘성(安徽省:안후이성) 일대 회하
(淮河) 동쪽, 장강(長江) 북쪽이 산동성(山東省:산똥성)과 함께 요동으로 불렸
다는 것을 "건원 6년(BC 135) 6월 정유에 요동 고묘(遼東高廟)에 재난이 일
어났다(建元六年六月丁酉,遼東高廟災)"는 기록을 보면 알 수 있다. 또 옌청(臨
城)이 요동이었음을 증명하는 몽롱탑(朦朧塔)도 아직 서 있다.
　그 요동에 대하여 중국은 입도 뻥끗하지 않고 있지만 그곳은 바로 한고조
유방(劉邦)의 고향이고 의거(義擧)한 곳인 패수(沛水:南四湖) 가의 패현(沛縣)
을 말하는 것으로 그곳에 세운 한고조 유방의 사당에 불이 났다는 기록이
다. 패수 즉 남사호(南四湖:微山湖) 연변 패현이 바로 요동이었다는 말이다.

　주목왕(周穆王)이 열국을 앞세워 대서제국(大徐帝國)을 멸망시키고 그 자
리에 초국(楚國)과 제국(齊國) 등이 확장되거나 들어섰지만, 강력한 예맥등
북방세력의 압력으로 태행산(太行山) 자락 황하(黃河)에서 동해(黃海)에 이르
는 천리제장성(千里齊長城)을 쌓을 수밖에 없었으니, 당시에는 제장성 이북
이 모두 요동이었다. 그러므로 그곳에 흐르는 황하가 아수(牙水) 즉 '아리
수' 였고 황하가 물길을 바꾸며 생겨난 '새끼아리수' 가 자아수(子牙水)이다.
그리고 태행산맥에서 오늘날 천진(天津:톈진)을 향해 곧장 동진(東進)하던 물
길을 유수(濡水) 즉 '오리물' 이라고 불렀다. 오늘날 '요수' 와 똑같은 이름
이다. 후에 한자로 요(遼)가 아닌, 유(濡)자로 표기 했을 뿐이다.
　그러다 연(燕)이, 역대 북방 호족(胡族)의 침입루트였던 난공불락의 요새
철수성(鐵遂城)·동량문(銅梁門)을 거쳐 자아하에 이르는 만리장성 동쪽 끝자

락, 연남계장성(燕南界長城) 위로 들어와, 호족(濊貊族)의 눈치를 살피느라 대유수(大楡水:鮑丘水;큰오리물) 밑에서 오금도 펴지 못하고 살았다. 그러니까 당시에는 대략 연북계장성(明長城) 북동쪽이 예맥 등의 땅, 요동이었다는 말인데, 요즘 중국에서는 연이 처음부터 요동반도를 모두 차지하고 있었던 것처럼 그려 놓

[지도 내 설명글:]
우리 고대사(古代史)를 알기 위해서는 우선 요동(遼東)과 요하(遼河)가 어디를 가리키는지부터 알아야 한다. 오늘날 양자강(揚子江) 북복에 세워졌던 대서제구(大徐帝國)이 멸망하고 그 자리를 여러 제후국이 분할점거하면서 춘추전국(春秋戰國) 때까지도 제장성(齊長城)을 넘어 북진하지 못했고, 그 후 제(齊)도 동양문(銅梁門)으로 대표되는 연남장성(燕南長城)을 넘지 못했으며, 연(燕) 역시 동호(東胡)에 둘러싸여 포구시(鮑丘水) 밑에서 숨도 크게 못쉬고 살았다. 그래서 옛날에는 회남북(淮南北)을 비롯한 산동(山東)과 하북(河北) 대부분이 요동이었다. 패현(沛縣)의 고묘(高廟)를 요동고고(遼東高廟)라 했고 몽동탑(朦朧塔) 전설이 엄성(埭城)에 있는 것만 보아도 당대(唐代)까지 이곳을 요동이라 한것을 알 수 있다. 그후 요동은 제장성 동북쪽으로 밀려 올라갔고, 다시 연북장성 이북으로 올라갔다가, 끝내 임유관(臨渝關)동북쪽, 오늘의 요동으로 밀리게 된 것이다. 이 책은 그 요동 땅에 간뇌(肝腦)를 바르고, 그 요동까지 잃는 과정을 그리고 있다.

[지도 제목:] 요동(遼東) 및 요하(遼河) 변천도

[지도 내 지명들:] 北京, 渤海, 黃海 등

았다. (연북계장성 동쪽 끝은 산해관(山海關)이 아니라, 임유관(臨渝關)이었다. 산해관은 명장성(明長城) 끝이다.)

　그뿐 아니다. 식민사관의 영수는 만리장성 동쪽 끝에 있는 수성(遂城)을 무수(武遂)가 아닌 대동강하구의 수안(遂安)으로 비정해 줌으로써 중국의 만리장성(萬里長城) 동쪽 끝을 대동강하구로 끌어들였다. 그러나 수성은 동량문이 있는 무수를 말하는 것으로 그 인근에는 고[구]려성(高麗城)도 있다.또 상간수(桑乾水)가 '아리물' '싸리내'이고 흔히들 고조선 국경이라고 주장되는 난하(灤河)가 '오리물(濡水)'이며 대릉하(大凌河)가 '배라(白狼)' 즉 '패수' 겸 '어리물'이고 '요수', 즉 구려하(句麗河)가 '오리물'이다. 그러니까 황하, 아리물에서 요하, 오리물까지는 모두 '요수'라는 뜻의 이름이었다는 것을 염두에 두고 우리 고대사를 보아야 큰 틀에서 이해하기가 쉽다.

　이 책은 「朝鮮史(조선사)」란 이름으로 1931.6.10.~10.14.까지 103회에 걸쳐 「조선일보」 학예란에 연재되었던 것을 1948년(단기 4281) 9월 종로서원(鐘路書院)에서 「조선상고사(朝鮮上古史:서문에는 「朝鮮史」)」라는 이름으로 바꾸어 출판했고 6.25동란 이후 1955년(단기 4288) 7월 20일 재판한 판본을 저본(底本)으로 삼아 현대어로 바꾸고, 누구나 쉽게 접근하여 많은 사람이 읽고 또 연구할 수 있도록 이 책이 활용한 사서류(史書類:史記·漢書·三國志·晉書·魏書·周書·梁書·齊書·南史·北史·隋書·舊唐書·新唐書·逸周書·宋史·資治通鑑·元史·遼史·通典·滿洲源流考·三國史記·三國遺事·高麗史·朝鮮王朝實錄)와 경서(經書), 「이위공병법(李衛公兵法)」·「산해경(山海經)」·「한원(翰苑)」·「수경(水經)」·「독사방여기요(讀史方輿紀要)」·「설원(說苑)」·「동국여지승람(東國輿地勝覽)」·「용비어천가(龍飛御天歌)」·「나려이두(羅麗吏頭)」를 비롯해, 「규염객전(虯髥客傳)」·「설인귀정동(薛仁貴征東)」·「양산묵담(兩山墨談)」 등 50여종의 사서와 소설류의 근거를 낱낱이 찾아 밝히고 대비(對比)하여 정해(精解)했으며 설명이 미흡한 부분은 각 전적의 원문을 참고하여 보충하였다. 그리고 당시 지역을 쉽게 판별할 수 있도록 지도를 그려 넣었고 직접 찍지 못한 사진은 작자의 도움을 받거나 여러 자료에서 복사해 썼다.

　서문에서 안재홍(安在鴻) 선생이 밝힌 대로 식민지 시대 민족정기를 진작시키고 자주독립 의지와 조선인이 긍지를 갖도록 하기 위해 자주적 관점에서 패자의 역사가 아닌 승자의 역사로 쓰려고 노력한 일종의 민족·민중사이다. 그래서 많은 사람이 관심을 갖고 가까이 하고자 하지만 30년을 주기로 바뀌는 말의 주기가 세 번 가까이 지나다 보니 불과 80여 년 전 대중이 읽고 갈채하던 글을 지금은 여간한 사람이 아니고는 접근할 엄두도 내지 못하게 되어 있다. 그리고 계몽적 입장에서 쓴 책이라 과장된 부분도 있고 당혹감을 주기도 한다.

　안재홍선생은 서문에서 단재가 기자에게 "그것은 확정된 원고가 아니니, 퇴고할 여지가 있다"며 단재도 "미흡하게 생각했다"는 말을 그래서 쓴 것 같다. 그러므로 틀린 것은 틀렸다하고 잘못된 것은 잘못됐다고 하여 바로잡아 주는 것이 단재를 위하고 단재의 정신을 계승하는 일이라고 생각했다. 그가 선각자이고 위인이라 하여 무조건 비호하고 감추려고만 든다면 잘못된 지식은 고스란히 우리 후대의 몫으로 남아 여러 가지 병폐로 이어질 터이니, 그것은 우리 후대를 위해서나 단재를 위해서나 단재를 흠모하고 단재를 가까이하고자 하는 사람의 태도가 아닐 것이다.

　예부터 재사(才士)들이 다 그랬지만 유아독존(唯我獨尊)적 괴벽을 단재 역시 가졌던 것으로 보인다. 기존 역사뿐만 아니라 기존 질서를 거의 부정하는 것으로부터 시작하고 있기 때문이다. 그래서 '조선조(朝鮮朝)'를 꼭 '李朝(이조)'라고 표현했다. '이조'는 일제(日帝)가 자신들의 천황(天皇) 밑에 있는 '이왕조(李王朝)'라는 뜻으로 붙인 호칭임을 모를 리 없었을 것인데, 한 번도 조선조를 애정어린 눈길로 바라보지 않는다. 그리고 사대주의는 무조건 나쁜 것으로 보고 조선조가 유교(儒敎)를 들여와서 사대(事大)를 하는 바람에 나라를 망쳤다고 보아서인지 공자를 또한 '공자'라고 부르지 않고 '공구(孔丘)', '공구'한다. 그리고 당시 지식인이 다 그랬듯 일본을 동아시아에서 최고로 문화가 발전한 나라로 인식했고 중국을 그냥 중국으로 보지 않고 당시 왜놈들이 중국을 천시하던 명칭인 '지나(支那)'를 고수한다. 조선을 지배하며 망친 나라라는 판단에 따른 것으로 보인다.
　고구려·백제·신라의 역사는 좋든 싫든 우리의 역사이고 나의 역사이다. 그러므로 최소한 나관중(羅貫中:삼국지연의 저자)만큼이라도 공평한 눈을 갖고 세 나라의 관점에서 상대를 바라보고 행간(行間)을 읽는 삼국의 역사로 쓰여 있기를 바랐지만 그렇지 않았다. 한 술 더 떠 모든 사서(史書)의 인용문을 하나도 그대로 쓰지 않고 꼭 개작(改作)하여 인용했다. 고칠 것이 없으면 앞뒤글자라도 바꿔서 인용했다. 그래서 인용문만 나오면 겁부터 났다. 아무리 궁벽한 책이라 해도 원본을 찾아 확인해야 원문의 뜻을 파악할 수 있고 단재가 어떻게 이용했는지 알아낼 수 있기 때문이다.

그러나 초기에는 "개인 행장(行狀)이나 묘지명(墓誌銘)이 모두 날조된 거 짓말 뿐"이라는 이두형(李斗馨)의 말을 빌고, 크롬웰(Oliver Cromwell)의 초 상화 이야기까지 곁들이며 날조(捏造)를 배척하고 진실을 강조하던 그가 중 반을 지나면서부터는 역사의 행간을 읽는 수준을 넘어서 사실을 왜곡하고 두찬(杜撰)하더니, 끝내는 배구(裵矩)가 「동번풍속기(東藩風俗記)」 30권을 지 었다고 위증(僞證)하고, 설인귀(薛仁貴)의 사적을 유인궤(劉仁軌)의 사적으로 변조했으며, 연개소문(淵蓋蘇文)을 추존(推尊)하기 위해 천남생묘지(泉男生 墓誌)의 '卄八(28)'이란 글자를 '卄四(24)'로 고쳐 장장 여러 페이지의 무록 (誣錄)을 썼다. "역사는 사실(事實)을 사실대로 적은 것이고, 저작자(著作者) 의 목적에 따라 그 사실을 멋대로 해석(左右)하고 덧붙여 꾸미거나 달라지게 고치는 것이 아니다."라는 자신의 말과도 배치되는 기술이 아닐 수 없다.

아무리 그 뜻이 좋다 해도 이런 무록은 가랑잎으로 하늘을 가리는 것에 지나지 않아 궁극적으로 그 책임과 지탄이 자신에게로 돌아올 수밖에 없는 일인데 어째서 이에 집착하여 1천2백여 년 전 사람을 자신의 호불호(好不 好)에 따라 폄하하거나 벼슬(官職)을 올려주고 행장(行狀)까지 지어주는 것 같은 두찬을 하게 되었는지 알 수 없다.

나라까지 빼앗기고 실의(失意)·낙백(落魄)한 민중의 혼(魂)을 일깨우는 일 이 무엇보다 시급했는데, 의욕은 앞서고 자신의 생각을 입증할 기록이 없어 범하게 된 단재의 고육책(苦肉策)이 아니었나 싶다. 그것이 단재의 회심작인 이 역작의 티라고 할 수 있다.

먼 길을 마다않고 직접 현지로 가서 중원고구려비 사진 등을 찍어다 준 아우 종현(宗鉉)이 고맙고, 「상고사어신해(上古史語新解)-단군은 있는가, 어 디 있는가」에 이어 이 책 출판에 앞장서 준 서문당(瑞文堂) 사장 최석로(崔錫 老) 선배에게 거듭 감사드린다.

2014년 초여름

쇠귀골(牛耳洞)에서

申采浩의
朝鮮上古史 바로읽기

鄭 少 文 精解

우리민족은 한 옛날부터 험한 길을 이동하며 세월과 물결을 연계하며 "올이랑(아리랑)"과 "올ㅇ리(아라리)"를 노래했다.

　'올'→'ㅇ르('알→'아르')는 하느님을 지칭하는 말에서 시작하여 '태양'과 '광명(붉)'을 뜻하게 되었고, 다시 '세월(날:日)'과 '물길'을 이르는 말로 발전했다.

　'올이랑'은 바로 "날들(세월)이 물결"이라는 뜻이고 '올ㅇ리'는 "날들(세월)은 물길"이라는 뜻이며, "올이랑 고

이동 경로(추정)

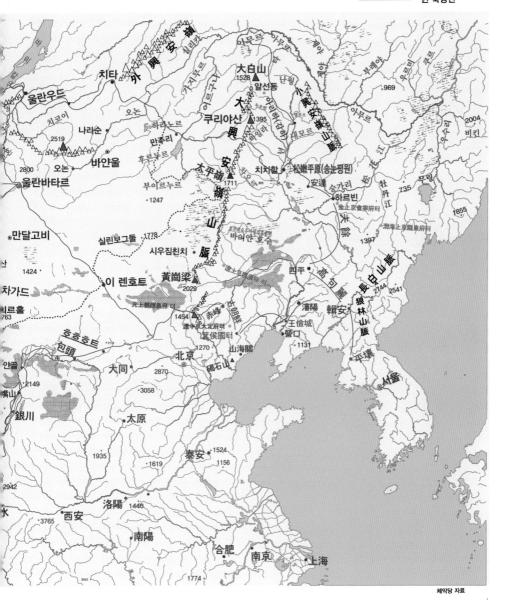

추정 경로
강과 호수
현 국경선

체익당 자료

"는 "날들 물결(세월)의 고개", 즉 '한세상의 절정기(젊은 시절)'를 뜻하는 말이다.

그러므로 "올이랑/ 올이랑/ 올우리요/ 올이랑 고개를 넘어간다(아리랑/ 아리랑/ 아라리요/ 아리랑 고개를 넘어간
)"는 말은 "물처럼 흘러가네/ 물처럼 흘러가네/ 세월이 물처럼 흘러/ 한세상 좋은 때가 다 지나가네"라는 뜻이다.

"아리고 쓰리다"는 해석에서부터 구구한 해석이 아리아족(Aryans)설까지로 번지고 있어 이 책과 직접 관련은 없
만 '알의 자손(天孫)'의 입장에서 풀어 보았다. 〈정해자〉

고구려 신라 백제 3국 당시 아시아 각국 형세도

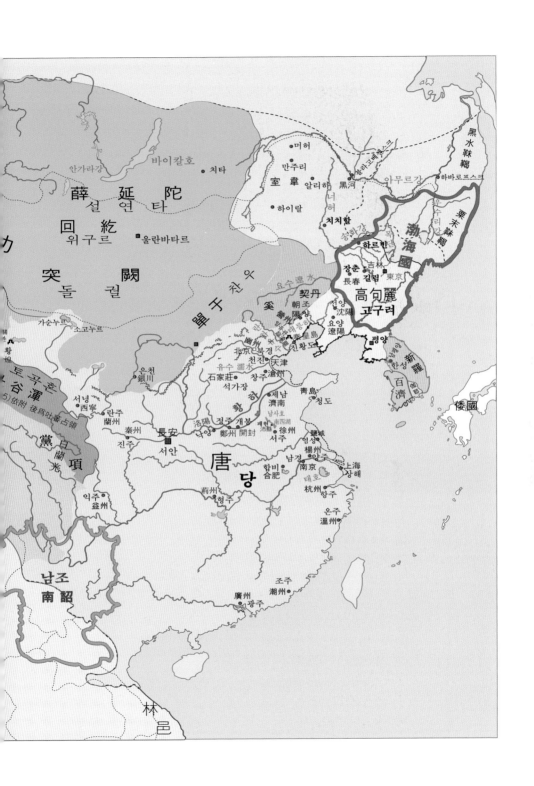

목 차

제3편   삼조선(三朝鮮) 분립시대

제4편   열국쟁웅(列國爭雄)시대 (對漢族 激戰時代)

제8편 남방 제국의 대 고구려 공수동맹

제9편   삼국 혈전의 시작

제10편   고구려의 수(隋)와의 전쟁

제11편   고구려의 대 당(唐) 전쟁

제 1 편

총   론

1. 역사의 정의와 조선사의 범위

역사란 무엇인가. 인류사회의 '나(我)와 저들(非我)'의 투쟁이 시간적으로 발전하고 공간적으로 확대되는 심적 활동상태의 기록이다. 세계사(世界史)는 세계 인류의 그렇게 되어온 상태의 기록이고 조선사(朝鮮史)는 조선민족의 그렇게 되어온 상태의 기록이다.

무엇을 '나'라 하고 무엇을 '저들'이라 하는가. 깊이 팔 것도 없다. 쉽게 말하면 주관적(主觀的) 위치에 선 자를 '나'라 하고 그 밖에는 '저들'이라 한다. 이를테면 조선 사람은 조선을 '나'라 하고 영국·러시아·프랑스·미국 등을 '저들'이라 하지만 영국·미국·프랑스·러시아 등은 각기 제나라를 '나'라 하고 조선을 '저들'이라 한다. 무산계급(無産階級)은 무산계급을 '나'라 하고 지주(地主)나 자본가(資本家)들을 '저들'이라 하지만 지주나 자본가들은 각기 제붙이를 '나'라 하고 무산계급을 '저들'이라 한다.

그뿐 아니다. 학문(學問)이나 기술(技術), 직업(職業)이나 의견(意見), 그 밖의 어떤 것에나 반드시 본위(本位)인 '나'가 있으면 따라서 나와 대치되는 '저들'이 있고 '나' 속에 나와 저들이 있으면 '저들' 속에도 또 나와 저들이 있다.

그리하여 '나'에 대한 '저들'의 접촉이 번잡할수록 저들에 대한 나의 분투는 더욱 맹렬해져 인류사회의 활동은 멈출 틈이 없고 역사는 끝날 날 없이 계속된다. 그러므로 역사는 '나'와 '저들'의 투쟁의 기록이다.

'나'나 나와 상대되는 '저들'의 나도 역사적 '나'가 되려면 반드시 두 개의 속성을 가져야 한다.

㉠ 상속성(相續性)이다. 시간적으로 생명이 끊이지 않는 것을 말한다.
㉡ 보편성(普遍性)이다. 공간적으로 영향력이 파급되는 것을 말한다.

그러므로 인류 이외의 다른 생물에도 '나'와 '저들'의 투쟁이 없지 않으나, 그 '나'의 의식이 너무 미약하거나 없어서 상속적, 보편적인 것이 못되므로 역사는 인류만이 만들어낼 수 있게 된 것이다.

사회를 떠나서 개인적인 '나'와 '저들'의 투쟁도 없지 않으나, 그 '나'의 범위가 너무 약소하고 또한 상속적 보편적인 것이 못되므로 인류라 해도 사회적인 행동을 한 경우만이 역사가 된다.

동일한 사건도 두 가지의 속성—상속·보편성—이 강하냐 약하냐에 따라 역사의 재료가 될 만한 분량을 크게도, 적게도 정한다. 이를테면 김석문(金錫文)이 300년 전에 지전설(地轉說 : 원문에는 '地圓說'로 되어 있다 – 정해자)을 주창한 조선의 학자지만 이 설을 브루노(Giordano Bruno : 1548~1600. 이탈리아 사람. 지원설을 주장해 화형 당함 – 정해자)의 지원설(地圓說)과 동등한 역사적 가치를 부여하지 못하는 것은, 브루노는 그 학설로 인하여 유럽 각국에서는 탐험열기가 격렬하게 달아올랐고, 아메리카 신대륙(新大陸)까지 발견했지만 김석문은 그런 결과를 가져오지 못했기 때문이고, 정여립(鄭汝立)은 400년 전에 군신강상설(君臣綱常說 : 강상은 삼강(三綱)과 오상(五常)의 준말이다. – 정해자)을 타파하려 한 동양의 위인이지만 그를 「민약론(民約論)」을 쓴 루소(J.J. Rousseau)와 동등한 역사적 인물이라고 할 수 없는 것은, 당시 정여립의 주장에 다소 영향을 받은 일계(釰稧)나 양반살육계(兩班殺戮稧) 등의 번개처럼 반짝했던 움직임이 없었던 것은 아니지만, 끝내 루소의 영향으로 거대한 파도처럼 장쾌하게 펼쳐진 프랑스혁명에 비길 수 없기 때문이다. 〈김석문(金錫文)은 조선 후기(英祖)의 학자다. 성리학자로서 천문지리를 공부했으며 청나라를 통해 들어온 서양 신부(Jacques Rho)의 책을 통해 지원설(地圓說) 및 프톨레미(Ptolemy, C.)의 천동설(天動說)과 지구를 중심으로 달과 태양 및 항성이 회전하며 우주를 형성한다는 이론을 알고 나서 한발 더 나아가 지구도 남북극을 축으로 제자리에서 1년에 366회전한다는 지전설(地轉說)을 주창했다. 저서로 「역학도해(易學圖解)」가 있다. 정여립(鄭汝立)은 조선 선조 때 역모를 주도하다 잡혀 죽었다. '천하는 일정한 주인이 따로 없다'는 천하공물설(天下公物說)과 '누구라도 임금으로 섬길 수 있다'는 하사비군론(何事非君論) 등 왕조에서 용납될 수 없는 사상을 펼쳤다. – 정해자〉

'저들(非我)'을 정복하여 '나(我)'를 드날리면 투쟁의 승리자(勝利者)가 되

〈알타이(天·白·金·神山)의 여름. 우리 조상족이 거쳐 온 땅이다〉

어 미래역사(未來歷史)의 생명을 잇게 되지만, '나'를 소멸하여 '저들'에 공헌하면 전쟁의 패망자(敗亡者)가 되어 과거역사(過去歷史)에 자취만 남기게 된다. 이는 고금(古今) 역사의 바뀔 수 없는 철칙이다.

승리자가 되려 하고 실패자가 안 되려 하는 것은 인류공통의 본성인데, 언제나 기대가 어그러져 승리자가 안 되고 실패자가 되는 것은 무슨 까닭인가?

선천적(先天的) 실질(實質)로 말하면 '나'가 생긴 뒤에 '저들'이 생긴 것이지만, 후천적(後天的) 형식(形式)으로 말하면 '저들'이 있은 뒤에 '나'가 있게 된다.

말하자면 조선민족―나(我)―이 나타난 뒤에 조선민족과 상대되는 묘족(苗族)·지나족(支那族) 등―저들(非我)―이 있게 되는 것이니, 이는 선천적인 것에 속한다. 그러나 만일 묘족·지나족 등―저들의 상대자가 없었다면 조선이란 나라(國名)를 세운다, 삼경(三京)을 만든다, 오군(五軍)을 둔다 하는 등 '나'―의 작용이 생기지 못했을 터이니, 이는 후천적인 것에 속한다. 〈'지나(支那)'는 차이나(China)에 바탕을 둔 말이지만, 일제(日帝)가 중국을 멸시하여 부르던 호칭이다. 저자의 뜻을 반영하고 있다고 보여 그대로 따랐다.―정해자〉

정신을 확립하여 선천적인 것을 호위(護衛)하고 환경에 순응하여 후천적인 것을 유지(維持)하는데, 두 가지 중 한 가지만 부족해도 패망의 수포로 돌아가게 된다. 그렇기 때문에 유대(猶太)의 종교나 돌궐(突闕)의 무력을 가

지고도 몰락하는 화를 면하지 못했으니, 그것은 후자가 부족했기 때문이고, 남미(南美)의 공화제(共和制)와 이집트(埃及) 말기의 교육진흥책(興學)으로도 쇠퇴하는 병폐를 고치지 못했으니, 그것은 전자가 부족했기 때문이다.

이제 조선사(朝鮮史)를 서술하려 하는데, 조선민족을 나(我)의 단위로 삼고
가 '나(我)'의 생장발달(生長發達) 상태를 서술의 제1 요건으로 하고, 그리하여

① 최초 문명의 어디서 기원(起源)했으며

② 역대 강역(疆域:영토)이 어떻게 늘어나고 줄어들었으며

③ 각 시대의 사상(思想)은 어떻게 변천했으며

④ 민족적 의식이 어느 때 가장 왕성했고 어느 때 가장 쇠퇴했으며

⑤ 여진(女眞)·선비(鮮卑)·몽고(蒙古)·흉노(匈奴) 등은 본디 '나'의 동족인데, 어느 때 분리(分離)됐고 분리된 뒤의 영향은 어떠했으며

⑥ '나'의 현대의 지위와 부흥(興)할지, 못할지에 관한 문제가 어떠할지 등을 서술하며

나 '나(我)'의 상대자인 사방 각 민족과의 관계를 서술의 제2 요건으로 하고, 그리하여

① '나(我)'에서 분리된 흉노·선비·몽고와 '나'의 문화의 포대기 속에서 자라온 일본(日本)이 '나'의 거얼(巨孼)이 되었든 아니든 되어 있는 사실과, 〈거얼(巨孼)의 원문은 "巨×이"로 되어 있다. 신문 연재당시 시대적 상황을 반영하여 일부러 숨긴 것으로 보인다. 밑에 토가 "이"로 달려 있기 때문에 '거두(巨蠹)' 등은 아닐 것으로 판단되어 '거얼'로 추단했다. 거얼은 무리를 이끌고 이웃 나라를 침공, 함락하여 약탈을 일삼으며 가혹하게 인민을 도살하는 자를 일컫는 말이다.—정해자〉

② 인도(印度)에서는 간접적으로, 지나(支那:중국)에서는 직접적으로 '나'가 그 문화를 수입하였는데, 어째서 그 수입된 문화의 분량에 반비례하여 민족의 활기가 잦아들고 강토의 범위가 줄어들었으며

③ 오늘날에는 서구의 문화와 북구의 사상이 세계사의 중심이 되어 있는데, '나(我)조선'은 그 문화사상의 노예가 되어 소멸하고 말 것인가, 아

니면 그 문화사상을 곱씹고 소화하여 새로운 문화를 형성할 것인가, 등을 나누어 서술하여 위의 ㉮·㉯ 두 가지로 본 역사의 기초를 삼고

㉰ 언어(言語)와 문자(文字) 등 '나'의 사상을 표현하는 연장의 날카롭고 무딘 상태는 어떠했고, 그 변화는 어떠했으며

㉱ 오늘날 종교는 거의 가치 없는 폐물이 되었지만 옛날(古代)에는 확실히 한 민족의 존망(存亡)과 성쇠(盛衰)가 달린 관건(關鍵)이었는데, '나'의 신앙에 관한 추세는 어떠했으며

㉲ 학술(學術)과 기예(技藝) 등 '나'가 천재성(天才性)을 발휘한 부분은 어떠했으며

㉳ 의식주(衣食住)의 정황과 농상공(農商工)의 발달, 토지의 분배와 화폐제도 및 기타 경제조직 등은 어떠했으며

㉴ 인민의 이동과 번식, 그리고 강토의 신축(伸縮)에 따라 인구는 어떻게 늘어나고 줄어들었으며

㉵ 정치제도(政治制度)는 어떻게 변천하였으며

㉶ 북벌진취(北伐進取) 사상이 시대에 따라 어떻게 항진(亢進)되고 퇴축(退縮)되었으며

㉷ 귀천(貴賤)과 빈부(貧富) 각 계급 간 압제와 대항은 어떠했고 그 성쇠(盛衰)와 소장(消長)의 대세는 어떠했으며

㉸ 지방자치제(地方自治制)는 태고(太古)적부터 발생했는데 근세(近世)에 와서 무슨 원인으로 형식만 남고 정신은 사라졌으며

㉹ 외세(外勢)의 침입으로부터 받은 거대한 손실과 그 반면에 얻은 이익은 얼마이며

㉺ 흉노·여진 등이 한번 '나'와 분리된 뒤 어째서 다시 합치지 못했으며

㉻ 예로부터 문화상 나(我:원문에는 '等' 자로 잘못되어 있다-정해자)의 창작이 적지 않았으나, 언제나 이상하게도 고립적이고 단편적인 것으로 그치고 무슨 까닭으로 계속적이고 영속적(永續的:원문은 연거푸 '繼續的'으로 되어있다.-정해자)인 것이 되지 못했는지 등을 힘써 참고하고 논리를 전개하여 위의 ㉰·㉱ 이하 각 문제를 본 역사의 요목(要目)으로 삼아 일반

독사자(讀史者)들에게 조선의 진면목(眞面目)을 만분의 일이라도 알리고
자 한다.

2. 역사의 삼대 원소(元素)와 조선 구사(舊史)의 결점

역사는 역사를 위하여 역사를 지으려는 것이고 역사 이외의 무슨 목적을
위하여 지으려는 것이 아니다. 자세히 말하자면 객관적으로 사회의 유동상
태(流動狀態)와 거기에서 발생한 사실(事實)을 사실대로 적은 것이 역사이고,
저작자(著作者)의 목적에 따라 그 사실을 멋대로 해석(左右)하고 덧붙여 꾸
미거나 혹은 달라지게 고치는 것이 아니다.

화가가 사람의 얼굴을 그릴 때, 연개소문(淵蓋蘇文)을 그리려면 몸집이
크고 기개가 넘치는 우두머리다운 연개소문을 그려야 하고 강감찬(姜邯贊)
을 그리려면 왜소하고 못생긴 강감찬을 그려야 한다. 만일 누구를 칭찬하고
헐뜯으려는 심산으로 털끝만큼이라도 두 사람을 바꾸어 놓는다면 화가의
직분에도 어그러질 뿐만 아니라 그리려던 그 사람의 모습도 아닐 것이다.

이와 마찬가지로 「영국사(英國史)」를 지으면 영국사가 되어야 하고 「러시
아사(露國史)」를 지으면 러시아사가 되어야 하며, 「조선사(朝鮮史)」를 지으
면 조선사가 되어야 한다. 그런데 아직까지 조선에 조선사라고 할 만한 조
선사가 있었느냐하면 수긍하기 어렵다.

안정복(安鼎福)이 「동사강목(東史綱目)」을 짓다가 빈번한 내란과 외구(外
寇:나라밖의 도적 떼)의 출몰이 동국(東國)의 고대사(古代史)를 남김없이 파괴해
버렸다고 분개하여 슬퍼하며 탄식했는데, 내가 보기에는 조선사는 외구의
병화(兵火:전쟁으로 인한 화재) 때문이기 보다, 조선사를 저작하던 그 사람들의
손에 의해 더욱 많이 파괴되고 버려진 것 같다.

어째서 그러냐하면 허두에 쓴 말과 같이 역사는 시간적으로 계속되고 공간
적으로 발전해온 사회활동상태의 기록이기 때문에 시기(時:때)·장소(地)·사람

(人), 이 세 가지는 역사를 구성하는 삼대 원소(三大元素)이다.

예를 들자면, 신라(新羅)가 신라일 수 있는 것은 박(朴)·석(昔)·김(金) 세 성바지와 돌산고허촌(突山高墟村) 등 육부(六部)의 「사람(人)」이 있었기 때문만이 아니라, 경상도라는 그 '장소(地)'와 고구려·백제와 동시대라는 그 '시기(時)'에 있었기 때문에 신라가 된 것이다.

만일 그보다 더 올라가서 2천년 이전 왕검(王儉)과 같은 연대이거나 더 내려와서 2천년 이후 오늘의 우리와 같은 시국(時局)이라면, 비록 성스럽고 지혜로운 혁거세(赫居世)와 질박하고 정직한 육부 사람들 및 계림(鷄林)의 강토(本疆)를 가졌다 해도 당시의 신라와 똑같은 신라가 될 수는 없다. 또 신라의 위치가 유럽에 놓여 있었거나 아프리카에 있었다면 또 다른 모습의 나라는 되었겠지만 신라는 되지 못했을 것이다. 이는 지극히 자명한 이치인데도 이전의 조선 사가(史家)들은 매번 짓는바 역사를 자기 목적의 희생물로 삼았다.

그래서 도깨비도 못 떠간다는 땅 뜨는 재주를 부리어 졸본(卒本)을 떠다가 성천(成川) 혹은 영변(寧邊)에 놓고, 안시성(安市城)은 떠다가 용강(龍岡) 혹은 안주(安州)에 놓으며, 아사산(阿斯山)을 떠다가 황해도의 구월산(九月山)을 만들고, 가시라(迦瑟羅)를 떠다가 강원도의 강릉군(江陵郡)을 만든다. 이처럼 빙자(憑藉:의거해 믿다)할 수 없는 '장소(地)'가 허다한 역사를 지어 놓고 "더 크지도 말고 작지도 말라"며 압록강(鴨綠江) 이내를 '이상적 강역(理想的疆域:정약용(丁若鏞)의 「아방강역고(我邦疆域考)」에 이르기를 "크지도 않고 작지도 않아 더할 수 없이 하느님의 마음에 들었다(不大不少克符帝心)"고 했다.)'이라고 구획지어 확정하려 했다.

무극(無亟)과 일연(一然) 등 불자(佛子)가 지은 사책(史冊:「삼국유사」)에는 불법(佛法)이 한 글자도 들어오지 않은 왕검시대(王儉時代)부터 인도의 산스크리트어(梵語)로 된 인명(人名)과 지명(地名)이 가득하고 김부식(金富軾) 등 유가(儒家)가 적은 문자(文字:「삼국사기」)에는 공자(孔子)·맹자(孟子)의 인의(仁義)를 가볍게 여기는 삼국 무사(三國武士)들 입에서 경전(經傳)의 구절이 관용어처럼 쏟아져 나온다.

「삼국사기(三國史記)」 열전(列傳)에는 수백 년간 조선인의 마음을 지배했던 영랑(永郞)·술랑(述郞)·안랑(安郞)·남랑(南郞) 등 사대 성인(四大聖人)에 관한 기록은 볼 수 없고 지나(支那:중국) 유학을 한, 한 학생인 최치원(崔致遠)만 진진하게 서술하고 있으며,

「여사제강(麗史提綱:조선 후기 학자 유계(俞棨)가 지은 고려사서.-정해자)」에는 원효(元曉)·의상(義湘) 등 거철(巨哲:대 철인)의 불학(佛學)에 영향 받은 고려대(高麗代)의 사상계가 어떠했는지는 볼 수 없고, 태조 왕건(王建)이 삼국을 통일하기 이전에 죽은 최응(崔凝)이 통일 이후에 올렸다는 간불(諫佛:불교를 없애라고 주청하는 내용.-정해자)만 적혀 있다. 이처럼 허다하게 '시간(時:때)'의 제약을 받지 않는 역사를 지어 자신의 편벽된 신앙의 주관적 심리에 부합시키려 했다.

심한 경우에는 '사람(人)'까지 엉뚱하게 날조하여 신라의 김씨 왕(金王)을 인도의 "찰제리족(刹帝利種;크샤트리야(kṣatriya)후예:「삼국유사」)"이라 하였고, 고구려의 추모왕(鄒牟王)을 "고신씨(高辛氏)의 후예(後裔:「삼국사기」)라고 하였으며, 조선 민족을 "진(秦)·한(漢)의 유민(遺民:「동국통감」·「삼국사기」 등)"이라고 하나하면 "동쪽으로 건너온 한나라 사람(韓人:중국 전국시대 한(韓)나라 사람.-정해자:「동사강목」)"이라고까지 하였다.

조선조(朝鮮朝) 태종(太宗)에 이르러서는 더욱 이들 맹목파(盲目派)의 선봉이 되어 조선 사상의 근원이 되는 서운관(書雲觀)의 문적(文籍:문서와 전적)들을 '공자(孔子)의 도(道)'에 위배된다 하여 모두 태워버렸다. 〈 '조선조(朝鮮朝)'의 원문은 '李朝(이조)'로 되어 있다. 당시 시대상황을 반영하여 따라 쓴 것으로 보인다. 그러나 '이조'는 일제(日帝)가 자신들의 천황(天皇) 밑에 있는 '이왕조(李王朝)'라는 뜻으로 붙인 호칭이다. 아무리 조선왕조가 모화사상에 빠져 '효자국(孝子國)'을 자칭하는 등 지탄받아 마땅한 일로 점철된 왕조라 해도 왜노(倭奴)의 호칭을 따를 수 없어 '조선조'로 고쳤다. 조선왕조라는 뜻이다. 이하도 같다. '서운관문적(書雲觀文籍)에 관한 기록은 「조선왕조실록」 태종 17년(1417) 12월15일자 첫머리에 보이는데, 내용은 "서운관이 소장하고 있던 참서(讖書) 두 상자를 불태웠다. 풍속이 전조(前朝:고려)의 습관대로 음양가(陰陽家)의 길흉설(吉凶說)을 지나치게 맹신하여 부모가 죽어도 몇 년씩이나 장사를 지내지 않는 자까지 있었다. 태종은 박은(朴訔)과 조말생(趙末生)에게 명하여, 서운관으로 가서 음양에 관한 책을 모두 찾아 요망

하거나 허망하여 정상적인 것에서 벗어나는 것들을 골라내어 불태워버리게 했다"고 적혀 있다. 음양서는 별자리의 변동이나 주역의 수리 및 풍수지리 등으로 사람의 길흉화복을 예언하는 책을 말한다.-정해자〉

이두형(李斗馨:조선조 정조(正祖) 때 인물?)은, "요즘 어떤 행장(行狀)이나 묘지명(墓誌銘)을 보든지, 그 글 속에 나오는 인물은 모두 용모가 단정·근엄하고 덕성이 충직·온후하며 학문은 정·주(程朱:중국 송(宋)의 유학자 정이(程頤)와 주희(朱熹)를 말함.-정해자)를 본받고 문장은 한·유(韓柳:중국 당(唐)의 문장가 한유(韓愈)와 유종원(柳宗元)을 말함.-정해자)를 숭상했다고 거의 천편일률적으로 쓰여 있다. 이는 그 사람을 날조하는 것일 뿐만 아니라, 그 글도 아무런 가치가 없다."고 말하였다.

이는 개인 전기(傳記)가 사실대로 쓰이지 않았다는 개탄일 뿐이지만, 이제 임금을 높이고 백성을 천히 여기는 '춘추부월(春秋斧鉞:공자의 춘추필법(春秋筆法)을 빗댄 말로 여기서는 유교 사상이 지배하는 사회를 말한다.-정해자)' 밑에서 자라난 후대들이 고정관념(心習:유교적 관점-정해자)대로 삼국 풍속을 이렇다 저렇다 이야기하고, 문약하고 편협된 지식으로 자족하는 조선조 인신(人臣)들이 제 주관대로 상고의 지리(地理)를 그리고 있으니, 고조선(古朝鮮:단군)이나 부여(扶餘), 삼국(三國)이나 동북국(東北國:발해), 고려(高麗)나 조선(朝鮮:李朝) - 5천년 이래의 전 조선이 거의 한 형틀로 찍어낸 것 같아, 영토가 늘어나고 줄어드는데 따라 민족활동이 왕성해지고 쇠퇴해지는 점과, 시대가 옛날이냐 오늘이냐에 따라 국민사상이 갈라지는 금을 도무지 찾을 수 없다.

크롬웰(Oliver Cromwell:영국의 정치가이며 군인이다.-정해자)은 화가가 자신의 초상화를 그릴 때, 왼쪽 눈 위에 있는 커다란 사마귀(원문은 '혹' 으로 되어 있다. 데드마스크 등에 의거해 '사마귀'로 고쳤다.-정해자)를 빼고 그렸다. 그는 벌컥 화를 내며 "사마귀도 내 얼굴의 일부요. 당장 다시 그리시오"하였다.

이 말은 화가가 자기에게 잘 보이려 아첨하는 것만 꾸짖은 것이 아니라, 바로 자신의 '원 모습(眞像)'을 잃게 되지 않을까 염려해서 한 말이다. 「조선사(朝鮮史)」를 지은 이전의 조선 사가(史家)들은 달랐다. 언제나 조선의 '혹(사마귀)' 을 베어내고 조선사를 쓰려고 했다. 그러나 그들이 쓰고 있는 안경이 너무 볼록렌즈였기 때문에 조선의 눈이나 귀나 코나 머리 같은 것을 '혹'으로 여겨 베어버리고 어디서 수없는 '혹'을 가져다 덧붙여 꾸몄다.

　'혹' 붙인 조선사도 이전에는 읽는 사람이 너무 없었는데, 세계로 문호가 크게 열리면서 이따금 외국 사람이 조선 사람을 만나 '조선사'를 물으면, 어떤 외국인은 조선 사람보다 조선사를 더 많이 알기 때문에 부끄러운 꼴을 당하고 돌아와 조선사를 읽는 이도 있다. 그러나 조선인이 읽는 조선사나 외국인이 읽는 조선사는 모두 '혹' 붙은 조선사요, 올바른 조선사가 아니었다.

　이전의 기록이 그처럼 다 틀렸다면 무엇을 근거로 하여 바른 조선사를 짓겠는가. 사금(沙金)을 이는 사람이 한 말(斗)의 모래를 일어 한 알(粒)의 금을 얻기도 하고 못 얻기도 하듯, 우리 문적(文籍)에서 사료(史料)를 찾기가 이와 다를 바 없다.
　어떤 사람은 조선사를 연구하려면 우선 조선과 만주(滿洲)의 땅속을 발굴하여 많은 유물을 찾아내야 할 것이다. 금석학(金石學)·고전학(古錢學)·지리학(地理學)·미술학(美術學)·계보학(系譜學) 등의 학자가 쏟아져 나와야 할 것이다, 하는 등 말들이 많다. 그도 그러하지만 지금은 우선 구급처방 식으로 존재하는 사책(史册)의 득실(得失)을 평하고 진위(眞僞)를 바로잡아 조선사의 앞날을 개척하는 것이 급선무가 아닐까 한다.

3. 구사(舊史)의 종류와 그 득실(得失)의 간략한 평가

　조선 역사에 관한 자료를 꼽자면 「신지(神誌)」부터 꼽아야 하는데, 권람(權擥)은 「응제시(應制詩)」에서 '신지'를 "단군시대의 사관(史官)"이라고 말하고 있다. 〈「신지(神誌)」는 「구변도국(九變圖局)」·「구변지국도(九變之局)」라고도 하고 서운관(書雲觀)에 옛날부터 비장되어온 비기(秘記)이라 하여 「서운관비기」라고도 한다. 우리나라의 왕조가 아홉 차례 바뀐다는 도참서(圖讖書:예언서)로서, 단군조선 때 신지(神誌)가 지은 것이라고 전해진다. '신빙성이 없는 책(僞書)'이라는 평가를 받는다. 그러나 「용비어천가」

15장에 "구변지국(九變之局)"이란 말이 나오고, 「고려사」 숙종 원년(1096년) 7월에 김위제 (金謂磾)가 한양(南京)으로 천도하자고 올린 상소문에 신지설과 흡사한 도선(道詵)의 도참설 을 인용하고 있는 점으로 보아, 이 설은 적어도 고려 숙종 이전부터 유포되어 있었던 것으로 보인다.-정해자〉

그러나 내가 보건대 단군(檀君)은 바로 '수두(蘇塗) 임금'이고 '신지'는 사 람 이름이 아니라, 바로 수두 임금의 우두머리 보좌관의 벼슬이름인 '신치 (臣智)'이다. 〈수두(蘇塗)와 신치(臣智)에 관한 자세한 설명은 사상사(思想史)에 보임〉 역 대 '신치'들은 매년 10월 수두 대제(大祭) 때 우주의 창조와 조선의 건설, 경치 좋다고 이름난 산천지리와 후대가 뒤돌아보고 경계해야 할 일들을 들 어 노래했는데, 후대 문사(文士)들이 그 노래를 이두(吏讀)로 엮기도 하고 한 자(漢字) 오언시(五言詩)로 번역해 비밀스럽게 왕궁에 소장했기 때문에 「신 지비사(神誌秘詞)」, 또는 「해동잡록(海東雜錄)」 등의 이름이 있게 되었다. 〈원문에는 '단군(檀君)'이 모두 '壇君'으로 되어 있다.-정해자〉

그 적힌 내용이 사실(事實)보다 잠언(箴言)이 많아서 옛사람들은 이따금 예언(預言)의 일종으로 보았으나, 조선조 태종은 유학(儒學:유교 학문)을 통치 이념의 중심으로 삼고 그 밖의 것은 일절 배척하여, 이단(異端)으로 간주된 모든 문자를 불태웠는데, '신지'도 그때의 액운을 면하지 못했다.

「고려사」 김위제전(金謂磾傳)에 적혀 있는 "마치 저울대와 저울추·저울판 같다. 저울대는 부소량(扶蘇樑:개성)이고 저울추는 오덕지(五德地:한양)이며 저울판은 백아강(百牙岡:평양)이다. 70개국이 항복해오고 그 덕에 힘입어 얼 을 지켜나간다. 머리와 끝이 균형을 이루니, 나라가 흥성하고 태평을 누린 다. 만일 삼유지(三諭地:알려 준 3곳) 중 한 곳이라도 폐한다면 왕업이 쇠퇴하 여 기울 것이다(如秤錘極器,秤幹扶蘇樑,錘者五德地,極器百牙岡,朝降七十國,賴 德護神精,首尾均平位,興邦定太平,若廢三諭地,王業有衰傾)."라고 한, 열 구절만 겨우 전해졌다. 만일 그 전부가 남아 있다면 우리의 옛날 일을 연구하는데 얼마나 큰 도움이 되겠는가. 〈원문에는 '首尾均平位 興邦保太平'이란 두 구절이 '朝 降七十國' 위에 들어 있었다.「고려사」'김위제전'을 참고하여 바로잡았다.-정해자〉

북부여(北扶餘)는 왕검(王儉) 이후 그 자손들이 소장하고 있던 보물(寶物:

〈고구려 고분벽화(古墳壁畵). 서쪽을 상징하는 백호(白虎) 상이다〉

역사 기록)을 잘 지키고 태평하고 부유하여 남들의 부러움을 샀으니〈진서(晉書)」 부여(夫餘傳)에는 "그 나라는 은부하여 선대 이래로 한 번도 외적에게 파괴된 적이 없다(其國殷富, 自先世以來, 未嘗破壞)"고 기록되어 있다.〉볼만한 사료(史料)가 많았을 터인데 모용외(慕容廆)의 난리를 만나 그 나라와 함께 없어져버렸고, 고구려(高句麗)는 동명성제(東明聖帝) 대무신왕(大武神王) 때 사관이 조선 상고로부터 고구려 초까지의 정치상의 사실들을 기록하여 「유기(留記)」라고 이름붙인 책이 100권이 있었으나 위(魏:중국 삼국 때의 위)나라 무장 관구검(毌丘儉)의 난리 때 약탈되었다.

그러나 단군왕검(檀君王儉)이라는 명칭과 삼한(三韓)·부여(扶餘)의 약사(略史)가 「위서(魏書:삼국지(三國志)의 위서)」에 고루 등재 된 것은 위나라 사람이 「유기」에서 주워간 것들일 것이다. 〈원문은 "주워간 것"이라고 단정했다.─정해자〉

그 뒤 백제(百濟) 중엽에는 고흥(高興) 박사가 「서기(書記)」를 지었고, 고구려 말엽에는 이문진(李文眞) 박사가 신집(新集:100권으로 되어 있던 「유기(留記)」를 영양왕 때 태학박사 이문진이 「신집」 5권으로 개편하였다.─정해자)을 지었으며, 신라(新羅)는 진흥대왕(眞興大王) 전성시대에 거칠부(居柒夫)가 「신라고사(新羅故事)」를 저술하여 삼국이 모두 일대(一代)의 전고(典故)를 갖추고 있었다. 그러나 오늘 날에는 그 한마디 말이나 반쪽의 글자도 남아 있는 것이 없다. 이런 일은 세계 어디에도 없는 일이다. 역사의 영령(英靈)이 있다면 비통하고 참담하여 눈물을 뿌릴 것이다.

위에서 말한 것은 모두 일종의 정치사(政治史)이지만, 고구려와 백제가 멸망한 뒤 신라는 전쟁을 멈추고 문교에 힘써(偃武修文) 상당한 역사서가 저술

되어 나왔다. 무명씨(無名氏)의 「선사(仙史)」는 종교사(宗教史)에 해당하고, 김대문(金大問)의 「고승전(高僧傳)」과 「화랑세기(花郎世記)」는 학술사(學術史)에 해당하니, 사학(史學)이 얼마쯤은 진보하였다 하겠지만, 이것들도 모두 몰자비(沒字碑:글자 없는 비석)가 되어버렸다.

고려(高麗)에 와서는 작자의 성명을 알 수 없는 「삼한고기(三韓古記)」·「해동고기(海東古記)」·「삼국사(三國史)」 등과 김부식(金富軾)의 「삼국사기(三國史記)」, 일연(一然)의 「삼국유사(三國遺事)」가 있었으나, 지금 전해지는 것은 「삼국사기」와 「삼국유사」 뿐이다. 그 까닭은 김부식과 일연의 저작만이 우수해서 전해지고 다른 것은 우수하지 못해서 전해지지 않은 것이 아니라고 생각한다.

대개 고려는 초기부터 '평양(平壤)을 수도(首都)로 하고 나아가 북쪽의 옛 강토를 수복하자'는 화랑무사(花郎武士) 일파와, '사대(事大)를 국시(國是)로 하여 압록강(鴨綠江) 이내에서 안정을 도모하자'는 유교도(儒教徒) 일파가 수백 년 동안 논쟁을 계속하며 대치해 왔다. 그러다 불자 묘청(妙淸)이 화랑사상(花郎思想)에 음양가의 미신(迷信)을 결합시켜 평양에서 거병(擧兵)하여 북벌(北伐)을 실행하려다가 유교도 김부식에게 패망했다.

김부식은 이러한 배경 속에서 사대주의를 근본으로 하는 「삼국사기」를 지었기 때문에, 동·북의 두 부여(扶餘)를 빼버려 조선 문화의 근원지(所自出:나온 곳)를 먼지 속에 묻어버렸고, 발해(渤海)를 버려 삼국 이래 영롱하게 맺혔던 문명을 검불 속에 던져 버렸다. 그뿐 아니다. 이두(吏讀)와 한역(漢譯:한자로 번역한 우리 말)을 구별하지 못해 한 사람이 여러 사람이 되고 한 지방이 여러 지방이 되는가 하면, 국내 역사(內史:원문은 '內吏'로 되어 있다-정해자)와 외국 서적을 잘못 선택하여 앞뒤가 모순되고 사건이 중복된 곳이 한두 곳이 아니어서, 거의 사적(史的) 가치가 없다고 할 수 있는 것인데도, 불행하게 그 뒤 얼마 못가 고려가 몽고(蒙古:元)에 패하는 바람에 쿠빌라이(忽必烈)의 서슬이 전국을 떨게 했고, '황궁(皇宮)'·'제궁(帝宮)' 등의 이름도 못 쓰게 했으며 해동천자(海東天子)의 「팔관악부(八關樂府:하늘과 땅에 제사하던

'팔관회'를 지칭하는 것이 아닌가 싶다-정해자)도 금지되는가 하면, 전해오는 문헌 (文獻)이라 해도 독립자존(獨立自尊)에 관한 내용이 있으면 일절 금기시 되던 때라서, 허다한 역사 가운데 유일하게 사대사상을 고취한 김부식의 「삼국사기」와 그 아류인 「삼국유사」만 전해질 수밖에 없었지 않았나 싶다. 〈원문은 "전할 수밖에 없게 되었다"고 단정되어 있다.-정해자〉

고려 당대의 역사를 말하자면, 고려 말기의 군신(君臣)은 국세가 막강했던 고종(高宗) 이전의 기록은 몽고(元)의 비위를 거스를까봐 두려워 깎아 내

거나 흐리멍덩하게 고치고, 오직 비사후폐(卑辭厚幣:자신을 낮추는 말과 많은 뇌물)로 북방 강국(北方强國) 들을 섬기던 사실을 부연(敷演)하거나 위조(僞造)하여 민간에 퍼뜨린 듯한데, 〈원문은 "위조하여 민간에 전포하더니"라고 단정하

〈고구려 금관. 중심 무늬는 태양의 자손을 뜻한다〉

고 있다-정해자〉 이런 기록이 조선조 때 정인지(鄭麟趾)가 찬술한 「고려사」의 저본(底本)이 되었다.

조선조 세종(世宗)은 보통 이상으로 서책에 뜻을 두었으나, 할아비인 태조(太祖:이성계)와 아비인 태종이, 호두재상 최영(虎頭宰相崔瑩:친원파(親元派) 명장-정해자)의 북벌군(北伐軍:명(明)을 치려던 정벌군-정해자)을 따라가다 반역〈위화도회군-정해자〉하여 사대(事大)의 깃발을 들고 혁명(革命)의 기초를 세웠기 때문에, 자신이 권근(權近)·정인지 등에게 명하여 「조선사략(朝鮮史略)」·「고려사(高麗史)」·「고려사절요(高麗史節要)」 등을 편찬하면서 몽고의 압박을 받던 고려말엽 이전, 조선의 각종 실기(實記)에 의거하여 역사를 짓지 못하고 몽고의 압박을 받은 이후, 외국에 빌붙는 문자와 위조한 고사(故事)에 근거하여 역사를 짓는 등 구차하게 제작업을 마쳤는데, 정작 전대의 실록(實錄: 태조·태종실록)은 사람들이 볼 수 없도록 규장각(奎章閣) 안에 비장(秘藏)해 두었다가 임진왜란(壬辰倭亂)의 전란 속에 불타 없어졌다.

그 뒤 세조(世祖)는 단종(端宗)의 자리를 빼앗은 다음 만주(滿洲) 수복의 꿈

〈원문은 '만주 침략의 꿈'으로 되어 있다.-정해자〉을 안고 강계(江界)에 군사를 주
둔시켰다가 ①자기 왕실 태조의 존명건국주의(尊明建國主義:명나라를 받들려
고 나라를 세웠다는 명분)와 대립되어 맞지 않으므로 신하들이 다투어 간쟁(諫
爭)에 나섰고 ②지나(중국)대륙의 당차고 음흉하며 악랄한 성조(成祖:영락제
朱棣)가 조선을 엄중히 정찰(偵察)하고 있었으며 ③끝내는 명나라 사신 장녕
(張寧)이 군사를 주둔시킨 까닭을 엄중히 나무라며 따져 물음으로써 세조의
무예를 숭상하고 공적 쌓기 좋아하는 마음이 구름처럼 사그라졌다.

그래서 조선 문헌을 정리하는 일로 자신의 임무를 삼아 불경(佛經)을 인쇄
하고 유학(儒學)을 장려하는 한편 사료(史料) 수집에 온 힘을 기울여 조선 역
대의 전쟁사(戰爭史)인 「동국장감(東國將鑑)」과 조선의 풍토사인 「동국여지
승람(東國輿地勝覽)」을 편찬하고 그 밖에도 많은 서적을 간행했다. 비록 커
다란 공헌(貢獻)을 했다고는 할 수 없으나 약간(微少)의 수고(勞績:노력한 보
람)는 했다고 하겠다.

선조(宣祖)·인조(仁祖) 이후에는 유교계의 철학·문학의 거자(巨子:큰 선생)
들이 배출되면서 사학계(史學界)도 점진적으로 진보해 갔다. 허목(許穆:선조·
숙종 때 학자-정해자)의 저작에는 단군·신라 등 각 세기(世記:「동사(東事)」의 기록
을 말함.-정해자)가 너무 간략하기는 하나 이따금 독특한 견해를 보이고 있고,
유형원(柳馨遠)은 비록 역사에 관한 전문 서적을 짓지는 않았으나 역대 정치
제도를 논술한 「반계수록(磻溪隨錄)」이 또한 사학계에 적지 않은 도움을 주
고 있으며, 한백겸(韓百謙)의 「동국지리지(東國地理志)」는 비록 수십 줄에 불
과한 간단한 논문이지만 일반 사학계가 두 눈을 번쩍 뜨이게 만들어, 이 후
정약용(丁若鏞)의 「아방강역고(我邦疆域考)」나 한진서(韓鎭書)의 「해동역사
지리고(海東繹史地理考)」, 안정복(安鼎福)의 「동사강목(東史綱目)」에 붙여 실
은 강역론(疆域論)이나 그 밖의 조선역사와 지리를 말한 이들이 모두 한선생
의 그 간단한 지리설을 부연하게 했다. 〈'한백겸(韓百謙)의 동국지리지 논문'이란
17세기 이래 실학자들은 함경남도 이원군 동면 사동 운시산(雲施山) 마운령(摩雲嶺)에 있는
마운령 진흥왕 순수비(摩雲嶺眞興王巡狩碑)를 윤관(尹瓘)의 '고려정계비'로 생각하여 윤관
의 개척지역 범위가 길주 이남에 한정된 것으로 이해했고 윤관비도 그 이남에서 찾았다. 17
세기 초 한백겸이 동국지리지(東國地理志)에서 마운령 정상의 석추구기(石樞舊基)가 윤관비
가 아닐까, 하는 의문을 제기했고 그 의문은 유형원(柳馨遠)·신경준(申景濬)·윤정기(尹廷琦)등

에 의해 윤관비로 고정되고 말았다. 그 뒤 1930년 최남선(崔南善)에 의해 그것이 '진흥왕 순수비'로 밝혀지기까지 무려 3백여 년간 윤관비로 잘못 믿어왔던 것을 말하는 것이다. 유형원(柳馨遠)은 조선후기 실학파의 비조로 아버지가 광해군 복위에 가담한 역적으로 몰려 죽었다. 한백겸(韓百謙)은 선조·광해군 때 학자다. 정여립(鄭汝立)의 모반사건 때 정여립의 시신을 거두어 장형(杖刑)을 받고 귀양살이를 했다. 광해 때 강원도 안무사를 지냈다.―정해자〉

내가 보건대, 이 지리설 중에 삼한(三韓)과 조선(朝鮮)을 나눈 것은 범엽(范曄:「후한서(後漢書)」를 지은 중국 남북조(南北朝) 때 남조 송(劉宋)의 학자―정해자)이 전한 '동이열전(東夷列傳)'의 지리를 설명하기에는 충분하지만, 이로써 조선 고대 3천 년간의 지리를 단정하여 "우리나라가 옛날부터 한강 이남은 삼한(三韓)이 되고 한강 이북은 조선(朝鮮)이 되었다(東國.自古,漢江以南,爲三韓.漢江以北,爲朝鮮.)."고 결론 내린 것은 지나친 장님 막대 휘두르기(盲杖的)이고 우격다짐(武斷的)이라 아니할 수 없다. 〈맹장적(盲杖的)이라는 말을 '장님 막대 휘두르기'로 번역한 것은, 태양이 촛불 같이 생겼다는 말을 들은 소경이 촛불을 만져보고 막대를 휘두르며 "태양이 이것 같이 생겼다"고 외쳤다는 고사에 빗댄 말이기 때문이다.―정해자〉

이는 선생이 삼신(三神)·삼경(三京)·삼한(三韓)·삼조선(三朝鮮)으로 이어지는 맥락적 관계와 발조선(發朝鮮)·발숙신(發肅愼)·부여조선(夫餘朝鮮)·예맥조선(濊貊朝鮮)·진국(辰國)·진국(震國)·진번조선(眞番朝鮮)·진한마립간(辰韓麻立干)·마한(馬韓)·모한(慕韓) 등 같은 소리가 한자로 다르게 번역된 것을 몰라서 이같이 큰 착오를 일으킨 것이다. 〈단군신화에 바탕하고 있는 '삼신(三神)·삼경(三京)·삼한(三韓)·삼조선(三朝鮮)' 설은 이 책의 근간을 이루는 단재(丹齋)의 독특한 역사인식이다. 그러나 '발조선·발숙신·부여조선·예맥조선·진번조선' 등의 국명(國名)을, 이 기록의 저본이 되고 있는 중국 역사서에서는 '발·숙신·부여·예·맥·진번·조선' 등으로 떼어 보도록 기록되어 있다. 「사기(史記)」 화식열전(貨殖列傳)에 "연(燕)의 동북쪽에는 호족(胡族)이 산다. 북쪽으로 오환(烏丸)·부여(夫餘)와 인접해 있고 동쪽으로는 예(濊)·맥(貊)·조선(朝鮮)·진번(眞番)과 국익(國益)이 얽혀 있다(夫燕…北隣烏桓·夫餘, 東縮穢·貉·朝鮮·眞番之利)."는 기록 등으로 보아, 오늘날 발해(渤海) 연안인 톈진(天津) 쯤에 발인(發人)의 나라인 '발(發:부르)'이 있었고 그 동북쪽으로 예(濊)와 맥(貊)·조선(朝鮮)·진번(眞番)이 있었다고 볼 수도 있다. 모한(慕韓)은 남조(南朝) 「송서(劉宋書)」 이만열전(夷蠻列傳;倭)에 처음 등장하는 국명이다.―정해자〉

그러나 '동이열전(東夷列傳:「후한서」)에 나타난 삼한(三韓)의 위치는 선생이 비로소 간단명료하게 해석하여, 지난시절 역사 기록만 있고 역사에 대한 연구가 없었다고 할 수 있는 조선 사학계에서 선생이 그 사학의 단서(端緒)를 처음 열었다 해도 과언이 아닐 것이다.

안정복(安鼎福)은 평생 역사 한 가지만 판 5백년 이래 유일한 사학 전문가라고 할 수 있다. 그러나 시골의 가난한 선비라서 많은 서적을 열람할 수 없었고 「삼국사기」 같은 것도 늘그막에야 겨우 누가 베낀, 틀린 글자가 많은 책을 얻어 보았다. 그러므로 그가 지은 「동사강목(東史綱目)」에는 궁예(弓裔)의 국호를 「마진기(摩震紀)」라고 써서 고소(苦笑)를 금치 못하게도 했으며, 지나(중국) 서적 중에도 참고해야할 필요가 있는 「위략(魏略)」이나 「남제서(南齊書)」 같은 것이 있는 줄을 몰라서 고루한 내용의 말들이 많다.

게다가 당시 유행하던 공구(孔丘:공자)의 「춘추(春秋)」와 주희(朱熹)「강목(綱目:자치통감강목)」의 정형화된 패턴에 빠져 '기자본기(箕子本紀)' 밑에 단군(檀君)과 부여(扶餘)를 부용(附庸:속국)으로 처리했고 신라가 망한 판국에 궁예와 왕건(王建)을 '참주(僭主)'라고 망발하는 등, 너무 황실중심주의(皇室中心主義)를 고수하는 바람에 정작 민족 자체의 활동은 무시하는 경우가 많았다. 그러나 선생보다 더 정밀하게 역사를 연구한 이가 없기 때문에 잘못된 지역을 바로잡고 모순된 사실을 변증(辨證)한 공은 가장 크다고 해도 좋을 것이다.

유혜풍(柳惠風:柳得恭을 말함. 조선 정조 때 북학파 학자다.-정해자)의 「발해고(渤海考)」는 대씨(大氏:大祚榮) 3백년간의 문화적인 업적과 군사상의 공적을 수록하여 천여 년 동안 사가들이 잘라버린 압록강 이북의 잃어버린 부분을 추적해 보완했으며, 이종휘(李鍾徽:조선 후기 양명학자(陽明學者). 저서로 「동사(東史)」가 있다.-정해자)의 「수산집(修山集)」은 단군 이래 조선 고유의 독립적 문화를 노래하고 김부식 이후 사가들의 노예사상을 갈파했으니, 특유의 발명과 채집은 없다 하더라도 이것 하나만으로도 썩히지 말고 후대에 전할 만하다.

한치윤(韓致奫:조선 후기(정조)의 학자.-정해자)의 「해동역사(海東繹史)」는 오직 지나(중국)와 일본 서적들 속에 있는 우리나라 역사에 관한 기록을 수집하여 뜻밖에 거질(巨帙:70+15권의 책)을 만들었을 뿐 아니라,「삼국사기」에 빠져 있는 부여(夫餘)·발해(渤海)·가락(駕洛)·숙신(肅愼) 등의 세기(世紀)가 1편씩 있고,「동국통감(東國通鑑:조선조 성종 때 서거정(徐居正) 등이 편찬한 고대에서 고려 말까지의 역사.-정해자)」에 없는 저근(姐瑾)·사법명(沙法名)·혜자(慧慈)·왕인(王仁) 등의 전기(傳記)도 몇 줄씩 들어 있으며, 궁어(宮語)·문자(文字)·풍속(風俗) 등이 부문 별로 나누어져 있다. 게다가 그의 조카 진서(韓鎭書)씨의「지리속(地理續)」이 있어 후대가 고증(考證)해야 하는 수고를 덜어주고 있을 뿐 아니라, 사학에 관한 두뇌가 남달랐다 하겠다.

그러나 첫째, 자구(字句) 사이에서 지나치게 조선에 관한 것을 찾다가 민족대세에 관한 기록을 잃어버리고 있다. 바로, 부루(夫婁)와 하우(夏禹)의 커다란 국제적 교섭으로 보이는「오월춘추(吳越春秋:후한 때 조엽(趙曄)이 춘추시대 오(吳)·월(越) 양국의 분쟁을 기록한 책-정해자)」의 '주신(州愼)의 창수사자(蒼水使者)'에 대한 기록과, 2천 년간 흉노(匈奴)와 연(燕)·삼조선(三朝鮮)이 화의(和議)하기도 하고 싸우기도 한 앞뒤의 큰 사건들을 다 빠뜨렸으며 둘째, 유교의 위력에 눌려 고죽국(孤竹國)이 조선족의 한 갈래임을 간파하지 못했고 또 백이(伯夷)·숙제(叔齊)의 성명(姓名)도 빠뜨렸으며〈백이(伯夷)는 고죽군(孤竹君)의 장자로 성명은 묵태윤(墨胎允;元)이고 숙제(叔齊)는 고죽군의 셋째 아들로 성명은 묵태치(墨胎致;智)이다.-정해자〉셋째, 서적을 꼼꼼히 살펴 가려 쓰지 못했다.「진서(晉書)」속석전(束晳傳:원문은 晳(석)이 哲(철)로 돼 있다-정해자)에 보면 "우(禹)가 백익(伯益)을 죽이고, 태갑(太甲)이 이윤(伊尹)을 죽였다"는 등의 기사가 있는「죽서기년(竹書紀年)」이 진본(眞本)이고 요즘 전해지는「죽서기년」은 위서(僞書:허위사실을 넣어 꾸민 책)인데도, 그 위서를 논박(論駁)하지 않고 그대로 따라 썼다.〈원문은 '우가 백익을 죽이다(禹殺伯益)'로 되어 있으나,「진서」속석전에는 '益干啓位,啓殺之(백익이 계의 왕위에 도전하므로 계가 죽였다)'고 되어 있다. 동이족(東夷族)이었던 백익(伯益)은 우(禹)의 치수사업에 공이 있었기 때문에 순(舜)의 후원으로 우에 의해 후계자로 지정되었다. 그러나 우가 죽자 우의 아들 계(啓)가 왕위를 승계했다. 이로 인해 백익과 알력이 벌어졌고 끝내 계는 백익을 죽였다. 그런데도 사마천(司馬遷)은「사기(史記)」에서 백익이 계에게 왕위를 양보하고 기산(箕山)으로 들어가 숨어살았다고 썼다.「죽서기년」은 서진(西晉) 때(281) 도굴꾼 부뵤(不準:Fŏu Biāo)가 급군(汲郡)에 있는 옛무덤(冢:삼국(三國)

때 위 안리왕, 또는 위 양왕의 무덤이라 한다)을 도굴하다 발견했다는 칠서(漆書) 과두문(蝌蚪文)으로 된 죽간(竹簡)을 편년체로 정리하여 「기년(紀年)」이라고 했는데, 이것이 바로 「죽서기년(竹書紀年)」, 또는 「급총기년(汲冢紀年)」이라는 책이다. 그러나 이 책의 원본(原本)은 송(宋)나라 때 없어졌고 몇몇 부본(副本)이 있었다. 20세기를 전후해 주우증(朱右曾)등이 서진 이래의 문헌에서 「급총기년」 원본의 중요한 내용들을 발췌 수집하여 다시 꾸민 것이 「고본죽서기년(古本竹書紀年)」이고 14세기에 출판된 「今本竹書紀年」이라는 판본은 원·명(元明) 때 범흠(范欽)이 지은 위서(僞書)라고 한다. 단재가 어느 책을 지칭하는 지 분명치 않으나 요즘 중국에서는 모든 「죽서기년」을 위서로 판단한다.－정해자〉

사마상여(司馬相如)의 「무릉서(茂陵書:한무제(漢武帝)의 무덤에서 나왔다는 간독(簡牘).－정해자」는 당인(唐)이 위조한 것인데도 사마상여가 쓴 것으로 믿었다.

그밖에 지나인이나 일본이 없는 사실을 꾸며내어 우리나라를 무고하고 능멸한 것을 그대로 들여다 기록한 것이 이 책의 결점이고 유감스러운 부분이라 아니할 수 없다.

조선조 일대(一代)의 일들을 적은 역사로 말하자면, 내가 일찍이 정조조(正祖朝:원문은 '正宗朝'로 되어 있다－정해자) 한때에 만든, '수서(修書)'라는 깨알 같은 글자로 기록된 2백권 거질(巨帙)의 책을 보았었다. 만일 「국조보감(國朝寶鑑:조선조 역대 왕의 잘한 일만을 골라 엮은 90권 28책의 사서.－정해자)」·「조야첨재(朝野僉載:조선 태조에서 숙종 때까지의 사실을 엮은 50권 29책의 사서－정해자)」등 관서(官書:관의 저작물)에서부터 사가(私家:개인)에서 지은 숱한 사서(史書)까지 합치면 몇 백대의 수레에 나누어 실어도 그 바퀴축이 부러지고 말 것이다.

일찍부터 나는 고려 이전의 역사 속 의문부터 풀고자 하여 조선조 태조 이하의 사실을 적은 역사로는 「조야집요(朝野輯要:80여 종의 책에서 뽑아 엮은 작자미상의 37권 20책의 조선시대 역사책.－정해자)」와 「연려실기술(燃藜室記述:조선조 정조(正祖) 때 실학자 이긍익(李肯翊)이 지은 역사책.－정해자)」등 몇몇 책을 대강 훑어본 외에는 자세히 읽은 것이 없으므로 아직 그 장점과 단점, 잘하고 못한 것을 말할 수는 없지만, 아마도 십 중 칠팔은 '사색당쟁사(四色黨戰史)' 가 되었을 것이라고 단언할 수 있다. 아! 조선조 이래 수백 년, 조선 사람의 문화 사업은 여기서 끝을 맺고 말았구나.

위에 열거한 역사책들을 다시 말하자면, 대개가 정치사(政治史)들이고 문화사(文化史)라고 할 만한 것이 몇 개도 못 되는 것이 첫째 유감이고, 정치사 중에서도 「동국통감」과 「동사강목」 이외에는 고금을 환하게 꿰뚫은 저작이 없고, 모두 한 왕조가 일어나고 멸망한 것을 시작과 끝으로 삼고 있는 것이 둘째 유감이며, 공구(孔丘:공자)의 「춘추(春秋)」를 더할 수 없는 역사의 준칙 으로 알아, 그의 의(義)를 흉내 내어 존군억신(尊君抑臣:임금을 높이고 신하를 억 누름)으로 일관하다가 민족의 존재까지 잊어버리고, 숭화양이(崇華攘夷:중국 을 받들고 양이(洋夷)를 배척하자)만 외치다가 끝내 제나라까지 배척하는 궁벽한 논리에 이른 것이 셋째 유감이고, 국민의 자감(資鑑:비춰볼 수 있는 자산)에 이 바지하려하기보다 외국인에게 아첨하려는 마음이 더 많아(이수산(李修山) 일 파를 제외하고) 자기 나라 강토를 야금야금 떼어주다 끝내는 건국시대의 수 도(首都)까지 모르게 만든 것이 넷째 유감이다.

우리 사학계가 이처럼 청맹과니·귀머거리·절름발이·앉은뱅이 등 못 쓸 병 을 남김없이 갖고 있어 정상적인 발달을 하지 못하고 있는 것은 무슨 까닭 인가. 빈번히 일어난 내란과 외적의 침입(비교적 오랫동안 안정을 누린 조선조 는 제외하고) 등 불가항력적인 참화와 재난〈원문은 "天然禍災"로 되어 있다. 전쟁 을 '천연재해'로 볼 수 없어 불가항력으로 고쳤다.─정해자〉으로 인해 역사를 접하지 못하게 된 일은 그만두고 인위적인 장벽으로 인해 역사를 가까이 하지 못하 게 된 예만 들어보자.

① 신지(神誌)이래 역사를 비밀스럽게 간직하던 버릇이 고질이 되어 조선 조에서도 중엽 이전에는 「동국통감」·「고려사」 등 몇 가지 관행본(官行本:관 에서 박아낸 책) 이외에는 사사(私史:개인이 쓴 역사)를 금지했기 때문에 이수광 (李晬光)도 내각(內閣:규장각)에 들어가서 고려 이전의 비밀스런 역사(秘史)를 많이 보았다 했고, 이언적(李彦迪)은 「사벌국전(沙伐國傳)」을 지었으면서 벗

들에게 보여주지 않으려 했다. 〈이수광(李睟光)은 조선조 중기(선조·광해·인조)의 실학
자며 문신이다. 일종의 백과사전인 대표작 지봉유설(芝峯類說)이 있다. 이언적(李彦迪)은 조
선조 중기(중종·명종)의 문신이다. 저서로 「회재집(晦齋集)」이 있다.─정해자〉

현 왕조의 잘잘못을 기록하지 못하게 한 일은 외국에도 더러 있는 일이지
만 옛날 역사까지 짓지도 보지도 못하게 하는 일은 우리나라에만 있는 일이
다. 그리하여 역사를 읽는 이가 없었다.

② 송도(松都:개성)를 지나게 되면 만월대(滿月臺)를 쳐다보라. 반쪽의 기
와라도 남았던가, 한 개의 주춧돌이나마 남았던가. 이름만 만월대일 뿐 황
막한 밭뙈기가 아니던가. 아! 만월대는 조선조의 아비 뻘로 멀지 않은 고려
조(高麗朝)의 궁궐인데 무슨 난리 통에 탔다고 전해지는 말도 없이 어찌 이
렇게 무정하게 빈 터만 남았느냐?

이와 똑같은 예로 부여에서 백제(百濟)의 유물을 찾을 수 없고, 〈1970년대
이후 공주 무령왕릉(武寧王陵)에서 매지권(買地券)이 출토되고, 부여에서 백제금동대향로(百
濟金銅大香爐)가 출토되는 등 수백 점의 보물이 쏟아져 나와 백제사의 많은 의문이 풀렸다.─
정해자〉 평양에서 고구려(高句麗)의 옛 모습을 볼 수 없다. 이런데서 볼 수 있
는 것처럼 뒤에 일어난 왕조가 전 왕조를 미워해서 역사적으로 자랑할 만한
것은 무엇이든지 파괴하거나 태워버렸기 때문에, 신라가 흥하면서 고구려·
백제 두 나라의 역사가 볼 것이 없게 됐고 조선조로 대체되면서 고려의 역
사가 볼 것이 없게 되었듯이, 매번 현재가 과거를 이으려 하지 않고 말살하
려 했다는 결론을 얻게 된다. 그래서 역사로 쓰일 재료가 거의 없게 되었다.

③ 조선조 현종(顯宗)이 "조총(鳥銃:화승총)의 길이 얼마냐"고 묻자 유
혁연(柳赫然:현종 때 어영대장·우포도대장·훈련대장을 역임했다.─정해자)이 두 손
을 들어 한 자 남짓 벌리며 "이만 하옵니다"하였다. 기주관(記注官:임금
옆에서 일어나는 모든 일을 따라 적는 춘추관(春秋館) 소속 사관(史官).─정해자)이 그
문답상황을 즉시 받아쓰지 못하고 붓방아만 찧자, 유혁연이 돌아보며,
"上,問鳥銃之長於柳赫然,然,擧手尺餘,以對曰;如是 (상께서 유혁연
에게 조총의 길이를 물으시니, 유혁연이 손을 들어 한 자 남짓 벌리며 '이

만 하옵니다' 라고 대답했다고 쓰지 못하느냐"하고 나무랐고, 숙종이 박태보(朴泰輔)를 국문할 때, 〈숙종이 남인(南人)계에 속했던 장희빈(張禧嬪)을 사랑하여, 당시 실권을 쥐고 있던 서인(西人)들이 들여보낸 민유중(閔維重)의 딸(인현왕후)을 쫓아내려 하자 박태보는 극력 반대하다 친국을 당했고 진도로 귀양 가다 죽었다. - 정해자〉"이리 저리 잔뜩 결박하고 뭉어리돌(몽돌)로 때려라."하자, 주서(注書:국청(鞠廳)의 옥사를 맡아보던 승정원 관리 - 정해자) 고사직(高司直)은 서슴없이 "必^필字^자形^형縛^박之^지, 無^무 隅^우石^석擊^격之^지(필[必]자 꼴로 묶고 모나지 않은 돌로 때려라)"라고 써서 숙종의 칭찬을 받았다고 한다.

이것들은 궁정(宮廷:조정)의 이야깃거리로 전해지는 것이지만, 반면에 '남의 글'로 역사를 기술한다는 것이 얼마나 힘 드는 일인지 보여주고 있다. 국문(國文)이 생기기도 늦게 생겼지만 생긴 뒤에도 한문으로 저술된 역사만 있는 것이 또한 괴이한 일이 아닌가. 이것은 국문이 역사를 전술(傳述)할 수 있는 연장으로 적합하지 않기 때문이다. 〈단재는 여기서 한자(漢字)를 "남의 글"이라고 단정해 말하고 있다. 혹시 한자가 신석기시대 고조선 땅으로 유추되는 오늘날 산동성 일대와 하북·요녕·내몽고 일부를 비롯하여 "알"의 자손(東夷族)들이 살던 곳에서 발견되는 도형문자(圖形文字)에서 비롯되어 갑골문자(甲骨文字)로 발전했고 서아시아의 쐐기문자(楔形文字)를 들여다 과두문자(蝌蚪文字)라며 쓰고 있던 한족(漢族)이 동이족의 갑골문자를 개량(楷書化)하여 반포하고 쐐기문자로 되어 있던 진(秦)이래의 문적들을 1백여 년에 걸쳐 한자로 번역했다는 사실을 미처 살피지 못했던 것이 아닌가 싶다. 그래서 당시 시류(時流)를 이루던 최현배(崔鉉培) 등의 '한자는 외국글자'라는 설에 비판 없이 동조한 것으로 보인다. 그렇다고 그만 탓할 일은 아니다. 대한민국 건국 후 초대 문교부장관을 지낸 안호상(安浩相)박사도 장관으로 재직할 때 중국의 저명한 문학가이며 평론가인 린위탕(林語堂:1895~1976)을 만나 이야기 하던 중 "중국이 한자를 만들어 놓아 한자를 사용하는 우리나라까지 문제가 많다"고 하자 린위탕은 "그게 무슨 말입니까? 한자는 당신네들 동이족(東夷族) 조상이 만든 문자인데 그것도 모르셨소?"라는 핀잔을 들었다는 일화는 유명하다. - 정해자〉

④ 회재(晦齋:이언적)나 퇴계(退溪:이황)에게 원효(元曉)나 의상(義湘)의 학술 사상 위치를 물으면 한마디도 대답하지 못할 것이고, 원효와 의상에게 소도(蘇塗)나 내을(柰乙)의 신앙적 가치를 물으면 조금도 이해하지 못할 것이다.

이와 비례하여 조선조 인사들이 고려시대의 사는 재미를 모르고, 고려나 삼국의 인사들이 그 이전의 사는 재미를 모를 만큼, 음식(飮宴)·주거·신앙·교육 등 일반사회의 형식과 정신이 급격히 변화하여 마치 오늘의 아메리카 사람이 내일은 러시아 사람이 되는 것처럼 현격하다. 이것은 역사사상(歷史思想)의 맥락이 끊어졌기 때문이다. 어디서 과거로 소급하여 연구할 수 있는 동기가 생기겠는가. 이러한 몇 가지 원인으로 사학이 발달하지 못한 것이다. 〈단재는 여기서도 서방 국가를 '아메리카'와 '러시아'라고 쓰고 있다. 당시 일제(日帝)는 미국을 '먹으면 없어질 나라'라는 뜻으로 '쌀미'자를 써서 '米國(미국)'이라 했고 러시아는 '해:日本'가 떠오르면 금방 사라진다는 뜻으로 '이슬로'자를 써서 '露西亞(로서아)'라고 했다. 그래서 단재는 일제의 명칭을 피한 것이 아닌가 싶다. 그렇다고 당시 중국이 쓰던 '美國(미국)'과 '俄羅斯(아라사)'라는 명칭도 받아들이지 않았다. 유일하게 일제의 명칭을 그대로 받아들여 중국을 '支那(지나)'라고 표기하고 있는 데서 볼 수 있듯 무던히도 중국을 미워하지 않았나 싶다.-정해자〉

3백년간 사색(四色:네 개의 붕당(朋黨). 즉 동인·서인·남인·북인을 말함-정해자) 당쟁이 국가에 커다란 해악을 끼쳤다고 하나, 당논(黨論)이 극렬할수록 각기 '자신은 옳고 상대는 그르다'는 것을 널리 알리기 위해 사가(私家:개인)의 기술(記述)이 성대하게 이루어졌다. 붕당의 시비가 언제나 국정과 연계되어 있었으므로 조정의 잘잘못을 따져 기술하는 동안 역사를 사사로이 짓지 못하게 한 금기(禁忌)도 모르는 사이 무너지게 되었다. 마침내 한백겸(韓百謙)·안정복(安鼎福)·이종휘(李鍾徽)·한치윤(韓致奫) 등 사학계의 몇몇 인물이 나오게 된 것도 다 그 결과였다.

어떤 사람은 "사색 이후의 역사는 저들과 이들의 기록이 서로 모순되어 그 시비를 분석할 수 없는 것이 가장 역사의 난제(難題)가 되고 있다."고 한다. 그러나 '저들과 이들의 시비'가 무엇이냐 하면, 어느 당(黨)이 조선조의 충신이니 역적이니, 어느 선생이 주학(朱學:주자학)의 정통이니 위통(僞統)이니 하는 문제들뿐이니, 오늘날 우리의 눈으로 보면 서릿발 같은 칼날을 휘둘러 임금의 시체를 두 동강 낸 연개소문(淵蓋蘇文)을 시원한 사내라 할 것이며, 자기 견해를 서슴없이 펴 명륜당(明倫堂:성균관 학생들이 공부하던 곳.-정해자) 기둥에 공자를 비웃고 헐뜯는(譏評) 글제를 붙인 윤백호(尹白湖:윤휴)를 걸물(傑物)이라할 것이다. 〈기평(譏評)의 원문은 '의평(議評)'으로 잘못되어 있다. 송시열(宋時烈) 유언(遺言)의 윤휴(尹鑴)는 "공자를 비웃고 무시하는(譏侮) 말을 시제(試題)로 삼아 대성전(大成殿) 아래 내거는 일까지 하였다"는 말을 참고해 바로잡았다. 윤휴는 남인으로 서인(노론)의 우두머리 송시열에 의해 사문난적(斯文亂賊)으로 몰렸고 역적 누명을 쓰고 죽었다. 윤휴가 "천하의 허다한 이치(義理)를 어찌 주자 혼자만 알고 나는 모르겠느냐."·"나는 주자를 놓아두고 다만 이치를 논할 뿐이다. 주자가 다시 살아난다면 내 주장(說)이 '이치에 맞지 않다' 하겠지만 공자·맹자가 다시 살아난다면 기필코 나의 주장을 '옳다' 할 것이다 (天下許多義理, 豈朱子獨知而余不知耶. 又曰, 姑置朱子, 只論義理而已, 朱子復起, 則吾說屈, 必須孔孟復起然後, 吾說乃勝)."라는 말을 했다하여 송시열의 배척을 받았다. 원래 조대비(趙大妃:인조 계비)의 장례를 두고 벌인 예송(禮訟)으로 골이 깊을 대로 깊었던 두 사람(남인과 서인)의 관계는 더욱 악화되어 숙종 초기 남인을 몰아낼(庚申換局) 때 윤휴에게 역적 누명을 씌워 사사(賜死) 되게 했다. 그렇다고 윤휴가 주희의 틀을 완전히 깨고 나와 뛰어난 사상을 전개한 것도 아니다. 그의 말처럼 일부 경전의 해석을 주희와 좀 다르게 한 것뿐이다. 그렇다면 조선조가 16세기 이후 제일의로 삼아 보급했던 '주자학(朱子學)'이란 어떤 것인가. 공자(孔子)의 인·의·예(仁義禮)에 바탕한 왕도정치(王道政治), 즉 대동주의(大同主義)에서 그 핵이라 할 수 있는 공화제(共和制) 정신을 빼버리고 사회적 안정만을 목적으로 하는 '존군억민적(尊君抑民的) 인·의(仁義)'로 변질시켜 발전시킨 학문이라 할 수 있다. 그래서 주희(朱熹)는 개인의 자유를 조금도 인정하지 않는 억압(抑壓)과 금고(禁錮)로 일관했다. 국민을 말잘 듣는 노예로 만들기 위해 새벽에 눈을 떠서 잠자리에 들 때까지 효제충신(孝悌忠信)에 입각한 질서(禮)에 따라, 머리 빗고, 이 닦고, 세수하는 것에서부터 인사는 어떻게 하고, 밥은 어떻게 먹고, 옷은 어떻게 입고, 걸음은 어떻게 걷고, 아내는 어떻게 얻고, 장사는 어떻게 치르라는 등등 시시콜콜 "어른의 잠자리는 차갑지 않도록 네 몸으로 덥혀 드리라"하는 식으로, 잠시도 다른 행동이나 생각을 하지 못하도록 규제했다. 이런 자신이 세운 원칙을 어기고 다른 생각이나 행동을 하면 바로 불충(不忠)이고 불효(不孝)고 사문난적(斯文亂賊)이라는 것이다. 그의 저서 「소학(小學)」과 「가례(家禮)」에 그 사상이 잘 나타나 있다. 우리나라에서 다른 나라처럼 많은 사상가가 나와 제각기 다른 의견을 펼칠 수 없었고, 주원장(朱元璋) 같은 농민 반란군(農民叛亂軍)이 성공하여 황제가 될 수도 없었던 까닭도 다 여기에 있다. '인·의'와 '예'가 국가의 발전이나 '백성들의 삶'과는 아무런 관계가 없는 공리공론(空理空論)으로 전락하여, 잿밥에만 눈독을 들인 위정자들의 권력투쟁 도구로 이용되었기 때문이다. 그러니 국권을 거머쥐고 강산을 호령하던 분이, 이 땅이 중국 땅이고, 중국 황제가 우리 왕이라는 듯 "大明天地요, 崇禎日月이라(위대한 명나라의 천지요, 숭정황제가 해·달처럼 보살펴 주신다)"고 외치시고, 그 제자는 '자손대대 모범으로 삼아야 할 말'이라고 화양동(華陽洞) 돌벼리에 새겨 놓는 것이 오히려 당연한 일이었을 것이다.－정해자〉

그러므로 우리는 다만 냉정한 머리로 회재(晦齋:이언적)·화담(花潭:서경덕)·퇴계(退溪:이황)·율곡(栗谷:이이)이 학술상 공헌한 것이 많은지 적은 지나 알고, 주자학의 정통(正統)인지 아닌지는 우스개로 여겨야 하며, 노론(老論)·소론(少論)·남인(南人)·북인(北人)으로 나뉘어 싸운 것이 정치상 좋은 영향을 미쳤는지 아닌지나 물어야 하고, 조선조의 충복(忠奴)였느냐 아니냐는 잠꼬대쯤으로 여겨야 한다.

개인 품행의 결점까지 지적하여 남의 명예를 더럽히거나, 혹은 애매한 사실로 남을 모함하여 죽인 숱한 의안(疑案:의심스런 사건)들은, 그 배경에 당시 사회가 패로 갈려 서로를 배척한 못된 습관으로 인해 백성과 국가를 해친 일종의 통탄스런 사료(史料)로만 보아야 한다.

〈청천 화양동 석벽의 부끄러운 각석〉

만일 시어미의 역정과 며느리의 푸념〈원문은 '푸닥거리'로 되어 있다.－정해자〉 같은 일에 일일이 재판관을 불러 옳고 그른 것을 가리려 한다면, 이것은 스펜서(Spencer)의 이른바 「이웃집 고양이 새끼 낳았다는 보고(報告)」와 같아서, 이것 때문에 도리어 사학계의 다른 중대한 문제를 놓칠 염려가 있으니, 버려두는 것이 좋을 것이다. 서둘러 강역의 지리 문제라든지 사상계의 변동이라든지 국민생활과의 관계라든지 민족의 성장과 쇠퇴 같은 큰 문제에 뜻을 모아, 와전된 것을 바로잡고 진실을 추구하여 조선사학의 표준을 세우는 일이 급선무 중의 급선무라고 하겠다.

4. 사료(史料)의 수집과 선택에 대한 검토(商榷)
〈원문은 '商權(상권)'으로 잘못되어 있다－정해자〉

만일 한걸음 더 나아가 어디서 무엇으로 어떻게 우리의 역사를 연구해야 하느냐 하면, 대답하기가 매우 곤란하지만 나의 경험부터 말하고자 한다.

지금으로부터 16년 전의 국치(國恥)로 분통이 터져 비로소 「동국통감」을 읽으면서, 역사비평에 가까운 「독사신론(讀史新論)」을 써서 「대한매일신보(大韓每日申報)」 지상에 발표했고, 이어 학생 수십 명의 청에 따라 지나(중국)식 연의(演義)를 모방한, 역사도 아니고 소설도 아닌 「대동사천년사(大東四千年史)」라는 것을 짓다가 두 가지 모두 사고가 일어나 중지하고 말았다. 〈국치(國恥)는 러일전쟁에 승리한 일본이 1905년11월 한국을 식민지화하기 위해 외교권을 박탈하고 통감부 설치를 내용으로 하는 보호조약을 강제로 체결했던 일을 말한다. '을사륵약'이라고도 한다.-정해자〉

그 논평이 독단적이었고 행동이 대담했던 것을 지금까지 부끄러움으로 여긴다. 그 뒤 얼마만큼 분발하여 노력한 적이 없었던 것은 아니지만, 반 발짝도 더 나아가지 못한 원인을 국내 일반 역사를 읽는 사람들에게 호소하고자 한다.

(1) 고비(古碑) 참고(參照)에 대하여

일찍이 「서곽잡록(西郭雜錄)」(저자가 누구인지 모른다)을 보다가 "신립(申砬)이 선춘령(先春嶺) 밑에 고구려의 옛 비석이 있다는 말을 듣고 두만강 건너로 몰래 사람을 보내어 탁본해 오게 했는데 판독할 수 있는 글자는 3백여 자에 불과했다. 거기서 말한 황제(皇帝)는 고구려왕이 스스로를 일컫는 말이었고, 상가(相加)는 고구려 대신을 일컫는 말이었다.(申砬,聞先春嶺下,有高句麗舊碑.潛遣人,渡豆滿江,摸本而來.所可辨識者,不過三百餘字.其曰,皇帝,高句麗王自稱也,其曰,相加,高句麗大臣之稱也)"는 말이 있는 것을 보고 너무나 기뻐 '만주(滿洲) 깊은 산골에는 우리역사에 빠져 있는 천고(千古)의 일(故事)을 보전할 수 있는 부러진 빗돌이 이것 하나뿐이 아닐 것'이라는 생각에서 해외(海外:중국)로 나오던 그날부터 고구려와 발해의 옛 강토를 답사(踏査)하겠다는 생각을 가슴깊이 품고 있었다. 〈신립(申砬)은 조선조 선조 때 무관이다. 임진왜란 전 온성부사와 함경도북병사를 역임했다. 선춘령(先春嶺)은 오늘날 러시아 영토인 연해주 우수리스크 서남쪽 타이가 숲속에 있을 것으로 보인다.-정해자〉

그러나 해삼위(海參崴:블라디보스토크)에서 하바로프스크를 오가는 배안에서 승객들에게 들었다는 시호테알린산(sikhote alin,錫赫山嶺:현 러시아 영토인 연해주에 뻗어 있다. 주봉 북쪽 석인구(石人溝)에서 우수리강이 발원해 서북쪽으로 흐른다.–정해자)에 우뚝 선 고려의 명장 윤관(尹瓘:혹은 연개소문)의 공적을 기록한 비석(紀功碑)을 보았다는 말과, 봉천성성(奉天省城:선양)에서는 간접적으로 이통주(伊通州:현재 창춘(長春) 남쪽에 있는 현.–정해자)를 유람하고 온다는 사람에게서 그 읍 동쪽 70리 에 남아 있는 해부르(解夫婁)의 송덕비(頌德碑)를 보았다는 이야기며, 발해(渤海) 고도(古都:동경성)에서 오는 친구가 너비가 30리인 경박호(鏡泊湖:고사(古史)에는 홀한해(忽汗海)로 되어 있다) 전면에 있는, 미국 나이아가라와 견줄만한 만장비폭(萬丈飛瀑)을 구경했다는 말과, 해룡현(海龍縣:요즘은 진(鎭)이다.–정해자)에서 나오는 길손에게서 "죽어서 용이 되어 일본 삼도(三島)를 침몰시키겠다"고 한 문무대왕의 유묘(遺廟:남아 있는 사당)를 바라보며 절을 했다는 말들이 나의 귀가 인연이 있어 듣기만 했고 눈으로 볼 기회는 없었다. 〈경박호의 너비는 30리가 아니다.

〈경박호 조수루(吊水樓)폭포. 우기에만 볼 수 있다〉

평균 10리도 못 되는 2~3km이다. 가장 넓은 곳이라 해야 6km이다. 좁은 곳은 1.5km밖에 안 된다. 화산 폭발로 마그마가 무단장(牡丹江)을 막으며 형성된 고산언색호(高山堰塞湖)로 남북의 길이가 45km이다. 중국 헤이룽장성 무단장시 닝안현(中國黑龍江省牡丹江市寧安縣)에 있다. 폭포는 경박호 북단에 있는 조수루폭포(吊水樓瀑布)를 말하는 것인데, 가을 한철을 빼고는 늘 말라 있다. 홍수기가 되어야 물이 흐른다. 최대 너비는 40m이고 낙차는 20~25m이다. 나이아가라와 견줄만하다는 것은 나이아가라를 가보지 못한 사람이 하는 백발삼천장식(白髮三千丈式) 과장이다. '홀한해'라는 말의 출전으로 밝힌 '고사'는 원문이 '故史'로 되어 있어 고사(故事)를 말하는 것인지 고사(古史)를 말하는 것인지 분명치 않다. 그러나 '홀한해'라는 명칭은 당(唐) 때의 지리학자 가탐(賈耽)이 쓴 「도리기(道里記)」에 "발해의 왕성은 홀한해에 인접해 있다(渤海王城,城臨忽汗海)"는 기록이 최초이기 때문에 '옛 역사'에 가까워 바로잡았다. 해룡현(海龍縣)은 오늘날 길림성(吉林省) 매하구시(梅河口市)와 휘남현(輝南縣) 중간에 있는 조그만 진(鎭)인데, 북문 밖 구룡구(九龍口)에 '이해룡(李海龍)의 무덤'이 있어 붙

〈집안(輯安)에 있는 환도산성(丸都山城)과 산성하고분군. 중국서는 동구고묘군(洞溝古墓群)이라고 한다〉

은 이름이라고 전해진다. 이 무덤은 '고구려의 다섯 개의 큰 능묘(陵墓) 중 하나'라고도 하고, '조선왕(朝鮮王) 이해룡의 무덤'이라고도 한다. 그밖에는 아무런 기록이 없다. 남의 땅이된지 오래여서 그 까닭을 알기 위해 마음대로 발굴조사를 해볼 수도 없다.─정해자〉

한번은 네댓 명의 친구와 함께 압록강 위의 집안현(輯安縣), 바로 제2 환도성(丸都城)을 돌아본 것이 나의 일생에서 기념할만한 장관이었다고 할 것이다. 그러나 여비가 떨어져 능묘가 모두 몇 기(基)인지 세어볼 틈도 없다. 능(陵)으로 인정할 만한 것이 수백 기이고 묘가 1만 기 안팎이라고 생각했을 뿐이다. 마을 사람이 내미는 댓잎(竹葉)이 그려진 도금된 자(金尺)와 그곳에 주재하는 일본인이 박아 파는 광개토왕비문(廣開土王碑文)을 값만 물어보았다. 〈우리가 산성하고분군(山城下古墳群)이라고 하는 동구고분군(洞溝古墳群)의 고구려 고분은 모두 11,280기인데, 그중 627기가 현재 남아 있다. '마을(村)'은 대왕촌(大王村)을 이르는 것이 아닌가 싶다─정해자〉

파손된(지상으로 나온 부분만) 수백 기의 왕릉 가운데 천행으로 남아 있는 8층 석탑 네모꼴의 광개토왕릉(廣開土王陵)과 그 오른쪽에 있는 제천단(祭天壇)을 사진 대신 대강 붓으로 모사했고, 광개토왕릉의 너비와 높이를 발걸음으로 재고 키(身長)로 환산하여 체적을 어림했다.〈높이는 열 길(十丈) 가량이고 기단(下層)의 둘레는 여든 발이다. 다른 왕릉은 상층이 파손되어 높이를 알 수 없으나 기단의 둘레는 대개 광개토왕릉과 같았다.〉

왕릉 위로 올라갔다. 돌기둥이 서 있던 자리와 지붕을 이었던 기와 파편, 그리고 드문드문 서 있는 소나무와 측백나무를 보고, 「후한서(後漢書)」

〈광개토왕 비문의 일부〉

에 "고구려 사람들은 금과 은 등 재산을 모두 장사 비용으로 지출하여 돌로 에둘러 쌓고 또한 소나무와 측백나무를 심었다(高句麗人, 金銀財帛, 盡於厚葬, 環石以築, 亦種松栢)."고 한, 간단한 문구에 대한 해답을 비로소 충분히 얻었다. 그리고 '몇 백 원(圓)만 있으면 묘 한 장(葬)을 파볼 수 있고 몇 천원 또는 몇 만원이면 능(陵:원문에는 빠져 있다.-정해자) 한 기를 파볼 수 있다. 그러면 수천 년 전 고구려의 생생한 모습을 영화처럼 볼 수 있을 것'이라는 꿈만 꾸었다. 〈단재가 광개토왕릉(廣開土王陵)으로 보고 있는 '8층 석탑'은 실은 '장군총(將軍塚)' 또는 '장수왕릉(長壽王陵)'으로 알려진 7층 계단식 피라미드 능묘이다. 평면은 장방형인데 한 변의 길이가 31.5~33m이고 높이는 14m이다. 중국 지안현(輯安縣) 통구(通溝)의 토구자산(土口子山) 중허리에 있다. '제천단(祭天壇)'으로 본 것은 무엇을 지칭한 것인지 확실치 않으나 "그 오른쪽에 있는"이라는 말로 보아 이 피라미드 동쪽에서 근래 발견되었다는 초대형 제단을 당시 단재가 먼저 발견했던 것인지, 아니면 동북쪽 묘역석장(墓域石墻) 밖에 바짝 붙어

〈장수왕 비빈 순장릉(殉葬陵)〉

있는, 드러난 상부의 묘실(墓室)이 마치 고인돌처럼 보이는 순장릉(殉葬陵)을 지칭하는 것인지 분명하지 않다. '장수왕 후궁릉(長壽王後宮陵)'으로 추측되는 능이다. 단재가 '돌기둥자리'로 본 건물 터에는 중국인들이 향당(享堂)이라 이르는 사당이 있었으리라 추정했지만 대형 제단이 동쪽에서 발견됨으로써 지금은 불탑(佛塔)이나 비석이 서 있었을 것으로 추정하고 있다. '태왕릉(太王陵)'이라고 불리는 광개토대왕릉은 이 피라미드 능묘보다 훨씬 큰 정방형의 능묘로 한 변의 길이가 66m이고 남아 있는 높이가 14.8m이다. 집안에 있는 능묘 중 유일하게 출토 유물(願太王陵安如山固如岳이라는 文字磚)에 의해 묻힌 사람이 누구인지 밝혀진 능묘이다. 광개토대왕비(廣開土大王碑)에서 서남쪽으로 5백m도 안 되는 거리이다. 문제는 피라미드 능묘를 만들던 당시 장수왕이 머물던 '평양(平壤)'이 어디냐 하는 점이다. 이곳 안내문에는 「삼국사기」의 기록에 따라 장수왕이 '북한 평양'에 살다가 죽자, 이전에 만들어 놓았던 이 피라미드 능묘로 운구해 장사지낸 것으로 얼버무리고 있다. 왜냐하면 광개토왕의 아들

인 장수왕은 즉위한지
15년 되던 해, 고구려
의 힘이 가장 강력하
던 시기에 "평양으로
도읍을 옮겼다(移都平
壤)"고 했는데 그 평
양을 북한에 평양으로
보는데서 빚어지는 오
류이다. 「원사(元史)」
에 따르면 오늘의 '야

〈단재가 광개토왕릉으로 비정한 장군총. 장수왕릉으로 알려지고 있다〉

오양(遼陽)'을 설명하면서 "이곳은 본디 고구려(高句麗)의 평양성(平壤城)이다. 장안성(長安
城)이라고도 했다. 한(漢)나라가 조선을 멸망시키고 낙랑군과 현토군을 설치했는데 이곳은
낙랑 땅이다. 동진(東晉) 안제(安帝) 때(405~418) 고구려 왕 고련(高璉:장수왕)이 처음 이곳
에 살기 시작했다. 당(唐)나라가 고구려를 정벌하여 평양성을 함락시키자 그 나라는 동쪽으
로 옮겨갔다. 압록강 동남쪽 1천여 리에 있다. 옛날의 평양이 아니다."라고 설명하고 있다.
당시 평양은 북한 평양이 아니라 오늘날 야오닝성(遼寧省)에 있는 야오양이라는 것이다. 이
로 미루어 보면 장수왕의 증조부인 고국원왕(故國原王)이 옮겨 살았다는 평양동황성(平壤東
黃城:평양 동쪽 황성도 된다)이나 할아버지 고국양왕(故國壤王)이 '나라 동쪽에 6개성을 쌓고
평양 주민을 이주시켰다는 독산성(禿山城)이 모두 한반도가 아니라 만주지방에 있는 성이라
는 풀이가 가능해진다.—정해자〉

아! 이 같은, 하늘이 감춰 둔 비사(天藏秘史)의 보고(寶庫)를 만나 나의 소
득은 무엇이었던가. 사람(人材)과 자금(物力)이 없으면 재료(材料)가 있어도
나의 소유가 될 수 없음을 알 것이다. 그러나 단 하루 겉핥기로 끝난 거칠
고 얄팍한 관찰이었지만 고구려의 종교·예술·경제력 등이 어떠했는지 눈앞
에 되살아나, 이곳 '집안현(輯安縣)을 한번 둘러보는 것이 김부식의 「고구려
사」를 만 번 읽는 것보다 낫다' 는 단안을 내리게 되었다.

그 뒤 항주도서관(杭州圖書館:중국 동남부 항저우에 있다. 첸당(錢塘)이라고도 한
다.—정해자)에서, 우리나라 금석학자(金石學者) 김정희(金正喜:秋史)가 발견한
유적(遺蹟)을 가져다가 지나인이 간행한 「해동금석원(海東金石苑)」을 보니,
신라 말기에서 고려 초기까지의 사조(思潮)와 유행하던 시속(時俗)에 대해
참고할 것이 많았다. 서울(漢城)의 한 벗이 보내 준, 총독부발행의 「조선고

적도본(朝鮮古蹟圖本:원본은 '故蹟'으로 되어 있다. -정해자)」도 그 조사동기가 어 떠했든 주해(註解)의 건강부회(牽强附會)한 몇 곳을 빼고는, 또한 우리 옛 역 사 연구에 많은 도움이 될 것 같았다. 이것이나 저것이나 모두 우리 가난한 서생(書生)들의 손으로는 도저히 이루어 낼 수 없는 사료(史料)임을 자각하 게 한다.

(2) 각종 서적의 상호고증(互證)에 대하여

㉠「고려사」최영전(崔瑩傳)에는 최영이, "당나라 30만 대군이 고구려를 침략하자 고구려는 승군(僧軍:중들로 조직된 군대) 3만 명을 발동시켜 이를 대 파하였다."고 말했는데,「삼국사기」50권 중 어디에도 이 사실이 보이지 않 는다. 그러면 '승군'이란 무엇인가.

서긍(徐兢)의「고려도경(高麗圖經:고려 인종 때(1123) 송 휘종의 사절로 왔던 서긍 이 지은 책. 정식이름은「선화봉사고려도경(宣和奉使高麗圖經)」이다. -정해자)」에 이런 기록이 있다. "재가화상(在家和尙:자기 집에 있는 중)은 가사(袈裟)도 입지 않고 계율(戒律)도 따르지 않으며 검은 명주(皂帛:원문은 '조帛')로 허리를 묶고 맨 발로 다니며 아내를 얻고 자식을 낳아 기르는데, 기물(器物)을 지거나 여 나 르고 길을 청소하며 도랑을 치거나 새로 내고 성을 수리하거나 집을 짓는 등 공공사업에 종사하면서 국경지방에 적의 경보가 있으면 자진해서 뭉쳐 싸우러 나가는데, 한번은 거란(契丹:키탄)도 이들에게 패하였다. 기실 이들 은 '사역(使役)나온 수형자(受刑者:形餘之役人)'들인데, 머리를 밀었기 때문에 이인(夷人:고구려인)들이 그들을 '화상'이라고 부르는 것이다."라고 했다. 이 로 보면 승군(僧軍)이 어떤 군사였는지 대강 짐작할 수 있다. 그러나 그 내 력이 어디서부터 시작되었는지 의문이 없지 않다.

「통전(通典)」·「신당서(新唐書)」등에 '조의선인(皂衣[또는 帛衣]先人)'이란 관직명이 있고,「고구려사」는 명림답부(明臨答夫)를 '연나조의(掾那皂衣)'라 했으며「후주서(後周書)」는 조의선인을 '예속선인(翳屬仙人)'이라고 했다. 先人(선인)과 仙人(선인)은 모두 우리말 "선인"을 한자로 사음(寫音)한 것이

고, 조의(皁衣), 또는 백의(帛衣)라고 하는 것은 「고려도경」이 말하고 있는
'허리를 묶는 조백(皁帛:검은 명주)'을 말하는 것이다. 〈명림답부(明臨答夫)는 백
성들을 괴롭히는 고구려 7대왕 차대왕(次大王)을 시해(弑害)하고, 차대왕의 아우 백고(伯固)
를 신대왕(新大王)으로 옹립했다. 그는 고구려 최초 국상(國相)이고, 뛰어난 지략가로 한(漢)
나라 대군을 물리친 명장이다. 「삼국사기」는 그가 신대왕 15년9월 113세(179년)로 죽었다
했고 차대왕 20년3월에 차대왕이 죽었다 했으니, 차대왕을 시해할 때 나이가 99세였다는 것
이다. 그러고도 국상으로 15년간이나 더 살았다는 것이다. 연대측정이 잘못된 것으로 보인
다.—정해자〉

선인(仙人)은 「신라고사(新羅故事)」의 '국선(國仙)'과 같은 종교적 무사단
(武士團)의 단장이고, 승군(僧軍)은 국선 휘하에 속한 단병(團兵)이며, 재가화
상(在家和尙:집에 있는 중)이라는 것은 후대 사람이 덧붙인 별명인 듯하다. 〈단
재는 "별명인듯"이 아닌 "별명"이라고 단정했다.—정해자〉, 서긍이 외국사신으로 우
리나라에 와서 이것을 보고 그 단체의 행동을 서술하면서, 그 근원을 몰랐
기 때문에 '사역 나온 수형자(形餘之役人:형기가 남은 사역자)'라고 멋대로 추
측하여 이름을 붙인 것이다.

이로 보면 「고려사」 때문에 「삼국사기」에 빠진 '승군'을 알게 되었고 「고
려도경」 때문에 「고려사」에 자세하지 않은 승군의 성격을 알게 되었으며
「통전」·「신당서」·「후주서」·「신라고사」 등 때문에 '승군'과 '선인', '재가
화상'이 "동일한 단체의 무리(黨徒)"라는 사실을 미루어 알게 되었다.
다시 말하면, "우리나라를 침략하던 당나라의 30만 대군이 고구려의 종교
적 무사단인 선인군(先人軍)에게 크게 패했다"고 결론을 낸 몇 십 자의 약사
(略史)가, 예닐곱 가지 서적 수천 권을 읽고 나서야 비로소 이끌어낸 것이다.

ⓛ 당태종(唐太宗:李世民)이 고구려를 침략하다가 안시성(安市城)에서 화살
에 맞아 눈을 다쳤다는 전설을 후대가 매번 역사에 올렸는데, 이색(李穡)의
「정관음(貞觀吟)」(정관은 당태종의 연호)에도 "어찌 현화(玄花:눈)에 백우(白
羽:화살)가 떨어질 줄 알았겠는가(那知玄花落白羽)"라고 하여 그런 일이 실제
로 있었음을 증명하였다. 그러나 김부식의 「삼국사기」와 지나인의 「신·구당
서(新·舊唐書)」에 보이지 않는 까닭은 무엇 때문인가.

사실의 진위를 떠나 하나는 취하고 하나는 버린다면 역사에 위증죄를 범할 것이므로 "당태종이 눈을 다친 사실을 지나(중국) 사관(史官)이 숨겨야할 국치(國恥)로 여겨 「당서(唐書:당의 역사)」에서 뺀 것이 아닌가"하는 의문을 가지고 그 해답(증거)을 찾아 나섰다.

전해져 오던 진정(陳霆:명나라 사람)의 「양산묵담(兩山墨談)」에 "송태종(宋太宗)이 거란을 치다가 화살을 맞고 쫓겨 돌아와서 몇 년 뒤, 결국 그 화살 맞은 자리(矢瘡)가 덧나 붕(崩)했다."했는데, 이러한 사실이 「송사(宋史)」나 「요사(遼史)」에 기록되지 않았으나, 사건이 몇 백 년 뒤 진정의 고증(考證)으로 발견되었다. 이로써 나는 '지나인은 그들의 임금이나 대신이 이민족(外族)에게 패하여 다치거나 죽으면 이를 국치(國恥)로 여겨 역사에서 숨긴다'는 실질적인 증거를 얻어 가설(假說)을 성립하였다. 〈「양산묵담」은 소설이나 잡문에 속한 것으로 대중의 인기를 끌었다. 1539년 저장 더칭(浙江德清)에서 출판되었는데, 그 책이 조선으로 유입되었고 1575년 경주부(慶州府)가 그 책을 저본으로 목판본을 발행했다.-정해자〉

그러나 '지나인이 국치를 숨기는 버릇이 있다' 하여도 그것이 바로 당태종이 안시성에서 화살에 맞아 다쳤다는 실질적인 증거는 되지 못하므로 다시 「신당서」와 「구당서」를 가져다 자세히 읽어보았다. 태종본기(太宗本紀)에 당태종이 "정관 19년 9월에 안시성에서 회군(回軍:班師)하였다"했고, 유계전(劉洎傳:舊唐書)에는 같은 해 "12월 태종의 병세가 위급하므로 유계가 매우 슬퍼하며 두려워했다"고 했으며 태종본기에는 "정관 20년 3월에 상(上:임금)의 병이 나을 것 같지 않아 태자(당고종)에게 정사를 맡겼다"라고 했고, "정관 23년 5월 상이 붕어했다"고 했는데, 그 죽은 원인을 「강목(綱目)」은 "이질(痢疾)이 심하게 도졌기 때문"이라고 했고 「자치통감(資治通鑑)」은 "요동(遼東)에서부터 못된 종기(疾癰)를 앓고 있었다"고 했다. 〈원문에는 '정관 20년' 다음에 '3월'이 빠져 있다. 이 말은 「신당서」에서 인용하고 있는데 원 기록은 "정관 20년 3월 고구려에서 돌아왔다. 만일을 대비(不豫)해 황태자에게 정사를 돌보게(聽政)했다"고만 되어 있다.-정해자〉

대개 높은 이(尊者)와 친한 이(親者)가 당한 치욕을 숨기는 것이다. 주천자(周天子)가 정후(鄭侯)의 화살에 다친 일과 노은공(魯隱公)·노소공(魯昭公) 등이 피살되거나 쫓겨난 일을 「춘추(春秋)」에 쓰지 않은 공구(孔丘:공자)의 편견이, 지나 역사가들의 습성이 되어 당태종의 빠진 눈을 유리쪽으로 가리고 병을 기록한 임상보고를 모두 다른 말로 바꾸어, 전창(箭瘡:화살로 인한 종기)이 내종(內腫)이 되고 안통(眼痛)이 항문병(肛門病)이 되며 전쟁의 부상으로 죽은 자를 이질이나 늑막염을 앓다가 죽은 것으로 기록한 것이다. 〈주천자는 동주(東周)의 2대왕인 주환왕(周桓王)이다. 그는 즉위 후 제후의 권한을 축소하고 왕권을 강화하려 했는데, 옆에 붙어 있는 정국(鄭國)에서 주왕의 영토로 넘어 들어와 벼를 베어가는 일이 빈발했다. 주환왕은 정나라 제후인 정장공(鄭莊公)을 경사(卿士)의 직위에서 파면했다. 정장공은 크게 화를 냈다. 이로부터 주왕실과 정국의 관계는 크게 악화됐다. BC 707년 주환왕은 채(蔡)·위(衛)·진(陳)의 연합군을 이끌고 정나라를 공격했다. 그러나 도리어 정장공에게 크게 패했고 주왕은 정나라 장수가 쏜 화살을 왼쪽 어깨에 맞고 말에서 떨어졌다. 목숨을 잃지 않은 것은 '임금을 죽였다'는 오명을 피하려고 정장공이 죽이지 못하게 말리고 달아나도록 놓아두었기 때문이다. 노은공(魯隱公)은 노국(魯國)의 14대 군주로 노혜공(魯惠公)의 서자였다. 노혜공이 죽었을 때 그의 적처가 낳은 아들 궤(軌:바로 魯桓公)는 나이가 어렸기 때문에 사람들은 그를 섭정(攝政)으로 추대하여 군주의 일을 맡아보게 했다. 노은공은 그 자리에 있은 지 10년이 넘었지만 자리에 조금도 연련하지 않고 궤(노환공)가 빨리 자라 자신이 맡고 있는 자리를 물려받기만 바랐다. 그래서 BC 712년 공자휘(公子翬)가 노환공을 죽이자고 제안했을 때 한마디로 거절하고 나무랐다. 그러나 결과는 반대로 나타났다. 그가 도리어 노환공을 죽이려 했다는 공자휘의 무고를 받고 살해되었다. 노소공(魯昭公)은 춘추말기 투계(鬪鷄) 때문에 쫓겨난 군주이다. 당시 여러 제후국의 정치권력은 모두 경대부(卿大夫)들이 거머쥐고 쥐락펴락 했는데 노국(魯國)에는 맹손씨(孟孫氏)·숙손씨(叔孫氏)·계손씨(季孫氏) 세 가문이 노국의 권력을 3등분해 나누어 갖고 전권을 휘둘렀다. 당시는 투계가 상류층의 도박을 겸한 소일거리 였는데, BC 517년 계평자(季平子)와 우소백(郈昭伯)이 부정투계사건으로 다투다가 계평자가 우소백의 봉지(封地)를 점령하는 사건으로 확대됐다. 우소백의 고소를 받아들여 사건을 해결하려 나섰던 노소공은 군사를 이끌고 계평자를 공격하다가 맹손씨·숙손씨와 함께 세 가문이 합세하여 노소공을 공격하는 바람에 노소공은 오히려 싸움에 지고 제(齊)나라로 망명했다.—정해자〉

그러면 「삼국사기」에는 어째서 실제대로 적지 않았는가. 이것은 신라가 고구려와 백제 두 나라를 미워하여 그 명예로운 역사를 모두 태우거나 없앴

기 때문이다. 북위(北魏)의 군사를 대파한 사법명(沙法名)과 수군(隋軍:수나라 군사)을 물리친 을지문덕(乙支文德)의 성명이 그래서 지나사(支那史:중국사) 때문에 전해지게 된 것이다. (을지문덕이 「삼국사기」에 기록된 것은 바로 김부식이 지나사에서 인용했기 때문이다. 그는 논평에서 "을지문덕을 중국사가 아니면 알 수 없었다"고 했다.) 당태종이

눈을 잃고(원문은 '알코'로 되어 있다.-정해자) 달아났다는 것은 고구려 전사(戰史)에 특기할 만한 명예로운 일이니 신라 사람들이 빼버리는 것 또한 당연한 일일 수 있다. 〈사법명(沙法名)은 백제 동성왕 때 장수다. 당시 중국은 남북조(南北朝) 시대로 많은 나라가 일어나고 멸망했는데, 백제 역시 고구려의 남하로 한강유역을 상실하고 곰나루(熊津)로 남하해 자리 잡고 있었다. 그 때 동성왕은 대륙 국가인 제(齊)와 손을 잡았는데, 제의 북쪽에는 위(魏)가 있어서 제와 빈번하게 다툴 때였다. 위는 제와 손잡은 백제 역시 괘씸하게 여겨 490년(동성왕 12) 수십만 대군을 이끌고 백제를 침공했다. 이 때 사법명(沙法名)·찬수류(贊首流)·목간나(木干那) 등이 동성왕의 명을 받고 위군을 기습, 공격하여 대파했다. 그러나 이 싸움은 한반도의 백제 본국에서 벌어진 것이 아니다. 대륙백제, 즉 "진(晉)나라 때 고구려가 요동을 공략해 차지하자 백제 역시 요서(遼西)와 진의 평주(平州)를 점거하고 백제군(百濟郡)을 설치했다"고 「진서(晉書)」 등이 기록한 화북(華北)지방의 백제를 말하는 것이다. 왜냐하면, 대륙백제가 위와 붙어 있었기 때문이다. 만일 위가 한반도의 백제를 공격하려면 고구려를 통과해야 하는데 고구려가 길을 내어줄리 없고 또 위가 수십만 대군을 거느리고 황해를 건너 백제를 공격했다고도 보기 어려운 까닭이다. 이 전공으로 사법명(沙法名)은 495년 남제(南齊)로부터 정로장군(征虜將軍)에 임명되었다.-정해자〉

그래서 우리가 당태종의 눈 빠진 사실을 처음에는 전설과 「목은집(牧隱集:이색의 문집)」에서 긴가민가하게 찾아내어 「신·구당서」나 「삼국사기」가 이 사실을 기재하지 않은 의문을 밝히려 했고, 진정의 「양산묵담」에서 비슷한 사항을 발견하여 공구(공자)의 「춘추」에서 그 전통적 악습(惡習)을 적발했으며, 「신·구당서」와 「자치통감」·「강목」 등을 가지고, 그 모호하고 은미한 문구 속에서 첫째, 당태종의 '병(이질 등)록 보고'가 사실이 아님을 간파했고 둘째, 목은(이색)의 「정관음(貞觀吟:당태종이 눈 맞은 사실을 소재로 지은 시)」이 믿을 만한 것임을 실증했으며 셋째, 신라 사람들이 고구려가 승리한 역사를 깔아뭉갰기 때문에 당태종이 싸움에 지고 부상한 사실이 「삼국사기」에 빠지게 되었다고 단정하고8 간단한 결론을 얻게 되었다.

이른바 "당태종은 보장왕(寶藏王:고구려 28대 마지막 왕) 3년에 안시성에서 눈을 다치고 도망쳐 돌아가서, 그곳의 외과 의료(外科醫療)가 불완전하여 거의 30개월을 아프다고 부르짖다(叫痛)가 보장왕 5년에 붕서(崩逝)했다"는 수십 글자이다. 이 수십 자를 얻기 위해 대여섯 가지 서적 수천 권을 반복하여 나고 들며 혹은 무의식중에 얻기도 하고 혹은 의식적으로 찾아내어 도출한 결과이니, 그 고생이 또한 적지 않았다.

"승군(僧軍)의 내력을 모른다고 해 될 것이 무엇이며, 당태종의 부상사실을 안다고 득 될 것이 무엇이기에 이런 사실을 힘들여 찾느냐"고 하는 이가 있다. 그러나 사학(史學)이란 개별사안을 수집하여 잘못 전해진 사실들을 바로잡고 과거 인류의 행동을 활성화(活性化)시켜 후대에 물려주는 것으로 그치는 것이 아니다.

그런데도 '승군이 바로 선인군(先人軍)'이라는 내력을 모른다면 고구려가 당나라 30만 대군을 물리친 원동력(原動力)이 무엇인지 모를 뿐만 아니라, 이에 앞서 명림답부(明臨答夫)의 혁명군의 중심이 무엇이고 강감찬(姜邯贊)이 거란(契丹)을 깨부순 군대의 주력이 무엇이었는지 모두 모르게 된다. 따라서 삼국시대부터 고려 때까지 1천여 년 간의 군사제도의 중요한 부분도 모르게 된다.

당태종이 안통(眼痛)으로 죽은 줄을 모른다면 안시성 전쟁이 빨리 끝난 원인을 모를 뿐 아니라, 신라와 당이 연맹(聯盟)한 공안(公案)과 당고종(唐高宗:李治)이하 모든 군신(君臣)이 희생할 각오를 하고 고구려와 흥망(興亡)을 겨룬 전제(前提) 및 고구려와 백제〈원문에는 '백제'가 빠졌다.-정해자〉가 손잡게 된 동기(動機) 같은 것들을 모르게 될 것이다.

그러나 위에 열거한 것들은 한두 가지 예에 지나지 않는다. 이밖에도 이같은 일은 얼마나 있을지 모른다. 그러므로 조선사(朝鮮史)의 황무지를 개척하자면 도저히 한두 사람의 힘으로 몇 년 안에 끝낼 수 있는 일이 아니라는 사실을 깊이 깨달았다.

(3) 각종 명사(名詞)의 해석에 대하여

우리나라가, 고대(古代) 페니키아인이 이집트의 상형문자를 가져다가 알파벳을 만든 것처럼 한자를 가져다가 이두(吏讀)를 만들 때, 그 초창기에는 한자(漢字)의 자음(字音)을 딴 것도 있고 자의(字義)를 딴 것도 있다. 「삼국사기」에 나타난 사람 이름을 보면 "炤智 一名 毗處(소지 일명 비처)"라고 한 것은 '빛'의 뜻이 '炤智(소지)'이고 음이 '毗處(비처)'라는 것이고 "素那 一名 金川(소나 일명 금천)"이라 한 것은 '쇠내'의 뜻이 '金川(금천)'이고 음이 '素那(소나)'라는 것이며 "居柒夫 一名 荒宗(거칠부 일명 황종)"이라 한 것은 '거칠위'의 음이 '居柒夫(거칠부)'이고 뜻이 '荒宗(황종)'이란 것이며 "蓋蘇文 一名 蓋金(개소문 일명 개금)"이라 한 것은 '신'의 음이 '蘇文(소문)'이고 뜻이 '金(금)'이라는 것이며 "異斯夫 一名 苔宗(이사부 일명 태종)"이라 한 것은 '잇위'의 음이 '異斯夫(이사부)'이고 뜻이 '苔宗(태종:「훈몽자회(訓蒙字會)」에 '태(苔)'를 '잇'으로 새겼다)'이라는 것이다.

지명(地名)을 보면 "密城 一云 推火(밀성 일운 추화)"라 한 것은 '밀무'의 음이 '密城(밀성)'이고 뜻이 '推火(추화)'라는 것이고 "熊山 一云 功木達(웅산 일운 공목달)"이라 한 것은 '곰대'의 뜻이 '熊山(웅산)'이고 음이 '功木達(고므달)'이라는 것이며 "鷄立嶺 一名 麻木嶺(계립령 일명 마목령)"이라 한 것은 '저릅'의 음이 '鷄立(겨릅)'이고 뜻이 '마목(麻木:삼속대)이라는 것이며 "母城 一云 阿莫城(모성 일운 아막성)"이라 한 것은 '어미'의 뜻이 '母(모)'이고 음이 '阿莫(아모)'라는 것이며 "黑壤 一云 今勿奴(흑양 일운 금물노)"라는 것은 '거물라'의 '거물'의 뜻이 黑(흑)이고 음이 今勿(금물)이며 '壤(양)'과 '奴(노)'는 '라'라는 음을 딴 것이다.

관명(官名)을 보면, "角干(각간)을 혹 "發翰(발한)"이라 한 것은 '불'의 뜻이 '角(각)'이고 음이 '發(발)'이며 '干(간)'과 '翰(한)'은 모두 '한'이란 음을 딴 것으로 '불한'은 군왕(君王)을 일컫는 것이고, "耨薩(누살)을 혹 道使(도사)"라고 한 것은 '라'의 뜻이 '道(도)'이고 음이 '耨(누)'이며 薩(살)의 뜻이 '使(사)'이고 음이 '薩(살)'이니, '라살'은 지방장관(地方長官)의 칭호이다.

'말한·불한·신한'은 삼신(三神)에 뿌리를 둔 것인데 그 뜻은 '天一(천일)·地一(지일)·太一(태일)'이고 그 음은 '馬韓(마한)·卞韓(변한)·辰韓(진한)'이며 '도가·개가·크가·소가·말가'는 다섯 대신의 칭호인데 '도·개·크·소·말' 등은 뜻으로, '가'는 음으로써 "豬加(저가)·狗加(구가)·大加(대가)·牛加(우가)·馬加(마가)"가 된 것이다. 이같이 시시하고 자질구레한 고증이 무슨 역사상 큰일이 되겠는가.

이것은 사소하고 시시한 듯하지만 「지지(地誌)」의 오류도 이로써 바로잡을 수 있고 사료(史料)의 의문점도 이로써 보완할 수 있으며 고대 문학(文學)에서부터 일체의 생활 상태까지 연구하는 열쇠가 될 수 있을 것이다. 예를 들자면 해모수(解慕漱)와 유화왕후(柳花王后)가 만나던 '압록강(鴨綠江)이 어디일까. 지금의 압록강이라면 당시 부여(扶餘)의 서울이었던 하르빈(哈爾濱)과 너무 멀고, 다른 곳이라면 다른 곳에 압록강이 없어 의문을 풀지 못하였는데,

단발(1步)에 「광개강토호태왕비(廣開疆土好太王碑)」에서 압록강을 '아리수(阿利水)'라고 한 것을 보고 압록(鴨綠)이란 이름이 '아리', 바로 阿利(아리)에서 나왔다는 것을 깨달았다.

두발(2步)에 「요사(遼史)」에서 요흥종(遼興宗)이 "압자하(鴨子河)를 혼동강(混同江)이라고 개명"한 것을 보고 '압자(鴨子)'가 바로 '아리'이니 "혼동강(바로 송화강)이 고대의 북압록강(北鴨綠江)인가"하는 가설을 얻었고, 세발(3步)에 「동사강목(東史綱目)」 고이(考異)에 "「삼국유사」에 '요하(遼河)

의 다른 이름은 압록(鴨綠)이다' 한 것과 주희(朱熹)의 '여진은 압록강을 거
점으로 하여 일어났다(女眞起據鴨綠江:「주자어류(朱子語類)」의 "女眞起處有鴨綠
江"에 근거한 말.―정해자)'고 한 것을 인용하여 세 개의 압록이 있다"고 한 것
을 보고, 송화강이 고대의 한 '압록'이었음을 알았다. 따라서 "해모수 부부
가 만나던 압록이 바로 송화강"이라고 단정했다. 〈송화강(松花江)을 '압자하(鴨子
河)'라고 부른 것은 요(遼) 때로, 부여(夫餘) 말기인 진(晉) 때는 '속말수(速末水)', 또는 '난
수(難水:냇물, 넓은 물)'라 불렸고 고구려 대인 수·당(隋唐) 때는 상류를 속말수, 하류를 '나
하(那河)'라 부르며 '오루하(奧婁河)'라고 통칭했다. 그리고 금(金) 때의 송화강(宋瓦江:상
류)·혼동강(混同江:하류)을 거쳐 '압자하(鴨子河)'가 되었는데, 단재는 음도 다르고 글자도
일부 다른 '압자(鴨子)'를 어떻게 '압록(鴨綠)'으로 보았고, 또 어떻게 주희가 지칭한 '여진
이 일어난 압록'을 현재의 압록강으로 보지 않고 청(淸:女眞)이 일어난 헤투아라(興京)의 '납
록강(納綠江)', 즉 '혼하(渾河)'로 보아 '압록강이 세 개'라는 안정복(安鼎福)의 설을 인정했
는지 의문이 제기될 수 있다. 그러나 단재의 말대로 송화강(일명 鴨子)이나 혼하(일명 蛤蜊水·
耶里水·蘇子河·藩水·薩爾滸·納綠水·佟家江)가 '아리'에서 갈려나온 같은 뜻의 말임에는 틀림
없다. 다만 왜 같은 이름의 다른 표기인
지 자세히 설명되어 있지 않을 뿐이다.
우리 옛말에 '물'을 뜻하는 말은 대략 5
가지로 나타나는데, 1. '무르' 2. '사리'
3. '아리' 4. '내' 5. 'ㄱ름'이다. 조금씩
다른 말을 쓰는 부족들이 섞여 살면서
이루어진 말들이 아닌가 싶다. 그중에서
가장 주목해야할 말은 '아리'이다. 그러

〈대흥안령(大興安嶺) 아리하에 있는 알선동(嘎仙洞)〉

나 '아리'의 뜻을 이해하려면 우리 민족사상(思想)의 근간을 이루는 '알'로 돌아가야 한다.
동호족(東胡族)의 조상들이 모두 '알'에서 태어나기 때문이다. 그렇다면 '알'은 무엇인가.
바로 하늘과 태양을 뜻하는 말이다. 땅거미가 질 녘 뒷산에라도 올라가면 검은 대지 위로 거
대하게 떠오르는 '허연 알(白卵)', 바로 '환한 알→환알→하날→하늘'을 볼 수 있을 것이다.
그러므로 '알(얼)→아리'는 바로 하느님이고 천신(天神)이며 '아리물(阿利水)'은 '천신이 머
무는 산'에서 내려오는 '깨끗하고 성스러운 물'이라는 뜻이다. 그 어원은 우리 조상족이 오
랫동안 머물렀던 '알타이(Altay)'나 '아리다이(Aǧri Daǧi:Ararat)'가 무슨 뜻인지 살펴보면
쉽게 알 수 있다. '알→아리'는 희고 크고 높고 거룩하고 만사에 밝은 천신(天神)을 뜻하고
'다이→대'나 '타이→태'는 산(山)을 일컫는 말로서 '알타이'나 '아리다이'는 백산(白山)·
천산(天山)·금산(金山)·신산(神山)·박달(博達) 등으로 번역된다. 동호족의 난생설(卵生說)도 이

〈터키 동부 아르메니아와의 국경에 있는 아라랏산. 바로 아리다이로 알산이고 천산이라는 뜻이다〉

로 인해 생겨났다. 알(卵)에서 태어났다는 것은 "태양을 머금고 태어난 하늘이 낳은 아들(天子)로 땅의 지배자라"는 뜻이다. 이런 '아리' 계의 물 이름은 우리 조상족(祖上族)이 오랫동안 머물렀던 알타이를 정점으로 사방으로 퍼져 나갔다. 우리 조상이 '파고개(葱嶺)'로 표기한 '파미르고원'에서 발원하여 힌두쿠시산맥 사이를 빠지면서 타지키스탄과 아프가니스탄의 국경을 이루고 투르크메니스탄과 우즈베키스탄의 국경지대 카라쿰·키질쿰 사막을 가르며 아랄해로 들어가는 아무다리야(Amu Darya) 강이 바로 '아리물'이고 몽골 수도 울란바토르 동쪽에서 발원하여 몽골과 중국, 또는 중국과 러시아의 국경을 이루며 동북쪽으로 흘러 오호츠크 해로 빠져드는 물길이 '아리물'이다. 이 아리물 들은 후대로 오면서 '리'가 탈락되어 '아무르'가 되기도 하고 '아무르'가 강화되어 '가무르'가 되면서 '검다'는 뜻까지 더해져 감하(甘河)·흑하(黑河)·곰내(熊川)·가므내(甘勿)·까막내(黑水)가 되는가 하면 '무르'가 '미르(龍)'로 변하여 흑룡강(黑龍江)이 되기도 한다. 그 뿐 아니다. '아리'는 '야리'도 되고 '어리'도 되고 '오리'도 되고 '유리'도 되고 '이리'도 되면서 종족의 이동에 따라 사방으로 퍼져나갔다. 그리하여 '아르(리)'나 '어리'·'오리'로 불리는 강 이름이 대부분 중국 동북부로부터 그 서북쪽과 동족 및 한반도 한강 이북에 분포하게 되었다. 중국 허베이 성과 산동 성 일대에 퍼져 있는 강 이름들을 보면 황허(黃河)의 범람으로 수없이 바뀐 것이 그 지역의 물길이기는 하지만, 우리 조상족이 살던 땅을 내주고 동쪽으로 동쪽으로 물러나 다시 터를 잡으며 새로운 강에 두고 온 강 이름을 붙여 불러왔다는 것을 짐작할 수 있다. 아리물(牙河·蛤蜊水·阿利水·阿利江·阿里水·鮮水·合黎水)과 야리물(冶水·陽·水·鴨綠江·耶里水), 어리물(弱水·凌河)과 여리물(濡水·余水), 오리물(奄利水·淶水·洌水·盧水·饒洛水·奧婁水·烏列水·遼水)과 우리물(大同江·武列河) 및 유리물(嘔夷水·柳水·渝水·琉璃水) 등이 그것이다. 이 강들이 수도의 젖줄이 되면 국천(國川)이라는 뜻으로 '버라내'·'퍼라내'가 되어 패수(貝水·沛水·列水·白狼水·白水·畢拉·必拉) 등으로 기록된다. 이처럼 우리민족이 살던 땅의 옛 강 이름은 '아리'에 뿌리를 두고 있어 모두 한 번씩은 아리물(蛤蜊水:혼하)·오리물(鴨子河:혼동강)·야리물(鴨綠:압록강) 등으로 불렸다는 뜻이다. 그러니까 만리장성의 동쪽 끝이었던 그 황하, 즉 아리물(牙河)이 물길을 바꾸면서 생겨난 작은 물길을 '새끼 아리물'이라고 불리면서 붙은 것으로 보이는 '자아하(子牙河)'라는 이름이 아직도 남아 전해지고 있는 것을 보면 옛 황하(黃河:牙河)도 '아리물'이었고 오늘날 톈진시(天津市)를 가르는 영종하(永宗河:淶水·濡水·嘔夷水·冶水)도 '오리물'이었으며 조백하(潮白河:余水·陽樂水)도 '야리물'이었고, 우리나라 학자들이 대부분 조선과 중국의 국경으로 여기는 난수(灤水:濡水)도 '여리물'이었으며 대릉하(大凌河:白狼水·凌水·鄂木倫)도 '어리물'이었고 고구려 수도 평양(平壤:長安)옆을 흐르는 강이라 하여 구려하(句驪河), 구류하(枸柳河)·거류하(巨流河)로 불리던 오리골(遼陽) 옆 강 요하(遼河)도 '오리물'이다. 그런데 죽국인 들은 이 '아리물'들을 각각 비슷한 음의 다른 글자로 사음해 놓고 저에게 편리한 대로 그때그때 다르게 요동(遼東)과 요서(遼西)를 갈랐다. 어처구니없는 일이다.–정해자〉

마한전(馬韓傳:「삼국지」 위서)의 비리(卑離)를 건륭제(乾隆帝:청 황제)의 삼중록(三韓證錄)에는 만주(滿洲)의 '베이러(貝勒)'와 같은 관직명이라고 하였다. 그러나 나는 이렇게 본다. 삼한의 '비리(卑離)'는 「삼국사기」지리지(地理志:雜志 地理) 백제의 '부리(夫里)'로서 '비리'와 '부리'는 모두 '울'의 사음(寫音)으로 도회(都會:도시)라는 뜻이다. 〈삼한증록(三韓證錄)이라는 이름의 기록은 없다. 「만주원류고(滿洲源流考)」의 '삼한정류(三韓訂謬)'를 말하는 것이다. '비리'나 '부리'를 국어학자등 많은 학자는 '불→벌'의 뜻으로 인식하고 있다. 단재가 '울'로 푼 까닭은 알 수 없으나 원문대로 따른다.–정해자〉

마한의 '비리'와 백제의 '부리'를 참조하면 마한의 '피비리(辟卑離)'는 백제의 파부리(波夫里)이고 '여래비리(如來卑離)'는 '얼랑부리(爾陵夫里)'이고 '모루비리(牟盧卑離)'는 '모라부리(毛良夫里)'이고 '감해비리(監奚卑離)'는 '검은부리(古莫夫里)'이고 '메두비리(山塗卑離)'는 '미둥부리(未冬夫里)'이고 '그믐비리(古臘卑離)'는 '검은부리(古莫夫里)'이다. 비록 한쪽은 음을 따르고 한쪽은 뜻을 따라 다르게 썼으나 그 말이 대략 같다는 것을 알 수 있다.

따라서 조선이 관중(管仲:齊)과 싸우던 때 산서성(山西省)과 영평부(永平府:지금의 허베이성 탕산시·친황다오시 및 야오닝성 서남부지역.–정해자)에 '비이(卑耳)'라는 계곡이 있었는데, '비이' 역시 '비리'와 같은 말로 '울'의 사음이

다. 이로써 조선 고대의 '울'이 바로 산해관(山海關) 서쪽에까지 있었음을
알 수 있다. 〈"조선이 관중과 싸우던 때"라는 것은 전국시대 제환공(齊桓公)이 고죽국(孤
竹國)을 침벌(侵伐)한 일을 말하는 것으로, '고죽국'을 '조선'으로 보는 단재의 시각을 잘 나
타내고 있다. 학자에 따라 의견이 다르다. '비이(卑耳)'에 관한 기록은 「관자(管子:小間)」와
「사기(史記:齊世家)」에 근거하고 있는데, 옛 고죽국에 있는 '비이'는 계곡 이름이고 산시에
있는 '비이'는 산 이름이다. 그러나 '비이'는 '비리'뿐 아니라 '비루(肥如)'·'부위(夫餘)'·
'부리(扶黎)'와도 같은 말로 '부리'는 오늘날 야오닝성 차오양시(朝陽市) 동남쪽 궈쟈워바오
춘(郭家窩堡村)에 있었는데, "「후한서」 군국지(郡國志) 요동속국 무려(無慮)에 의무려산(醫無
慮山)은 있으나 부려(扶黎)는 없다"고 한 청대(淸代)의 학자 전대흔(錢大昕)의 「이십이사고이
(二十二史考異)」를 보면 '무려(無慮)', 곧 오늘의 베이전시(北鎭市)가 바로 '부리'였다는 시
사가 아닌가 싶다.─정해자〉

그러므로 세세한 고증(考證)이 역사상 큰일은 아닐지라도 역사상 큰일을
발견하는 연장은 될 것이다. 만일 다시 한 발 더 나아가 「훈몽자회(訓蒙字
會)」·「처용가(處容歌)」·「훈민정음(訓民正音)」 등에서 옛말(古語)을 연구하고
「삼국유사」에 쓰인 향가(鄕歌)에서 이두(吏讀)의 용법(用法:용례)을 연구하면
역사상 수많은 발견을 하게 될 것이다. 필자는 일찍이 이에 유념하였으나
해외로 나온 뒤부터 한 권의 책도 사기가 매우 어려워 10년을 두고 「삼국유
사」를 좀 보았으면 하였으나 또한 얻을 수 없었다.

(4) 위서(僞書)의 판별과 선택에 대하여

우리나라는 고대의 희귀한 서적을 불태워버린 적(조선조 태종의 분서 같은)은
있었으나 위서(僞書:허위사실을 넣어 꾸민 책)를 작성한 일은 없었다. 근자에 와
서 「천부경(天符經)」·「삼일신지(三一神誌)」 등이 처음 출현했는데, 누구의 변
박(辨駁:판별해 논박함)도 없이 고서(古書)로 믿고 인정해 주는 사람이 없게 되
었다. 그러므로 우리나라 서적은 각 성씨의 족보(族譜) 속에 혹간 그들 선조
의 일을 거짓으로 꾸민 것 이외에는, 진위(眞僞)를 판별하기 위해 애쓸 일이
거의 없다.

다음으로 국경을 맞대고 있는 이웃나라인 지나(중국)와 일본은 예로부터 우리와 국교가 빈번하게 이루어졌기 때문에, 우리 역사에 참고가 될 만한 서적을 많이 갖고 있다. 그러나 위서가 많기로는 지나 같은 나라가 없을 것이다. 위서를 판별하지 못하면 인용(引用)하지 말아야 할 기록을 우리 역사에 인용하여 증명하는 착오가 빚어진다. 그렇지만 거짓(僞)에도 정도가 있다.

첫째는 위서중의 거짓된 기록이다. 예를 들면 「죽서기년(竹書紀年)」은 진본(眞本)은 없어지고 위작(僞作)이 나왔다는 것을 앞에 이미 기술하였지만, 옛 사가(史家)들은 늘 '고기(古記)'의 "단군은 요와 함께 무진년에 즉위했다(壇君與堯竝立於戊辰)"는 기록에 따라, 단군의 연대를 요(堯)의 연대를 통해 알아보려고 요의 연대를 찾아 「속강목(續綱目:金仁山 著)」을 참고하고 그것을 기준으로 삼는다.

그러나 '주소공화(周召共和)' 이전의 연대(年代)는 지나(중국) 역사가의 '큰 할아버지'라 할 수 있는 사마천(司馬遷)도 알지 못해 「사기(史記)」 연표(年表)에 쓰지 못했는데, 하물며 그보다 까마득히 먼 요의 연대를 알 수 있겠는가. 〈'주소공화'는 공화시기(共和時期), 또는 공화행정(共和行政)이라고도 한다. 서주(西周) 때 학정(虐政)을 견디다 못한 백성들이 폭동을 일으키자 주여왕(周厲王)은 수도인 호경(鎬京)을 버리고 오늘의 산서성의 체(彘)로 도망쳤고 태자는 소공(召公)의 집에 숨어 있었는데 백성들이 죽이려고 집을 에워싸자 소공이 자기 아들을 대신 내보내 태자는 위기를 넘겼다. 왕이 도망쳐 체에 있었으므로 국정은 주공(周公)과 소공(召公)이 공동으로 맡아 처리했다. 그래서 공화(共和)라는 것이다. 바로 BC 841~828년까지 10년간을 일컫는다. 이것이 현존 중국 역사의 정확한 기년의 시작점이다. BC 828년 주여왕이 체에서 죽고 그 이듬해 태자, 즉 주선왕(周宣王)이 즉위함으로써 공화시대는 끝이 났다. 그러나 '주소공화' 설을 달리 해석하는 학파도 역사만큼이나 길게 존재한다. 주공과 소공이 공동으로 집정(執政)했던 것이 아니라, 제후였던 '공백 화(共伯 和)'가 왕을 대신해 섭정(攝政)했기 때문에 '공화집정'이라고 한다는 것이다. 후자가 훨씬 설득력을 갖는다. -정해자〉

그러므로 「속강목」은 거짓 「죽서기년」에 의거하여 작성된 연대에 지나지 않는 것인데 이 「속강목」의 연대에 근거해 고대(古代:단군)의 연대를 찾으려 하는 것은, 연대를 도리어 흐리게 만드는 일이다.

공안국(孔安國)의 「상서전(尚書傳)」에 있는 "구려·한·맥(句麗馯貊)"이라는 구절을 인용하며〈「상서전」원문에는 '駒麗扶餘馯貊(구려·부여·한·맥)'으로 되어 있다.ー정해자〉구려(句麗)와 삼한(三韓)이 주무왕(周武王)과 교역하였다고 주장하는 이도 있으나, 「사기」공자세가(孔子世家)에 "안국은 지금 황제의 박사가 되었으나 일찍 죽었다(安國爲今皇帝博士蚤卒)"고 했는데, '지금 황제'는 한 무제(漢武帝)를 가리키는 것으로, 무제를 '지금 황제'라고 한 것은 사마천이 무제가 죽어 시호(諡號) 받는 것을 보지 못한 까닭이고, 공안국을 "일찍 죽었다"고 한 것은 사마천이 살았을 때 공안국이 죽는 것을 보았기 때문에 그렇게 적은 것이다.

그렇다면 공안국은 사마천보다 먼저 죽었고 사마천은 한 무제보다 먼저 죽은 것이 분명한데, 「상서전」에 무제의 아들인 소제(昭帝)시대에 창설된 '금성군(金城郡)'이란 이름이 들어 있으니, 공안국이 자신이 죽은 뒤에 창설된 지명(地名)을 예언할 수 있는 점쟁이였다면 또 모르겠지만, 그렇지 않다면 「상서대전(尚書大傳)」은 위서임이 명확하고 거기에 기록된 "한·맥·구려(馯·貊·句麗)" 등도 위증(偽證)임이 자명한 사실일 것이다.

둘째는〈원문은 '二' 자가 'ㄱ'로 잘못되어 있다.ー정해자〉진실(眞) 중의 거짓(偽)이다. 이것을 또 두 가지로 나누면 ㉮ 본서(本書:원본서) 속의 거짓된 기록이다. 마치 「초학집(初學集)」·「유학집(有學集)」 등은 전익겸(錢謙益:명말(明末)의 학자)이 지은, 실제의 책이지만 그 속에 쓰여 있는 우리나라에 관한 일은 대부분 전겸익이 거짓으로 꾸민 것이고 실제로 있었던 일이 아닌 것처럼 많은 것들이 이러한 유(類)이다.

그러나 이런 것들은 우리 역사에 그 사실을 반박할 수 있는 명확한 증거들이 있어서였지만 만일 우리 역사에는 반박할 수 있는 재료들이 없어지고 저들 역사에 날조한 사실(誣案)들만 유전(流轉)되고 있다면, 가설(假說)을 세워 부인하는 것만으로는 아니 될 터이니, 어찌하면 좋겠는가.

옛날에 장유(張維:조선조 중기 선조·광해·인조 때 문신)가 「사기」의 "무왕이 기자를 조선에 봉했다(武王封箕子于朝鮮:「사기」원문은 '武王乃封箕子於朝鮮'으로 되어 있다.-정해자)"는 것을 변정(辨正)했는데, 첫째 「상서(尙書)」의 "상나라가 망한다면 내가 신하 되는 일은 없을 것이다(商其淪喪, 我罔爲臣僕: 원문에는 '상나라가 망한다면(商其淪喪)'이라는 말이 없다.-정해자)"라고 한 말을 들어 기자(箕子)가 이미 남의 신하가 되지 않을 것임을 스스로 맹세했으니, 주무왕의 봉작(封爵)을 받았을 리가 없다는 전제를 세우고, 둘째 「한서」의 "기자가 조선 땅으로 피했다(箕子避地于朝鮮: 「한서」지리지 원문은 "箕子去之朝鮮(기자가 조선으로 갔다)"고 되어 있다.-정해자)"는 말을 들어 반고(班固: 「한서」 저자)는 「사기」를 지은 사마천보다 충실하고 정밀한 역사가라서 사마천이 지은 「사기」의 '기자봉작설(箕子封爵說)'을 「한서」에서는 빼버렸다며 봉작은 사실이 아니라고 단언했으니, 이것은 사람으로 증명(人證)한 것이다.

〈기자조선의 기후명(箕侯銘)〉

삼국 이후 고려 말엽 이전(몽골 도적들이 쳐들어오기 전)까지 우리의 국력(國勢)이 강성하여 지나(중국)와 무력으로 대면할 때도 그들에게 보낸 국서(國書)에는 스스로를 낮추는 말(卑辭)이 많았다. 그러나 첫째, 다른 나라가 사신을 보내오면 반드시 "조공하러 왔다(來朝)"고 적는 것이 지나인의 병리적 자존성이니, 이는 근세의 청조(淸朝)가 처음 서양과 통상(通商)할 때 영국과 러시아 등 여러 나라와 통상한 사실보다 "아무 나라가 신하라고 하며 공물을 받들어 올렸다(某國, 稱臣奉貢)"라고 기록한 것만 보아도 알만한 일이다. 그 기록들을 함부로 믿을 수가 없는 것이다.

둘째, 지나인이 만든 「열조시집(列朝詩集)」·「양조평양록(兩朝平壤錄)」 등 시화(詩話) 가운데 조선 사람의 시를 가져다 게재할 때는 언제나 대담하게 한 귀(一句)나 한 연(一聯)을 지우고 고쳐 쓴 것을 볼 수 있으니, 우리 역사를 베낄 때에도 자구(字句)를 고쳤다는 것을 알 수 있으며 셋째, 몽고의 위력이 우리나라를 두려움에 떨게 할 때도 우리의 「악부(樂府)」와 사책(史册) 등을 가져다 '황도(皇都)'·'제경(帝京)'·'해동천자(海東天子)' 등의 자구를 모두 고친 사실이 「고려사」에 보였는데, 그 고친 기록을 수정하지 못한 「삼국사기」·「고려사」 등도 지나와 관계된 기록은 실록(實錄)이 아니라는 것을 알 수 있을 터이니, 이것은 일로 증명(事證)한 것이다.

연전에 김택영(金澤榮)의 「역사집략(歷史輯略)」과 장지연(張志淵)의 「대한강역고(大韓疆域考)」에, '신공여주(神功女主) 18년에 신라를 정복했고 수인주(垂仁主) 2년에 임나부(任那府)를 설치했다' 는 등을 모두 「일본서기(日本書紀)」에서 뽑아다 삽입하여 자신의 박식함을 자랑하였으나, 신공 18년은 신라 내해이사금(奈解尼師今) 4년(199)이고, 내해이사금 당년에는 신라에서 압록강을 구경한 이도 적을 터인데, 내해이사금이 아리나례(阿利那禮:鴨綠江)를 가리키며 "거듭 맹세하였다"하는 것은 무슨 말이며, 수인은 백제와 통상하기 이전의 일본 천황으로 백제의 봉재술과 직조술도 수입하지 못했던 때인데, 수인 2년에 "임나국(任那國) 사람들에게 붉은 비단(赤絹) 2백필을 주었다"는 것은 또 어찌된 말인가. 뒤의 두 가지 의문에 답하기 전에 그 두 가지 기사는 저절로 부정될 터이니, 이것은 이치로 증명(理證)하는 것이다. 이렇게 옛사람들의 위증(僞證)을 드러내야 한다. 사람(人)으로, 일(事)로, 또 이치(理)로 검증하여 부합하지 않으면 거짓 기록(僞錄)임을 알 것이다. 〈김택영(金澤榮)은 구한말 최대의 시인이다. 안중근(安重根)의 이토히로부미(伊藤博文) 저격 성공에 감격하여 지은 시는 특히 유명하다. 저서로 중국서 발간된「소호당집정(韶濩堂輯精)」과 「여한십가문초(麗韓十家文鈔)」등이 있다.-정해자〉

㉮ 후대의 위증이다. 본서(本書:원본서)에는 위증이 없으나 후대가 문구를 덧붙여 위증한 것으로, 마치 당태종이 고구려를 치려고 「사기」·「한서」·「삼국지」·「진서」·「남사」·「북사」 등에 있는 조선에 관한 사실들을 가져다가 자신들에게 유리하도록 꾸밀 때, 안사고(顏師古) 등에게 시켜 주제를 왜곡되게 서술하기 위해 뭉개고 고치나 하면 덧붙여 내용을 바꾸고 억측으로 주석을 달아 한사군(漢四郡)의 연혁(沿革)이 가짜가 진짜가 되었는가 하면 역대 양국의 국서(國書)가 더욱 원문대로 전해진 것이 없게 되었다. 이러한 증거는 본편 제2장 지리연혁(地理沿革)에서 볼 수 있을 것이다.

셋째는 거짓 중의 참된 것이니, 마치 「관자(管子)」 같은 것은 관중(管仲)이 지은 책은 아니지만, 지나 6국시대(전국시대)의 저작으로, 조선(고죽국)과 제

(齊)의 전쟁은 도리어 그 진실을 전한 것이니, 위서 중에서도 진서(眞書) 이상의 가치를 가진 것이라 할 것이다.

(5) 몽골·만주·터키 제족(諸族)의 언어와 풍속에 대한 연구

김부식은 김춘추(金春秋)·최치원(崔致遠) 이래의 모화주의(慕華主義)의 결정체다. 그가 지은 「삼국사기」에 "고주몽(高朱蒙)은 고신씨(高辛氏)의 후예다", "김수로(金首露)는 금천씨(金天氏)의 후예다", "진한(辰韓)은 동쪽으로 온 진(秦)나라 사람이다"라고 하여, 말이나 피나 뼈나 종교나 풍속이 어느 한 가지도 같은 것이 없는 지나족(漢族)을 같은 종족으로 보아, 말살에 쇠살을 붙인〈원문은 '무친'으로 잘못되어 있다-정해자〉 어림없는 붓을 놀렸다. 그 뒤 그 소견이 편벽되었음을 꾸짖어 깨뜨린 이가 없었기 때문에 우리의 부여(夫餘)의 족계(族系)가 분명치 못하게 되어 드디어는 조선사(朝鮮史)의 위치를 오랫동안 어두운 구석에 놓아두었다.

〈연지화장을 곱게 한 무희〉

언제인가 필자가「사기」흉노전(匈奴傳)을 보니, 삼성(三姓:호연씨(呼衍氏)·란씨(蘭氏)·수복씨(須卜氏)를 말함.-정해자)의 귀족(貴族)이 있는 것이 신라와 같고 좌·우현왕(左·右賢王)이 있는 것이 고려나 백제와 같으며 5월에 천제(天祭)를 지내는 것이 마한(馬韓)과 같고 무기일(戊己日)을 숭상하는 것이 고려와 같고 왕공(王公)을 '한(汗:한)'이라 하는 것이 삼국의 '간(干)'과 같고 벼슬이름 끝 글자에 '치(鞮)' 음이 붙는 것이 '신지(臣智)'의 '지(智)'와 '비지(卑支)'의 '지(支)'와 같고 왕후(后)를 '알씨(閼氏)'라 하는 것이, 바로 '아씨'의 사음이 아닌가하는 가설을 세우게 했으며, 가축을 모아놓고 계산하는 곳을 '담림(儋林)' 또는 '대림(蹛林)'이라고 하는 것은 '살림'의 뜻이 아닌가하는 의문이 들었고, 휴도(休屠)는 소도(蘇塗)와 음이 같을 뿐 아니라 나라 안에 대휴도(大休屠)를 둔 대도국(大屠國)이 있고, 각처에 또 소휴도(小休屠)가 있어, 더욱 삼한의 소도제(蘇塗制)와 틀림없는 것 같아, 조선과 흉노가 3천 년 전

에는 한 집안의 형제
였지 않았나 하는 의
문을 갖고 그를 풀기
위한 단서를 찾았다.
〈알씨(閼氏)〉는 흉노가 처·
첩을 이르던 호칭인데, '연
지꽃(烟脂花)', 즉 홍화(紅
花)를 뜻하는 말이다. 연
지처럼 아름답고 사랑스럽
다 해서 붙인 호칭이다. 우

〈요즘도 북방 제족이 모여 하늘과 조상신에게 제사하고 번영을 빈다〉

리 선대는 우리말 '아씨'와 같은 말로 보았다. 담림(儋林)은 삼림(森林)속에 사는 호인(胡人)
을 말하는 것으로 임호(林胡)라고도 한다. 바로「몽고비사(蒙古秘史)」에 나오는 '부리야트'
계를 이르는 것이다. 부여(夫餘)가 되기도 한 동호(東胡)의 한 갈래이다. 이들은 전국시대(晉
文公:BC671~BC 628) 오늘날 산시성(山西省) 북쪽에서 허베이의 스자좡(石家莊)까지 세력권을
넓혔고 황하 이북을 차지하고 있던 예(濊)·맥(貊) 및 조선(朝鮮)과 국경을 맞대고 있었다. 조
무령왕(趙武靈王:BC 340~BC 295) 때 조나라의 군사력이 강대해지자, 담림 등을 격파하고 그
들이 차지하고 있던 땅에 대군(代郡)·운중(雲中)·안문(雁門) 세 군을 설치했다. 대림(蹛林)은
흉노가 가을에 말의 살이 오르면 하늘과 땅, 조상신 등에게 제사지내는 곳을 이르는 말인데,
나무가 없는 언덕 밑에 나뭇가지를 빙 둘러 꽂아 놓고 사람들이 말을 타고 그 주위를 세 바
퀴 돈 다음, 언덕 위로 올라가 제사를 지내고 나서 사람과 가축의 숫자가 신고한 내용과 같
은지 심사했기 때문에 가축을 세는 곳으로 본 것 같다. '대림'은 그 후 부족을 일컫는 명사
가 되기도 했고 지명이 되기도 했다. 단재는「사기」풍당전(馮唐列傳)에 '담림(儋林)'이 '첨
람(檐欖)'으로 되어 있는 책도 있다는 주를 보고 '담림'을 '대림'과 같은 말로 본 것이 아닌
가 싶다.「사기」어디에도 "대휴도를 둔 '대도국'이 있고 각처에 '소휴도'가 있다"는 기록
은 없다. '휴도(休屠)' 하나 뿐이다. '휴도'는 '휴저'로 발음하라고 되어 있다. 물론「한서」
에도 없다. 다만 김일제전(金日磾傳)에 "찬우(單于)는 훈야왕(昆邪王)과 휴저왕(休屠王)이 서
쪽을 지키면서 한(漢)에 자꾸 패하자 그 왕들을 죽이려고 불렀다"는 기사가 있을 뿐이다. 당
시 흉노의 찬우(單于)는 이치사(伊稚斜)였다. 흉노(匈奴)와 호(胡)는 모두 태양의 자손이라는
'kun', 'Hun'의 음역이다.「후한서」공손찬전(公孫瓚傳)에는 흉노 찬우에게 일종의 통솔권
을 부여받은 최상의 귀족을 지칭하는 '도각(屠各)'이라는 호칭이 나오는데, 이 관직명은 흉
노의 각 부족, 또는 그들이 사는 지역을 지칭하는 말로 나타난다. 진·위(晉·魏) 이후 '도각'은
태행산(太行山) 동쪽 기슭과 양주(凉州)·진롱지구(秦隴地區)·병주(幷州)·위북(渭北) 등 흉노와

동호(선비)가 차지하고 있던 중국 동북쪽과 서북쪽지역에 분포했다. 「한서」·「진서」·「위서」에 나타나는 '도각'과 관련된 칭호는 휴저(休屠)·휴저(休箸)·휴저(休著)·저각(屠各) 등인데, 모두 한무제 때 한나라로 귀순한 흉노 휴저왕(匈奴休屠王)의 중신이거나 휴저왕의 후예이다. 현재 박물관 등에 소장되어 있는 관인(官印)으로도 증명된다. '도(屠)'자와 '저(著)'자는 옛 음이 같았다고 학자들은 보고 있다. 단재는 이 기사들을 보고 '휴도'와 '소도(蘇塗)'가 같다는 등의 가설을 세운 것이 아닌가 싶다. 일부에서는 「한서」 곽거병전(霍去病傳)의 "흉노를 공격해 깨부수고 휴저왕이 하늘에 제사지내던 금사람을 얻었다(霍去病, 擊匈奴, …破得休屠王祭天金人)"는 기록을 들어 "휴도는 바로 부도(浮屠), 즉 붓다(Buddha:부처)의 사음이라고 주장한다. -정해자〉

그 뒤 건륭제(乾隆帝)가 지은 「만주원류고(滿洲源流考)」와 「요금원삼사국어해(遼金元三史國語解)」를 가져다 비교해 보니, 비록 그중에 부여의 대신 칭호인 '가(加)'를 음으로 풀어 "조선말 김(金)'가'·이(李)'가'하는 '가'와 같은 것"이라고 하지 않고, 뜻으로 풀어 "가(家)라고 써야 할 것을 잘못 쓴 것이다"라고 했고, 「금사(金史)」의 '勃極烈(발극렬:원

〈흉노 대찬우(大單于)의 금관〉

문은 '勃(발)'자가 李(이)자로 되어 있다. -정해자)'의 음을 신라의 '불구레(弗矩內:ㅂㅜㄹㄱㅜㄴㅐ. 즉 '밝게 누리를 비친다'는 뜻으로 혁거세(赫居世)를 지칭하는 것. -정해자)에 상당하는 것이라 하지 않고, 청조(淸朝)의 '베이러(貝勒)'와 같은 종류라고 한 것 등 틀린 것(失)이 없지 않으나, '주몽(朱蒙)'을 만주어(滿洲語)로는 '주림물'이라고 하는데, '활 잘 쏘는 사람'이라는 뜻이라 했고, 옥저(沃沮:워지)는 만주어로는 '와지', 곧 삼림(森林)을 뜻하는 말이라 했으며, 삼한 벼슬이름 끝에 붙는 '지(支)'는 바로 몽고어의 마관(馬官)을 '말치', 양관(羊官)을 '활치'라고 하는 것과 같은 종류이고, 삼한(三韓)의 '한(韓:한)'은 가한(可汗)의 '한(汗:干)'과 같은 왕의 칭호이며 국호가 아니라고 한, 다수의 고증자료를 얻었다. 〈「만주원고」에는 "주림물"이라고 기록되어 있지 않다. '쥐린망아(卓琳莽阿)'라고 기록되어 있는데, "卓(줘)는 朱(주)와 소리가 비슷하고 琳(린)은 설치음의 남은 소리('ㄹ'같은 것)이며 莽阿(망아) 두 자는 빨리 발음하면 蒙(몽)과 소리가 비슷해진다"고 했다. 그러니까 "주르멍"쯤 된다는 말이다. 옥저(沃沮)는 아지·우지라고도 한다. 또 '活沮(훠지)'는 오기로도 본다. -정해자〉

그 뒤 동몽고(내몽고)의 노승(老僧)을 만나 "몽고말로 동서남북을 무엇이라 하느냐"구 물으니까, "연나·준나·우진나·회차"라고 하여, 「고구려사」의 "동부를 '순나(順那)'라 하고, 서부를 '연나(涓那)'라 하고, 남부를 '관나(灌那)'라 하고, 북부를 '절나(絕那)'라 하는 것과 같다는 것을 알았다.

또 그 뒤 일본인 조거용장(鳥居龍藏:도리이 류조)가 조사 발표한 '조선·만주·몽고·터키, 네 민족의 말에 관한 것'이 있었는데, 이들 민족이 현재 쓰고 있는 말 중에 같은 말이 수십 가지나 있는 것을 보고, (지금 내가 기억하고 있는 것은 오직 귀자(貴子)를 '아기'라 하고 건장(乾漿)을 '메주'라고 하는 한 두 마디뿐이다) 대뜸 조선·만주·몽고·터키의 말은 같은 어계(語系)라는 억단(臆斷)을 내렸으며, 다시 지나(중국) 이십사사(二十四史)의 선비·흉노·몽고 등에 관한 기록을 가져다가 그들 종교와 풍속의 다르고 같은 점을 살펴보고 흉노의 유민(遺民)이 터키와 헝가리 등지로 이주한 사실을 서양사(西洋史)에서 고찰하여 거듭 조선·만주·몽고·터키 네 민족은 같은 혈족이라는 억단을 내리게 되었다.

이 억측으로 내린 판단이 옳으냐, 그르냐는 우선 덮어두자. 조선사를 연구하려면 조선의 고어(古語)뿐 아니라 만주와 몽골 등의 말을 연구해 고대 지명(地名)과 관명(官名)의 뜻을 정확히 깨달아야 하고 이동(移動) 및 통상(通商)의 흔적과 뺏고 빼앗긴 전쟁의 옛터하며 풍속의 차이와 문명스럽고 야만스런 정도 및 그 원인, 그밖에도 허다한 사적(事績)의 연구가 잘못된 기록을 바로잡는데도 유익할 것이라고 하겠다.

위의 다섯 가지는 재료를 선택하고 수집하는 것이 너무나 힘들고 고생스러웠던 나의 경험을 말한 것이다.

아! 조선·지나·일본 등 동양문헌에 대한 대 도서관(大圖書館)이 없으면 조선사를 연구하기 어려울 것이다. 일본 학자들은 국내에 아직 십분 만족하다 할 만한 도서관이 없다고 말하고 있지만, 동양에서는 제일이며, 또 지금은 조선의 소유(所有)까지 그들 외부(外府:총독부)의 서고가 되고 있어 서적의 구매나 열람, 각종 사료의 수집이, 떠돌이생활을 하는 우리 같은 가난한 선비보다는 나을 것이다. 게다가 상당한 신 사학(新史學)의 소양까지 있다고 자랑하는데, 지금까지 동양학에 뛰어난 걸물이 나오지 못하고 있는 까닭은 무엇인가.

그중에서 가장 명성이 자자한 자가 백조고길(白鳥庫吉 : 시라토리 쿠라키치)라고 하는데, 그가 지은 「신라사(新羅史)」를 보면 새로운 방식으로 배열되거나 정리되지도 않았고 한두 가지 새로운 발명도 없는 것은 무슨 까닭인가.

(두줄 깎여 빠짐)

편협한 천성이 조선을 날조하기에만 급급하여 공평심을 잃은 때문인가. 조선 사람으로서 어찌 조선사학이 일본사람의 손에서 시작되기를 바랄까마는, 조선의 보물같이 희귀한 책들을 남김없이 가져다가 어둠 속에 처박아 썩히고 있는 것이 통탄스럽고 애석하지 않을 수 없다.

5. 역사 개조(改造)에 대한 우견(愚見)

역사 재료에 대하여 그 없어진 것을 보충하고 빠진 것을 채워 넣으며 거짓된 것을 버리고 날조된 것을 가려내어 완전을 기하는 방법을 이미 대략 말했거니와, 엮어 꾸미고(編纂)고 정리하는 절차에 있어서도 옛 역사(舊史)의 투를 고치지 않으면 아니 될 것이다.

근자에 이따금 새로운 체제로 역사를 꾸몄다는 한두 가지 신작(新作)이 없지 않았으나, 다만 「신라사」다, 「고구려사」다 하여 왕조별로 끊었던 방식을 고쳐 상세(上世)·중세(中世)·근세대(近世代)라 했고, '권지일(卷之一)'·'권지이(卷之二)' 하며 편을 나누던 「자치통감」의 명칭을 고쳐 '제1편(第一編)'·'제2편(第二編)'이라 했으며, 내용을 보면 '재기(才技)'다, '이단(異端)'이다 하던 것을 '예술'이다, '학술'이다 하여 귀하고 천하게 여기던 위치가 바뀐 것뿐이고, '늑왕(勒王 : 왕에게 강요함)'이다, '한외(捍外 : 외국을 막아 지킴)'다 하던 것을 '애국'이다, '민족자각'이다 하여 신구 명사가 바뀐 것뿐이니, 터

놓고 말하면 한장책(韓裝冊)을 양장책(洋裝冊)으로 고친 것에 지나지 않는다. 이제 나의 어리석은 소견으로 개조할 수 있는 방법의 대강(大綱)을 말해보겠다.

(1) 그 계통(系統)을 찾아야 한다

구사(舊史)에는 '㉠대왕이 ㉡대왕의 아버지이고 ㉢대왕이 ㉣대왕의 아우이다' 하여 왕실의 계통을 찾는 이외에는 다른 곳에서 거의 계통을 찾지 않았기 때문에, 무슨 사건이든지 하늘에서 위인(偉人)이 내려오고 평지에서 신산(神山)이 솟아오르는 것 같아 한 편의 신괴록(神怪錄)을 읽는 것 같다. 역사는 인과관계(因果關係)를 찾으려는 것인데, 만일 이와 같은 인과 이외의 일이 있었으나 적히지 않았다고 하면 역사는 지어 무엇 하겠는가. 그러나 이는 지은 사람의 부주의고 본질이 그러한 것은 아니다. 그러므로 구사에서는 그 계통을 말하지 않았다 해도 우리가 이를 찾을 수 있다.

「삼국사기」 '신라사'에 기록된 신라의 국선(國仙)이 진흥대왕(眞興大王) 때부터 문무대왕(文武大王) 때까지 전성기를 누렸는데, 사다함(斯多含) 같은 이는 겨우 15~16세의 소년으로 지나(중국) 대성(大聖) 공구(孔丘:공자)와 겨룰 정도로 제자가 많았으며, 어진 재상(賢相)과 뛰어난 장수(良將), 충신(忠臣)과 용사(勇士)가 모두 이들 속에서 나왔다(「삼국사기」에 인용된 김대문(金大問)의 말)고 하였다. 그러나 그 기간이 수십 년에 불과하고 그에 대한 기록이 완전히 끊겨, 국선 이전의 국선의 뿌리(祖)도 알 수 없고 국선 이후의 뻗은 가지(孫)도 볼 수 없어 갑자기 나타났다 갑자기 사라진 것이 국선이니, 이것이 신라의 '신괴록'이 아니고 무엇이겠는가.

그렇지만 '고기(古記)'에서 국선이 왕검(王儉)에서 비롯되었다는 것을 찾았고, 「고구려사」에 나오는 '조의선인(皁衣先人) 등이 국선의 하나라는 것을 알게 되면서 국선의 연원(淵源)을 찾았다. 「고려사」에서 이지백(李知白:고려 초기 문신)의 "선랑(仙郎)을 중흥시키자"던 논쟁과 예종(睿宗)의 "사선(四仙:신라 때 화랑 남석행(南石行)·술랑(述郎)·영랑(永郎)·안상(安詳)을 말함-정해자)의 유적

을 더욱 영예롭게 하라", 의종(毅宗)의 "국선의 묻힌 통로를 다시 열어라"하
는 조서(詔書)를 보면 고려 때 까지도 국선의 전통이 남아 있었음을 볼 수 있
다. 이것은 계통을 찾는 방법의 한 예로 든 것이다. 〈「고려사」세가예종(世家睿宗)
에 "국선의 일로 요즘 벼슬길이 여러 갈래로 열렸다(國仙之事比來仕路多門)"라는 기록이 있
다. '고려 때'가 원문에는 '고구려 때'로 잘못돼 있다.─정해자〉

(2) 회통(會通)할 수 있게 찾아라

회통(會通)은 앞뒤의 일과 이쪽저쪽과의 관계를 훤히 알 수 있도록 자료
를 모아들인다는 말이다. 구사(舊史)에도 회통이란 명칭은 없으나 「고려사」
예지(禮志)·과목지(科目志) 등─이것도 회통 방법이 완전무결한 것은 아니지
만─이외에는 이 명칭을 응용한 곳이 없다.
그러므로 무슨 사건이든지 홀연히 모였다가
흩어지는 무지개구름(彩雲) 같고, 별안간 불
다가 그치는 회오리바람(旋風) 같아 도저히
모색하고 포착할 수 없다.

〈금(金)의 유물 동좌룡(銅坐龍)〉

「고려사」 묘청전(妙淸傳)을 보면, 묘청은
한 날 서경(西京:평양)의 승려였는데, "평양
(平壤)으로 천도하자", "금국(金國)을 치자"
고 하자, 일시에 군왕 이하 많은 신민(臣民)이 동지(同志)로 모여들어 기세가
등등했고, 마침내 평양에 자리 잡고 국호를 "대위(大爲)"라고 고치고 연호
를 "천개 원년(天開元年)"이라고 하여 인종(仁宗)에게 "대위국 황제(大爲國皇
帝)"로 등극하라고 협박성 상소(上訴)를 했으며, 반대당 영수인 한 날 유생
김부식(金富軾)이 왕사(王師:임금의 군사)를 이끌고 와서 죄를 묻자, 묘청은 변
변히 한 번도 싸워보지 못하고 부하에게 죽었다. 그래서 묘청을 '실성한사
람(瘋狂者)'이라고 한 사평(史評)도 있지만, 당시 묘청을 믿는 사람들이 그처
럼 많았던 것은 무슨 까닭이고 묘청이 하루아침에 허무하게 패한 까닭은 무
엇인가.

「고려사」의 세기(世紀)와 열전(列傳)을 참고하면, 태조 왕건(王建)이 거란(契丹:遼)과 외교관계를 단절하고 북방의 강토를 되찾으려 실행에 옮기지 못하고 서거하였고, 그 핏줄을 이어받은 제왕인 광종(光宗)과 숙종(肅宗)이 모두 그 유지(遺志)를 받들어 숙원(宿願)을 성취하려 하였을 뿐만 아니라, 이지백(李知白)·곽원(郭元)·왕가도(王可道) 같은 신하들도 열렬하게 북벌(北伐)을 주장했으나, 모두 실현되지 못했고, 예종과 윤관(尹瓘)이, 군신 간에 뜻이 맞아 두만강(豆滿江) 이북을 경영하려고 전쟁을 조금 벌였다가 반대하는 사람이 너무 많아 점령했던 구성(九城)의 땅까지 금태조(金太祖:아구다)에게 다시 돌려주었다. 이 일은 당시 무사(武士)들이 천고의 한스러운 일로 여겼다.

그 뒤 금태조는 요(遼:거란)를 쳐 없애고 지나 북부를 차지하여 '황제'라고 하며 천하를 노렸는데, 금국(金國)은 원래 백두산 동북쪽에 살던 여진족(女眞族)으로 우리에게 부역(服役)하던 노민(奴民:「고려도경(高麗圖經)」에도 "여진 놈들은 고려를 섬겼다(女眞奴事高麗)"라 했고, 「고려사」에 실린 금경조(金景祖:오구내)의 국서에도 "여진은 고려를 부모의 나라(女眞以高麗爲父母之邦)이라 했다)이었는데, 하루아침에 강성해져 형제의 위치가 바뀌었다. (「고려사」에 실린 금태조의 국서에 "형 대금황제는 아우 고려국왕에게 글을 보낸다(兄大金皇帝 致書于弟高麗國王)"했음) 이에 우리나라 사람 중 조금 혈기가 있는 자라면 국치(國恥)에 눈물을 흘릴 때였다.

묘청은 이러한 기회를 이용하여 고려 초부터 전해져오던 "평양에 도읍하면 36국의 조공을 받는다(定都平壤, 三十六國來朝)는 도참(圖讖)을 인용해 부르짖자, 사대주의 편견을 가진 김부식 등 약간 명을 제외하고는 모두 묘청에게 호응했고, 대문호(大文豪)였던 정지상(鄭知常)과 무장인 최봉심(崔逢深), 문무를 두루 갖춘 윤언이(尹彦頤:尹瓘의 아들) 등이 하나같이 북벌론(北伐論)을 주창하면서 묘청의 세력이 일시에 폭증했다.

그러나 오래지 않아 묘청의 행동거지가 몹시 방자하고 오만해져서 평양에서 왕명(王命)도 없이 국호(國號)를 고치고 온 조정을 협박하자, 정지상은 왕의 좌우에서 묘청의 행동에 반대했고 윤언이는 주의가 다른 김부식과 한패(同事)가 되어 묘청토벌의 선봉이 되니, 이는 묘청이 실패한 원인이다.

그러나 김부식은 출정하기 전에 정지상을 죽이고 묘청을 토평한 뒤에 또 윤언이를 귀양보내 북벌론자의 뿌리를 뽑아버렸다. 김부식은 성공하였으나 조선 쇠약의 빌미는 여기서부터 잡혔다고 하겠다.

이렇게 참고해보면 묘청이 성공하고 실패한 원인과 그가 실패한 뒤에 생긴 결과를 환하게 알 수 있지 않은가. 이것은 회통할 수 있게 찾아야 하는 한 예를 보인 것이다.

(3) 고정관념(心習)을 버려라

어느 해(某年:연도를 잊어버렸으므로 후에 증거 하겠다) 영국 해군성 보고(英國海軍省報告)에, "세계 철갑선(鐵甲船)의 시조는 1592년께 조선 해군대장 이순신(李舜臣)이다"고 한 기록이 「영국사(英國史)」에 등재되었는데, 일본 사람들은 모두 "당시 일본 배가 철갑이고 이순신의 배는 철갑이 아니다"고 하면서 (일본인이 증거로 들어 말한 각종 조선사도 그 책이름을 잊었고 「이조오백년사(李朝五百年史)」에도 이 말이 있으나 그 저작자의 성명을 잊었으므로 다른 글에서 밝히겠다) 그 보고가 틀렸다고 반박하였다. 〈「이조오백년사(李朝五百年史)」의 저자는 왜노(倭奴) 아오야나기 난메이(靑柳南冥), 또는 아오야나기 고타로(靑柳綱太郞)라고 불리던 자로 조선총독부 정책에 따라 조선민족 말살정책에 근저한 일선동조론(日鮮同祖論)을 주창하며 우리나라 역사의 반도사관을 완성한 일본 어용학자 중 하나다. –정해자〉

조선의 집필자들은 이것을 과장하기 위해 그 보고를 그대로 인용하여 조선과 일본 중 어느 나라가 먼저 철갑선을 만들었는가를 놓고 은연중에 논쟁을 벌였다.

일본인의 말은 아무것도 명확한 증거가 없는 거짓주장(僞案)이라 족히 변론할 것도 없다. 그러나 「이충무공전집(李忠武公全集)」이 설명하고 있는 '거북선(龜船)'의 제조방법을 보면 배는 목판(木板)으로 조립했고 철판(鐵板)으로 만든 것이 아닌 것 같으니, 이순신을 '장갑선(裝甲船)의 시조'라고 하는 것은 옳으나 '철갑선(鐵甲船)의 시조'라고 하는 것은 옳지 않을 것이다. '철갑선의 창제자(創製者:최초로 만든 이)'라고 하는 것이 '장갑선의 창제자'라고 하는 것보다 더 영예롭기는 하지만, 철갑선을 창제하지 않은 것을 창제하였다고 하면 이것은 진화하는 단계를 혼란시킬 뿐이다.

가령 모호한 기록 중에서 부여의 어떤 학자가 물리학을 발명하였다든지, 고려의 어떤 명장(名匠)이 증기선(蒸氣船)을 창제하였다는 글이 발견됐다 해도 우리가 믿지 못할 것으로는 남을 속일 수도 없을 뿐 아니라, 우리 자신도 속일 수 없기 때문이다. 〈초창기 거북선을 철갑선이라고 주장한 사람은 한국인이 아니라 서양 사람들이었다. 그들이 말하는 철갑선은 'Ironclad'를 의미하는 것으로 1800년대 유럽에 나타난 해군함정, 즉 선체보호를 목적으로 철판을 덧붙인 배들에 뿌리하고 있다. 그래서 호머 헐버트는 거북선을 거북배(tortoise-boat)이며 철판(Iron Plate)으로 감싼 것이라고 설명하면서 "한국은 철갑선과 금속 활판 기술을 세계에서 가장 먼저 발명한 국가"라 했고, 윌리엄 엘리엇 그리피스는 그의 저서 「은둔의 나라, 코리아」에서 거북선을 "금속으로 겉을 감쌌다(covered with metal)"고 표현했다. 이 거북선에 대한 기록이 1929년 영국 「브리태니커 백과사전(14판)」에 "거북선은 세계 최초의 철갑선 군함(first Ironclad war vessel)"이라고 게재되면서 '철갑선'이라는 주장은 자리를 잡는 듯했다. 그러나 지금까지 우리나라마저도 '철갑선이다', '아니다'고 다투면서 결론을 내리지 못하고 있다.-정해자〉

(4) 본모습(本色)을 보존하라

「대동운옥(大東韻玉)」에 "국선 구산(國仙瞿山)이 사냥을 나가서 알을 품고 있는 새나 새끼 밴 짐승을 가리지 않고 마구 죽이자, 주인이 저녁 밥상에 자기 다리 살을 베어 놓고 공(公)은 어진 사람이 아니니, 사람의 고기도 먹어 보라"고 했다는 기록이 있다.

이것은 대개 신라 당시에 술랑(述郞)·영랑(永郞) 등의 학설이 사회에 널리 퍼져 "죽이거나 다치게 할 때는 가려서 하라(殺傷有擇)"는 '국선오계(國仙五戒)'를 사람들이 모두 따르던 때였을 것이므로, 〈원문은 '때이므로'로 단정되어 있다-정해자〉 이 조목을 위반한 자는 '사람의 고기도 먹을 것'이라는 반감으로 산골 주막집의 주인까지 이처럼 참혹하게 무안을 준 것일 것이다. 〈원문은 '준것이다'로 단정되어 있다.-정해자〉 이것은 수십 자에 불과한 기록이지만 신라 화랑사(花郞史)의 일부(一部)라고 할 수 있다.

「고구려사」 미천왕기(美川王紀)에 이르기를, "봉상왕(烽上王)이 그의 아우인 돌고(咄固)가 딴마음을 품고 있다하여 죽이자, 돌고의 아들 을불(乙弗:미천왕)은 겁이 나서 달아나 수실촌(水室村) 음모(陰牟:당시 부호의 성명인 듯)라는 사람의 집에서 품팔이를 하였는데, 음모는 밤마다 집 옆에 있는 늪(草澤)에서 개구리들이 울어대자, 을불에게 '기와 조각과 돌을 던져 울지 못하게 하라' 했고, 낮에는 '나무를 해오라' 하여 잠시도 쉴 틈을 주지 않았다.

1년(周年)만에 도망쳐 동촌(東村)사람 재모(再牟)와 소금장수가 되었는데, 압록강에 다다라 소금 짐을 강동(江東) 사수촌(思收村:원본은 은수촌(恩收村)으로 되어 있다. 「삼국사기」 고구려본기 미천왕조를 참고하여 바로잡았다.-정해자) 인가(人家)에 부렸더니, 한 노파(老嫗)가 외상으로 소금을 달라고 해서 한 말쯤 주었다. 그 뒤 또 달라고 하여 거절했더니, 노파는 앙심을 품고 몰래 짚신 한 켤레를 소금 짐 속에 묻어놓았다가 짐을 싣고 떠나려 하자 뒤쫓아 와서 도적으로 몰며 압록재(鴨綠宰:압록현 지사)에게 고발하여 짚신 한 켤레 값으로 소금 한 짐을 다 빼앗고 볼기까지 친 뒤 풀어 주었다"고 했다.

이것 역시 몇 줄에 불과한 기록이지만, 봉상왕시대 부호들의 포학함과 양민에게 가한 수령의 사악한 행위를 그린 약도(略圖)이니, 봉상왕 시대 풍속화의 한 얼룩이라 할 수 있다.

그러나 「삼국사기」나 「고려사」는 맛없게 '아무 왕이 즉위하고 아무 왕이 죽었다'는 연월(年月)이나 썼고, 보기 싫은 '아무 나라로 사신을 보냈다, 아무 나라에서 알려왔다'는 등의 사실을 적은 것들이고 위의 두 사건과 같이 '그 시대의 본얼굴(本色)'을 그린 기록은 보기 어렵다.

이것은 유교도의 춘추필법(春秋筆法)과 외교주의(外交主義)가 편견을 드러내어 전해져오던 '고기(古記)'의 기록을 멋대로 뭉개고 고쳐서 각 '시대의 사상'을 흐려놓은 까닭일 것이다. 〈원문은 '까닭이다'라고 단정하여 의문을 표시하지 않았다.-정해자〉

서양의 어떤 역사가(歷史家)가 담하나 사이인 이웃에서 A·B 두 사람이 다투는 소리를 똑똑히 들었다. 그러나 이튿날 남들이 전하는 A·B의 시비(是非) 내용은 자신이 들은 것과는 모두 틀렸다. 이에 "옛날부터 역사가 모두 이

두 사람의 시비처럼 잘못 전해진 것을 적은 것이 아닐까”하고 자기가 지은 역사를 모두 불에 넣어버렸다 한다.

기자(記者)가 취재 해다 편집자가 읽어보고 교정자가 바로잡아 펴낸 뒤에도 또 잘못된 것이 발견되는 신문(新聞)·잡지(雜誌)의 기사도 오히려 그 실상과 크게 다른 것이 허다할 뿐 아니라, 매파 신문이 “그러하다”하면 비둘기파 신문은 “이러하다”하여 믿을 수 없는 경우가 많다. 하물며 고대의 한두 사가(史家)가 자기 취향(好惡:좋아하고 미워함)대로 아무 책임감 없이 지은 것을 어떻게 믿을 수 있겠는가.

그리고 이성계(李成桂)가 고려의 마지막 왕 왕우(王禑)의 목을 베고 그 자리를 빼앗을 때, 후대가 ‘신하로서 임금을 죽였다(以臣弑君)는 죄’를 덮어씌울까봐 백방으로 “왕우는 원래 왕씨의 왕통(王統:왕위)을 이을 수 없는 요승(妖僧) 신돈(辛旽)의 천첩 반야(般若)가 낳은 아이”라며 경효왕(敬孝王)이 신돈의 집에서 왕우를 어떻게 데려왔다, 왕우가 궁인 한씨(韓氏)를 친어머니로 정하는 것을 보고 반야가 원한에 차 한 차례 목 놓아 울자 궁문(宮門)도 그 억울함 〈원문은 억울하다, 원통하다는 뜻이 ‘寃(원) 자가 宛(완)로 잘못되어 있다.-정해자〉을 알고 무너졌다, 하여 어떻게든 왕우가 신씨(辛氏)라는 것을 고증하려 했다. 그러나 왕우는 오히려 송도의 유신(松都遺臣:高麗遺臣)들이 바위틈에 숨어서라도 억울하게 모함을 받았다고 절규하였으므로 오늘날 역사 애호가(史眷)들이 비록 확증은 없으나 왕우가 왕씨이고 신씨가 아니라고 믿기도 한다.

그러나 왕건(王建)은 궁예(弓裔)의 장수중 하나로 궁예의 신임을 받아 많은 군사를 맡게 되자, 드디어 궁예를 축출하여 객사(客死)하게 하고, 또한 ‘신하로서 임금을 죽였다는 죄’를 싫어하여 온힘을 기울여 죽일만한 궁예의 죄를 찾았다.
“궁예는 신라 헌안왕(憲安王:원문은 憲康王으로 되어 있다.-정해자)의 자식으로 왕은 그가 5월5일에 태어난 것을 미워하여 버리게 했는데, 궁예는 이에 원한을 품고 군사를 일으켜 도적들을 소탕하고 신라를 멸망시키려 했으며, 어느 절〈부석사(浮石寺)라 함-정해자〉에서는 벽에 그려진 헌안왕의 초상까지 칼로 쳤다"고 하였다.

다시 정확한 증거를 만들었는데, "궁예를 낳은 뒤에 헌안왕이 엄하게 명하여 죽이라 하자, 환관(中使:원문은 '궁녀(宮女)'로 되어 있다.「삼국사기」궁예전을 참조해 바로잡았다.-정해자)이 다락 위에서 다락 밑으로 궁예를 던졌는데 유모가 받다가 잘못하여 손가락이 눈을 찔러 한쪽 눈이 멀었다. 그 유모가 남몰래 길렀는데 여남은 살이 되어 장난질이 심하였다. 유모가 울면서 말했다. '왕이 너를 버리신 것을 내가 차마 못하여 길렀는데, 이제 네가 이렇게 분별없이 설쳐대니, 만일 남이 안다면 너와 나는 살아남지 못할 것이다' 라고 했다. 궁예가 이 말을 듣고 울면서 머리를 깎고 중이 되었다.

그 뒤 신라의 정치가 문란해지는 것을 보고 병사들만 모으면 큰 뜻을 이룰 수 있겠다고 보고 도적무리의 괴수(賊魁) 기훤(箕萱)에게 갔다가 뜻이 안 맞아 갈라섰고, 다시 도적무리의 괴수 양길(梁吉)에게로 가서 좋은 대접을 받았으며 병사를 나누어 동쪽으로 나와 땅을 공략(攻略)하였다"하니, 가령 위의 말이 모두 참말이라면, 이것은 궁예와 유모가 평생 담아둘 비밀일 터인데 듣고 전한 사람이 누구이며, 가령 궁예가 왕이 되어 신라 형법이 미치지 못하는 위치에 있게 된 뒤에 스스로 발표한 말이라면 어찌하여 그 말을 한 날짜와 장소는 적지 않는다 하더라도 데리고 말한 사람이 어찌 기록하지 않았겠는가.

오늘의 눈으로 보면 '부모를 부모라 하는 것'은 나를 낳아주신 은혜 때문인데, 만일 나를 낳아준 은혜는 없고 나를 죽이려는 원수만 있다면 그 부모가 무슨 부모겠는가.

궁예가 헌안왕의 아들이라 해도 만일 사관(史官)의 말처럼 태어나던 날 죽으라고 다락에서 던졌다면 그 시간부터 '아버지'라는 명의(名義)가 끊긴 것이니, 궁예가 헌안왕 몸에 칼질을 하여도 '아버지를 죽인 죄'가 될 것이 없고 신라의 왕릉이 있는 도성을 유린(蹂躪)한다 해도 조상들을 모욕했다고 논란할 수 없을 터인데, 하물며 왕의 초상을 칼로 치며 질서가 문란해진 신라를 혁명하려한 것이 무슨 큰 죄나 논란거리가 되겠는가. 〈'초상'의 원문은

'등신(等身)'으로 되어 있다. 등신불(等身佛)로 오해할 수 있어 삼국사기의 "흥주 부석사에 이르러 벽에 그려진 신라왕의 초상을 보고 칼을 빼어 쳤다(至興州浮石寺, 見壁畵新羅王像, 發劒 擊之)"는 기록을 참조해 초상으로 고쳤다.-정해자〉

　그렇지만 고대의 편협한 윤리관으로는 그 두 가지 일-헌안왕의 초상을 친 것과 신라국에 대한 불공(不恭)-만으로도 궁예는 죽어도 죄가 남을 터이니, 죽어도 죄가 남을 궁예를 죽이는데 무엇이 '불가(不可:아니 된다)' 하였겠는가.

　이렇게 되어 왕건은 살아서 고려의 통치권을 갖고 죽어서도 '태조 문성(太祖文聖)'이란 시호를 받으면서 추호의 부끄러움도 없게 되었으니, 이것이 고려 사관들이 세달사(世達寺)의 한 낱 비렁뱅이 중 궁예를 가져다가 고귀한 신라 황궁의 왕자로 둔갑시킨 까닭이 아닌가 한다.

　제왕(帝王)이다, 역적(逆賊)이다, 하는 것은 성공하느냐, 실패하느냐로 나누어진 명칭일 뿐이고, 정론(正論)이다, 사론(邪論)이다, 하는 것은 지지자가 많으냐, 적으냐의 차이일 뿐이다. 게다가 그릇되고 와전된 견문과 집필자의 취향(好惡)까지 섞여있지 않았는가. 사실(事實)도 흘러가는 물결 같아 한번 가면 다시 돌아오지 못하니, 이미 간 사실을 그리는 역사 저작자도 바보(癡人:어리석은 사람)이거니와, 그 그린 것을 가지고 앉아서 시비곡직(是非曲直)을 가리려는 역사 독자는 더욱 바보가 아니겠는가. 아니다. 아니다.

　역사는 개인을 표준으로 하는 것이 아니고 사회를 표준으로 하는 것이다. 그러므로 우리가 우(禑)의 성이 왕(王)가인가, 신(辛)가인가를 조사하여 정정하려하는 것보다 다만 당시 지나(중국)에 대하여 선전포고를 하고 요동의 옛 강토를 되찾으려 한 일이 성공할 것인가, 실패할 것인가, 성패간 그 결과가 이로울까 해로울까 부터 정한 뒤에 이를 주장한 왕우와 반대한 이성계의 시비를 논함이 좋을 것이고, 궁예의 성이 궁(弓)인가, 김(金)인가를 가리려고 논란을 벌이는 것보다, 신라 이래 높이 받들던 불교를 개혁하여 조선에 새로운 불교(新佛敎)를 성립하려 했던 것이 궁예가 패망하게 된 원인(導火線)인데, 만일 왕건이 없었다면 궁예의 그 계획이 이루어졌을까. 이루어졌다면

그 결과가 어떠했을까를 따져본 뒤에야 이것을 계획한 궁예와 적대하던 왕
건의 옳고 그름(邪正)을 말하는 것이 옳다고 생각한다.

'개인이 사회를 만드느냐, 사회가 개인을 만드느냐' 는 고대로부터 역사
학자들이 논쟁을 벌여온 문제이다. 조선조 전반기의 사상계(思想界)는 세종
대왕의 사상으로 지배되었고, 후반기의 사상계는 퇴계(退溪:이황)의 사상으
로 지배되었다. 그렇다면 조선조 5백년간의 사회는 세종과 퇴계 두 사람이
만든 것이 아니겠는가.

신라 밑 대부터 고려 중엽까지의 6백년간은 영랑(永郎)과 원효(元曉)가 각
각 사상계의 한쪽을 차지하고 있었기 때문에, 영랑의 사상이 각광을 받을
때는 원효의 사상이 주춤하고 원효의 사상이 환호를 받을 때는 영랑의 사상
이 위축되어, 하나가 나가면 하나가 물러나고 하나가 가면 하나가 오는 식
으로 갈마들어 사상계의 패왕이 되었으니, 6백년간의 사회는 그 두 사람이
만든 것이 아니겠는가.

백제의 통치제도(治制)는 온조대왕(溫祚大王)이 마련하여 고르대왕(古爾大
王)이 완성했고, 발해의 통치제도는 고제(高帝:大祚榮)가 마련하여 선제(宣
帝:大仁秀)가 완성했으니, 만일 온조와 고르왕이 아니었으면 백제의 정치가
어떤 형식으로 운영되었으며, 고제와 선제가 아니었으면 발해의 정치가 무
슨 모습을 보였을지 또한 모를 일이다. 〈발해(渤海)는 9세기 상반기 선왕(宣王)이 통
치하던 시절 최고의 융성기를 맞았다. 당시 발해국의 영토는 북쪽의 아무르강(흑룡강)에서부
터 남쪽으로 현재 북한 북부를 거의 차지하고 있었다.-정해자〉

삼경(三京)·오도(五都) 제도는 왕검(王儉)과 부루(夫婁)로부터 수 천 년 동
안 정치의 모형이 되어 왔으니, 왕검과 부루가 아니었다면 조선의 국가사회
가 어떻게 구성되었을지 모를 것이다. 이로 보면 하나의 위대한 인격자의
손끝에서 사회라는 것이 만들어지는 것이고 사회가 자성(自性:모든 존재가 지
니고 있는 변하지 않는 본성)으로 만들어지는 것이 아니라는 것이 아닌가.

그러나 다시 다른 한 면을 보자. 고려 말엽 불교가 극도로 부패하여 원효종(元曉宗)은 이미 쇠약해 질대로 쇠약해져 미미한 존재였고, 임제종(臨濟宗) 역시 걸출한 인물(傑物)이 없어 10만 명의 반승회(飯僧會)와 1백만 명의 팔관회(八關會)로 재곡(財穀:국가의 저축)을 낭비하여 국민들이 머리를 앓고 있었을 뿐 아니라, 사회는 이미 불교 밖에서 새로운 생명력을 찾기에 급급하여 안유(安裕:安珦)와 우탁(禹倬:易東先生)·정몽주(鄭夢周:圃隱) 등이 유교의 목탁을 든 지가 오래였다.

〈겸재 정선(謙齋 鄭歚)이 그린 도산서원(陶山書院)의 옛 모습〉

그 밑에서 세종이 나고 퇴계가 났으니, 세종이 세종이 되고 퇴계가 퇴계가 된 것은 세종이나 퇴계가 스스로 그렇게 된 것이 아니라, 사회가 만든 것이라고 하는 것이 옳지 않겠는가.

삼국 말엽 여러 백 년 동안 찬란하게 발달한 문학과 미술의 영향을 받아 소도(蘇塗:솟대)·천군(天君:텐군→단군)의 미신이나 율종(律宗)·소승(小乘)의 하급불교(下品佛敎)로는 영계(靈界)의 위안을 줄 수 없어, 사회가 새로운 생명력을 찾은 지 또한 오래였기 때문에 신라의 진흥대왕이나 고구려의 연개소문이 모두 모든 종교를 통합하는 새로운 방안을 입안(立案)하려 한 일이 있었다.

그럴 때 영랑이 도령(徒領)의 노래를 불렀고, 원효가 화엄(華嚴)의 자리를 베풀었으며 최치원(崔致遠)이 유교도 같고 불교도 같고 선도도 같은 신통한 재주를 보이자, 각계가 환호하며 이들을 맞았으니, 영랑이나 원효·최치원이 모두 본인 자신이 그렇게 된 것이 아니라, 사회가 만들어낸 것이 아니겠는가.

이러함에 따라 한 가지 의문이 생긴다. 원효는 신라 그때에 태어났기 때문에 원효가 된 것이고, 퇴계는 조선조 그때에 태어났기 때문에 퇴계가 된 것이다. 만일 그들이 그리스 철학 강단에 태어났다면 플라톤이나 아리스토텔레스가 되지 않았겠는가. 프랑스나 독일의 현대에 태어났다면 베르그송이나 오이켄이 되지 않았겠는가.

나폴레옹처럼 영웅적인 재략을 가졌다 해도 도포 입고 「대학(大學)」 읽던 도산서원(陶山書院) 부근에 태어났다면 물러나 송시열(宋時烈:尤庵)이 되었거나 나아가 홍경래(洪景來)가 되었을 뿐이 아니겠는가. 크고 작은 정도가 꼭 그처럼 되지는 않는다 해도 그 면목이 아주 달랐을 것이라는 것은 단언할 수 있다.

논조가 여기까지 이르렀으나, 개인이 사회라는 풀무 속에서 만들어질 뿐이라면 개인의 자성(自性)은 어디에 있고, 또 개인도 사회도 자성이 없다면 역사의 원동력은 어디에 있는 것인가. 나는 이것을 보면서 개인이나 사회의 자성은 없으나 환경과 시대에 따라 자성이 성립된다고 생각한다.

조선과 만주·몽골·터키·헝가리·핀란드는 3천년 이전에는 명확히 한 혈족(血族)이었다. 그러나 어떤 이들은 전처럼 아시아에 눌러 살기도 했고 혹은 유럽으로 이동하여 주(洲)의 동서로 갈렸으며, 혹은 반도로, 혹은 대륙으로, 혹은 사막, 혹은 비옥지대(肥沃地帶), 혹은 온대와 한대로 퍼지게 되어 사는 지역의 거리(遠近)가 달라졌고 목축(牧畜)·농경(農耕)·침략(侵略)·수성(守成) 등으로 인해 생활방식과 풍습(風習)이 달라지다, 세월을 따라 현격히 달라져 각자의 자성을 갖게 되었는데, 이것이 바로 환경을 따라 성립된 민족성(民族性)이라 할 수 있을 것이다.

같은 조선도 조선조시대가 고려시대와 다르고 고려시대는 또 동북국(발해) 시대와 다르고 동북시대는 삼국과 같지 않으며 왕검·부루시대와도 똑같지 아니하여, 멀면 천년의 앞뒤가 다르고 가까우면 백년의 앞뒤가 다르니, 이제부터는 문명의 발전이 더욱 속도를 내어 10년 이전이 홍황(鴻荒:태곳적)이 되고 1년 이전이 원고(遠古:먼 옛날)가 될지도 모르는 일이다. 이것이 이른바 시대를 따라 성립하는 사회성(社會性)이다.

원효와 퇴계가 시대와 경우(환경)를 바꾸어 태어났다면 원효는 유자(儒者)가 되고 퇴계는 불자(佛者)가 되었을지 모르지만, 도량 넓고 활달한 원효에게 주자의 법도나 지키려 애쓰는 퇴계가 되라하면 이는 불가능한 일일 것이고, 충실하고 옹졸한 퇴계에게 불교의 별종(別宗)을 수립한 원효가 되라하면 이 또한 불가능한 일일 것이다. 왜냐하면 시대와 경우(환경)가 인물을 만들어내는 원료라는 점은 같지만, 인물이 시대와 환경을 이용하는 능력은 다르기 때문이다.

민족도 개인과 같이, 어느 곳 어느 때 ㉠이라는 민족이 가서 성과가 이러저러했으니 ㉡민족이 갔더라도 꼭 그만한 성과를 거두었을 것이라고 말한다면, 그것은 너무 성급한 판단일 것이다.

대개 개인이나 민족에게는 두 가지 속성이 있으니 하나는 항성(恒性:시대와 환경이 변해도 변하지 않는 본성)이고 하나는 변성(變性:시대와 환경에 따라 변하는 속성)이다. 항성은 첫째 자성(自性)이고 변성은 둘째 자성이다. 항성이 많고 변성이 적으면 환경에 순응하지 못해 멸망해 없어질 것이고, 변성이 많고 항성이 적으면 힘센 자에게 정복되거나 남보다 못하게 되어 경쟁에 지게 될 것이다. 언제나 역사를 뒤돌아보고 두 자성의 과다(寡多)를 조절하고 경중(輕重)의 균형을 잡아 그 생명이 천지(天地)와 같이 장구(長久)하게 만들 것인지 아닌지는 오직 민족적 반성에 달려있다 하겠다.

이상의 말에 의거하여 개인과 사회의 관계에 대해 두 가지 결론을 지었으니, ㉮ 사회가 이미 안정된 국면에서는 개인이 힘쓰기가 매우 곤란하고, ㉯ 사회가 안정되지 못한 국면에서는 개인이 힘쓰기가 매우 쉽다는 것이다.

정여립(鄭汝立)이 "충신은 두 임금을 섬기지 않고, 열녀는 두 지아비로 바꾸지 않는다(忠臣不事二君,烈女不更二夫)"는 유가의 윤리관을 일필(一筆)로 말살하여, "인민에 해(害)가 되는 임금은 죽여도 되고, 의(義)를 행하지 않는 남편은 버려도 된다"고 하고 "하늘의 뜻과 사람의 마음이 이미 주왕실(周室)에서 떠났는데, 주나라를 높이 받들려는 것이 무엇이며 사람들과 땅이 벌써 조조(曹操)와 사마의(司馬懿)의 손으로 들어갔는데, 구구한 한 구석의 유비(劉備:玄德)를 정통으로 삼는 것이 다 무엇이냐"하며 공구(孔丘:공자)·주희(朱熹)의 역사필법(歷史筆法)을 반대하니, 그 제자 졸극성(卒克成) 등은 "이는 참으로 예전 성인(聖人)들도 하지 못한 말씀이시다"했고 재상(宰相)과 학자들도 그 재기와 학식에 기우는 사람이 많았으나, 세종대왕이 붙들어 세운 삼강오륜(三綱五倫)이 벌써 터를 잡았고 퇴계선생의 존군모성주의(尊君慕聖主義:임금을 높이 받들고 공자를 사모하는 주의)가 이미 깊게 뿌리를 내려 전 사회가 안정된 지 이미 오래이니, 이 같은 돌발적이고 혁명적인 학자를 용납하겠는가. 그러므로 애매한 한 장의 고변장(告變狀)으로 머리와 몸통이 따로 뒹굴고 온 집안이 즉시 쑥대밭이 되었으며 평생의 저술이 모두 화장(火葬)에 들어갔다. 이것은 곧 ㉮에 속한 것이다.

최치원이 지나(중국) 유학생으로 길을 떠날 때, 그의 아비가 "10년이 되어도 급제(及第:원문은 '科名(과명)'으로 되어 있다.「삼국사기」'최치원전'을 참고하여 바로잡았다.-정해자)를 못하면 나의 아들이 아니다."라고 하여 한낱 한문 졸업생이 되기를 바랐을 뿐이다. 최치원은 돌아와서 "열두 살에 명주실처럼 중국에 들어갔다가/스물여덟 살에 비단옷 입고 고국으로 돌아왔다(巫峽重峰之歲 絲入中原/ 銀河列宿之年 錦還東國)"고 노래하여 자신도 한낱 한문졸업생이 된 것을 남에게 자랑하였다. 〈이 최치원의 시는 합천 해인사 무릉교(武陵橋) 옆 바위에 새겨져 있다. '무협 여러 봉의 나이(巫峽重峰歲)'라는 것은 무협의 봉우리들이 12봉이기 때문이며, '은하열수의 나이(銀河列宿年)'라는 것은 하늘의 별이 28수를 기준이로 운행되기 때문이다.-정해자〉

그는 사상은 한(漢)이나 당(唐)에만 있는 줄 알고 신라에도 있는 줄을 몰랐으며, 학식은 유교 서책이나 불교 전적을 관통하였으나, 본국의 '고기(古記)' 한편도 보지 못한 것 같으니, 〈원문은 '보지 못했으니'로 되어 있다.-정해자〉 그 주의는 조선을 가져다가 순지나화(純支那化) 하려는 것뿐이고, 그 예술은 '靑天(청천)'으로 '白日(백일)'의 대를 맞추고 '黃花(황화)'로 '綠竹(녹죽:원문은 '녹죽(綠竹)'이 '녹변(綠弁)'으로 되어 있다.-정해자)의 대를 맞추는 '사륙문(四六文)'에 능할 뿐이었다.

당시 영랑과 원효의 두 파가 모두 노후(老朽:오래되어 낡음)하여 사회의 중심적 역할을 할 수 있는 힘을 잃고 있었으므로 새로운 인물에 대한 기대가 마치 주린 자가 밥을 찾는 것과 같았으니, 첫발에 '대 선생(大先生)'이라는 휘호(徽號)가 한낱 한문 졸업생에게로 돌아갔으며, 두발에 천추혈식(千秋血食:우리나라 공자사당인 문묘(文廟)에 모셔져 천년토록 제삿밥을 얻어먹는다는 말. 석전대제(釋奠大祭)에는 날고기를 쓰기 때문에 혈식(血食)이라 한 것.-정해자)의 예(禮)까지 그에게 바침으로써 고려로 들어와서는 영랑과 원효 양가(兩家)와 자리를 마주하고 앉게 되었으니, "때를 만나면 못난 자식(豎子)도 성공한다"더니, 이를 두고 한 말 같다. 이것은 ㉯에 속한 것이다.

어찌 학계(學界) 뿐이겠는가. 모든 사업이 그러하다. 기훤(箕萱)과 양길(梁吉)이 한 때 웅지(雄志)를 폈던 것도 신라 말, 사회가 불안정한 국면에서 일어난 것이고, 이징옥(李澄玉)·홍경래(洪景來)가 뜻밖에 패망한 것은 조선조가 이미 안정된 국면이었기 때문이다. 〈이징옥(李澄玉)은 조선조 후기 과거에 낙방하고 삼정(三政)이 문란해진 틈을 타 풍수로 전국을 떠돌며 상인(商人)등 불평불만 세력을 끌어들여 변란을 일으켰던 홍경래(洪景來)와는 완전히 다르다. 이징옥은 평생을 오로지 4군의 설치와 6진 개척에 전념한 명망 높은 장군으로 함길도에 틀어박혀 북방 방위에만 전념했다. 그러다가 1453년(단종 1) 수양대군(世祖)이 집권하면서 김종서(金宗瑞)의 심복이라 하여 파직되자, 후임으로 온 박호문(朴好問)을 죽이고 병마를 이끌고 종성으로 가서 '대금황제(大金皇帝)'라고 하며 오국성(五國城)에 도읍을 정하고 여진족의 후원을 얻어 반란을 일으켰다. 그리고 두만강을 건너려고 하다가 종성판관 정종(鄭鐘)·이행검(李行儉) 등의 야습을 받아 아들 3명과 함께 피살되었다.-정해자〉

임백호(林白湖:悌)가 말하기를, "나도 중국의 육조(六朝)나 오계(五季) 때 태어났다면 '돌림 천자(天子)'는 얻어 했겠다"고 하였다. 〈육조(六朝)는 오늘의 난징(南京)을 수도로 했던 삼국 때의 오(吳)·동진(東晋), 남조의 송(宋)·제(齊)·양(梁)·진(陳)을 말하는 것이고, 오계(五季)는 당말(唐末)의 후오대(後五代), 즉 후량(後梁)·후당(後唐)·후진(後晋)·후한(後漢)·후주(後周)를 말한다.-정해자〉

임백호 같은 시인이, 육조·오계의 유유(劉裕:남조 송(宋)의 초대 황제)나 주전

충(朱全忠:당을 멸망시킨 후량(後梁)의 건국자) 같은 '홍호적(紅鬍賊)의 괴수'와 동
등하게 되어 '돌림천자'나마 돌아오게 할 위력이 있다고는 할 수 없으나,
지나(중국)의 천자가 되어 천하를 경영하고자 한다면 「한서」의 치세(治世:
평화로운 때)보다는 육조·오계의 난세(亂世:혼란한 때)가 훨씬 쉬울 것이라는
것은 자연스러운 이치이다. 〈'홍호적(紅鬍賊)은 '붉은 구레나룻 도적'이라는 뜻으로
만주 연해주를 침범한 러시아군을 일컫던 말이다. 단재가 유유와 주전충을 '홍호적'이라고
한 것은 이들이 '고수나룻(虬髥)'이었기 때문에 '규염(虬髥)'을 '홍호(紅鬍)'로 바꿔 '붉은
구레나룻 도적의 괴수"라고 쓴 것이 아닌가 싶다.-정해자〉

　이미 안정된 사회의 인물은 언제나 이전 사람의 수법을 배워 그것을 늘려
확장시킬 뿐이니, 인물이 되기는 쉬우나 그 공(功)이나 과(過:원문은 '죄'로 되
어 있다.-정해자)가 크지 못하여 혁명성을 가진 인물(정여립 같은 유)은 매번 실패
로 끝나게 되어, 사회에서도 그를 원망하고 미워해 그의 주장(言論)이나 행
적(行蹟)까지 없애기 때문에 후세에 끼치는 영향이 거의 없게 되고 오직 3백
년이나 5백년 뒤에 한두 사람이 알아주어 그가 남긴 여운(餘韻)을 감상할 뿐
이다.

　안정되지 않은 사회의 인물은 창조적이고 혁명적인 사내라야 될 것 같지
만 어떤 때는 꼭 그렇지도 않다. 작은 칼로 세공이나 하는 하급 재주꾼(下品
才子:최치원 같은 유)도 외국인의 입술이나 흉내 내어 그들과 똑같이 말하고
웃고 노래하고 울어, 사람들을 감동시킬 만하면 의외로 인물의 지위를 얻기
도 한다. 그러나 인격적 자성(自性)의 표현을 못하고 노예적 습성만 발휘하
여 전민족의 항성(恒性)을 매몰하고 변성(變性)만 조장하는 못된 기계(機械)
가 되고 만다. 이는 사회를 위하여 두려워해야 할 일이고, 인물이 되려는 뜻
을 가진 사람이 경계하고 조심해야할 바라고 하겠다.

제 2 편

수두 시대

제1장. 조선고대(古代)의 편론(編論)

(1) 조선 민족의 구별

고대(古代) 아시아 동부의 종족이 ㉠ 우랄어족(語族) ㉡ 지나(중국)어족, 두 갈래로 나뉘었으니, 한족(漢族)·묘족(苗族)·요족(猺族) 등은 후자에 속한 자이고 조선족(朝鮮族)·흉노족(匈奴族) 등은 전자에 속한 자이다. 조선족이 갈라져 조선·선비(鮮卑)·여진(女眞)·몽고(蒙古)·퉁구스 등의 족이 되고 흉노족이 이동 분산하여 위구르(지금 신강족)·헝가리·터키·핀란드 등의 족이 되었다. 〈'위구르'의 원문은 '突闕(돌궐)'로 되어 있다. 그러나 위구르는 돌궐의 한 갈래인 회골(回鶻)이므로 바로잡았다. - 정해자〉

지금 몽고·만주·터키·조선 4개 민족 사이에는 이따금 같은 어휘(語彙)와 물명(物名)이 있는 것은 몽고(大元)제국시대 그들과 우리의 관계가 많았기 때문에 받은 영향도 있겠지만 옛 역사를 참고하면 조선과 흉노 사이에도 관명(官名)·지명(地名)·인명(人名)에 같은 것이 많으니 상고(上古)에는 같은 어족(語族)이었다는 명확한 증거일 것이다.

(2) 조선족의 동쪽으로의 이동

인류의 발상지에 대하여 ㉮ 파미르 고원(高原)설과 ㉯ 몽고 사막(沙漠)설, 두 설이 있는데, 아직 그 시비가 완전히 가려지지는 않았지만 우리 고어(古語)를 참조하면, 왕의 성을 '해(解)'라고 한 것은 태양에서 뜻을 취한 것이고, 왕호(王號)를 '불구레(弗矩內:ᄇᆞᆯㄱㄴ)'라 한 것은 태양의 빛(光輝)에서 뜻을 취한 것이고, 하늘나라(天國)를 환국(桓國)이라 한 것은 밝음(光明)에서 뜻을 취한 것이다.

〈파미르 고원의 카라코람 하이웨이. 앞에 보이는 것이 무스타커봉이다〉

대개 조선족이 최초에 서쪽 파미르고원이나 또는 몽고 등지에서 광명의 본원지(本源地:해 뜨는 곳)를 찾아 동쪽으로 이동하여 불함산(不咸山)−오늘의 백두산(白頭山)으로 명월(明月)이 출입하는 곳−을 바로 광명의 신(光明神)이 깃드는 곳으로 알고 그 부근의 땅을 조선이라고 칭했으니, 조선도 고어(古語)로 광명이란 뜻일 것이다. 그 조선을 후대에 이두로 朝鮮(조선)이라고 썼을 것이다.

(3) 조선족이 흩어져 살던 '아리라'

우리 고어(古語)에 오리(鴨)를 '아리'라 하고 강을 '라'라 하였는데, 압록강(鴨綠江)·대동강(大同江)·두만강(豆滿江)·한강(漢江)·낙동강(洛東江)과 지린성(吉林省)의 송화강(松花江), 봉천(奉天:瀋陽)의 요하(遼河), 융핑푸(永平府:秦皇島市)의 난하(灤河:옛 濡水) 등을 이두(吏讀)로 쓴 옛 이름(古名)을 찾아보면 아례강(阿禮江:아리물)·아리수(阿利水:아리물)·욱리하(郁利河:유리물)·오열하(烏列河:오리물)·열수(列水:버라내)·무열하(武列河:우리물)·압자하(鴨子河:오리물)라고 표기했으니, 아례·아리·욱리·오열·무열 등은 모두 '아리'의 음역(音譯:寫音)이고 압자(鴨子:고어에 오리를 아리라 했다)는 '아리'의 의역이며 강(江)·하(河)·수(水)는 모두 '라'의 의역이다.〈'오리'의 원문은 '기리'로 되어 있다. 오리과의 '개리'를 이르는 것이 아닌가 싶어 '오리(鴨)'로 고쳤다. 두만강과 낙동강을 단재는 어떤 근거로 '아리수'로 해석했는지 설명이 없고 '버라내' 즉 패수(浿水)라는 뜻의 '열수(列水)'가 어떻게 아리수로 해석되었는지 근거를 대지 않았다. −정해자〉

이상의 각 대강(大江)은 모두 조선족의 선조가 지은 이름이고 조선 고대의 문화는 거의 위의 여러 강가에서 발생했다. 그래서 「삼국지(三國志)」〈원문은 「三國志」의 志(지)자가 지(誌)자로 잘못되어 있다.-정해자〉에도 "고구려는 나라를 세우면서 큰물을 의지해 살았다(句麗作國, 依大水而居)"라고 했다.〈원문에는 "고구려가… 큰물을 좋아해서 그 옆에 살았다(句麗作國, 好傍大水而居)"고 의(依)자를 호방(好傍)으로 고쳐 썼다. 그러나 역사 기록은 후인(後人)이 마음대로 고쳐 쓸 수 있는 것이 아니기 때문에 「삼국지」 원문을 참조하여 바로잡았다.-정해자〉

'나라'는 고어가 '라라'다. 원래 '나루(津渡)'를 가리키던 명사가 국가를 가리키는 명사가 된 것이다. 고대 지명(地名) 끝에 붙던 那(나)·羅(라)·奴(노)·婁(루)·耨(누)·良(양)·浪(랑)·穰(양)·壤(양)·岡(강)·陽(양)·牙(아)·邪(사) 등은 모두 '라'의 음역이고 川(천)·原(원)·京(경)·國(국) 등은 거의 '라'의 의역이다. 이 두 가지가 모두 '라라'의 축역(縮譯)으로, 강이 물고기를 잡을 수 있는 터전이고 배를 타고 다니기에도 편리했기 때문에 상고(上古)의 문명이 거의 강가에서 발원했던 것이다.〈이 단락 첫머리에서 단재는 "기리를 '아리'라 한다"고 했는데, '아리'는 위에서 설명한 것처럼 '알'에서 파생된 '신성한 물'이라는 뜻이다. 지금도 내몽고나 외몽고로 가면 물이라는 뜻으로 '아르'·'아리'가 쓰인 지명을 쉽게 볼 수 있다. 대흥안령(大興安嶺) 지구에 있는 유명 광광지 아르산(阿爾山)도 그중의 하나다. 몽고어 Arshaan에서 온 것인데 아르(Ar)는 물이고 산(shaan)은 뜨겁다는 뜻이다. 원래 '哈른아르산(哈倫阿爾山)', 즉 '성스럽고 뜨거운 샘물(熱的聖泉)'이라는 뜻의 이름이었는데 '아르산'으로 줄었다. 그리고 또 하나, "강(江)을 '라'라고 했다"면서 근거를 제시하지도 않고 지명 끝에 붙는 여러 유형의 '라·나·야' 등의 예를 들었는데, 이것은 모두 '국가', 즉 나라나 수도를 지칭하는 말로 건국이후 많은 학자가 결론을 내린 것이다. 낙랑(樂浪)·신라(新羅)·라가(羅暇)·가라(加羅)·가야(伽倻)·국내(國內)·불내(不耐)·위례(慰禮)·평양(平壤)·평나(平那)·낭야(瑯琊)·나라(奈良) 등등이 국가나 수도를 가리키고 있는 것만 보아도 알 일이다. 羅(라)·狼(랑)·良(량)·那(나)·洛(락)·奈(내)·樂(락)·襄(양)·耐(내)·邪(야)·內(내)·盧(로)·耶(야)·壤(양) 등 본음 '라'가 강화되어 랴·냐가 되고 약화하여 아·하·야가 되는 것을 잘 보여준다. 단재가 혹시 국천(國川)을 의미하는 '버라'·'피라'·'배라' 등이 浿水(패수)로 번역되는 것을 보고 '라'를 '강'을 지칭하는 말로 해석한 것이 아닌가 싶으나 설마 그리했으랴 싶다. 위에서 말한 대로 우리 고어에 물을 지칭하는 말로는 '아리'·'무르'·'살'·'내'가 있다. 그밖에 강이나 호수를 'フ름'이라 하여 '가름'의 뜻으로 쓰인 적은 있다. 강을 '라'라고 하여 '아리라'라고 불렀다는 근거가 어디 있는지 궁구(窮究)되지 않는다.-정해자〉

(4) 조선의 최초를 개척한 부여(扶餘)

원시 인류가 강(江河)가에서 고기를 잡고 산과 들에서 날짐승과 길짐승 및 푸성귀와 과실 등 자연산물에 의지해 먹고 살다가 인구가 늘어남에 따라 그 먹거리만으로는 부족하게 되어, 그 모자라는 것을 보충하기 위해 목축업(牧畜業)과 농업(農業)이 생겨났다.

농업은 대개 불(火)의 힘을 이용하여 풀과 나무를 태우고 땅을 개척한 뒤에나 할 수 있었던 것이므로 옛말(古語)에 들판을 '불' 이라고 하였다.

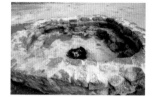

〈배화교 성전 안의 땅불〉

불을 이용하는 방법을 발견한 것은, 한갓 농업을 유발시키는데 그친 것이 아니다. 굴에 불을 질러 맹수도 죽이고 생가죽을 무두질하여 옷과 신발도 만들었으며 진흙을 구워 그릇도 만들었고 돌을 달구어 쇠(鐵)도 만들었으며, 기타 사람이 날마다 사용하며

〈아제르바이잔 배화교 성전의 꺼지지 않는 불탑〉

살아가기 편리하도록 사람의 지혜를 계발시켜 주었다. 〈원문은 '진흙을 구워 성벽을 쌓았으며 쇠를 달구어 기계(器械)를 만들었으며' 로 되어 있다. 너무 건너뛰는 듯하여 쉽게 고쳤다. -정해자〉

그래서 근세의 일반 사학자 들은 "고대에 불을 이용할 줄 알게 된 것이 바로 근세의 증기(蒸氣)나 전기(電氣)를 발견한 것처럼 사회생활의 대변혁(大變革)을 일으킨 대발견(大發見)이라고 한다.

동·서양 고대의 인민들이 모두 '불' 을 발견한 것을 기념하여 '그리스의 화신(火神:헤파이스토스)'·'페르시아의 화교(火敎:조로아스터)'·'지나(중국)의 수인씨(燧人氏)' 등의 전설이 있고 우리 조선은 더욱 불을 사랑하여 사람의 이름까지 '불' 이라 지은 것이 많다. '夫婁(부루)'·'禀離(빙리)' 등이 '불' 의 사음(寫音:음역)이다.

'불' 이라 지은 지명도 적지 않은데, 부여(扶餘)·부리(夫里)·불내(不耐)·불이

(不而)·국내(國內)·불(弗)·벌(伐)·발(發) 등이 모두 불의 사음이다.

「고기(古記)」·「고사기(古事記)」 등을 참고하면 조선 문화의 원시(原始)라 할 수 있는 '수두'의 발원지가 거의 송화강(松花江) 기슭이나 하르빈(哈爾濱) 부근인데, 하르빈의 옛 이름은 '부여(夫餘)'이다. 그러므로 송화강은 조선족이 최초로 자리 잡았던 '아라리'이고, 하르빈은 조선족이 최초로 개척한 들판(野地), '불'이다. 그 밖의 모든 '부여'·'부리' 등등은 연대를 따라 차례차례 개척된 들판, '불'이다. 〈고기(古記)'는 「삼국사기」·「삼국유사」 등이 인용하고 있는, 전해지지 않는 기록이고, 「고사기(古事記)」는 일본의 신화 등을 담고 있는 상고사(上古史)인데, 위서(僞書)라고 평가되는 책이다. 단재는 이런 기록 들을 근거로 하여 오늘날 하르빈을 부여의 수도(首都) '녹산(鹿山)'으로 비정하고 있다. 그러나 '불'은 '벌'을 뜻하는 말로 원시의 들녘

〈하르빈 송화강(松花江) 가에 서있는 사슴상〉

(原野)에서 발전하여 국가와 왕도(王都)라는 뜻도 함축하게 된 말이라고 많은 학자는 보고 있다. 위만조선이 멸망하기 이전부터 존재했던 것이 부여(夫餘·鳧臾)니까 단재의 말처럼 오늘날 신강(新疆)에 있던 부루국(蒲類國)을 비롯하여 剌슈支(불령지)·離支(리지)·令疵(령비)·肥如(비루)·不其(불희) 등 진황도(秦皇島)·천진(天津)·청도(靑島) 등 발해만 일대에 있던 '부르'까지 모두 '하르빈 부여'가 성립된 뒤에 개척된 부여라고 볼 수는 있다. 그렇지만 많은 연구가 뒤따라야 할 것 같다. 오늘날 사학계는 지린시(吉林市)의 용담산성(龍潭山城) 밑에 있는 동단산(東團山) 일대를 부여의 첫 도읍지인 '녹산'으로 보고 346년 농안(農安)으로 도읍(首都)을 옮겨 494년까지 유지하다가 물길(勿吉)에게 멸망했다고 본다. 그렇다고 무슨 각자판(刻字板)이라도 나와 증명된 것은 아니다. 정황적 증거에 따른 유추일 따름이다. "그 나라가 은부하여 선대 이래로 한 번도 외적에게 파괴된 적이 없다"했고 "부고(府庫)에는 온갖 명주(明珠)가 가득하며, 왕이 죽으면 옥갑(玉匣)에 넣어 장사지내면서 1백여 명 이상을 순장(殉葬)했다"는 그 대단한 나라, BC 239년 해모수(解慕漱: 태양 같은 머스마)가 세운 뒤 733년을 버텨온 대부여(大夫餘)가 어찌 그럴듯한 왕릉 하나 남기지 않았겠는가. 아무리 한족(漢族)에게 도굴당하고 그 '옥갑'들이 유방(劉邦)의 후얼(後孼: 漢王)들에게 재활용되어 오늘날 중국의 국보(國寶)가 되고 있다고 해도, 증후을(曾侯乙)의 묘나 마왕퇴(馬王堆) 같은 '부여왕릉'이 동북 어디서 발견되어 풀리지 않는 수수께끼를 일거에 풀어줄 그날만을 기대할 수밖에 없는 것이 안타까운 오늘날 우리의 현실이다. –정해자〉

제2장. 단군왕검(壇君王儉)의 건국

(1) 조선 최초의 일반신앙 단군(壇君)

앞에 기술한 것처럼 조선족이 각 '아리라'에 분포하여 각 '불'을 개척하던 그때 일대 공동신앙이 유행하였다. 이른바 단군(壇君)이다.

원시 인민들은 우주의 현상(現象:원문은 形象(형상)으로 되어 있다.-정해자)을 과학적으로 해석할 지식이 없었기 때문에 우주에 '신(神)이 있다'고 가정하고 모든 현상을 '신의 조화(造化)'로 돌려 신을 숭배하였다. 동시에 각자 자연(天然)환경에 따라, 혹은 만물(萬物)을 모두 신으로 인식하여 숭배하기도 했고, 혹은 만물 위에 하나의 신이 있다고 믿어 이를 숭배하였다. 이것이 이른바 종교(宗敎)이며 원시시대 각 민족사회가 각기 고유한 종교를 갖게 된 실제 상황이다.

조선족은 우주의 '광명(光明:제1장 참조)'이 숭배의 대상이 되었는데, 태백산(太白山) '수림(樹林)'이 광명신(光明神)이 깃들어 쉬(잠자)는 곳(棲宿所)으로 믿었다. 그 뒤 인구가 번식하여 각 지방으로 퍼지게 되자, 각기 거주지 부근에 태백산 수림을 모방한 수림을 조성하고 그 수림을 '수두'라고 불렀는데 수두는 '신단(神壇)'이라는 뜻이었다.

매년 5월과 10월 수두로 가서 제사를 지내는데, '제주(祭主)'한 사람을 뽑아 수두 중앙에 앉혀 놓고 '하느님', 또는 '천신(天神)'이라고 부르며 많은 사람이 제사를 올렸다. 〈제주(祭主)는 제사를 총괄하는 책임자를 지칭하는 말이다. 그 책임자를 제단 중앙에 앉혀놓고 '천신'이라며 제사를 올렸다니, 단제가 「삼국지:위서 동이전」의 "국읍에서는 한 사람을 세워 천신제를 주관하게 했는데 천군이라 불렸다(國邑各立一人, 主祭天神, 名之天君)"는 기록을 "국읍에서는 한 사람을 주신으로 세우고 천신, 천군이라 부르며 제사했다"고 해석하여 이런 말을 낳게 된 것이 아닌가 싶다. 그 천제(天祭)는 지금도 천신제 또는 산신제(山神祭)라는 이름으로 시골 각 마을에서 행해지고 있다. 제사를 지내기 위해 궂은 일이 없고 유복한 사람 중에서 제사를 주관할 제주·축관·화주·상군 등을 뽑는다. 옛날 무당 천군(天君)이 하던 일을 일반인이 하는 것이 다를 뿐이다. '천군'은 바로 '텐군'으로 무당, 즉 '단군(壇君)'을 이르는 말이다.-정해자〉

수두 주위에는 금줄을 쳐 잡인(閑人)이
출입하지 못하도록 막았는데, 전쟁이나 기
타 큰일이 생기면 비록 5월과 10월 제사
때가 아니더라도 소를 잡아 수두에 제사
를 올리고 그 소의 발굽으로 수두 앞에서
점(占)을 보았는데 굽이 떨어지면 흉(凶)
하다 했고 굽이 붙어 있으면 길(吉)하다 했
다. 이것이 지나(중국)의 팔괘(八卦)·음획
(陰畫:--)·양획(陽畫:—)의 기원이 된 것일
것이다.

강적(强敵)이 침입하면 각 수두 소속의
부락들이 연합하여 방어하고 가장 공이 큰

〈내몽고 초원 오보 위의 신간(神竿)〉

부락의 수두를 첫머리로 높이 받들어 '신수두'라고 불렀다. '신'은 최고 최
상을 뜻하는 말이다. 기타 각 수두는 그 아래 부속(附屬)되었다.

삼한사(三韓史:「삼국지」위지동이전)에 보이는 '소도(蘇塗)'는 '수두'의 음
역이고, '신소도(臣蘇塗)'는 '신수두'의 음역이며 '진단구변국도(震壇九變
局圖)'에 보인 '진(震)'은 '신'의 음역이고, '단(壇)'은 '수두'의 음역이며
'단군(壇君)'은 곧 '수두하느님'의 의역(意譯)이다. '수두'의 단군은 소단
군(小壇君)이고 신수두의 단군은 대 단군(大壇君)이다. 〈'신소도(臣蘇塗)'는 「삼
국지」 위서 동이전 한(韓)조의 '신소도국(臣蘇塗國)'이라는 나라 이름에서 비롯된다. 지금의
충남 서산(瑞山)과 태안(泰安)일대에 해당하는 지역이름이다. 정인보(鄭寅普)선생은 소도(蘇
塗)를 '수리두레'의 음사라고 보았는데, '소'는 높은 산을 뜻하는 '수리'이고, '도'는 '두
레'로 모임을 뜻하는 동시에 신에게 제사를 지내는 장소를 가리키는 말이라고 여러 증거를 들
어 해설했다. 요즘 산제(山祭)를 지내는 성소와 비슷한 것이라는 것이다. 조선조 성종(成宗)
때 경북 의성(義城)에 있던 태일전(太一殿)을 태안으로 옮겨 모신 것만 보아도 태안, 즉 소도
(솟터)의 '터안'이 성지(聖地)였음을 알 수 있다고 했다. 그리고 단재의 '소단군'·'대 단군'
이라는 해석을 낳게 한 「삼국지」원문 "한 사람을 내세워 천신에게 지내는 제사를 주관하게
하고 또한 여러 나라에는 특별구역이 있었는데, 소도라고 불렀다(立一人主祭天神,…又諸國各
有別邑,名之爲蘇塗)"는 것에 대해서도 "한 사람을 내세워 천신제를 주관하게 했다는 것은 성

역 두레에 머무는 무당 두레의 최고 수장이 천제를 주관한 것을 말하는 것이고, 여러 나라에
는 특별구역이 있었다는 것은 성역을 중심으로 설정되어 있던 무당 두레의 거주지를 가리킨
다고 해설했다. 그리고 소도라고 불렸다는 '소도'는 '수리두레'로 읽어야 한다"고 했다. 그
러나 요즘 학자 대부분은 '소도'를 신간(神竿)을 의미하는 '솟대 대'·'솟대' 등으로 몽고의
'투륵(禿黑)'에서 그 본모습을 찾을 수 있다고 본다. 투륵은 몽고인들이 평상시나 전시를 막
론하고 숭배하던 전통상징물이다. 쇠와 은·갈기털·가죽으로 만든 조형물을 길고 곧은 자작나
무 끝에 장식한 것인데 고대(古代) 몽고인 들은 이것을 세워 놓고 하늘에 소원성취를 빌었다.
투륵은 검은 것, 흰 것, 검고 희게 얼룩진 것이 있는데 이것들을 총칭해 투륵이라 한다. 「몽
고비사(蒙古秘史)」에 보이는 이름들이다. 이 '투륵'이라는 명칭은 그 뒤 '수르도(蘇勒德)'로
바뀌는데 이 말은 우리의 '소도(蘇塗)'와 아주 흡사하다. 수르도는 '구후라(古呼樂)'라 불리
는 갈기털의 빛깔에 따라 '차강투륵(査干禿黑)'·카라투륵(哈刺禿黑)·알락투륵(阿刺黑禿黑)으
로 나누어진다. '차강'은 흰색, '카라'는 검은 색, '알락'은 우리말의 뜻과 같다고 보면 된
다. 이 명칭이 원대(元代) 후반으로 오면 다시 바뀌어 '알락투륵'이 '알락수르도(阿拉格蘇勒
德)가 된다. 몽고 도처 돌 더미(오보) 위에 꽂혀 있는 것이 바로 이것이다. -정해자〉

(2) 대 단군왕검(大壇君王儉)이 창작한 신설(神說)

'고기(古記)'에 이르기를, "환군 제석(桓君帝釋)이 삼위태백(三危太白:두 산
이름)을 내려다보고 '널리 인간 세상에 이로움을 가져다 줄만한 곳'이라 하
여 아들 웅(雄)에게 천부(天符)와 도장(印) 세 개를 주며 '내려가 다스리라'
고 하므로 무리 3천을 거느리고 태백산(太白山) 신단수(神壇樹) 밑으로 내
려와서 신시(神市)라고 하니, 이른바 환웅천왕(桓雄天王)이다. 풍백(風伯)·우
사(雨師)·운사(雲師)를 지휘하여 곡식(穀)·운명(命)·질병(病)·형벌(刑)·착한 일
(善)·나쁜 일(惡) 등 인간 세상 3백 60여 가지의 일을 도맡아 처리하게 하였
다. 이 때 곰(熊) 한 마리와 범(虎) 한 마리가 있어 한 굴에 같이 살면서 사람
이 되게 해 달라고 빌었다. 웅이 쑥(艾) 한 자루(炷)와 마늘(蒜) 스무 개를 주
면서 '이것을 먹고 백일동안 햇빛을 보지 않으면 사람이 될 것이다' 했는데
범은 그 금기를 행하지 못했지만 곰은 삼칠일(21일)동안 그대로 금기를 지켜
여자가 되었다. 그러나 혼인해 줄 남자가 없었기 때문에 늘 신단을 향하여
임신하게 해달라고 빌었다. 웅이 이에 남자로 화신(化身)하여 웅녀와 결혼해
단군왕검(壇君王儉)을 낳았다"고 하였다. 〈이 단락 첫머리 환군(桓君)은 '고기(古

記)'원 기록에는 '환인(桓因)'으로 되어 있다. '하느님'이라는 표기로 해석된다. '제석(帝釋)'은 원문이 아니라, 환인을 해석한 주(注)이다. '아들'은 '고기'의 원문이 '서자(庶子)'로 되어 있다. '첩의 자식'이란 뜻이 아니라, '큰아들'이 아닌 자식이라는 뜻이다. 큰아들은 하느님의 대를 이어 하느님이 되어야하기 때문에 지상으로 내려 보낼 수가 없다. 그래서 지차 아들이라는 뜻으로 서자라고 한 것이다. 쑥의 양사(量詞)인 주(炷)는 '자루라는 뜻인데 원문은 '주(柱)'로 잘못되어 있다. 쑥을 동아줄 굵기로 이어 붙이며 두세 발 길이쯤 되게 짚으로 돌돌 말아 말려 두었다가 불씨를 장시간 보관하는 용도로 이용했다. 마늘의 양사도 '고기'에는 '매(枚)'로 되어 있는데 원문은 '기(技)'로 잘못되어 있다. 여기서 한 가지 알고 넘어가야 할 것이 있다. 마늘이 우리나라에 없었다는 사실이다. 마늘은 중앙아시아 지방에 야생(野生)하는 알리움 롱기쿠스피스(Allium longicuspis)에 기원을 둔 식물로 고대 아시아 서부에서 재배되던 것인데 BC 2세기 장건(張騫)에 의해 지금의 이란으로부터 도입된 후 중국을 거쳐 한국 각지로 퍼졌다. 우리나라로 전파된 시기는 대략 고려(高麗) 이전부터 재배되었을 것으로 보고 있다. 그러므로 이 단군설화는 BC 2세기 이후에 만들어진 것이라는 말이 된다. –정해자〉

〈옥봉웅(玉鳳熊), 신배 패식〉

그러나 '제석(帝釋)'이니, '웅(雄)'이니, '천부(天符)니, 하는 따위가 거의 불전(佛典:불교전적)에서 나온 명사이고, 또한 「삼국사」 첫머리의 사회는 여성을 매우 존중하였는데, 여기서는 남자는 신(神)의 화신이고 여자는 짐승(熊)의 화신이라 하여 여성을 지나치게 비하하였으니, 나는 이것이 순수한 조선고유의 신화(神話)가 아니고, 불교가 들어온 뒤 불교도가 손본 것(點綴:관련 있는 상황이나 사실 따위를 이어붙이는 것)이 적지 않다고 본다.

그렇지만 평양(平壤)의 옛 이름이 왕검성(王儉城)이고 신라 「선사(仙史:「삼국사기」고구려본기 동천왕조 기록)」에도 "평양은 선인 왕검(仙人王儉)의 저택이다"했으며, 「삼국지」 위서(魏書)에도 "2천 년 전 단군왕검이 아사달에 도읍하여 나라를 열고 조선이라 했다(乃往二千載, 有壇君王儉, 立都阿斯達 開國, 號朝鮮)"고 하였다. 〈원문에는 載(재)자 밑에 前(전)자가 덧붙어 있고 立都(입도)가 立國(입국)으로 되어 있으며 開國(개국)의 開(개)자가 빠져 있어 「삼국유사」 고조선(古朝鮮)조를 참고하여 바로잡았다. 일연(一然)이 이 책을 쓸 당시에는 위서에 이런 내용이 있었는지 규명할 길은 없으나, 현재 전해지고 있는 「삼국지」 위서나 선비족 타부가치(拓跋珪)가 세웠던 북위(北魏)

의 역사인 「위서(魏書)」에도 이런 내용은 없다.-정해자〉

그러면 조선 고대에 단군왕검(壇君王儉)을 종교의 교조(教祖)로 받들어온 것은 사실일 것이다. 〈원문은 '사실이다'로 되어 있다.-정해자〉 '王儉(왕검)'을 이두(吏讀) 독법으로 해독하면 '님금'이 될 터이니, 대개 '님금'이라는 이름을 가진 사람이 당시 유행하던 '수두'의 미신을 이용하여 '태백산 수두'에 나타나 수시로 상제(上帝)의 화신이라고 하며 조선을 건국했기 때문에 이를 기념하여 역대 제왕의 칭호를 '님금'이라 했고 역대 서울(京城)의 명칭도 '님금'이라고 한 것이다. 〈단군왕검의 '王儉(왕검)'을 이두로 해독하면 '님금'이 된다는 말에 수긍하지 못하는 사람들이 많다. 이두로 '王(왕)'은 '우두머리'라는 뜻을 딴 것이고 '儉(검)'은 소리를 딴 것으로 '우두머리 감', 즉 '우두머리 무당'이라는 말이기 때문이다. '壇君(단군)'은 바로 '텡그리 감'이라는 이두표기로 '무당'을 가리키는 말이고 '天君(천군)'과 같은 뜻이다. 그러니까 '단군왕검(壇君王儉)'은 곰을 숭배하던 고아시아족의 무당들 중의 최고 무당이라는 뜻이다. 어느 민족이나 국가로 발전하기 이전의 사회는 정교일치(政敎一致)의 사회로 무당이 그 부족의 중추였으니 이상하게 여길 것은 없다. 단지 유의해야할 것은 동이민족은 정치와 종교가 분리되면서, 국가를 창업하고 청치권력을 장악하는 사람은 언제나 '알'에서 태어난다. '알'은 태양과 하늘을 뜻하는 말로 '하늘의 아들', 즉 '천자(天子)'로서 땅의 지배자라는 뜻이다. 그러므로 국가로 발전한 민족 집단의 단군은 단군일 뿐 국가를 창립하고 왕통(王統)을 계승하는 임금일 수 없다는 뜻도 된다.-정해자〉

'선인왕검'이라 한 것은 삼국시대 수두교도(敎徒)의 한 무리를 '선배'라고 했는데, 이두로 '선배'를 '선인(仙人)' 또는 '선인(先人)'이라 기록한 것이다. 「선사(仙史)」는 바로 왕검이 교(敎)를 만든 이후 역대 선배의 사적(事績)을 기록한 것인데, 후대에 불교·유교 두 교가 창성하면서 수두의 교가 쇠퇴하고 「선사」도 없어져 그 자세한 내용은 알 수 없으나, 지나(중국)의 고서(古書), 굴원(屈原)의 「초사(楚辭)」와 사마천(司馬遷)의 「사기(史記)」 및 반고(班固)의 「한서(漢書)」에 오히려 조금씩 보여 그 대체적인 줄거리는 알 수 있게 되었다. 〈단재는 선인(先人·仙人)을 '선배'라고 했는데, 선배는 바로 우리의 조상족인 '선배(鮮白)'를 뜻하는 말이다. 선배는 중국인들이 선비(鮮卑)로 적으면서 자연스레 '선배'가 '선비'로 바뀌었는데, '현빅→신배'에 그 뿌리를 두고 있다. 하느님의 자손으로 하늘(태양)을 닮아 흰옷을 입고 밝은 것을 추구하는 '명명백백한 민족'이라는 뜻이다. 그 정신이

지금도 우리를 지탱해 주는 "선비(士)정신"이다.–정해자〉

「사기」봉선서(封禪書)에 '삼일신(三一神)'은 천일(天一)·지일(地一)·태일(太一)인데 삼일(三一) 중에 '태일'이 가장 존귀하고, 오제(五帝:동·서·남·북·중의 오방신)는 태일을 보좌한다 했고, 진시황본기(秦始皇本紀)에 천황(天皇)·지황(地皇)·태황(泰皇)의 삼황(三皇) 중에 '태황'이 가장 존귀하다 했으며, 「초사(楚辭)」에 '동황태일(東皇太一)'이라는 노래이름(歌名)이 있으며 「한서」예문지(藝文志:원문은 誌(지)로 잘못되어 있다.–정해자)에 「태일잡자(泰一雜子)」라는 책이름이 있으니, '삼일신'과 '삼황'은 곧 '고기(古記)'에 기재되어 있는 '삼신(三神)'·'삼성(三聖)' 등과 같은 유이다.

'삼일신(三一神)'을 다시 우리 고어로 번역하면 천일(天一)은 '말한'으로 상제(上帝)를 의미하고 지일(地一)은 '불한'으로 천사(天使)를 뜻하며 태일(太一)은 '신한'으로 '신'은 최고최상이라는 말이니, '신한'은 바로 '천상천하(天上天下)에 오직 하나 뿐이고 둘이 없다'는 것을 뜻한다.

'말한'·'불한'·'신한'을 이두로 기록하여 마한(馬韓)·변한(卞韓)·진한(辰韓)이 된 것이고, 오제(五帝)는 '돗가·개가·소가·말가·신가' 등 다섯 '가'로 오방신(五方神)을 가리키는 것이다. 차례대로 말하면 '말한(마한)'이 '불한(변한)'을 낳고 '불한'이 '신한(진한)'을 낳았으나 권위로 치면 '신한'이 신계(神界)와 인간계(人界)의 대권(大權)을 다 잡고 있어서 '말한'과 '불한'보다 고귀하기 때문에 '삼일' 중에 '태일'이 가장 존귀하다 한 것이고, '오제(五帝:바로 다섯 '가')'는 곧 '태일을 보좌한다' 했으나 '신가'가 다섯 '가'의 우두머리라는 것은 말뜻(語義)으로 보아 명백하다. '박인(亳人)의 삼신(三神)·오제(五帝)'는 바로 왕검이 창작한 신설(神說)일 것이다. 〈'亳(박)'자가 원문에는 龜(구)자로 되어 있다. '구책열전'이라는 '구책(龜策)'의 잘못이 아닐까 의심했으나, 위에 인용한 것이 봉선서(封禪書)이므로 「사기」봉선서의 "태일의 보좌관이 오제(太一佐曰五帝)"라는 설을 주장한 박인 유기(亳人謬忌)를 축약하여 '亳(박)'라고 적은 것이 '龜(구)'의 반자처럼 보여 龜(구)자로 오식(誤植)되었다고 단정하고 '박인(亳人)'으로 고쳤다. 亳(박)은 박주(亳州)를 말하는 것으로 동이족인 은(殷)나라가 처음 도읍했던 곳이다. 안후이성

(安徽省) 서북쪽에 있다. 단재는 그 '박인 유기'의 주장을 "왕검이 창작한 신설이다"라고 단정하여 '일 것이다'라고 고쳤다. 그러나 이런 것들은 이 단락 첫머리에 '단군신화'를 인용하면서 '삼위태백(三危太白)' 밑에 '두 산의 이름'이라고 원주(原註)한 것에 비하면 그냥 지나쳐도 될 것들이라고 할 수 있다. '삼위태백'을 '삼위의 태백'이 아니라, '삼위산'과 '태백산'으로 보면, 환웅이 내려온 곳이 '태백'이기 때문에 '삼위'에 대하여 천착할 필요가 없어진다. 그러나 이 '삼위(三危)'는 그렇게 간단히 치부해 넘겨도 좋은 말이 아니다. '단군신화'가 언제 어디서 어떻게 이루어진 것인지를 밝혀주는 단서를 쥐고 있는 말이기 때문이다. 우선 「삼국유사」의 원문부터 살펴보자. '삼위태백(三危太白)'이 아니라, 삼위대백(三危大伯)으로 되어 있다. 지난 시절 많은 학자가 이 삼위(三危)에 대한 수수께끼를 풀고자 시도했으나 기대할만한 해답을 얻지 못하고 하느님이 내려다본 '삼위대백'과 환웅이 내려온 '태백산(太伯山)'이 다르기 때문에 '삼위'는 군말쯤으로 처리하고 말았다. 그래서 이 '삼위대백'은 '태백산'으로 바뀌었다가 다시 '묘향산'으로 이해되었고 구한말 이후에는 뚱딴지 같이 백두산이라는 주장까지 나왔다. 그러나 '대백'이나 '태백'의 원뜻은 그런 것이 아니었다. 1장에서 설명한 것처럼, 오늘날 '알타이(Altay)'나 '아리다이(Ağri Daği:Ararat)'의 예에서 보듯 우리 원말의 '알(얼)→아르'는 모든 것을 '환히 아는 신(神)'을 뜻했고 '다이→대'나 '타이→태'는 높은 산(山)을 뜻했다. '환히 안다'는 것은 '밝다'는 뜻이고 '밝은 것'은 희기 때문에 그 말은 다시 '버(Bê)·배(Bæ)→백'으로 발전하여 '대백'과 '태백'이 되는데, 바로 만년설이 덮고 있는 '백산(白山)'이라는 말로, 신산(神山), 즉 '천신(天神)이 내려와 계시는 산'이라는 뜻이다. 그 신을 지칭했던 '버(Bê·Bæ·Bö)'가 지금은 '무당', 또는 '모르는 것이 없는 이'라는 뜻을 가진 말로 바뀌어 몽골 등 일부 지방에 전해지고 있고 우리에게는 존칭인 '버·배'로 바뀌어 '할버·할배·아버·아배' 등에 붙여 쓰이다가 지금은 '빠'로 바뀌어 쓰이고 있다. '삼위대백(三危大伯)'은 그러니까 '삼위의 신산'이라는 말인데, 한반도에는 그런 이름을 가진 산도 없고 그런 지역이 있었다는 기록도 없다. 중국 기록인 「서경(書經:尙書)」에 처음으로 '三危(삼위)'라는 지명이 나타나는데(舜典:竄三苗于三危), 「산해경(山海經)」은 "삼위(三危)는 돈황 남쪽에 민산(岷山)과 붙어 있다. 흑수(黑水)가 남쪽기슭을 돌아 흐른다."고 했고, 우공(禹貢:書經)은 "흑수(黑水)를 삼위로 이끌어 남해(南海)로 들어가게 했다"고 적고 있다. 중국 서북쪽 옛 실크로드의 중요 거점 중 하나인 돈황(敦煌)의 삼위산(三危山)이 바로 그곳이라는 설도 그로 인해 대두되었다. 우리의 조상족인 호족(東胡:鮮卑·契丹·吐谷渾·柔然)이 거쳐왔고 또 근연(近緣)관계에 있던 흉노(匈奴)·돌궐(突闕) 등이 유사 이래 수천 년 동안 경영하고 거쳐 간 지역이기 때문일 것이다. 그러나 돈황 막고굴(莫古窟) 건너편에 솟아 있는 '삼위산'에는 「산해경」이 기록하고 있는 흑수(黑水)도 없고, 이 산 곁을 흐르는 당하(黨河)는 남해로 흘러들지도 않는다. 그래서 삼위를 두고 논쟁을 거듭하던 학계는 어느 쪽이 옳다고 할 수 없게 되자 "그 곳은 서쪽 변경(西裔)에 있는 것이 분명하지만 어디 있는지 알 수 없다"고 얼

〈돈황(敦煌) 막고굴(莫古窟) 앞, 당하(黨河) 건너편에 솟아 있는 삼위산(三危山)〉

버무려 결론짓고 말았다. 그러나 "삼위는 티베트를 지칭하는 말"이라는 주장이 큰 주목을 받았고 그 설에 따라 추구(追究)한 끝에 비로소 그 뜻은 풀리게 되었다. '삼위'는 바로 은둔의 왕국 '샴발라(香巴拉)'의 고음(古音)으로 '샴뷔→샴뷀' 비슷한 'Samye(桑耶)'라는 소리를 '三危(샨웨이)'로 사음(寫音)하는 바람에 '삼위'가 된 것이기 때문이다. 그뿐 아니다. 많은 봉우리들이 5700m 이상 높이 솟아 있고 바수단봉(Basudan)은 고도가 6096m에 이르러 만년설로 덮여 있으며 산맥의 동쪽 끝과 남동쪽 경사면에서는 메콩강의 상류인 란창강(瀾滄江)과 살원강의 상류인 누강(怒江)이 발원하여 베트남 남쪽 바다와 미얀마의 안다만해협으로 흘러들고 있어 "삼위는 돈황 남쪽에 민산(岷山)과 붙어 있다. 흑수가 남쪽기슭을 돌아 남해로 들어간다"는「산해경」의 기록과 맞아 떨어졌다. 그래서 지금은 '三危(삼위)'가 '티벳의 옛 이름'으로 정설화 되어 제자리를 잡고 있다. '삼위 대백(三危大伯)'은 그러니까, 바로 '티벳 설산 위에서 인간만사를 주재하던 산신'을 가리키는 말이었다. 그렇게 본다면, 한울님(桓雄)이 내려온 '삼위 대백'은 당구라산(唐古拉山:Tangula) 일수도 있고 바수단봉일 수도 있다. 티벳에 관한 기록을 살펴보았다. "서장(西藏:티벳)은 바로 옛날의 삼위(三危)이다. 한나라 때는 강(羌)과 융(戎)의 땅이었고 당나라 때는 토번(土蕃), 원나라와 명나라 때는 오사장(烏斯藏)이라고 했다. 장인(藏人·羌人·탕구트—唐古特=Tangut·티벳인)들은 자신들이 사는 곳을 '바티얄(泊特也爾:신들의 땅)', '당구터(唐古特:하느님의 땅)', '투바터(圖伯特:산과 신들의 땅)', '투배터(土白特:산과 신들의 땅)'라고 했다"고 적고 있다. 羌(강)'과 '藏(장)'은 옛 음이 비슷했거나 같았던 것으로 보인다. 이로 보면 티벳이라는 말이 잘못 전해져 '태백'이 되었다고도 볼 수 있다. 우리말의 '바둑'은 티벳말 '바드'에서 유래했을 뿐 아니라 몽골·한국·일본에만 분포해 있는 것으로 알려지고 있는 '흥부와 놀부' 설화가 티벳에도 분포되어 있는 사실 등은 우선 접어두자. 당구라(탕굴라)산은 하늘을 뜻하는 '텡그리(Tengri)'와 산을 뜻하는 '울라(Ula)'가 붙어 이루어진 이름으로 바로 천산(天山)이라는 뜻이고 최고봉 바수단(Basudan)은 '밧단→박달', 또는 영산(靈山)이라는 의미로 '모든 일을 환하게 아는 신들이 사는 곳'이라는 뜻이다. 그러므로 당구라(천산)는 환웅이 내려온 산일 수 있고 바수단(박달)은 단군이 태어난 곳일 수도 있다. 더욱이 단군이 기자(箕子)에게 조선왕 자리를 내어주고 피해갔다던 장당경(藏唐京)이 '창탕(羌塘:티벳)의 서울'을 뜻하는 창탕킹(羌塘京)이거나 티벳 고원의 북부평원 '창탕(藏唐:북쪽 空地)에 있는 봉우리', 즉 '창탕캉리'를 그렇게 표기한 것일 수도 있다고 보인다. 신강 위구르자치구의 성도 우루므치(Ürümqi:烏魯木齊)를 발밑에 깔고 있는 천산(天山)의 한 주봉(主峰) '박달봉(博格達峰:5445m)'도 그렇게 되어 생긴 이름이다. '박달'은 바로 '백산(白山)'이라는 우리 옛말로 '알타이'와 똑같이 '밝은 산'이라는 뜻인데 그것이 '단(檀)'자로 표기된 것이다. 일연이「삼국유사」에서 '伯山(백산)'이라고 적은 것도 바로 그러한 의미이다. '博(박)'은 '伯(백)'과 옛 음(音)이 같아 통용되던 글자로 '박달(博山)'이란 말을 그렇게 표기한 것이다. 이 '박달 나무 밑(白山樹下→檀樹下)' 어디에 신시(神市)가 있었을지도 모른다는 생각이 그래서 들었다. 이 산의 원래 이름이 백산(白山)이고 '나라터(那拉特)'까지 거느리고 있으며 천제(天帝)라는 뜻의 한텡그리봉(汗騰格里峰:6995)까지 있어, 한울님(桓雄)이 내려왔다는 '박달 나무 밑'은 '백산(밝은 산)의 나무 밑'을 뜻하는 것으로 해석될 수도 있기 때문이다. 이로 인해 원래 티벳지방에서 생성된 '단군신화'가 몽고에 의해 고려로 들어온 이후 일연(一然)과 이승휴(李承休)의 손을 거쳐 우리 실정에 맞도록 각색되어 나타난 것이 지금 우리가 보고 있는 '단군신화'가 아닌가 한다. 그렇지 않다면 1282년께 편찬된「삼국유사(三國遺事)」나 1287년 저작된「제왕운기(帝王韻紀)」보다 백 몇 십 년 전인 1145년께 쓰인 김부식(金富軾)의「삼국사기(三國史記)」에는 어째서 '壇君(단군)'이라는 '壇(단)' 자도 보이지 않는지 설명이 되지 않는다. 기껏 보이는 것이 '선인왕검(仙人王儉:선비족의 우두머리 무당)'인데, 선인왕검을 어찌 단군왕검(壇君王儉)과 동일인물로 볼 수 있겠는가.-정해자〉

(3) 신수두의 삼경(三京) 오부(五部) 제도

대 단군왕검(大檀君王儉)이 삼신(三神)·오제(五帝)의 시설(神說)로 우주(宇宙)의 조직을 설명하고 그 신설에 의거하여 인간 세상 일반제도를 정할 때, 신한과 말한·불한의 3 '한'을 세워 대 단군이 신한이 되니, 신한은 곧 대왕(大王)이고 말한과 불한은 곧 좌우의 양 부왕(副王)이니, 신한을 곁에서 부축하며 돕는 자였다.

삼경(三京)을 두어 3한이 나누어 주재하며 3한 밑에 돗가·개가·소가·말가·신가 5가를 두고 전국을 동·서·남·북·중 5부로 나누어 5가가 중앙의 5개 국무대신(國務大臣)이 되는 동시에 5부를 나누어 다스리는 5개의 지방장관이 되고, 신가는 5가의 우두머리가 되며, 전시(戰時)에는 5부 인민으로써 중·전·후·좌·우의 5군을 조직하여 신가가 중군(中軍) 원수가 되고 기타 4가가 전·후·좌·우의 4원수가 되어 출전한다.

지금 유행하는 윷판이 바로 5가의 출진도(出陣圖)이니 그 그림을 아래와 같다.

그림 중의 刀(도)·介(개)·乞(걸)·俞(유)·毛(모)는 바로 이두로 쓴 5가의 칭호이다. 刀(도)는 돗가이고, 介(개)는 개가이고, 俞(유)는 고음은 '소'니 소가이고, 毛(모)는 말가이고, 乞(걸)

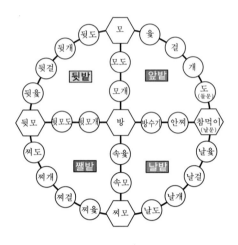

은 신가이다. 걸을 신가라고 쓴 것은 그 뜻은 알 수 없으나, 부여시대(夫餘時代)에 '견사(犬使)'라는 벼슬이름이 있었고 견사는 신가의 별칭(別稱)이었으니 乞(걸)은 바로 견사의 견(犬)을 뜻하는 것이 아닌가 싶다.〈속설에서는 말판의 '걸'을 '닭', 또는 '양(羊)'이라고도 한다-정해자〉 돗(猪)·개(犬)·소(牛)·말(馬) 등 가축으로 오방(五方)의 신명(神名)을 만드는 동시 이로써 벼슬이름을 만든 것은 수렵시대(狩獵時代)가 지나가고 농목시대(農牧時代)가 되었다는 것을 증명하는 흔적들이다.

제3장. 수두의 전파와 문화(文化)의 발달

(1) 부루(夫婁)의 서행(西行)

'고기(古記)'에 이르기를, "단군왕검이 아들 부루(夫婁)를 도산(塗山)으로 보내어 하우(夏禹)를 만났다"했고, 「오월춘추(吳越春秋)」에도 비슷한 기록이 있어 이르기를, "당요(唐堯) 때 9년 홍수가 져서 당요가 하우에게 다스리라고 명했으나, 우가 8년 동안이나 성공하지 못하자 크게 걱정되어 남악(南嶽) 형산(衡山)으로 가서 백마(白馬)를 잡아 하늘에 제사를 올리며 성공하게 해

달라고 빌었다. 꿈에 어떤 남자가〈「오월춘추」 원문에는 '수놓은 붉은 옷 입은 남자 (赤繡衣男子)'라고 했다.-정해자〉 나타나 자신은 현이(玄夷)의 창수사자(夫婁)라면 서, 우에게 '구산(九山) 동남쪽 도산(塗山)에 신서(神書)가 있으니 세달 동안 재계하고 이것을 꺼내 보거라.'라고 했다. 우가 그 말에 따라 금간옥첩(金簡 玉牒)의 신서를 얻어 오행(五行:금·목·수·화·토의 상생과 상극을 말하는 것.-정해자) 에 따라 물을 통하게 하는 이치를 깨닫고 홍수를 다스리는데 성공하자 주신 (州慎)의 덕을 잊지 못하여 정전(井田:토지를 일정한 크기로 반듯하게 구획정리하는 것-정해자)을 계획하고 율도량형(律度量衡:율은 12율려(律呂)를 말하는 것으로 모든 도량형의 가장 기초가 되는 단위다.-정해자)의 제도를 세웠다."라고 했다. 현이(玄 夷)는 조선이 당시에 동·남·서·북·중 5부를 파랑(靑:원문은 남색(藍)으로 되어 있 다.-정해자)·빨강(赤)·하양(白)·검정(玄)·노랑(黃)색으로 자리매김하여 북쪽은 바로 검은 색, 현부(玄部)였는데 지나인이 '현부'를 '현이'라고 칭한 것이 다. '창수(蒼水)'는 '창수(滄水)'이다.

'주신(州慎)'은 지나(중국) 춘추시대의 기록에는 조선을 언제나 주신(州慎)· 숙신(肅慎)·직신(稷慎), 혹은 식신(息慎)으로 음역했는데, '주신'은 바로 조 선을 가리킨 것이다.

'고기'의 부루는 「오월춘추」가 말하는 창수사자로, 당시 지나에 일대 홍 수의 재난이 있었다는 것은 각종 고사(古史)가 다 같이 증명하고 있는 것이 다. 아마 단군왕검(壇君王儉)이 지나의 수재(水災)를 구제해 주려고 아들 부 루(夫婁)를 창수사자(滄水使者)로 임명하여 도산(塗山)으로 가서 하우(夏禹)를 만나보고, 삼신오제교(三神五帝教)의 일부인 오행설(五行說:수화금목토)을 전 하고 치수(治水) 방법을 가르치게 했기 때문에 우(禹)가 즉위하자 부루의 덕 을 생각하고 삼신오제의 교의(教義)를 믿으면서 지나 안에 전파한 것이므로, 정전(井田)과 율도량형(律度量衡) 제도 또한 지나가 창작한 것이 아니라 조 선의 것을 모방한 것이라고 볼 수 있다.〈원문은 "모방한 것이다"로 되어 있다.-정 해자〉 무슨 까닭으로 꿈에 창수사자를 만났다고 하였는가. 신성(神聖)스럽게 꾸며 사실을 신화화(神話化)하려는 것이니, 이런 일은 상고에 늘 있어왔다. 〈단군의 아들 부루(夫婁)가 도산(塗山)으로 갔다는 기록은 「삼국사기」나 「삼국유사」에는 없 다. 중국의 「사기」를 비롯한 25사에도 없다. 지금은 종적이 없는 무극(無極)의 「동사고기(東

史古記)」에 "중국 요 때 단군이 지금 평양에 나라를 세우고 조선이라 했다.…아들 부루를 도산 모임에 참여하게 했는데, 나라는 상(商)나라 무정 때까지 전해지다 끊겼다. 북쪽으로 옮겨가 예족이 되었다고도 한다(中國唐堯時, 有檀君者, 立國于今平壤, 號曰朝鮮.…子解夫婁, 與于涂山之會,傳國至商武丁時乃絶, 或曰, 北徙而爲濊也)"고 했고, 위서로 평가되는 「환단고기」에 같은 내용이 들어 있을 뿐이다. 위의 '창수사자'에 대한 이야기는 단재가 축약하다 그리되었겠지만 「오월춘추」의 원문과 내용이 많이 다르다. "구산 동남쪽에 있는 산은 도산(塗山)이 아니라 천주산(天柱山), 일명 완위산(宛委山)"이라고 기록되어 있는데, 완위산은 지금의 안후이성 안칭시(安慶市)에 있는 잠산(潛山), 일명 환산(皖山)이다. 이산을 고대에 형산(衡山)·태악(太岳)이라고 불렀다. '도산(塗山, 涂山)'도 안후이성 방부시 후이유안현(蚌埠市懷遠縣)에 있기는 하지만 남쪽과 북쪽으로 1천리 가까이 떨어져 있고 같은 산이라고 볼 수도 없다. 그리고 우(禹)가 사방(四方)의 신하를 모은 곳은 도산이 아니라 모산(茅山)이라고 기록되어 있다. 지금 우의 능묘가 있는 저쟝성 샤오싱시(紹興市)에 있는 회계산(會稽山)이 그곳이다. 그러면 우가 모방했다는 정전(井田)은 무엇인가. '정전(井田)'은 구획 정리된 들판을 뜻하기도 하지만 "정을 만들어 백성들에게 보였다(造井示民)"는 것은 둑을 쌓아 막고 물길을 텄다는 말이다. 어찌 금속(金屬)이 발견되기 이전 나무와 돌연장뿐이었던 석기시대 어떻게 큰 하천을 준설하고 생땅을 파 물길을 돌렸겠는가. 상습침수지의 주민을 옮기고 저지대 및 호수로 물을 끌어들여 자연 순환이 가능해지도록 조치한 것을 역대 글쟁이들이 과대 포장한 것이라고 중국 학계는 보고 있다. 문제는 부루(夫婁)이다. 정해자는 부루 이름만 나오면 골치가 아파진다. 단재의 말처럼 단군의 개국연대를 확실히 알 수 없다고 해도 일반적으로 BC 2333년 단군이 조선이라는 나라를 세웠다고 했으니, 그 때쯤이라고 치자. 우(禹)가 하왕조(夏王朝)를 연 것이 BC 2192년이니까 단군 건국연대와 141년의 차이가 난다. 그렇다면 단군이 1백살에 부루를 낳았어도 부루는 40살이 넘었다는 말이 된다. 사람이 나서 50살도 못사는 것이 대부분이던 고대에 단군이 정말 선인(仙人)이 아니고는 살아있을 나이가 아니다. 그러나 이것은 약과다. 그 단군이 2275년이나 지난 BC 58년에 다시 나타나 하백(河伯)의 딸과 결혼하여 또다시 부루를 낳고 하백의 딸은 다시 해모수(解慕漱)와 결혼하여 주몽(朱蒙)을 낳는다. 그래서 부루와 주몽은 아비 다른 형제가 된다. 이뿐이면 그래도 괜찮다. 해모수는 이미 BC 450년(단기 2134) 고리(高離)에서 탈출해 엄사수(掩㴲水)를 건너 부여를 세웠던 사람이고 부루 역시 부여 왕을 지낸 사람이다. 그런데 다시 392년을 건너 뛰어 또 나타난 것이다. 해모수설화를 표절하여 주몽설화를 꾸미면서 우리의 멀쩡한 역사를 개뼈다귀 같은 집안의 역사로 만들어 놓은 까닭이다. 그러고도 모자라 단군조선·기자조선·위만조선이 사이좋게 평양(왕검성)에서 정권을 주고 받았다고 기록해 놓았다. 단재는 「만주원류고」의 기록을 재해석하여 '주신·숙신·직신·식신' 등이 모두 '조선'의 음역이라고 했는데, 그럴 수도 있다. 그러나 '肅愼(숙신)'의 상고발음은 '숙딘(siukdins)이고 女眞(여진)의 발음은 '쥬션(dʒuʃən, zuʂən, zuʃən)이니 소리가 별로 가깝지 않다고 보는 학자도 있다. 진정한 통구스인 물길(勿吉)·말갈(靺鞨)이 오늘날 우데게(Udege)족 명칭의 근원이 되고 있는 'mudged, vudged(물길)' 및 'modged(말갈)'이기 때문이다. –정해자〉

(2) 기자(箕子)의 동래(東來)

우(禹)가 홍수를 다스린 공으로 왕이 되자 국호를 하(夏)라 하고 수두의 교(敎)를 실행했으며 도산(塗山)에서 받은 신서(神書)를 '홍범구주(洪範九疇)'라 하여 믿었다. '하'가 몇 백 년 뒤 망하고 상(商:殷)이 이었다가 또 몇 백년 뒤에 망했다. 주(周)가 일어나서는 주무왕(周武王)이 '홍범구주'를 배척했다. 은(殷:商)의 왕족 기자(箕子)가 '홍범구주'를 지어 무왕과 사리를 분별하며 논란을 벌이다가 조선으로 망명했다. 지금 보는 「상서(尙書)」 홍범(洪範)이 바로 그것이다.

'홍범' 편에 "첫 번째는 오행(五行)이고, 두 번째는 오사(五事)를 공경하는 것이고, 세 번째는 팔정(八政)으로 농사를 짓는 것이고, 네 번째는 오기(五紀)로 화합하는 것이고, 다섯 번째는 황극(皇極)을 세우는 것이고, 여섯 번째는 삼덕(三德)으로 다스리는 것이고, 일곱 번째는 계의(稽疑)로 밝히는 것이고, 여덟 번째는 서징(庶徵)으로 상고하는 것이고 아홉 번째는 오복(五福)을 권면하고 육극(六極)을 경계하는 것이다.

첫 번째 '오행(五行)'은 첫째 수(水)·둘째 화(火)·셋째 목(木)·넷째 금(金)·다섯째 토(土)이다.

두 번째 오사(五事)는 첫째가 모습이고 둘째가 말씨이고 셋째가 보는 것이고 넷째가 듣는 것이고 다섯째가 생각하는 것이다.

세 번째 팔정(八政)은 첫째가 먹는 것(食糧)이고 둘째가 재물이고 셋째가 제사(祭祀)이고 넷째가 사공(司空:건설총리)이고 다섯째가 사도(司徒:교육총리)이고 여섯째가 사구(司寇:사정총리)고, 일곱째가 빈(賓:외교관)이고 여덟째가 군사다.

네 번째 오기(五紀)는 첫째 해(歲)이고 둘째 달(月)이고 셋째 날(日)이고 넷째 별들(星辰)이고 다섯째 역수(曆數)이다.

다섯 번째 황극(皇極)은 임금이 [북극성 같은] 극(極)을 세우는 것이다.

여섯 번째 삼덕(三德)은 첫째는 정직한 것이고 둘째는 굳세게(剛) 다스리는 것이고 셋째는 부드럽게(柔) 다스리는 것이다.

일곱 번째 계의(稽疑)는 점(卜筮:거북등뼈로 치는 점이 복(卜)이고 시초로 치는 점이 서(筮)이다.-정해자)을 칠 만한 사람을 가려 세우는 것이다.

여덟 번째 서징(庶徵)은 비오고, 화창하고, 덥고, 춥고, 바람 부는 것과 시기(時)이다.

아홉 번째 오복(五福)은 첫째가 수(壽:오래 사는 것)이고 둘째가 부(富:재산가)이고 셋째가 강녕(康寧:건강)이고 넷째가 유호덕(攸好德:덕을 좋아함)이고 다섯째가 고종명(考終命:제 수명 다하고 죽는 것)이다. 육극(六極)은 첫째는 흉(凶)하고 요절(夭折)하는 것이고 둘째는 질병이고 셋째는 우환이고 넷째는 가난이고 다섯째는 악(惡)한 것이고 여섯째는 나약한 것이다."하는 것 등은 바로 도산신서(塗山神書)의 본문이고 기타 나머지는 기자(箕子)가 부연해 기술한 것인데, "하늘이 우에게 홍범구주를 내려 주셨다(天乃錫禹 洪範九疇)"는 것은 바로 기자가 단군(壇君)을 가리켜 '하늘(天)'이라 하고 단군에게 받은 것을 '하늘이 주셨다'고 한 것이다.

이것은 수두의 교의에 단군을 하늘의 대표로 보는 까닭이고, 기자가 조선으로 망명한 것은 상(商:殷)이 주(周)에게 멸망하는 동시에 상의 국교인 수두교가 압박을 받으므로 고국을 버리고 수두교의 조국으로 돌아온 것이다.

〈우하랑 웅룡(熊龍)〉

「한서(漢書)」에 '거북(龜)이 문자를 지고 낙수(洛水)에서 나오므로 우(禹)가 홍범(洪範)을 널리 폈다'〈「한서」원문은 "우가 홍수를 다스리자 낙서를 주었고 우는 그것을 본받아 폈다(禹治洪水,賜雒書,法而陳之)"고 되어 있다.-정해자〉고 했으나, 「역(易:주역)」계사(繫辭)에는 "황하에서 그림이 나오고 낙수에서 글이 나와 성인(왕)이 본받았다(河出圖,雒出書,聖人則之)"고 하여 하도낙서(河圖洛書)가 모두 역괘(易卦)를 짓게 된 원인이라고 명백하게 기록했는데, 낙구(洛龜)의 글로 인해 홍범을 지었다고 하니, 어찌 거짓된 증거(妄證)가 아니겠는가.(이 한 도막은 청나라 선비(淸儒) 마오치링(毛奇齡:주희(朱熹)의 이학(理學)을 혹독히 비판한 학자.-정해자)의 설을 따랐다〉또 「오월춘추」에 전거하여 '홍범오행'이 조선에서 전해준 것이라고 믿는 것이 옳다고 볼 수 있으며, 또 「초사(楚辭)」에 전거하여 '동황태일(東皇太一), 곧 단군왕검(檀君王儉)을 제사하는 풍속이 허베이(湖北)와 저장(浙江) 등지에서 많이 유행하였다고 보면, 대개 하우(夏禹)가 형

〈홍산문화(紅山文化)의 발상지 우하량(牛河梁) 유적. 건평(建平)과 능원(凌源) 사이 고개턱에 있다〉

산(衡山)에서 제사지내고 도산(塗山)에서 부루에게 신서를 받은 곳이기 때문에 수두교가 이 지방에서 가장 유행했던 것 같다. 〈어느 사서에도 하(夏)의 우(禹)가 단군(壇君)에게 홍범구주(洪範九疇)를 받았고 수두교(蘇塗敎)가 상(商)의 국교(國敎)였다는 기록은 없다. 동황태일(東皇太一)이 바로 단군왕검(壇君王儉)이라는 기록도 없다. 위에서도 설명했지만 우가 하를 세우고 왕이 되었을 때 단군의 나이는 141세였다. 단재가 선도(仙道)는 우리민족의 전통종교라는 믿음으로 「삼국사기」의 선인왕검(仙人王儉)을 단군왕검으로 보고 중국 상고의 최고의 신인 태양신 동군(東君), 즉 동황태일을 단군과 연계시키고자 삼국사기보다 훨씬 늦은 1282년 이후 저작된 「동사고기」의 "아들 해부루를 도산 모임에 참여하게 했다(子解夫婁,與于涂山之會)"는 기록을 원용하여 '단군이 곧 태일'이라는 설을 세운 것으로 보인다. 이 가설은 사실(事實)일 수도 있고 아닐 수도 있다. 중국 사람들은 동황태일을 고대 중국 신화 속 인물로 규정하고 있다. 굴원(屈原)의 「구가(九歌)」에 처음 등장하고 초국(楚國) 때 무덤에서 발굴된 죽간(竹簡)에서도 "최고의 천신(天神) 태(太:太一)"라는 기록이 발견되었는데 전국시대(戰國時代) 이후 동황태일은 줄곧 민간이 숭배하는 최고의 천신으로 삼황오제(三皇五帝)의 윗자리에 있었다고 한다. 사마상여(司馬相如)가 진시황에 이어 선도(仙道)에 심취해 있던 한무제(漢武帝)에게 올린 「대인부(大人賦)」에서 "오제를 길잡이로 삼아, 태일을 능양으로 돌아오도록 영접한다(使五帝先導兮, 反太一而從陵陽)"고 했을 정도이다. 東(동)은 높임말이고 皇(황)도 높임말이고 太(태)는 極致(극치)를 뜻하는 말이고 一(일)은 만물의 시작을 뜻하는 말로, 곧 조물주(造物主)를 뜻하는 말이다. 진시황(秦始皇)이 6국을 통일한 이후 전제정권(專制政權)을 세우고 신화 속 인물에게만 붙이던 皇(황)자와 帝(제)자를 붙여 皇帝(황제)라고 하며 일반인들은 동황태일을 숭배하거나 제사하지 못하게 금했고 자신들 황가(皇家)만이 천제(天帝)의 보호를 받고자 제사를 지냈다. 그 결과 민간에서는 동황태일이 몰락해 없어졌는데, 그 뒤 도교(道敎)가 일어나면서 옥황상제(玉皇上帝)를 만들어 세우고 숭배하게 하자 일반인들은 옥황제만 있는 줄 알고 동황태일이 있는 것은 모르게 되었다고 보고 있다. 우(禹)의 시대는 은(殷)이 나라를 세우기도 전이었으므로 당시 동이족으로 통칭되는 구리(九夷·九黎)는 여러 문헌에 따르면, 오늘날 산서(山西)의 태원(太原) 이동과 안양(安陽)을 포함한 하남(河南)의 정주(鄭州) 이동 및 안휘(安徽)일부와 강소성(江蘇省)의 회수(淮水)와 사수(泗水) 일대를 차지하고 있었고 조선은 동이의 중심부인 오늘날 능원(凌源)을 축으로 조양(朝陽)·적봉(赤峰)등 내몽고와 요녕에 자리하고 동이의 정신적 지주로 군림하고 있었다. 치우(蚩尤)가 바로 당시 구려(九黎), 즉 단재가 말하는 '조선'의 천자였다. 부루가 그 치우의 대를 이은 조선 통치자의 아들이라면 도산회(塗山會)에 참석하는 것은 지극히 당연한 일이고 또한 우가 동이로부터 자신의 권위를 인정받는 중요한 자리였을 것이다. 그러나 그 조선 통치자가 단군이었고 그 아들이 부루였다는 기록은 어디에도 없고 또 믿을 수도 없다. 단재가 "부루(夫婁)의 서행(西行)"이다, "기자(箕子)의 동래(東來)"다 하고, 중국의 정전(井田)과 도량형(度量衡)의 제도를 "우리것을 모방한 것이다", 「서경」의 홍범(洪範)도 "우리가 가르쳐 준 것이다" 하는 것은 "단군이 북한 평양에 나라를 세웠다(壇君平壤立國)"는 기록과, 최남선(崔南善)의 "단군은 백두산에 나라를 세웠다(壇君白頭山立國)"며 "동방문화의 중심은 단군시대의 무대인 백두산에서 나온 것"이라고 한, 불함문화론(不咸文化論)에 영향을 받은 것이 아닌가 싶다. 단재가 만일 붉달문화(紅山文化)유적이 발견된 이후라든가, 우하(牛河) 언덕에 펼쳐진 조선 최초 왕국의 모습을 보았다면, 또 기후국(箕侯國)의 옛터가 그 인근 패수(白狼水:버라내) 가 평양(平壤:버라), 곧 지금의 평방자향(平房子鄕)에 있었다는 것을 알았다면, 최소한 기자는 은의 도읍지 안양(安陽:殷墟)에서 왔으니 동래(東來)라 했겠지만 부루는 서쪽으로 간 것이 아니라 남쪽으로 간 것이니 '남행(南行)'이라고 썼을 것이다. 중국이 자신들의 문명보다 훨씬 앞섰던 조선민족의 역사를 말살하려고 '황하문명(黃河文明)'이라는 말까지 없애고 동북공정(東北工程)에 나선 이 위대한 옛터를 단재가 보았다면 신화와 현실의 한계를 뛰어넘어 얼마나 피부에 와 닿고 손에 잡히는 증거들을 제시하며 중국인들이 범접하지 못할 만큼 확실하고 명쾌한 조선상고사를 썼을까 하는 아쉬움만 남는다. 그것을 못보게 된 것이 이 책에서 단재가 고심한 행간을 읽을 때마다 아쉽고 서럽다.-정해자〉

(3) 흉노(匈奴)의 휴도(休屠)

수두의 교(敎)가 지나(중국) 각지에 널리 퍼져 있었다는 것은 앞에서 기술했지만 「사기」흉노전(匈奴傳)에 의하면, 흉노도 조선과 같이 5월에 하늘에 제사를 지내며 천제(天帝)를 형상한 동인(銅人:장건(張騫)이 흉노와의 건쟁에 이기고 약탈해온 금인(金人)을 말하는 것.-정해자)을 '휴도'라고 했으니, 바로 '수두'

의 음역이고, 휴도의 제사를 맡은 자를 휴도왕(休屠王)이라 했으니, 또한 단군이라는 뜻과 비슷하다. 휴도에 삼룡(三龍)을 사(祠)했다 하니, 용은 신(神)을 지칭하는 것으로 삼룡(三龍)은 바로 삼신(三神)이다. 흉노족 또한 수두교를 수입했다는 것은 의심할 나위가 없다. 고대에는 종교와 정치가 구별이 없어 종교상 제사장(祭司長)이 정치상 원수(元首)이고 종교가 전파되는 곳이 정치상 속지(屬地)이니, 대 단군 이래 조선의 교화(教化)가 지나·흉노 등 각 민족에게 널리 전파되었으므로 이로 인해 정치상 강역이 광대하였다는 것을 볼 수 있다. 〈「사기」에 "휴도(休屠)에 삼룡(三龍)을 사(祠)했다"는 기록은 없다. 「동관기(東觀記)」에 "찬우(單于)가 매년 삼룡사에서 제사지낸다(單于歲祭三龍祠)"는 기록이 있고 「후한서」 남흉노전(南匈奴傳)에 "흉노 풍속에 매년 삼룡사에서 늘 정월과 5월, 9월 무일(戊日)에 천신(天神)에게 제사지낸다(匈奴俗,歲有三龍祠,常以正月,五月,九月戊日祭天神)"는 기록이 있을 뿐이다.—정해자〉

(4) 한자(漢字)의 수입과 이두(吏讀)의 창착

조선 상고(上古)에 조선 글이 있었다는 사람이 있으나, 이것은 아무 증거가 없는 말이다. 최초에 한자(漢字)를 썼을 것은 틀림없는 사실이다. 한자가 언제 수입되었는지 알 수 없으나, 대개 땅이 지나와 붙어 있어 양 민족이 기록되기 이전부터 오갔을 것이며, 한자의 수입도 기록이전의 일이었을 것이 분명하다. 왕검이 아들 부루를 도산으로 보내어 우(禹)를 만나고 금간옥첩(金簡玉牒)의 문자를 가루쳐 주었다면 이 문자는 바로 한자일 것이니, 조선이 한자를 읽고 쓴 것이 이미 오래임을 알 수 있을 것이다. 〈한자(漢字)는 은대(殷代)에 갑골문(甲骨文) 형태로 만들어지기 시작하여 한대(漢代)에 비로소 완성된 글자이다. 그 이전에는 과두문자(蝌蚪文字)로 알려지고 있는 서아시아의 설형문자(楔形文字)를 빌어다 썼다. 우(禹) 때 무슨 문자가 있어 금간옥첩(金簡玉牒)이 있고 한자가 생기기도 훨씬 이전인데, 무슨 한자가 있어 왕검이나 부루가 한자를 썼겠는가. 더욱이 한자는 한족(漢族)이 만든 글자가 아니다. 동이족의 홍산문화 권역, 대문구(大汶口)에서 만들기 시작한 글자이다.—정해자〉

그 뒤에 한자의 음, 또는 뜻을 따서 이두(吏讀)를 만들었는데, 이두는 바로 조선 고대의 국문(國文)이라 할 수 있다. 고대에는 '국서(國書)', 또는 '향서(鄕書)'·'가명(假名:일본 가나)이라고 했고 고려조(高麗朝:원문은 '祖(조)' 자로 잘못되어 있다–정해자) 이후에 비로소 '이두' 라고 하였으나 통속의 편의를 위해 고대의 것까지 이두라고 쓴다.

흔히 이두를 신라 때 설총(薛聰)이 지은 것이라고 한다. 그러나 설총 이전의 고비(古碑: 진흥왕 순수비(眞興王巡狩碑) 같은 것)에도 이따금 이두로 적은 시가(詩歌)가 있는 것을 보면 설총 이전에 만들어진 것이 분명하다. 그렇다면 어느 시대에 만들어진 것인가.

'님금' 을 王儉(왕검)이라고 번역한 것은 王(왕)은 그 글자 뜻(字意)의 소리의 초반을 따서 '님' 으로 읽고 儉(검)은 글자 소리(字音)의 전부를 따서 '금' 을 읽은 것이고, '펴라' 를 樂浪(낙랑)이라고 번역한 것은 樂(나)은 글자 뜻 소리의 초반을 따서 '펴' 로 읽고 浪(랑)은 글자 소리의 초반을 따서 '라' 로 읽은 것이 바로 이두의 시작이니, 적어도 지금으로부터 3000여 년 전인 기원전(BC) 10세기경에 이두가 제작된 것 같다. 〈기원전 10세기라면 은(殷)이 망한지 120여년 밖에 지나지 않은 때이고 동이족인 서언

왕(徐偃王)이 회하(淮河)일대에서 주목왕(周穆王)을 몰아붙이며 왕중왕(王中王)을 자처하던 때일 뿐만 아니라, 은이 계발한 갑골문자(甲骨文字)가 대전(大篆)·소전(小篆)을 거쳐 해서(楷書)화하기 훨씬 이전인데, 어떻게 한자가 들어와 이두가 제작될 수 있었겠는가. 지금 우리가 대하는 한자는 한대(漢代)에 이르러 비로소 정리되고 해서화하여 공표되고 공문서 등에 쓰이기 시작했으며, 진대(秦代) 이전 과두문자(蝌蚪文字), 즉 쐐기문자로 되어 있던 모든 전적을 1백여 년에 걸친 번역작업으로 한자화 했다는 사실을 단재가 미처 몰랐던 것이 아닌가 싶다. 그리고 王儉(왕검)을 이두로 '님금' 이라고 해석한 것은 수긍되지 않는다. 위에서도 설명한 바 있지만 王儉(왕검)은 '우두머리 검', 즉 '우두머리 무당' 이라는 이두 표기이다. 단군이 임금(님금)이었다면 고구려나 백제 식으로 "단군어라하(於羅瑕·듕羅(올라하)·兀刺(올라하)·五女(우루하)·五老(우로하)·尉那巖(얼라야)·尉那也(울라야)"라고 했든지, 신라식으로 "단군닛금(尼叱今·爾叱今(잇금)"이라고 하여, 하늘의 아들이고 땅의 지배자라는 뜻을 명확히 했을 터인데, 어찌 '단군왕검' 이라고 했겠는가. '단군왕' 이라고 하면 될 말에 무엇하러 또 '검' 자를 덧붙였겠는가. 임금이라는 뜻이 아니기 때문이다. 樂浪(낙랑)을 '펴라' 라고 한 것은 平壤(평양)을 의

식하여 그런 해석이 나온 것이 아닌가 싶으나, 樂(낙)자의 훈이 '풍류악, 즐거울 락, 좋아할 요'했을 뿐 '편할 락'이라고 한 적이 없으므로 '펴'라는 소리가 나올 수 없다. '낙랑'은 여러 학자들이 풀고 있는 것처럼 國內(국내)나 瑯琊(낭야)·奈良(나라)와 똑같은 '나라'의 이두표기라고 보는 것이 옳을 것이다.─정해자〉

그림(圖繪)이 발전하여 문자(文字)가 되고 표의문자(表意文字 : 象形文字)가 발전하여 표음문자(表音文字)가 되는 것은 인류문화사(人類文化史)의 일반적인 법칙이다.

표의문자인 한자를 가져다가 표음문자인 이두를 만든 것은 페니키아인이 이집트 상형문자의 한쪽을 따서 알파벳을 만든 것과 같다고 볼만한 문자상 하나의 발전이라 할 것이다. 후대의 거란문(契丹文)·여진문(女眞文)·일본문(日本文)이 모두 이두를 모방한 것이었으니, 인류문화에 공헌한 것이 적지 않다 하겠다. 〈거란문자·여진문자·일본문자가 한자(漢字)를 모방하여 만들어졌다고 말할 수는 있으나 이두를 모방했다고 말하기는 곤란하다. 거란문자는 대자(大字)와 소자(小字)가 있는데 대자는 한자와 같이 1자가 한 낱말을 표시하는 표의, 또는 표음문자였고 소자는 위구르 문자를 본떠 만든 표음, 또는 표의문자였다. 여진문자 역시 거란문자를 모방한 글자로 대자와 소자가 있다. 이 문자는 표음문자와 발음과는 관계없이 한자를 변형시켜서 만든 표의문자가 있었다고 전해지나 거란문자와 마찬가지로 완전히 해독(解讀)되지 않고 있다. 일본문자는 표음문자의 하나로 한자의 일부분을 따거나 변형시켜 만들었다. 그래서 한자를 마나(眞名·眞字)라 하고, 일본자를 가나(假名·假字)라고 한다. 왜자(倭字)라고도 한다. '가나'는 정자체와 흘림체를 총칭하는 말이다.─정해자〉

그러나 다만 미흡한 점은 ㉠자음(子音)과 모음(母音)을 구분하지 못한 것이다. 예를 들면, '가'는 자음 'ㄱ'과 모음 'ㅏ'가 결합한 소리이고 '라'는 자음 'ㄹ'과 모음 'ㅏ'가 결합한 소리인데, 이를 구별하지 않아 한 음의 묶음이 한 글자가 되어 '가'는 '加(가)' 또는 '家(가)'로 쓰고, '라'는 '良(라)' 또는 '羅(라)'로 써서 음자(音字)의 숫자가 너무 많다. ㉡음표(音標)를 확정하지 못한 것이다. 예를 들면, '白(백)'이란 한 자를 '白活(백활)'이라고 써 놓고 '발'로 읽고, '爲白齊(위백제)'라고 써놓고 '살'로 읽으며, '矣(의)'라는 한 자를 '矣身(의신)'이라고 써 놓고 '의'로 읽고, '敎矣(교의)'라써 놓고 '대'로 읽는 등 아무런 준칙이 없다. ㉢상음하몽(上音下蒙 : 앞 음 끝이 뒤 음에 합쳐지는 현상)의 이치를 명확히 규정하지 않은 것이다. 예를 들면 '달이'를 '月伊(월이)'라고 쓰지 않고 '月利(월리)'라고 써 놓고 '다리'라고 읽고, '바람이'를 '風伊(풍이)'라고 쓰지 않고 '풍미'라고 써 놓고 '바라미'라고 읽게 하여 언어의 근간과 지엽이 뒤죽박죽되었다. 〈단재가 '이두'를 '이두문'이라고 기재하여 처음부터 '문' 자를 빼고 '이두'라고만 썼는데, 무슨 근거로 이렇게 해독하였는지 쉽게 납득되지 않는다. 「나려이두(羅麗吏頭)」와 「이두편람(吏讀便覽)」 등을 보면, '白活(백활)'은 '발괄' 즉 '밝힐', 또는 '살궐' 즉 '사뢸'이라는 말이고, '爲白齊(위백제)'는 'ᄒ솗제(져)' 즉 '하실제' 또는 '하시옵소서'라는 말이며, '矣身(의신)'은 '…의 몸'이라는 말이고 '敎矣(교의)'는 '이되'라는 말이다. 그밖에도 '바라옵건대'의 고어 'ᄇ라솝거온'을 '望良白去乎'라고 썼고, '하실지라도'의 고어 'ᄒ솗올디라두'를 '爲白乎乙喻良置'로 표기하는 등 나름대로의 확실한 법칙이 있었다. '달이'를 '다리'로 쓰고 '바람이'를 '바라미'라고, 소리 나는 대로 적은 것 역시 세종대왕의 「훈민정음」 창제 원리에 부합하는 표기 방법이다. 「용비어천가(龍飛御天歌)」 등을 보면 누구나 금방 알 수 있다.-정해자〉

그러므로 이두로 적은 시(詩)나 글은 물론이고 인명(人名)이나 지명(地名), 관명(官名) 같은 것도 오직 그 시대, 그 지방 사람들이 그 습관에 따라 서로 해독할 뿐이고, 다른 시대, 다른 지방 사람들은 입도 뻥긋할 수가 없다. 문자가 사회발전에 기여한다 하는 것은 그곳의 사실과 사상을 이곳에 전함으로써 가능한 것인데, 이처럼 곤란하게 되어 있어 그때 그 지방 기록을 이때 이 지방에서 해독할 수 없다면 어찌 문화발전의 이기(利器)가 될 수 있겠는가.

그러나 옛사람(古人)이 천 여 년 동안 이두를 쓰면서 불편한 점을 고치지 못한 원인은 어디에 있을까. 당시는 빈번한 적국의 침략 때문에 정치상 비밀을 지키기 위해 모든 문자를 적국인이 이해하지 못하도록 통일되지 않고 불확실한 글을 썼을 것이다.

이윽고 삼조선(三朝鮮)이 붕괴하고 열국(列國)이 병립했으나 한 조선 안에도 서로 적국이 많아져 명사 하나, 동사 하나, 토씨 하나까지 더욱 다종 다양하게 써서 동부여 사람이 북부여의 이두를 모르고 신라 사람이 고구려의 이두를 모르게 되었다. 그렇다면 이두가 이처럼 통일되지 않고 확정되지 않은 방법으로 쓰인 것이 학문적 재주와 지혜가 모자라서 그리된 것이 아니라, 거의 정치적인 장애(障碍)에 말미암은 것일 것이다. 〈'이두'를 쉽게 해독할 수 없는 것은 "각국이 비밀보장을 위해 일부러 어렵게 쓴 때문"이라는 단재의 설은 이론(異論)의 여지가 많다. 첫째 한자(漢字)의 고음(古音)이 지금과는 판이하게 달랐던데 그 원인이 있고 둘째 우리의 옛말(古語)이 지금과는 많이 달라 이두를 읽는다 해도 무슨 말인지 모르는데 그 원인이 있기 때문이다. 더욱이 고구려계와 신라계의 말이 달랐던 것으로 보이고 교통이 불편하던 시절 지역단위로 어음이 갈마들며 발달했기 때문에 아무리 쉽게 써놓은 이두라 해도 해독하기 어려운 것은 당연한 일이다. 바빌론이나 라가시에서 발굴된 수 만개의 쐐기문자 점토판을 제대로 해독하지 못하고 있는 이유도 거기에 있다. 표음문자로 되어 있는 기록은 30년을 주기로 언어가 진화하기 때문에 3백년만 지나면 고어(古語)가 되어 일반인은 읽어도 무슨 말인지 모르게 된다. 80여 년 전 누구나 읽을 수 있게 썼던 이 책의 내용을 다시 역주하고 있는 것이 좋은 예이다. 우리가 이만큼이나마 우리의 역사를 추구할 수 있게 된 것도 뜻글자인 한자 때문임을 알아야한다. −정해자〉

(5) 신지(神誌)의 역사

옛 사서에 "단군 때 신지(神誌)라는 사람이 있어 사관(史官)이 되었다"고 했다. 그러나 실은, 신지는 바로 '신치'의 사음(寫音)이고 '신치'는 '신크치'의 줄임말이다. '신크치'는 바로 '신가'의 별칭으로 신가는 앞서 기술한 다섯 '가'의 우두머리 대신(大臣)이다.

'신치' 곧 '신가'는 매년 신수두의 제삿날이면 우주창조의 신화와 영웅·용사가 한 일, 및 예언류의 경계담(警戒談)을 노래하는 것이 역대의 예였는데, 후대에 문사(文士)가 그 노래들를 모아 한 권의 책으로 만들었고 그 관명 '신치'를 책이름으로 삼은 것이 이른바 「신지」이다.

지금은 「신지」의 원본(本書)이 없어져 그 가치가 어떠한지 알 수는 없지만 책이름이 이두로 되어 있으니 그 내용의 기사 또한 이두로 기재되어 있을 것이다.

「고려사」 김위제(金謂磾)전에, 「신지비전(神誌秘傳)」에 "마치 저울대와 저울추·저울판 같다. 저울대는 부소량(扶蘇樑)이고 저울추는 오덕지[1]이며 저울판은 백아강(百牙岡)이다. 70개국이 항복해오고 그 덕에 힘입어 얼을 지켜나간다. 머리와 끝이 균형을 이루니, 나라가 흥성하고 태평을 누린다. 만일 삼유지(三諭地:알려 준 3곳) 중 한 곳이라도 폐한다면 왕업이 쇠퇴하여 기울 것이다(如秤錘極器, 秤幹扶蘇樑, 錘者五德地. 極器百牙岡, 朝降七十國, 賴德護神

精,首尾均平位,興邦定太平.若廢三諭地,王業有衰傾)."라고 한, 열 구절을 게재하고, 부소량(扶蘇樑)은 지금의 송도(松都:개성)고, 오덕지(五德地)는 지금의 한양(漢陽:서울)이고 백아강(百牙岡)은 지금의 평양(平壤)이라고 논증하였다.

그러나 송도·한양·평양은 고려의 삼경(三京)이고, 대 단군의 삼경은, ㉠ 지금의 하르빈(哈爾濱)이니, 고사(古史)에 부소갑(扶蘇岬), 혹은 비서갑(非西岬), 또는 아사달(阿斯達)로 기록한 곳이고 ㉡ 지금의 해성(海城)·개평(蓋平) 등지이니, 고사에 오덕지(五德地), 혹은 오비지(五備地), 또는 안지골(安地忽)·안시성(安市城)으로 기록된 곳이며, ㉢ 지금의 평양(平壤)이니, 고사에 백아강(白牙岡), 혹은 낙랑(樂浪), 또는 평원(平原)·평양(平穰)으로 기록된 곳이다.

이두로 扶蘇(부소)·非西(비서)·阿斯(아사)는 '으스'로 읽고, 五德(오덕)·五備(오비)·安地(안지)·安市(안시)는 '아리'로 읽으며, 白牙岡(백아강)·樂浪(낙랑)·平原(평원)·平穰(평양)은 '펴라'로 읽는 것으로, 위의 비지(秘誌) 열 글귀는 이두로 된 신지를 한시(漢詩)로 번역한 것이다.

대개 삼국 말엽에 한학(漢學)이 흥성하여, 한학자들이 전해져오던 이두로 기록된 시와 글을 한시와 한문(漢文)으로의 번역을 시도했으니 (최치원(崔致遠)의 「향악잡영(鄕樂雜詠)」 같은 것), 「신지」의 번역된 한시도 이런 예의 하나일 것이다.

무슨 까닭으로 비사(秘詞)라고 하였는가. 고대에는 역사 종류를 성서(聖書)라고 하여 왕궁에 비밀스럽게 소장하고 민간에 퍼뜨리는 것을 허락하지 않은 때문이다. 「신지」와 신지 비사 같은 것이 어찌하여 하나도 후대에 전해지지 못했는가. 이는 ㉮ 고구려와 백제가 멸망할 때 왕궁에 비장되었던 것이 병화(兵火)에 타버렸고, ㉯ 신라 것이 겨우 전해져 고려조까지도 왕궁에 한 벌 있었는데, 조선조로 들어와서는 이를 서운관(書雲觀)에 갈무리해 두었다가, 또한 임진왜란의 병화에 타버리고 말았다.

(6) 조선 전성시대(朝鮮全盛時代)

기원전 10세기경부터 그 후 대략 오륙백 년 동안은 바로 대 단군 조선의

〈상고시대 고죽국(孤竹國:昌黎) 자리에 서 있는 갈석산(碣石山)〉

전성시대였다. 「문헌비고(文獻備考)」에 "고죽국(孤竹國:지금 永平府)은 조선종(朝鮮種)"이라고 했는데, 백이(伯夷)·숙제(叔齊) 형제는 고죽국의 왕자로서 상속하라는 왕위를 헌 신짝처럼 버리고 지나의 주(周:지금 陝西省)를 여행(遊歷)하다가 주무왕(周武王)을 만나 격렬히 비전론(非戰論)을 제창했으며, 고대 지나의 강회지역(江淮地域:현 江蘇省과 安徽省의 장강 북쪽.-정해자)에는 조선인이 많이 이주하고 번식하여 다수의 소왕국(小王國)이 건설되었는데, 서언왕(徐偃王)이 그중에서 굴기(崛起)하여 어질고 의로운 정치를 펴며 지나 36국의 조공(朝貢)을 받았다. 〈위의 「문헌비고(文獻備考)」는 원문이 '修文備考(수문비고)'로 되어 있다. 그러나 공인된 전적에 그런 이름의 책은 없다. 또 "고죽은……춘추시대 이후 조선 땅이었는데 이때가 조선이 가장 융성하던 때이다(孤竹,殷周之際,伯夷之弟爲君,春秋時,齊桓公伐山戎,至孤竹國.然則孤竹,春秋後,乃爲朝鮮之有也.此朝鮮最盛時)"라는 기록이 「문헌비고」에 있어 '수문비고'를 오기(誤記)로 보고 「문헌비고」로 고쳤다. 그밖에도 그런 유의 기록은 많다. "고구려의 땅은 본래 고죽국으로 기자의 봉지(封地)였다"는 「수서(隋書)」 배구전(裴矩傳)의 기록도 그중 하나고, 「대명통일지(大明統一誌)」의 "영평부에 조선성(朝鮮城)이 있는데 기자(箕子)의 봉지라고 전해진다"는 등도 그중 하나이다. -정해자〉

이상은 조선의 본국과 정치적 관계가 없는 식민(殖民) 중 한두 사람의 호걸이 벌인 일이었지만, 기원전 5~6세기경에는 불리지(弗離支)라는 사람이 조선 군사를 이끌고 지금의 직예(直隸)·산서(山西)·산동(山東)성을 정복한 다음 대현(代縣) 부근에 하나의 나라를 세우고, 자기의 이름을 국명(國名)으로 하여 불영지국(弗離支國)이라 했다. 「주서(周書:逸周書)」의 '불영지(不令支)'와 「사기」의 '이지(離枝)'가 모두 '불리지국'을 가리킨 것이다.

불리지는 또 정복한 땅의 이름을 자신의 성을 따라 '불'이라고 지었는데, 요서(遼西)의 '비루(肥如)'나 산동(山東)의 '부리(鳧繹:두 산 이름)', 산서(山西)의 '비르(卑耳:「관자(管子)」에 보임)'가 무두 '불'의 역음이다.

상고(上古)에 요동반도와 산동반도는 연륙(連陸)되어 있었고 발해(渤海)는 하나의 큰 호수였으나, 발해의 '渤(발)'도 음이 '불'로, 또한 불리지가 붙여준 이름이다. 불리지가 산동을 정복한 뒤에 조선의 족제비(狄)·담비(貂)·여우(狐)·너구리(狸) 등의 모피로 만든 갖옷(毛裘)과 수놓은 비단(錦緞) 등을 수출하면서 발해를 중심으로 상업을 진흥시켰다. 〈弗離支(불리지)〉라는 명칭은 위서(僞書)로 평가되는 「환단고기」에 나올 뿐이다. 「국어(國語:齊語)」에는 刜令支(불영지)로 나오고 「관자(管子)」에는 泠支(령지)·離枝(리지), 「여씨춘추(呂氏春秋)」에는 令疧(영비), 「일주서(逸周書:周書)」에는 不令支(불영지)로 나오는데, 원문에 '不'자가 '弗'자로 되어 있어 '不'자로 고쳤다. 또 「사기(史記)」에는 離枝(리지)로 나오는데, 원문에는 '枝'자가 '支'로 되어 있어 '枝'자로 고쳤다. 그리고 '離枝(리지)'는 '令支(영지)'를 잘못 기록한 것이라고 했고 '불영지'의 '불'은 거의 발음이 되지 않는 글자라고 했다. 그리고 불영지(刜令支)는 고죽국(孤竹國)에 붙어있던 산융(山戎)의 속국(屬國)으로 기록되어 있다. 고죽국(孤竹國)의 영토는 원래 서쪽으로는 오늘의 탕산시(唐山市) 첸시현(遷西縣:興城鎭)에 이르렀고 북북으로는 링유안(凌源)·차오양(朝陽)·라오하허(老哈河)에 이르렀으며 동쪽으로는 진시(錦西:현 葫蘆島市)에 이르고 서남쪽으로는 러팅(樂亭)·란난(灤南)·탕하이(唐海) 등지에 이르러 동쪽으로는 발해(渤海), 서쪽으로는 연국(燕國), 남쪽으로는 제국(齊國)과 국경을 맞대고 있었는데, 말기에는 서쪽에서 영지(令支:離支), 바로 불영지(刜令支)가 오늘의 첸안(遷安)에서 굴기(崛起)하여 란현(灤縣)까지 세력을 뻗쳐 서쪽으로는 란허(灤河)·칭룽허(青龍河)까지로 줄어들었고 북북으로는 오늘의 명장성(明長城)에 그쳤으며 동쪽으로는 산하이관(山海關), 남쪽으로는 발해만(渤海灣)에 그쳐 영토가 대폭 줄어들어 있었다. BC 664(주혜왕13)년 산융(山戎)이 연국(燕國)을 공격하자 연왕(燕王)은 제환공(齊桓公)에게 구원을 청했으며, 제환공은 연을 위해 산융을 치면서 불영지와 고죽국을 함께 쳐 없애버렸다. 여기서 단재가 '불리지'가 세웠다고 보는 '불리지국(弗離支國)'은 바로 '산융(山戎:犬戎)'을 말하는 것이다. 전국시대였던 당시 산융은 오늘날 남류황하 동쪽의 타이위안(太原)·스쟈좡(石家莊)·베이징(北京)을 포함함 광범한 지역을 차지하여 조(趙)와 제(齊)·연(燕) 사이에 있었

〈산융검(山戎劍)〉

기 때문에 조(趙)와 제(齊)의 머리를 누르고 연(燕)을 압박했다. 주평왕(周平王)이 동천(東遷)한 후인 BC 약 705년에는 연국(燕國)을 타고넘어 강성했던 제국(齊國)을 공격할 정도로 산융은 막강했다. BC 664년 산융이 다시 연을 공격하자, BC 679년 이래 열국의 초대 패자(覇者)였던 제환공은 연의 구원요청을 받고 산융을 정벌하겠다고 나섰다. 구원군이 온다는 소

식을 들은 산융은 철수하여 북쪽으로 돌아갔으
나 제연연합군(齊燕聯合軍)은 산융의 국성(國城)
인 무종산(无終山), 지금의 천안현(遷安縣) 연산
(燕山)일대로 쳐들어갔다. 산융왕은 고죽국(孤
竹國)으로 도망쳤다. 그러자 제연연합군은 북쪽
산융의 불영지(剎令支)와 고죽국을 모두 쳐 없
애버렸다. 산융과 고죽국을 같은 족속으로 보았
기 때문일 것이다. 그 4년 뒤(BC 660년) 제환공
은 다시 일어서려는 고죽국과 불영지를 철저히
깨부수어 산융과 고죽국의 일부는 연으로 흡수
되어 중국인으로 동화했고 일부는 동북으로 이
동하여 동호부락(東胡部落)이 되었다가 뒤에 선
비족(鮮卑族)이 되었다. 단재는 이러한 기록을
참고해 '불리지'가 산융의 왕이고, 산융을 조선
족이 세운 '불리지국'이라고 하는 것이다. 그러
나 '산융'이 '조선'이라고 증명할 근거는 없다.

〈전국시대 동이족(東夷族)의 토템인 봉황(鳳凰)〉

또 서언왕(徐偃王)을 얘기하면서 단재가 "조선 본국과 정치적 관계가 없는 식민(殖民)"이라
고 한것은, 회사(淮泗)지방의 동이(東夷)까지 '왕검조선'으로 보기에는 너무 동떨어져 있기
때문에 유민(遺民)이라고도, 식민(植民)이라고도 할 수 없어 식민(殖民)이라는 새로운 단어를
만들어 쓴 것이 아닌가 싶다. 그러나 동이족의 발상지인 붉달문화(紅山文化) 권역에는 곰을
토템으로 하는 조선, 즉 예맥문화(濊貊文化)의 발상지뿐만 아니라, 은문화(殷文化)의 발상지
도 포함하고 있는 것으로 보아, 이 고대 동이족은 중국대륙 동반부로 남하하여 자리 잡았고
그 세력을 바탕으로 은(殷:商)은 박(亳)과 안양(安陽) 등지에서 절정기의 문화를 꽃피울 수 있
었으나, 주(周)가 굴기하면서 동이족은 점점 동쪽으로 밀려나게 되었고 종당에는 동북 변방
까지 연(燕)에게 잃게 되는데, 서언왕의 굴기는 주(周)의 압박을 견디다 못한 동이족의 마지
막 항거라고 보는 것이 옳을 것이다. 그러므로 내이(萊夷)·서이(徐夷)·회이(淮夷)·사이(泗夷)를
포함한 수백 수천의 동이부락은 거국(莒國)·담국(郯國)·내국(萊國)·담국(譚國)·개국(介國)·증국
(鄫國)·주국(邾國)·모국(牟國)·근모국(根牟國)·임국(任國)·숙국(宿國)·수구국(須句國)·전유국(顓
臾國) 등등과 같이 모두 제각각의 이름을 가지고 있었고, 발(發)이나 조선(朝鮮)도 그중의 하
나였다. 부여·고구려·신라·백제·발해를 '조선'이라고 하는 것도 귀설어 하는 사람이 적지 않
은데 산동반도 전체까지를 조선으로 보고 장수(江蘇)와 안후이(安徽)지방을 식민(殖民)이라고
하는 것은 실재하지 않은 단군신화의 명칭을 전 동이족의 땅에 붙이는 것이 되어 어색하고
생경한 감이 없지 않다. 단재가 그렇게 쓴 뜻을 이해 못하는 것은 아니고, 또 본받아야 마땅
한 정신이지만, 한반도에 조선이란 이름이 붙은 것은 이성계(李成桂)가 조선왕조를 세운 다

음일 뿐이고 고조선(古朝鮮)이라고 해보아야 요녕(遼寧)지방에 여러 나라와 병립해 있던 기자조선(箕子朝鮮)과 위만조선(衛滿朝鮮)이 전부였다고 할 수 있다. 기타 동이지역을 편의상 '범조선'이라고 칭할 수는 있겠지만, '단군조선'의 범주 안에 넣을 수는 없어 보인다. 역사는 실생활의 기록이고 신화가 아니기 때문이다.-정해자〉

(7) 조선의 쇠약(衰弱)

기원전 7세기 말에, 조선이 고죽(孤竹)에 자리 잡고 불리지국과 연합하여 연(燕)과 진(晉)을 정벌하니, 연과 진은 제(齊)에 구원해 달라고 빌었다. 이때는 제환공(齊桓公)은 어진 재상(賢相) 관중(管仲)과 뛰어난 장수(名將) 성보(城父)를 얻어 지나의 패자(覇者)로 군림하고 있었다. 조(曹)·위(衛)·허(許)·로(魯) 등 10여국의 군사를 이끌고 연을 구원하기 위해 태행산(太行山)을 넘어 불리지국(弗離支國)을 격파하고 연(燕)을 지나 고죽국(孤竹國)을 함락했다. 이렇게 되자 조선은 군사를 물렸고 불리지국의 옛 땅을 모두 잃었다. 〈원문에는 '弗離支國'의 '支(지)'자가 '故(고)'자로 잘못되어 있고 '孤竹國'의 '竹(죽)'자가 '升(승)'자로 잘못되어 있다.-정해자〉

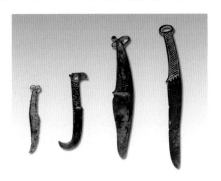

〈전국시대(戰國時代)의 각종 동삭도(銅削刀)〉

지나인(중국인)이 이 전쟁으로 인해 열국(列國)이 보전 될 수 있었으므로 공구(孔丘:孔子)씨가 관중(管仲)의 공을 칭찬하여 말하기를, "관중이 아니었으면 나도 머리를 풀어 헤치고 옷깃을 왼쪽으로 여몄을 것이다(微管仲,吾其披髮左袵)"라고 하였다. 머리를 풀어 헤친다는 것은 조선인의 머리를 가리키는 것이고 왼쪽으로 옷깃을 여민다는 것은 조선의 왼쪽으로 여미는 입성을 말하는 것이다. 〈이 말은 「논어(論語)」 헌문(憲問)에서 따온 것이다. 원문에 "피발(披髮)은 조선의 편발(編髮:댕기머리)을 가리킨 것"이라고 설명하고 있으나, 피발은 '풀어헤친 머리'를 이르는 말이고 결코 '댕기머리'를 가리키는 말이 아니므로 '披髮(피발)'이라는 원 말에 중점을 두어 "머리를 풀어 헤치고"라고 고쳤다.-정해자〉

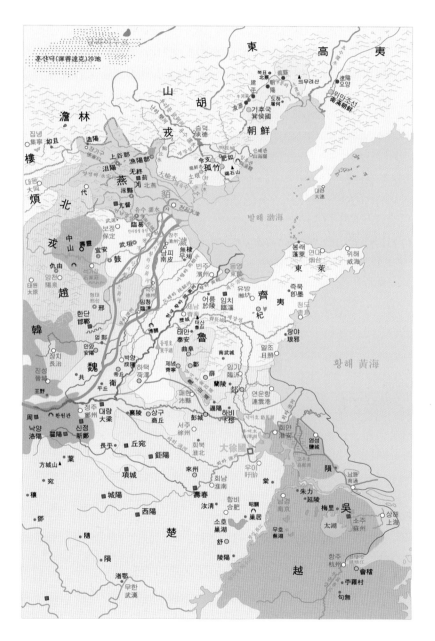

「관자(管子)」에 이 전쟁의 대략이 기록되어 있으나, ㉠ 지나(중국) 기록이
언제나 터무니없고 과장이 심한 편이지만, 그중에서도 외국과의 전쟁기록

은 더욱 심하며 ⓛ 「관자」는 관중이 직접 쓴 책이 아니고, 전국말엽 어떤 사람이 저작한 것이기 때문에 목격담(目擊談)이 아니고 대체적인 것만 적게 된 것이다. 그러나 이 전쟁에서 조선이 서북지방을 잃어 오랫동안 쇠약에 빠졌던 것은 숨길 수 없는 사실이다. 〈제환공(齊桓公)이 산융(山戎)과 고죽국(孤竹國)을 쳐 없앤 전쟁을 이해하기 위해서는 은(殷)이 멸망한 뒤 동이족(東夷族)과 중국간에 지속되어온 알력(軋轢)을 먼저 살펴볼 필요가 있다. 사마천(司馬遷)은 「사기(史記)」 연소공세가(燕召公世家)에서 "연(燕)은 밖으로는 북쪽의 만맥(蠻貉)으로부터 압박을 받고 안으로는 험악한 제(齊)와 진(晉) 사이에 끼여 있는 가장 약소한 나라로 거의 멸망할 뻔한 것이 여러 차례였다"고 했

다. 이것은 춘추시대 및 전국시대 전기의 연(燕)의 역사를 기재한 것으로 당시 연의 환경이 얼마나 군색했는지를 잘 보여준다. 사마천이 말하고 있는 '만맥', 즉 야만스런 맥(貉)이라는 것은 연의 북쪽에 있던 동호(東胡)족을 통틀어 지칭한 것으로, 그중에서 가장 연에 위협이 되는 세력은

〈의무려산에서 바라본 요동 벌 북진(北鎭:北寧). 이여송(李如松)의 고향이다〉

바로 산융(山戎)이었다. 그러한 사실은 역사서에 명확히 기재되어 있다. 「사기」 흉노전(匈奴傳)에 "이때 진(秦)과 진(晉)이 강국(强國)이었는데, 진문공(晉文公:BC 636~628 재위)은 융·적(戎翟)을 물리쳤고…진목공(秦穆公:BC 659~621 재위)은 유여(由余:원래 서융(西戎) 면제국(綿諸國)의 대신이었는데, 진목공을 도와 패주(覇主)가 되게 했다)를 얻어 서융 8개국이 진(秦)에 항복하게 했다.…진(晉)의 북쪽에는 임호(林胡)와 누번(樓煩)이란 융(戎)이 있었고 연(燕)의 북쪽에는 동호(東胡:朝鮮)와 산융(山戎)이 있었다."고 했다. 여기서 말하는 진문공과 진목공은 춘추시대의 역사를 말하는 것인데, 그때 연의 북쪽에는 산융이 있었고 산융의 북쪽에는 동호가 있었다고 했으니, 사서의 기록에 의하면 산융이 늘 연을 위협했을 뿐만 아니라, 무시로 연의 국경을 통과하여 제국을 공격하는 등 소요를 일으켰다. 그러므로 가장 먼저 피해를 당하는 것은 연이었다. 그래서 산융 등 부족의 남침을 저지하기 위해 연은 부득불 제에 구원을 청하게 되었던 것이다. 「사기」 제태공세가(齊太公世家)에 "(환공)23년(BC 663), 산융이 연을 침벌하자 연은 급하게 제에 고했다. 제환공은 연을 구하기 위해 드디어 산융을 공벌(攻伐)하고 고죽까지 갔다가 돌아왔다"고 했고 같은 책 연소공세가(燕召公世家)에도 "(장공:莊公) 27년 산융이 우리나라로 침략해 들어왔다. 제환공이 연을 구하려고 드디어 북쪽 산융을 공벌하고 돌아갔다"고 했으

며, 같은 책 흉노전에도 "그 뒤 44년 산융이 연을 침공하자 연이 급히 제에 고했고 제환공이 북쪽 산융을 치자 산융은 달아났다"고 기록되어 있다. 이로 보면 연의 북쪽에서 주(周)의 열국 세력에 위협을 가하는 세력은 비단 산융 하나뿐이 아니었다고 보인다. 기북(冀北)과 요서(遼西)의 제족(諸族)은 모두 반주(反周)행렬에 가담하고 있었다고 보면 틀림없을 것 같다. 이 민족(동이족)은 원래 은(殷·商)의 제후국(諸侯國)이거나 부용국으로, 은의 일부였기 때문에 원래부터 주인(周人)과는 정치적 노선을 달리하는 적대관계에 놓일 수밖에 없었다. 이런 상황을 감안하면 이 적대민족을 다시 정복하는 것이 동주(東周)의 정치적 안정을 위해 필요불가결한 일이었다. 이리하여 제환공은 "주왕(周王)을 높이 받들고 이족(夷)을 물리치자"는 깃발을 치켜들고 북벌전쟁에 나섰던 것이다. 「관자(管子)」 광군(匡君) 소광(小匡)에 "(제환공이) 중간에 진공(晉公)을 구하고 적왕(狄王)을 사로잡았으며 호맥(胡貉)을 깨부수고 도하(屠何)를 쳐부수자 기마도적(騎寇)들이 비로소 굴복했으며, 북쪽의 산융(山戎)을 치고 영지(令支)를 제압하고 고죽(孤竹)을 쳐 없애자 구이(九夷)가 비로소 통하게 되어 바닷가 제후들이 와서 항복하지 않는 자가 없었다."고 했는데, 그가 간 곳이 "북쪽으로 고죽·산융·예(濊)·맥(貉)에 이르렀다"고 했으니, 그렇다면 제환공의 정복 대상이 바로 도하·예·맥이었고 최소한 의무려산(醫巫閭山) 서쪽 기슭까지 갔다는 말이다. BC 320년 조선(朝鮮:「사기」에는 동호(東胡)로 되어 있다. 모두 조선으로 고친다)은 당시 이미 연(燕) 북쪽에서 강력한 힘을 구축하고 있었기 때문에 연소왕(燕昭王)은 장수 진개(秦開)를 조선에 인질로 보냈는데, 이로 보면 당시 연과 조선의 관계는 매우 친밀했던 것 같다. 이런 사실은 연이 조선에 행한 겸비사(謙卑辭)에서도 잘 나타난다. 그러나 몰래 힘을 비축하여 옛날의 연이 아니게 되자, 연의 태도는 어느 날 갑자기 달라진다. 그의 제1목표는 동북쪽으로 영토를 확장하여 조선의 땅을 빼앗는 것이기 때문이다. 「사기」 흉노전에도 "그 뒤 연의 장수 진개는 조선의 인질이 되었다. 조선은 그를 매우 신임했다. 진개는 돌아와서 조선을 습격, 격파했다. 조선은 천리 밖으로 퇴각했다"고 적고 있다. 이리하여 연(燕)은 오랜만에 요서지구(遼西地區)를 손에 넣을 수 있었다. 그리고 조선인이 살던 땅에 상곡(上谷)·어양(漁陽)·우북평(右北平)·요서(遼西) 4개 군을 설치했다. 시간이 감에 따라 이 지역에 머물러 살던 조선인은 모두 연인으로 융합되었고 옛날 하가점상층문화(夏家店上層文化)는 신속히 철기문화로 바뀌게 되었다. 그 뒤 조선문화는 흉노(匈奴)와 밀접한 관계를 맺었고 다시 선비(鮮卑)와 오환(烏桓)으로 갈리게 된다. -정해자〉

(8) 단군연대(壇君年代)의 고증

이전 역사에는 단군왕검 1220년 뒤에 기자(箕子)가 조선(朝鮮)의 왕이 되었다고 기재하였으나, 기자는 기자 자신이 왕이 된 것이 아니고, 기원전

323년경에 이르러 그 자손이 비로소 '불조선'의 왕이 되었다. 이는 제3편 제2장에 기술하겠지만, 이제 사실(史實)에 따라 기자조선(箕子朝鮮)을 삭제한다. 〈위의 '제3편 2장'은 원문이 "제2편 2장"으로 되어 있다. 그러나 이 책이 지정하는 편·장·절이 모두 내용과 다르게 적혀 있다. 이것은 최초의 편제가 그랬던 것을 다시 고쳐 엮으며 고치지 않은 까닭으로 보고 기록을 참고하여 모두 고쳤다. 이하도 같다. 단재가 기자조선(箕子朝鮮)을 부정하는 것은 기자동래설(箕子東來說), 즉 기자가 한반도로 왔다는 고려이래의 기록이 여러 가지 모순점을 나타냄으로써 부정되었다. 반도사관으로 본다면 기자는 한반도로 온 적이 없기 때문이다. 그러나 요동조선론(遼東朝鮮論)을 펴는 단재가 BC 1100대의 기자동래설을 부정하는 것은 '기후방정(箕侯方鼎)'이 출토되기 전이었기 때문에 반도사관 학자들의 주장에 영향을 받은 것이 아닌가 싶다. 기자의 기후국(箕侯國)은 오늘날 대릉하(大凌河) 연변(中國河北省과 遼寧省 경계지점 凌源과 建昌사이) 평방자향(平房子鄕北洞村)에 있었다는 것이 그곳에서 출토된 청동기의 명문(銘文) 등으로 밝혀졌기 때문이다. –정해자〉

또 이전 역사에 단군이 처음 평양(平壤)에 도읍했다가 뒤에 구월산(九月山)으로 천도하고 그 자손에 이르러서는 기자(箕子)를 피하여 북부여(北扶餘)로 갔다하나, 이것 또한 황당무계한 망설(妄說)이다. 〈「삼국유사」 원기록은 "단군이 평양에 도읍했다가 백악산(白岳山) 아사달(阿斯達) 일명 궁홀산(弓忽山) 또는 금이달(今彌達: 곰달)로 천도했고……기자를 피하여 장당경(藏唐京)으로 갔다가 돌아와 아사달에 숨어 신선이 되었다"고 했다. "북부여(北扶餘)로 갔다"는 기록은 없다. '아사달(阿斯達)'을 놓고 구한말 신학자들은 '새벽 들판'을 이르는 '아시달'이니, 뭐니 했지만 그것은 모두 우물안 개구리에 불과한 해석이다. 중앙아시아, 특히 신강(新疆) 지방에 나타나는 아스타나(阿斯塔那·阿斯塔納·阿斯塔拉)와 똑같은 말로 '수도(首都)'라는 뜻의 말이기 때문이다. 카자흐스탄의 새 수도가 '아스타나' 이듯 고대 돌궐어에 뿌리를 둔 말이다. 그러므로 "백악산 아사달로 천도했다"는 것은 '백악산 수도'로 천도 했다는 뜻이다. 단재 역시 아사달이 무슨 말인지를 몰라 하르빈(哈爾濱)이 'ㅇ스대(아사달)'라고 나름으로 해석하며 '장당경'까지 '북부여'로 고쳐 말하고 있는 것이다. –정해자〉

무릇 "구월산으로 천도했다"는 것은 「삼국유사」에 베껴 넣은 「위서(魏書)」의 "단군왕검이 아사달에 나라를 세우고 조선이라 했다(壇君王儉, 立國阿斯達, 國號朝鮮)"는 대목으로 인하여 '阿斯(아사)'라는 소리가 '아홉(九)'에 가깝고 '達(달)'자의 음이 '달(月)'과 같다하여 구월산(九月山)을 아사달(阿斯達)이라고 한 것이다. 〈위의 「삼국유사」는 원문이 「고구려사」로 되어 있다. 그러나

「삼국사기」 '고구려조'에는 그런 내용이 없다. 다만 "평양성은 선인왕검(王儉)의 저택이다. 혹은 왕의 도읍지 왕험(王險)이라고도 한다"는 기록이 있을 뿐이다. 그래서 삼국유사로 고쳤다. -정해자〉

그러나 구월산은 황해도 문화현에 있는 산인데, 옛 이름(古名)이 궁홀(弓忽)이고, 弓忽(궁홀)은 이두로 '궁골'이라고 표기한 것으로, 궁골에 있는 산이기 때문에 '궁골산'이라고 한 것이다. 마치 皆忽(개골)에 있는 산이기 때문에 개골산(지금의 금강산)이라고 하는 것과 같다. 어찌 궁골산을 구월산이라고 와전(訛傳)하고 '아홉달 산'이라고 억지로 꿰어 맞춰 구월산을 아사달이라고 망증(妄證)하는가. 가소로운 일이 아닐 수 없다.

〈하르빈 송화강 태양도(太陽島)에 있는 욕일대(浴日臺) 삼족오(三足烏)〉

阿斯達(아사달)은 이두로 'ㅇ스대'라고 읽는다. 고어에 소나무(松)를 'ㅇ스'라 했고 산을 '대'라 했으니, 지금의 하르빈(哈爾濱)의 완달산(完達山)이 바로 '아사달'이다. 이곳은 북부여의 옛 땅(故土)으로 왕검의 상경(上京)이고 지금 개평현(蓋平縣) 동북쪽 안시성(安市城)의 옛터인 '아리티'는 중경(中京)이며 지금 평양(平壤)인 '펴라'는 남경(南京)이다. 〈단재는 '완달'을 'ㅇ스대'의 전음(轉音)으로 보고 '아사달'이라고 단정하면서, 松花江(송화강)을 'ㅇ스라'로 규정할 요량인지, "소나무를 고어로는 'ㅇ스'라고 했다"면서 그 말이 어느 지방에서 쓴 말이고, 또는 어느 전적에 기재되어 있는지 출처는 밝히지 않았다. 경기도 일부 지방에서는 참나무를 '재량나무', 또는 '제리알'이라고도 불렀으니 소나무를 'ㅇ스'라고 부른 지방이 없었다고 할 수는 없다. 그러나 松(송)자로 사음된 우리지명(地名)을 근거로 옛말을 찾아보면 소나무가 '솔·설·소르·소리·소래 등등으로 기록된 것만 보일 뿐 'ㅇ스'로 의역(意譯)된 기록은 보이지 않는다. '신지비전(神誌秘傳)'이 말하고 있는 오덕지(五德地)중 하나인 부소량(扶蘇樑:부소들)이 松都(송도)로 의역(意譯)되고 있는 것으로 보아 고려 초까지도 소나무를 '부소', 또는 '부솔'이라고 불렀던 것으로 보인다. 또한 하르빈 옆을 흐르는 송화강(松花江), 또는 송아리강(松阿哩江)이라는 이름이 속말수(粟末水)에서 시작되어 승화르강(勝和爾江)·송와강(宋瓦江)에 이르기까지 끝내 '솔'의 첫 소리인 'ㅅ'에서 벗어나지 못하고 있고, 소나무를 일컫는 만주 말 '화르단'과도 다른 것으로 보아 소나무가 어디에 근거해 'ㅇㅅ'로 해독되었는지 의문이 없지 않다. 일본어 '마쓰(松)'가 가장 가까운 소리가 아닌가 싶다.-정해자〉

왕건 이래 시의(時宜)에 따라 삼경(三京) 중 하나를 골라 서울로 했으나 그 본부는 북부여의 옛 땅인 'ㅇㅅ대'였는데, 단군의 자손이 기자(箕子)를 피하여 북부여로 갔다고 말하고 있으니, 어디에 대고 하는 소리인가. 그러므로 그 말은 따라 쓰지 않는다.

또 이전 역사에는 단군(壇君)의 원년 무진(元年戊辰)을 당요(唐堯) 25년이라 하였으나 지나(중국)도 주소공화시대(周召共和時代:기원전 841년) 이후에야 연대를 기록하는데, 어찌 당요 25년이 어느 해인지를 알 수 있겠는가. 그러므로 단군 원년을 지적하지 않는다.

고기(古記)에 단군의 나이가 1048세다, 1098세다 하는 등의 설이 있으나, 이것은 신라말엽에 '신수두'를 진단(震壇)으로, '환국(桓國)'을 환인(桓因)으로 바꾸는 등, 불교 전적의 단어(句語)로 조선 고대사를 장난질 치듯 바꿔놓은 불교도들이 인도(印度) 고전(古典)의 3만년·3천년·5백년 등 장수를 했다는 부처(佛祖)를 모방하여 한 말이라, 논박할 가치조차 없다.

조선조 초에 권근(權近)이 "몇 세대를 전해 왔는지는 모르겠으나, 천년이 지났다는 것은 알겠네(傳世不知幾 歷年會過千:원문은 千(천)자가 午(오)자로 잘못되어 있다-정해자)"라는 시를 지어 단군 연대를 믿을 수 없다고 뒤집어 놓았으나, 이것은 다만 불가(佛家)의 황당무계한 말을 바로잡았다고 하면 되겠지만, 역시 단군의 시말(始末)을 모르는 말이다.

"2천 년 전에 단군왕검이 아사달에 도읍했다(乃往二千載, 有壇君王儉, 立都阿斯達:원문은 '載(재)' 자가 '年前(년전)'으로 잘못되어 있다.-정해자)"이라고 하였으니, 고구려 건국이전 2천년이 단군왕검의 원년이고, 삼국(三國) 중엽까지도 신수두를 받들었으니, 단군이 거의 정치상 반 주권을 행사한 시말이 2천 몇백 년은 될 것이다. 어찌 천년만 되겠는가. 그러나 삼조선(三朝鮮)이 분립(分立)한 뒤에는 대왕(大王)과 대단군(大壇君)이 병립하여 정치와 종교가 분립하기 시작했으므로 본편은 여기서 그친다.

제 3 편

삼조선(三朝鮮) 분립시대

제1장. 삼조선(三朝鮮) 총론

(1) 삼조선(三朝鮮)이란 명칭의 유래(由來)

지금까지 있어온 각종 역사서에는 삼조선(三朝鮮)이 분립(分立)했던 사실이 빠져 있을 뿐 아니라, '삼조선'이라는 명사까지 단군조선(檀君朝鮮)·기자조선(箕子朝鮮)·위만조선(衛滿朝鮮)의 삼왕대(三王代)라고 억측해 오해했다.

삼조선은 신·불·말 삼한이 나누어 병립한 것으로, 신한은 대왕(大王)이고 불·말 두 한은 부왕(副王)이다. 세 한(한)이 삼경(三京)에 나누어 주재하며 조선을 통치했다는 것은 이미 제1편에 기술하였지만, 삼조선은 바로 세 한이 분립한 뒤에 서로 구별하기 위하여 신한이 통치하는 곳은 '신조선'이라 하고 말한이 통치하는 곳은 '말조선'이라고 하고 불한이 통치하는 곳은 '불조선'이라고 하였다.

신·말·불 삼한은 이두로 辰(진)·馬(마)·卞(변) 삼한(三韓)이라고 기록한 것이고, 신·말·불 삼조선은 이두로 '眞莫番(진막번)' 삼조선이라고 기록한 것이다.〈이 '이두'의 '吏(이)'자는 원문이 '史(사)자로 잘못되어 있다. -정해자〉 똑같은 신·말·불의 음역인데 어찌하여 하나는 辰(진)·馬(마)·卞(변)이라 하고 다른 하나는 '眞莫番(진막번)'이라고 하여 두 음역이 같지 아니한가. 이것은 남북이 이두로 쓰는 글자가 다르기 때문이거나 지나인의 한자음역이 조선인이 쓰는 이두의 용례와 다르기 때문일 것이다.

조선에는 전해오던 옛 전적이 없어져 삼조선의 유래를 찾을 길이 없으나, 이따금 지나사(支那史:중국사)에는 보이고 있다. 「사기(史記)」 조선열전(朝鮮列傳)의 "眞番, 朝鮮(진번, 조선:원문에 番(번)자가 莫(막)자로 잘못되어 있다. -정해자)"은 '신·불' 두 조선을 들어 보인 것이고, 주(注)에 "番(번)자를 莫(막)로 쓴 것도 있다"했으니 番(번)자를 莫(막)자로 대치하면 "眞莫, 朝鮮(진막, 조선)"이 된다. "진막,조선"은 '신·말' 두 조선을 들어 보인 것이다.

진막번조선(眞番莫朝鮮), 혹은 진막번조선(眞莫番朝鮮)이라고 써서 신·말·불 삼조선을 열거하지 않고, 막(莫)자를 빼고 '진번조선'이라 하거나 혹은 번(番)자를 빼고 '진막조선'이라고 기록한 것은 무슨 까닭인가. 이것은 지나인이 외국의 인명(人名)·지명(地名) 등 명사를 쓸 때 언제나 문장의 흐름을 평이하게 하기 위해 글자를 줄여 쓰는 관례에 따라 쓴 것일 것이다.

「목천자전(穆天子傳)」의 '전한(鵜韓)'은 '변한'을 가리킨 것이고, 「관자(管子)」의 '發,朝鮮(발조선)'과 「대대례(大戴禮)」의 '發,息愼(발식신)'은 '불조선'을 가리킨 것이다. 오직 '말조선'은 지나(중국)와 좀 멀리 떨어져 있어 「사기」 이외의 다른 서적에는 보이지 않는다. 〈사기(史記)〉에 신·막·불로 해석할 수 있는 眞莫番朝鮮(진막번조선)'이라는 기록은 없다. '莫(막)'자는 단재가 설명하고 있는 것처럼 '眞番(진번)'이 '眞莫(진막)'으로 되어 있는 책도 있다는 말이다. 이 문제를 해설하려면 이 책의 뼈대를 이루고 있는 신·말·불 삼조선(三朝鮮)설이 뿌리부터 흔들릴 수 있지만 그렇다고 장래 독자들의 참고할 기회까지 빼앗을 수는 없는 일이므로 주종을 이루는 국내외 학자들의 보편적인 해석을 곁들여 해설하고자 한다. 한마디로 이 삼조선 설은 옛날 한자 책이 구두점도 없이 빼곡하게 한자로 들이차 있어 어디서 떼어 읽느냐에 따라 그 뜻이 완전히 달라지기 때문에 생긴 일이다. 다시 말해 '眞番朝鮮(진번조선)'을 진번(眞番)과 조선(朝鮮), 두 나라로 보지 않고 '진번조선'이라고 붙여 읽으며 한 나라로 해석하여 빚어진 이름인데, 그 '眞番(진번)'을 진한(辰韓)과 변한(卞韓)에 맞추기 위해 진조선(신조선)과 번조선(불조선)으로 나눈 다음, 마한(馬韓)과 대치할 것이 없자 莫(막)자까지 끌어들여 '막조선', 즉 말조선을 만들어 낸 것이다. 아마 貉(맥)자의 원음이 '마'였음을 감안했다면 莫朝鮮(막조선)이 아니라, 貉朝鮮(마조선)이라 했을지도 모를 일이다. 朝鮮(조선)과 眞番(진번)이 두 나라였다는 것은 「사기」 조선전 첫머리 "만(滿)은…일찍부터 진번 조선을 침략하여 복속시키려 했다(滿者…嘗略屬眞番朝鮮)"는 글 밑에 여순(如淳)은 "연(燕)은 일찍부터 두 나라를 침략하여 자신들에게 복속시키려 했다"고 분명히 주를 달았고, 「사기」 화식열전(貨殖列傳)에는 "북쪽으로는 오환(烏桓) 및 부여(夫餘)와 인접해 있고 동쪽으로는 예맥(濊貉)·조선(朝鮮)·진번(眞番)과 국익(國益)이 얽혀 있다(北鄰烏桓·夫餘, 東縮穢貉·朝鮮·眞番之利)"고 하여 진번과 조선이 별개 나라임을 분명히 밝혔는데, 필요에 따라 이런 기록을 외면한 것이 아닌가 싶다. 「흠정만주원류고(欽定滿洲源流考)」에는 "조선과 진번은 서로 오가지도 않았다(亦與朝鮮眞番不相往來)"고 기록하고 있다. 發朝鮮(발조선)·發息愼(발식신)도 마찬가지다. '발과 조선'이나 '발과 식신' 두 나라로 보아야 할 것을 붙여서 한 나라로 보았기 때문에 여러 문제가 노정되고 있는 것이다. 둘로 나누어 보아야할 까닭을 오제기(五帝紀)와 「관자(管子)」·「노사(路史)」 등 여러 전적에서 볼 수 있다. 그리고 「목천자전(穆天子傳)」의 '전한(鸇韓, 鄄韓)'이 "변한을 가리킨 것"이라는 주장은 수긍할 수 없다. 이 나라는 주(周)의 수도 호경(鎬京)에서 목천자가 서정(西征)에 나서 서왕모(西王母)의 나라를 향해 기려씨(鬲閭氏)의 철산(鐵山)을 지나고 또 서쪽으로 진군하여 서왕모의 나라에 못미처 있는 무부(無尊)의 나라가 전한인데, 어떻게 서쪽 끝 가까이 있는 나라가 동쪽 끝의 '변한'이 될 수 있겠는가. '변한'으로 해석한 까닭을 상고할 수 없다.-정해자〉

(2) 삼조선(三朝鮮)의 위치와 범위

한(韓:핸)은 나라이름이 아니라, 왕(王:干)이란 뜻이다. 세 한(핸)은 삼조선(三朝鮮)을 나누어 통치한 삼대왕(三大王)이며, 삼조선은 삼한(三韓), 바로 세 왕이 나누어 통치한 삼대 지방임은 말할 것도 없다. 그 삼도(三都)의 위치와 강역(疆域)의 범위를 기술할까 한다. 〈삼한(三韓)은 곧 세 임금 삼한(三汗)을 뜻하는 것이라는 말은 「만주원류고」삼한정류(三韓訂謬)에 있는 말을 부연한 것이다. 건융제는 이렇게 기록했다. "삼한(三韓)이 세워진 과정을 보면, 여러 사서(史書)가 모순되게 기록하고 있는 부분이 매우 많다.〔삼한은〕지리적 위치로 보면 오늘날 봉천(奉天:瀋陽, Mukden) 동북쪽 길림(吉林) 일대를 말하는 것인데, 조선과 우리나라(淸)의 근원지에 가깝게 붙어 있다.… '삼한'이라는 명칭은 사서가 마한(馬韓)·진한(辰韓)·변한(弁韓), 또는 변진(弁辰)이라고 차례로 늘어놓으면서 생겨났는데, 韓(한)이라고 일컫게 된 이유는 자세히 나와 있지 않다. 진수(陳壽)는 「위지(魏志:三國志魏書)」에서 곧장 '한지(韓地)·한왕(韓王)'이라고 기술했고(조선후 '준'은 근신들과 궁인들을 데리고 바다로 달아나 '한국 땅'에서 살며 자칭 '한왕'이라고 했다), 어환(魚豢)은 「위략(魏略)」에서 '조선왕(준의 친속들)은 韓(한)씨를 사칭했다'(본국에 남아 있던 그의 아들과 친속들은 '한씨'라고 사칭했다)며 억지로〔한(韓)자를〕끌어다 붙였다. 대개 국어(國語:여진어) 및 몽고어 등에서 군장(君長:통치자)을 모두 汗(핸)이라고 하는데, 韓(한)과 汗(핸)의 소리가 혼동되는 바람에 三韓(삼한)이 각각 수십 나라인 것처럼 역사서에 기재되고 있으나, 〔실은 세 사람(三)의 핸(汗)을 가리키는 말로〕분명 당시에 三汗(삼한)이 있어 나누어 통치했다는 뜻일 것이다. 사가(史家)들이 한(汗)이 군장을 뜻하는 말인 줄을 몰랐으니, 하찮은 자가 멋대로 글자를 바꾸어 韓(한)이라는 종족을 만들어 내기까지 했다. '태양이 징 같다는 말을 들은 장님이 징소리를 듣고 태양이라 우기고, 또 태양이 촛불 같다는 말을 들은 장님이 초를 만져 보고는 피리를 치켜들고 태양이 이것처럼 생겼다고 했다'는 것과 무엇이 다르겠는가."-정해자〉

세 한(韓)의 도읍지는 ㉮ 제1편에 기술한 'ㅇ스라', 지금의 하르빈(哈爾濱)과 ㉯ '아리티', 지금의 개평현(蓋平縣:현 盖州) 동북쪽 안시고허(安市故墟) 및 ㉰ '펴라', 지금의 평양(平壤)이다. 〈『삼국사기』 지리지에 따르면 안시성(安市城)의 옛 이름은 '안촌골(安寸忽)'이라고 했고 그 주(注)에 '안촌골'을 "어떤 이는 '丸都城(환도성)'이라고 한다"고 했다.

그래서 단재는 '안치→안티→아리티'로 해석한 것이 아닌가 싶다. 그러나 安(안)자가 '안질개'를 뜻하는 鞍(안)자로 바뀌는 것으로 보아 '안질골'로 불렸을 수도 있다. 지금의 야오닝성 안산시(鞍山市) 및 까이저우시(蓋州市) 어디쯤이라고도 하고 하

〈고구려 주철산지(主鐵産地)였던 안산(鞍山)에 있는 노천광산〉

이청시(海城市) 남동쪽에 있는 잉청즈(英城子)가 안시성이라고도 한다. 그러나 그 옛터를 '아리티'라고 불렀다는 기록은 없다. '丸都(환도)'는 'ㅇ르두(Ordu)'의 사음(寫音)으로 '어라하(칸:왕)의 궁성'이라는 뜻이기 때문이다. 오늘날 키르기스스탄 토크막 동남쪽 발라사군에 있던 카라한의 수도 '카라ㅇ르두(위대한 칸의 宮帳:Kök Orda/Gök Ordu)를 예루타시(耶律大石)가 차지하고 앉아 서요(西遼:카라키탄)를 세운 다음 '후스ㅇ르두(虎思斡耳朶:강력한 힘을 가진 이의 궁장)라고 개명한 데서 볼 수 있듯 고대 돌궐어 '오르다, ㅇ르두(Orda,Ordu)'는 바로 칸(왕)의 도성을 가리키는 말이었기 때문이다.-정해자〉

삼조선이 분립하기 전에는 '신한'이 전 조선을 통치하는 대왕이었고 불·말 두 한이 부왕(副王)이었으므로 신한이 'ㅇ스라'로 거동해 머무를 때는 말·불 두 한은 한사람은 '펴라', 다른 한사람은 '아리티'에 머물러 지키다가, 신한이 아리티나 펴라로 거동하여 머물게 되면, 불·말 두 한은 또다시 다른 두 서울(京)로 옮겨가서 지켰는데, 삼조선이 분립한 뒤에는 세 한이 각기 세 도성 중 하나를 차지하고 조선을 셋으로 나누어 가지고 통치했다.

이때 세 한이 나누어 가졌던 강역을 상고하면,「만주원류고」에 "「한서 지리지 요동(遼東)의 번한현(番汗縣), 지금의 개평(蓋平)등지가 변한(卞韓)의 고도(古都)"라고 했는데, 番汗(번한)과 卞韓(변한)의 음이 같으므로 개평 동북쪽 '아리티'가 불한의 고도일 것이다. 〈「만주원류고」에 "번한(番汗) 개평(蓋平) 등

지가 변한(卞韓)의 고도(古都)"라는 말은 없다. "변한(弁韓)은 삼한(三韓) 중에 기록이 유독 적은데, 「사기」 '眞番(진번)' 주에 '番(번)의 음은 普(보)寒(한)의 반절이다. 요동에는 番汗縣 (번한현)이 있다'고 했는데, 혹시 그것이 弁韓(변한)의 전음인지 역시 알 수 없다"는 기록이 있을 뿐이다. 이 기록을 편의에 따라 고쳐 쓴 것이 아닌가 싶다.–정해자〉

「삼국유사」에 마한(馬韓)은 평양의 마읍산(馬邑山)에서 따온 이름이라고 했다. '마한'이 있었기 때문에 '마읍산'이라는 이름이 붙은 것이지, 마읍산 때문에 마한이라는 이름이 붙은 것은 아닐 것이다.〈원문은 "아니다"라고 단정되어 있다.–정해자〉 '마한'은 평양에 도읍했다가 뒤에 남쪽으로 옮겨간 것이 사실(事實)이니, 평양 곧 '펴라'가 '말한'의 고향일 것이다.

'신한'은 비록 상고할만한 기록이 없으나 아리티와 펴라의 두 서울을 불· 말 두 한이 나누어 점거했으니, 신한은 하르빈, 즉 'ᄋ스라'에 도읍했을 것은 의심할 나위가 없다.

이리하여 강역의 윤곽도 대략 그릴 수 있게 되었다. 지금 봉천성(奉天省: 瀋陽) 서북쪽과 동북쪽(카이위안(開原)이북, 허투아라(興京:新賓)이동)의 지린(吉林)·헤이룽(黑龍) 두 성(省)과 연해주 남단은 신조선이 차지했고, 요동반도(카이위안(開原)이남, 허투아라(興京:新賓)이서)는 불조선이 차지했으며, 압록강 이남은 말조선이 차지했다. 그러나 전란이 계속되던 세상이라 고정된 강역이 있을 수는 없었을 터이니, 삼조선의 국토는 늘어나고 줄어드는 경우가 많았을 것이다.

(3) 기록상 삼조선(三朝鮮)의 구별 조건

이제 역사를 읽는 독자들이 '신조선'·'불조선'·'말조선'이라는 소리만 들어도 해괴하다고 놀랄 터인데, 하물며 이전 역사책에 아무런 구별도 없이 '朝鮮(조선)'이라고만 쓴 명사를 가져다가 구별하여, ㉠ 사(史)에 쓰인 '조선'을 '신조선'이라고 하고 ㉡ 사에 쓰인 조선을 '불조선'이라고 하며 ㉢ 사에 쓰인 조선을 '말조선'이라 했으니, 믿을 사람이 누가 있겠는가.

그러나 「삼국사기」를 읽어보면 '고구려본기'에 동·북 두 부여(扶餘)를 구별하지 않고 다만 '부여'라고만 썼으며, '신라본기'에는 대·소(大·小) 등 다섯 가야(加耶:伽倻)를 구별하지 않고 다만 '가야'라고만 썼다. 〈「삼국사기」고구려본기에는 夫餘(부여)라 쓰지 않고 扶餘(부여)라고 썼으며 '부여'와 '동부여(東扶餘)를 구별해 썼다. 그래서 원문의 夫餘(부여)를 扶餘(부여)로 고쳤다. ─정해자〉

만일 이전 역사에서 구별하지 않았다고 구별하지 않으면, 두 부여사(夫餘史)와 다섯 가야사(加耶史)의 본 모습을 회복할 날이 없을 것이 아닌가. 더구나 삼조선(三朝鮮)의 분립은 조선 상고사(朝鮮上古史)의 유일한 큰 사건인데, 이것을 구별하지 못하면 그 이전의 대 단군왕검(大檀君王儉)의 건국에 대한 결론을 찾지 못할 것이며, 그 이후의 동·북 부여와 고구려·신라·백제 등의 문화적 발전의 서론(緖論)도 얻지 못할 것이다. 어찌 고정관념(習見)에 사로잡힌 자의 두뇌에 맞추기 위해 삼조선의 사적(事蹟)을 구별하지 않을 수 있겠는가.

삼조선의 역사적 재료는 오직 「사기(史記)」·「위략(魏略)」·「삼국지(三國志)」등 지나사(中國史) 뿐이지만, 그 역사 저작자들이 유전적으로 시건방진 오만병(驕傲病)이 들어 조선에 관한 일을 적을 때는 조선 자체를 위하여 조선을 계통적으로 서술하지 않고, 오직 자기들과 정치적 관계에 놓여 있는 조선만을 서술하고 있다.

그나마도 이따금 그들과 우리간의 성패(成敗)와 시비(是非)를 거꾸로 기재하고 있는 것이 그 첫째고, 조선의 국명(國名)·지명(地名) 등을 적을 때 조선인이 쓰는 본이름을 쓰지 않고 제 뜻대로 다른 이름을 지어 붙여 東夫餘(동부여)를 不耐濊(불내예)라 하고, 오리골(烏列忽)을 遼東城(요동성)이라고 하는 등의 기록이 많은 것이 그 둘째이며, 조선은 독특한 문화를 갖고 독특하게 발달해 왔는데도 언제나 기자(箕子)와 진(秦)나라 유민(遺民)에게 공을 돌리려 하는 등 허다한 위증(僞證)을 대고 있는 것이 그 셋째이다.

그러므로 사마천(司馬遷)이 「사기(史記)」를 지을 때는, 연(燕)이 멸망한 지 오래지 않으므로 연과 삼조선의 관계에 대해 참고할만한 사실(事實)이 적지 않았을 것이고, 한무제(漢武帝)가 조선의 일부분이고 삼경(三京)의 하나인 아리티의 문화고향을 점령했으니, 예부터 전해오는 전설(傳說)과 기록이 적지 않았을 터인데도 불구하고 「사기」의 조선열전은 조선의 문화적 정치적 사실은 하나도 쓰지 않고, 오직 위만(衛滿)의 건국(建國)과 한병(漢兵)의 동침(東侵)을 썼을 뿐이니, 이것은 조선전이 아니라, 위만소전(衛滿小傳)이고 한의 동방 침략약사이다. 「위략」·「삼국지」 등 조선에 관한 사적은 관구검(毌丘儉)이 실어간 고구려의 서적을 바탕으로 쓰여진 것이겠으나, 또한 그 오만한 고정관념에 사로잡혀 있기는 마찬가지이다. 〈관구검(毌丘儉)은 중국 삼국시대 위(魏)의 유주자사(幽州刺史)로 244년(동천왕 18) 고구려로 침입해 국내성(國內城:丸都城)을 함락시키는 등 연거푸 두 번에 걸친 도륙과 약탈로 고구려는 큰 위기에 빠졌고 환도성이 돌이킬 수 없게 파괴되어 평양으로 천도했다.-정해자〉

그렇다면 무엇에 근거하여 저들 기록에 나타난 조선들을 가져다가 이것은 신조선이니, 말조선이니, 불조선이니 하고 구별을 해야 할 것인가. 「사기」 조선열전에는 위만이 점거한 불조선만을 '조선'이라고 쓰는 대신, 신조선은 동호(東胡)라고 하며 흉노열전(匈奴列傳)에 넣었다.

이제 「사기」 흉노전에서 신조선의 유사(遺事)를, 조선전에서 불조선의 유사를 줍고, 「위략」과 「삼국지」 동이열전(烏桓鮮卑東夷列傳)의 기록을 바로잡아 보충하고, 말조선은 지나(중국)와 멀리 떨어져 있어 지나 역사에 오른 기록이 적으나, 마한(馬韓)·백제(百濟)의 선대는 바로 말조선 말엽의 왕조이니, 이로써 삼조선이 나뉘어 갈라진 역사를 대강을 알 수 있을 것이다. 〈우리의 「삼국사기」나 「삼국유사」 등에는 '동부여(東扶餘)'가 있지만 중국 사적에는 '동부여'가 없다. 동부여가 있었다면 역대 중국정권의 이권수탈의 손아귀에서 벗어날 수 없었을 터이니, 당연히 있어야할 이름이 빠져 있어 많은 의문이 일었다. 그래서 부여가 "서쪽으로 연 가까이 천도했다(西徙近燕)"고 했으니, 두고 온 옛 수도를 '동부여'라고 하는 것이라고 이해하기도 했다. 그러나 단재는 동예(東濊)가 바로 동부여(東扶餘)라고 규정하고 있다. '東濊(동예)'가 '동쪽에 있는 부여'라는 뜻이기 때문이다. '不耐濊(불내예)' 역시 별반 다를 것이 없다. '버라부르(부여)'라는 말로 '부여의 수도'라는 뜻이다. '濊(예)'가 어떻게 '부여'로 해석되는지 의아해 하는 사람이 있을지 모른다. 지난 시절 그 해석을 놓고 많은 설이 대두 됐지만 청(淸)말의 학자 하추도(何秋濤)가 「왕회편전석(王會篇箋釋)」에서 '부루(符婁:夫餘)'를 전주하면서 "'예(濊)'는 바로 '부여'라는 두 음절의 합음이다(濊,卽夫餘二字之合音)"라고 해설하여 모든 설을 잠재웠다. '푸위(夫餘:Fu′yu′)'를 빨리 발음하면 '훼' 또는 '예'가 된다는 말이다. 그래서 그 뒤부터는 濊(예)가 바로 '부여', 즉 부리야트계를 가리키는 말로 고정되었다.-정해자〉

(4) 삼조선(三朝鮮) 분립의 시작

대단군(大壇君)이 정한 제도에는 세 한(한)이 있어 삼경(三京)에 나누어 주재하였다. 신한은 바로 대단군으로 제사장(祭司長) 겸 정치상의 원수(元首)였고, 말·불 두 한은 신한을 보좌하는 부왕(副王)에 불과하게 나라의 체제를 확립했기 때문에 삼조선(三朝鮮)이란 명칭은 없었다. 전술한 바와 같이 삼한, 즉 세 한(한)이 분립하면서 삼조선이라는 명칭이 생기게 되었다. 그렇다면 세 한은 어느 시대에 나누어져 독립하게 된 것인가.

「사기」에 나타난 眞(진)·莫(막)·番(번) 조선은 "全燕時(전연시)", 바로 '연(燕)의 전성시대'라고 하였다. 연의 전성시대는 지나(중국) 전국시대(戰國時代) 초엽이다. "發,朝鮮(발,조선)"이라고 기록한 「관자(管子)」는 관중(管仲)이 지은 것이 아닌 위서(僞書)이지만 전국시대에 저작된 것이고, "發,肅愼(발, 숙신)"이라고 기록한 「대대례(大戴禮)」는 비록 한인(漢人) 대승(戴勝)이 지은 것이지만 제인(齊人) 추연(鄒衍)이 전한 것이므로, 추연 또한 전국시대 인물이다. 신·말·불 삼조선의 명사가 이같이 지나 전국시대 사람들의 입에 오르내렸으니, 삼조선이 분립한 것은 바로 지나 전국시대에 일어난 일일 것이다. 지나 전국시대는 기원전 4세기경이니, 그렇다면 기원전 4세기경에 신·말·불 삼조선이 나누어져 독립한 것이다.

신조선을 통치한 한(한)의 성(姓)은 해씨(解氏:태양)이니, 대 단군왕검(大壇君王儉)의 자손이라고 칭한 자이며, 불조선 한의 성은 기씨(箕氏)이니 기자(箕子)의 자손이라고 칭한 자이며, 말조선 한의 성은 한씨(韓氏)니, 그 선대의 연원(淵源)은 알 수 없으나, 왕부(王符:後漢 때 甘肅 사람)의 「잠부론(潛夫論)」에 "한서(韓西)가 또한 성(姓)이 한(韓)씨이다. 위만(衛滿)의 침벌(侵伐)을 받아 바다 가운데로 옮겨가 살았다"고 했는데, '한서'는 대개 말조선에 속한 땅이므로 말조선 한의 성은 한씨(韓氏)인가 한다.

「위략(魏略)」에 "기자(箕子)의 후손 조선후(朝鮮侯)가, 주(周)가 망해가는 것을 보고 연(燕)이 스스로 왕(王)이라고 하며 동쪽으로 조선 땅을 침략하려 했다. 조선후 역시 왕이라고 하며 군사를 일으켜 연을 역공격하고 주왕실(周王室)을 받들려다가 대부 예(禮)가 간하여 중지했다. 그리고 예를 서쪽으로 보내 연을 달래자 연도 중지하고 공격하지 않았다"고 기록했다.

「위략」은 서양(西洋)의 백인종(白人種)인 '대진(大秦)', 즉 로마(Rome)까지도 "중국인의 자손"이라고 기록할 정도로 가장 지나식 자존망대(自尊妄大)한 병적 심리를 발휘한 글이니, 그 전부를 믿을 수는 없다. 〈「위략」은 로마인을 "중국인의 자손"이라고 쓰지는 않았다. "호복(胡服)을 입은 중국인 같았다"고 기록한 다음 "그들이 말이, 본래 중국과는 다른 한 종족이라고 한다"고 기록했다. –정해자〉

그러나 신한(韓)·불한(韓)을 당시 조선에서 辰韓(진한)·馬韓(마한)·卞韓(변한)으로 음역한 이외에 신한은 혹 의역하여 신왕(辰王:辰(신)은 음역)·태왕(太王)·대왕(大王)이라 하였으니, 신한(韓)을 한자로 쓰면 '朝鮮王(조선왕)'이라고 했을 것이고, 말한(韓)·불한(韓)은 의역하여 좌보(左輔)·우보(右輔)라고 하였으니, 한자로 쓰면 '朝鮮侯(조선후)'라고 했을 것이다. 기자(箕子)가 이때 불한(韓)의 지위에 있던 사람이니, "조선후"라고 하는 것은 또한 있을 수 있는 일이다.

불한의 조선후 기씨(箕氏)가 신한의 조선왕 해씨(解氏)를 배반하고 일어나 스스로 신한(大王)이라고 하며 삼조선(三朝鮮)이 갈라지는 파국을 열었는데, 불한(韓)이 신한(大王)을 칭한 것은 연(燕)이 왕이라고 칭한 다음이고, 연이 왕이라고 칭한 것은 「사기」 주신정왕(周愼靚王) 46년, 기원전 323년이니, 신·말·불 삼조선의 분립한 것이 기원전 4세기경이라는 확증이다.

대부례(大夫禮)는 대개 불한 막부(幕府)의 모사(謀士)로서 불한(韓)에게 신한을 배신하고 스스로 '신한(大王)'이라고 하라고 권하는 한편 연(燕)과 결탁하여 동·서의 두 새로운 왕국이 동맹을 맺게 한 자가 대부례이니, 대부례는 삼조선 분립을 주동한 중심인물일 것이다.

삼조선이 분립되기 이전에는 신한(韓:大王)이 하나였으나 삼조선이 분립된 뒤에는 신한이 셋이 되었으니, 신조선의 신한이 그 하나고, 말조선의 신한이 그 둘이며, 불조선의 신한이 그 셋으로 이들이 바로 삼대왕(三大王)이다. 〈단재의 이 신·말·불한(조선)설은 「환단고기」 태백일사(太白逸史)의 '번조선(番朝鮮) 기후(箕詡)장악설' 등과 유사한 부분이 적지 않다고 느껴진다. 그러나 단재역시 위서(僞書)로 본 책이니 원용(援用) 했다고 단정할 수는 없다. "신조선의 해씨"는 부여(夫餘)를 신조선으로 본 것이 확실하나, 부여를 건국한 태양제(太陽帝)라는 뜻의 '해모수(解慕漱)'를 빼버리고 어찌 '신단의 우두머리 큰무당' 이라는 뜻인 "대 단군왕검의 자손이라고 칭한 자"라고 단정했는지 그 근거를 찾을 수 없다. 또 「오주연문장전산고(五洲衍文長箋散稿)」 남은변증설(南殷辨證說)에는 "기자(箕子)의 나라가 말년에 국세(國勢)가 미약해진데다가 위만(衛滿)의 난까지 겹쳐 남쪽지방(南土)으로 천도했다. 이것이 이른바 남은(南殷)이다. 남은은 위만과 여러 번 싸웠으나 여러 번이 패했다. …그 후 남은의 무종(武宗)이 한무제(漢武帝)에게 군사를 청하여 위만(衛滿)을 토벌해 멸망시켰다"라고 하였고, 위에 언급한 「잠부론(潛夫論)」에는 "옛날 주선왕(周宣王) 때 한후(韓侯)가 있었는데 그 나라가 연(燕)에 근접해 있었기 때문에 시경(詩經:大雅 湯之什 韓奕)에 이르기를 '큰 저 한나라 성이여/연나라 군대가 완성해준 바로다(溥彼韓城 燕師所完)'라고 한 것이다. 그 뒤 한서(韓西) 역시 성(姓)이 한(韓)이었는데 위만(衛滿)의 침벌을 받아 해중(海中)으로 옮겨가 살았다"고 했다. 이 기록에 따르면 위만에게 망한 나라는 동호(東胡)나 조선(朝鮮)이 아니라, '남은'과 '한서'였고 그 왕은 바다를 건너 한반도로 간 것이 아니라, 해중(海中:섬) 또는 남쪽 땅으로 달아나 오늘날 허베이성 랑팡시 구안현(河北省廊坊市固安縣)에서 살았다는 말이다. 단재는 이 '韓西(한서)'를 '한(韓)의 서쪽'으로 해석하여, 불한(변한) 땅으로 여기고 오늘의 한반도 전라도 지방으로 비정해 기록했다. 또 건융제(乾隆帝)의 「일하구문고(日下舊聞考)」에, "연나라 군대가 완성해 주었다"는 한성(韓城)은 삼국시대 왕숙(王肅)은 "지금 탁군 방성현(涿郡方城縣)에 한후성(韓侯城)이 있다고 했고 「수경(水經)」 주(註)에 연(燕)은 '북연국(北燕國)이라했는데, 내가 「시경」의 '문득 북쪽에 있는 나라를 받아서(奄受北國)'라고 한 것으로 보아 왕숙의 설명이 옳다고 여겨진다. '그 추와 그 맥(其追其貊)'이라는 것은 연(燕)나라 북쪽에 있는 나라인데, 한(韓)은 연의 북쪽에 있고 맥(貊)은 한의 북쪽에 있었다. 한(韓)의 땅이 이미 연에 귀속되었기 때문에 한은 동쪽으로 이동해 갔는데, 한(漢)나라 초엽에는 이들을 '삼한(三韓)'이라고 했다"고 「연사(燕史)」의 기록을 베껴다 보충했다. 그리고 지금 순천부 고안현(順天府固安縣) 동남쪽 80리에 있는 '한채영(韓砦營)'이 바로 옛날 '한후성(古韓侯城)'이라고 밝히고 있다. 단재는 이 기록을 어떻게 해석하여서인지 채록하지 않았다. ─정해자〉

제2장. 조선 분립 후의 신朝鮮(조선)

(1) 신조선의 서침(西侵)과 연(燕)·조(趙)·진(秦)의 장성(長城)

삼조선(三朝鮮)이 분립한 뒤 얼마 되지 않아 신조선(大朝鮮)왕 ㉠이 영특하고 용감하여 마침내 말·불 두 조선과 연합해 지금의 내몽고(東蒙古) 등지를 쳐서 선비(鮮卑:원문에는 '卑(비)' 자가 '甲(갑)' 자로 되어 있다.-정해자)를 정복하고 연(燕)을 쳐서 우북평(右北平)-지금의 영평부(永平府)와 어양(漁陽)-지금의 북경(北京) 부근과 상곡(上谷)-지금의 산서(山西) 대동부(大同府) 등지를 다 차지하여 불리지(弗離支:刺刹支)의 옛 땅을 되찾았다.

연왕(燕王:噲)은 크게 겁이 나서 세폐(歲幣:매년 바치는 貢物)를 바치고 신조선에게 '신(臣)'이라고 하며 태자(太子)를 볼모로 보냈다. ㉠왕이 죽고 ㉡이 왕이 된 뒤 연의 태자도 돌아가서 왕(燕昭王)이 되었다. 그는 장군 진개(秦開)를 왕자라고 속여 볼모로 보냈는데 ㉡왕은 속은 줄도 모르고 진개가 재빠르고 영리하다며 옆에 두고 사랑했다.

진개는 모든 군사와 국가 비밀을 알아낸 다음 연으로 도망쳐 돌아가서 연병(燕兵)을 이끌고 돌아와 신조선을 급습했다. 신·말·불 삼국의 수비병을 돌파하고 서북쪽 변경(邊境), 바로 얼마 전 신조선의 왕 ㉠이 되찾았던 상곡(上谷)·어양(漁陽)·우북평(右北平) 등지를 빼앗고 불조선의 변경으로 진격하여 요서(遼西)-지금의 노룡현(盧龍縣)과 요동(遼東)-지금의 요양(遼陽) 부근까지 함락했으며, 상곡·어양·우북평·요서·요동 등 다섯 개의 군(郡)을 설치하고 2천 여리의 장성(長城)을 쌓아 조선을 막았다.

「사기」 조선열전의 "연의 전성기에는 일찍부터 진번과 조선을 침략하여 속국으로 만들려 했다(全燕時,嘗略屬眞番朝鮮)"는 것과 〈원문은 "연의 전성기에는 일찍부터 진번조선을 침략하여 노략질했다(全燕時嘗侵掠眞番朝鮮)"로 고쳐져 있어 사기의 기록대로 다시 고쳤다.-정해자〉흉노열전의 "연의 어진 장수 진개가 호(胡)의 볼모가 되었는데 호는 그를 매우 미더워했다. 그는 돌아와 동호를 기습, 격파했고 동호는 천 여리를 물러났다. 연 역시 조양에서 양평까지 장성을 쌓고 상곡·어양·우북평·요서·요동군을 설치했다(燕有賢將秦開,爲質於胡,胡甚信之.歸而襲破東胡,東胡却千餘里.燕亦築長城,自造陽,至襄平.置上谷·漁陽·右北平·遼西·遼東郡)"는 것 및 「위략(魏略)」의 "연은 이에 장수 진개를 파견하여 그들의 양쪽을 공격하여 만번한까지 2천여리의 땅을 빼앗았다(燕乃遣將秦開,攻其兩方,取地二千餘里,至滿番汗)"라는 기록이 모두 이 일을 가리킨 것이다.

　그러나 진개가 볼모로 갔던 조선은 신조선이고 불조선이 아니며, 만번한
(滿番汗)은 불조선이고 신조선이 아니기 때문에 「사기」에는 이를 흉노전과
조선전 두 곳에 나누어 기재했고, 「위략」에는 비록 조선전에 기록하기는 하
였으나 진개가 볼모가 된 사실을 쓰지 않은 때문이다. 만번한은 조선의 역
사지리상 큰 문제이니, 본편 제3장에 기술하겠다.

　이때 지나(중국) 북쪽의 나라들이 조선을 막기 위해 장성을 쌓은 것은 연
(燕) 하나뿐이 아니었다. 조(趙:지금 直隷 서쪽 반절과 河南 북쪽 끝 및 山西省) 무령왕
(武靈王)의 장성(長城:지금 山西 북쪽)이 또한 조선과 조선의 속민(屬民)인 담림
(澹林)·누번(樓煩) 등 때문에 쌓은 것이고 진(秦:지금 陝西省) 소왕(昭王)의 장성
은 의거(義渠)를 쳐 없애고 흉노를 막기 위해 쌓은 것이다. 의거는 원래 조
선족(朝鮮種)으로 지금의 깐수성(甘肅省)으로 이주하여 성곽(城郭)과 궁실(宮
室)을 세웠으며 농업도 발달하여 문화수준이 상당히 높았을 뿐 아니라 군사
력도 진(秦)을 압도하였는데, 진소왕(秦昭王)이 어린 나이에 왕위를 계승하
자, 그의 어미 선태후(宣太后:秦始皇의 高祖母)는 의거가 진을 멸망시키지 않
을까 두려워 의거왕을 유혹하여 동거하며 두 아들을 낳은 다음 마침내(진소
왕 35년:BC 272) 의거왕을 감천궁(甘泉宮)으로 꾀어 들여 죽이고 즉시 출병(出
兵)하여 두 아들까지 죽인 다음 그 나라를 기습해 멸망시켰다. 〈의거(義渠)가
'조선종족'이라는 기록은 어디에도 없다. '강(羌)'이라고도 하고 '적(狄)'이라고도 했는데
'의거(義渠)'라는 호칭이 "당산(唐山)일대에서 부르던 호칭"이라는 기록을 참조하여 '우리
와 같은 종족'으로 규정한 것이 아닌가 싶다. 선태후가 '진소왕의 어미'라는 사실과 선태후
가 '어린 나이에 왕이 된 아들을 보호하고자 의거를 유혹해 동거했다'는 사실 및 '감천궁으
로 끌어들여 살해하고 군사를 풀어 의거왕국을 급습해 멸망시켰다'는 내용 등은 원문에 없
으나 사적(史籍)을 참조하여 보충 번역했다. 원문은 '동거(同居)'가 '간통(奸通)'으로 되어
있다. 단재는 융(戎)이나 적(狄)으로 불리던 종족까지 거의 조선종으로 보고 있다. BC 660년
경(춘추시대)부터 나오는 것이 '적·융'이고 그 적부락(狄部落)을 통합한 고려씨(皋落氏:九黎)·
부르씨(潞氏)·장구루씨(廧咎如氏)·흉노(匈奴)·동호(東胡) 등등이 중국 북동부를 경영하던 동이
(東夷)이니, 그렇게 볼 수도 있겠다 싶다. 그러나 "朝鮮(조선)"이라는 국호를 대할 때마다,
많은 사람은 "조선조(朝鮮王朝)는 왜 뜻도 모르는 말을 국호로 정했을까"하는 의문을 떨치지
못한다. 여러 가지 해석이 나와 있지만 누구나 알기 쉽게 '이거다'할 만한 해석은 아직 나오
지 않고 있기 때문이다. 조선이라는 명사가 처음 나온 것은 위서(僞書)로 알려지고 있는 「상

서대전(尙書大傳)」이, "무왕(周武王)이 기자를 조선 땅에 봉했다(武王封箕子于朝鮮之地)"고 기록하면서부터이다. 사마천은 「사기(史記)」를 쓰면서 그 말이 경우에 맞지 않다고 생각했는지 "기자를 조선에 봉했지만 신하로 대하지는 않았다(封箕子於朝鮮而不臣也)"고 덧붙였다. 그리고 조선전에는 위만이 조선왕 준(準)을 내쫓고 왕험(王險)에 도읍했다고 쓰고 있다. 준의 성(姓)이 무엇인지도 밝히지 않았다. 단군신화의 '조선'도 물론 그곳에서 베껴온 것이다. 그러나 진개(秦開)가 볼모로 있다가 돌아가 연병(燕兵)을 이끌고 동쪽으로 멀찌감치 쫓아낸 나라는 조선이 아니라, 동호(東胡)라고 기록되어 있다. 그렇다면 주무왕도 자신의 눈을 속이고 도망친 원수지간인 기자를 능멸하여 '胡(호)의 선(鮮:왕)', 즉 "胡鮮(호선:호왕)이나 해 먹으라고 해라"하고 저주한 것을 '봉했다'고 썼고 그 칠서(漆書) 과두문자(蝌蚪文字) 기록이 잘못되어 '朝鮮(조선)'으로 오인되게 된 것은 아닐까하는 생각까지 든다. 단군시대에 '조선(朝鮮)'이 있었다면 어느 전적에든 그 이름이 나타나야 하는데, 다른 고대 지명은 빠짐없이 나오지만 '조선'이라는 국명만 나오지 않기 때문에 의혹만 깊어지기 때문이다.-정해자〉

(2) 창해역사의 철추(鐵椎)와 진시황의 만리장성(萬里長城)

신조선이 연(燕)·조(趙)와 격전을 치르는 동안 진(秦)이 강성해져 마침내 한(韓)·위(魏)·조(趙)·연(燕)·제(齊)·초(楚) 등 지나 열국을 모두 멸망시키자 한인(韓人) 장량(張良)이 망국의 한을 품고 조선으로 들어와 구원을 청했다. 조선왕 ㉡은 역사(力士) 여씨(黎氏)를 소개해 주었다.

여씨는 진시황(秦始皇)이 순행(巡幸)하는 기회를 이용하여 120근 철추(鐵椎:쇠몽둥이)를 갖고 양무현 박랑사(陽武縣博浪沙:현 河南省原陽縣城 동쪽교외 古博浪沙) 한길에서 저격(狙擊)하였으나 잘못 알고 부차(副車)를 때려 부수는 바람에 성공하지 못했다.

「사기」에 "장량이 창해군(倉海君)을 보고 역사(力士)를 구하였다"하였으므로 어떤 이는 창해(倉海)를 강릉(江陵)이라 하고 창해군을 강릉의 군장(君長)이라고 하며, 역사 여씨를 강릉 출생자라고 한다. 〈원문에는 倉海(창해)의 倉(창)자가 滄(창)자로 되어 있다. 「사기」의 기록을 따라 倉(창)자로 고쳤다.-정해자〉

그러나 '창해(滄海)'는 동부여(東扶餘)의 별명이고, 동부여 두 나라는 ① 북갈사(北曷思:지금 琿春) ② 남갈사(南曷思:지금 咸興)에 도읍하였다. 창해는 이

두 곳 중의 하나일 터이니, 강릉이 창해라는 것은 근거 없는 말이다.

　얼마 뒤 진시황은 동북쪽의 조선과 서북쪽의 흉노가 거정되어 옛날의 연·조·진의 장성을 이어 장성을 쌓았는데 전 지나(중국)의 인민을 징발하여 요역(徭役)에 종사하게 했으며, 장군 몽염(蒙恬)에게 30만 대군을 이끌고 감독하도록 하여 동양사상 유명한 만리장성(萬里長城)을 완성했다.

　기원전 210년 시황이 죽고 2세가 즉위하자, 이듬해 진승(陳勝)·항적(項籍)·유방(劉邦) 등 혁명 영웅들이 벌떼처럼 일어나 진은 망했다. 이두산(李斗山:독립운동가,「東方戰友」발간-정해자)은 이를 논하여, "진의 위력이 유례없이 팽창하여 만백성이 바야흐로 시황을 천신(天神)으로 우러러보는데, 난데없이 벼락같은 한 쇠몽둥이가 시황의 넋(魂魄)을 다 빼놓으며 6국 유민(遺民)의 적개심을 고동치게 했기 때문에, 시황의 시체가 땅속으로 들어가기도 전에 진을 망치려는 깃발이 사방에서 나부꼈다. 이는 창해역사의 공이 아니라 할 수 없다"고 했다. 〈 '창해(滄海:倉海) 강릉(江陵)설'은 조선조 숙종 때 문인 홍만종(洪萬宗)의 「순오지(旬五志)」와 순조 때의 학자 홍직필(洪直弼)의 「창해역사 유허기(滄海力士遺墟記)」에 기인한 말이다. 그로 인해 강릉에서는 창해역사를 '육성황신(肉城隍神)'으로 봉안하고 있고, 강릉 관노가면극(官奴假面劇)에서 '시시딱딱이'로 형상화되어 있다. 단재가 "창해(倉海,滄海)'를 동부여(東扶餘), 즉 남·북갈사(南·北曷思)"라고 단정한 것은 「한서(漢書)」등의 "동이(東夷) 예(濊)의 임금 남려(南閭)등 28만 명이 항복하여 [그곳에] 창해군(蒼海郡)을 설치했다"는 기록과 송대(宋代) 「책부원구(册府元龜)」의 "부여(夫餘)는 본래 예(濊)의 땅이다. 한무제(漢武帝) 원삭원년(BC 128년)에 그 지역이 창해군(滄海郡)이 되었는데, 몇 년 뒤(BC 126년) 파기했다. 원봉 3년(BC 108년)에 이르러 조선을 쳐 없애고 [그곳에] 낙랑(樂浪)·임둔(臨屯)·원토(元菟)·진번(眞番) 네 군(郡)을 나누어 설치했는데, 소제(昭帝) 시원 말(BC 82)까지 유지됐다"는 등에 근거한 것으로 보인다. 그러나 「사기」 평준서(平準書)의 "팽오가 예맥과 조선을 멸하고 창해군을 설치하자, 연(燕)·제(齊) 사이의 소동이 잦아들었다"는 것을 보면 창해(滄海)는 오늘날 발해만 연안 창주(滄州)를 가리키는 것으로 보여 이설(異說)이 많다. 조조(曹操)가 "갈석산에 올라 창해를 바라보았다(東臨碣石, 以觀滄海)"고 한 데서 볼 수 있듯, 중국인들은 창해하면 발해를 지칭하는 것으로 알고 있다. 그뿐 아니다. 「수경(水經:濁漳水注)」에 "청장수(淸漳水)가 장무현(章武縣) 고성(故城) 서쪽을 지나는데 옛날 예읍(濊邑)이다. 작은 물길이 나오는데 예수(濊水)라고 한다"고 적고 있고, 또 포오거(蒲吾渠:부여도랑)라고 불리던 물길이 그 서쪽에도 있어 「독사방여기요(讀史方輿紀要:直隸平山縣治河)」는 '예하(濊河)는 현 북쪽에 있다. … '바로 석구하(石臼河)다' "라고 설명하고 있다. 창해군은 설치되었다가 곧 폐지되었지만 예(濊)의 도성으로 짐작되는 예읍(濊邑)이 있던 곳에는 지금도 창주(滄州)라는 지명이 유지되고 있다. 이로 보면, 하북의 연(燕)과 산동의 제(齊) 사이의 창주지방이 조선 영토인 예(濊)였다는 뜻이고 그 넓이는 대략 서한(西漢) 당시 발해군(勃海郡) 지역이 아니었을까 싶다. 창해군이 설치된 것은 한무제 원삭원년(BC 128)으로, 진시황 피격 당시(BC 218년)에는 창해군이 존재하지도 않았는데 창해역사(倉海力士)가 어찌 창해군 출신이고 그 예(濊)가 어찌 동부여이겠는가. 「사기:유후세가」倉海君(창해군) 주에 여순(如淳)은 "진(秦)에 倉海郡(창해군)은 없었다"고 설명하고 있다. 그러나 만리장성(萬里長城)을 이야기 하려면 창해역사보다 먼저 말해야할 것이 "만리장성의 동쪽 끝(東端)"이 어디냐 하는 것이고 "襄平(양평)의 원래 위치"가 어디냐 하는 것이다. 이것을 알아야 '만리장성 동단이 대동강 하구'라는, 우리의 식민사관(植民史觀)에 편승한 중국의 주장을 깰 수 있고, '양평'의 원래 위치를 알아야 연

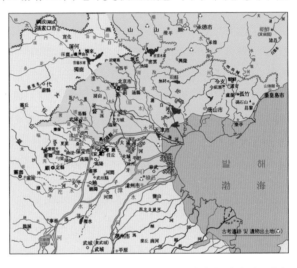

古考通跡 및 遺物出土地(○)

(燕)의 동쪽 공략의 끝 지점을 알 수 있어 우리 고대사의 본모습을 그려볼 수 있기 때문이다. 단재는 만리장성을 "연(燕)·조(趙)·진(秦)의 장성을 이어 쌓았다"는 말을 따르고 있으니, 조양(造陽)에서 양평(襄平)에 이르는 연북계장성(燕北界長城)을 이르는지, 무양(武陽)에서 자아하(子牙河)에 이르는 연남계장성(燕南界長城)을 이르는지 확실치는 않으나 양평이나 갈석(碣石), 두 곳 중 하나를 만리장성 동쪽 끝으로 보는 것은 확실하다. 「사기」 몽염열전(蒙恬列傳)에 시황 26년 "진이 이미 천하를 통일하자 몽염에게 30만 무리를 이끌고 융적을 북쪽으로 쫓고 하남을 수용할 수 있도록 장성을 쌓되 지형에 따라 규칙대로 기구하게 막아 쌓게 하였는데, 임조(臨洮)에서부터 시작하여 요동(遼東)에 이르기까지 1만여 리에 뻗쳐 이어졌다(秦已并天下, 乃使蒙恬, 將三十萬衆, 北逐戎狄, 收河南, 築長城, 因地形, 用制險塞, 起臨洮, 至遼東, 延袤萬餘里)"했는데, 갈석(碣石)이라고 한 것은 「수경(水經:河水)」과 「진태강삼년지기(晉太康三年地記)」 및 「통전(通典:州郡典)」 등의 "임조(臨洮)에서 시작하여 요동(遼東)에 이르렀다"는 말 대신 "임조에서부터 갈석에 이르렀다"는 등의 기록 때문에 생긴 말이다. 그로 인해 '수성 갈석(遂城 碣石)이다'·'우공 갈석(禹貢 碣石)이다'·'유수 갈석(濡水碣石)이다' 는 등으로 갈리

고 있고, 또「사기」하본기(夏本紀)의 "갈석을 오른쪽으로 끼고 바다로 들어갔다(夾右碣石, 入于海)'는 대목의 주에 "갈석은 바다 옆에 있는 산이다(碣石, 海畔之山也)", "바다가 아니라 河(하) 옆에 있는 산이다"라고 갈리고 있다. 갈석이 자아하(子牙河:새끼 아리물) 가의 갈석이든 바닷가의 갈석이든 발해만 연안을 말하는 것이 분명하니, 크게 문제될 것은 없다. 그러나 양평(襄平)은 그렇지 못하다. 양평은 요수(遼水) 옆에 있는 요양(遼陽)을 가리키는 것으로 요수가 어느 물길을 가리키는 것이냐에 따라 중국과 조선의 강역이 달라지기 때문이다. 요수는 중국이 우리옛말 "오리물"을 사음한 것으로 동호(東胡)와 중국을 가르던 물길인데 크게 말해서 일곱 개가 있다. 그 ①번째 요수가 제수(濟水)와 호타하(虖沱水) 사이에 있었던 요수(潦水)로,「산해경(山海經)」이 "요수는 위고(衛皋) 동쪽에서 나와 동남쪽으로 흘러간다. 바다로 들어가는 곳에 요양(潦陽)이 있다(潦水出衛皋東, 東南注渤海, 入潦陽)"고 했는데, 중국인 들은 자신들의 기록이 헝클어질까봐 우려해서인지 일체 팽개쳐 둔 채 찾지 않는 물길이다. 아마도 그 물길은 오늘의 장수(漳水)를 가리키는 것이든지, 아니면 태행산맥(太行山脈) 골자기에서 나와 동남쪽으로 흐르다가 오늘날 창주(滄州) 이북을 거쳐 발해로 들어가던 물길이 황하가 범람하고 발해만 일대의 물길이 수없이 헝클어지는 동안 변형되어 지금은 찾을 수 없게 된 물길일 가능성이 가장 높다. 그 ②번째 요수는 태행산 자락에서 나와 곧장 동쪽으로 흘러 지금의 천진(天津)을 가르며 발해로 들어가는 유수(濡水)이고 ③번째 요수는 만리장성 밖에서 나와 천진으로 빠지는 철구수(歠仇水)·상간수(桑干水) 등으로 불리던 루수(灅水)이며 ④번째 요수는 운하 건설로 수계가 많이 헝클어진 포구수(鮑丘水)로 원이름이 대유수(大榆水)이고 ⑤번째 요수는「수경(水經)」이 새외(塞外), 즉 만리장성 밖 위백평산(衛白平山:御北平)에서 나온다고 한 대요수(大遼水)로 현재의 천안(遷安)이나 난현(灤縣)이 양평(襄平)이 아닌가 싶은, 우리가 잘 알고 있는 유수(濡水), 일명 난하(灤河)이고 ⑥번째 요수는 유수(柳水) 또는 유수(俞水)라고 불리던 대릉하(大凌河)이며 ⑦번째 요수는 오열수(烏列水)·고구려하(句麗河)라고 부르던 현재의 요수이다. 왜 요양(遼陽)이 현재의 요양이 아니고 양평(襄平)이 현재 요양에 있지 않았다고 하는가 하면, 중국과 조선의 경계라고 기록된 패수(浿水)가 현재의 요수, 즉 요하(遼河)가 아니라고 보기 때문이다. 「사기」조선전 주에 위만(衛滿)이 조선으로 달아나려고 건넌 강이 '패수(浿水)'이고 또한 섭하(涉何)가 원봉 2년(BC 107년) 위만의 손자 우거(右渠)를 달래러 조선으로 가는 길에 건넌 강이 그 패수인데,「수경」은 "패수는 낙랑군 누방현에서 나와 동남쪽으로 흘러 임패현을 지난다(浿水出樂浪鏤方縣, 東南過臨浿縣)"라고 해설하고 있다. 바로 현재의 석하(石河)를 지칭하는 것이 아닌가 싶다. 임패현은 삼국시대 잠시 설치되었다가 없어진 현으로 바로 임유관(臨渝關)이 있던 현재의 유관(楡關)을 말하는 것으로 보이기 때문이다. 그곳이 바로 옛 낙랑군(樂浪郡)지역이기 때문이다. 그 서쪽으로는 요서군치 양락(陽樂)이 있던 양하(陽河)가 있고 더 서쪽으로 창려(昌黎)의 음마하(陰馬河)가 있다. 그러니까 위만이 멸망할 때까지 한(漢)의 영역은 동으로 포구하를 넘지 못했다는 말이고, 오늘날 베이징지방이 요동(遼東)이었다는 말이다. 따라서 진개(秦開)가 조양(造陽)에서 양평(襄平)에 이르는 성을 쌓았다는 것은 현재의 고원(沽源) 독석구(獨石口)에서 유관(楡關)을 지나 북대하(北戴河)에 이르렀다는 것으로 현재의 산해관 서쪽 바닷가까지 쌓았다는 것이지, 현재의 야오닝성(遼寧省) 요양(遼陽)인 양평(襄平)까지 쌓았다는 것이 아니다. 실제로 요동(遼東)에는 외요(外徼)가 있었을 뿐 성은 없다. -정해자〉

(3) 흉노 묵돈(冒頓)의 동침(東侵)과 신조선의 위축

지나의 항적(項籍)·유방(劉邦) 등의 8년 동난(動亂)이 계속되는 동안 신조선왕 ㉣은 서쪽으로 출병(出兵)하여 상곡(上谷)·어양(漁陽) 등의 땅을 되찾고 지금의 내몽고(東蒙古) 일대의 선비(鮮卑)를 항복시켜 나라의 위세를 다시 한 번 떨쳤다. 그러나 그 자손의 대(代)에 이르러 흉노(匈奴) 묵돈(冒頓:modu,默獨)의 난을 만나 국세가 드디어 쇠약해지고 말았다.

흉노는 제1편에 기술한 것처럼 조선과 어계(語系)가 같고 조선과 같이 '수두'를 믿는, 조선의 속민(屬民)이었던 자들인데, 오늘날 몽고등지에 흩어져 살며 목축(牧畜)과 수렵(狩獵)에 종사하다보니 천성이 침략을 좋아하게 되어 자주 지나(중국) 북부를 유린했으며 신조선에 대해서도 붙었다 배반하기를 되풀이했다.

기원전 200년경 두만(頭曼)이 흉노 찬우(單于:흉노 대추장의 호칭)가 되었는데 장자 묵돈(冒頓)을 폐하고 후처소생 작은아들에게 찬우 자리를 물려주려 하다가 묵돈에게 죽었고 묵돈이 대를 이어 찬우가 되었다. 신조선의 왕 ㉣은 묵돈이 흉포하고 어기찬 줄을 모르고 요구하는 일이 잦았다. 그러나 묵돈은 짐짓 ㉣의 환심을 사기 위해 신조선 왕이 천리마(千里馬)를 달라고 하면 묵돈은 자신의 애마(愛馬)를 주었고 신조선 왕이 미인(美人)을 달라고 하면 묵돈은 자신의 알씨(閼氏:찬우의 처첩 호칭)를 주었다.

신조선 왕은 더욱 묵돈이 자신을 무서워하는 줄 알고 서쪽으로 군사를 몰고 가서, 사자를 묵돈에게 보내어 "양국 국경 구탈(甌脫) 밖의 버려진 땅 1천여 리를 흉노는 올 수 없으니 우리가 갖겠다"고 하였다. 구탈은 양국 사이에 있는 중립적인 공지(空地)를 이르는 말이다.

〈흉노의 땅이던 언지산(焉支山). 감숙성 장액 산단현(張掖山丹縣)에 있다〉

묵돈은 이 말을 듣고 벌컥 크게 성을 내며, "토지는 나라의 근본인데 어찌 이것을 달라고 하느냐"며 즉시 사자를 죽이고 전 흉노의 기병(騎兵)을 총동원하여 신조선을 기습 공격했다.

신조선왕은 처음에는 묵돈을 깔보고 방비를 하지 않았다가 수많은 민중이 학살당하고 가축을 빼앗긴 채 퇴각하여 장성 밖 수 천리로 쫓겨 왔고, 살아남은 신조선의 속민(屬民) 선비족 또한 선비산, 지금의 내·외흥안령(內·外興安嶺) 부근으로 달아났다. 이로부터 신조선은 미약해져 오랫동안 이웃 종족과 겨루지 못하였다.

엄복(嚴復:청나라 말의 학자)은 "흉노는 물과 풀을 따라 옮겨 다니는 야만 족속인데, 어찌 '토지는 나라의 근본'이라는 말을 했겠느냐. 이것은 한갓 사마천의 우쭐대며 과장한 기록일 뿐일 것이다"라고 하였다. 그러나 「사기」나 「한서」를 참고하면 "흉노가 험준한 음산(陰山) 길을 빼앗긴 뒤에는 그 지방을 지나는 자가 반드시 통곡 한다"했고 "연지(臙脂)가 산출되는 언지산(焉支山)을 빼앗긴 뒤에는 슬픈 노래(悲歌)를 지어 서로 위로했다"고 했으니, 흉노의 토지수요가 비록 문화적인 민족과 같지는 않았다고 하더라도 토지에 대한 개념이 아주 없었다고 하는 것은 일방적인 판단이 아닐 수 없다. 〈위의 흉노 묵돈의 관한 이야기는 「사기」와 「한서」 흉노전에 기재되어 있다. 그러나 나라 이름이 '동호(東胡)'로 되어 있다. 선비(鮮卑)관련 기록은 「후한서(後漢書)」의 기록을 따다 붙인 것이다. '두만이 애첩(愛閼氏)소생 작은 아들에게 찬우 자리를 물려주려 했다' 든지, '구탈밖 땅은 내가 갖겠다' 고 했다는 등 일부 내용이 단재의 원 기록과 다른 것은 위 두 사서(史書)의 기록을 참조하여 이해하기 쉽도록 고쳐 번역한 때문이다. 묵돈은 BC 209년 월지(月支)의 손을 빌어 자신을 죽이려 한 아버지 두만(頭曼)을 사냥터에서 부하들의 화살에 맞아 죽게 하고 찬우(單于) 자리에 올라 동몽고의 동호(東胡)와, 북서몽고에서 타림 분지까지 세력을 뻗치고 있던 월지(月氏)를 격파한 다음 북방의 정령(丁令), 예니세이강 상류 지역의 견곤(堅昆:키르기스) 등까지 정복하여 아시아 사상 최초의 유목국가(遊牧國家)를 세웠다. 그는 30여 만 병사를 이끌고 초기의 한(漢)나라를 무시로 괴롭혀 한고조 유방(劉邦)과 형제의 의를 맺기도 했다. 언지산을 빼앗기고 불렀다는 비가(悲歌:匈奴民歌)는 다음과 같다. "우리의 기련산을 잃어버려, 우리는 가축을 기를 수 없게 됐고/ 우리의 언지산을 잃어버려, 우리의 부녀들은 화장도 할 수 없게 됐네(亡我祁連山 使我六畜不蕃息 失我焉支山 使我婦女無顏色)"–정해자〉

제3장. 삼조선 분립 후의 불조선

(1) 불조선, 서북쪽 땅을 빼앗기다

불조선이 신조선과 연합했다가 연(燕)에게 패한 것은 이미 앞에서 기술했기 때문에 여기에서는 다만 잃어버린 땅이 얼마인지만 말하겠다.

「위략(魏略)」에 "진개(秦開)가 그들의 서쪽 땅 2천 여리를 공격해 빼앗고 만번한(滿番汗)에 이르러 경계로 삼았다."고 했는데, 이전의 학자들은 조선(朝鮮)과 연(燕)의 옛 국경을 지금의 산해관(山海關)으로 잡고 진개가 빼앗은 2천 여리를 산해관 동쪽의 직선 2천 여리로 잡아, '만번한'을 대동강 이남에서 찾으려 들었다. 이는 큰 착오이고 억지 판단이다.

「사기」나 「위략」을 참조하면 진개가 빼앗은 땅이 상곡(上谷)부터 요동(遼東)까지이니, 만번한을 요동 밖에서 찾으려 해서는 안 된다. 「한서」 지리지(地理志)에 따르면 요동 군현(郡縣)에 '문·번한(文·番汗)' 두 현이 있다. '만번한'은 바로 이 '문번한'이다. 문현(文縣)에 대한 연혁은 비록 전해지지 않으나 번한현(番汗縣)은 지금의 개평(蓋平:까이핑) 등지이니, 문현도 개평 부근일 것이다. 그러므로 '만번한'은 지금의 해성(海成:하이청)·개평 부근일 것이다. 어찌 만번한을 무슨 근거로 대동강 이남에서 찾으려 하는가.

대개 '만반한'은 진개의 도적떼가 쳐들어왔을 때의 지명이 아니고, 후대 진(秦)이나 한(漢) 때의 지명을 「위략」저작자가 가져다가 진개가 쳐들어 왔을 때의 양국의 국경이라고 붙인 이름일 것이고, 번한(番汗)은 불한 고도(古都) 부근이기 때문에 붙인 이름일 것이다.

「사기」가 "1천 여리"라고 한 것은 신조선이 잃어버린 땅만을 가리킨 것이고 「위략」이 "2천 여리"라고 한 것은 신·불 양 조선이 잃어버린 땅을 아울러 지칭한 것이다. 어양(漁陽)·상곡(上谷) 일대는 신조선이 잃은 땅이고, 요동(遼東)·요서(遼西)·우북평(右北平) 일대는 불조선이 잃은 땅이다. '만번한'은 한사군(漢四郡) 문제와 관계가 매우 깊은 곳이다. 독자들은 이 대목을 단단히 기억해 두기 바란다. 〈'文番汗(문번한)의 '文(문)' 자가 원문에는 모두 '汶(문)' 자로 되어 있다. 「사기」의 기록에 따라 文(문)자로 고쳤다. 단재의 말대로 '滿番汗(만번한)' 은 매우 중요한 지역 이름이다. 양평(襄平), 즉 험독(險瀆)의 위치가 어디냐에 따라 달라질 수도 있고, 조선왕 준(準)이 위만(衛滿)을 봉했던 상하장(上下障) 1백리가 어느 지역이냐에 따라 '문번한' 일 수도 있고 임유관(臨渝關) 쪽일 수도 있고 또 그 서쪽 어디일 수도 있기 때문이다. 요즘 중국 일부에서는 있지도 않았던 요동의 두 가닥 성벽을 위아래로 그려 놓고 그 사이를 상하장이라고 설명하고 있다. 그러나 障(장)은 꼭 성벽일 필요가 없는 말이다. 우리의 휴전선 철책처럼 중립지대(空地)를 가운데 두고 양쪽 국경에 친 울타리 일수도 있고 또 두 강물 사이를 이르는 호칭일 수도 있다. 그래서 滿番汗(만번한)은 '위만이 핸 노릇을 하던 번 땅을 지칭하는 것' 이라는 획기적인 설을 제기한 이도 있다. 그러나 아직까지는 현재의 요하(遼河:오리물)를 패수(浿水)로 보고, 이 물길을 경계로 연과 조선이 갈렸다는 설이 대종을 이루고 있다. 문현(紋縣)의 위치는 2007년 큰 홍수로 수많은 무덤의 덮개돌이 발견되면서 파악되었는데 현재의 따렌(大連) 복주하(復州河) 연안 대하연촌(大河沿村)·반대촌(潘大村)·금두방촌(金斗房村)일대가 그곳으로 추정되고 있다. 옛날 문수(汶水)가 바로 복주하로, 이곳에서는 한대(漢代)와 한대 이전의 고고학적 유물이 많이 발굴되었고 한성(漢城)유지도 발굴되었다. 문현이 몰락한 것은 후한 말에서 삼국시대로 보고 있다. 당시 요동은 공손씨(公孫氏)가 할거하고 있었는데, 조조(曹操)와 손권(孫權)이 자신들의 이익을 위해 농락하거나 공격하여 전쟁이 몇 년씩 계속되었고 시달리다 못한 백성들은 너나없이 바다를 건너 산동(山東)으로 망명했다. 그래서 「삼국지」 위지 제왕방기(魏志齊王芳紀)」는 "정시원년(AD 240) 요동의 문현(汶縣)과 북풍현(北豊縣)의 떠돌던 백성들은 살길을 찾아 바다를 건너갔다"고 했는데, 진대(晉代)에 이르면 이런 기록은 점점 많아진다. 모용황(慕容皝)이 모용인(慕容仁)과 "문성 북쪽에서 싸웠다"는 것 등이 그것이다. -정해자〉

(2) 불조선의 진·한(秦漢)과의 관계

연왕 희(燕王喜)가 진시황에게 패하여 요동으로 천도(遷都)했다. 불조선은 지난 날 연에 대한 숙원(宿怨)을 잊지 못하고 진과 밀약(密約)을 하고 연을 쳐 멸망시켰다. 얼마 뒤 진시황은 몽염(蒙恬)에게 장성(長城)을 쌓게 하여 요동에 이르렀다. 불조선이 진과 국경을 정하게 되어 오늘날 헌우락(蘚芋濼) 이남의 연안 수백 리 땅을 두 나라의 중립공지(中立空地)로 정하여 양국 인민이 들어가 살지 못하도록 금지했다. 「사기」의 이른바 "고진공지(故秦空地)"가 이것을 말하는 것이다.

「위략」에 따르면 이때 불조선 왕의 이름은 '否(부)'라고 했다. 그러나 「위략」과 마찬가지로 관구검(毌丘儉)이 실어간 고구려 문헌(文獻)에서 베껴 넣은 「삼국지」와 「후한서」의 동이열전(東夷列傳)에는 '부(否)'를 기록하지 않았다. 「위략」이 신조선 말엽의 왕, 곧 동부여(東扶餘)의 왕이 된 '부루(夫婁)'를 '부(否)'로 잘못 전한 것(訛傳)이 아닌가 싶어 여기에 채록(採錄)하지 않는다.

기원전 2백여 년경 기준(箕準)이 불조선의 왕이 되었을 때는 진(秦)의 진승(陳勝)·항적(項籍)·유방(劉邦:한고조) 등이 반란을 일으켜 지나(중국)가 크게 어지러워지자, 상곡·어양·우북평 등지의 옛 조선백성과 연(燕)·제(齊)·조(趙)의 지나인들이 전란을 피하여 귀화하는 자가 많았다. 준왕은 이들을 서쪽 중립공지에 들어와 살도록 허락했다.

이윽고 한고조(漢高祖) 유방이 지나를 통일했다. 준왕은 다시 한(漢)과 "고진공지(故秦空地)", 즉 중립공지를 불조선이 차지하고 헌우락(蘚芋濼)을 양국의 국경으로 하기로 약정(約定)했다. 「사기」 조선전의 "한나라가 일어나자…패수를 경계로 삼았다(漢興…至浿水爲界)"라는 것과 「위략」의 "한나라 때는 노관을 연왕으로 삼고 추수를 조선과 연의 경계로 했다(及漢,以盧綰爲燕王,朝鮮與燕,界於溴水:이전 학자들이 '溴(추)'는 '浿(패)'의 잘못 된 글자라고 하므로 이 책에서는 이 말을 따른다)"는 것들이 다 이것을 가리킨 것이다.

대개 불조선과 연이 만번한(滿番汗)으로 경계를 정하였다가 이제 만번한 북쪽으로 물리었으니, 두 책의 '패수(浿水)'는 모두 헌우락을 지칭한 것이 분명하다. 지난 시절 학자들이 이따금 대동강(大同江)을 패수라고 고집하는 것도 물론 크게 잘못된 일이지만, 근자에 일본인 백조고길(白鳥庫吉:시라도리 구라기치) 등이 압록강(鴨綠江) 하류를 패수라 하니, 또한 큰 망발이라 아니할 수 없다. 위의 패수에 관한 논술은 앞 대목 만번한과 뒤 대목 왕검성(王儉城)과 대조해 보아야 한다. 〈위의 '至浿水爲界'가 원문에는 '退以浿水爲界(물리어 패수를 경계로 삼았다)'로 되어 있어 「사기」를 참조하여 바로 잡았고, '及漢,以盧綰爲燕王'의 '及漢(급한)'이 원문에는 '漢興(한흥)'으로 되어 있어 「삼국지」의 「위략」 기록을 참조하여 바로잡았으며 '溴水(추수)'의 원문은 '浿水(패수)'로 되어 있으나 그냥 두면 그 밑에 붙인 원주(原註)가 말이 안 되므로 위략의 옛 기록을 찾아 溴水(추수)로 고쳤다. 패수의 위치가 왜 이처럼 중요하냐 하면 이른바 고조선(古朝鮮)이 어디에 있었느냐 하는 문제와 그 영역이 이디까지였느냐 하는 것이 패수(浿水)와 밀접하게 연결되어 있기 때문이다. 단재가 "대동강을 패수로 고집 한다"는 것은, 김부식(金富軾)이 「삼국사기(三國史記)」에서 "평양은 지금의 서경 같고 패수는 바로 대동강이다(平壤城似今西京而浿水則大同江是也)"라고 한 후, 이 설은 「고려사(高麗史)」가 그대로 답습하였고 조선초(朝鮮初)까지 이어져 권근(權近)·하륜(河崙) 등이 「동국사략(東國史略)」에서 패수를 대동강으로 보았기 때문인데, 조선 후기에 이르러서도 안정복(安鼎福)은 「동사강목(東史綱目)」에서 패수를 조금 올려 잡아 압록강으로 보았을 뿐이다. 경술국치(庚戌國恥) 이후 일본 어용학자들이 또한 패수를 압록강·대동강·청천강 등에 비정하는 여러 의견을 제시하였는데 정약용(丁若鏞)은 패수에 관해 압록강설·대동강설·요동니하설(遼東泥河說)·저탄수설(猪灘水說) 등으로 나뉘어져 논의되었으나, 자신은 압록강설을 견지한다 했고 이병도(李丙燾)는 청천강설을 주장하며 열수(列水)를 대동강으로 확정하고 하북 무양(河北武陽)의, 수성(遂城)을 대동강 하류 수안(遂安)이 비정함으로써 만리장성 동쪽 끝이 대동강 하류로 못 박히게 만들었다. 그러나 중국측 지리서인 한나라 때 상흠(桑欽)이 지은 「수경(水經)」에 "패수는 낙랑군 누방현에서 나온다. 동남쪽으로 흘러 임패현을 지나 동쪽 바다로 들어간다(浿水出樂浪鏤方縣,東南過於臨浿縣,東入于海)"는 기록이 널리 알려지면서 패수 문제가 그렇게 간단히 끝날 일은 아니라는 것을 예시했다. 여태껏 우리 사가들이 말해온 패수는 동쪽에서 서쪽으로 흐르는 강인데, 「수경」은 "동남으로 흐르는 강'이라고 명기하고 있고 이런 강은 한반도 서해안에서 찾을 수 없기 때문이다. 그리하여 대륙사관(大陸史觀) 사가(史家)들의 '요동설'이 제기되는 근거가 되었다. 정인보(鄭寅普) 선생은 단재의 '헌우락설(薜芋濼說)'을 이어 '패수가 대동강'이라는 설을 부인하고 "봉천 해성현(奉天海城縣) 서남쪽에 있는 어니하(淤泥阿:大凌河)가 패수에 해당한다"는 요동설을 제창했다. 그리고 일부에서는 대릉하(大陵河)·난하(灤河)·요하(遼河)설 등을 제기하고 있다. 이 같은 요동설은 북한 역사학자 리지린(李趾麟) 등에 의해 '대릉하설'로 이어지고 있다. 그러나 남한에는 아직도 식민사관(植民史觀)을 견지하는 사학자들이 관학(官學)을 주도하며 파벌을 형성하고 있어 대륙사관이 받아들여지기는 결코 쉬워 보이지 않는다.-정해자〉.

(3) 위만(衛滿)의 반란과 불조선의 남천(南遷)

기원전 194년 한(漢)의 연왕(燕王) 노관(盧綰)이 반란을 일으켰다가 패하여 흉노로 도망치자, 노관의 무리였던 위만(衛滿)도 불조선으로 도망쳐 들어와 망명을 요청했다. 준왕(準王)은 위만을 믿고 박사관(博士官)으로 임명하여 서쪽 변방(옛날 중립공지) 수 백리를 주어 그 지역으로 이주한 옛 백성과 연(燕)·제(齊)·조(趙)에서 귀화한 사람들을 다스리게 했다.

위만은 이 사람들을 군사로 만들고 조선과 지나(중국)의 망명죄인들을 유치하여 결사대(死黨)를 만들었다. 그리고 병력이 충분해지자, "한나라 군사가 열 갈래(十道)로 나누어 쳐 들어온다"고 준왕에게 허위보고를 올리고 준왕에게 사자를 보내어 "들어가 옆에서 모시며 호위하게 해 달라"고 청하여 허락을 받았다.

위만은 일이 계획대로 되자, 정예병을 이끌고 질풍같이 달려들어 준왕의 도성, 왕검성(王儉城:왕험성)을 기습했다. 준왕은 반격하려 했으나 불리했다. 좌우궁인(宮人) 들과 친위병을 이끌고 바닷길을 따라 마한(馬韓)으로 갔다. 왕도(王都) 월지국(月支國:目支國)으로 들어가 기습, 격파하고 왕이 되었으나, 오래지 않아 마한 열국이 함께 일어나 준왕을 멸망시켰다.

왕검성은 대 단군 1세의 이름을 붙인 성이다. 대 단군의 삼경(三京)이 지금의 하르빈과 평양 및 앞에서 말한 불한의 고도(古都) 개평(蓋平) 동쪽 세 곳이니, 이 세 곳이 모두 '왕검성' 이라는 이름을 가졌었을 것이다.

위만이 도읍한 왕검성은 바로 개평 동북쪽으로 「한서」 지리지가 "요동군 험독현 주에 '조선왕 만이 도읍한 곳이다'(遼東郡險瀆縣:注曰,朝鮮王滿都也)"라고 한 것이 바로 그것이다. 마한의 왕도는 지금의 익산(益山)이라고 하나 대개 와전된 것이다. 다음 장에 기술하겠다.

제4장. 삼조선 분립 후의 말조선

(1) 말조선의 천도와 마한(馬韓)으로 국호 변경

말조선의 첫 도읍지가 평양(平壤)이라는 것은 앞에서 이미 기술하였다. 그 뒤(연대는 명확치 않다) 국호를 말한(馬韓)이라고 고치고 남쪽의 월지국(月支國)

으로 천도하여 불조선 왕 기준(箕準)에게 망하였다.

그 천도한 원인이 무엇인지 전사(前史)에 보인 곳은 없으나, 대개 신·불 두 조선이 흉노(匈奴)와 지나(중국)의 침략을 번갈아 받아 북방(北方)의 전운(戰 雲)이 긴박해지자. 말조선 왕은 전란을 싫어하여 남쪽 먼 지방으로 천도하 는 동시, 모든 침략주의를 가진 역대 제왕들의 칼끝에서 빛나던 '조선'이라 는 이름은 외국인이 시기하고 혐오하는 것이라며, 그때까지 써오던 '말조 선'이라는 국호를 버렸다.

그리고 옛날 왕호(王號)로 쓰던 '말한'을 국호로 썼는데, 이두로 표기된 馬韓(마한)이 그것이다. 왕호인 '신한'은 이두로 辰王(진왕)이라고 썼다. 그 리하여 "마한국 진왕(馬韓國辰王)"이라고 하게 되었는데, 똑같은 '한:ᄒᆞᆫ"이 라는 명칭을 하나는 음을 따서 韓(한)이라는 국호로 쓰고, 다른 하나는 王 (왕)이라는 뜻을 따서 왕호로 썼다. 국호와 왕호의 글자가 혼동되는 것을 막 기 위해서였다.

마한왕조(馬韓王朝)는 한씨(韓氏)가 세습(世襲)해왔기 때문에 국민들은 한 씨 왕만 왕으로 알았다. 기준(箕準)은 그 왕위를 빼앗고 국민들의 불평을 무 마하기 위해 원래의 성 기씨(箕氏)를 버리고 한씨로 성을 고쳤다. 그래서 「삼국지」는 "준은…바닷길로 달아나 한의 땅에 살며 한왕이라 했다(準…走 入海,居韓地,號韓王)"고 했고 「위략」은 "준의 아들과 친척들로 나라(조선)에 남아 있는 자들은 한씨라고 사칭했다(準子及親,留在國者,冒姓韓氏)"고 했다.

이전 사서에는 월지국(月支國)을 백제의 금마군(金馬郡), 지금의 익산(益 山)이라 하였으나, 이것은 익산군의 마한 무강왕릉(馬韓武康王陵) 때문에 생 긴 속설(俗說)로, 무강왕을 기준(箕準)의 시호(諡)라 하고 부근 미륵산(彌勒 山)의 선화부인 유적(善花夫人遺蹟)을 기준의 왕후 선화의 유적이라고 하는 바람에, 기준이 남쪽으로 도망쳐 금마군에 도읍했다는 설로 발전한 것이다.

그러나 무강왕릉은 '말통대왕릉(末通大王陵)'이라고도 하는데, '말통'은 백제 무왕(武王)의 어릴 적 이름이고 (무왕의 이름은 '마동'이다. 「삼국유사」의 서동 (薯童)은 의역이고 「고려사」 지리지의 말통(末通)은 음역이다) 선화(善花)는 신라 진평왕

(眞平王)의 공주로 무왕의 왕후가 된 사람이다.

백제를 이따금 마한이라고 하는 것은 역사에 그 예가 적지 않다. 이런 유의 유적은 다만 익산이 백제의 고도(古都)라는 것을 증명하기에는 충분하지만 기준의 고도였다는 것을 증명하기에는 부족하다.

마한 50여 개국 중에는 월지국과 건마국(乾馬國)이 있는데, 건마국이 바로 금마군, 오늘의 익산일 것이고, 월지국, 마한의 고도는 다른 나라에서 찾아야할 것이다. 그 정확한 지점은 알 수 없으나 마한과 백제(백제 건국 13년)의 국경이 웅천(熊川), 지금의 공주(公州)이니, 월지국은 대개 이 부근일 것이다.

'말한'이 비록 국호가 되었으나, 그 5~6백년 뒤에도 오히려 왕호로 쓴 이들이 있다. 신라의 눌지·자비·소지·지증 네 왕은 모두 麻立干(마립간)이라고 칭했는데, 눌지마립간(訥祇麻立干) 주에 "마립은 궐이다(麻立, 橛也)"라고 했다. 橛(궐)은 '말뚝 궐', '말재갈 궐'이라는 글자인데, 자의의 상반음이 '말'이니, '마립'을 '말'로 읽으라는 뜻이다. 그러니까 麻立干(마립간)의 麻(마)는 그 글자의 음을 따서 '마'로 읽고, 立(립)은 음의 첫소리를 따서 'ㄹ'로 읽고 干(간)은 그 소리를 따서 '한:한'으로 읽은 것이 분명하다. 그러므로 마립간은 바로 '말한'이고 말한을 왕호로 쓴 증거이다. 〈백제 무왕릉(百濟武王陵), 또는 마한 무강왕릉(馬韓武康王陵)이라고 하는 능은 오늘날 전북 익산시 석왕동에 있는 쌍릉(雙陵)을 말하는 것이다. 기준왕릉(箕準王陵)이라는 전설을 지닌 이 쌍릉은 북쪽의 것을 대왕묘, 남쪽의 것을 소왕묘라고 한다. 1915년 일본인에 의해 백제 말기인 7세기경 횡혈식 석실분(橫穴式石室墳)으로 밝혀졌다. -정해자〉

(2) 낙랑(樂浪)과 남삼한(南三韓)의 대치

마한이 월지국으로 천도한 뒤에 그 옛 도성인 평양(平壤)에는 최씨(崔氏)가 굴기하여 부근의 25개국을 복속시키고 하나의 대국이 되니, 전사(前史)에 이른바 낙랑국(樂浪國)이 그것이다.

낙랑이 갈라져 나감에 따라 마한은 지금의 임진강(臨津江) 이북 땅을 잃게 되었지만 임진강 이남의 70여 개국을 통할해 거느리고 있었다. 그러나 얼마 되지 않아 북쪽에서 지나와 흉노의 난을 피하여 마한으로 들어오는 신·불 두 조선의 백성이 날로 늘어났다.

마한은 지금의 낙동강(洛東江) 연안 왼쪽〈원문에는 오른쪽으로 되어 있다.—정해자〉 1백 여리의 땅을 베어 신조선 유민들에게 주고 자치계(自治禊:고대에는 회(會)를 계(禊)라고 했다)를 세우게 하여 '진한부(辰韓部)'라고 불렀고, 낙동간 연안 오르쪽 얼마간의 땅을 베어 불조선 유민들에게 주고 자치계를 세우게 하여 '변한부(卞韓部)'라고 불렀다. 이것이 바로 남삼한(南三韓)이다. 마한이 구태여 진·변 양한을 세운 것은, 또한 삼신(三神)에 의거하여 삼한 수를 채운 것이다.

대 단군왕검의 삼한은 신한이 중심주권자이고 말·불 양한은 좌우에서 보좌하는 한이었지만, 이제 남삼한은 말한, 곧 마한(馬韓)이 가장 큰 나라로, 종주국이 되고 신한 곧 진한(辰韓)과 불한 곧 변한(卞韓) 두 작은 나라는 소속국이 되었는데 이것은 그 이주민(移住民)의 계통을 따라 이름을 지은 까닭이다.

그러나 삼한이 왕을 모두 신한(한)이라 하여(이를테면 마한의 왕은 말한 나라의 신한이라 하고 진한의 왕은 신한나라의 신한이라 하고 변한의 왕은 불한 나라의 신한이라 했다) 신한이 셋이나 되었다. 대개 전자(前者:삼한 분립이전)는 왕검이 지은 이름을 그대로 쓴 것이고 후자(後者:세 신한)는 삼조선 분립이후의 세 신한을 그대로 쓴 것이며 진·변 양한의 두 신한은 자립하지 못하고 대대로 마한의 신한이 규정대로 겸하게 되어 있어 이름만 있고 실권이 없었으니, 이는 남삼한이 창제한 예규였다.

'삼한(三韓)'은 우리 역사에서 시비가 대단히 많은 문제가 되어 있다. 그러나 종래의 학자들은, 다만 진수(陳壽)의 「삼국지」 삼한전의 삼한(三韓), 바로 남삼한에 근거하여 그 강역의 위치를 결정하려할 뿐이었고 ㉮ 삼한이라는 명칭의 유래와 ㉯ 삼한 예제(禮制)의 변혁은 알지 못했으므로 비록 공력은 많이 들었어도 북방에 원래 있던 삼한을 발견하지 못했을 뿐 아니라, 바로 남삼한의 상호관계도 명백히 알지 못했다.

(3) 낙랑(樂浪) 25국과 남삼한(南三韓) 70여국

낙랑제국(樂浪諸國)으로 사서에 나타난 것이 25개이다. 조선(朝鮮)·감한(詌邯)·패수(浿水)·함자(含資)·점선(黏蟬)·수성(遂成)·증지(增地)·대방(帶方)·사망(駟望)·해명(海冥)·열구(列口)·장잠(長岑)·둔유(屯有)·소명(昭明)·누방(鏤方)·제해(提奚)·혼미(渾彌)·탐열(呑列)·동이(東暆)·불이(不而)·잠태(蠶台)·화려(華麗)·야두미(邪頭味)·전막(前莫)·부조(夫租) 등이다.

이 25개국은 「한서」 지리지에 한나라 낙랑군(樂浪郡)의 25개 현으로 기재되어 있으나 이것은 「한서」의 원래 기록이 아니라 당태종(唐太宗)이 고구려를 침입하려 할 때, 그 신민의 적개심을 고취하기 위해 조선 옛 땅이 거의 지나(중국)의 구물(舊物)인양 위증하려고 전대 지나의 사책(史册)들 속에서 조선과 관계되는 기록들을 가져다 많은 부분을 고쳐 꾸밈으로써 조선 고대의 낙랑 25개국이 낙랑 25개현으로 고쳐져 위 지리지 속으로 들어가게 된 것이다. 이것은 제4편에서 다시 자세히 논하려 한다.

25국 중 '조선'과 '패수'는 다 평양에 있는 나라이다. 조선은 곧 말조선의 옛 땅이기 때문에 조선이라고 하며 낙랑의 종주국이 된 나라고, 패수는 '펴라'로 24개 속국의 하나인데, 조선국과 패수국의 관계를 비교하면 전자는 평양감영(平壤監營)과 같고 후자는 평양윤(平壤尹)과 같은 것이다. 소명(昭明)은 지금 춘천의 소양강(昭陽江)이고 불이(不而)는 그 뒤 동부여(東扶餘)가 된 나라로 지금의 함흥(咸興)이다. 낙랑국의 전체가 지금의 평안·황해 양도를 비롯하여 강원도·함경도의 각 일부분을 소유하고 있었다.

삼한 여러 나라가 사서에 나타난 것만 70여 개국이다. 마한(馬韓)은 원양(爰襄)·모수(牟水)·상외(桑外)·소석색(小石索)·대석색(大石索)·우휴모탁(優休牟

涿)·신분고(臣濆沽)·백제(伯濟)·속로불사(速盧不斯)·일화(日華)·고탄자(古誕者)·고리(古離)·노람(怒藍)·월지(月支)·자리모로(咨離牟盧)·소위건(素謂乾)·고원(古爰)·막로(莫盧)·비리(卑離)·점비리(占卑離)·신흔(臣釁)·지침(支侵)·구로(狗盧)·비미(卑彌)·감해비리(監奚卑離)·고포(古蒲)·치리국(致利鞠)·염로(冉路)·아림(兒林)·사로(駟盧)·내비리(內卑離)·감해(感奚)·만로(萬盧)·벽비리(辟卑離)·구사오단(臼斯烏旦)·일리(一離)·불미(不彌)·지반(支半)·구소(狗素)·첩로(捷盧)·모로비리(牟盧卑離)·신소도(臣蘇塗)·고랍(古臘)·임소반(臨素半)·신운신(臣雲新)·여래비리(如來卑離)·초산도비리(楚山塗卑離)·일난(一難)·구해(狗奚)·불운(不雲)·불사분야(不斯濆邪)·원지(爰池)·건마(乾馬)·초리(楚離) 등 54국을 통할했다.

비리제국(卑離諸國)은「삼국사기」백제본기(百濟本紀)의 부여(扶餘:원문은 夫餘(부여)로 되어 있다. 밑의 두 부여도 같다.-정해자)와 백제 지리지(百濟地理志)의 夫里(부리)이니, '비리(卑離)'는 부여, 지금의 부여이고 '감해비리'는 고막부리(古莫夫里), 지금의 공주(公州)이고 '벽비리'는 파부리(波夫里), 지금의 동복(同福)이고 '여래비리'는 이릉부리(爾陵夫里), 지금의 능주(綾州)이고 '신소도'는 신수두, 곧 대신단(大神壇)이 있는 곳이니 성대호(省大號:일명 蘇泰), 지금의 태안(泰安)이고 '지침'은 지금의 진천(鎭川) 등지이고 '건마'는 금마군(金馬郡), 백제 무왕릉(百濟武王陵)이 있는 곳이다. 그밖에도 상고할만한 것이 많으나 여기서 생략한다.

변한(卞韓)은 미리미동(彌離彌凍)·접도(接塗)·고자미동(古資彌凍)·고순시(古淳是)·반로(半路)·악노(樂奴)·미오야마(彌烏邪馬)·감로(甘路)·구야(狗邪)·주조마(走漕馬)·안야(安邪)·독로(瀆盧) 등 12부의 통칭이다.

미동(彌凍)은 '밑'이라는 표기로 수만(水灣)이라는 뜻이고, 고자(古資)는 '구지(곶)'라는 표기로 반도(半島)라는 뜻이고, 야(邪)는 '라'라는 표기로 강(江)이라는 뜻이다.

위 12부를 신라 지리지와 가락국지(駕洛國志)에서 그 옛터를 찾아보니 이러했다. 고자미동은 고자군(古自郡), 지금의 고성만(固城灣)이고 고순시는 고령가야(古寧加耶), 지금의 상주·함창 사이의 공갈못인데, 공갈은 '고령가야'의 촉음(促音)이고 반로는 '벌'의 표기로 별(星)이라는 뜻이니 성산가야(星山加耶), 지금의 선주(星州)이고 미오야마는 미오마라(彌烏馬邪)로 만들면 '밈라'가 되니 임나(任那), 지금의 고령(高靈)이고 구야는 '가라'라는 표기로 큰 못이라는 뜻이니 지금의 김해(金海)이고 안야는 '아라'의 표기로 물길 이름인데 지금의 함안(咸安)이다.

위의 여섯 나라는 바로 뒤에 가라(加羅) 6국(제4편 제4장 ②절 참조)이 된 나라들이고 그 나머지는 확실치 않으나 대개 그 부근일 것이다.

진한(辰韓)은 기저(己柢)·불사(不斯)·근기(勤耆)·염해(冉奚)·난미(難彌)·리미동(離彌凍)·군미(軍彌:弁軍彌國)·여담(如湛)·호로(戶路)·주선(州鮮:馬延)·사로(斯盧)·우유(優由) 등 12부의 통칭이다.

위 12부는 오직 '사로'가 신라(新羅)인 줄 알 수 있을 뿐 그 밖의 각부 연혁은 알 수 없다. 이것은 신라의 한학자들이 그 명사들을 모두 전부터 써오던 이두를 버리고 한자로 의역한 때문이다. 그 상세한 것은 제4편 제 4장 (3)절에서 논하려 한다. 〈위의 마한·변한·진한의 지명들은 「삼국지」 오환선비동이전에서 베껴 넣은 것인데, 똑같은 이두지명이고 한역(漢譯)된 지명이 아니다. 원문에 틀리고 빠진 글자가 일일이 열거할 수 없도록 많아 「삼국지」의 기록을 참조하여 바로잡았다. 삼국지에는 변한·진한의 지명이 함께 기록되어 있는데, 단재는 어떠한 근거로 24개의 지명을 뒤섞어 나누었는지 분명치 않다. 군미(軍彌)처럼 "변한의 군미국이다(弁軍彌國)"라는 주가 달린 지명까지 진한 단락에 배치했기 때문이다. −정해자〉

마한이 본래 압록강 동쪽 땅을 거의 전부 차지하고 있었으나, 낙랑(樂浪)·진한(辰韓)·변한(卞韓) 세 나라가 생기면서 지금의 새재(鳥嶺) 이남과 임진강 이북을 나누어 점거하게 되었다. 진한·변한은 이름은 나라였으나 실은 신·불 두 조선 유민(遺民)의 자치부로 마한에 끊임없이 조공하고 세금을 납부하여 낙랑 같은 적국이 아니었다.

제5장. 삼조선의 붕괴(崩壞) 원인과 그 결과

(1) 삼신설(三神說)의 파탄

본편 제2·3·4장에서 기술한 것과 같이 신·말·불 삼조선이 이렇게 한꺼번에 붕괴한 것은 무슨 까닭인가. ㉮ 삼한은 원래 천일(天一)·지일(地一)·태일(泰一)의 삼신(三神)설에 의거하여 인민들이 '말한'은 천신(天神)의 대표, '불한'은 지신(地神)의 대표, '신한'은 천지보다 높고 큰 우주 유일신(唯一神)의 대표로 믿어 왔다.

그러나 얼마 뒤 말·불 두 한(䑋)이 신한에 반기를 들고 나서 각기 신한이라 칭했으며 삼대왕(三大王)이 병립하여 지력(智力)으로 지위를 획득했다. 이렇게 되자 일반인들은 계급(貴賤)은 자연적이고 고정적인 것이 아니고 힘만 있으면 누구나 파괴할 수도 건설할 수도 있는 것이라고 깨닫게 되었고 삼신설(三神說)을 의심하게 된 것이 그 원인이다.

㉯ 역대의 삼한(三韓:䑋)은 한갓 '삼신'이라는 미신(迷信)으로만 인심을 유지, 연계(維繫:원문에는 繫(계)자가 繁(번)자로 잘못되어 있다.-정해자)하려 한 것이 아니라, 매번 외구(外寇)를 물리치고 국토를 확장하여 천하가 다 그 위엄에 눌려 무서워 떨었다.

그러나 이제 삼국의 '신한'들은 흉노(匈奴)와 지나(중국)가 번갈라 쳐 들어왔는데도 저항하지 못하고 쫓겨 국토가 많이 떨어져 나갔다. 일반인들은 이에 "제왕(帝王)도 사람의 자식이고 하늘의 아들(天子)이 아니기 때문에 성패흥망(成敗興亡)도 일반인과 같다는 것을 알게 되었고 삼한(䑋)의 신엄(神嚴)을 부인하게 된 것이 근인(近因)이다. 삼신설의 기초위에 세워진 것이 삼한이니 삼신설에 파탄이 생긴 이상 어찌 붕괴하지 않을 수 있겠는가.

(2) 열국(列國)의 분립(分立)

삼신설(三神說)에 파탄이 생겨 삼한(䑋)에 대한 믿음이 일전직하(一轉直下)

로 뚝 꺾였으니, 이것은 확실히 조선 유사이래의 일대 변국(一大變局)이었다. 그러므로 일부 인민들은 신인(神人)과 영웅들이 거짓이라는 것을 깨닫고 이따금 자치촌·자치계 같은 것을 설립하여 민중의 힘으로 민중의 일을 스스로 결정해 보려 시도하였다. 기록에 나타난 증거나 흔적은 진한부·변한부 같은 것이 그 일종이지만, 그밖에도 사책에서 빠진 그런 유의 시험은 많았을 것이다.

그러나 미신을 타파하여 우주문제·인생문제 등을 진정하게 해결한 학설은 없었다. 사방 이웃들은 조선보다 문화가 뒤떨어진 예(濊)·선비(鮮卑)·흉노(匈奴)·왜(倭) 등 만족(蠻族)들 뿐이어서 진화를 도와줄 벗이 없었고, 지나는 비록 유구한 문화를 갖고 있었으나 거의 군권(君權)을 보호하는 사상(思想)과 학설뿐이라, 그 기록의 수입이 도리어 민중의 진보를 방해하는 방향으로 작용했다.

그래서 민중의 지력(智力)은 유치하고 수구세력의 뿌리는 깊고 두터워서 제왕(帝王)의 자손들은 조상대대 전해온 지위를 회복하려 했고 민간의 잘난 사람(梟雄)들은 새로운 지위를 얻으려고 했으며, 작은 나라는 큰 나라가 되기를 희망했고 큰 나라는 강토를 더욱 확장하여 혹은 신수두님(大壇君)이라 하고 혹은 신한(辰王), 혹은 말한(麻立干), 혹은 불구레(弗矩內)라고 하는가 하면 혹은 하늘에서 내려왔다 운운 하고 혹은 해외(海外)에서 표류(漂流)해 왔다 했으며 혹은 태양의 정기를 받아 낳았다 운운 하고 혹은 알(卵) 속에서 나왔다 운운 하며 전통적 미신세력에 의거하여 민중을 유혹하거나 위협하니, 구구한 민중세력이라고 할 수 있는 자치단체가 그들의 정복을 받아 스스로 소멸해 버렸으며 세력을 뺏으려고 다투는 난리가 사방에서 일어나 열국(列國) 전쟁시대를 형성하였다.

제 4 편

열국쟁웅(列國爭雄)시대

(對漢族 激戰時代)

제1장. 열국 총론(列國總論)

(1) 열국 연대(年代)의 정오(正誤)

삼조선(三朝鮮)이 붕괴하고 신수두님·신한·말한·불구레 등을 참칭하는 이들이 각지에서 떼 지어 일어나 열국(列國)으로 분립하는 판국을 만들었다는 것은 이미 앞에서 기술했지만, 열국의 역사를 말하려면 이전 역사의 열국 연대를 삭감하였으므로 이제 그 연대부터 말해야겠다.

어떻게 되어 열국연대가 삭감되었다고 하는 것인가. 먼저 고구려(高句麗)의 연대가 삭감된 것부터 말하겠다.

고구려가 신라 시조 박혁거세 21년, 기원전 37년에 건국하여 문무왕 8년, 기원 669년에 망했으니, 나라가 총 750년 동안 유지되었다고 일반 사가들은 적어왔다. 그러나 고구려가 망할 때 "9백년에 미치지 못한다(不及九百年)"는 비기(秘記)가 유행했는데 비기가 비록 요서(妖書)라고 할지라도 그 시대에 그 비기가 인심을 동요(動搖)하게 만든 도화선이 되었다면, 이 때 (문무왕 8년)의 고구려 연조가 8백 몇 십 년 이상은 되었을 것이 분명한데 고구려본기에 "705년"이라고 한 것이 의문의 하나이고,

고구려본기로 보면 광개토왕(廣開土王)은 시조 추모왕(鄒牟王)의 13대 손자이다. 그러나 광개토왕 비문(碑文)의 "17대손인 광개토경평안호태왕에게 전하였다(傳之十七世孫 廣開土境平安好太王)"는 구절에 따르면 광개토왕은 시조 추모왕의 '13세손'이 아니라 '17세손'이다. 이처럼 세대(世代)를 빼먹은 본기라면 그 750년이라고 한 연조(年祚)도 족히 믿을 수 없다는 것이 그 둘째이다.

고구려본기로 따져 보면 고구려 건국이 위만조선의 우거(右渠)가 멸망한

지 72년만이지만, 「북사(北史)」 고려전(高(句)麗傳)에는 "막래(莫來)가 왕이 되어 부여(夫餘)를 쳐 깨부수고 이를 통속(統屬)하였는데, 이윽고 한무제가 조선을 멸망시키고 사군(四郡)을 설치할 때 '고구려현'이라고 했으니, 막래는 「해동역사(海東繹史)」의 "慕本(모본)의 오자(誤字)인가"하였으나 '莫來(막래)'는 '무뢰'라는 표기로 우박(雹)이라는 뜻이고 신(神)이라는 뜻이니, 대주류왕(大朱留王:大武神王)의 이름 무휼(無恤)과 음이 같을 뿐만 아니라, 고구려본기에도 동부여(東扶餘)를 정복한 이가 바로 대주류왕이니, 막래는 모본왕이 아니라 대주류왕일 것이며, 막래 곧 대주류왕이 동부여를 정복한 뒤에 한무제가 사군을 설치하였으니, 고구려가 사군이 설치되기 약 1백 몇 십 년 전에 건국되었다는 것은 의심할 나위도 없다는 것이 그 셋째이다. 〈단재는 '莫來(막래)'를 '무뢰'로 읽어야 할 것이라면서 '무뢰'가 '우박(雹)'이라는 뜻이고 신(神)이라는 뜻이며 '무휼(無恤)과 같은 음이라고 했는데, 그 전거를 찾을 수 없다. '莫來'의 중국 옛 음이 '모래'로 '무레'와 비슷하나 '無恤(무휼)'과 같은 음이라는 것은 납득할 수 없다. 「교정옥편(校訂玉篇:全韻玉篇)」에 따르면 '恤(휼)'자의 원음은 '슐'이고 속음(俗音)이 '휼'인데 「설문해자(說文解字)」등 중국 사서(辭書)의 변화한 음운(音韻)을 살펴보아도 '술·셧·솟·슈·시' 등에 그치는 것으로 보아 '막래'와 '무휼'이 같은 음이라고 볼 수 없기 때문이다. 더욱이 우리말에서 우박을 '무뢰'라 하거나 신(神)을 무뢰라고 한 예를 찾을 수 없다. 다만 천둥치고 번개 치며 쏟아지는 세찬 비를 우뢰(雨雷)라고 할 뿐이다. 요즘 생각성 없이 아무 말이나 고치면 되는 줄 알고 '말을 피하는 골목'이라는 뜻인 '피마골'을 '피맛나는 골'이란 뜻인 '피맛골'로 고치듯이 우뢰를 '우레'로 고쳐 놔두가 '네우'가 되고 낙뢰가 '낙네'가 되게 하는 등 숱한 문제를 야기하고 있는 단어이다.-정해자〉

고구려 당대의 비기와 그 자손을 제왕으로 세운 비문의 기록이 먼저 명확히 증명하고 있고 비록 외국인이 전해 듣고 쓴 기록이지만 「북사」가 또한 증명(副證)하고 있으니, 고구려 연대가 1백 몇 십 년은 감축된 것이 더욱 확실하다.

순암 안정복(順庵安鼎福) 선생이 신라 문무왕(文武王)이 고구려 왕족인 안승(安勝)을 봉하면서 한 말 중에 "햇수가 거의 8백(年將八百)"이라는 말을 인용하여 고구려의 연조가 삭감되었다는 것을 인식하였으나, 사실 '8백'의 8자는 9자로 써야 옳을 것이다. 대개 고구려의 연대를 삭감한 뒤에 '9백'을

'8백'으로 고쳐 고구려라는 나라가 7백 50년 동안 지속되었다는 거짓 증거(僞證)를 만들어 놓은 것이다.

어찌하여 고구려의 연대가 삭감되었는가? 이것은 고대에 어느 나라가 먼저 세워졌느냐 하는 것으로 국가의 지위(형이냐, 아우냐 하는 따위)를 다투는 기풍〈추모(鄒牟)와 송양(松讓)이 먼저 도읍을 세웠다고 다툰 종류〉이 있었으므로, 신라가 고구려와 백제보다 뒤에 건국되었다는 것을 부끄럽게 여겨 두 나라를 멸망시킨 뒤에 기록상의 세대와 연조를 삭감하여 모두 신라 건국 이후에 세워진 나라로 만들었기 때문이다.

동부여·북부여 등은 신라와 은원(恩怨)이 없는 선대의 나라이지만 이미 고구려의 연조를 1백 몇 십 년이나 삭감하였으므로 사실관계를 맞추기 위해 고구려·백제의 아버지와 할아버지뻘인 동부여의 연대와 고구려·백제의 형제뻘인 가라(加羅)·옥저(沃沮) 등 나라의 연대까지 삭감한 것이다.

그래서 이제 이전 사서에 나타난 고구려 건국 원년에서 1백 몇 십 년을 넘어 기원 190년경 전후 수십 년간을 동·북 부여와 고구려가 분립한 시기로 잡고 그 이하 모든 열국도 같은 시기로 잡아 열국사(列國史)를 하나하나 펼쳐보려 한다.

(2) 열국(列國)의 강역(疆域)

열국(列國)의 연대(年代)만 삭감된 것이 아니라, 그 강역(疆域)도 거의 삭감되어 북쪽에 있던 나라를 남쪽으로 수 천리나 옮겨온 것이 하나 둘이 아니다.

강역은 또 무슨 까닭으로 삭감되었는가? 신라 경덕왕(景德王)이 북쪽의 주군(州郡)을 잃고 그 북쪽 옛 땅의 지명과 고적(古蹟)을 남쪽으로 옮긴 것이 첫째 원인이고, 고구려가 쇠약해져 압록강 이북을 옛 영토로 인식하지 못해 전대의 지리(地理:영토)를 기록할 때 북쪽에 있던 나라들을 남쪽으로 많이 옮긴 것이 둘째 원인이며, 조선의 지리 전고(典故)가 말할 수 없이 뒤바뀌어 있어, 비록 근세의 구암 한백겸(久庵韓百謙)·순암 안정복(順庵安鼎福) 등 선유(先儒)의 수정을 거쳐 다소 회복되었다고는 하나 열국시대의 지리는 여전히 퇴축(退縮)되어 있다. 이제 그 대략을 말하겠다.

㉮는 부여(扶餘)이다. 신조선이 최초에 삼국(三國)의 부여로 분립하였다. ㉠은 북부여(北扶餘)이다. 북부여는 아사달(阿斯達)에 도읍했는데 「삼국지」에 "현토에서 북쪽으로 천리(玄菟之北千里)"라고 하였으니 지금의 하르빈(哈爾濱)인데 선유들은 지금의 개원(開原)이라 하였다.

㉡은 동부여(東扶餘)이다. 동부여는 갈사나(曷思那)에 도읍했는데 대무신왕(大武神王)이 동부여를 칠 때 "북벌(北伐)한다"했으니 고구려의 동북쪽, 지금의 훈춘(琿春) 등지가 동부여인데 선유들은 지금의 강릉(江陵)이라 하였다.

㉢은 남부여(南扶餘)이다. 대무신왕이 동부여를 공격해 깨부순 뒤 동부여는 둘로 갈라져 하나는 예전 갈사나에 남고 또 하나는 남쪽으로 옮겨가 새로운 갈사나(新曷思那)를 세웠는데 바로 남부여이다. 전자는 얼마 뒤 고구려에 투항하여 국호가 없어졌고 후자는 문자왕(文咨王) 3년, 기원 494년에 비로소 고구려에 합병되었다. 그 남부여가 있던 곳은 바로 함흥(咸興)인데 선유들은 남부여가 어디 있었는지도 모를 뿐만 아니라, 남부여라는 명칭도 몰랐다. 〈「삼국사기」에 따르면 '남부여(南扶餘)'는 백제의 한 이름이다. 백제(百濟) 제26대 왕 성왕(聖王)은 16년(538년) 봄 수도를 사비(泗沘:所夫里)로 옮기고 국호를 남부여라고 했다.─정해자〉

㉯는 사군(四郡)이다. 위만(衛滿)이 동쪽으로 오려고 건넌 물길, 패수(浿水)가 「위략」의 '만번한(滿番汗)', 「한서」 지리지의 '요동군 문·번한(遼東郡文番汗), 지금의 해성(海城:하이청)·개평(蓋平:까이핑) 등지이니, 지금의 헌우락(蓒芋濼)이라는 것이 옳다.

한무제(漢武帝)가 점령한 조선이 패수 부근 위만의 옛 땅이니, 그가 설치한 4군이라는 것이 삼조선의 국명(國名)·지명(地名)을 가져다가 요동군(遼東郡) 안에 가설(加設:원문은 設(설)자가 說(설)자로 잘못되어 있다.─정해자)해 놓은 것에 불과한데도 선유들은 언제나 4군의 위치를 오늘날 평안(平安)·강원(江原)·함경(咸鏡) 등 각도와 고구려의 고도(古都)인 지금의 환인(桓仁) 등지에서 찾았다.

㉯는 낙랑국(樂浪國)이다. 낙랑국은 한(漢)의 낙랑군(樂浪郡)과는 완전히 다른 별개로 지금의 평양(平壤)에 있던 나라인데, 선유들은 이를 혼동하여 같은 것으로 보았다. 그 밖의 고구려·백제의 초대 국도(國都)와 신라·가라(加羅)의 위치는 선유들이 수정한 것이 대개 틀리지 않으나, 주군(州郡), 또는 전쟁지점의 위치는 거의 신라 경덕왕 이후 옮겨서 설치한 지명으로 인해 지역과 이름이 일치하지 않으므로 가능한 대로 이를 바로잡아 열국사를 빠짐없이 서술하려 한다.

제2장. 열국(列國)의 분립(分立)

(1) 동부여(東扶餘)의 분립

(가) 해부루(解夫婁)의 동천과 해모수(解慕漱)의 굴기

북부여(北扶餘)와 동부여(東扶餘)·남부여(南扶餘) 및 고구려(高句麗) 네 나라는 신조선의 판도 안에 세운 나라들이다.

그러나 신조선이 멸망하여 부여왕조(夫餘王朝)가 되고 부여가 다시 분열하여 위의 삼국이 되었는지, 부여는 바로 신조선의 별명이고 따로 부여라는 왕조가 없어 신조선으로부터 위의 삼국이 되었는지, 이것은 의거해 고증할 곳이 없다. 신조선이 흉노 묵돈(冒頓)에게 패배한 때가 기원전 200년경이고 동부여·북부여가 갈라진 것도 기원전 200년경이니, 후설이 가깝지 않을까 한다.

이전 사서는 동·북부여가 갈라진 사실을 이렇게 기록했다.

"부여왕 해부루(解夫婁)가 늙도록 아들이 없어 산천(山川)에 제사지내며 아들을 낳게 해달라고 기도했다. 곤연(鯤淵:鏡泊湖)에 이르러서는 왕이 탄 말이 큰 돌(大石)을 보고 눈물을 지었다. 이를 이상히 여겨 그 돌을 뒤집어보니

〈곤연(鯤淵)이라고 불린 경박호(鏡泊湖). 고산 언색호이다〉

금빛 개구리를 닮은 아이가 있었다. 왕이 말했다. '이는 하늘이 주신 나의 아들이다' 하고 거두어 기르며 이름을 금와(金蛙)라 하고 태자로 삼았다. 그 얼마 뒤 상(相) 아란불(阿蘭弗)이 왕에게 고했다. '꿈에 하느님(天帝)이 강림하시어 말씀하시기를 장차 나의 자손에게 이 땅에 나라를 세우게 할 것이니, 너희들은 피해 가도록하여라. 동쪽 바다 가에 가섭원(迦葉原)이라는 땅이 있다. 흙이 기름지니 왕도(王都)를 세우기에 마땅할 것이다' 하셨습니다, 하고 천도(遷都)하자고 청했다. 왕은 그 말을 따라 가섭원으로 천도하여 국호를 동부여라고 했다.〈원문에 "산천에 제사 지낸다", "아란불의 꿈에 하느님이 나타났다"하는 등의 말이 일부 빠지거나 「삼국유사」 등의 기록과 다르게 표현되어 있어 바로잡았다.−정해자〉

예전 도읍지에는 천제(天帝)의 아들 해모수(解慕漱:해머슴)가 오룡거(五龍車:용 다섯 마리가 끄는 수레)를 타고 수행원(從者) 1백 여 명은 고니(白鵠)를 타고 웅심산(熊心山:일명은 阿斯山(아사산)이고 또 일명은 鹿山(녹산)이다. 지금 하르빈의 完達山(완달산)이다)으로 내려왔는데 머리 위에는 채색구름이 뜨고 음악소리가 구름 속에서 울렸다. 해모수는 10여일 만에 산 밑으로 내려와 조우관(鳥羽冠)을 쓰고 조광(朝光)이라는 칼을 찬 채 아침에는 정사(政事)를 듣고 저녁에는 하늘로 올라가셨다. 세상 사람들은 하느님의 아들(天帝子)이라고 하였다." 〈단재는 '熊心山(웅심산)'을 '아사산(阿斯山)' 또는 '녹산(鹿山)'으로 해석하고 있다. 그러나 우리 고지명(古地名)을 음역해 표기한 예에 따르면 맞지 않는다. 이 웅심산은 유화(柳花)의 난생설화(卵生說話)에 압록수(鴨淥水)·우발수(優渤水)와 함께 나오는 산 이름인데 '熊心山(웅심산)'은 글자 그대로 "곰맘메→고마메, 즉 蓋馬山(개마산)"을 가리키는 것으로 보아야 한다. 그러므로 오늘의 백두산을 이르는 말이다. "웅심산 밑에 있는 압록수"라는 기록이 그

것을 증명한다. '鴨淥水(압록수)'는 '오리물' 또는 '우루물'이라는 음역이고 '優渤水(우발수)'역시 '오리벌물'·'우루벌물'이라는 음역이니 '오리물', 즉 압록수를 이르는 것으로 보·아야 한다.-정해자〉

어떤 사람은 "기록이 너무 신화적이어서 믿을 수 없다"고 한다. 어느 나라이고 고대에는 신화시대(神話時代)가 있었고 후세 사가(史家)들은 그 신화 속에서 사실을 가려 쓸 뿐이다. 이를테면 "말이 돌을 보고 눈물을 지었다", "하느님이 아란불에게 강림하셨다", "해모수가 오룡거를 타고 하늘에서 내려왔다"고 하는 말들은 모두 신화이지만 해부루가 어떤 사람의 사생아인 금와(金蛙:고마)를 주워다가 태자로 삼은 것도 사실이고, 해부루가 아란불의 신화를 빌미로 천도를 단행한 것도 사실이며, 해모수가 하느님의 아들이라고 하며 고도를 기습 점거한 것도 사실이니, 총괄해 말하면 동부여와 북부여가 갈라져 건립된 역사상 빼놓지 못할 큰 사실이다.

다만 우리가 아쉬워하는 것은, 이것이 북부여 사람이나 동부여 사람이 부여의 계통을 서술하기 위하여 기록한 것이 아니고, 한갓 고구려 사람이 그들의 시조 추모왕(鄒牟王)의 뿌리를 설명하기 위해 기록한 것이기 때문에 고작 해부루와 해모수, 즉 동부여와 북부여를 세운 두 대왕(大王)의 약사(略史)를 말한 것뿐이고, 그 이전 부여 해부루의 뿌리에 대해서는 말하지 않은 것이 첫째로 아쉬운 점이고, 고구려 사람의 기록이 그나마 원래의 기록이 아니라 신라말엽 한학자인 불교 승려가 문장을 고쳐 꾸민 것이기 때문에 '신가'를 고구려 이두(吏讀)대로 '相加(상가)'라고 쓰지 않고 한문 뜻에 따라 '相(상)'이라고 썼으며 '가시라'를 고구려 이두대로 '曷思那(갈사나)'라고 쓰지 않고 불경(佛經) 속 명사에 맞추어 迦葉原(가섭원)이라고 쓴 것이 두 번째로 아쉬운 점이다.

당시의 제왕(帝王)은 제왕인 동시에 제사장(祭司長)이었고, 당시의 장상(將相)은 장상인 동시에 무사(巫師:무당)이고 점사(占師:점쟁이)였다. 대개 해부루는 제사장, 대 단군(大壇君)의 직을 세습한 사람일 것이고 아람불은 신 내림 기술을 가진 무당으로 미래를 예언하는 점쟁이의 직을 겸한 상가일 것이다.

대단군과 상가는 지극히 높은 지위에 있었지만 신조선의 관습에는 내우외환(內憂外患)은 물론이고 천재지변(天災地變) 같은 것도 대 단군에게 허물을 돌리어 천재(天災)나 인재(人災)로 인해 불행한 일이 생기면 대 단군을 대 단군으로 인정하지 않고 폐하여 쫓아내기에 이르렀다. 「삼국지」에 "홍수가 지거나 가뭄이 들어 오곡이 제대로 영글지 않으면 즉시 그 죄를 왕에게로 돌려 마땅히 바꿔야 된다고 말하기도 하고 마땅히 죽여야 된다고 말하기도 한다(水旱不調, 五穀不登, 輒歸咎於王, 或言當易, 或言當殺)"고 기록되어 있다. :이것은 「삼국지」 오환선비동이전(烏桓鮮卑東夷傳)에 있는 말로 부여(夫餘)의 풍속을 설명한 것이고 단군이나 대 단군을 말한 것이 아니다.—정해자)

이때가 흉노 묵돈과 전쟁을 치른 지가 얼마 되지 않은 때이니, 아마 그 패전에 대한 수치(羞恥)로 인민들의 믿음이 쇠약해져 대 단군의 자리를 지킬 수 없게 되었기 때문에 아란불과 모의하여 갈사나, 지금의 훈춘(琿春) 등지로 달아나 새로운 나라를 세운 것일 것이다.

해모수는 해부루의 동족이고 고주몽(高朱蒙)의 아비로서 「삼국유사:왕력편」가 "주몽(朱蒙)을 단군(壇君)의 아들이다"라고 하였으니, 해모수도 '대단군'이라는 칭호를 가졌었다는 실증이다.

대 단군은 바로 '하늘의 대표'라는 칭호이다. 대개 해모수는 해부루가 동쪽으로 도읍을 옮긴 기회를 이용하여 "하늘에서 내려온 대 단군"이라고 스스로 일컬으며 왕위를 도모한 것일 것이다.

부여는 '불', 곧 도성(都城)이나 도회(都會)라는 칭호이다. 해부루가 동부여라고 하자 해모수는 북부여라고 하였으나 북부여(北扶餘)라는 명칭이 사서(史書)에 없으므로 최근 선유들이 두 부여를 구별하기 위하여 비로소 해모수의 부여를 북부여라고 하였다. 〈단재는 「삼국지」나 「위략」의 조선에 관한 기록이 관구검(毌丘儉)이 고구려에서 빼앗아 간 전적(典籍)에서 베껴 넣은 것이라고 단정하면서도 부여에 관한 기록은 완전히 무시하여 해모수(解慕漱)의 부여를 동호(東胡)와 뒤섞어 존재하지도 않았던 단군의 신조선이라고 설정해 놓고는 정작 해모수의 부여를 고려 말에 저작된 「삼국유사」 등에 근거하여 해부루가 버리고 간 땅에 나라를 세운 단군이라고 주장하고 있다. 전해오는 기록도 부실하고 마땅한 전거도 없으니 사람 따라 해석이 다를 수는 있다. 그러나 위만조선이 멸망(BC 108년)하기 훨씬 전인 BC 450년경 전국시대(戰國時代)부터 이미 존재했던 것이 부여(夫餘)이다. 그래서 「사기」는 "오환과 부여, 예맥과 조선 및 진번의 국익이

상충 된다"고 하였다. 그러나 우리의 정사(正史)인 「삼국사기(三國史記)」에는 해모수(解慕漱)가 없다. 동명성왕 해모수(東明聖王解慕漱)의 설화가 주몽의 설화로 바뀌면서 해모수를 '어디서 흘러 들어온 지도 모르는 자칭 하느님의 아들(不知所從來自稱天帝子)'이라고까지 비하하고 있다. 「삼국사기」나 「삼국유사」보다 최소 710~840년이나 앞서 쓰인 AD 1세기 초 기록인 왕충(王充)의 「논형(論衡)」이나 중국의 정사인 진수(陳壽)의 「삼국지(三國志)」 및 범엽(范曄)의 「후한서(後漢書)」의 해모수(解慕漱)에 대한 기록은 다르다. 그 기록을 독자들의 올바른 판단을 돕기 위해 덧붙인다. "부여국(夫餘國)은 현토(玄菟)에서 북쪽으로 1000리 쯤 떨어져 있다. 남쪽으로는 고구려, 동쪽으로는 읍루(挹婁), 서쪽으로는 선비(鮮卑)와 붙어 있고 북쪽에는 약수(弱水:아무르)가 있다. 지방이 2천리로 본래 예(濊)의 땅이다. 옛날 북쪽에 고리(高離)라는 나라가 있었는데 국왕의 시비(侍婢)가 임신을 했다. 왕이 죽이려 하자 시비는 '하늘에서 계란만 한 흰 기(氣)가 자신에게로 내려와 임신이 되었다'고 아뢰었다. 왕은 시비를 가두었다. 시비가 아들을 낳자 왕은 뒷간에 버리게 했다. 뒷간의 돼지가 입김을 불어 보호하자 왕은 마구간으로 가져다 놓게 했다. 말들도 밟지 않고 콧김을 불어 아이가 죽지 않았다. 왕은 천제(天帝)의 아들이 아닌가 싶어 그 어미에게 거두어 기르게 했다. 이름을 동명(東明)이라고 하고 말이나 기르도록 했다. 동명이 활을 잘 쏘자 왕은 나라를 빼앗길까봐 겁이나 죽이려고 했다. 동명은 남쪽으로 달아나다가 엄사수(掩淲水) 가에 이르러 활로 물을 치자 물고기와 자라가 떠올라 다리가 되어 주었다. 동명이 건너자 물고기와 자라가 흩어져 추격병이 더 따라올 수 없었다. 동명은 부여 땅에 이르러 도읍하고 왕이 되었다"고 기록되어 있다. 이 설화가 누구의 손에 의해서인지 서언왕(徐偃王)의 설화와 뒤섞이고 동명이라는 이름까지 빼앗아다 주몽의 설화로 다시 각색하여 내놓으며 동명성왕 주몽(東明聖王朱蒙)이 나타나는데, 이 설화는 「삼국지」나 「후한서」에는 보이지 않고 AD 550~577년 사이(南北朝時代)에 쓰인 「위서(魏書:北魏書)」에 처음으로 등장한다. 해모수의 설화를 베껴다가 주몽에게 붙였다는 혐의를 받지 않을 수 없다. '해(太陽)'가 떠야 '동쪽이 밝아지는 것(東明)'이니 해모수(解慕漱: 해머스마)가 '동명성제(東明聖帝)'임은 두말 할 필요가 없다. 어찌 활을 잘 쏜다(鄒牟)고 동쪽이 밝아오겠는가. 서언왕(徐偃王)은 BC 1000년경 동이(東夷)의 힘을 모아 주무왕(周武王)의 고손자인 목왕(穆王)을 징벌하고 그와 대등한 동방의 왕 중 왕이 되었던 인물이다. 그의 탄생설화는 이렇다. "서국(徐國)의 궁녀(宮女)가 임신을 하더니 알을 낳았다. 왕은 상서롭지 못하다고 여기고 물가에 가져다 버리게 했다. 고독(孤獨)하게 살던 그의 어머니는 '곡창(鵠倉)'이라는 이름의 개를 키우고 있었는데 그 개가 버린 알을 찾아 물고 어머니에게 가져다주었다. 어머니는 따뜻하게 덮어 보호했다. 드디어 사내아이가 태어났다." 이 내용은 우발수(優渤水) 가에 혼자 살던 유화(柳花)의 난생설화(卵生說話)와 설정이 같다. 그러나 정작 「삼국사기」 고구려본기에는 주몽(朱蒙)을 왜 동명(東明)이라고 했는지 아무런 설명도 없이 "시조 동명성왕(東明聖王)의 성은 고(高)씨고…"로 시작해 쓰고 있다. 주몽설화는 이러하다. "금와왕(金蛙

王:고마왕)은 한 여자를 대백산(大白山) 남쪽 우발수에서 얻었다. 왕이 묻자, 그녀는 '나는 하백(河伯)의 딸로 이름은 유화(柳花)다. 여러 동생들과 놀이를 나왔었는데 한 남자가 자신은 천제(天帝)의 아들 해모수(解慕漱)라며 나를 꾀어 웅심산(熊心山:고마메:개마산) 밑 압록수(鴨淥水) 가의 집에서 나를 품더니 이내 떠나 돌아오지 않았다. 부모는 중매절차도 없이 사내를 따라갔다고 꾸짖으며 우발수 가에서 꼼짝 말고 기다리며 살라고 쫓아냈다'는 것이었다. 금와왕은 괴이쩍게 여기며 그녀를 방안에 가두었다. 해가 그녀를 비쳤다. 몸을 당겨 피하자 해그림자는 또 따라오며 비쳤다. 그로 인해 임신을 하더니 알(卵) 하나를 낳았다. 크기가 닷 되들이 쯤 되었다. 왕은 버리게 하였다. 개와 돼지에게 주어도 먹지 않아 길바닥에 버리자 소와 말들도 피해 다녔다. 다시 들에 버리자 새들이 날개로 덮어 주었다. 왕은 갈라보려 하였으나 깰 수마저 없어 그 어미에게 돌려주었다. 그 어미는 물건으로 감싸 따뜻한 곳에 두었다. 한 사내아이가 껍질을 깨고 나왔다. 나이가 겨우 일곱 살이었는데 다른 아이들과는 달리 출중했다. 손수 활과 화살을 만들어 쏘았는데 백발백중이었다. 부여(扶餘)에서는 활 잘 쏘는 사람을 '주몽(朱蒙)'이라 했기 때문에 그렇게 이름 붙였다고 한다.…왕은 주몽을 제거하라는 말을 듣지 않고 말을 기르게 했다.…왕자와 여러 신하들이 죽이려고 의견을 모으자 주몽의 어머니가 그 사실을 탐지하고 일러 주었다.…주몽은 달아나다가 큰물(大水)을 만나 건너려고 하였으나 다리가 없었다. 추격병이 쫓아올까봐 겁이 났다. 강에 대고 말했다. '나는 천제(天帝)의 아들이고 하백(河伯)의 외손이다. 오늘 도망치는 길인데 뒤쫓는 자들에게 잡히면 어찌하느냐!' 이에 물고기와 자라가 떠올라 다리가 되어 주었다. 주몽이 건너자 물고기와 자라는 이내 흩어져 추격 기병들은 건널 수 없었다. 주몽은…졸본천(卒本川)에 다다라…비류수(沸流水)위에 집을 걸고 살았다. 나라 이름을 고구려(高句麗)라고 했다."하반부는 동명성왕 해모수의 설화를 거의 그대로 따다가 각색해 붙이고 있다. 그러나 단재는 이 기록상의 부여를 부여로 보지 않고 해모수가 해부루의 아버지라고 한 훨씬 후대의 기록을 참고하여 또 다른 해모수로 설정해 쓰고 있다. 앞의 주에서도 밝혔듯이 신조선·불조선·말조선이라는 것은 각기 다른 부족국가였던 '진번'과 '조선'을 붙여 봄으로써 설정된 것이고 말조선은 진번의 번자가 막자로 잘못되어 있는 책도 있다는 말에 근거하여 설정한 것으로 원래부터 신조선이나 말조선 불조선이 있었다는 전거는 어디에도 없다. 단재가 고려 후반기 생겨난 우리의 단군설화(壇君說話)와 「만주원류고」의 "세 한(汗)이 다스렸을 것"이라는 말에 힌트를 얻어 중국사서의 지명들과 결부시켜 나름대로 꾸민 것일 따름이다. ―정해자〉

(나) 남북갈사(南北曷思)―남북옥저(南北沃沮)―의 양 동부여 분립

　해부루(解夫婁)가 갈사나(曷思那), 지금의 훈춘(琿春)으로 천도하여 동부여가 되었다는 것은 앞에서 이미 기술하였다. 그러나 갈사나가 무슨 뜻인가. 우리 고어(古語)에 삼림(森林)을 '갓', 또는 '가시' 라고 하였다. 고대에는 지금의 함경도와 지금의 길림성(吉林省:지린성) 동부 및 연해주 남단은 수목이 짓고〈'짙다' 의 본딧말. 크고 작은 나무들이 서로 얽히고설키며 지섰다는 뜻.-정해자〉 울창하여 수천리가 끝없는 임해(林海:타이가)를 이루고 있었기 때문에 '가시라' 라고 했다.

가시라는 삼림국(森林國)이라는 뜻이다. 이두로는 갈사국(曷思國:가스국)·가슬라(加瑟羅:가스라)·가서라(迦西羅:가시라)·아서량(阿西良:아시라) 등으로 표기했다. 이것은「삼국사기」고구려본기와 지리지에 나타난 것들이고, 또 대각국사(大覺國師)의 저작인「삼국사(三國史)」에는 '가섭원기(加葉原記:가시와지)' 라고 했으며, 지나사(중국사)에는 가시라를 '沃沮(옥저)' 라고 기록했는데「만주원류고」에 따르면 옥저(沃沮)는 '와지' 의 사음이고 와지는 '삼림' 이라는 뜻의 만주어이다.

예(濊), 곧 읍루(挹婁)는 만주족의 선조(先祖)로서, 읍루는 당시 조선 열국 중에 "언어가 유독 다르다(言語獨異)"고「삼국지」나「북사」가 독특하게 기록하고 있다. 우리의 '가시라' 를 예족은 '와지' 라고 불렀기 때문에 지나 사람들은 예족 말을 음역하여 '옥저' 라고 하면서 두만강 이북은 북갈사(北曷思)라고 하고 이남은 남갈사(南曷思)라고 했으니, 북갈사는 바로 북옥저(北沃沮)이고 남갈사는 바로 남옥저(南沃沮)이다.

남옥저는 지금의 함경도 지역에 상당하는데 고사(古史)에 남북옥저의 토지가 모두 비옥하다고 하였으나, 지금의 함경도는 척박한 땅으로 꼽히고 있으니 혹시 옛날과 지금의 토질이 바뀐 것이 아닌가 싶다.

이 두 가시라의 인민들은 순박하고 검소하여 농업과 어업에 종사했으며 여성들은 모두 아름다웠다고 했는데 부여나 고구려의 토호(土豪)들이 이를 착취하여 어염(魚鹽)과 농산물을 천리 먼 길을 져다가 바치게 했으며 미녀(美女)들을 뽑아다가 비첩(婢妾:몸종)으로 삼았다 한다.

해부루가 북가시라, 지금의 훈춘(琿春)으로 옮겨가 살면서 동부여가 되었고, 아들 금와(金蛙:고마)와 손자 대소(帶素)로 이어졌다. 대소가 고구려 대주류왕(大朱留王:大武神王)과의 싸움에 져 목숨을 잃자, 대소의 아우 ㉠과 사촌아우 ㉡이 서로 나라를 차지하려 다투다가 ㉡은 구도(舊都:훈춘)를 점거하고 북갈사, 또는 동부여라고 했고 ㉠은 남갈사, 혹은 남부여라고 했다. 그 밖의 상세한 것은 제 3장에 기술하겠다.

역대 학자들이 ㉮ 동부여가 분열하여 북동쪽과 남동쪽의 두 부여가 된 줄을 모르고 한 개의 동부여만 기록했고 ㉯ 옥저가 바로 갈사인 줄을 모르고 옥저 바깥에서 갈사를 찾았으며 ㉰ 북동쪽과 남동쪽의 두 부여가 바로 남북의 두 갈사(加瑟那)이고, 남북의 두 갈사가 바로 남북의 두 옥저인 줄을 모르고 부여·갈사·옥저를 세 개의 각기 다른 지방으로 나누었으며 ㉱ 강릉(江陵)을 '가시라', 가슬나(加瑟那)라고 한 것은 신라 경덕왕(景德王)이 북쪽 영토를 잃은 뒤 옮겨서 설치한 옛 자취(古蹟)인 줄을 모르고 드디어 가슬군(加瑟郡), 동부여의 고도(古都)라고 하였다. 그래서 지리가 헝클어지고 사실이 섞갈리어 가리새를 찾지 못하게 되었다.

이제 갈사(曷思)·가슬(加瑟)·가섭(迦葉)의 이두 읽는 법을 깨달아 똑같은 '가시라'임을 알게 되었고 대소(帶素)의 아우 ㉠과 사촌아우 ㉡이 갈라져 자리 잡은 두 가시라의 위치를 찾아 두 가시라가 바로 남북 옥저임을 알게 되었으며 추모왕(鄒牟王)이 동부여에서 고구려로 올 때 "남쪽으로 달아났다(南奔)"고 한 말과 주류왕(朱留王)이 고구려에서 동부여를 칠 때 "북쪽으로 쳐들어갔다(北伐)"고 한 말을 근거로 북가시라의 위치를 알게 되어 위와 같이 정리했다.

(다) 북부여(北扶餘)의 문화

북부여(北扶餘)의 역사는 오직 해모수(解慕漱)가 도읍한 사실 이외에는 겨우 북부여의 별명인 황룡국(黃龍國)이 고구려 유류왕기(儒留王紀)에 한번 보이고는 다시 북부여에 대한 말이 우리 조선인의 기록으로 전한 것은 없고,

만일 전한 것이 있다면 지나사(中國史)에서 베낀 것이다.

북부여의 서울은 "ㅇ스라", 부사량(扶斯樑)이니, 바로 대 단군왕검의 삼경(三京:三王儉城)이고, 지금의 러시아령인 우수리(烏蘇哩)는 바로 'ㅇ스라'라는 명칭을 전하고 있는 것인데, 그 땅은 원래 지금의 하르빈이다.

아득한 수 천리의 평원으로 토질이 비옥하여 오곡(五穀)이 잘되고, 종횡으로 굽이져 흐르는 송화강(松花江:옛 이름 아라리)이 있어 교통이 편리할 뿐 아니라, 인민들이 부지런하고 검소하며 어기차고 용감했다.

커다란 진주(大珠)와 붉은 옥(赤玉)을 채굴했고 그림을 그리거나 무늬를 수놓은 비단을 짰으며 여우·너구리·족제비·돈피(담비털가죽) 등 모피를 외국에 수출했고 성곽(城郭)과 궁궐(宮闕)을 우람하게 세웠으며 창고에는

〈우수리강의 원류 중 하나인 항카이호(興凱湖) 연안의 늪지대〉

온갖 저축이 풍성하게 차 있었으니, 이런 것이 모두 고도(古都)의 문명을 자랑하는 것이었다.

왕검 태자 부루(夫婁)가 하의 우(夏禹)를 가르쳤다 운운하는 '금간옥첩(金簡玉牒)의 기록'도 왕궁이 소장했던 것이고 '신지(神誌)'라고 하는 이두로 적은 사류(史類)나, '풍월(風月)'이라고 하는 이두 시가집(詩歌集)도 대개 이 나라에서 수집한 것일 것이다. 〈원문은 "수집한 것이다"로 되어 있다.-정해자〉

해모수 이후에 예(濊)와 선비(鮮卑)를 정복하여 한때 '강국(强國)'이라고 일컬었으나 그 뒤 예와 선비가 반기를 들다가 고구려로 들어가면서 나라의 형세가 드디어 쇠약해져 조선 열국의 패권(覇權)을 잃게 되었다. 〈위의 '烏蘇·(우수리)'의 '哩(리)'자가 원문에는 '里(리)'자로 되어 있고 '松花江(송화강)'은 원문이 '松(송)'으로만 되어 있어 '花江(화강)' 두 글자를 넣어 고쳤다. 우수리강의 원래 이름이 'ㅇ스라'나 '아라리'였다는 전거를 찾을 수 없다. 우수리의 원 이름은 요수(饒水)로 요수(遼水)와 같이 '오리물'이라는 명칭을 음역하여 단축한 것이다. 금(金) 때는 아리문하(阿里門河)로

‘아리물’이라 불렸고 원(元) 때는 ‘아르속골(阿速古儿)’, 즉 ‘물속의 강’이라는 뜻으로 불렸으며 명(明) 때는 몽고어의 강이라는 뜻인 ‘골’을 ‘강(江)’자로 바꾸어 ‘아르속강’, 즉 아수강(阿速江)이라 불렸고 청(淸)나라 때에 이르러서야 비로소 오소리강(烏蘇哩江), 즉 ‘우수리강’이라고 불렸는데, 우수리강은 만주어로 ‘물속의 강(水裏的江)’이라는 뜻으로 몽고어의 음과 거의 같다. 늪 속의 강이기 때문에 붙은 이름이다. 이 강 이름이 원래 오리물·아리물이었던 데서 볼 수 있듯 ‘우수리’가 ‘ㅇ스라’의 뜻이라고 보기에는 미흡한 점이 많다. 이 물길의 원류 중 하나인 항가이호(興凱湖)는 우리말 ‘한개’, 즉 ‘큰개(갯벌)’라는 뜻의 이름이 변한 것으로 보인다. ‘아사달’은 ‘아스타나’와 똑같은 말로 수도(首都)를 지칭하는 고어(古語)라고 앞에서 주한 바 있다.–정해자〉

(2) 고구려(高句麗)의 발흥(勃興)

(가) 추모왕(鄒牟王)의 고구려 건국

고구려(高句麗) 시조 추모(鄒牟:또는 주몽(朱蒙))는 타고난 용력(勇力)과 궁술(弓術)을 가지고 과부 소서노(召西奴)의 재산에 의거하여 뛰어난 인재(雄傑)들을 불러들였고 교묘하게 왕검이래의 신화를 이용하여 천란(天卵)에서 태어났다고 스스로 일컬으며 고구려를 건국했을 뿐 아니라, 안으로는 열국이 믿고 따르게 함으로써 조선을 통일했고 밖으로는 그의 기행이적(奇行異蹟)을 지나(중국) 각지에 퍼뜨림으로써 그들의 제왕(帝王)과 인민들이 교주(敎主)로 숭배하게 만들었기 때문에 신라(新羅)의 문무왕(文武王)은 “남해에 공을 세우고 북산에 덕을 쌓았다(立功南海積德北山)”라는 찬(贊)을 올렸고, 지나(중국) 2천년동안 유일한 공자(孔子) 반대자인 동한(東漢:후한) 학자 왕충(王充)이 그 사적을 기재하기에 이르렀다.

「삼국사기」 고구려본기를 보면 기원전 58년이 태어난 해이고 기원전 37년이 즉위한 해이지만 이것은 삭감된 연대라 족히 의거할 바가 못 된다. 추모가 바로 해모수(解慕漱)의 아들이니, 기원전 2백 년경 동·북부여가 갈라지던 때가 출생한 때일 것이며 위만과 동시대일 것이다.

처음에 아라리(松花江) 부근의 어떤 장자(長者)가 유화(柳花)·훤화(萱花)·위

〈고구려 광개토태왕릉에서 나온 문자전(文字甎)〉

화(葦花)라는 세 딸을 두었다. 모두 절세미인(絶世美人)이었는데 그중에서도 유화가 빼어나게 아름다웠다. 북부여 왕 해모수가 놀러 나갔다가 유화를 보고 깜짝 놀라 사랑하게 되었고 야합(野合)하여 아이를 배었다. 이때 왕실(王室)은 호족(豪族)과 혼인하고 서민(庶民)과는 하지 않았으므로 해모수가 그 뒤에 유화를 돌보지 않았다.

서민은 서민과 결혼했으나 남자가 반드시 여자의 부모에게 폐백(幣帛)을 드리고 사위를 삼아달라고 두세 번 엎드려 빈 뒤에 그 부모의 허락을 받아 결혼했고 결혼한 뒤에는 남자가 여자의 부모를 위해 그 집의 머슴이 되어 3년 동안 고역(苦役)을 치르고 나야 딴살림을 차려 자유로운 가정을 꾸밀 수 있었기 때문에 유화의 범행이 발각되자, 그의 아버지는 크게 노하여 유화를 잡아 우발수(優渤水:오리벌물)에 던져 죽이려 했다. 그러나 어떤 어부(漁夫)가 건져 내어 동부여 왕 해금와(解金蛙:해고마)에게 바쳤다. 금와가 유화의 자색(姿色)을 사랑하여 후궁으로 들여 첩(妾)으로 삼았다. 오래지 않아 아이를 낳았다. 해모수와 야합한 결과였다.

금와왕이 유화에게 따져 물었다. 유화는 이 아이가 해빛(日影:원문은 '달빛(月影)'으로 되어 있어 고쳤다–정해자)이 감촉하여 낳게 된 천신(天神)의 아들이며, 자신은 어떠한 잘못도 한 일이 없다고 하였다.

금와왕은 믿지 않았다. 그 아이를 돼지에게 먹이려고 우리 안에 넣어보기도 하고 말에게 밟혀 죽으라고 길에 던져두기도 하고 산짐승의 밥이 되라고 깊은 산에 버려도 보았으나 아무 소용이 없었다. 금와왕은 어쩔 수 없이 유화에게 거두어 기르라고 허락했다.

그 아이가 장성하자 같은 또래의 누구보다 억기차고 뚝심이 세었으며 신

기할 정도로 활을 잘 쏘았다. 그래서 이름을 추모(鄒牟)라고 지었다. 「위서
(魏書)」에는 추모를 '주몽(朱蒙)'이라고 쓰고 주몽은 '활을 잘 쏘는 사람'을
이르는 부여 말이라고 해석했으며 「만주원류고(滿洲源流考)」는 "지금 만주
어에 활 잘 쏘는 사람을 '주림무얼(卓琳莽阿)'이라고 하니, 주몽이 바로 '卓
琳莽阿(주림무얼)'이다"라고 하였다. 〈제1편 총론 4장 (5)몽골·만주·터키제족의 언어
와 풍속에 대한 연구 단락에 이미 주한 것과 같이 「만주원류고」의 '줘린망아(卓琳莽阿)'라는
기록은 "주림물"이나 "주릴무얼"이라고 발음되지 않는다. "卓(줘)는 朱(주)와 소리가 비슷하
고 琳(린)은 설치음의 남은 소리('ㄹ'같은 것)이며 莽阿(망아) 두 자는 빨리 발음하면 蒙(몽)
과 소리가 비슷해진다"고 했다. 그러니까 "주ㄹ멍→주몽" 쯤 된다는 말이다. -정해자〉

　　그러나 주몽(朱蒙)을 광개토왕(廣開土王)의 비문(碑文)에는 '추모(鄒牟)'라
고 했고 문무왕(文武王)의 조서에는 '중모(中牟)'라고 했으며 주몽이라고 하
지 않았다. 주몽이라고 한 것은 지나(중국) 사서의 기록을 신라의 문사(文士)
들이 습관처럼 인용하여 고구려본기에 올린 것인데, 鄒牟(추모)·中牟(중모)
는 '줌', 또는 '주무'라는 조선어의 표기이고, 朱蒙(주몽)은 '주물'이라는
표기이다. 이것은 예어(濊語), 즉 만주족(滿洲族) 선대의 말이다. 지나사(中
國史)가 朱蒙(주몽)이라고 한 것은 예어로 기술한 것이니, 만주원류고의 운운
한 것이 이치에 가깝다. 이 책에서는 비문을 따라 추모(鄒牟)라고 쓴다. 〈朱
蒙(주몽)은 만주어의 원형인 시보족(錫伯族)의 말을 비롯해 동북쪽 소수민족의 말에 '주물'
로 발음되지 않는다-정해자〉

　　금와왕은 7형제의 아들을 두었는데 장자는 대소(帶素)였다. 대소는 추모
의 재주와 용력을 시샘하여 늘 왕에게 권하여 죽이려고 하였다. 그때마다
유화의 주선으로 추모는 화를 면했다.
　　추모가 열아홉 살 때였다. 임금의 마구간(御廐)에서 말을 맡아 길렀는데
말들을 모두 살찌고 건장하게 기르면서 유독 준마(駿馬) 한 마리를 골라 먹
이를 줄여 주어 날이 갈수록 비쩍 마르게 했다. 왕은 자신의 마구간 말들을
검열해 보고 추모에게 잘 키웠다고 칭찬하며 그 공으로 비쩍 마른 말을 상
으로 주었다.
　　추모는 그 말을 다시 잘 먹여 길렀으며 신수두의 시월대제(十月大祭)에 타

〈멀리서 바라본 환인(桓仁) 흘승골(紇升骨) 정상의 우루산성(五女山城), 어라하성, 즉 왕성이라는 뜻이다〉

고 나가 사냥(狩獵)에 참가했다. 왕은 추모에게 적은 양의 화살을 주었으나 말은 잘 달리고 추모의 활솜씨는 뛰어나서 쏘아 잡은 짐승이 대소의 7형제보다 몇 배나 많았다. 〈원문은 "말의 혀에 바늘을 찔러 넣어 먹지 못하게 하여" 마르게 하고 왕에게 상으로 받은 다음 "바늘을 빼고 잘 먹여 길렀다"고 되어 있으며 "왕은 추모에게 겨우 화살 한 개만 주었으나" 대소 7형제보다 몇 갑절이나 되는 짐승을 쏘아 잡았다고 창작되어 있다. 표현이 지나치게 잔인하고 경우에 맞지 않아 「삼국사기」와 「삼국유사」의 기록을 참조하여 바로잡았다.–정해자〉

이렇게 되자 대소는 더욱 시샘하여 살해하려는 음모를 더욱 구체화시켰다. 추모가 눈치 채고 예씨(禮氏)를 아내로 맞아 밖으로는 집안 재미에 빠져 다른 마음이 없는 것처럼 보이면서, 속으로는 오이(烏伊)·마리(摩離)·협보(陝父) 등 세 사람과 공모하여 어머니 유화에게 비밀스럽게 고한 뒤 아내를 버리고 도망쳐 졸본천(卒本川)에 이르렀다. 이때 추모의 나이가 22세였다. 〈졸본천(卒本川)이 원문에는 졸본부여(卒本扶餘)로 되어 있다. 졸본은 「삼국사기」지리지에 따르면 "조리비서(助利非西)"라고 기록되어 있다. 그러니까 卒本(졸본)은 '조리비서'나 '조리벗'이라는 지명의 줄임말이고 卒本川(졸본천)은 '조리버시내'라는 표기이다. 소나(松讓)가 그 지역 상류 비류국(沸流國)의 왕이기 때문에 조리버시 역시 그의 땅으로 보고 '졸본부여'라고 표기한 것이 아닌가 싶으나 추모가 자리 잡는 데도 아무런 저항이 없었던 점 등으로 보아 이곳 역시 부여 중앙정부의 힘이 미치지 못하던 한 지방의 무주공산(無主空山)이었다고 판단되어 삼국사기의 기록대로 '졸본천'으로 바로잡았다.–정해자〉

졸본부여에는 소서노(召西奴)라는 미인이 있었다. 부호 연타발(延陁勃)의 딸이었는데 아버지의 재산을 물려받았고 해부루의 서손(庶孫) 우태(優台)와 결혼하여 비류(沸流)·온조(溫祚) 두 아들을 낳았는데, 우태가 일찍 죽어 혼자 몸으로 살고 있었다. 그때 나이 37세였다. 〈원문에는 '召西奴(소서노)'의 奴(노)자가 모두 '努(노)'자로 되어 있고 '優台(우태)'의 優(우)자도 '于(우)'자로 되어 있어 「삼국사기」의 기록을 참조하여 바로잡았다. 이하(以下)도 같다―정해자〉

소서노는 추모를 보고 서로 사랑하여 결혼했다. 추모는 그녀의 재산에 의거하여 명장(名將) 부분노(扶芬奴) 등을 유치하여 민심을 거두어 잡고 왕업의 기틀을 마련한 다음 흘승골(紇升骨:흘쑥골) 산 위에 도읍을 세우고 국호를 '가우리'라고 하여 이두로 高句麗(고구려)라고 썼다. 가우리는 '中京(중경)', 또는 '中國(중국)'이라는 뜻이다. 〈미국의 인류학자 자레드(Jared Diamond)는 "부여는 부리야트(Bury-at)인들이 바이칼호 연안에서 남동쪽으로 이주하여 세운 나라"라

〈경주 호우총에서 출토된 고구려 유물〉

고 했고, 몽고 과학원의 베 수마야바타르 교수는 "바이칼호 주변에 살고 있는 부리야트인들은 지금도 자신들을 '코리'라고 부른다"고 하면서 '코리'는 바로 해모수(解慕漱)가 떠나온 '고리국(高離國:코리의 땅)'을 가리키는 것이라고 말했다. 그러니까 부리(Bury:扶餘)와 코리(Kory:句麗)는 다른 종족의 이름이 아니라 '부리(不而·扶犁:伐)'라는 지역에 사는 코리(高夷:九夷·句麗)를 가리키는 것이라는 뜻이다. '코리', 즉 구려(句麗)→고구려(高句麗)는, 부리야트에서 섞여 살았던 철륵(鐵勒:투르크)의 말로 미루어 보면 원래 '꿕구르(Gök-gur)'쯤 되는 소리로 '꿕(Gök)'은 '하늘', 또는 '위대한', '구르(gur)'는 '무리'라는 뜻으로, '위대한 천손(天孫)의 땅'라는 뜻이라고 해석된다. '가우리'는 '高麗(고려)'의 중국음이다.―정해자〉

졸본부여의 왕 송양(松讓:소나)과 활쏘기 내기를 하여 그를 굴복시키고 즉시 부분노를 보내어 그들의 무기고를 기습, 탈취함으로써 그 나라의 항복을 받았으며 부근의 예족(濊族:靺鞨族)을 쫓아내어 주민들의 피해가 다시없도록 했다. 〈원문에는 '靺鞨族(말갈족)'을 모두 '濊族(예족)'이라고 단정해 명시했다. 예가 바로 부여족(夫餘族)임을 간과한 것이 아닌가 싶다. 이곳도 다르지 않다. 그러나 말갈은 예족도 물론 섞여 있었겠지만 퉁구스계가 주류를 이루는, 숙신-읍루-물길-말갈과 여진-만주로 이어지는 정체성이 매우 뚜렷한 두 민족의 이름이다. 숙신·말갈의 자손은 지금의 우데게

(Udege)로 물길(mudged)·말갈(modged)의 전음이고, 만주는 여진이다. 그러므로 '말갈'을 예(濊)로 보아 배척하고 貊·貊(맥)만을 우리 직계 조상으로 인정하는 듯한 기록에는 문제가 많지 않은가 싶다. -정해자〉

또 오이·부분노 등을 보내어 태백산 동남쪽의 행인국(荇人國:지역미상)을 쳐 없애고 영지로 삼았으며 부울염(扶尉猒)을 보내어 동부여를 쳐 북가시라(北沃沮)의 일부분을 빼앗았다. (광개토왕 비문에 "동부여는 옛날 추모왕의 속민(屬民)이었다"는 기록은 이를 말하는 것)라고하여 고구려의 기초가 확립되었다.

이전 역사에 이따금 "송양(松讓:소나)을 국호(國號)"라고 하였으나, 「동국이상국집(東國李相國集)」 동명왕편(東明王編)에 인용한 「구삼국사(舊三國史)」에 따르면 "비류왕 송양(沸流王松讓;부여 소나지방의 왕)"이라 하였으니, 비류는 바로 부여와 같은 표기로 졸본부여를 일컫는 것이며 송양(소나)은 나라 이름이 아니라 졸본부여의 왕의 이름이라는 것이다.

또 추모가 졸본부여 왕의 딸과 결혼하였는데 왕이 죽자 아들이 없어 추모가 왕위를 이었다고 하나, 졸본부여의 왕녀(王女), 바로 송양의 딸과 결혼한 사람은 추모의 아들 유류(儒留)이다. 추모가 아내로 맞은 사람은 소서노였고 졸본부여의 왕녀가 아니었다. 〈추모가 졸본부여의 왕녀와 결혼했다는 것은 백제의 건국설화 중 온조설화(溫祚說話)에 나오는 이야기다. 추모, 즉 주몽(朱蒙)이 북부여에서 쫓겨 졸본(卒本)으로 오자, 아들 없이 딸만 셋을 둔 졸본부여의 왕이 주몽을 둘째 사위로 삼아 왕위를 잇게 했으며, 부부는 비류와 온조 두 아들을 낳아 길렀다고 「삼국유사」에 기록되어 있다. 소서노(召西奴)에 관한 이야기는 비류왕(沸流王)이 백제의 시조(始祖)라는 '비류설화'에 나오는 이야기이다. -정해자〉

추모왕을 「삼국사기」 고구려본기에 "동명성왕(東明聖王)"이라고 하였는데, 동명은 '한몽'이라는 표기이다. 한몽은 신수두 대제(大祭)의 이름으로 신수두대제 때 높이 받들어 제사지냈기 때문에 한몽, 동명(東明)이라는 호를 올린 것이고 '성왕(聖王)'의 聖(성)은 '주무'의 의역이다.

(나) 동부여와 고구려의 알력(軋轢)

추모왕(鄒牟王)이 죽자 아들 유류왕(儒留王)이 이었고 유류왕이 죽자 아들

대주류왕(大朱留王)이 이었다.

유류왕은 「삼국사기」 고구려본기의 '유리명왕(瑠璃明王:원문에는 '瑠(류)' 자 가 모두 '琉(류)'자로 잘못되어 있다.-정해자) 유리(類利)이다. 유리(瑠璃)·유류(儒 留)·유리(類利)는 모두 '누리'라는 표기로 '세상(世)'이라는 뜻이고 '밝다 (明)'는 뜻이다.

대주류왕은 위 고구려본기의 대무신왕(大武神王) 무휼(無恤)이다. 武(무)· 주류(朱留)·무휼(無恤)은 '무뢰'라는 표기로 우박(雹)이라는 뜻이고 신(神)이 라는 뜻이다. 그런데도 유리(瑠璃)와 명(明)은 시호(諡號)로 쓰고 유리(類利) 는 왕의 이름으로 섰으며 무(武)와 신(神)은 시호로 쓰고 무휼(無恤)은 이름 으로 썼으니, 이것은 고구려본기의 터무니없는 판단이다. 이제 광개토왕 비 문을 따라 유리(瑠璃) 대무신(大武神)을 유류(儒留) 대주류(大朱留)로 쓴다.

유류왕(儒留王) 때 일이다. 강성(强盛)해진 동부여(東扶餘)를 물려받은 금 와왕의 아들 대소왕(帶素王)은 고구려에게 신하로서의 예의를 갖추라고 꾸 짖고 아들을 볼모로 보내라고 요구했다. 유류왕은 이를 이행하려다가 두 태 자(太子)를 희생시키기에 이르렀다.

첫째 태자는 도절(都切)이다. 유류왕이 도절을 볼모로 동부여로 보내려 하 자 도절은 겁이나 가지 않았다. 왕이 진노(震怒)하여 꾸짖자 걱정과 울분이 병이 되어 죽었다.

두 번째 태자는 해명(解明)이다. 해명은 용력(勇力)이 뛰어난 사람이었다. 유류왕이 동부여의 침략을 두려워하여 국내성(國內城), 지금의 집안현(輯安 縣)으로 도읍을 옮기자, 해명은 이를 겁쟁이들이나 하는 일이라며 따라가지 않았다. 북부여왕(고구려본기의 황룡국(黃龍國)왕)이 해명에게 강궁(强弓)을 주어 그의 용기와 힘을 시험하려 하자, 해명은 그 자리에서 강궁을 부러뜨 리고 북부여 인을 '힘없는 자들'이라고 비웃었다.

유류왕은 이 말을 전해 듣고 '해명은 장래 나라를 위험에 빠뜨릴 준물(蠢 物:힘만 세고 사고력이 없는 생물체, 즉 아나콘다 같은 것.-정해자)'이라고 하면서 처 음에는 북부여로 보내 북부여 왕의 손을 빌어 죽이려 했다. 그러나 북부여

왕은 해명을 듬직하고 사랑스럽다며 후하게 대접하여 돌려보냈다. 유류왕은 더욱 부끄럽고 분통이 터졌다. 해명에게 검(劍)을 주어 자살하게 했다.

두 태자가 죽게 된 것은 아마도 궁정(宮廷) 속 처첩(妻妾)들의 질투가 원인의 하나일 수도 있으나, 그 문제는 동부여와의 외교상 문제와 관련된 것이었으니, 이로 미루어 유류왕이 얼마나 동부여를 무서워했는지를 알 수 있을 것이다.

동부여왕 대소는 여러 번 수만 대군을 일으켜 고구려를 쳤고 그때마다 성공한 것은 아니지만, 이로 인해 고구려는 실로 지치고 고달팠는데, 동부여왕 대소는 또 사자를 보내 조공(朝貢)을 하지 않았다고 질책했다. 유류왕은 지레 겁을 먹고 애걸하는 말로 사자에게 답하였다.

왕자(王子) 주류(朱留 : 고구려본기의 무휼(無恤))는 이때 아직 어렸으나 죽은 형 해명과 같은 기개(氣槪)가 있었다. 그래서 비굴하게 행동하는 아버지 유류왕(儒留王)의 처사를 부당하다고 여기고 스스로 아버지의 명을 가장하여 동부여 사자에게 '금와가 말이나 먹이는 하찮은 직책으로 추모왕을 대접했고 대소가 추모왕을 해치려 했던 일'을 일일이 열거하며 '동부여 왕과 신하들은 남이나 깔보는 오만한 무리'라고 꾸짖어 사자를 쫓아 보냈다.

동부여의 대소왕이 이 말을 전해 듣고 격렬하게 성을 내며 대거 침입하자, 유류왕은 주류(朱留) 때문에 전쟁이 일어났다고 매우 성을 내었으나, 늘 그막에 주류를 또다시 도절이나 해명처럼 죽일 수는 없었으므로 나라 안의 군사를 모두 주류에게 주어 나가 싸우게 했다.

주류는 전략을 세우면서, "동부여는 병사가 많고 고구려는 적다. 또 동부여는 기마병이고 고구려는 보병이다. 적은 수의 보병을 가지고 많은 수의 기병들과 들판(平原)에서 맞붙어 싸운다는 것은 질것이 뻔한 노릇이다"라고 하고, 동부여의 병사들이 경유하게 될 학반령(鶴盤嶺) 골짜기에 매복해 있다 동부여 군사를 돌격, 기습했다.

골짜기 길이 기구(崎嶇)하여 말을 타고 싸우기에는 너무 불편했기 때문에 동부여 병사들은 모두 말에서 내려 산꼭대기로 기어 올라왔다. 주류는 군사

를 풀어 동부여 군사를 전멸시키고 수많은 군마(軍馬)를 빼앗았다. 동부여의
정예병(精銳兵)이 이 전쟁에서 다 꺾이어 다시는 고구려와 겨루지 못했다.
이 전쟁이 끝나자 유류왕(儒留王)은 크게 기뻐하며 주류(朱留)를 태자(太子)
로 삼고 겸하여 병마대권(兵馬大權:국군통솔권)을 맡기었다.

(다) 대주류왕(大朱留王)의 동부여 정복

대주류왕(大朱留王)이 학반령에서 동부여를 크게 무찌르고 유류왕의 뒤를
이어 왕위에 오른 지 4년 만에 5만 명의 북벌군(北伐軍)을 일으켜 동부여로
쳐들어갔다.

가던 길에서 창술(槍術)이 뛰어난 마로(麻盧)와 검술(劍術)에 능통한 괴유
(怪由)을 얻어 길잡이로 삼았다. 가시라의 남쪽에 이르러 니녕(泥濘)을 앞에
두고 진을 쳤다. 대소왕(帶素王)이 직접 말을 타고 고구려 진지를 향해 곧바
로 달려들다가 말굽이 진흙에 빠졌다. 괴유가 이 틈을 타 달려들어 목을 쳤
다. 대소왕은 죽었으나 동부여 사람들은 더욱 분발했다. 온 국민이 너도나
도 군사가 되겠다고 몰려들어 대소왕의 원수를 갚겠다고 나섰다.

대주류왕을 겹겹이 포위하여 마로는 전사(戰死)하고 괴유는 부상하는 등
다치거나 죽은 고구려 병사가 수도 없었다. 대주류왕은 여러 번 뚫고 나가
려고 시도했으나 나갈 수가 없었다.

이레 동안이나 먹을 것이 없어 굶고 있었는데, 마침 지척을 분간할 수 없
는 짙은 안개가 사방을 뒤덮었다. 대주류왕은 허수아비를 만들어 군영(陣)
안팎에 벌여놓고 남아 있는 병사들을 이끌고 사이 길(間道)로 도망쳤다. 이
물촌(利勿村)에 이르자 전군(全軍)은 배고프고 지쳐 움직이지도 못했다. 들
짐승(野獸)을 잡아먹으면서 가까스로 귀국할 수 있었다. 〈원문에는 '사이 길'이
라는 뜻의 '간도(間道)'가 '間島(간도)'로 잘못되어 있다. 간도(間島)는 병자호란 이후 청이
이 지역에는 어느 나라 사람도 들어가 살 수 없는 봉금지역(封禁地域:공지)으로 만든 뒤, 청나
라와 조선 사이의 섬(島)같은 땅이라 하여 붙은 지명이다. ―정해자〉

이 전쟁에서 대소왕은 목숨을 잃었지만 실제로 동부여가 승리한 전쟁이었

다. 그러나 대소왕에게는 태자가 없었기 때문에 아우와 사촌 형제들이 왕위를 놓고 다투어 나라 안이 크게 어지러웠다.

막내 동생 ㉠은 1백여 명의 사촌들과 남가시라, 남옥저(南沃沮)로 나와 사냥을 하던 해두왕(海頭王)을 기습해 살해하고 군사를 모집하여 남가시라 전국을 평정했다. 이것이 남동부여(南東扶餘)이다.

사촌 아우 ㉡은 고향에서 제힘으로 왕이 되었는데, 이것이 북동부여(北東扶餘)이다. 그러나 여러 아우들이 오히려 제각기 군사들을 거느리고 ㉡을 공격했다. ㉡은 1만여 명의 군사를 이끌고 고구려에 투항했다.

대주류왕은 드디어 북동부여 전부를 토벌해 평정했다. 그러나 그 국호는 유지하게 했다. 역사에 보이는 갈사국(曷思國)이 바로 남부여(南扶餘)이고 동부여(東扶餘)가 북부여(北扶餘)이며 「삼국지」·「후한서」 등 옥저전(沃沮傳)에 보이는 '불내예(不耐濊)'도 북동부여(北東扶餘)이고 예전(濊傳)에 보이는 불내예왕(不耐濊王)은 남동부여왕(南東扶餘王)이다. 〈이 '대주류왕의 동부여정복' 단락은 「삼국사기」 고구려본기 대무신왕(大武神王)의 기록을 각색해 쓰고 있는데 사실(史實)과 다르게 기록된 것이 많다. 일일이 지적할 수는 없으나 대소왕의 사촌 아우가 고구려에 투항할 때도 1만여 명의 군사를 이끌고 투항한 것이 아니라 부여 인 1만여 명을 이끌고 투항했고, 유류왕은 그를 왕으로 봉하여 연나부(椽那部)에 살게 했다. 그리고 남부여(南扶餘)·북동부여(北東扶餘)·남동부여(南東扶餘)라는 것은 단재가 당시 정체(政體)를 설정하여 갈라 붙인 이름일 뿐 실제의 나라이름은 아니다. '남부여'를 정식 국호로 썼던 것은 백제(百濟) 뿐이다.-정해자〉

(라) 대주류왕의 낙랑(樂浪) 정복

최씨(崔氏)가 남낙랑(南樂浪)에 자리 잡고 '낙랑왕(樂浪王)'이라고 칭했다는 것은 제3편 제4장에서 이미 기술했다. 대주류왕이 동부여를 정복할 때의 낙랑왕은 말왕(末王) 최리(崔理)였다. 최리는 미인으로 소문난 딸 하나를 두고 있었는데, 고구려의 위세에 늘 겁을 내며 딸을 기화(奇貨)로 고구려와 화의(和議)코자 하였다.

이때 갈사국(曷思國:남동부여) 왕이 그의 손녀를 대주류왕의 후궁(後宮)으로 바쳐 아들을 낳았는데, 얼굴이 잘생기고 풍채가 훤칠하여 이름을 호동(好童)

이라 했다. 〈원문에는 "얼굴이 기묘(奇妙)하고"로 되어 있다. 기묘하다는 것은 '이상하고 교묘하게 생겼다'는 뜻으로 시쳇말로 '우습게 생겼다'는 말이다. 그래서 「삼국사기」 고구려 본기 대무신왕 조의 "얼굴이 아름답고 고와 왕이 매우 사랑했기 때문에 이름을 호동이라 했다(顔容美麗,王甚愛之,故名好童)"는 기록을 따라 '잘생기고'로 고쳤다.─정해자〉

〈대동강변 석암리서 출토된 낙랑 금교구(金鉸具)〉

　호동이 외가(外家)에 가는 길에 낙랑국을 지나게 되었는데, 최리가 출행(出行)했다가 만나보고 놀라 물었다. "그대 얼굴을 보니 보통사람이 아니구나. 어찌 북쪽나라 신왕(神王)의 아들이 아니겠느냐"하고 끝내 호동을 데리고 집으로 돌아가서 자기의 딸과 결혼시켰다.

　낙랑국의 무기고(武器庫)에는 소리가 멀리까지 울리는 고각(鼓角:북과 뿔피리)이 있었는데 외적(外敵)이 쳐들어오면 언제나 '이것을 울리어' 여러 속국(屬國:부족국가)의 군사를 불렀다. 〈이 고각(鼓角)은 '자명고(自鳴鼓)'를 말하는 것이다. 고구려본기의 기록 등에는 "외적(外敵)이 쳐들어오면 저절로 울렸기(自鳴) 때문에"로 되어 있다. 그러나 단재는 북이나 뿔피리가 저절로 울린다는 것이 이치에 맞지 않는다고 여겼는지 '자명(自鳴)'이라는 말을 빼고 일부 고쳐 썼다.─정해자〉

　호동은 그의 아내 최씨(낙랑공주)에게 "고구려가 낙랑으로 쳐들어오면 네가 그 고각을 없애라"고 꾀었다. 그리고 귀국하여 대주류왕에게 권하여 낙랑을 치게 했다.

　최리가 고각을 울리려고 무기고로 들어가 보니 조각조각 부서져 쓸 수없게 되어 있었다. 고각소리가 나지 않으니 어찌 여러 소국의 구원병들이 올수 있었겠는가. 최리는 이것이 딸의 소행임을 알고 딸을 죽인 뒤에 나가서 항복했다.

　호동은 이처럼 큰 공을 세웠으나 왕후(王后)가 자신의 아들이 왕통(王統)을 이를 적자(嫡子)의 지위를 빼앗길까봐 대주류왕에게 "호동이 자신을 강간하려 했다"고 거짓말로 모함하여 호동을 자살하게 만들었다. 한 쌍의 미남녀의 말로는 똑같이 비극으로 끝나고 말았다.

「삼국사기」고구려본기에 따르면, 대주류왕 즉위 4년 여름 4월에 대소(帶素)의 아우가 갈사왕(曷思王:남동부여왕)이 되었다고 기록하고, 즉위 15년 여름 4월에 호동(好童)이 최리(崔理)의 사위가 되었다고 기록했으며 같은 해 11월에 호동이 왕후의 모함으로 자살했다고 기록했다.

갈사왕이 있은 뒤에야 대주류왕이 그의 손녀를 취(娶)할 수 있고 갈사왕의 손녀를 취한 뒤에야 그 손녀의 소생인 호동이 있을 수 있으니, 설혹 대주류왕 4년, 남갈사왕(南曷思王) 건국 원년 4월에 대주류왕이 갈사왕의 손녀를 취하여 그달부터 태기(胎氣)가 있었고 그 이듬해 정월에 호동이 태어났다 해도, 즉위 15년이면 호동이 겨우 11살배기 소년이다.

11살배기 소년이 어떻게 남의 서방이 되어 그 아내와 나라를 멸망시킬 계획을 세울 수 있고, 또 11살배기 소년이 어떻게 적모(嫡母)를 강간하려 했다는 모함을 받고 아버지인 주류왕의 의심을 사 자살하기에 이르렀겠는가.

동부여가 원래 북갈사(北曷思)에 도읍하였으니, 소위 갈사왕이라는 것이 분립하기 전 동부여왕을 가리키는 것이 아닌가 하는 이도 있을 것이다. 그렇다면 이때의 왕은 대소(帶素)이니, 대소가 그의 딸을 주류왕에게 준다는 것은 만만에도 불가능한 일이다.

대개 신라 말년에 「고구려사」의 연대를 삭감하고 사실을 이리저리 옮겨 적음으로써 이같이 모순된 기록이 생기게 된 것이다. 대주류왕 20년에 또 "낙랑을 쳐 없앴다(伐樂浪滅之)"라고 했는데, 하나의 낙랑을 두 번 멸망시킬 수 없는 것이니, 호동의 결혼과 자살이 모두 20년(16살 때)의 일이 아니었나 싶다.

위에 기술한 북부여(北扶餘)·북동부여(北東扶餘)·고구려(高句麗) 세 나라는 모두 신조선 옛 땅(故地)에서 일어난 나라들이다.

(3) 백제(百濟) 건국과 마한(馬韓)의 멸망

(가) 소서노(召西奴) 여대왕 백제 건국

「삼국사기」백제본기(百濟本紀)는 고구려본기(高句麗本紀)보다 더 심하게 헝클어져 있다. 1백 몇 십 년이 삭감된 것은 물론이고 그 시조와 시조의 출처까지 틀려 있다.

백제의 시조는 소서노(召西奴) 여대왕(女大王)이다. 하북 위례성(河北慰禮城), 지금의 한양(漢陽)에 도읍했다. 그가 죽은 뒤 비류(沸流)·온조(溫祚) 두 아들은 갈라져 나라를 세웠는데, 하나는 미추골(彌鄒忽), 지금의 인천(仁川)에 도읍했고 또 하나는 하남 위례골(河南慰禮忽)에 도읍했다. 그 후 비류는 망했고 온조가 다잡아 왕이 되었다.

백제본기는 소서노를 쏙 빼고 그 첫머리에 비류와 온조가 미추골과 하남 위례골에 분립(分立)한 것을 기록하고 온조 13년에 하남 위례골에 도읍했다고 기록하고 있다. 그렇다면 온조가 하남 위례골에서 하남 위례골로 천도했다는 것이니 어찌 웃기는 이야기가 아니겠는가. 이것이 첫째 잘못된 것이다. 비류(沸流)와 온조(溫祚)의 아버지는 소서노(召西奴)의 전남편 부여인 우태(優台)이니, 비류와 온조의 성은 부여(扶餘)이다. 근개루왕(近蓋婁王)도 "백제가 부여에서 나왔다"고 스스로 증명했는데도 백제본기에는 비류와 온조가 추모(鄒牟)의 아들이라고 했다. 이것이 둘째 잘못이다. 이제 이것을 바르게 고쳐 백제 건국사(百濟建國史)를 말하려 한다.

소서노는 우태의 아내로 비류·온조 두 아들을 낳고 혼자 몸(寡婦)이 되었고, 추모(鄒牟)에게 개가(改嫁)하여 전 재산을 기울여 추모왕을 도와 고구려(高句麗)를 창건했다는 것은 이미 본편 제2장 (2)절 ㉮추모왕의 고구려 건국에서 기술하였다.

추모왕은 그 때문에 소서노를 정궁(正宮)으로 대접했으며 비류·온조 두 아들을 친아들처럼 사랑했다. 이윽고 유류(儒留)가 그의 어미 예씨(禮氏)와 함께 동부여에서 돌아오자, 예씨가 원후(元后)가 되고 소서노는 소후(小后)가 되었으며 주류(朱留)가 태자(太子)가 되고 비류와 온조 두 사람의 신분은 의붓자식임이 드러났다.

비류와 온조는 상의했다. "고구려를 세우게 된 것은 거의 우리어머니의 힘이었는데, 이제 어머니는 왕후(王后) 자리를 빼앗기고 우리형제는 기댈 데

없는 사람이 되었구나. 대왕이 계신데도 이러하니, 하물며 대왕 만세후에 유류가 왕이 되면 우리의 설 자리가 어디에 있겠느냐. 차라리 대왕이 살아 계실 때, 어머님을 모시고 다른 곳으로 가서 딴살림을 차리는 것이 옳을 것 같다."

이러한 뜻을 어머니 소서노에게 고하고 추모왕에게 청하여 적잖은 금은 주보(金銀珠寶)를 갈라가지고 비류·온조 두 아들과 오간(烏干)·마려(馬黎) 등 '10인'을 데리고 낙랑국을 지나 마한(馬韓)으로 들어갔다. 〈원문에는 '10인'이 '18인'으로 되어 있다. 그러나 근거 없는 숫자라, 삼국유사 백제본기의 '十人(십인)'이 '十八(십팔)'로 잘못 기록되어 나타난 현상으로 보고 '10인'으로 고쳤다.-정해자〉

이때 마한왕은 기준(箕準)의 자손이었는데, 소서노(召西奴)가 마한 왕에게 뇌물을 바치고 서북쪽 1백리의 땅, 미추골(彌鄒忽), 지금의 인천과 하북 위례골(河北慰禮忽), 지금의 한양 등을 얻어 소서노가 왕이라고 하며 국호를 백제(百濟)라고 하였다. 〈百濟(백제)는 '온작'의 사음(寫音)으로 '온조(溫祚)'와 같은 명사로 보기도 한다.-정해자〉

당시 서북쪽 낙랑국(樂浪國) 최씨(崔氏)가 바야흐로 강성해져 압록강의 예족(濊族:말갈)과 연합하여 침입하는 등 핍박하는 일이 잦았다. 소서노가 처음에는 낙랑국과 화의(和議)하고 예족(말갈)만 쫓아내다가 나중에 예족의 침략이 낙랑국의 사주임을 깨닫고 낙랑국과 단교(斷交)하고 성책(城柵)을 쌓아 방어에 전력하였다.

「삼국사기」 백제본기에는 "낙랑왕(樂浪王)"이라고 쓰지 않고 "낙랑태수(樂浪太守)"라고 썼다. 이것은 몇 백 몇 십 년의 연대를 삭감한 뒤, 그 삭감한 연대를 가지고 지나(중국) 연대와 대조하여 맞춘 것으로, 낙랑국을 한사군(漢四郡)의 낙랑군으로 보고 '낙랑태수'라고 쓴 것이다. 또 '예(濊)'라고 쓰지 않고 "말갈(靺鞨)"이라고 썼는데, 이것은 신라말엽 '예'를 '말갈'이라고 한 당(唐)나라 때의 기록을 많이 보고, 「고사기(古事記)」의 '예'를 모두 '말갈'이라고 고친 것이다. 〈「고사기」는 신화 등을 담고 있는 일본의 상고사(上古史)이다. 단재가 위서(僞書)로 알려지고 있는 일본 상고사의 기록을 우리 기록이나 중국 측 기록보다 믿을 만한 것으로 보아 우리의 기록이나 중국 측 기록인 '말갈(靺鞨)'을 모두 '예(濊)'로 고친 것이라면 학계의 학술적 판단이 뒤따라야할 사항이 아닌가 싶다.-정해자〉

(나) 소서노의 죽음과 두 아들의 흥망(興亡)

소서노(召西奴)가 왕으로 있은 지 13년 만에 죽었다. 소서노는 조선 역사상 유일한 여제왕(女帝王)으로서의 창업자일 뿐만 아니라, 고구려와 백제 두 나라를 세운 사람이다.

소서노가 죽은 뒤 비류(沸流)와 온조(溫祚) 두 사람은 상의했다. "서북쪽에 있는 낙랑(樂浪)과 예(濊:말갈)의 핍박이 심하여 어머니 같은 성덕(聖德)이 없고서는 이 땅을 지킬 수 없다. 차라리 새로운 터를 찾아 천도하는 것이 좋을 것 같다"고 의견을 모았다. 이리하여 형제는 오간(烏干)·마려(馬黎) 등과 함께 불악(負兒岳), 지금의 한양 북악(北岳)으로 올라가 서울로 할 만한 자리를 살폈다. 비류는 미추골(彌鄒忽)을 잡고 온조는 하남 위례골(河南慰禮忽)을 잡아 형제의 의견이 엇갈렸다.

오간·마려 등이 모두 비류를 말렸다. "하남 위례골은 북쪽으로는 한강(漢江)이 막고 있고 남쪽으로는 기름진 땅이 널브러져 있으며 동쪽으로는 높은 산을 끼고 있고 서쪽으로는 바다가 둘러싸고 있어 천연적인 요새(天險)인데다가 지리(地利)까지 갖추고 있으므로 이만한 곳이 없는데 어찌 이곳을 버리고 다른 데로 가려 하시오"하였으나 비류는 듣지 않았다.

하는 수 없이 형제는 토지와 인민을 반으로 나누어 하나는 비류가 이끌고 미추골로 갔고 다른 하나는 온조가 차지하여 하남 위례골로 갔다. 이렇게 백제는 갈라져 동·서의 두 백제가 되었다.

백제본기에 기록된 온조 13년은 바로 소서노의 연조(年祚)이다. 그러니까 그 이듬해인 14년이 바로 온조 원년(元年)이다. 13년에 기록된 온조의 천도(遷都)에 관한 조서(詔書)는 비류와 의견이 엇갈려 충돌한 뒤 온조 수하의 인민들에게 내린 조서이고 14년, 온조 원년에 "한성 백성들을 나누었다(分漢城民)"는 것은 비류와 온조 형제가 인민을 갈라가지고 각자의 서울로 간 사실의 기록일 것이다.

미추골(彌鄒忽)은 '메주골'이라는 표기이고 위례골(慰禮忽)은 '오리골(본디 오리골)'이라는 표기이다. 요즘 어느 동네든지 이따금 동쪽에 '오리골'이 있고 서쪽에 '메주골'이 있는데, 그 뜻은 알 수 없으나, 그 유래가 또한 오래인 것 같다. 〈단재는 위례성(慰禮城)을 '위례골'이라 표기하고 '오리골', '본디 오리골'이라고 설명했다. 맞는 해석일 것이다. 그러나 '부여(夫餘:부위)·부루(符婁)는 비루(肥如)·비루(肥累)·부리(扶黎)·부위(鳧臾)·푸류(沸流)·푸류(蒲類)·버라(白狼)·부라(不耐)·피라(必剌)·퍼라(平壤)등 예맥계(濊貊系) 국가 도읍지의 옛 소리(古音)가 모두 부여(夫餘)와 똑같은, '부루'라는 '소리'와 '뜻'을 가진 말이었음을 감안 할 때, 뷔리(慰禮:위례) 역시 부여를 이르던 우리 고대어(古代語)의 하나로 해석된다. -정해자〉

비류가 정착한 미추골은 토지가 음습하고 물이 소금기를 머금고 있어 백성들이 살 수 없었고, 많은 수가 흩어져 도망쳤으나 온조가 정착한 하남 위례골은 흙이 척박하거나 가뭄을 타는 일이 없었으므로 오곡이 잘 되어 인민들이 편히 살 수 있었다. 비류는 부끄럽고 화가 북받쳐 병을 앓다 죽었다. 인민들은 모두 온조에게로 왔다. 이리하여 동·서 두 백제는 다시 하나가 되었다.

(다) 온조의 마한(馬韓) 격멸(擊滅)

백제(百濟)가 마한(馬韓)의 땅(封地)을 얻어 건국했기 때문에 소서노(召西奴) 때부터 각별한 신하의 예의로 마한을 받들어 모셨다. 사냥을 하여 잡은 노루나 사슴을 마한에 보냈고 전쟁에서 사로잡은 포로를 마한에 바치기도 했다.

소서노가 죽은 뒤에는 온조는 서북쪽 예(濊:말갈)와 낙랑(樂浪) 방어를 핑계대며 북쪽의 패하(浿河:버라), 지금의 대동강(大同江:우리물)에서부터 남쪽으로 웅천(熊川:곰내), 지금의 공주(公州)까지를 백제의 강역(疆域)으로 획정해 달라고 하여 마침내 그에 대한 허락을 얻었다.

그 뒤 웅천으로 가서 마한과 백제 국경에 성책(城柵)을 쌓았다. 마한 왕이 사자를 보내어 꾸짖었다. "왕의 모자(母子)가 처음 남쪽으로 왔을 때는 발디딜 땅도 없어 내가 서북쪽 1백리를 베어 주어 오늘 날이 있게 되었는데, 이제 국력이 좀 튼튼해졌다고 우리의 강토를 누르고 성책을 쌓고 있으니, 어찌 의리상 그렇게 할 수 있느냐'고 했다.

온조는 면구스러워하는 기색을 보이고 성책을 헐었다. 그러나 좌우에게 "마한왕의 정치가 제 길을 잃고 있어 국세(國勢)가 날로 쇠약해지고 있으니, 이제 내가 갖지 않으면 다른 사람의 것이 될 것이다"라고 했다.

그리고 오래지 않아 온조는 사냥을 핑계 삼아 마한(馬韓)을 기습, 국도(國都)를 점령하고 50여개의 속국을 모두 토벌하여 멸망시켰으며, 의병을 일으킨 마한의 유민(遺民) 주근(周勤)의 전 가족을 참살했다. 온조왕의 잔학(殘虐)이 또한 심했다. 〈온조가 웅천책(熊川柵)을 세우자 마한왕(馬韓王)이 꾸짖은 것은 온조 24년 가을 7월의 일이고, 온조가 사냥을 구실로 마한으로 쳐들어간 것은 26년 겨울 10월의 일이다. 그리고 마한 왕이 꾸짖은 말과 온조가 좌우에게 한 말도 백제본기의 기록과는 약간 따르다. "왕이 처음 패하(浿河)를 건너왔을 때는 발 들이밀 땅도 없어 내가 동북쪽 1백리의 땅을 베어 주어 편안히 살게 해 주었으니, 내가 왕을 대접한 것이 야박했다고 할 수는 없을 것인즉, 마땅히 그에 대한 보답을 생각해야할 일인데도 오히려 이제 나라가 좀 튼튼해지고 백성들이 모였다 하여, 나의 적수가 안 된다고 큰소리치면서 성지(城池)를 크게 건설하고 나의 강역을 침범하고 있으니, 그 행동이 의리상 어떻다고 생각하는가"하는 것이 마한 왕의 말이었고, "마한이 점점 약해져 임금과 신하의 마음이 다르니, 그 형세가 오래갈 것 같지 않다. 만약 다른 사람이 먹으(倂呑)면 입술이 없으면 이가 시린(脣亡齒寒) 꼴이 될 터이니 후회해도 늦을 것이다. 남보다 먼저 우리가 차지해야 후환을 면할 수 있을 것이다"라고 한 것이 온조가 좌우에게 한 말이다. 그리고 주근(周勤)은 원문에 '주륵(周勒)'으로 잘못되어 있는데, 의병을 일으킨 마한의 유민(遺民)이 아니라 마한의 장수였다. 온조 34년 겨울 10월 우곡성(牛谷城:현 전남 곡성군 오곡면)을 점거하고 반란을 일으켰다 온조가 직접 5천 군사를 이끌고 가 공격하자 스스로 목을 매어 죽었다. 온조는 그 시체의 허리를 잘랐고 아내와 아들을 함께 죽였다. ─정해자〉

기준(箕準)이 남쪽으로 달아나 마한(馬韓)의 왕위를 차지했고 성을 한씨(韓氏)라고 하면서 자손에게 전하다가 여기에 이르러 멸망했다.「후한서」에 "준의 자손은 끊어져 없어졌고 마한 사람이 다시 자립하여 왕이 되었다(準後滅絕, 馬韓人復自立爲王)"고 한 것이 이 일을 말한 것이다. 온조를 마한이라고 한 것은 지나인이 매양 백제를 마한이라고 한 까닭이다.

온조는 고구려의 유류(儒留) 및 대주류(大朱留) 두 왕과 같은 시대 사람이다. 온조대왕 이후에 낙랑이 침범했다는 기록이 없는 것은 대주루왕이 낙랑을 멸망시킨 때문일 것이다. 〈원문에는 '준의 자손은 끊어지고(準後滅絕…)' 운운한 것'이 「삼국지」에 있는 말이라고 기록했다. 그러나 「삼국지」에는 그런 말이 없다. 「후한서」에 있는 말이다. 그래서 위와 같이 고쳤다.' 마한(馬韓)의 왕이 기준(箕準)의 자손으로 한씨(韓氏)라는 것은 단재도 제3편 제4장 (1)발조선의 천도와 마한의 국호변경에서 밝힌 것처럼 백제 무왕릉(百濟武王陵)을 기준왕릉(箕準王陵)이라고 한 속설 등에 따라 꾸며지고 이어진 이야기일 뿐 전거가 없다. 「위략」에는 "준왕은 해중(海中)에 살며 다시는 조선과 왕래하지 않았다"고했고 「삼국지」는 "바다로 달아나 한지(韓地)에 살며 한왕(韓王)이라 했다"고 했을 뿐 그 땅이 변한인지 진한인지 마한인지, 아니면 중국의 한지(韓地)인지 밝히지 않았다. 더욱이 「오주연문장전산고(五洲衍文長箋散稿)」 남은변증설(南殷辨證說)에는 "기자(箕子)의 나라가 말년에 국세(國勢)가 미약해진데다가 위만(衛滿)의 난까지 겹쳐 남쪽지방(南土)으로 천도했다. 이것이 이른바 남은(南殷)이다. 남은은 위만과 여러 번 싸웠으나 여러 번이 패했다.…그 후 남은의 무종(武宗)이 한무제(漢武帝)에게 군사를 청하여 위만(衛滿)을 토벌해 멸망시켰다"라고 했고, 「잠부론(潛夫論)」은 "한서(韓西)의 성(姓) 역시 한씨(韓氏)였는데 위만(衛滿)의 침벌을 받아 바닷길로 남쪽으로 달아나 '한채영(韓砦營)', 바로 옛날 '한후성(古韓侯城)'인 오늘날 허베이성 랑팡시 구안현(河北省廊坊市固安縣)에서 살았다"며 아예 한반도로 건너왔다는 설을 부정하고 있다. 그러므로 마한의 계통은 당시 수많은 부족국가(部族國家)들의 연원(淵源)과 마찬가지로 알 수 없다고 보는 것이 정확하다.-정해자〉

제3장. 한무제(漢武帝)의 침구(侵寇)

(1) 고구려(高句麗)의 9년 전쟁
- 한병(漢兵)이 고구려에 패퇴(敗退)한 사실 -

조선(朝鮮)의 남북 열국이 분립(分立)하던 때 지나(중국) 한무제(漢武帝)의 침구(侵寇)가 있었다. 이것은 단지 한 때 정치상 대사건이었을 뿐만 아니라, 바로 조선민족의 문화 소장(消長:성하고 쇠함)에도 커다란 관련이 있는 큰 사건이다.

고대(古代) 동아시아에 불완전한 문자이나마 이두(吏讀)를 쓰고 역사기록과 정치제도를 갖추고 있어, 문화를 가졌다고 할 만한 민족은 지나(중국) 이외에는 오직 조선뿐이었다.

당시 조선은 강성하여 늘 지나(중국)를 침략하거나 또는 항거했고 지나 역시 제(齊)·연(燕)·진(秦) 이래로 조선에 대한 방어책을 세우거나 또는 자주 침략하였다는 것은 제2편에 기술한 것과 같다.

진이 망하고 한(漢)이 들어섰다. 북쪽 흉노(匈奴)의 침략(侵掠)으로 골머리를 앓던 한고조(漢高祖:劉邦)는 흉노를 치러 나갔다가 백등(白登:山西省大同府 부근)에서 대패(大敗)했다. 한고조는 세폐(歲幣)를 바치는 한편 자신의 딸인 큰 공주(長公主)를 묵돈(冒頓)의 첩으로 바치는 등 수치스러운 조약을 맺고 대대로 이행하면서 증손인 무제(武帝) 대에까지 이르렀다.

무제는 야심(野心)이 충만(充滿)한 제왕이었다. 1백여 년간 태평한 세월이 지속되는 동안 축적(蓄積)된 국력(國力)을 바탕으로 흉노를 쳐 선대의 치욕(恥辱)을 씻으려하는 동시, 조선에 대하여도 명분 없는 군사를 일으켜 민족적(民族的) 혈전(血戰)을 시작했다.

그런데 한무제가 침입한 조선(朝鮮)이 두 개다.「한서」식화지(食貨志:「사기」평준서(平準書)도 같다)에 "무제가 즉위한 몇 년 뒤 팽오가 예맥과 조선을 뚫고 들어가 창해군을 설치하니 연나라와 제나라 사이의 소동이 잦아들었다.(武帝卽位數年…彭吳,穿濊貊·朝鮮,置蒼海之郡,則燕齊之間,靡然騷動)"고 했으니, 뚫린 예맥조선이 하나의 조선이고「사기」조선열전에 "누선장군 양복(樓船將軍楊僕)과… 좌장군 순체(左將軍荀彘)가… 드디어 조선을 평정하여 4군을 삼았다(樓船將軍楊僕…左將軍荀彘…遂定朝鮮爲四郡)"고 했으니, 양복과 순체가 평정한 조선이 또 하나의 조선이다.

뒤의 조선은 바로 조선열전에 기록된 위만조선(衛滿朝鮮)인 줄을 누구나 알고 있지만 앞의 조선은 '식화지'나 '평준서'에 간단한 한 구절만 보이고 다른 전기(傳記)에 다시 보이지 않으므로 역대 사가들은 이것이 어떤 조선인지를 말한 이가 없었다.

그러나 내가 보건대, 앞의 조선은 바로 동부여(東扶餘)를 가리키는 것이다. 한무제가 위우거(衛右渠 : 衛滿朝鮮 末王)를 멸하기 전에 동부여를 자신의 영토(郡縣)으로 만들기 위해 고구려와 9년 동안 현전을 벌이다가 패하여 물러난 일이 있었다.

무엇을 근거로 증명할 수 있는가. 「후한서」 예전(濊傳)에 "한무제 원삭 원년에 예의 임금 남려 등이 우거에 반대하여 28만 명을 이끌고 요동으로 와서 한에 귀속했다. 무제는 그 땅을 창해군으로 삼았다(漢武帝元朔元年(BC 128), 濊君南閭等畔右渠,率二十八萬口,詣遼東內屬.武帝以其地爲蒼海郡)"고 했고 「한서」 무제기에 "원삭 3년 봄 창해군을 혁파했다(元朔三年(BC 126)春罷蒼海郡)"했으며 「한서」 공손홍복식아관전(公孫弘卜式兒寬傳)에 "홍은 여러 번 간했다. '창해군을 파기하고 삭방군만 유지하소서' 하여 드디어 창해군을 파기했다(弘數諫…願罷滄海之郡專奉朔方…遂罷滄海之郡)"고 했는데, 역대 학자들이 위 세 가지 기록과 앞에 기술한 식화지의 기록을 합하여 "예맥 조선은 예군 남려(濊君南閭)의 나라, 지금의 강릉(江陵)이다. 강릉은 당시 우거(右渠)의 속국이었는데 우거에 반대하여 한(漢)으로 귀항(歸降)했다. 한이 팽오(彭吳)를 보내어 그들의 귀항을 받아들이고 그 지역을 창해군(滄海郡)으로 삼았다가 그 지역이 너무 멀어 비용이 과다하게 들었기 때문에 그들의 전역(戰役)을 혁파한 것이다"라고 단정했다. 〈위의 「한서」·「후한서」 등 중국 역사에서 인용한 원문이 畔(반)이 叛(반), 內屬(내속)이 降漢(항한), 遂(수)가 逐(축), 蒼(창)이 모두 滄(창)으로 바뀌어 있고 武帝(무제) 두 자가 빠져 있어 역사기록대로 다시 고쳤다. '공손홍전'은 '공손홍복식아관전'을 말하는 것인데, 그 기록 역시 고쳐져 손대기가 어렵게 꾸며져 있다. 그 기록의 전문은 다음과 같다. "이때 서남이와 통교했고…또 동쪽에는 창해군을 두고 북쪽에는 삭방군(현재 山西지방)을 만들었다. 공손홍이 여러 번 간했다. 피폐하여 쓸모없게 된 땅을 중국이 받드는 것이니, 파기하시기 바랍니다. 이리하여 무제는 주매신 등에게 삭방군만 두는 것이 좋다는 홍의 주장에 난색을 표하며 이해에 관한 열 가지 시항을 말하게 하였는데 홍은 하나도 수긍하지 않았으나 무제의 비위를 거스르지 않으려고 아무 대답도 않았다. 그리고 즉시 사은하며 말했다. '산동 시골사람들이 이렇게 아무것도 모르옵니다. 서남이와 창해군을 파기하시고 삭방군만 명을 받들게 하소서' 했다. 그래서 무제가 허락했다(時方通西南夷…又東置蒼海,北築朔方之郡,弘數諫, 以爲罷敝中國以奉無用之地,願罷之,於是上乃使朱買臣等難弘置朔方之便.發十策,弘不得一.弘乃謝曰,山東鄙人,不知其便若是,願罷西南夷·蒼海,專奉朔方.上乃許之)" 그러나 여기서 곱 짚어 보아야할 대목은 "두개의 조선"이라는 해석이다. 한나라가 들어선 이후 예맥과 조선은 옛날 제(齊)와 연(燕)에게 빼앗겼던 땅을 거의 수복하여 패수(沛水:浿水:濟水)를 한과 조선의 국경으로 정했는데, 이것은 예맥(濊貉)의 정예기병들이 유방(劉邦)을 도와 해하(垓下) 싸움에서 초(楚)의 항우(項羽)를 이기고 천하를 얻게 한 공로의 결과였다. 패수는 제1편 4장 '(3)각종 명사의 해석에 대하여'에서 주한 것처럼 어떠한 이름의 하천이든 국천(國川)이 되면 버라·피라·배라·피야가 되므로 피라(浿水)는 패수(沛水:오늘의 南四湖)일 수도 있고 제수(齊水)일 수도 있다. 실제로 제수 연해구의 지명 沛丘(패구)를 博姑(박고)·貝丘(패구) 등으로 기록한 것을 보면 '패수'로 불렸음이 확실하다. 「문헌비고(文獻備考)」에 "춘추 때 제환공이 산융(山戎)을 치고자 고죽국(孤竹國)까지 갔다고 했다. 그렇다면 고죽은 춘추시대 이후 조선의 소유가 되었고 이때가 조선이 가장 강성했던 때이다. 연(燕)이 왕을 참칭하려 하자 조선이 군사를 일으켜 토벌하려 했던 것만 보아도 그들이 강대했음을 알 수 있다"고 했다. 그러니까 요즘 알고 있는 것과 달리 준왕의 조선이 요동(遼東) 요수(遼水) 가에 있었던 것이 아니라 요서(遼西) 영원주(寧遠州)에 있었다는 말이다. 그러니 패수(浿水)를 패수(沛水:濟水)로 보고 최소한 제장성(齊長城) 이북을 예맥과 조선의 땅으로 보면 위만조선이 멸망한 뒤에도 한(漢)의 동쪽국경이 대유수(大楡水:鮑丘河)를 넘어서지 못했다는 결론이 나온다. 한사군(漢四郡)이 대릉하(大凌河) 서쪽 요서(遼西)에 있었다는 시각에 따르면 요동(遼東)이 제장성 서남쪽이니, 오늘의 창주(滄州), 즉 창해군(뒤에 勃海·南皮)에 살던 예맥이 우거(右渠)에게 반기를 들고 요동으로 넘어가 한에 귀순했다는 것이 조금도 이상할 것이 없고 뒤이어 일어난 고구려의 서쪽 국경 역시 임유관(臨渝關)이었음을 조금도 의심할 나위가 없다. 「한서」 무제기는 "건원6년(BC 135) 6월 정유에 요동 고묘(遼東高廟)에 재난이 일어났다(建元六年六月丁酉,遼東高廟災)"고 기록하고 있는데, 그 요동에 대하여 중국은 입도 뻥끗하지 않고 있다. 그곳은 바로 한고조 유방(劉邦)의 고향이고 의거(義擧)한 곳인 패수(沛水:南四湖·微山湖) 가 패현(沛縣)을 말하는 것으로 그곳에 세운 한고조 유방의 사당에 불이 났다는 것이니, 패수 즉 남사호 연변 패현이 바로 요동이라는 말이다. 지금도 이곳에는 유방이 정장(亭長)으로 있었던 것을 기념하는 사수정(泗水亭)·사수정비(泗水亭碑)·사극대(射戟臺)가 있고 BC 196년 유방이 영포(英布)의 반란을 평정한 뒤 고향(沛縣)으로 돌아와 고향 어른들을 모시고 풍악을 울리며 잔치를 벌이다가 「대풍가(大風歌)」를 불렀다는 가풍대(歌風臺)도 있고 대풍가비(大風歌碑)도 있다. 그런데 고려 및 조선조의 사

〈동이(東夷)를 막기 위해 쌓은 첫 번째 장성, 제천리장성(齊千里長城)〉

학자들과 이들의 말을 얼씨구나 하고 받아들여 역사공간의 영토를 넓혀온 중국 사가들의 기록은 해가 갈수록 반석처럼 굳어져 가짜가 진짜가 되었는데도 지금도 여전히 일부 사학자들은 만리장성 동단(東端)까지 대동강(大同江) 하류로 끌어들이고 잘못된 판단을 사실화하려고 안간힘을 쓰고 있다. 그러니 우리 사서와 중국 사서의 연대까지 고치면서까지 식민사관에서 벗어나려 몸부림친 단재 역시 두 개의 조선이라는 함정에 빠져 벗어나지 못하고 삼국시대까지도 우거진 산과 험한 길로 인적마저 드물어 조조(曹操)도 무종(无終)을 거쳐 가까스로 유성(柳城:朝陽)언저리에서 수많은 백성들만 죽이고 돌아갈 수밖에 없었던 것이 오늘의 요동인데, 거기서도 몇 천리 밖 외딴곳에 있던 말갈(靺鞨)까지 끌어들여 두 개의 조선을 해결하려 들게 만들고 있다. 안타깝고 억막(抑漠)한 일이 아닐 수 없다. 「한서」지리지에 한고조 5년(BC 202)에 발해군(勃海郡)을 설치하여 남피(南皮)를 관할하게 하였다고 했으나, 남피는 바로 전국 때 연(燕)·제(齊)의 국경지대로 산융(山戎)이 공격, 점거하고 연을 치자 제가 원군으로 가서 산융을 물리치고 되찾은 땅이다. 유방이 항우를 죽이고 천하를 차지한 해는 황하가 범람하며 물길을 바꾸는 바람에 황하 하류가 쑥대밭이 된지 얼마 되지 않은 때이고 계속된 전란으로 해마다 흉년이 들어 길에는 굶어죽은 시체가 질펀하고 사람이 사람을 먹던 시절이니, 비록 발해군을 설치했다 쳐도 중앙정부의 힘이 미치지 못하여 그 땅은 계속 그 땅에 머물러 살던 예맥 조선의 땅이 되었고 주변에 말썽을 끊임없이 일으켰기 때문에 "팽오가 예맥과 조선으로 뚫고 들어가 창해군을 설치하자 연나라와 제나라 사이의 소동이 잦아들었다.(武

帝卽位數年…彭吳,穿濊貊·朝鮮,置蒼海之郡,則燕齊之間,靡然騷動)"고 했을 정도였다. 그러므로 예맥(濊貊)은 오늘날 발해만 연안에 있던 나라이고 한반도에 있던 나라가 아니다. 그 예맥이 우거(右渠)의 폭압을 견디다 못해 서남쪽 요동으로 가서 한으로 귀순했고 한무제는 그 조선 땅으로 뚫고 들어가(쳐들어가 멸한 것이 아님) 발해군 자리에 창해군(滄海郡)을 설치했으나 공손홍의 말처럼 쓸모없는 곳이 되어 있었기 때문에 철폐한 것이다. 그러므로 「한서」 지리지 '발해군'에 대한 기록은 그 후대의 기록이라고 보는 것이 타당할 것이다. 그러므로 조선은 하나의 조선일 뿐 두 개의 조선일 수가 없고 예맥은 예맥일 뿐 말갈이나 동부여(東扶餘)가 될 수 없는 것이다. 당시는 위만조선이 정복되어 한4군이 설치되기 20년 전이었으므로 동부여가 조선을 거쳐 요동으로 올 수도 없고 또한 팽오가 조선 영토를 넘어 수천리 험한 길을 가서 귀순을 받아들인다는 것도 경우에 맞지 않기 때문이다.-정해자〉

그러나 이 단정은 다음과 같은 오류로 잘못된 것이다.

㉮ 지나(중국)사에 언제나 동부여(東扶餘)를 예(濊)라고 잘못 기록했을 뿐 아니라 남북 두 부여가 하나는 지금의 훈춘(琿春)에 있었고 또 하나는 지금의 함흥(咸興)에 있었다고 본편 제2장 (나)·(다)절에 기술했다. 동부여를 지금의 강릉(江陵)이라 하는 것은, 신라가 그 동북쪽의 땅 1천 여리를 잃고 잃어버린 지방의 옛 자취(古蹟)를 내지(內地)로 옮길 때 지금 강릉으로 옮겼기 때문에 생긴 위설(僞說)이니, 예군 남려(濊君南閭)는 함흥의 동부여왕이고 강릉의 군장이 아니다.

㉯ 「후한서」 식화지의 기록이 명백히 "무제가 즉위한 몇 년 뒤(BC 128) 팽오가 예맥 조선으로 뚫고 들어갔다(武帝卽位數年,彭吳穿濊貊朝鮮)"이라고 했으니, 「후한서」에 기록된 창해군이 처음 설치된 해는 무제 즉위 13년이다. 13년을 '몇 년'이라고 할 수 없는 것일 뿐만 아니라, 「사기:원문은 「한서」로 잘못되어 있다.-정해자〉 주보언열전(主父偃列傳) 원광원년(BC 134) 엄안(嚴安)의 상소(上疏)에 "이제 예주(濊州:濊貊國)를 공략하고 성읍을(城邑) 세우려 하고 있으며(今欲…略濊州,建城邑)"라고 기록되어 있는데, "예주를 공략한다"는 것은 예맥조선으로 침입하겠다는 것이고 "성읍을 세우려 하다"는 것은 창해군을 설치하여 경영하겠다는 말이다. 〈원문은 '建置城邑(건치성읍)'으로 되어 있으나 「사기」의 기록을 따라 '置(치)' 자를 뺐다.-정해자〉

원광 원년(BC 134), 즉 원삭 원년(BC 128)의 6년 전에 엄안이 예맥국에 대한 침략과 창해군 설치를 말렸으니, 남려의 귀항(歸降)과 팽오의 천입(穿入: 뚫고 들어감)이 원광 원년에 일어난 일이고 그 6년 뒤인 원삭 원년에 일어난 일이 아니다.

㉴ 원광 원년 창해군이 처음 설치된 해는 기원전 134년이고, 창해군이 철폐된 원삭 3년은 기원전 128년이다. 〈원문은 기원전 126년으로 잘못되어 있다.–정해자〉 그렇다면 한(漢)이 동부여(東扶餘)를 침략하여 창해군을 만들려는 전쟁이 9년 동안이나 계속되었다는 말이다.

동부여가 만일 우거(右渠)의 속국이었다면 우거가 구원하지 않을 수 없었을 것이고 구원했다면 「사기」 조선열전(원문은 '朝鮮王滿傳(조선왕만전)'으로 되어 있으나 그런 이름의 열전은 없다. 이하도 같다.–정해자)에 우거와 한(漢)의 관계, 즉 진번(眞番:辰國) 주위 여러 나라의 한과의 통상 길을 막고 요동동부도위(遼東東部都尉) 섭하(涉何)를 공격해 살해한 일까지 기록하면서 어찌 이보다 더 중대한 '9년 전쟁'의 사실을 빼었겠는가.

앞에서 기술한 대로 개정(改正)한 연대에 따르면 이때는 동부여가 고구려에 정복된 뒤가 된다. 그렇다면 남려(南閭)는 위만조선의 속국이 아니라 고구려의 속국이 된다.

남려가 고구려의 속국이라면 왜 고구려에 반기를 들고 한에 항복하였는가. 남려는 대개 남동부여(南東扶餘), 즉 「후한서」와 「삼국지」 예전(濊傳)에 기록된 '버라예왕(不耐濊王)'으로, 「삼국사기」 고구려본기에 기록된, 손녀를 대주류왕에게 시집보낸 갈사왕(曷思王:沃沮)이다.

그렇다면 남려는 대주류왕의 처 할아버지이고 대주류왕은 남려의 손자사위이다. 제3장에 기술한 호동(好童)은 남려왕의 진외증손이니 말하자면 가까운 붙이라고 할 수 있다. 그러나 호동의 장인인 낙랑왕 최리(樂浪王崔理)도 멸망시키는 판에 어찌 처 할아버지와 진외증조를 알아보겠는가.

고구려가 동부에 심한 압박을 가했다는 것도 상상할 수 있는 일이다. 그렇다면 남려가 지난 날 아버지와 형의 원수라든지, 자신이 겪는 압박의 고

통 등으로 따져 어찌 고구려에 보복하고 싶은 생각이 없었겠는가.

이리하여 자신과 똑같이 고구려에 원한을 갖고 있던 낙랑(樂浪)의 각 소국들과 연합하여 우거(右渠)와 비밀협약을 맺고 고구려를 배척하려 하였으나 우거가 고구려보다 약했기 때문에 고구려에 항거하지 못했다. 이리하여 남려는 우거를 버리고 한(漢)과 우호관계를 맺으려 했던 것이다.

그러나 한과 가까워지려면 부득이 위만조선을 경유해야 했는데 우거는 동부여가 위만조선의 비밀을 한에 누설할까봐 자국의 경유를 허락하지 않았다. 그래서 「사기」 조선열전에 "진번 주위의 여러 나라가 글을 올려 천자를 뵈려 했으나 또한 통하지 못하게 막았다(眞番旁衆國, 欲上書見天子, 又擁閼不通)"고 한 것이 그것이다. "진번 주위 여러 나라"라는 것은 바로 동남부여(東南扶餘)와 남낙랑(南樂浪)을 가리킨 것이다.〈「사기」에서 인용한 원문이 "眞番旁衆國, 欲上書入見天子, 右渠又壅閼不通"으로 되어 있어 조선열전의 기록대로 다시 고쳤다.─ 정해자〉

그러나 남려는 끝내 해로(海路)를 통하여 한에 귀항(歸降)할 심사를 고했다. 야욕(野慾)이 차고 넘쳤던 한무제(漢武帝)가 어찌 이런 기회를 놓치겠는가. 드디어 동남부여를 장래 창해군(滄海郡)으로 예정하고 팽오(彭吳)를 대장으로 삼아 연·제(燕齊), 지금의 직예(直隸)와 산동(山東)의 병마(兵馬)와 군량(粮餉)을 총동원하여 바다를 건너가 남부여와 남낙랑을 구원하려다가 고구려의 강력한 대항으로 9년 동안이나 혈전이 계속되어 한군(漢軍)의 패전이 거듭되자, 이에 "창해군을 혁파한다"는 체면치레 말로써 군사를 거두고 전쟁을 마무리한 것이다.

이처럼 한과 고구려 사이에 '9년간의 혈전(血戰)'이 있었는데 사마천(司馬遷)은 무슨 까닭으로 「사기」 조선열전에 이 전쟁을 기록하지 않았는가.

이것은 다른 때문이 아니다. "중국을 위하여 부끄러운 일을 숨기는 것(爲中國諱恥)"이 공구(孔丘:孔子)의 「춘추(春秋)」 이래로 지나(중국)사가(史家)들의 유일한 종지(宗旨)가 되어 있기 때문이다. 게다가 「삼국지」 왕숙전(王肅傳)에 따르면 "사마천(司馬遷)이 「사기」에 경제(景帝)와 무제(武帝)의 일을 사실대로 기록했는데, 무제가 이를 보고 크게 노해 글자들을 모두 깎아내고 던져버렸다. 그래서 이 양기(兩紀)는 목록만 있고 글자(書)자 없다"고 하였는데 사마천은 이 일로 밉보여 뒤에 부형(腐刑:去勢刑)을 받았다. 〈원문이 「삼국지」의 기록과 다소 차이가 있어 왕숙전(王肅傳)을 참고하여 고쳤다. "글자들을 모두 깎아내었다"고 하는 것은, 당시는 글을 종이에 쓴 것이 아니라 대쪽(竹簡)을 엮어 책(册)을 만들고 그 대쪽 위에 옻으로 글씨를 썼다. 그래서 칠서(漆書)라고 한다. 무제는 이 대쪽에 쓰여 있는 글자를 모두 깎아내게 하여 확인하고 던졌다는 말이다. 그 후(BC 99) 이릉(李陵)이 흉노를 치러 갔다가 전쟁에 패하고 포로로 잡혀갔다. 한무제는 진노(震怒)했고 문무백관들은 이릉이 반역하여 흉노에 귀항(歸降)했으니 멸족(滅族)시켜야 한다고 했다. 이때 태사령(太史令)으로 있던 사마천은 이릉이 투항한 것은 화살도 떨어지고 길도 막힌 데다 구원하러 가지 않은 탓이라며 5천명의 보병을 이끌고 수만 명의 적과 싸워 여러 번 이겼으니 그의 공이 적지 않다고 오히려 이릉을 변호하고 나섰다. 가뜩이나 「사기」의 일로 고까워하던 무제는 이 말을 듣자, 이릉을 구하러 가지 않은 것은 자신이 총사령관을 잘못 임명했기 때문이라고 나무라는 것으로 판단하고 퍼르르 화를 내며 사마천을 잡아다 옥에 가두게 했다. 당시 이 전쟁의 총사령관은 한무제가 끔찍이 사랑하던 총희(寵姬)의 오라비 이광리(李廣利)였기 때문이다. 그리고 사마천에게 황제를 속이고 남을 무고했다는 죄를 씌워 사형(死刑)을 선고했다. 당시 사형에는 두 가지 방식으로 대신할 수 있었는데 하나는 50만 냥의 죄값(贖錢)을 치르면 죄를 한 등급 깎아 주는 것이고 또 하나는 부형(腐刑), 즉 거세(去勢:불까는 형)를 하는 것으로 사형을 대신할 수 있었는데 사마천은 가난하여 돈을 내고 풀려날 수 없었기 때문에 부형을 받을 수밖에 없었다.-정해자〉

고구려와 싸워서 졌다는 것은 상무(尙武)정신이 투철했던 한무제 같은 이들이 유일하게 치욕으로 여겨 숨기고 싶은 일이었을 것이다. 만일 이 일을 사실대로 썼다가는 부형(腐刑) 뿐만 아니라, 당장 목이 달아나는 참형(斬刑)을 당했을 터이니, 그 사실을 고의(故意)로 빼버린 것일 것이다.

평준서(平準書)에 "팽오가 조선을 가멸했다(彭吳, 賈滅朝鮮)"하여 겨우 그런 일이 있었음을 비쳤으나 조선을 멸한 것처럼 쓴 것도 당시 숨기고 싶어 하던 일을 피하여 기록한 것일 것이다. 반고(班固)는 「한서」 식화지(食貨志)에서 그 사실이 너무나 진실과 다르게 되어있는 것을 싫어하여 滅(멸)자를 穿(천)자로 고쳤으나 그 전부를 기록하지 못하고 있는 것은 사마천과 다를 것이 없다. 〈원문에는 '彭吳,賈滅朝鮮(팽오,가멸조선)'이 '彭吳賈滅滅貊朝鮮(팽오가멸예맥조선)'으로 되어 있다. 원래 평준서의 '賈滅(가멸)'두 자는 '穿滅(천예)'의 오자(誤字)라고 하여 "穿滅(貉)朝鮮"이라고 읽어야 한다고 일찍부터 중국 사가들은 주해(註解)하였다. 단재는 그와 달리 賈(가)자에 대해서는 아무런 언급 없이 滅(멸)자를 穿(천)자로 고쳤다며 '賈滅(가멸)' 두 자를 그대로 둔 채 예맥(濊貊)을 끼워 넣었다. "彭吳,穿濊(貉)濊貊朝鮮(팽오,천예(맥)예맥조선)"이라고 쓴 셈이다. 그래서 평준서의 기록대로 다시 고쳤다.-정해자〉

그렇다면 한무제와 싸운 이는 대주류왕(大朱留王), 바로 「삼국사기」 고구려본기의 대무신왕(大武神王)일 것이다. 그러나 고구려본기는 연대를 삭감했기 때문에 한무제와 동시대인 대주류왕이 한광무제(漢光武帝)와 동시대가 된다. 지나사(中國史)의 낙랑기사(樂浪記事)와 맞추려 했기 때문에 대주류왕이 도리어 한에 낙랑을 빼앗겼다는 거짓된 기록(誣錄)을 쓴 것이다. 〈예군남려(濊君南閭)는 말갈(靺鞨)이나 갈사(曷思:沃沮)의 임금도 아니고 한(漢)과 고구려의 '9년전쟁' 같은 것은 모두 전거가 없는 이 책속의 전쟁이다. 단재가 패수(浿水)를 대릉하로 못 박음으로써 생기게 된 두 개의 조선을 해결하려다 꾸미게 된 장황한 사건들일 뿐 실재했던 사건이 아니다. 예(濊)는 지금의 창주(滄州)에 살면서 유방(劉邦)을 도와 해가(垓下) 싸움에서 승리를 거두었고 한무제 때 거듭되는 황하 범람과 기근으로 살길을 찾아 한으로 귀화하여 중국인이 된 예맥족의 일부라고 보면 거의 틀리지 않을 것이다.-정해자〉

(2) 위만조선(衛滿朝鮮)의 멸망

한무제가 9년 동안 길고 긴 혈전(血戰)에서 패하여 물러간 뒤 17년 동안 조선 열국을 넘보지 못하였다. 그러나 그 마음이야 어찌 동방 침략을 잊었겠는가.

이에 위만조선은 비록 조선열국의 하나였으나, 그 왕조가 원래 지나(중국)의 종내기(種子)이고 그 장상(將相) 들도 더러 한에서 망명해온 씨알머리(餘蘖)였기 때문에 이를 끌어들여 조선열국을 잠식(蠶食)하는 길잡이로 삼으려고 했다. 그러면서 우선 위만조선의 길을 빌려 동부여를 구하고 고구려를 치려고 기원전 109년 한무제는 사자 섭하(涉河)를 보냈다. 한과 동부여의 사절(使節)이 위만조선 지역을 통과할 수 있게 인가해 달라고 은근히 한의 국력을 내세워 우거를 위협하며 금백(金帛)으로 꾀었다.

그러나 우거는 완강히 거부하고 말을 듣지 않았다. 이렇게 되자 섭하는 한무제의 비밀지시(密旨) 대로 귀국하는 길에 양국의 국경인 패수(浿水), 지금의 헌우락(蒚芌濼)에서 우거가 사자를 전송하라고 보낸 비왕(裨王:副王)을 찔러 죽이고 한의 국경요새로 달아났고 드디어 돌아가 한무제에게 "조선의 장수를 찔러 죽였다(殺朝鮮將)"고 보고했다. 무제는 '섭하(涉何)'라는 이름이 아름답다며 어떻게 된 사연인지 물어보지도 않고 섭하를 요동동부도위(遼東東部都尉)로 임명했다. 조선은 섭하에게 원한을 갚기 위해 군사를 일으켜 기습, 공격하여 섭하를 살해했다. 〈원문은 "섭하가 우거의 부왕을 찔러 죽이고 질주하여 한으로 달아나 한무제에게 '조선국 대장(大將)을 죽였노라고 외치니' 한무제는 실로 딴 흉계를 갖고 있었기 때문에 어떤 사람을 죽였는지 묻지도 않고 그 공으로 섭하를 요동동부도위로 임명하였다. 섭하가 부임해 온 지 얼마 후 우거가 부왕을 죽인 원한을 갚기 위해 군사를 발동하여 섭하를 기습, 살해했다"고 부분부분 「사기」 기

〈수(隋)나리 때의 전선(戰船)인 누선(樓船) 복원 모형도〉

록과 다르게 되어 있어 「사기」 조선열전의 기록대로 고쳐서 해석했다.—정해자〉

무제는 이를 구실로 조선을 공격하기 위해 죄수들을 모집했다. 원봉2년(BC 109) 가을 누선장군 양복(樓船將軍楊僕)에게 제(齊:오늘의 東萊 부근)를 출발하여 발해를 건너오게 하고, 좌장군 순체(左將軍荀彘)에게 5만 명의 군사를 이끌고 요동으로 진격하여 우거를 토벌하라고 했다. 조선왕 우거(右渠)는 군사를 출동시켜 험한 지형을 의지하고 항전했다.

좌장군 부하 군관 하나가 요동병사를 많이 거느리고 있었기 때문에 앞장서 쳐들어갔다가 패하여 뿔뿔이 흩어졌고 군관은 살아 돌아왔으나 법에 따라 목을 쳤다.

누선장군은 제(齊)의 병사 7천명을 거느리고 먼저 왕험성(王險城)에 도착했다. 우거가 성을 지키고 있다가 누선군(樓船軍:水軍)의 숫자가 얼마 안 되는 것을 보고 즉시 성문을 열고 나와 누선을 공격했다. 누선군 역시 패하여 뿔뿔이 흩어져 도망쳤다. 장군 양복은 부하 군사들을 잃어버린 채 산속으로 도망쳐 10여일이나 숨어 있으면서 가까스로 흩어졌던 군사들을 다시 모을 수 있었다. 좌장군 순체는 조선 패수서군(浿水西軍)을 공격했으나 무찌를 수

가 없었다.

한무제는 이런 소식을 전해 듣고 즉시 군사력으로 위협하며 달래 보라고 위산(衛山)을 우거에게 사자로 보냈다. 우거는 사자를 보자 정중히 대접하며 "항복하는 것은 어렵지 않으나 두 장군이 나를 죽이려고 속이는 것이 아닌지 두렵습니다. 이제 신절(信節)을 보니 항복해도 되겠습니다"했다. 그리고 태자를 입조(入朝)시켜 사은(謝恩)하고 말 5천 필(匹:마리)과 군사들에게 먹일 군량(軍糧)을 바치겠다며 1만 여명의 많은 무리가 무기를 소지한 채 패수를 건너려 하였다.

사자 위산과 좌장군 순체는 '이들이 변을 일으키려는 것이 아닌가' 싶어 태자에게 말했다. "이왕 항복하려는 것이라면 사람들에게 무장을 하지 말라고 명하시오." 태자 역시 사자와 좌장군이 죽이려고 속이는 것이 아닌가 의심하여 끝내 패수를 건너지 않고 다시 무리를 이끌고 돌아갔다. 위산이 돌아와 무제에게 보고하자 무제는 위산의 목을 쳤다.

좌장군이 패수 가의 조선군을 무찌르고 전진하여 성 밑에 이르러 서북쪽을 에워쌌다. 누선장군 역시 군사를 이끌고 와서 성 남쪽에 있었다. 우거는 굳게 성을 지켰다. 몇 달이 지나도록 함락할 수 없었다.

좌장군은 원래 시중(侍中)으로 무제의 신임을 받고 있었다. 연·대(燕代)지방의 어기찬 병사들을 갖고 있었는데 싸움에서 많은 승리를 거두어 군사들이 교만에 빠져 있었다.

누선장군은 제(齊) 지방의 군사들을 이끌고 바닷길을 이용하여 들어왔으나 이미 여러 번 패하여 도망쳤을 뿐 아니라 그의 선대도 우거와 싸우다 가까스로 살아났고 많은 군사를 잃었기 때문에 군사들도 모두 조선군을 무서워했고 장수 역시 우거 앞에 서면 작아지는 자신을 속으로 부끄러워했다. 그래서 그는 우거를 포위하고 있으면서도 항상 화의(和議)를 앞세워 성안과 교환(交驩)했다.

좌장군이 급격하게 들이치자, 위만조선의 대신(大臣)들은 남몰래 사람을 누선장군에게 보내어 항복하겠다는 협약을 의논하기 시작했다. 그러나 그 협약은 빨리 타결되지 않았다.

좌장군은 여러 번 누선장군에게 어느 날 몇 시에 함께 공격하자고 제의했으나 누선장군은 조선과의 협약을 빨리 성사시키기 위해 좌장군에게 협력하지 않았다. 좌장군 역시 사람을 조선으로 보내 잠시 물러나 줄 터이니 빨리 항복하라고 요구했다. 조선은 마음이 누장군 쪽으로 기울어 있었기 때문에 말을 들으려 하지 않았다. 이로 인해 두 장군은 사이가 벌어졌고 아무 일도 할 수 없었다.

좌장군은 속으로 누선장군이 앞서 싸움에 지고 군사를 잃은 죄가 있는데다 조선과 사사로이 잘 지내고 있고, 조선 또한 항복하지 않으니 누선장군이 조선과 연합하여 반역하려는 것이 아닌가 싶어 감히 군사를 발동시키지 못했다.

무제가 보고를 받고 말했다. "장수가 제대로 통솔을 못하는구나" 즉시 위산(衛山)을 사자로 보내어 우거에게 항복하라고 회유했다. 우거는 태자를 보내 항복하기로 했다. 위산은 혼자 결정할 수 없는 일이었기 때문에 좌장군과 상의하였으나 계획이 틀어져 끝내 협약은 결렬되고 말았다. 게다가 두 장군은 성을 에워싸고 있었지만 서로 어깃장만 놓고 있었기 때문에 오래도록 사태가 해결되지 않았다.

무제는 사태를 바로잡으려고 제남태수 공손수(濟南太守公孫遂)를 보냈다. 공손수가 도착하자 좌장군이 말했다. "조선이 항복하게 된지는 이미 오래지만 항복하지 않는 것은 까닭이 있습니다."하고 누선장군이 여러 번 공격하자는 날짜에 싸우러 오지 않은 일 등 자신의 속마음을 소상하게 공손수에게 설명했다. "지금 이렇게 함락시키지 않고 두었다가는 큰 해(누선군과 연합)가 되지 않을까 두렵습니다. 그렇게 되면 누선군 뿐만 아니라 조선과 우리 군이 모두 공멸(共滅)하고 말 것입니다."

공손수도 그러리라고 여겼다. 절(節:천자의 명령을 상징하는 일종의 깃발)을 앞세워 누선장군을 좌장군 막사로 불렀다. 누선장군이 들어오자 계획대로 즉시 좌장군 휘하의 군사들에게 포박하여 가두게 하고 누선군을 좌장군 휘하의 군사들과 합치게 했다. 그런 다음 무제에게 보고하자 무제는 일방적으로 일을 처리했다며 공손수의 목을 쳤다.

양군을 병합한 좌장군은 즉시 급격하게 위만조선을 몰아쳤다. 조선상 노인(朝鮮相路人)과 한음(韓陰)·니계상 삼(尼谿相參)·장군 왕겹(將軍王唊) 등이 모여 계책을 협의했다. "우리는 처음부터 누선장군에게 항복하려 하였는데 누선장군은 지금 잡혀 있고 좌장군 혼자 양군을 병합하여 급하게 몰아치고 있으니 아무래도 맞붙어 싸울 수 없을 것 같은데 왕은 항복하지 않으려 하니 어쩌면 좋겠소." 이리하여 한음·왕겹·노인 등은 한군 진영으로 도망쳐 망명하기로 했다. 조선상 노인은 가던 도중 죽었다.

원봉3년(BC 108) 니계상 삼이 사람을 시켜 조선왕 우거를 죽이고 한군 진영으로 가서 항복했다. 그러나 왕험성(王險城)은 함락되지 않고 있었다. 우거의 대신(大臣) 성기(成己)가 군사를 이끌고 완강히 버티고 있었기 때문이다.

좌장군은 우거(右渠)의 아들 장강(長降:長陷)과 노인(路人)의 아들 최(最)를 보내어 백성들에게 사정을 알리고 성기를 죽이게 했다. 이로써 조선은 드디어 평정되었고 한사군(漢四郡)이 되었다.

삼(參)은 홰청후(澅淸侯)로 봉해지고 음(陰)은 적저후(荻苴侯)·겹(唊)은 평주후(平州侯)·장강(長降)은 기후(幾侯)가 되었는데 최(最)는 아버지가 적잖은 공을 세우고 죽었다 하여 온양후(溫陽侯)로 삼았다.

좌장군 순체는 공을 다투다 알력을 빚고 계획을 틀어지게 한 죄를 물어 목을 쳐 저잣거리에 버려(棄市) 두었고 누선장군 양복은 좌장군의 군사가 도착하기도 전에 싸움을 벌여 많은 군사를 잃었으므로 참형을 받아야 했지만 속전(贖錢)을 치르고 서인(庶人:일반인)이 되었다.

(이상은 위만조선(衛滿朝鮮)의 멸망을 기록한 「사기(史記)」 조선열전(朝鮮列傳)의 일부 내용을 그대로 번역한 것이다. 행간(行間)에 많은 뜻을 함축하고 있기 때문에 단재가 이 기사를 재해석해 각색한 내용과 비교해 보면 유익한 점이 많을 것 같아 먼저 번역 했다. 다음은

단재가 쓴 내용이다.)

무제는 이를 구실 삼아 좌장군 순체(左將軍荀彘)에게 보병 5만 명을 거느리고 요수(遼水 : 어느 강을 비정한 것인지 알 수 없음)를 건너 패수(浿水 : 대릉하)로 나가게 하고 누선장군 양복(樓船將軍楊僕)은 누선병 7천명을 거느리고 발해를 건너 열수(洌水 : 어느 강을 비정한 것인지 알 수 없음)로 들어가 우거의 서울, 왕검성(王儉城 : 조선 고대 세 왕검성의 하나 ; 비정 위치 불명)으로 가서 위만조선을 좌우에서 협공(挾攻)하려 했다.

양복은 열구(洌口 : 어느 곳을 비정한 것인지 알 수 없음)에 이르러 상륙하였다가 대패하여 산중으로 도망쳤고 패잔병을 거두어 모아 스스로를 보호하고 있었다. 순체는 패수를 건너려 했으나 위만조선의 병사가 막아 지키고 있어 여의치 못했다. 한무제는 두 장군이 패했다는 소식을 듣고 위산(衛山)을 사자로 보내어 금백(金帛 : 뇌물)을 흩어 우거의 여러 신하들에게 먹이고 군신 사이를 이간질시켰다.

위만조선은 원래 조선과 지나의 떠돌이 도적(流寇)들의 집단이기 때문에 그 신하들은 위씨에 대한 충의심(忠義心)보다 황금에 대한 욕심이 말할 수 없이 극렬했다. 그 신하들은 싸우자고 주장하는 주전파(主戰派)와 싸우지 말고 친하게 지내자고 주장하는 주화파(主和派)로 갈리어 알력을 빚고 있었다. 이윽고 한의 비밀금백(秘密金帛)이 흩어지자 주화파가 갑자기 득세하게 되어 우거에게 태자를 한군(漢軍) 진영으로 보내어 한나라 장수에게 사과하고 군량과 말을 바치기로 협약이 이루어지게 되었다.

그러나 우거는 태자가 호위병 1만 명을 데리고 패수를 건너 한군 진영으로 가서 한나라 장수를 만나게 하라고 했고 한나라 장수는 태자가 1만 명의 군사를 거느리고 패수를 건너려면 무장을 하지 말고 오라고 하여 양쪽이 서로 버티는 바람에 교섭은 결렬되고 말았다.

하지만 금백이 효력을 나타내어 우거의 재상(宰相) 노인(路人)·한음(韓陰)·삼(參)과 대장 왕겹(大將王唊)은 한과 내밀하게 지내며 힘들여 싸우지 않으려 했다.

좌장군 순체는 패수를 건너 왕검성의 서북쪽을 치고 양복은 산속에서 나와 왕검성의 동남쪽을 쳤다.

한무제는 교섭을 결렬시킨 책임을 물어 위산을 참형에 처하고 제남태수 공손수(齊南太守公孫遂)를 사자로 삼아 전권을 갖고 두 장군을 감독하게 하는 동시 더욱 많은 금백을 갖고 가서 우거의 신하들을 매수하게 했다.

이때 순체와 양복 두 장군은 서로 우거의 항복을 받으려고 다투느라 사이가 나빠져 있었다. 공손수는 순체의 편을 들어 양복을 불러다 순체의 병영에 가두고 순체에게 두 군사를 아울러 거느리고 싸우게 한 다음 돌아가 한무제에게 보고했다. 한무제는 금백만 낭비하고 우거 신하들의 항복마저 받아내지 못했다고 크게 노하여 공손수의 목을 또 베었다.

오래지 않아 한음·왕겹·노인 등이 금백을 받은 일이 탄로나 노인은 참형을 받았고 한음과 왕겹 두 사람은 도망쳐 한군 진영으로 가서 항복했다.

이듬해 여름 삼이 우거를 암살하고 성을 열어 바치며 한에 항복하려 하자 우거의 대신 성기(成己)가 삼을 토벌하고 나섰다. 우거의 아들 왕자 장(王子長)이 반역자 삼에게 붙어 노인(路人)의 아들 최(最)와 함께 성기를 죽이고 성문을 열어 한에 바쳤다. 위만조선을 이로써 망했다. 한무제는 그 땅을 나누어 진번(眞番)·임둔(臨屯)·현토(玄菟)·낙랑(樂浪) 네 군을 만들었다.

이때의 사실은 오직 「사기」 조선열전에 의거할 수밖에 없는데, 조선열전에 한(漢)이 금백(金帛:뇌물)으로 위만조선의 여러 신하들에게 뇌물을 먹였다는 사실이 기록되지 않은 까닭은 무엇인가.

이것은 사마천이 「사기」무제기 때문에 밉보여(앞 절에 보임) 부형(腐刑)을 당했기 때문에 동부여에 대한 한의 패전을 적지 못하였듯이 사실을 사실대로 쓰지 못했기 때문이다. 그러나 그 이면에 한이 전쟁에는 지고 뇌물로 성공한 사실이 지상(紙上)에 뚜렷하게 나타나고 있다.

이를테면 "위만은 군사력으로 재물을 얻고 주변 작은 나라를 침략하여 항복을 받았다(滿得以兵威財物, 侵降其旁小邑)"고 하여 위만의 건국이 군사력과 재물로 이루어졌다고 기록한 것은 은근히 한무제를 투영하여 위만조선을 멸망시킬 때 당당히 병력으로 못하고 재물로 적을 매수하는 비열한 수단으로 했다는 것을 풍자한 것이다. 〈여기서 단재는 "위만은 군사력으로 재물을 얻고 주변 작은 나라를 침략하여 항복을 받았다"는 내용의 글을 "위만은 군사력과 재물로 침략하여 주변 작은 나라의 항복을 받아 얻었다(滿得以兵威財物侵, 降其旁小邑)"고 강해(强解)하여 위와 같은 논리를 펴고 있다. 그러나 '降(항)' 자가 이미 '얻었다'는 뜻을 포함하고 있기 때문에 得(득)자의 해석을 그 뒤에 붙일 수는 없다. 그러므로 이 해석은 바른 해석이 아니다. - 정해자〉

또 "위산을 보내어 가서 군사력으로 우거를 타이르게 했다(遣衛山, 因兵威 往諭右渠)"고 하여 군사력이라는 뜻의 '兵威(병위)' 두 자만 쓰고 '財物(재물)'이라는 두자는 뺐다. 당시 순체(荀彘)와 양복(楊僕)은 모두 패전했고 증원병(增援兵)도 가지 않아 군사력이 오히려 우거보다 약하던 때였는데 무슨 군사력이 있어 위협이 될 수 있었겠는가.

이것은 바로 위 문장의 "군사력과 재물(兵威財物)"이라는 네 글자를 이어, 위산(衛山)이 가져간 것이 '군사력(兵威)'이 아니라 '재물(財物)'이라는 뜻을 포함하고 있는 것이다.

위산과 공손수(公孫遂)가 까닭없이 참형(斬刑)을 받았다고 기록한 것은, 한무제가 금백(金帛)만 쓰고 성공하지 못했다는 노여움의 표시이다. 위만조선이 멸망한 뒤 순체와 양복이 한 사람은 참형을 받고 한 사람은 서민으로 쫓겨났으며 후(侯)로 봉해지고 상(賞)을 받은 사람은 위만조선의 반신(叛臣) 노인(路人)의 아들 최(最)와 왕겹(王唊) 등 네 사람 뿐이다.

이것은 위만조선의 멸망이 한의 군사력으로 이루어진 것이 아니라, 한의 뇌물을 받고 나라를 팔아먹은 간신(奸臣)들에게 있다는 것을 노골적으로 표현한 것이다.

(3) 한사군(漢四郡)의 위치 및 고구려와 한의 관계

위만조선이 멸망하자 한(漢)은 그 땅을 나누어 진번(眞番)·임둔(臨屯)·현토(玄菟)·낙랑(樂浪) 사군(四郡)을 설치하였다. 사군이 어디에 있었느냐 하는 문제는 삼한(三韓)이 과연 있었느냐 하는 문제 못지않은 조선사상(朝鮮史上)의 논쟁거리가 되어 왔다.

만번한(滿番汗)·패수(浿水)·왕험성(王險城) 등 위만조선의 근거지가 지금의 해성(海城:하이청)·개평(蓋平:까이저우) 등지이다. 〈사실 위만조선의 왕험성(王險城) 옛터인, 험독(險瀆:검터)은 옛날 창려(昌黎), 오늘날 하이청(海城) 서북쪽 타이안(台安) 신카이허(新開河)에 있다.─정해자〉(이것은 제3편 제1장 (2)절에서 자세히 기술했다.)

당시 지금의 개원(開原:카이위안) 이북은 북부여국(北扶餘國)이고 지금의 흥경(興京:허투아라) 이동은 고구려국(高句麗國)이고 지금의 압록강 이남은 낙랑국(樂浪國)이고 지금의 함경도 내지 강원도는 동부여국(東扶餘國)이었으니, 이 네 나라 밖에서 한사군(漢四郡)을 찾아야 할 것이다. 그러므로 사군의 위치는 요동반도(遼東半島) 안에서 찾을 수밖에 없는데, 사군의 위치를 놓고 이설(異說)이 백출(百出)하는 것은 대개 아래에 열거하는 몇 가지 원인 때문이다.

첫째는 지명(地名)의 같고 다름(異同)을 구별하지 못하는 까닭이다. 이를테면 패수(浿水)·낙랑(樂浪) 등은 모두 '펴라'의 표기이다. 지금의 대동강은 당시 '펴라'라는 물길이고 지금 평양은 당시 '펴라'라는 서울 이니, 물길과 서울을 똑같이 '펴라'라고 호칭한 것은 마치 지금 청주(淸州) '까치내'라는 물길 옆에 '까치내'라는 마을이 있는 것과 같이 '펴라'라는 물길 옆에 있는 서울이기 때문에 '펴라'라고 부른 것이다.

'浿水(패수)'라는 浿(패)는 '펴라'라는 '펴' 소리를 딴 것이고 '水(수)'는 '펴라'리는 '라'의 뜻을 따서 '펴라'로 표기한 것이고 '樂浪(낙랑)'의 '樂(락)'은 '펴라'의 '펴'라는 뜻으로 딴 것이고 '浪(랑)'은 '펴라'의 '라'라는 소리를 따서 '펴라'로 표기한 것이며, 기타 평양(平壤)·평양(平穰)·평나(平那)·백아강(百牙岡)도 모두 '펴라'의 표기이다. 그 해석은 여기서 줄인다. 〈'樂浪(낙랑)'은 '펴라'라는 표기가 아니라 國內(국내)나 瑯琊(낭야)·奈良(나라)와 똑같은 '나라'의 이두표기라고 제2편 제3장 (4) '한자의 수입과 이두 창작'에서 이미 주한 바 있고 '浿水(패수)'의 浿(패)는 '펴'라는 소리를 딴 것이 아니라 '펴라'의 줄임말이고 水(수)는 '라'라는 소리가 아니라 '물', 또는 '내'라고 여러 학자들이 풀고 있는 것처럼 浿水(패수)는 국도(國都) 옆에 있는 물길이기 때문에 버라내·펴라내·피라내·피야내로 불리게 된 것이라고 보는 것이 옳을 것이다. 어떠한 이름의 하천이든 국천(國川)이 되면 버라내·피라내·배라내·피야라내가

된다고 본편 제3장 (1) '고구려의 9년 전쟁'에서 이미 주한 바 있다.–정해자〉

　한무제가 이미 위만조선(衛滿朝鮮), 즉 불조선을 멸하여 요동군(遼東郡)을 만들고 신·말조선의 지명을 더러 위만조선의 옛 지명대신 가져다 붙였다. 지금 해성(海城:하이청) 헌우락(薢芋濼:쉬안위러)의 본명이 '알티(安地(안지) 또는 안시(安市라고 한 곳)'였는데 이것을 고쳐 '패수(浿水)'라 하였으며, 「사기」 저작자 사마천(司馬遷)은 그 고친 지명에 따라 사군(四郡) 이전의 일을 서술하였으므로 "한이 일어나자…패수에 이르러 경계로 삼았다(漢興…至浿水爲界)"든가 "위만이 동쪽 변새 밖으로 달아나 패수를 건너(滿,東走出塞.渡浿水)" 등의 말이 들어 있는 것이다. 〈단재는 본편 제1장 (2)열국의 강역 ⑭절에서와 마찬가지로 헌우락(薢芋濼)이 오늘의 까이저우(蓋州)·하이청(海城)지방을 이르는 것으로 알고 비정해 쓰고 있다. 그러나 헌우락은 니하(泥河)를 지칭하는 것으로 니하는 오늘날 중국 허베이성 장쟈커우 양위안현(張家口陽原縣) 상간하(桑乾河)유역에도 있고 야오닝성(遼寧省) 대릉하(大凌河) 남류 유역에도 있다. 지금도 泥河(니허)라는 이름의 마을이 여러 곳에 뻗쳐 있다. 또 상간하 유역의 니하만(泥河灣)은 국제적으로 공인되어 있는 신석기시대의 중요한 유지로 동아시아인종(東亞細亞人種)의 기원지로 알려지고 있다. 그러므로 패수(浿水)가 어느 물길을 지칭하는 것이냐에 따라 기자조선(箕子朝鮮), 또는 위만조선(衛滿朝鮮)의 위치가 오늘날의 요동(遼東)이라고 할 수도 있고 요서(遼西)라고도 할 수 있다. 단재의 '해성 헌우락설'은 원(元)의 「일통지(一統志)」가 「요사(遼史)」 지리지의 기록을 인용하여 "패수(浿水)는 바로 옛날 니하(泥河)이다. 요양(遼陽)에 이르러 물이 고이며 흐르지 않기 때문에 헌우초가 늪지대에 많이 나서 헌우박(薢芋泊)이라고 한다"는 기록에 영향을 받은 것이 아닌가 싶다. 또 단재는 이 대목에서도 "한이 일어나자…패수에 이르러 경계를 삼았다(漢興…至浿水爲界)는 기록을 인용하면서 제3편 3장 (2) '불조선의 진한(秦漢)과의 관계'에서처럼 '退以(퇴이)' 두 글자를 끼워 넣어 "패수에 이르러 경계를 삼았다(至浿水爲界)"는 기록을 "물러나 패수로써 경계를 삼았다(退以浿水爲界)"고 「사기」의 기록을 고쳐 사실인 것처럼 강조하고 있다. 밑의 글에서도 "처음에 연나라 전성기 때(始全燕時)"라는 기록의 때를 뜻하는 '時(시)' 자를 빼었고 "글을 올려 천자를 뵙고자 했으나(欲上書見天子)"를 "글을 올려 중국으로 들어가 천자를 뵙고자 했으나(上書,欲入見天子)로 바꾸는 등 자신의 필요에 따라 옛기록을 왜곡해 쓰고 있어 모두 「사기」 기록대로 다시 고쳤다.–정해자〉

　진번(眞番)이 비록 신·불 두 조선을 아울러 일컫는 명칭이지만 한(漢)은 이곳을 빼앗아 고구려를 진번군(眞番郡)이라고 가정(밑에 자세히 기술하겠다)했다.

「사기」조선열전에 "연의 전성기에는 일찍부터 진번과 조선을 침략하여 차지하려 했다(全燕時, 嘗略屬眞番朝鮮)"는 것과 "위만은⋯점진적으로 진번조선을 빼앗아 차지했다(滿⋯稍役屬眞番朝鮮)"는 등의 진번조선은 신·불 두 조선을 가리킨 것이고, "진번·임둔이 모두 와서 항복했다(眞番·臨屯皆來服屬)"는 것과 "진번 주변 나라들이 글을 올려 천자를 뵈려 했다(眞番旁衆國, 欲上書見天子)"는 등의 진번은 사군(四郡) 이후 4군의 하나인 진번군(眞番郡)을 가리킨 것으로, 뒤에 고친 지명에 의거하여 옛일을 설명한 것이다.

이것은 마치 을지문덕(乙支文德) 이후에 살수(薩水)라는 이름이 청천강(淸川江)으로 바뀌어 을지문덕 시대에는 청천강이 없었으나 우리가 "을지문덕이 청천강에서 수군(隋軍)을 무찔렀다"고 하는 것과 같은 것인데도 역대 학자들이 이것을 모르고 「사기」의 패수와 진번 등을 사군 이전의 명칭으로 아는 동시 현우락·패수 및 대동강·패수의 두 패수와 나라이름인 진번과 군의 이름인 진번을 혼동하여 말하고 있는 것이다.

〈고분벽화(古墳壁畵) 속의 고구려 귀부인(貴婦人)〉

둘째는 기록의 진위(眞僞)를 분간하지 못하고 있는 것이다. 이를테면 「한서」 무제기(武帝紀) 원봉 3년의 진번(眞番)·임둔(臨屯)을 해설한 주에서 "신찬(臣瓚)이 말했다. "「무릉서(茂陵書)」에 임둔군치(臨屯郡治)는 동이현(東暆縣)에 있는데 장안(長安)에서 6,138리 이고, 진번군치(眞番郡治)는 삽현(霅縣)에 있는데 장안에서7,640리이다"라고 했다.

「무릉서」는 무릉사람 사마상여(司馬相如)가 지은 것이라고 하나, 「사기」 사마상여전에는 "상여가 죽은 5년 뒤 천자가 비로소 후토(토지신)에 제사지냈다(相如旣卒五歲, 天子始祭后土)"고 했고 「사기집해(史記集解)」에는 "원정 4년⋯비로소 후토를 세웠다(元鼎四年⋯始立后土)"고 했으니 원정 4년은 기원전 113년이고 상여가는 그 5년 전인 원수 6년, 기원전 117년에 죽었으니, 상여는 원봉 3년, 즉 기원전 108년, 진번군과 임둔군이 설치되기 10년 전에 죽은 것이다. 10년 전에 이미 죽은 사람이 어떻게 10년 뒤에 설치된 두 군의 위치를 말할 수 있겠는가.

그렇다면 「무릉서」는 위서(僞書)인 동시에 그 책속의 '진번(眞番)·임둔(臨屯)' 운운하는 기록 역시 위증(僞證)임이 분명하다. 더욱이 「한서」 지리지에는 요동군(遼東郡) 군현지(郡縣志)가 따로 있고 그밖에 현토군(玄菟郡)과 낙랑군(樂浪郡)의 두 군현지가 있으므로 역사를 읽는 독자들에게 요동반도 이외도 현토·낙랑 두 군이 있었던 것처럼 인식하게 하고 있다.

그러나 「위략」의 '만번한(滿番汗:滿潘汗)'이 바로 「한서」 지리지 요동군의 문·번한(汶番汗)이고, 「사기」의 패수(浿水)가 바로 요동군 번한현(番汗縣)의 패수(沛水)라는 것이 이미 확증(確證) 되었으니, 「한서」 지리지의 현토·낙랑 두 군이 실려 있는 것은 후대 사람이 써 넣은 위증(僞證)이 틀림없다.

역대 학자들은 이처럼 작위적(作爲的)인 논쟁거리(公案)가 있는 줄도 모르고, 언제나 「한서」 무제기 진번(眞番)·임둔(臨屯)에 관한 주나 「한서」 지리지의 낙랑(樂浪)·현토(玄菟) 두 군현지를 금석불간(金石不刊:금석에 새겨져 고칠 수 없는)의 법전(法典)처럼 신봉해왔다. 그러한 원인으로 사군(四郡)의 위치에 대한 고증(考證)이 비록 번다하지만 하나도 그 정곡(正鵠)을 찔러 지적한 이가 있었다고 할 수 없다. 〈한사군(漢四郡)으로 통칭되는 낙랑군(樂浪郡)과 임둔군(臨屯郡)·진번군(眞番郡)·대방군(帶方郡)이 대릉하(大凌河) 서쪽인 요서(遼西)에 있었다는 주장이 이치에 맞고 옳다. 그래서 「요사(遼史)」는 "상경 임황부(上京臨潢府)는 본래 한(漢)나라 때 요동군 서안평(遼東郡西安平)의 땅이다."라고 기록했다. 그곳이 낙랑군이었다는 말이다. 단재는 이 기록을 부인한다. 또 단재는 여기서 "패수(浿水)가 번한현(番汗縣)의 패수(沛水)임이 확정되었다"고 말하고 있으나 번한현의 위치는 지금까지 중국 학계에서도 파악하지 못하고 있다. 따롄(大連) 복주하(復州河)가 문현(汶縣)의 문수(汶水)일 것으로 추단하고 있을 뿐 문현과 번한현(番汗縣)의 정확한 위치를 찾아내지 못하고 있다. 그래서 우리의 일부 학자들은 滿番汗(만번한), 또는 滿潘汗(만반한)이 지명이 아니라, "번(番:潘) 땅의 임금 위만"을 지칭하는 말로 해석하기도 한다.─정해자〉

한사군(漢四郡)은 원래 땅위에 획정된 것이 아니고 종이 위에 그린 일종의 가정(假定)이다.

말하자면, 고구려(高句麗)를 멸망시키고 진번군(眞番郡)을 만들 것이다. 북부여(北扶餘), 즉 북옥저(北沃沮)를 멸망시키고 현토군(玄菟郡)을 만들 것이다. 남동부여(南東扶餘), 즉 남옥저(南沃沮)를 멸망시키고 임둔군(臨屯郡)을

만들 것이다. 낙랑국(樂浪國)을 멸망시키고 낙랑군(樂浪郡)을 만들 것이다, 하는 가정일 뿐이고 실현되었던 것이 아니다. 한무제는 그 가정을 실현하기 위해 이상 각 지역을 침략하기 시작했을 것이다.

〈고구려 귀면(鬼面) 수막새〉

낙랑과 두 동부여는 앞에 기술한 것과 같이 고구려에 대한 오랜 원한이 있었기 때문에 한의 힘을 빌어 고구려를 물리치려 했을 것이고 고구려는 앞서 대주류왕의 승전(勝戰)한 여세를 몰아 한과 결전(決戰)하러 나왔을 것이다. 그 전쟁은 대략 기원전 108년경 위만조선이 멸망한 해부터 시작되어 기원전 82년(26년만)에 이르러 끝났는데 한군(漢軍)이 패하여 사군(四郡)을 설치하려던 희망이 꺾였기 때문에 진번(眞番)·임둔(臨屯) 두 군의 명칭은 폐지하고 현토(玄菟)·낙랑(樂浪)을 요동군 안에 교치(僑置:없는 것을 있는 것처럼 설치하는 것)하기에 이르렀다. 「한서」 소제기(시원 5년)에는 "진번군을 파했다(罷…眞番)"고만 기록하고 있는데,「후한서」 동이열전(東夷列傳) 예전(濊傳)에는 "소제 시원 5년 임둔·진번을 혁파하여 낙랑·현토에 합병했다(昭帝始元五年, 罷臨屯眞真, 以並樂浪玄菟)"고 기록하고 있는 것을 보면 임둔군도 진번군과 함께 철폐되었음을 보여준다.

예전은 계속하여 "현토를 다시 구려(한의 고구려현)로 옮겨 살게 했다(玄菟復徙居句驪)"고 했고 「삼국지」 오환선비동이전 동옥저전(東沃沮傳)에는 "처음에는 옥저성(沃沮城)을 현토군으로 삼았다가 뒤에 고구려 서북쪽으로 옮겼다"고 했다. 〈「삼국지」 예전 이 대목에 관한 기록은 다음과 같다. "위만의 손자 우거를 죽이고 그 땅을 나누어 4군을 만들었다. 옥저성을 현토군으로 삼았는데 그 뒤 맥족이 침입하여 현토군을 구려 서북쪽으로 옮겼다. 요즘 말하는 현토고부라는 것이 이것이다(殺滿孫右渠, 分其地爲四郡, 以沃沮城爲玄菟郡, 後爲夷貊所侵, 徙郡句麗西北, 今所謂玄菟故府是也)"-정해자〉

그러나 동옥저전(삼국지)의 불내예왕(不耐濊王 : 버라내 부여왕)은 북동부여와 남동부여의 왕을 가리킨 것이고 예전(후한서)의 불내예왕(不耐濊王)은 낙랑(樂浪)을 가리킨 것으로, 두 동부여와 낙랑국은 당시 모두 독립왕국이었다.

그렇다면 현토군이 옥저, 즉 북동부여에서 요동으로 옮겨진 것이 아니라, 북동부여를 현토군으로 만들려던 계획이 실패함

〈진(晉)나라 때 유주자사(幽州刺史)를 지낸 고구려 장군〉

에 따라 비로소 요동, 지금의 봉천성성(奉天省城 : 瀋陽)에 이름뿐인 현토군을 설치했던 것이고 낙랑군도 함께 교치(僑置 : 없는 것을 있는 것처럼 설치하는 것)하였을 터이니, 그 위치는 확언할 수는 없으나 대략 오늘의 해성(海城 : 하이청) 등지일 것이다.

무슨 까닭으로 이름뿐인 진번·임둔 두 군을 철폐하는 동시 또 이름뿐인 현토·낙랑 두 군을 설치하였는가. 이는 다른 때문이 아니다. 앞에서 기술한 것과 같이 낙랑국과 남동부여국은 고구려에 대한 원한이 커서 한(漢)이 패하여 물러간 뒤에도 두 나라는 여전히 사자를 보내어 비밀리에 정보를 교환하고 장사꾼들을 왕래시키며 물자를 교역(交易)했기 때문에 한은 요동에 현토·낙랑 두 군을 설치하여 이 두 나라와의 외교(交涉)를 이어가게 하는 한편 고구려와 한이 전쟁을 하게 되면 두 나라의 협조를 받기 위해서였다. 이것이 한과 두 나라 간의 관계였다.

반면 고구려는 두 나라가 한과 몰래 통교(通交)하는 낌새를 보이면 반드시 그 죄를 묻는 군사를 일으켰는데, 이것이 고구려와 두 나라의 관계였다. 그리하여 고구려는 이 두 나라 때문에 수백 년 동안 한나라로 쳐들어가 그 땅을 빼앗는데 많은 지장을 받았다.

이 책에서는 두 개의 낙랑을 구별하기 위하여 낙랑국은 남낙랑(南樂浪)이

라고 쓰고 한나라 요동의 낙랑군은 북낙랑(北樂浪)이라고 쓰겠다.

「삼국사기」 고구려본기에 기록된 '낙랑왕(樂浪王)'과 신라본기에 기록된 '낙랑국(樂浪國)'은 모두 남낙랑을 가리킨 것인데, 역대 학자들이 늘 '요동에 설치됐던 북낙랑은 모르고 남낙랑을 낙랑군이라고 주장'하는 한편 「삼국사기」의 "낙랑국 낙랑왕(樂浪國樂浪王)"은 바로 한군태수(漢郡太守)의 세력이 동방(東方) 사람들 눈에 한 나라의 국왕처럼 대단하게 보였기 때문에 '國(국)', 또는 '王(왕)'이라고 일컫게 된 것이라고 단정하고 있다. 그러나 고구려와 접경인 요동태수를 요동왕(遼東王)이라고 호칭하지 않고 현토태수를 현토왕(玄菟王)이라고 호칭하지 않았다. 어찌 낙랑태수만 낙랑국왕이라고 했겠는가. 근거나 이유도 없이 억측해 하는 말에 지나지 않는다.

〈가야 금관(伽倻金冠)〉

근자에 일본 사람이 낙랑고분(樂浪古墳)에서 한대(漢代)의 연호(年號)가 새겨진 그릇(器皿)을 발견하고, 지금의 대동강 남쪽 기슭을 "위만조선(衛滿朝鮮)의 고도(古都), 곧 뒤의 낙랑군치(樂浪郡治:태수 주재지)"라고 주장하고 있으나, 이따위 그릇은 남낙랑이 한과 통교(通交)할 때 수입한 그릇일 수도 있고 그렇지 않으면 고구려가 한군과 싸워 이기고 노획한 그릇일 수도 있다. 이것만 가지고 지금 대동강 연안이 낙랑군치였다고 단정할 수는 없는 일이다.

제4장. 계립령(鷄立嶺) 이남의 두 신국(新國)

(1) 계립령 이남의 별천지(別天地)

계립령(鷄立嶺)은 지금의 조령(鳥嶺:새재)이다. 지금은 문경읍(聞慶邑)의 북쪽 산을 계립령이라고 하지만 옛날(古代)에는 조령(새재)을 '저릅재'라고 불렀다. 저릅은 삼(麻)을 이르던 고어이다. 이두로 "鷄立(계립)"이라고 표기하고 "겨릅:계릅"이라고 발음했다. '삼대(麻木)'라는 뜻이다. 그러므로 조령(새재)이 바로 '저릅재'이다. 〈지금도 삼(껍질)을 벗기고 난 속대를 '지릅대'·'저릅대' 라고 말한다. 표준어가 '겨릅대'이다.-정해자〉

계립령(저릅재:새재) 이남은 지금 경상북도를 통틀어 이르는 호칭이다. 계립령 일대로 지금의 충청북도를 막고 태백산(太白山:봉화의 태백산)으로 지금의 강원도를 막고 지리산(智異山:박달산)으로 지금의 충청남도와 전라남·북도를 막으며 동쪽과 남쪽을 바다로 둘러 하나의 다른 판국(板局)을 이루고 있었기 때문에 조선 열국 당시 네 부여(고구려도 혹 졸본부여라고 부른다)가 분립한다, 고구려가 동부여를 정복한다, 또 낙랑을 정복한다, 위만조선이 한에 멸망하여 사군이 된다, 백제가 마한을 멸한다, 하는 등 소란이 있었다. 〈지리산은 원래 이두로 "지이산(智異山)"이라고 표기했다. '智(지)'자가 뜻하는 '지혜로운 사람'을 옛날에는 '밝은 사람'이라고 했기 때문에, 智(지)자에서는 '밝다'는 뜻에서 '밝'의 소리를 따고 異(이)자에서는 '다르다'는 뜻에서 '다르'라는 소리를 따서 '밝다르뫼'→'박달산'이라고 표기한 것이다. 한자로 의역하면 백산(白山), 또는 천산(天山)이 된다. "밝고 영험한 하느님(神)이 내려와 계시는 산"이라는 뜻이다.-정해자〉

그러나 계립령 이남은 그런 풍진(風塵)에 대한 소식과는 동떨어져 있었기 때문에 진한(辰韓)·변진(弁辰)의 자치부(自治部) 수십개의 나라가 그 기름진 땅에 의거하여 벼(稻)·보리(麥)·기장(黍)·조(粟) 등 농업과 누에치기(蠶桑) 및 길쌈하기(織造)에 힘써 베와 비단 등을 산출했으며 철(鐵)을 채굴하여 북방 여러 나라에 공급했고, 변진은 음악(音樂)을 좋아하여 변한슬(弁韓瑟:불한고)이라는 것을 창작하여 문화가 매우 발달하였으나, 일찍 북방의 유민(遺民)으로 마한의 봉지(封地)를 받았기 때문에 마한의 절제를 받았으며 마한이 망한 뒤에는 백제의 절제를 받았다.

그 절제는 소극적인 것으로는 ㉠ 신수두의 건설과 ㉡ 신한 칭호를 허락하지 않는 것이었고 적극적인 것으로는 ㉠ 매년 입조(入朝)하여 배알(拜謁)해야 하는 것과 ㉡ 예에 따라 토산물을 공납(貢納)하는 것이었다. 그 뒤 진한의 자치부는 신라국(新羅國)이 되었고 변진의 자치부는 육가라연맹국(六加羅聯盟國)이 되어 차례차례 백제(百濟)에 맞서 반항하게 된다.

(2) 가라육국(加羅六國)의 건설

지금의 경상남도 등지에 변진(弁辰)의 12개 자치부가 설립되었다는 것은 제3편 제4장에 기술했지만 위 각 자치부를 '가라' 라고 호칭했다. '가라' 는 '큰못(大沼)' 이라는 뜻이다. 각부가 각기 둑을 쌓고 냇물을 막아 큰 못을 만들고 그 부근에 자치부를 설치하고 '가라' 라고 불렀다.

가라를 이두로 가라(加羅)·가락(駕洛)·가야(加耶)·구야(狗邪)·가야(伽倻) 등으로 썼는데 야(耶)·야(邪)·야(倻) 등은 옛 음이 모두 '라' 로 발음되는 것이다. 가라를 혹 '관국(官國)' 이라고 쓰기도 했는데, 官(관)은 그 음의 상반음을 따서 '가' 로 읽고 國(국)은 그 뜻의 하반음을 따서 '라' 로 읽는 것이다.

기원 42년경 각 가라의 자치부원, 나도간(我刀干)·너도간(汝刀干)·저도간(彼刀干)·오도간(五刀干)·유수간(留水干)·유천간(留天干)·신천간(神天干)·귀신간(鬼神干)·오천간(五天干) 등이 지금의 김해읍(金海邑) 구지봉(龜旨峰) 위에 모여 대계(大稧:稧는 당시 자치회 이름)를 조직하고 김수로(金首露) 6형제를 6 '가라' 의 군장(君長)으로 추천했다.

첫째는 신가라다. 바로 김수로가 맡아 다스린 김해를 가리키는 칭호이다. '신' 은 '크다(大)' 다는 뜻인 동시 '우두머리(首)' 라는 뜻이다. '신가라' 는 이전 역사에 '금관국(金官國)' 이라고 표기했는데 알맞다고 여겨진다. 가락(駕洛) 또는 구야(狗邪)라고도 썼지만 이 두 가지는 모두 '가라' 라는 이두이니 6 가라의 총칭으로 쓸 수는 있겠지만 신가라만을 일컫는 칭호로는 적당치 않다.

둘째는 밈라가라이다. 지금 고령(高靈)의 앞 내를 막아 가라를 만들고 이두로 미마나(彌摩那), 또는 임나(任那)라고 불렀다. 6가라 중에서 그 후예가 가장 강력했기 때문에 이전 역사에서 대가라(大駕羅), 또는 대가야(大加耶)라고 기록했다. 〈미마나(彌摩那)는 임나가야(任那伽倻)의 준말이다. 6가야에서 금관가야(金官伽倻) 다음가는 맹주국(盟主國)으로 대가야라고 불렀다. 그 본명이 미마나, 또는 임나였다. 「일본서기(日本書紀)」에 "미마나일본부(彌摩那日本府)" 등으로 기록된 것을 근거로, 일본은 "한반도 남부를 지배했다"는 주장을 펴 오랫동안 물의를 빚어왔다. 그러나 임나가 한반도 남부(남한)를 4세기부터 2백 년 동안 경영했다면 대가야, 즉 고령지역에서 일본문화의 요소가 강하게 나타나는 유물들이 나와야 하는데 가야지역 고분발굴(古墳發掘) 자료에 따르면 4세기 이전 이 지역의 유물문화가 5~6세기까지 변함없이 이어지고 있음을 보여 준다. 이것은 일본 문화가 이 지역에 침투한 적이 없다는 것을 뜻하는 것으로서 임나일본부설은 문헌해석을 크게 잘못하고 있음을 나타내는 확실한 증거라고 아니할 수 없다.—정해자〉

셋째는 안라가라이다. 지금의 함안(咸安) 앞 내를 막아 가라를 만들고 이두로 안라(安羅)·아니라(阿尼羅), 혹은 아니라(阿尼良)라고 표기했는데, 阿尼良(아니라)가 뒤에 와전되어 아시라(阿尸羅)가 되고 아시라가 또 와전되어 아라(阿羅)가 되었다.

넷째는 고링가라(古寧加耶)이다. 지금의 함창(咸昌)이다. 또한 냇물을 막아 가라를 만들고 고링가라라고 불렀는데, 와전되어 '공갈'이 되었다. 지금의 '공갈못(현 상주 恭儉池)'이 그 유허다. 6가라 고적 중에서 오직 이것 하나가 남아 있다. 그 못 속의 연꽃과 연잎이 수천 년 전 풍광을 말해주는 듯하였다. 구한말 광무연간에 총신 이채연(寵臣李采淵)이 논을 만들려고 제방을 터 아주 폐허가 되게 했다. 〈공갈못, 일명공검지(恭儉池)는 삼한시대 3대 저수지 가운데 하나다. 「고려사」 지리지에 1195년(명종 25) 축대를 쌓아 보수했다는 기록이 있고 「경상도읍지(1832)」에 공갈못의 수심이 3m였다는 기록이 있다. 구한말(고종) 못의 일부를 논으로 만들어 5,700평 정도로 줄어들었고 1959년 공검지 서남쪽에 오태저수지(五台貯水池)가 완공되자 1964년 2천여 평만 남기고 모두 논으로 만들었는데, 1993년 옛터 보존을 위해 1만 4716㎡의 크기로 개축하였다.—정해자〉

다섯째는 별뫼가라이다. 별뫼가라는 '별뫼'라는 산속에 만든 가라로 지금의 성주(星州)이다. 이두로 성산가라(星山加羅), 또는 벽진가라(碧珍加羅)라고 표기했다.

여섯째는 구지가라이다. 지금의 고성(固城) 중도(中島)이다. 역시 냇물을 막아 가라를 만들고 구지가라라고 부르며 이두로 고자가라(古資加羅)라고 표기했는데 6가라 중에서 가장 작은 나라였기 때문에 소가야(小加耶)라고도 불렀다.

6개의 가라국이 처음에는 형제의 연맹국(聯盟國)이었으나 그 뒤 연대가 내려갈수록 촌수가 멀어져 각자 독립국이 되었고 각자의 의견에 따라 행동했다.

「삼국사기」는 이미 6개 가라국의 본기(加羅本紀)를 빼고 오직 신라본기(新羅本紀)와 열전(列傳)에 신라와 관계된 가라의 일만 기록했는데, 그 중에서도 '신가라'를 금관국(金官國)이라고 기록한 이외에는 기타 5가라는 거의 구별 없이 가야(加耶)라고 기록하고 있어 그 가야가 어느 가야인지 모르게 된 것이 많다. 이 책에서는 할 수 있는 대로 이들 가야를 구별하여 쓰겠다. 6가라의 연대도 삭감된 듯하므로 신라 앞에 기술한다.

(3) 신라(新羅)의 건국

역대 학자들이 모두 "신라사(新羅史)가 고구려·백제 두 나라의 국사(國史)보다 비교적 완전하다"고 하나, 이는 아주 모르는 말이다. 고구려사(高句麗史)와 백제사(百濟史)는 삭감된 연대가 많지만 신라사는 거짓된 내용이 많아 사료(史料)로서 가치(根據)가 무척 적다. 이제 신라 건국사를 말하면서 대략 이에 대해 논하겠다.

신라의 제도(制度)는 육부(六部) 삼성(三姓)으로 조직되었다. 신라본기(新羅本紀)에 따르면 '육부'는 처음에 알천양산(閼川楊山)·돌산고허(突山高墟)·무산대수(茂山大樹)·자산진지(觜山珍支)·금산가리(金山加利)·명활산고야(明活山高耶) 육촌(六村)이었다.

시라건국 후 3대째인 유리왕(儒理王) 9년(기원32) 육촌의 이름을 고치고 성(姓)을 내려 주었는데, 알천양산은 양부(梁部)로 성이 이(李)씨였고 돌산고허는 사량부(沙梁部)로 성이 최(崔)씨였으며 무산대수는 점량부(漸梁部)로 성이 손(孫)씨였고 자산진지는 본피부(本彼部)로 성이 정(鄭)씨였으며 금산가리는 한지부(漢祇部)로 성이 배(裵)씨였고 명활산고야는 습비부(習比部)로 성이 설(薛)씨였다.

삼성(三姓) 박(朴)·석(昔)·금(金) 세 집안(三家)이다. 처음에 고허촌장(高墟村長) 소벌공(蘇伐公)이 양산(楊山)기슭 나정(蘿井) 옆 숲속에 말(馬)이 꿇어 앉아 우는 것을 바라보고 쫓아가 보니 말은 간곳없고 커다란 알(大卵)이 있었다. 쪼개보니 어린아이(嬰兒)가 나왔다. 이 아이를 거두어 길렀고 성을 박(朴)이라 했다. 박만 한 커다란 알에서 나왔기 때문에 '박'이라고 한 것이다. 이름을 혁거세(赫居世)라고 했는데, '赫居世'를 어떻게 발음하고 무슨 뜻인지 모두 전해지지 않았다. 〈단재는 제1편 4장 (5)몽골·만주·터키 제족(諸族)의 언어와 풍속에 대한 연구에서 혁거세(赫居世)와 똑같은 음과 뜻을 갖고 있는 '勃極烈(발극렬)'과 弗矩內(불구레)가 신라의 '불ㄱㄴ', 즉 "밝게 누리를 비친다"는 뜻이라고 설명했으면서도 어찌 혁거세(赫居世)와 연관 짓지 않았는지 판단되지 않는다.-정해자〉

혁거세는 나이 열세 살에 뛰어나게 영특하고 어른스러웠다. 인민들이 받들어 거서간(居西干)을 삼았다. 거시간은 당시 귀인(貴人)의 칭호였다 한다. 이것이 신라건국 원년(기원전 57년)이다. 이는 박씨(朴氏)의 시조(始祖)이다.

신라 동쪽에 왜국(倭國)이 있고 왜국의 동북쪽 1천리에 다파나국(多婆那國)이 있다. 다파나국 왕이 여국 왕(女國王)의 딸을 아내로 맞았는데, 아이를 밴지 7년 만에 큰 알(大卵)을 낳았다. 왕은 상서롭지 못한 일이라 하여 내다 버리라고 했다. 그녀는 차마 못하여 비단으로 싸고 금함(金櫝)에 넣어 바다에 띄웠다.

그 금함은 금관국(金官國) 바닷가에 이르렀다. 금관국 사람들은 괴이쩍게 여겨 건지지 않았다. 금함은 진한(辰韓)의 아진포구(阿珍浦口)에 이르렀다. 이때는 박혁거세 39년(기원전 19년)이었다. 바닷가에 살던 노파가 이것을 건져 열어 보았다. 어린 아이가 속에 들어 있어 거두어 길렀다. 금함에서 나왔기 때문에 이름을 탈해(脫解)라고 했다. 그리고 금함이 떠올 당시, 까치가 따라오며 깍깍거렸기 때문에 '까치 작(鵲)자'의 앞쪽 반을 따서 성을 '昔(석)'이라고 했다. 이가 석씨(昔氏)의 시조이다.

탈해 9년(기원 65년) 금성(金城:신라 서울. 즉 경주) 서쪽 시림(始林)에서 닭이

〈신강(新疆) 위구르자치구 우름치(烏魯木齊)에 있는 천산(天山:白山)의 박달봉(博格達峰)〉

우는 소리를 듣고 대보 호공(大輔瓠公)을 보내어 알아보게 했다. 황금빛의 조그만 함(小樻)이 나뭇가지에 걸려 있고 그 밑에서 흰 닭(白鷄)이 울고 있었다. 그 금함을 내려 열어보니 또한 어린 아이가 들어 있어 거두어 길렀다. 이름을 알지(閼智)라고 하고 금함에서 나왔기 때문에 성을 금(金)이라 했다. 이가 김씨(金氏)의 시조라고 한다.

함(樻)에서 나왔다, 알에서 나왔다, 하는 신화는 고대인(古代人)이 그들 시조의 출생을 보통 사람과 다른 신성(神異)한 존재로 보이도록 꾸민 것이다. 〈'금빛 함'이나 '커다란 알'은 제1편 4장 (3) '각종 명사의 해석에 대하여'의 주에서 이미 설명하였듯이 모두 하늘과 태양을 상징하는 말이다. 동호족(東胡族)의 조상들이 모두 '알'에서 태어나는 것이 그 때문이다. "하늘이 낳은 아들(天子)로 땅의 지배자라"는 뜻이다. 그 어원은 우리 조상족이 오랫동안 머물렀던 '알타이(Altay)'나 '아리다이(Ağri Daği:Ararat)'가 무슨 뜻인지 살펴보면 쉽게 알 수 있다. 백산(白山)·천산(天山)·금산(金山)·신산(神山)·박달(博達) 등으로 번역되고 있듯이 '알→아리'는 희고 크고 높고 거룩하고 만사에 밝은 천신(天神)을 뜻하는 말로 '날(日:세월)'과 '물(水:아리)' 등의 뜻도 갖게 발전했다. 그래서 한 옛날부터 우리 민초(民草)들은 물과 세월을 비교하며 「아리랑(올이랑)」을 노래했다. "올이랑/올이랑/올 올이요/올이랑 고개로 넘어 간다(아리랑/아리랑/아라리요/아리랑고개로 넘어간다)" "물처럼 흘러가네/물처럼 흘러가네/세월이 물처럼 흘러/한세상 좋은 때(인생절정기)가 다흘러가 네"라는 뜻이다. "올이랑"은 물이 흐르며 여울지는 이랑을 일컫는 말이다. 「아리고 쓰리다」 는 뜻으로 된 「진도아리랑」은 근세에 파생된 가사이다.-정해자〉

다만 육부 삼성(六部三姓)의 사적이 고대사(古代史)의 원본이 아니고 후대 사람들의 첨삭(添削)이 많아 보여 안타깝다. 이를테면 조선고사(朝鮮古史)의 모든 인명과 지명은 우리말로 지어진 것을 이두로 표기하였는데 그 뒤 한문 화(漢文化)가 성행(盛行)하면서 한자로 개작(改作)하였다. 전자는 '메주골'을 미추골(美鄒忽), 또는 매초골(買肖忽)로 표기한 것들이고 후자는 '메주골'을 인천(仁川:어지내)이라고 개명한 것들이다.

그런데 알천양산(閼川楊山)·돌산고허(突山高墟) 등 한자로 지은 6촌의 명 칭이 육부의 본명이고 양부(梁部)·사량부(沙梁部) 등 이두로 지은 육부 명칭 이 육촌의 뒷 이름이라고 하니, 어찌 앞뒤의 순서가 바뀐 것이 아니겠는가, 하는 의문이 첫째이고, 〈단재는 제3편 4장 (3) '낙랑(樂浪) 25국과 남삼한(南三韓) 70여 국'에서 기저(己柢)·불사(不斯)·근기(勤耆)·염해(冉奚)·난미(難彌)·리미동(離彌凍)·군미(軍彌:弁 軍彌國)·여담(如湛)·호로(戶路)·주선(州鮮:馬延)·사로(斯盧)·우유(優由) 등 12부를 오직 '사로' 가 신라(新羅)인 줄 알 수 있을 뿐 그 밖의 것은 신라의 한학자들이 모두 전부터 써오던 이두 를 버리고 한자로 의역하여 알 수 없다고 했는데, 이 대목에서 또다시 알천양산(閼川楊山)·돌 산고허(突山高墟)·무산대수(茂山大樹)·자산진지(觜山珍支)·금산가리(金山加利)·명활산고야(明 活山高耶) 육촌(六村)의 명칭을 한자로 개명한 것이라고 하고 양부(梁部)·사량부(沙梁部)·점량 부(漸梁部)·본피부(本彼部)·한지부(漢祇部)·습비부(習比部)를 이두 본명이라고 정의하고 있다. 그러나 어째서 중국식 한문명칭이고 이두명칭인지 그 근거가 제시되지 않았다. 현재 많은 학 자들은 위에 지적한 기저·불사 등 12부의 명칭과 알천양산·돌산고허 등 육부 명칭은 한자지 명이라기보다 이두지명으로 파악하고 있다. 우리 고대지명은 단재의 말처럼 모두 이두로 표 기되어 있는데 고려조와 조선조 이후 급격히 이두지명이 중국식 한자지명으로 바뀌었다. 한 예를 들면 고구려 때 '물둥굽이→물둥구비'로 불렸던 곳을 이두로 '毛乙冬非(모을동비)'라 고 표기 했는데, 이것을 '모루동구리'로 해석하여 '鐵圓:철원'이라고 하다가 다시 鐵原(철 원)이라고 중국식 한자지명으로 고쳤다. '모루'는 쇠뭉치이고, '둥구비→둥구리'는 둥근 원 이기 때문에 鐵圓(철원)으로 표기한 것인데 그 뜻을 무시하고 음만 따라 다시 鐵原(철원)으로 고친 것이다. 이러한 예를 미루어보면 우리의 이두지명과 중국식 한자지명이 어떻게 다른지 누구나 쉽게 판단할 수 있을 것이다.-정해자〉

신라가 불경(佛經)을 수입하기 전에는 모든 명사가 이두의 음의(音義)에 따라 표기되었는데 불교가 성행하면서부터는 적잖은 괴짜 승려(僧侶)들이 비슷하기만 하면 불경의 숙어를 갖다 붙여 다른 이두로 개작하였다.

예를 들면 소지왕(炤知王)을 비처왕(毗處王)이라고도 하는데, '소지'나 '비처'는 모두 우리말 '비치'의 표기이지만 毗處(비처)는 원래 쓴 이두이고 炤知(소지)는 불경에서 따다 붙인 개작된 이두이다. 유리왕(儒理王)을 세리지왕(世利智王)이라고도 하는데, 유리나 세리가 모두 우리말 '누리'의 표기이지만 儒理(유리)는 원래 쓴 이두이고 世利(세리)는 역시 불경에서 따다 붙여 개작한 이두이다.

탈해왕(脫解王)도 그 주에서 "또한 이름은 토해(吐解)다"라고 했다. 탈해나 토해는 모두 '타해', 또는 '토해'의 표기일 것이다. 그 뜻이 무엇인지 알 수 없지만 당시 속어(俗語)로 지은 이름이 분명해 보인다. 吐解(토해)는 원래 쓴 이두이고 탈해는 개작한 이두이다. 불경에 '脫解(탈해)'라는 말이 있기 때문에 吐解(토해)라는 吐(토)자를 脫(탈)자로 바꾸어 개작한 것이다. 원래는 당시 속어를 따다 붙인 이름으로, 벗어났다(脫出)거나 또는 풀려났다(解出)는 뜻이 없었던 것인데, 괴짜 중들의 "금함에서 탈출했기 때문에 탈해라고 한다"고 억지로 끌어다 붙여 고친 것이라고 단언할 수 있는 것이 그 둘째이고, 〈앞에서도 주했지만 금함(金函)은 바로 '알'이 들어 있는 함, 즉 '알함'이라는 뜻이고 알은 태양을 뜻하는 말이다. 그러므로 '토해'나 '투해'는 '해에서 태어난 이'라는 우리 고대어로 '하늘의 아들(天子)'이라는 뜻일 것이다. 단재는 어째서 우리 민족의 전통적 천손(天孫)사상의 기반이 되는, '알', 즉 하느님을 조롱거리로 여기며 단군을 끌어들이고, 고구려의 '선배'가 다시 찾아야할 민족정기라면서 선배가 바로 우리 조상족인 선배(鮮白)에서 비롯된 말로, 오늘날 '선비(士)정신'의 모체인 선비(鮮卑)라는 것을 굳이 모르는 체했는지 의문이다.—정해자〉

세 성바지(三姓)의 시조(始祖)가 모두 큰 알(大卵)에서 나왔으니, 그 알들은 모두 '박'만 하였을 터인데, 어째서 세 성바지의 시조가 똑같이 박씨(朴氏)가 되지 않고 박씨 시조 이외의 두 시조는 석씨(昔氏)와 김씨(金氏)가 되었는가. 또 석(昔)·금(金) 두 성바지가 모두 금함(金櫝)에서 나왔는데 어찌된 까닭으로 똑같은 김씨가 되지 않고 하나는 석씨가 되고 또 하나는 김씨가 되었는가. 〈박·석·금은 모두 '밝은 알'이라는 뜻으로 태양(하늘)을 상징하는 글자들이다. 昔(석)의 옛 음은 '傒·徯'자 등과 같은 '혜(䕎→새)'로 우리말 '해(새:光明)'를 표기한 글자이다. 그것이 후에 '세→석'으로 전음 되어 우리가 원래의 소리를 잊은 것뿐이다. -정해자〉

석탈해의 금함을 따라오며 까치가 짖어댔으므로 까치를 뜻하는 鵲(작)자의 앞 반쪽을 떼어내어 昔(석)씨가 되었다면 김알지가 발견될 때는 닭이 밑에서 울고 있었으니 닭을 뜻하는 鷄(계)자의 앞 반쪽을 떼어 奚(해)씨가 되어야 했을 터인데, 어째서 똑같은 경우인데도 탈해는 김씨가 되지 않고 석씨가 되었고 알지는 해씨가 되지 않고 김씨가 되었는가. 신화라는 것이 이처럼 난잡하여 조리가 없을 뿐 아니라, 한자 파자(破字)쟁이의 수작이 섞여 있어 이두시대의 실례와 많이 다른 것이 셋째이고, 〈파자(破字)는 한자(漢字) 한 글자를 두세 개로 나누어 말을 만드는 것을 이르는 것이다. 쉽게 말해 김삿갓(金笠)이 어느 집을 찾아 가자, 때가 되었는데도 밥을 주지 않으려고 밖에서 종놈이 "人良卜一"하니까 주인놈이 "月月山山"했다는 것이 그것이다. "人良卜一은 '食上'이라는 두자를 쪼갠 것으로 "밥을 올리리까"하는 것이고 "月月山山은 '朋出'이라는 두자를 쪼갠 것으로 "벗이 나가거든"이라는 뜻이다. -정해자〉

초창(草創)할 당시의 신라(新羅)는 경주(慶州) 한 모퉁이를 차지하고 있던 열국(列國) 중 가장 작은 나라였다. 그러므로 "변한(卞韓)이 나라를 들어 항복했다, 동옥저가 좋은 말(良馬) 2백 필을 바쳤다(進貢), 하는 것은 당시의 형편으로 보아 거의 가당치 않을 뿐만 아니라, "북명인(北溟人)이 밭을 갈다 '예왕인(濊王印)'을 얻어 헌납했다"하는 것은 더욱 황탄(荒誕)한 말인 듯하다.

왜냐하면 북명(北溟)은 북 '가시라', 북동부여의 별명으로 지금의 훈춘(琿春) 등지이고 고구려 대주류왕의 시위장사 괴유(怪由)를 장사지낸 곳인데 이제 훈춘 농부가 밭에서 예왕인을 얻어 수천리 길을 멀다않고 경주 한구석의 작은 나라(小國)인 신라왕에게 가져다 바쳤다는 것이 어찌 실제로 있었던 일을 말한 것이겠는가.

이것은 경덕왕(景德王)이 동부여, 곧 북명의 고적을 지금의 강릉으로 옮긴 뒤에 조작한 터무니없는 말일 것이므로 다른 것도 거의 믿고 쓸 만한 가치가 적다는 것이 넷째이다.

신라가 열국 중 문운(文運)이 가장 늦게 발달하여 역사 편찬(歷史編纂)이 겨우 건국 6백년 뒤에야 시작되었고 북쪽 여러 나라의 신화를 모방하여 억지로 선대사(先代史)를 꾸몄는데, 그나마도 궁예(弓裔)와 견훤(甄萱) 등의 병화(兵火)에 타버렸고 고려조(高麗朝)의 문사(文士)들이 남산·북산의 검불들을 주워 모아 만든 것이기 때문에 신라본기(新羅本紀) 기록의 진위(眞僞)를 가려내기가 고구려·백제 두 국사와 다름이 없는 것인데도 사가(史家)들은 흔히 신라사가 비교적 완전하게 갖추어진 것으로 알고 그대로 믿어왔다.

〈수막새 끝의 '신라인의 미소'〉

내가 연구한 바에 따르면 신라는 진한(辰韓) 육부(六部)의 총칭이 아니고 육부 중의 한 부인 사량부(沙梁部)이다. 新羅(신라)나 沙梁(사량)은 모두 '새라'의 표기이다. 새라는 냇물이름(川名)으로 새라 옆에 있었기 때문에 '새라'라고 호칭한 것이다.

沙梁(사량)은 사훼(沙喙:진흥왕 비문에 보임)라고도 기록했는데, 사훼는 '새부리'라는 표기다. 또한 '새라' 곁에 있는 '불(부르)', 즉 들(原野:벌)이었기 때문에 그렇게 부른 것이다.

「삼국사기」 신라본기에 따르면 신라의 처음 국호를 '徐那伐(서나벌:원문은 徐羅伐로 되어 있다. 이하도 같다.—정해자)'이라고 했다. '서나벌'은 '새라불'이라는 표기로, '새라'의 '불:벌'이라는 뜻이다.

시조 혁거세(赫居世:블ㄱㄴ)는 고허촌장(高墟村長) 소벌공(蘇伐公)의 양아들이니, 고허촌이 바로 사량부이다. 소벌공이라는 蘇伐(소벌)은 沙喙(사훼)와 똑같은 '새불'이라는 표기의 지명이고 公(공)은 존칭으로 새불자치회의 회장이기 때문에 '새불공'이라고 한 것이다. 말하자면 소벌공은 바로 '고허촌장'이라는 뜻인데 사가(史家)는 마치 소공벌을 사람의 이름인 것처럼 잘못 썼다.

새라부장의 양자인 박혁거세가 六部(육부)의 총왕(總王)이 되었기 때문에 국호를 '새라'라 하고 이두로 서나(徐那)·사라(斯羅)·사로(斯盧)·신라(新羅)·서라(徐羅) 등으로 쓴 것이고, 세 성바지 중 박씨뿐만 아니라 석씨와 김씨도 모두 사량부 귀족으로 삼성(三姓)을 특별히 높여 받든 것은 또한 삼신설(三神說)을 본뜬 것이다. 〈위의 '서나(徐那)·사라(斯羅)' 등의 '서나'는 원문에 없었으나, 「삼국사기」 신라본기에 처음 국호로 명기되어 있는 서나(徐那)를 단재가 서라(徐羅)로 고쳐 기술하고 있기 때문에 원문을 바로잡고 이 대목에도 서나(徐那)를 끼워 넣어 보충했다.—정해자〉

신라본기에 "석탈해왕 9년(기원 65년)에 비로소 김씨 시조인 영아(嬰兒) 김알지(金閼智)를 주웠다고 했으나, 파사왕(婆娑王) 원년(기원 80년)에 왕후 사성부인 김씨(史省夫人金氏)는 허루갈문왕(許婁葛文王:추존한 왕을 신라는 갈문왕이라 했다)의 딸이라고 하였으니, 그 나이를 따져보면 허루갈문왕은 거의 알지의 아버지뻘이 되는 김씨일 것이다.

이로 미루어보면 박·석·금 세 성바지가 원래부터 사량부에서 서로 연혼(聯婚)하며 살던 거족(巨族)으로 함께 육부를 도모하여 전체를 장악하고 세 성바지가 돌아가며 왕이 되는 나라를 만들게 되자 진한의 자치판국이 변하여 세습왕조(世襲王朝)의 나라가 된 것이다. 〈새불(沙㘟:시븛)·소불(蘇伐:쇼븛)·소부리(所夫里:셔븘)·사비(泗沘:셔볘)·서라벌(徐羅伐:셔론븘)·서벌(徐伐:셔븛)·'사라벌(沙梁伐:셔론븘)·사벌(沙伐,沙弗:셔븛)등은 모두 '새로운 나라', '새로운 도성'이라는 뜻의 '새 부루'라는 옛말을 한자로 사음(寫音)한 것으로서 새 부여(新夫餘)·새 평양(新平壤)이라는 뜻을 담고 있다. 의역(意譯)하면 신성(新城)·신도(新都)·금성(金城)이 된다. '부여(夫餘)' 즉 '부루'는 '부족' 또는 '부족사회'를 일컫던 옛 소리로 '부러'에 가까웠음을 알 수 있다. 이 '부루:불'는 원래 '벌(平野)', 또는 '불(光明)'을 뜻하는 '벌(伐·弗·火·夫里)'에 뿌리를 두고 발전한 말이라고 하지만, '부여(夫餘)는 비루(肥如)·비루(肥累)·부리(扶黎)·부위(鳧臾)·푸류(沸流)·푸류(蒲類)·버[배]라(白狼)·부라(不耐)·피라(必剌)·퍼라(平壤)·뷔리(慰禮) 등등과 똑같이 수도를 이르던 우리 고대어(古代語)의 한자 사음으로, 사람 따라 시대 따라 같은 뜻의 소리를 다른 글자로 사음하여 각기 다른 이름인 것처럼 보이는 것이기 때문이다. 이렇게 보면 고죽국(孤竹國)의 '비루(肥如:비여)'와 기후국(箕侯國:箕子朝鮮)의 '버라(白狼:백랑)', 고구려(高句麗)의 '피라(平壤:평양)' 및 한성백제(漢城百濟)의 '뷔리(慰禮:위례)'등 예맥계(濊貊系) 국가 도읍지의 옛 소리(古音)가 모두 부여(夫餘)와 똑같은, '부루'라는 '소리'와 '뜻'을 가진 말이었음을 알 수 있다. '서울'이라는 말이 처음 기록으로 나타난 것은 조선왕조 세종 때(1445~1447)의 저술인 「용비어천가(龍飛御天歌)」이다. 그때 만해도 우리 서울이란 명칭은 "서울"이 아니라 "셔븛"로 '새부루→새부러'에 가까운 소리였음을 볼 수 있다. 이 '새 부여', '새 평양'이란 뜻을 담고 있는 '새부루→새부러'라는 말이 변하여 오늘의 '서울'이 된 것이다.—정해자〉

제 5 편

고구려 전성시대

제1장. 1세기 초 고구려의 국력 발전과 그 원인

(1) 대주류왕(大朱留王) 이후의 고구려

기원 1세기 이후부터 3~4세기까지 한강(漢江) 이남, 곧 남부의 조선 열국 들은 이제 막 나라를 초창한 때였고 압록강(鴨綠江) 이남, 곧 중부의 조선 열 국들은 모두 쇠약해져 있었으며 압록강 이북, 곧 북부의 조선열국들도 거의 기울고 넘어져 가라(加羅)나 신라(新羅)나 백제(百濟)나 남낙랑(南樂浪)이나 동부여(東扶餘) 양국들이 모두 기록할만한 것이 적고 오직 고구려(高句麗)와 북부여(北扶餘)가 가장 큰 나라로 열국 중에서 기세가 당당하였다.

그러나 대주류왕(大朱留王) 이후 연대가 삭감됨에 따라 사실이 모두 탈루 (脫漏)되어 그 사적(史蹟)을 논할 수가 없다. 이제 지나사(中國史)에 의거하여 고구려가 지나(支那) 및 선비(鮮卑)와 정치적으로 관계되었던 한두 사항을 기술할 뿐이다.

(2) 고구려의 대 지나(중국) 관계(王莽의 흥망과 고구려의 발흥)

고구려가 동부여와 남낙랑의 관계로 인하여 늘 한(漢)과 다투었는데 기원 1세기경 한의 외족(外族)에 왕망(王莽)이라는 괴걸(怪傑)이 나와서 ㉠고대 사 회주의인 정전법(井田法)을 시행하고 ㉡한문화(漢文化)로 천하를 통일하여 일종의 공산주의적(共産主義的) 국가의 건설을 시도함으로써 지나 본국뿐 아 니라, 조선 열국에까지도 다소 관계되는 사건이 발생하였다.

말하자면 지금 중화민국(中華民國)이 수립되기 이전 지나는 수천 년 동안 왕조가 수없이 바뀌고 영웅들의 쟁탈전이 끊일 때가 없었지만, 기실 ㉯의 세력이 ㉮의 세력을 대신해 들어설 때는 일시적으로 민중들의 요역(徭役:부 역)과 부세(賦稅:세금)가 줄었다. 〈원문에는 "세금을 깎아준다(薄賦稅)"는 뜻의 薄(박)자

〈고구려 고분벽화. 취타대와 시종들을 거느리고 행차하는 안악(安岳) 3호분의 무악의장도(舞樂儀仗圖)〉

가 簿(부)자로 잘못되어 있다. -정해자〉

이러한 혜택정치는 잠시 안정을 되찾기 위한 조치였을 뿐 얼마 후에는 다시 옛 법규(舊規)를 회복하여 결과적으로는 폭력을 폭력으로 바꾸는 악순환에 불과했으니, 의식 없는 내란(內亂)이라고 부를 수는 있겠지만 이것에 '혁명(革命)'이라는 빛나는 호칭을 붙일 수는 없다.

그러나 왕망(王莽)은 실제로 토지(土地)를 똑같이 분배하여 부자와 가난뱅이를 없애자는 의견을 대담하게 실행하려 하였으니, 이것은 동양 고대의 유일한 혁명이라 하겠다. 이제 정전설(井田說)이 발생한 내력과 왕망의 흥망에 관한 약사(略史)를 말하겠다.

정전설은 지나(중국)의 춘추말(春秋末) 전국초(戰國初:기원전 5세기경)의 사회문제를 해결하기 위하여 발생했다. 당시 열국(列國)이 병립(並立)하여 대치하는 가운데 나라마다 귀족(貴族)이 권력을 독점하고 온갖 호사를 다 부려 전쟁이 끊일 날이 없었고 세금(賦稅)은 날로 늘어났으며 부자들이 가난한 사람들의 토지까지 모두 차지하여 인민들의 생활이 말할 수 없이 곤궁해져갔다.

유약(有若:유자)·맹가(孟軻:맹자) 등 일부 학자들이 이러한 현상을 바로잡고자 토지평균설(土地平均說), 정전설(井田說)을 주창하기에 이르렀다. 그들의 말에 따르면 "지나의 하(夏)·상(商)·주(周) 삼대(三代)가 모두 정전제(井田制)를 시행하여 '井(정)'자 꼴로 구획된 토지 9백무(畝)를 8가구에 나누어 주어 가구당 1백무씩 경작하게 하고 나머지 1백무는 공전(公田)이라 하여 8가구가 공동으로 경작하여 공용(公用)에 이바지하게 했으며, 또 각기 경작하는 1백무에서 나오는 소출(所出)의 10분의 1일을 공세(公稅)로 바치게 하여 십일세(什一稅)라고 하였다"고 하였고, "선대 성왕(聖王)같은 이들이 다시 나오지 않고 중국이 분열하여 전국시대가 되자 각 제후(왕)들은 인민들에게서 세금을 많이 거두기 위해 정전(井田)을 파괴하는 한편 정전에 관한 문적(文籍)까지 없애버렸다"고 했다.

어느 민족이고 그들 나름의 원시공산제(原始共産制)가 있었다는 것은 오늘날 사회학자들이 공인(共認)하는 바이니, 지나(支那)도 그 태고(太古)에 균전제도(均田制度)가 물론 있었을 것이다. 그러나 그들(有若:유자·孟軻:맹자 등)이 주장한 정전제는 당시 조선의 정전제를 목격했거나, 혹은 전해 듣고 이것을 모방하려 한 것이고 저들이 말한 것과 같이 〈"말한바"의 원문은 "自한바"로 되어 있다. 오식(誤植)이거나 言(언)자의 오자(誤字)로 보여 '말한바'로 고쳤다. -정해자〉

자기들의 고적(古籍)에 근거한 것은 아니다. 다만 조선의 균전(均田)은 8가구가 같은 전지를 경작하는 것이 아니라, 4가구가 같은 전지를 경작하는 것이다. 지금 평양(平壤)이나 경주(慶州)에 남아 있는 '器(기)'자 꼴의 옛 전지(故田)가 충분히 이를 증명하고 있다.

그리고 그 세제(稅制)는 10분의 1을 과세하는 십일제(什一制)가 아니라, 20분의 1을 과세하는 입일제(卄一制)였다. 「맹자(孟子)」에 기록되어 있는

"맥국에서는 20분의 1을 과세한다(貉二十而取一)"는 것이 명백하게 이것을 지적한 것이다.

저들은 4가구 공동경작제도를 8가구 공동경작제도로 고치고 20분의 1 과세제도를 10분의 1 과세제도로 고쳐 조선과 다르게 만들어 놓고는, 전통적 자존심을 지키기 위해 조선의 제도를 모방했다는 사실을 숨기고 중국 선대 성왕(聖王)이 남긴 제도라고 거짓말로 꾸며대며 조선을 "이맥(夷貉)"이라 부르고 조선의 정전(井田)은 '이맥의 제도'라하여 배척하였다.

「춘추」 공양전(公羊傳)이나 곡양전(穀梁傳) 및 「맹자」에 똑같이 "10분의 1보다 적게 받으려다가는 큰 맥국을 따르는 작은 맥국이 된다(寡乎什一者, 大貉小貉)"고 하면서, 〈원문은 '寡乎(과호)'가 '少乎(소호)'로 되어 있고 끝에 '也(야)' 자가 덧붙어 있어 「춘추」 공양전을 참고해 바로잡았다. "10분의 1보다 많이 받으려 는 것은 큰 걸을 따르려는 작은 걸이고 10분의 1보다 적게 받으려는 것은 큰 맥을 따르려는 작은 맥이 다(多乎什一, 大桀小桀. 寡乎什一, 大貉小貉)"고 기록되어 있다. 桀(걸)은 포악한 군주로 낙인 찍혀 있는 夏(하)의 걸왕(桀王)을 지칭하는 것이다. 「맹자」 고자(告子)에는 이 대목이 "요순의 제도보다 적게 받으려는 것은 큰 맥을 따르려는 작은 맥이다(欲輕之於堯舜之道者, 大貉小貉 也)"로 되어 있고 춘추 곡양전(穀梁傳)에는 정전제(井田制)가 설명되고 있을 뿐 이런 말은 없다. -정해자〉

"맥(貉)에는 오곡(五穀)이 나지 않고 오직 기장(黍)만 생산되며…백관과 유사가 없기 때문에 20분의 1만 과세해도 충분한 것이다(貉, 五穀不生, 惟黍生之…無百官有司, 故二十取一而足也)"라고 했다. 〈이 대목은 「맹자」에서 인용하고 있는데, 원문에는 有司(유사) 밑에 之養(지양)이라는 두 글자가 끼어 있고 끝에 也(야)자가 빠져 있어 「맹자」를 참고하여 바로잡았다. 춘추 공양전에는 "만맥에는 사직과 종묘, 백관제도로 들어가는 비용이 없기 때문에 세금을 적게 물린다(蠻貉, 無社稷·宗廟·百官制度之費, 稅薄)"고 되어 있다. -정해자〉

「후한서」 부여전·옥저전 등에 "토지가 넓게 펼쳐져 있고 비옥하여 오곡을 생산하기에 알맞다(土地平敞…肥美…宜五穀)"고 했고 「위략」 부여전과 고구려전 등에 "그들의 관리로는 상가·대로·패자가 있다(其官,有相加·對盧·沛者)"
고 하였으니 맹씨(孟氏)나 공양씨(公羊氏) 등이 어쩌고저쩌고 한 것은 근거
도 없고 논리에도 맞지 않는 조선 배척론임을 알 수 있다. 〈원문에는 맹씨·공양
씨 다음에 '穀梁氏(곡양씨)'도 들어 있었으나 「춘추」 곡양전에는 정전(井田) 만드는 방식과
10분의 1과세에 대한 설명이 있을 뿐 대걸소걸(大桀小桀)이나 대맥소맥(大貊小貊) 같이 비교
하는 말은 없기 때문에 곡양씨를 뺐다.-정해자〉

　조엽(趙曄)의 「오월춘추(吳越春秋)」에는 "하우(夏禹)의 정전(井田)이 조선
의 것을 모방한 것"이라고 하였으니, 이는 공정한 자백이다. 〈제1편 제3장 '부
루(夫婁)의 서행(西行)'에서 이미 주했지만, 「오월춘추(吳越春秋)」에는 이런 내용이 없다. 지
금은 종적이 없는 무극(無極)의 「동사고기(東史古記)」와 위서(僞書)로 평가되는 「환단고기(桓
檀古記)」에 있을 뿐이다. 「오월춘추」에는 이 대목에 해당하는 말로 "속으로는 부산 주신의
공을 아름답게 여기고 밖으로는 성덕을 부연하여 천심에 부응하려 했다(內美釜山州愼之功,外
演聖德以應天心)"는 기록이 있을 뿐 정전(井田)에 관한 이야기는 없다.-정해자〉

　저들이 정전설(井田說)을 아무리 강조하여도 본래부터 민중을 선동하여
부귀계급(富貴階級)을 타파하려던 운동이 아니고, 오직 군주나 귀족을 달래
어 그들이 누리고 있는 기득권, 즉 부귀를 버리고 그들이 소유(所有)하고 있
는 것을 민중들에게 똑같이 나누어 주자는 것이었기 때문에 민간에서도 아
무런 반응을 얻지 못했고 군주나 귀족들은 이권쟁탈(利權爭奪)이 한창이던
때이므로 정전설 같은 것은 들으려고도 하지 않았다.

　이윽고 진시황(秦始皇)이 열국을 멸망시키고 지나를 통일했다. 전 지나의
재부(財富)를 독점하여 아방궁(阿房宮)을 짓고 만리장성(萬里長城)을 쌓았으
나 2세만에 망했다. 8년대란(大亂) 끝에 한(漢)이 들어설 때쯤에는 옛날 열
국들에 남아 있던 귀족(貴族)과 토호(土豪)들이 많이 멸망하여 부귀계급이
훨씬 줄어들어 있었고 인구도 전쟁으로 많이 감소되어 농토가 모자라는 걱
정이 없었기 때문에 지속되어 왔던 사회문제가 얼마간 해소되어 평정을 유
지할 수 있었다.

　2백 년 동안의 태평세월이 지나자, 인구는 폭발적으로 늘어났고 거농(巨
農)과 대상(大商)이 생겨났다. 부자는 몇 개 군의 토지를 다 가진 이가 있는

가 하면 가난한 백성들은 송곳 하나 꽂을 땅도 없었다. 이러한 사회문제가 학자나 정치가들 사이에 다시 치열하게 논의되기 시작했다.

그래서 어떤 이는 '한전의(限田議)'를 발의하여 인민들의 토지를 약간무(若干畝) 이내로 제한하자고 했고, 어떤 이는 「주례(周禮)」라는 책을 지어 이것을 지나 고대(古代)에 정전제(井田制)를 실행한 주공(周公)이라는 성인이 지은 것이라고 하며 당시의 제도를 반대했다. 〈한전의(限田議)는 한무제(漢武帝) 때 동중서(董仲舒)가 제창한 것으로 과다한 토지집중을 방지하고 집중되어 있는 지주들의 토지를 분배하고자 한데 목적이 있었다. 애제(哀帝) 때 사단(師丹)의 건의를 받아들여 위의 농지소유 상한제를 전국적으로 시행하려 하자 많은 문제가 돌출되어 어려움을 겪다 폐기되었다.─정해자〉

이때 한(漢)의 제실(帝室)은 쇠약해져 명목만 유지했고 외척(外戚) 왕씨(王氏)가 대대로 대사마(大司馬)·대장군(大將軍)의 직책을 갖고 정권(政權)과 병권(兵權)을 거머쥔 채 멋대로 처결했다.

이윽고 왕망(王莽)이 대사마·대장군이 되었다. 한의 평제(平帝)와 유자영(孺子嬰)의 두 황제를 독살하고 스스로 황제가 되어 국호를 '신(新)'이라고 했다. 왕망은 앞에서 기술한 것처럼 ㉠정전제(井田制)의 실행과 ㉡한문화(漢文化)로의 천하통일이라는 두 가지 큰 이상(理想)을 가진 자였다. 그래서 「주례(周禮)」를 모방하여 전 지나(중국)의 정전구획(井田區劃)에 착수하는 한편 사자들을 이웃나라로 보내어 많은 뇌물(財物)을 군장(君長)에게 먹이고 인명(人名)·지명(地名)을 모두 중국식으로 고치게 했으며 한문(漢文)을 전파하여 익히게 하였다.

이보다 앞서 흉노(匈奴)가 남·북흉노로 갈리었는데, 지금 몽고 북쪽에 자리 잡고 있던 북흉노는 한에 대항하였으나 몽고 남쪽에 자리 잡고 있던 남흉노는 한에 신하로서 굴복하고 있었다.

이때 왕망이 사자를 남흉노 찬우(單于) 낭아지사(囊牙知斯)에게 보내어 달랬다. "두 자 이상의 이름은 중국 문법에 맞지 않으니 '囊牙知斯(낭아지사)'라는 이름을 고쳐 '知(지)'라고 하고 '匈奴(흉노)'라는 '흉' 자가 불순하니 '降奴(항노)'라고 고치며 單于(찬우)라는 '찬' 자가 무의미하니 "중국에 항복했다(服于中國)"이라는 뜻으로 '服于(복우)' 고치라고 하였다.

낭아지사가 처음에는 꺼렸으나 왕망의 재물을 탐하여 한이 준 '흉노찬우새(匈奴單于璽)'라고 새겨진 낭아지사의 옥새(玉璽)를 버리고 새로 주는 '항노복우지(降奴服于知)'라는 인장을 받았다. 〈이 낭아지사(囊牙知斯)는 오주류찬우(烏珠留單于)의 이름이다. 찬우는 '하늘의 아들로 땅의 지배자'라는 뜻이다. 이 대목은 「한서(漢書)」 흉노전(匈奴傳下)과 왕망전(王莽傳)에서 발췌해 쓰고 있다. 왕망(王莽)은 황제가 되자 고구려(高句麗)를 '하구려(下句麗)'라고 깎아내렸듯이 흉노의 찬우도 왕으로 인정하지 않고 깎아내리기 위해 전에 한황제가 주었던 '匈奴單于璽(흉노찬우새)'라는 황금 옥새 대신 "신국의 흉노 찬우의 도장"이라는 뜻의 '新匈奴單于章(신흉노찬우장)'이라고 새긴 인장을 많은 선물과 함께 안기면서 옛 옥새를 되돌려 받았다. 그 몇 년 후(AD 15년) 오주류찬우가 죽고 오루찬우(烏累單于) 함(咸)이 찬우로 있을 때이다. 왕망은 다시 사자를 흉노로 보내어 찬우에게 황금과 진주 등을 듬뿍 안겨 놓고 '匈奴(흉노)'라는 국호를 '恭奴(공노:공순한 종놈)'라고 고치고 '單于(찬우)' 호칭을 '善于(선우:착한우)'라고 고친 인수(印綬)를 주었다. 왕망전에 따르면 '恭奴善于(공노선우)'라고 고쳤던 '흉노선우'라는 호칭을 '항노복우(降奴服于)'라고 다시 고쳤다고 했다. '항복한 종놈의 복종하는 우'라는 뜻이다. 왕망은 흉노를 무력화시키기 위해 흉노의 땅을 15부로 쪼개어 호한야찬우(呼韓邪單于)의 자손 15명을 억지로 그 15부의 찬우로 만들었다. 그러자 흉노의 불만이 들불처럼 번지며 해마다 북쪽 국경지방에서는 소요 사태가 끊이지 않았고 서역(西域)의 여러 나라는 차례차례 흉노의 세력권으로 빠져 들어갔다.—정해자〉

그러나 왕망은 남흉노가 지배하는 부족 무리가 너무 많았기 때문에 혹시 뒷날에 걱정거리가 되지 않을까 하여 그가 관할하고 있는 부족 무리를 12부로 나누고 12명의 복우(服于:單于)를 앉히려 하자 당시 찬우 호도이시도고(呼都而尸道皐)가 크게 노하여 왕망과 항전(抗戰)하기에 이르렀다. 〈원문은 '낭아지사(囊牙知斯)가 대노하여 항전하였다'고 했으나 당시는 우루찬우(烏累單于)가 5년 만에 죽고 그의 아우 호도이시도고찬우(呼都而尸道皐單于) 여(輿)가 집권하고 있을 때였으므로 오주류찬우(烏珠留單于)의 이름을 호도이시도고로 고쳤다.—정해자〉

왕망은 여러 장수를 보내어 흉노를 쳤다. 그리고 요동(遼東)으로 조서를 보내어 고구려현(高句驪縣) 군사의 동원령을 내렸다. 고구려현 군사란 무엇인가. 한무제(漢武帝)가 고구려국을 멸하고 현(縣)으로 만들려다가 싸움에 지고 후퇴하여 소수(小水), 즉 지금의 태자하(太子河) 부근에 한 현을 설치하고 조선 열국의 망명자와 포로 등을 살게 하며 고구려 현이라고 이름 붙여 현토군(玄菟郡)에 예속시켰다. 그중에는 이들을 통할하는 장관(長官) 한 사람이 있었는데 고구려후(高句驪侯)라고 했다.

이 현 사람들은 멀리 출정(出征)하지 않으려 해서 강제로 징발했던 것이다. 이들은 국경 밖으로 달아나 전장(戰場)으로 가지 않고 모두 도적떼가 되어 약탈을 자행했다. 왕망의 명을 받고 이들을 추격하던 요서대윤 전담(遼西大尹田譚)은 오히려 그들에게 잡혀 목숨을 잃었다. 왕망은 대장군 엄우(大將軍嚴尤)를 보내어 고구려후 추(騶)를 꾀어내 목을 치고 그 목을 장안으로 가져가 대첩보(大捷報)를 아뢰게 했다.

왕망은 고구려현(高句驪縣)을 하구려현(下句驪縣)으로 고치고 조서를 내려 제장(諸將)을 격려하며 이긴 기세를 타고 조선 열국과 흉노 각부를 쳐서 한화정책(漢化政策)을 실시하라고 재촉했다. 〈이 대목은 「한서」왕망전(王莽傳)에서 끌어다 쓰고 있다. 왕망전의 기록은 이러하다. "왕망은 고구려군(高句驪兵)을 동원하여 호(胡)를 치려고 했으나 가지 않으려 했다. 군(郡)이 강제로 다그치자 모두 국경 밖으로 도망쳤다. 그리고 명령을 어긴 범법행위 때문에 도둑떼가 되었다. 요서대윤 전담(遼西大尹田譚)이 이들을 잡으러 추격해 갔다가 오히려 잡혀 죽었다. 주군(州郡)이 그렇게 된 책임을 모두 고구려후 추(高句驪侯騶)에게 돌렸다. 엄우(嚴尤)가 아뢰었다. '맥인(貊人)들이 법을 어긴 것은 추의 명령을 따르지 않고 실행한 것이니, 다른 마음이 있기 때문입니다. 주군에게 우선 다독여 안정시키라고 명하십시오. 지금 대죄(大罪)를 덮어씌웠다가는 그들이 정말 반란을 일으키지 않을까 걱정되옵니다. 그렇게 되면 부여(夫餘) 무리가 반드시 이들에 동조할 것입니다. 흉노도 처부수지 못하고 있는 마당에 부여와 예맥(濊貊)이 다시 일어나면 커다란 걱정거리가 아닐 수 없습니다.'라고 했다. 그러나 왕망은 다독여 안정시키지 않았다. 예맥은 드디어 반란을 일으켰다. 왕망은 엄우에게 공격하라고 명했다. 엄우는 고구려후 추를 꾀어내어 목을 쳤다. 그리고 그 머리를 장안(長安)으로 보냈다. 왕망은 크게 기뻐하며 …엄우를 칭찬하고 고구려(高句驪)라는 이름을 하구려(下句驪)로 고쳤다. 이리하여 맥인들의 국경침범은 더욱 기세를 부렸고 동북과 서남지방의 이족(夷族)들이 모두 난리를 일으켰다."-정해자〉

조선열국, 북부여(北扶餘)와 고구려(高句麗) 등이 공수동맹(攻守同盟)을 체결하고 왕망의 국경 주변을 자주 침범해 들어갔다. 왕망은 이에 대조선, 대흉노 전쟁을 계속하기 위하여 세금을 더 거두고 장정(人夫)들을 징발하여 전지나(중국)에 소동이 일어났다.

그래서 부자들만 왕망을 반대하는 것이 아니라, 가난뱅이들도 궐기하여 왕망 토벌(討伐)에 나섰다. 이렇게 되어 왕망은 패망했고 광무제(光武帝)가 한나라를 중흥(中興)시켰다.

「삼국사기」는 왕망(王莽)의 군사가 쳐들어온 것을 유류왕(儒留王) 31년의 일로 기록하고, 고구려후 추(高句驪侯騶)를 '고구려장 연비(高句麗將延丕)라고 하였으나, 이것은 「삼국사기」 저작자가 ㉠고구려 고기(古記)의 연대가 삭감된 것을 모르고 고기의 연대를 「한서」의 연대와 대조하여 맞춘 것이고 ㉡「한서」의 고구려(高句驪)가 고구려국(高句麗國)과 관계가 없는 한나라 현토군의 고구려현인 줄을 모르고 이를 고구려국으로 잘못 알아 「한서」의 본문을 그대로 베껴 넣는 한편, 유류왕이 왕망의 장수의 손에 죽어 그 머리가 한의 도읍지 장안까지 갔다고 하는 것은 그들 사대주의 종놈(事大奴)들의 눈에도 너무 엄청난 거짓말인 듯 하므로 '高句驪侯 騶(고구려호추)'라는 다섯 자를 '我將延丕(아장연비:우리장수 연비)'라는 네 글자로 고친 것이다. (김부식(金富軾)이 흐리터분한 오작(誤作)을 많이 남겼으나, 턱없는 위작(僞作)은 못하는 사람이니, 연비(延丕)가 혹 고기(古記)의 작자가 위조한 인물이 아닐까 싶다. 그러나 유류왕(儒留王)은 명백히 왕망(王莽)보다 1백 년 전 사람이고, 「한서」에 어쩌고저쩌고 한 고구려는 명백히 고구려가 아니다. 설혹 '연비'라는 사람이 있었다 해도 유류왕시대 고구려 사람은 아닐 것이다.)

왕망은 지나(중국) 유사 이래 첫 번째로 의식(意識) 있는 혁명을 실행하려 한 자이다. 그러나 이웃나라 들을 너무 무시하여 언어·문자·종교·정치·풍속·생활상태 등의 역사적 배경이 어떠했는가를 막론하고 한문화(漢文化)로 지배하려다가 반감(反感)을 불러일으켜 민족적 분쟁을 야기(惹起)했고 결과적으로 내부개혁까지 진통을 겪게 되어 패망의 첫째 원인으로 작용했다.

신수두교가 비록 태고(太古)적 미신(迷信)이지만 전해 내려온 연대가 깊고 먼데다가 유행한 지역이 넓고 커서 한(漢)의 유교(儒敎)로는 이를 대적할 무기가 못되었으며, 이두(吏讀)가 비록 한자의 음의(音義)를 빌어 만든 것이지만 조선의 인명(人名)·지명(地名) 등의 명사(名詞:고대에는 모두 우리말로 지었다) 뿐 아니라, 노래나 시(詩), 적바림(소리나 요점 등을 메모해 놓는 것)등 그 무엇을 막론하고 당시 조선인에게는 한자(漢字)보다 편리하게 이용되었다.

〈선비(鮮卑) 무사용(武士俑)〉

한자로 이두를 대치할 가망이 없었으니, 왕망의 한문화(漢文化) 정책의 동침(東侵)이 어찌 망상이었겠는가. 더구나 흉노의 원 이름은 '훈'인데 구태여 '훈'을 '匈奴(흉노)'로 쓰는 것은 한인(漢人)이고 고구려의 원 이름은 '가우리'이고 高句麗(고구려)는 이두인데 구태여 고구려를 句驪(구려), 또는 高句驪(고구려)라고 쓰는 것도 그들이다. 그들이 하는 짓도 괘씸하기 짝이 없는데 하물며 본명과는 얼토당토않은 글자들을 가져다 붙여 '降奴(항노)다, 下句麗(하구려)다, 하는 것은 또 어떻다 하겠는가. 왕망의 패망은 역시 당연한 일이었다.

(3) 선비(鮮卑)와 고구려의 관계

고구려와 한이 충돌하는 사이에서 고구려를 도우면 고구려가 이기고 한을 도우면 한이 이기는, 양국의 승패를 좌우하던 세력이 있었다. 바로 선비(鮮卑)라고 하는 종족이 그들이다.

선비는 조선의 서북쪽, 지금의 몽고(蒙古) 등지에 분포해 있다가 흉노 묵돈(冒頓)에게 패하여 본거지를 잃고 내·외 흥안령(興安嶺) 부근으로 이주(移住)하였다는 것은 이미 제3편 제2장 (2)절에서 기술했다.

그 뒤 선비가 둘로 나뉘어 하나는 '선비'라고 그대로 부르고 남은 하나는 오환(烏桓)이라고 불렀다. 그들은 말씨나 풍속이 거의 같았다. 짐승의 고기를 먹고 그 가죽으로 옷을 해 입었으며 목축(牧畜)과 사냥(狩獵)으로 생활했는데 각기 읍락(邑落)을 나누어 살았다.

부족 구성원들은 모두 그들의 대인(大人)이나 부대인(副大人)의 이름을 성으로 삼았으며 싸움을 즐기고 좋아해서 젊은이를 존대하고 늙은이를 천대했다. 문자가 없었기 때문에 목각(木刻)을 신표(信標) 삼아 부족무리(部衆)를 불러 모았으며 일체의 소송(爭訟)은 대인의 판결에 따랐는데 지는 쪽은 소나 양으로 배상했다. 〈선비(鮮卑)는 오환(烏桓)으로만 갈린 것이 아니다. 우리가 흔히 말하는 '선비[士]'도 우리의 본 갈래인 '선비(鮮白:선배)'에서 온 말로, '현빅→신비'의 전음인데, '깨끗하고(희고) 정직한(밝은) 민족' 즉, 하느님의 자손으로 하늘을 닮아 흰옷을 입고 밝은 것을 추구하는 '명명백백한 민족'이라는 뜻이다. 이 말이 '시베'로 변해 시베족의 땅이 '시베리아'가 되었음은 잘 알려진 사실이다. 이로 미루어 보면 요동에 있었다는 '삼한(三韓)' 역시 꼭 숫자 3의 뜻을 담고 있는 명칭이라고 단정하기에는 다소 미흡한 점이 있지 않나 싶다. '三(삼)'자의 중국 음은 '산'으로 '山(산)'자와 구별하지 못할 만큼 가깝다. 그렇다면 '삼한'이라는 명칭은 세 개의 한국이라는 뜻이 아니라, '산융(山戎)'과 '오환(烏桓)'에서 한자씩 따서 이르던, '산환(山桓)'이라는 말이 '산한(三韓)'으로 전음되어, 우리가 '삼한'이라고 발음하게 된 것으로 볼 수도 있다. 우선 '산융(山戎)'이라는 이름이 '삭륜(索倫)'과 같은 '사우룬'의 사음으로 판단되어 삭이(貊耳:맥이)와 같은 뜻의 명칭으로 보이고, 오환(烏桓[丸])은 '태양이 보우하는 천손(天孫)들이 사는 땅'이라는 뜻으로 '구리(句麗:코리)', 즉 '괵구르(Gökgur)'와 같은 뜻의 명칭이라고 여겨지기 때문이다. 더욱이 그들은 우리와 같은 동호(東胡)의 한 갈래로 그들이 남기고 간 자리는 선비(鮮卑)와 거란(契丹)·고막해(庫莫奚)·습(霫) 등이 들어앉아 지켰다. 많은 주민이 '선비'도 되고 '거란'도 되고 '고막해'도 되고 '습'도 되었다는 말이다. '고막해'는 '고마 해'→'검 해'라는 뜻으로 '신성한 태양의 나라'라는 명칭이고 '습'은 '옥저(沃沮:웃숲→웃즈)', 및 '와집(窩集:위숲→위즈)'과 마찬가지로 '산림 속에 사는 사람들(부여 코리족)'을 자칭한 명칭으로 보인다. "'삼한' 족속은 모두 맥(貊)족'이라는 안사고(顔師古)의 「한서(漢書)」 주(注)도 그러니까 "산융이나 오환의 종내기들은 모두 〔너구리같은〕 맥의 무리다"라고 멸시해 말한 것임을 그 문맥에서 느낄 수 있다. 당시 당나라의 수도였던 시안(西安)에서 보면 오늘날 하북지방이나 요동지방이 모두 동북쪽이기 때문이다. –정해자〉

조선이 묵돈(冒頓)에게 패(敗)한 뒤 선비와 오환은 모두 조선에 복속(服屬)하지 않고 도리어 조선 열국을 침략했다. 고구려 초에 유류왕(儒留王)은 이를 걱정하여 부분노(扶芬奴)의 계책에 따라 군사를 반으로 나누었다. 왕은 직접 그 반을 거느리고 선비국의 앞을 치고 부분노는 남은 반을 거느리고 사이 길로 잠입(潛入)하여 선비국의 뒤에 매복해 있다가 치기로 했다.

왕의 군사가 먼저 싸움을 걸었다가 거짓 패하여 달아났다. 선비는 본거지의 군사가 모두 뛰쳐나와 왕의 군사를 추격했다. 부분노가 이때를 놓치지 않고 그들의 본거지를 기습, 점령했다. 왕군도 다시 돌아서서 선비를 양쪽에서 협공했다. 선비는 항복하여 속국(屬國)이 될 수밖에 없었다.

오환은 한무제가 위만조선(衛右渠)을 멸한 뒤 이들을 다독여 우북평(右北平)·어양(漁陽)·상곡(上谷)·안문(雁門)·대군(代郡), 지금의 직예(直隷)·산서(山西) 등 지나(중국) 서북일대로 이주(移住)시키면서 흉노를 정찰(偵察)하는 임무를 맡게 했다.

그 뒤 소제(昭帝) 때의 일이다. 오환이 날로 번성해지자, 당시 한(漢)의 집정자(執政者)였던 곽광(霍光)은 후일 걱정거리가 될 것이라고 예측하고 그 싹부터 자르기 위해 '오환의 선대가 묵돈과의 싸움에 져 비참하게 죽어간 역사를 들먹이며 묵돈의 무덤을 파헤쳐 선대의 원수를 갚으라'고 선동하여 실행하게 했다.

흉노의 일연제찬우(壹衍鞮單于)는 오환이 묵돈의 무덤을 파헤쳤다는 소식을 듣고 크게 노하여 정예기병 2만 명을 거느리고 오환으로 들이닥쳤다. 오환은 한에 구원병을 요청했다. 한은 3만 군사를 출동시켜 구조하겠다고 말만 앞세우면서 멀리서 지켜만 보다가 흉노가 돌아가자 오환을 기습하여 말할 수 없는 학살을 자행했다. 오환은 이로부터 아주 쇠약해져 다시는 한에 대항하지 못했다.

왕망(王莽) 때에는 오환에게 흉노를 치라고 하면서 그들의 처자(妻子)를 각 주군(州郡)에 볼모로 잡아 두었다. 그리고 흉노를 끝까지 몰아붙여 전멸시키기 전에는 돌아오지 못하게 하였다. 오환이 분하고 억울하여 명령을 어기고 도망치는 사람이 많아지자 왕망은 볼모로 잡아 두었던 그들의 처자를 참혹하게 도륙했다.

왕망이 멸망하고 지나(支那) 천하가 대란(大亂)에 빠지자, 고구려의 모본왕(慕本王)은 이런 기회를 이용하여 요동 옛 땅을 수복(收復)하고 양평성(襄平城)이라는 이름을 고구려의 옛 이름인 '오라골(烏列忽)'로 고쳐 불렀으며 선비(鮮卑)와 오환(烏桓)을 불러 모아 자주 지나(중국)을 공격했다.

광무제(光武帝)가 한나라를 중흥시킨 뒤에 요동군(遼東郡)을 지금의 난주(灤州)로 옮겨 설치하고 고구려를 막기 위해 장군 제융(祭肜)을 요동태수로 임명했다. 〈제융(祭肜)이 원문에는 '채동(蔡肜)'으로 되어 있다. 「삼국사기」 고구려본기 모본왕(慕本王)조의 기록을 따른 것으로 보이나, 이 기사는 「후한서」 동이열전(東夷列傳) 고구려전(高句驪傳)의 기록을 초록한 것으로 보여 고구려전의 기록대로 바로잡았다. -정해자〉

그러나 제융이 여러 번 전쟁에서 밀리자, 황금과 비단(金帛)으로 선비 추장 편하(偏何)에게 뇌물을 먹여 오환 추장 흠지분(歆志賁)을 죽이게 했다. 모본왕은 다시 선비와 오환을 알아듣도록 타일러서 다시 공동 작전을 폈다. 한은 더 이상 어떻게 할 수가 없어서 매년 2억 7천만 전(錢)을 고구려·선비·오환 3국에 공납(貢納)하기로 조약을 체결하고 휴전(休戰)하였다.

모본왕은 한을 이기자 갈수록 오만해졌다. 몸이 좀 불편하면 사람으로 안석(案席)을 삼고 사람을 베개 삼아 누웠는데 사람이 움직이기라도 하면 그 사람을 참살(斬殺)하여 죽은 사람이 수도 없었다.

시신(侍臣) 두로(杜魯)가 왕의 베개가 되었는데, 그 고통을 이기지 못하여 한번은 친구에게 울면서 그 사정을 하소연했다. 친구가 말했다. "우리를 살게 해 주기 때문에 임금을 섬기는 것이다. 우리를 죽인다면 그것은 임금이 아니라 원수가 아니겠는가. 원수는 죽이는 것이 좋을 것이다." 두로는 이리하여 칼을 품고 있다가 왕을 찔러 죽였다. 〈「삼국사기」 고구려본기 모본왕기는 이렇게 기록했다. "왕은 날이 갈수록 포학해져 앉을 때는 늘 사람을 타고 앉고 누울 때는 사람을 베고 누웠는데 사람이 움직이기라도 하면 죽이고 용서하지 않았다. 간하는 신하가 있으면 활을 당겨 쏘았다. (王日增暴虐, 居常坐人, 臥則枕人, 人或動搖, 殺無赦, 臣有諫者, 彎弓射之)" -정해자〉

모본왕이 시해(弒害)된 뒤 여러 신하들은 모본왕의 태자(太子)가 불초(不肖)하다 하여 폐척(廢斥)하고 종실에서 태조(太祖)를 맞아다가 옹립(擁立)했다.

「삼국사기」 고구려본기가 대주류왕(大朱留王) 이후는 확실히 연대가 삭감되었으므로 모본왕본기부터 비로소 의거(依據)할만한 자료가 되겠지만 모본왕이 대주류왕의 아들이라고 하는 것은 그 삭감된 연대의 흔적을 숨기려는 거짓 기록이다. 모본왕은 대주류왕의 3세(손자)나 4세(증손자)쯤 되어야 할 것

이다. 모본왕 때 요동을 수복했다는 기록은 없다. 태조 3년에 "요서(遼西)에
10개의 성(城)을 쌓았다"고 했으니 요동은 그 이전에 먼저 수복되었던 것이
명백하다.

「후한서」 동이열전에 "고구려와 '선비'가 우북평·어양·상곡·태원 등지를
침략하다가 제융이 신용 있게 은혜를 베풀며 무마하자 모두 다시 귀순해 왔
다(句驪寇右北平·漁陽·上谷·太原,而遼東太守祭·以恩信招之,皆復款塞)"라고 했으
나 "해마다 지출한 돈이 2억 7천만 전(歲出錢二億七千萬)"이라고 제융·전(祭
肜傳)에 기록되어 있으니 이것은 세공(歲貢:해마다 바치는 조공)이고 은신(恩信:
은혜를 베풀 것이라는 믿음)이 아닐 것이다. 〈이 대목은 「후한서」 선비전(鮮卑傳) 기록
과 제융전(祭肜傳)의 기록 및 「삼국지」 위서 선비전의 기록을 혼합하여 기술하고 있다. 그래
서 원문에는 "고구려와 선비가 우북평…"이라고 기술하고 있지만 정작 후한서 동이열전 원
문은 "句驪寇右北平…"으로 鮮卑(선비)라는 말이 없다. 이것은 제융전의 "이 때 흉노와 선
비·적산오환이 연대하고 있어 강력하고 번성했다.…그중의 다른 종족인 '만리'는 고구려의
족속이다(當是時,匈奴·鮮卑及赤山烏桓連和彊盛…其異種滿離,高句驪之屬)"라는 말이 있기 때문
에 여기서 '선비'라는 두 자를 뽑아다가 동이열전 글에 끼워 넣은 것으로 보인다. 그리고 제
융전에는 "해마다 지출한 돈이 2억7천만 전(歲出錢二億七千萬)"이라는 기록이 없다. 이것은
「삼국지」 위서 흉노전(匈奴傳)에 있는 말인데 단재가 착각한 것으로 보인다. 그 내용은 "이
것이 이른바 선비에게 상으로 주느라 '지급한 돈이 해마다 보통 2억7천만 전'이라는 것인
데, 이 돈은 선비가 흉노의 머리를 가지고 와서 받아간 상금이다. 그 뒤 흉노가 서쪽으로 옮
겨가자 선비 역시 서쪽으로 옮겨가 흉노의 옛 땅을 차지하고 또다시 상금을 타기 위해 끊임
없이 서쪽으로 추격해가며 북흉노를 공격하여 살해했다(此所謂賞賜鮮卑"給錢歲二億七千萬爲
常".是鮮卑持匈奴首級受賞賜.其後北匈奴西遷,鮮卑亦西徙,據有匈奴舊地,且爲得賞賜,不斷西追,攻
殺北匈奴)"고 되어 있다. 그리고 '2억7천만 전'이 세공(歲貢)'이라는 해석은 한대(漢代)의 전
쟁비용 기록들을 종합해 볼 때 꼭 그렇지 않을 수도 있다고 여겨진다. 우선 제융·전의 기록부
터 보자. "요동태수 제융이 선비 여러 종족을 무마해 귀순시키면서 그들에게 흉노를 쳐 머리
를 가져오면 상을 주겠다고 했다. 이후부터 선비는 해마다 흉노를 쳤다. 이리하여 흉노는 쇠
약해졌고 국경주번에는 노략질을 하는 도적떼가 없었으며 선비·오환이 모두 조공(朝貢)하러
들어왔다(遼東太守祭肜招納鮮卑諸種,令其擊匈奴,持頭詣郡受賞賜.此後鮮卑歲歲攻擊匈奴,"自是
匈奴衰弱,邊無寇警,鮮卑·烏桓並入朝貢)"고 했고 「후한서」 선비전은 "이리하여 선비 대인(大
人)은 모두 귀순해 왔고 아울러 요동군으로 가서 주는 상을 받았다. 청주·서주 두 주에서 지
급하는 돈이 해마다 보통 2억 7천만 전이었다. 영제·장제 때까지 아무 일없이 국경을 유지할
수 있었다(於是鮮卑大人皆來歸附,並詣遼東受賞賜,靑·徐二州給錢,歲二億七千萬爲常,明·章二世,
保塞無事)"고 했다. -정해자〉

제2장. 태조(太祖)와 차대왕(次大王)의 문치(文治)

(1) 태조와 차대왕의 잘못된 세계(世系)

왕조세계(王朝世系)가 틀렸는지 아닌지를 사가(史家)가 아는 체 할 일이 아니지만, 고대사(古代史)는 연대의 사실이 언제나 왕조의 보첩(譜牒)에 따라 전해지기 때문에 틀렸는지 아닌지를 가리게 되는 것이다. 이제 첫 번째로 태조(太祖)의 세계를 말하겠다.

이전 사서(史書:삼국사기)에 태조를 유리왕(儒理王:琉璃王)의 아들 고추가 재사(古鄒加再思)의 아들이고, 대주류왕(大朱留王:大武神王)의 조카라고 하였으나 유리왕이, 이미 말한 것처럼 삭감된 연대 속의 제왕이고 광개토경호태왕(廣開土境好太王)의 16대조이니, 모본왕(慕本王)에게는 증조(曾祖:三世祖)가 되고 태조에게는 고조(高祖:四世祖)가 될 것이다. 유리왕을 태조의 아버지인 재사의 아버지라 하는 것은 잘못된 기록이 아니면 거짓으로 꾸며댄 기록이다.

재사(再思)는 그의 작위(爵位)가 古鄒加(고추가)인데 고추가는 '고주가'라는 말을 이두로 표기한 것이다. '고주'는 고근(古根:지금도 오래되어 썩은 나무뿌리를 '고주박'이라고 한다)이라는 뜻이고, '가'는 '신(神)의 씨'라는 뜻인데 당시 오부대신(五部大臣)의 하나로 종친대신(宗親大臣)을 이르는 호칭이었다. (요즘 시쳇말로도 촌수가 먼 동족을 '고죽지 먼 동그럭이'라고 한다.) 재사가 '고주가'의 작위를 가졌으니 종친대신임에는 틀림이 없다.

「후한서」와 「삼국지」에 "연노(연나·소노)부는 본래 나라의 주인이었다. 지금은 비록 왕이 될 수 없지만 적통대인이 고추가라는 칭호를 얻고 또한 종묘와 영성사와 사직을 세울 수 있는 권리를 얻었다(涓奴部本國主,今雖不爲王, 適統大人,得稱古鄒加,亦得立宗廟,祠靈星,社稷)"고 하였으나, 연나(涓奴部)는 서부(西部)의 이름이고 계나(桂那:桂奴)는 중부(中部)의 이름이다. 고구려 정치 제도에 중부가 주인(主)이 되고 4부(消[涓]那部(西)·灌那部(南)·順那部(東)·絕那

部(北))가 복속(服屬)하게 되어 있으니, 어느 때이든 중부가 아닌 서부의 연나(涓那:涓奴·消奴)에서 왕이 났을 리가 없다.

이것은 태조가 연나의 대인(大人:主長)인 고추가 재사(再思)의 아들로서 왕이 되고 모본왕(慕本王)의 태자가 계나부(桂那部:桂奴部)를 차지하였던 '신한'의 아들로서 물러나서 연나의 고추가가 되었다는 것을 가리킨 것일 것이다.

고구려본기에는 태조 이후에 다시 대주류왕의 후예로서 왕위를 계승한 이가 없고 광개토경호태왕(廣開土境好太王)의 비(碑)에 대주류왕이 그의 직계 할아버지라고 쓰여 있으니 태조의 아버지인 재사가 대주류왕의 조카가 아니라, 증손(曾孫:三世孫)일 것이다.

〈고구려 고분벽화 속의 삼족오(三足烏). 태양의 상징물이다〉

이제는 차대왕(次大王)의 세계를 말하겠다.

이전 사서(삼국사기)에 차대왕을 재사(再思)의 아들이고 태조의 동생(同母弟)이라 하였으나, 태조 당시에는 차대왕을 왕자(王子)라고 하였다. 차대왕이 태조의 아우라면 어찌 '왕제(王弟)'라 하지 않고 '왕자'라고 했겠는가. 당시 왕의 아들은 아니지만 이전 왕의 아들이기 때문에 왕자라고 했다면, 재사는 왕의 아버지일 뿐 왕이 아니었으니, 왕의 아버지의 아들이라 해서 왕자라고 한 예가 어디 있는가.

태조가 즉위할 때 나이가 겨우 일곱 살이었고 생모인 태후(太后)가 섭정(攝政)을 하였으니, 이때 재사가 생존해 있었더라도 만사를 감내하는 것이 여인이나 어린아이만도 못할 만큼 노쇠(老衰)했기 때문에 일곱 살 난 아들에게 왕위를 물려주고 아내에게 섭정하게 한 것인데, 그 뒤에 어찌 다시 젊고 씩씩해져 차대왕과 신대왕(新大王) 및 인고(仁固) 3형제를 낳았겠는가.

재사(再思)가 정치에는 태만하고 게을렀으나 아들을 낳을 만큼 생식력이 강했다 하더라도 차대왕은 즉위할 때 나이가 76세이니 태조 19년이 그가 태어난 해이고, 신대왕은 즉위할 때 나이가 77세이니, 태조 37년이 그가 태어난 해이다.

태조 원년에 폭삭 늙었던 재사가 19년 뒤에 또 차대왕을 낳고 또 그 뒤 20년 만에 신대왕을 낳았다 하는 것이 어찌 사리(事理)에 맞는 말이겠는가.

대개 차대왕·신대왕·인고 세 사람은 태조의 서자(庶子)이고 차대왕에게 죽은 막근(莫勤)과 막덕(莫德) 두 사람은 태조의 적자(嫡子)였기 때문에 신대왕과 인고는 왕자시절 차대왕이 멋대로 행동하는 것을 비록 미워는 했지만 초록이 동색(草綠同色)인 까닭으로 그의 반역음모를 고발하지 않았고, 차대왕도 즉위한 뒤 막근·막덕 형제를 죽이면서도 신대왕과 인고는 그대로 둔 것이다. 그러므로 「후한서」에 "차대왕은 태조의 아들"이라고 기록한 것이 사실기록(實錄)이고 고구려본기의 "차대왕을 태조의 동생"이라고 한 것은 잘못된 기록이거나 거짓으로 꾸며댄 기록(誣錄)이다.

「삼국사기」고구려본기에 태조(太祖)의 어릴 때의 자(字)를 어수(於漱)라 하고 이름을 궁(宮)이라 했다고 했다. '於漱(어수)'는 '마스'라는 이두 표기로 '宮(궁)'이라는 뜻이므로 모두 태조의 이름이다. '어수'를 어릴 때의 자로, 궁(宮)을 이름으로 가를 것이 아니다. 차대왕의 이름은 수성(遂成)이라고 했는데 '수성'은 이두 표기로 더러워진 그릇을 닦는 '짚뭉터기:수세미'를 이르는 말이다.

태조(太祖)를 이전 사서(삼국사기)에서는 시호(諡)라고 하였으나 고구려는 처음부터 끝까지 시법(諡法)을 쓰지 않았다. 살아 있을 때 그의 공업(功業)을 예찬하여 '태조' 또는 '국조(國祖)'라고 쓴 존호(尊號)이다. 차대왕(次大王)은 그 공업이 태조 다음간다는 뜻으로 올린 존호이다.

(2) 태조와 차대왕 시대의 '선배' 제도

고구려의 강성(强盛)은 '선배' 제도를 창설함으로써 시작되었다. 창설한 연대는 이전 사서(삼국사기)에 전해지지 않았으니 '조의(皂衣)'라는 명칭이 태조기(太祖紀)에 처음 보였으니, 그 창설이 태조대왕이나 차대왕 때쯤이었을 것이다.

선배는 이두로 '先人(선인)'·'仙人(선인)'이라고 썼는데, 先(선)과 仙(선)은 선배의 '선' 음을 딴 것이고 人(인)은 선배의 '배'의 뜻을 딴 것이다. 선배는 원래 신수두 교도(敎徒)의 보통명칭이었다.

태조 때에 와서 매년 3월과 10월 신수두 대제(大祭) 때가 되면 모든 무리가 모여 칼춤을 추고, 활을 쏘고, 깨금질(앙감질)로 달리고, 택견을 하고, 얼음을 깨고 강물 속으로 들어가 물싸움을 하는 가하면 가무(歌舞) 공연을 하게 하여 그 수준이 미오(美惡)를 가리고 또 큰 사냥을 펼쳐 획득한 성과물로 등수를 매기는 등 여러 가지 경기에서 승리한 사람을 선배라고 했다.

〈고구려 무용총(舞踊塚) 벽화 수박희도(手搏戲圖). 택견의 원 모습이다〉

일단 선배가 되면 그 처자가 먹고살도록 국가에서 녹(祿:봉급)을 주어 가정에 누가 되지 않게 했고 선배가 된 자는 각기 대오(隊伍)로 나누이어 한 건물에서 함께 자고 함께 먹으며 틈이 나면 고사(故事)를 강의하거나 기예(技藝)를 단련했다. 밖으로 나가면 산천을 탐험하거나 성곽(城郭)을 쌓고 도로를 닦았으며 군중(群衆)들을 강습시키는 등 한 몸을 사회와 국가에 바쳐 모든 어려움에 앞장서 나갔다.

그중에서 성행(性行)과 학문(學問) 및 기술(技術)이 뛰어난 자를 뽑아 스승으로 섬겼다. 일반 선배들은 머리를 깎고 조백(皂帛), 즉 검은 명주를 허리에 둘렀는데, 스승들은 검은 명주로 옷을 지어 입었다. 그들 스승 중 상수(上首)는 '신크마리', 두대형(頭大兄), 혹은 태대형(太大兄)이라고 했고 그 다음은 '마리', 대형(大兄)이라고 불렀으며 최하는 소형(小兄:원래의 말은 상고할 수 없다)이라고 불렀다.

　전쟁이 일어나면 신크마리가 전 선배를 소집하고 자발적으로 하나의 병단을 이루어 전쟁터로 나갔는데 이기지 못하면 전사(戰死)할 각오를 했다. 그래서 죽어서 돌아오는 자는 인민들이 개선(凱旋) 장군처럼 영예롭게 맞이했고 패하여 물러나면 이들이게 침을 뱉었으므로 선배들이 가장 전장(戰場)에서 용감했다. 당시 고구려에서는 모든 지위(官職)를 골품(骨品:태어난 신분과 계급)으로 얻었기 때문에 미천(微賤)한 사람은 고위직(高位職)에 오를 수 없었으나 오직 선배단체는 귀천의 구분없이 학문과 기술로 개인의 지위를 정했기 때문에 그중에서 인물이 가장 많이 배출되었다.

　지금 함경북도의 재가화상(在家和尙:집에 있는 중)이 바로 고구려 선배의 한 유종(遺種:남아 있는 종류)이다. 「고려도경(高麗圖經)」에 "재가화상은 화상(和尙:중)이 아니라 수형자(受刑者:刑餘人)로 중처럼 머리를 밀었기 때문에 화상이라고 한다"고 한 것을 "화상이나 재가화상이 아니다"라고 한 것은 실제에 부합하는 말이다.
　수형자(刑餘人:형기가 남은 사람)라고 한 것은 서긍(徐兢:「고려도경」을 지은 중국 북송 때 사람)이 다만 지나(중국) 한 대(漢代)에 머리를 밀어내는 형을 받은 죄인을 '곤노(髡奴)'라고 했다는 기록에 의거하여 '재가화상'을 '형기가 남은 사람(刑餘人)'이라고 억측해 판단한 것이다.

　고구려가 멸망한 뒤 선배의 남은 무리는 오히려 그 유풍(遺風)을 보전하고자 촌락으로 숨어들어 그 의무를 다해왔으나, '선배'라는 명칭은 유교도(儒敎徒)에게 빼앗기고 머리를 밀었기 때문에 재가화상이라는 가명을 얻게 되었다. 게다가 자손들이 빈곤하여 학문(學問)을 하지 못한 까닭으로 조상들의 옛일(故事)을 점점 잊게 되어 자기 집안의 내력을 스스로 증명하지 못하게 된 것이다.
　송도(松都)의 수박(手拍:수벽치기)이 바로 선배 경기의 한 부분이었다. 그 수박이 지나(중국)로 들어가 권법(拳法)이 되고 일본으로 건너가 유도(柔道)가 되었는데, 조선에서는 조선조(朝鮮朝)가 무풍(武風)을 천시한 이래로 그 명맥이 거의 끊어져 없어졌다.

(3) 태조와 차대왕의 제도

고구려가 추모왕(鄒牟王) 때에는 모든 소국(小國)들이 벌려 있었을 뿐 모든 것이 초창기(草創期)라 국가의 제도(制度)가 정비되지 못하였다.

태조 때에 와서 차대왕(次大王)이 왕자로서 집정(執政)하여 각종 제도를 제정하였는데, 그 제도는 왕검조선과 3부여의 것을 참작하여 대동소이(大同小異)하게 만든 것이었다. 이후 각 대(代)마다 다소 변경이 있었지만 차대왕이 정한 범위를 크게 벗어나지 않았다.

신·말·불 삼한(三韓:三汗)의 제도를 모방하여 정부에 재상(宰相) 3인을 두니, 이른바 신가·팔치·발치이다. '신가'는 태대신(太大臣)이라는 뜻으로 이두로 相加(상가)라고 표기했다. 신가의 별명은 '마리'로 머리(頭)라는 뜻이며 이두로 對盧(대로:對는 옛 뜻이 '마주')라 표기했는데 '신가'나 '마리'를 한문으로 국상(國相), 또는 대보(大輔)라고 기록했다. 〈단재는 신가의 별명은 '마리'라고 하면서 대로(對盧)의 대(對)는 '마주'라고 주를 달아 '마리'와 '대로'가 각각 다른 말인 것처럼 설명하고 있다. 그러나 요즘은 비어(卑語)로 취급되지만 대갈·대가리·대구리·대굴·다갈 등등이 머리를 가리키던 옛말인 것으로 보아, 대로·대루·대르에 가까운 옛말이 바로 고구려의 머리를 지칭하던 말로 보이는데, 어째서 '대로'를 놓아두고 '마리'라는 별칭을 만들어 붙였는지 상고할 길이 없다.—정해자〉

'팔치'는 팔(肱)이라는 뜻으로 이두로 沛者(패자)라고 표기했고, '발치'는 다리(股)라는 뜻으로 이두로 評者(평자)라고 표기했는데, 한문으로는 좌보(左輔)·우보(右輔)라고 기록했다.

위의 세 가지 명칭을 한문으로 직역(直譯)하면 頭臣(두신)·肱臣(굉신)·股臣(고신)이라고 해야 되겠지만 고상하게 보이도록 짓느라고 대보(大輔)·좌보(左輔)·우보(右輔)라고 한 것이다.

「삼한고기(三韓古記)」·「해동고기(海東古記)」·「구구려고기(高句麗古記)」 등에 혹 전자를 따라 대로·패자·평자라고 기록하고 또는 후자를 따라 대보·좌보·우보라고 기록하였는데, 김부식(金富軾)은 「삼국사기」를 지으면서 이두와 한역(漢譯)의 다르고 같은 것을 구별하지 못하고, 철없는 붓으로 마구 빼고, 마구 넣고, 마구 섞고, 마구 갈라 '좌보·우보를 고쳐 국상(國相)'으로 만들고, '패자 아무개를 좌보'로 삼는 등 웃기는 이야기가 그의 기록 중에 가끔 있다.

전국을 동·서·남·북·중 5부로 나누어 동부는 '순라', 남부는 '불라', 서부는 '연라', 북부는 '줄라', 중부는 '가우라'라고 하니, 順那(순나)·灌那(관나)·椽那(연나)·絕那(절나)·桂安那(계안나)는 바로 순라·불라·연라·줄라의 이두이다. 〈이곳에서 椽那(연나)·涓奴(연노)로 기록하고 있는 것은 '소노부(消奴部)'를 말하는 것이다. '소노'는 松讓(소나·소라·소야)와 소리가 비슷하고 또 소서노(召西奴)와도 아주 가깝다. 그러나 송나(松讓)는 비류(沸流國)의 왕(王)이라 했고 소서노(召西奴)는 비류국 조리비서(卒本)에 살던 연타발(延陁勃)의 딸이라고 했다. 그렇다면 이들은 단재가 말하는 불류나(沸流那), 즉 관노부(灌奴部) 사람들이라는 말이고 소노부와는 관계가 없다는 말도 된다. 그렇지만 그 소노(消奴)는 소나(消那)─소라─소야(松讓)를 거쳐 송아─송화(松花)로 이어지고 있는 것을 보면 소노(消奴)와 소나(松讓)는 아무런 관계없이 이루어진 말로 보이지 않는다. 그 관계가 좀 더 추구되어야 할 듯싶다.─정해자〉

관나(灌那)의 '灌(관)'은 뜻을 따서 '불(灌:古訓 부을관)'로 표기한 것으로 그 별명인 불류나(沸流那)의 沸流(불류)라는 음을 따서 '불'로 발음하는 것이다. 지나사(支那史:中國史)의 '灌那(관나)'는 바로 고구려의 이두를 직수입해 쓴 것인데 「삼국사기」는 灌(관)자를 貫(관)자로 고쳐 의의(意義)를 잃고 있다.

그 밖의 순(順)·연(涓)·절(絕)·계(桂) 네 나(那:奴)는 모두 음을 따 적은 것이다. 중부는 바로 '신가'의 관할이고 동·서·남·북 4부는 중부에 소속되었는데 각각 '라살'이라는 한 명의 대관(大官)을 두어 관할하게 했다.

'라살'은 이두로 耨薩(누살)이라고 표기하고 한문으로는 道使(도사)라고 기록했다. 도사는 라살, 바로 누살이다. 도사의 道(도)는 '라'의 의역(義譯)이고 使(사)는 살의 음역인데, 「신·구당서(新·舊唐書)」에 "큰 성(大城)에는 누살(耨薩)을 두니, 당(唐)의 도독(都督)과 같고 나머지 성에는 도사(道使)를 두니 당의 자사(刺史)와 같다"고 한 것은 억측으로 판단한 것이다. 〈위의 「신·구당서」가 원문에는 「新書(신서)」로 되어 있어, 어느 누구의 「신서(新書)」에 그런 내용이 있는

지 잠시 헤매었다. 그러나 「신·구 당서(新·舊唐書)」의 동이전(東夷傳)을 펼쳐 보고는 '新書(신서)'가 「新舊唐書(신구당서)」의 탈자(脫字)임이 확실하여 「신·구당서」로 고쳤다. 이 대목의 「구당서」 기록은 이러하다. "그 관직의 큰 것을 '대대로'라고 부르는데 1품에 해당된다. 나라 일을 총지휘한다. 3년마다 바꾸는데 만일 직분에 알맞다면 임기에 구애받지 않는다. 교체할 때는 혹 승복하지 않는 경우 군사를 동원하여 서로가 공격하며 이긴 자가 자리를 차지한다. 그때 왕은 궁문을 닫아걸고 자신을 지킬 뿐 싸움을 제어하지 못한다. 다음을 태대형이라고 하는데 정2품에 상당한다. 대대로 이하의 관직은 총 12등급이다. 밖으로는 주군 60여 성이 있는데 대성에는 누살 1명을 두었다. 도독에 해당한다. 각 성에는 도사를 두었는데 자사에 해당한다.(其官大者號大對盧, 比一品, 總知國事, 三年一代, 若稱職者, 不拘年限. 交替之日, 或不相祗服, 皆勒兵相攻, 勝者爲之. 其王但閉宮自守, 不能制禦, 次曰太大兄, 比正二品, 對盧以下官, 總十二級, 外置州郡六十餘城, 大城置傉薩一, 比都督, 諸城置道使, 比刺史.)" 그러나 「신당서」에는 대대로(大對盧)를 토졸(吐捽)이라고도 하고 백의두대형(帛衣頭大兄)이 선인(先人)이며 도사(道使)의 원이름은 처려근지(處閭近支)이고 그 밑에 참좌(參佐)·분간(分幹)·대모달(大模達)·말객(末客) 등이 있다고 관직명에서 많이 다른 기록을 보이고 있다. -정해자〉

신가는 정권(政權) 뿐 아니라 안팎의 병마를 모두 장악하는 등 군권(軍權)까지 갖고 있어 그 권위가 대왕에 견줄 만큼 대단했다.

대왕(大王)은 세습(世襲)으로 부동의 지위를 누렸고 신가는 3년마다 대왕과 4부의 라살 및 기타 중요관원들이 대 회의를 열고 적당한 인물을 골라 선임했으며 3년을 임기로 하여 개체(改遞)하였으나 공적이 있는 자는 연임이 허락되었다. 라살은 대개 세습이었지만 왕과 신가의 명령으로 파면되기도 했다.

5부 내에서 또 각기 한 부를 5부로 나누어 삼상오경(三相五卿)을 두고 관직명 위에 부명을 붙여 구별했는데, 이를테면 동부에 속한 순라와 불라는 '순라 순라'이고 '순라 불라'이며, 기타도 이와 같았다. 동부의 신가는 '순라 신가'라 했고 남부의 신가는 '불라 신가'라 했으며 기타도 이와 같았다.

이밖에 '일치'라는 관직에 있는 자는 도부(圖簿:도장과 호적 등 장부)와 사령(辭令:관직의 임면)을 맡았는데 이두로 乙支(을지), 또는 于台(우태)라고 표기했고 한문으로는 主簿(주부)라고 썼으며 '살치'라는 관직에 있는 자는 대왕의 시종(侍從)인데 이두로 使者(사자)라고 표기했으며 기타 중외대부(中畏大

夫)·과절(過節)·불과절(不過節) 등이 있었으나 그 음의(音義)와 맡은 직무가 무엇이었는지 알 수 없다.

「삼국지(三國志)」·「위서(魏書)」·「양서(梁書)」·주서(周書)·당서(唐書) 등 사서 (史書)에 12급의 관직 이름이 실려 있으나, 모두 조선말을 모르는 지나(支那) 사가들이 전해들은 말을 번역한 것이기 때문에 「삼국지」에 주부(主簿) 이 외에 또 우태(于台)를 기재한 것은 주부가 바로 우태임을 모르는 까닭이다. 〈위의 「위서(魏書)」와 「주서(周書)」를, 단재는 「일주서(逸周書)」와 「삼국지(魏書)」와의 혼동 을 피하기 위해서였는지 「후위서(後魏書)」·「후주서(後周書)」라고 기록했다. 그러나 바른 사 서(史書) 이름이 아니므로 '後(후)' 자를 모두 빼었다. -정해자〉

「신당서」에 누사(傉奢) 이외에 또 누살(傉薩)을 기재한 것은 누사가 바로 누살의 와전임을 모르는 까닭이고, 「통전(通典)」에 고추가(古鄒加)를 빈객(賓 客)을 맞는 자라고 한 것은 당시 고구려의 종친대신인 고추가가 외교를 담 당하는 것을 보고 고추가를 외무대신쯤으로 오인(誤認)한 것이며 「구당서」 에 "백의두대형(帛衣頭大兄)이 3년마다 갈린다(遞代)"고 한 것은 수석(首席) 선배를 수석 대신으로 오인한 것이다.

제3장. 태·차대왕의 한족구축(驅逐)과 옛 땅 수복

(1) 한(漢) 국력(國力)의 절정기(絕頂期)

모본왕(慕本王)이 일시 요동의 옛 땅을 수복하였다는 것은 이미 제1장 에 서 기술하였다. 모본왕이 시해(弑害)된 뒤 태조대왕이 일곱 살로 즉위하자 나라 안 인심이 위험에 처하게 되지 않을까 걱정했다. 그래서 요서(遼西)에 10개의 성을 쌓았다.

이때 한(漢)의 부강(富强)은 유사 이래 최초라 할 만큼 절정에 이르러 있었 다. 명장(名將) 반초(班超)가 서역도호(西域都護)가 되어 오늘날 서아시아(中 國 新疆)의 차사(車師:Jushi, 일명 姑師:Gushi. 수도가 투르판의 交河(교하)였다. -정해

자)·선선(鄯善:樓蘭(루란)을 말하는 것. 원문에는 鄙善(비선)으로 잘못되어 있다.-정해자)
등을 멸망시키고 지중해에 다다라 대진(大秦), 지금의 이탈리아와 정보를 교
환하여 '희고 키 큰(白晢長大) 인종과 양피지(羊皮紙)에 가로쓰는 문자(蟹行
文字) 이야기'가 「후한서」에 오르게 했으며, 두헌(竇憲)은 5천여 리의 원정
군(遠征軍)을 이끌고 오늘의 외몽고(外蒙古) 등지로 나아가 북흉노(北匈奴)를
대파(大破)했다.〈반초(班超)는 지중해에 다다른 적이 없다. 또 대진(大秦)은 오늘의 이탈
리아를 지칭하는 말이 아니라, 로마제국을 통틀어 일컫는 말이다. 더더욱 「후한서」에서 "희
고 키 큰(白晢長大) 인종과 양피지(羊皮紙)에 가로쓰는 문자(蟹行文字) 이야기"는 없다. 다만
"그 인민들은 모두 키가 크고 반듯하여 중국과 같은 점이 있기 때문에 대진이라고 한다(其人
民皆長大平正,有類中國,故謂之大秦)"는 말이 있을 뿐이다. 이 단락은 「후한」 서역전(西域傳)
에서 뽑아 쓰고 있다. 반초(班超)는 당시 오늘의 신강 남부의 여러 성곽국가를 모두 복속시킨
다음 후한(後漢:東漢) 화제(和帝) 때(AD 97년) 감영(甘英)에게 통상 길을 개척하라는 임무를 주
어 대진(大秦)으로 보냈다. 감영은 조지(條支:그루지아, 또는 이라크)와 안식(安息:페르시아)을 거
쳐 큰 바다(大海) 가에 다다랐다. 바다를 건너려 하자 안식인이 말렸다. '바다 길이 워낙 멀
어 순풍을 만나면 가고 오는데 3개월이면 되겠지만 만일 적당한 바람을 만나지 못하면 2년
이 걸릴 수도 있기 때문에 바다를 건너려는 사람은 모두 3년 먹을 식량을 싣고 간다. 게다가
바다는 사람들에게 땅을 그리워하게 만들기 때문에 죽는 경우도 자주 있다'라고 했다. 감영
은 이 말을 듣고 바다(西海)를 건너는 것을 포기하고 돌아왔다."그러나 중국사서(史書)에 나
오는 대진(大秦)은 로마제국을 말하는 것이기 때문에 감영이 도착했던 큰 바다(大海), 또는
서해(西海)가 카스피해(里海)다, 흑해(黑海)다, 지중해(地中海)다, 페르시아만(波斯灣)이다, 하
고 학자들 사이에 의견이 엇갈렸고, 지금도 지중해설과 페르시아만설로 갈리어 팽팽한 논쟁
을 계속하고 있다.-정해자〉

이로 인해 북흉노는 흑해(黑海) 부근으로 옮겨가 동고트족(Ostrogothi)을 압
박함으로써 서양사상(西洋史上) 민족대이동(民族大移動)이 시작되는 문을 열
었고 이로부터 2백여 년 뒤 흉노(훈족)대왕 아틸라(Attila)가 전 유럽을 혼란
에 빠뜨리는 계기가 되었다.

한이 이만한 국력(國力)을 가졌던 때이니, 어찌 요동(遼東)을 고구려의 옛
땅이라 하여 영구히 양여(讓與)하고, 또한 어찌 고구려(高句麗)와 선비(鮮卑)
에 영구히 2억7천만 전이라는 치욕적인 세폐(歲幣)를 바치겠는가. 이리하여

세폐를 끊고 경기(耿夔)에게 군사를 이끌고 요하(遼河)를 건너가서 6개의 현(縣)을 다시 빼앗게 했으며 경기를 요동태수(遼東太守)로 임명하여 침략(東侵)할 기회만 노리게 했다.

(2) 왕자 수성(遂成:차대왕)의 요동(遼東) 수복

「후한서」는 당시 한을 침략한 중심인물이 태조(太祖)라로 오인했으나, 기실 태조는 당시 고구려의 제왕(帝王)일 뿐이었고 전쟁이 관한 것은 거의 차대왕(次大王), 바로 왕자 수성(遂成)의 일이었다.

전쟁이 처음에는 한이 주동자가 되어 요동을 침탈(侵奪)하는 한편, 고구려로 침입하자 고구려는 이에 항전(抗戰)하는 피동적 위치에 있었으나, 뒤에는 고구려가 주동자가 되어 요동을 수복(收復)하는 한편 전진하여 한의 국경지방을 잠식(蠶食)하자, 한이 이에 항전하는 피동적 위치에 서게 되었다. 요동 수복의 전쟁은 기원 105년에 시작되어 121에 끝났으니 처음부터 끝까지 17년간 지속되었다.

이 전쟁이 시작된 첫해인 기원 105년 왕자 수성의 나이는 34세였다. 고구려가 비록 영토가 넓고 인구가 많다고는 하지만 한(漢)에는 미칠 수 없었다. 그러나 고구려는 산이 크고 골이 깊은(大山深谷) 나라이기 때문에 그러한 지형을 이용하여 지키기가 쉬워 적은 병사로도 한의 많은 군사를 충분히 방어할 수 있었고, 한은 평원이 계속되는 광활한 나라였기 때문에 침입하기 쉬워, 비록 고구려가 단번에 한을 무찌를 수는 없지만 그들의 국경지방으로 자주 침략해 들어가 혼란을 야기하는 등 지치게 만든 다음 격멸(擊滅)한다는 대한 장기전략(對漢長期戰略)을 세웠다.

그래서 수성은 정예 병사를 이끌고 요동으로 들어가 신창(新昌)·후성(候城) 등 6현을 쳐서 수비병을 격파하고 재물을 약탈했으며 그 뒤 예(濊)와 선비(鮮卑)를 끌어들여 해마다 한의 우북평(右北平)·어양(漁陽)·상곡(上谷) 등지를 침략하여 17년 동안 한(漢)의 사람과 가축, 재력(財力)의 손실이 이만저만이 아니었다.

기원 121년 정월 한의 안제(安帝)는 고구려의 침략과 압박을 견디다 못해 유주자사 풍환(幽州刺史馮煥)·현토군수 요광(玄莵郡守姚光)·요동태수 채풍(遼東太守蔡諷)에게 유주소속 병력을 이끌고 나가 고구려를 치라고 명령했다.

수성(遂成)은 이에 태조의 명을 받고 신치총사령(總司令)이 되어 2천명의 군사를 이끌고 나가 요충지(要衝地)를 의거해 풍환 등의 한군(漢軍)을 막는 한편 3천명의 군사를 사이 길로 내보내 요동과 현토 각 군에 불을 지르게 했다. 후방의 원군 통로와 물자수송로가 끊긴 풍환 등은 크게 패할 수밖에 없었다.

같은 해 4월, 수성은 다시 선비병(鮮卑兵) 8천명으로 요동의 요대현(遼帶縣)을 치게 했는데, 고구려의 정예병을 신창(新昌)에 매복시키고 있다가 요동태수 채풍의 구원병을 기습, 공격하여 채풍을 비롯하여 그의 장수 등 1백여 명을 참살하고 무수한 병사를 살상하거나 사로잡고 드디어 요동군(遼東郡)을 점령했다.

같은 해 12월 또다시 수성은 백제(百濟)와 예(濊)의 기병(騎兵) 1만 명을 출격시켜 현토군(玄莵郡)과 낙랑군(樂浪郡)을 점령했다. 이로써 위만조선의 우거(右渠)가 한(漢:원문에는 '溪(계)'자로 잘못되어 있다.-정해자)이 잃었던 옛 땅(故土), 조선의 옛 '오리골(烏列忽)' 전부를 완전히 되찾았다.

한이 다년간 계속된 전쟁으로 국력이 소모된 데다가 이처럼 크게 패하자 다시 싸울 힘을 잃고 드디어 요동을 베어주고 다시 세폐(歲幣)를 옛날처럼 주는 조건으로 고구려에 화의하자고 빌어서 포로들의 몸값(贖錢)을 받고 놓아 주었는데, 1인당 합사비단(縑) 40필(疋)이었고 어린아이는 20필이었다.

요동·낙랑군을 수복(收復)했다는 기록이「삼국사기」고구려본기 태조기(太祖紀)나「후한서」에 보이지 않으나「당서(唐書)」가탐전(賈耽傳)에 "요동과 낙랑이 건안(建安:漢獻帝 연호) 때 함락되어 굴복하였다(遼東·樂浪,陷屈於建安之際)"라는 말이 기록되어 있다. 〈원문은 陷(함)자 밑에 '屈(굴)' 자가 빠져 있고 建安(건안)위에 '漢(한)' 자가 끼여 있어「당서」가탐전을 참고해 바로잡았다. '건안'은 동한(東

漢:後漢) 헌제(獻帝)가 이각(李傕)·곽사(郭汜)의 난에 휩쓸려 끌려 다니던 AD 196~220년 2월 까지의 연호이다.-정해자〉

　가탐은 당대1(唐代)의 유일한 사이고사1(四夷故事) 연구자이니, 그 말의 출처가 반드시 있을 것이다. 다만 건안(建安)은 한헌제(漢獻帝)의 연호로 그 원년이 기원 196 년이다. 그때는 고 구려가 중도에 쇠 약해져 있었을 때 였다. 그러므로 건 안(建安)은 바로 건 광(建光)의 잘못으 로 보아야 한다. 건 광은 한안제(漢安 帝)의 연호로 그 원 년이 기원 121년이

〈환도산성(丸都山城) 성문터. '小兄(소형)' 이라고 쓴 수막새도 발굴되었다〉

다. 바로 왕자 수성(遂成)이 채풍을 참살하고 한군(漢軍)을 격파하던 때이다. 이때 고구려가 요동군 안에 가설했던 현토·낙랑군 등을 수복했다는 것은 의 심할 필요가 없다.

　고구려가 요동(遼東)을 차지하자, 지금의 개평현(蓋平縣:까이저우) 동북쪽 70리에 환도성(丸都城)을 세우고 서방경영(西方經營)의 본거지로 삼는 한편 국내성(國內城)과 졸본성(卒本城)을 아울러 삼경(三京)이라 하였다.
　환도성의 위치를 두고 후대에 논쟁이 분분하여, 어떤 이는 환인현(桓因縣) 부근, 지금의 혼강(渾江) 상류에 있는 안고성(安古城)이라 하고 어떤 이는 집 안현(輯安縣) 홍석정자산(紅石頂子山)에 있는 것이라고 한다. 그러나 안고성 은 산상왕(山上王)이 옮겨 세운 제2의 환도성이고, 홍석정자산에 있는 것은 동천왕(東川王)이 옮겨 세운 제3의 환도성이다. 이에 대하여는 제6편에 기 술하겠지만, 태조의 환도가 바로 제일 처음 쌓은 환도성이다.

「삼국사기」지리지(地理志)에 "안시성을 어떤 이는 환도성이라 한다(安市城,或云丸都城)"고 했고 「삼국유사」에는 "안시성의 또 한 이름은 안치골이다(安市城,一名:安寸忽)"라고 했다. '丸(환)'을 우리말로 '알'이라고 하니, 丸都(환도)나 安市(안시)·安寸(안촌)은 모두 '아티'라는 표기로 같은 곳(地方)을 이르는 말이며, 바로 오늘날 개평(蓋平) 동북쪽 70리가 옛터임이 명백한데, 후대 사람들은 앞뒤의 세 환도성을 구별하지 못하고 환도성을 한 곳에서만 찾기 때문에 아무리 환도성임을 고증하려 노력해도 환도성의 위치는 여전히 애매해지는 것이다. 〈중국사학계는 안시성(安市城)의 위치를 지금의 안산(鞍山)으로 비정(比定)하고 있다. 거의 틀리지 않을 것으로 보인다. 鞍(안)자는 말안장을 뜻하는 말로 우리말로는 '안질개'이다. 이로 보면 安市(안시)나 安寸忽(안치골)이 현재 우리나라에도 더러 나타나는 '안질골'과 같은 말로 해석된다.-정해자〉

제4장. 차대왕(次大王)의 왕위 찬탈

(1) 태조의 가정불화(家庭不和)

왕자 수성(遂成)이 요동을 수복하고 한의 세폐(歲幣)를 받게 되자, 태조는 그 공을 높이 사서 신가로 임명하고 군국대권(軍國大事)을 모두 맡겼다. 이리하여 모든 권력이 그에게로 집중되었고 명성이 천하를 떨게 했다.

수성이 만일 이 명성을 이용하여 요서(遼西)를 쳤다면 삼조선(三朝鮮)의 서북쪽 옛 강토(疆土)를 모두 쉽게 수복하였을 것이다. 그러나 수성의 가정에 대한 불만이 공명(功名)에 대한 열망을 감쇄(減殺)하여 요동 수복 다음날 한의 화의(和議)하자고 비는 것(乞和)을 받아들이고(앞 장에 보임) 귀국하였다.

가정에 대한 불만이란 어떤 것인가. 수성은 태조의 서자(庶子)이고 막근(莫勤)·막덕(莫德)형제가 적자(嫡子)라는 것은 이미 앞에서 기술하였다. 그러므로 막근은 고구려 왕실의 법도에 따라 왕위(王位)를 계승할 권리가 있었고, 수성은 빛나는 무공(武功)을 앞세워 태자(太子)로 봉해지기를 희망했다. 그래서 수성은 원정(遠征)할 생각을 접고 요동 전쟁을 끝내자 급히 돌아왔다.

수성은 밖으로는 부지런히 정사(政事)를 돌보며 유능한 신하 목도루(穆度婁)와 고복장(高福章)을 팔치와 발치로 등용하여 모든 사람의 촉망(衆望)을 받았고 안으로는 사당(私黨)을 길러 태자 자리를 얻으려 꾀했다.

불라(沸流那:灌奴) 일치 미유(彌儒)와 환나(桓那:桂婁) 일치 어지류(菸支留) 및 불라 조의(皂衣:당지의 선배 영수)가 수성의 뜻을 알고 빌붙어 태자 자리를 빼앗으려 남몰래 모의하였다.

태조는 수성을 태자로 삼으려니 왕실법도에 어긋나고, 막근을 태자로 삼으려니 수성이 걸리어 오랫동안 태자를 세우지 못했다.

수성은 정사를 도맡은 지 10여년이 지나도록 태자 자리를 얻지 못하자, 원망하는 빛이 이따금 얼굴에 나타났고 모의하는 흔적이 때때로 밖으로 드러났다.

이렇게 되자, 막근은 태자 자리를 빼앗길 뿐만 아니라, 수성의 손에 죽을까봐 겁이 났다. 그러나 자신에게는 병권(兵權)도 없고 위엄과 명망도 수성에게 미치지 못했다. 대항할 방법이란 오직 태조의 마음을 자신에게로 돌리는 길 밖에 없다는 것을 깨닫게 되었다.

이때 고구려 신수두 신단(神壇)의 무당(巫師)은 비록 부여(扶餘)와 같이 정권(政權)을 갖지는 못했으나, 점술(卜術)로써 사람들의 길흉화복(吉凶禍福)을 예언한다 하여, 일반적으로 믿고 있었기 때문에 귀천의 계급을 불문하고 일체의 의심스럽거나 어려운 일이 있으면 무당에게 어떻게 해야할 지를 물어 행하던 때라, 막근이 무당에게 뇌물을 먹이고 도와달라고 빌었다.

기원 142년 환도성에 지진(地震)이 나고, 또 태조가, 표범이 범의 꼬리를 물어 끊는 꿈을 꾸었다. 태조는 마음이 불안했다. 무당을 불러 해몽(解夢)을 부탁했다. 무당은 이 기회에 수성을 모함(譏訴)하기로 자정하고 "범은 백수의 어른이고 표범은 범의 작은 씨(種類)이며 범의 꼬리는 범의 뒤이니 아마

대왕의 작은 씨가 대왕의 뒤(후예란 말)를 끊으려는 자가 있어 꿈이 이러한가
하옵니다(虎者百獸之長, 豹者同類而小者也. 意者. 王之族類, 殆有謀絶大王之後者
乎)"라고 하며 은근히 서자 수성이 적자 막근을 해치려 한다는 뜻을 보였다.
〈이 대목은 「삼국사기」 고구려본기 태조대왕기에서 뽑아 쓰고 있다. 원문은 百獸(백수)가 '百
勤(백근)'으로 잘못되어 있고, 또 同類而小者(동류이소자)라는 대목 등을 다르게 해석할 수도
있어 태조기의 기록을 괄호 안에 첨가해 넣었다. -정해자〉

그러나 수성을 사랑하는 태조의 마음이 어찌 갑자기 무당의 말한 마디로
기울어지겠는가. 다시 불치 고복장을 불러 물어보았다. 고복장은 수성의 무
리(黨)는 아니었지만 수성의 음모를 모르고 있었기 때문에, "좋은 일(善)을
하면 복을 내리고 나쁜 일(不善)을 하면 화(禍)가 따른다 했으니, 대왕께서
나라를 집같이 걱정하시고 백성을 아들같이 사랑하시면 비록 재이(災異:지진
과 한발 등)와 악몽(惡夢)이 있었다손 치더라도 무슨 화가 되겠나이까"하고 무
당의 말에 반대하며 태조의 마음을 위안하였다. 〈위 고복장(高福章)의 말을 「삼국
사기」 고구려본기 태조대왕기는 이렇게 기록하고 있다. "나쁜 일을 하면 길조가 변해서 흉
한 일이 되고, 좋은 일을 하면 재이도 변해서 복이 되옵니다. 지금 대왕께서 나라를 집안처
럼 걱정하시고 백성을 자식처럼 사랑하시는데, 비록 소소한 이변이 있다한들 무엇 때문에 상
심하시옵니까(作不善, 則吉變爲凶, 作善, 則災反爲福, 今大王, 憂國如家, 愛民如子. 雖有小異, 庸何傷
乎)"-정해자〉

(2) 수성(遂成)의 음모와 태조의 선위(禪位)

수성은 40년 동안이나 정권(政權)을 장악하고 위복(威福:형벌과 상을 내리는
大權)을 자신의 뜻대로 처결하면서 늘 왕위 계승권을 빼앗으려고 막근(莫勤)
을 죽이려 했으나, 다만 태조가 이미 연로(年老)하여 붕어한 뒤에 일을 결행
하려 했고, 태조는 두 아들의 감정을 잘 조정, 타협하여 자신이 죽은 뒤 아
무런 변란도 생기지 않게 만든 뒤에 태자를 봉하려고 하여 긴 세월이 흘러
가게 되었다.

기원 146년은 태조가 즉위한지 94년째 되는 해이고 나이가 만 1백 살이
되는 경사스러운 해였다. 수성의 이때 나이가 76세였다. 수성은 백세노인

(百歲老人)인 태조가 건강한 것을 보고 혹시 자기가 태조보다 먼저 죽어 왕위가 막근에게 돌아가지 않을까 걱정했다.

같은 해 7월 왜산(倭山:沿革未詳)에서 사냥을 하다가 수성이 석양(夕陽:놀빛)을 돌아보며 탄식했다. 좌우가 그 뜻을 알고 모두 힘을 다하여 왕자(수성)의 뒤를 따라 행동할 것을 맹세했으나, 그 중 한 사람은 "대왕께서 성명(聖明)하시어 인민들이 우러러 받드는데 왕자께서 좌우의 소인들을 데리고 성명하신 대왕을 폐하려 하시는 것은 한 오리 실로 만근 무거운 것을 끌어당기려는 것과 같사옵니다. 만일 왕자께서 생각을 고쳐 효도로써 대왕을 섬기시면 대왕께서 반드시 왕자의 착하심을 알고 양보(揖讓)하실 마음이 생기시겠지만, 그렇지 않으면 큰 화(大禍)가 있을 것이옵니다."라며 반대하고 나섰다. 수성은 이 말을 듣기 싫어했다. 좌우가 수성을 위하여 태조를 시해하려는 음모가 더욱 긴박하게 진행되었다. 〈이 대목에서 단재는 많은 부분 글을 다듬어 쓰고 있다. 드러낼만한 일이 못된다하여 그랬을 것이다. 그러나 나쁜 역사도 우리의 역사이므로 바로 알아야 할 것 같아 태조대왕기의 본 기록을 참고삼아 아래에 덧붙인다. "수성은 왜산 밑에서 사냥을 했다. 좌우에게 말했다. '대왕이 늙었는데도 죽지 않고 있다. 나도 곧 죽을 나이가 되었으니 더는 못 기다리겠다. 오직 너희들에게 바라는 것은 나를 위해 없애달라는 것이다' 라고 했다. 좌우가 모두 '명령을 받들겠습니다.' 했다. 이때 한 사람이 앞으로 나와 말했다. '조금 전 왕자께서 상서롭지 못한 말을 하셨는데, 좌우에서 바르게 간하지는 못하고 모두 명령을 받들겠다고 하니, 이런 것이 간사하고 아첨하는 것입니다. 내가 바른말을 하고 싶은데 존의가 어떠신지 모르겠습니다.' 했다. 수성이 말했다. '자네가 바른 말을 한다면 약이 될 터인데, 무엇을 걱정하는가.' 그러자 그가 말했다. '지금 대왕이 어질다는 것은 내외를 막론하고 누구나 알고 있습니다. 왕자께서 비록 공이 있다고 하더라도 간사한 아첨꾼들인 부하들을 거느리고 현명하신 대왕을 폐하려 하신다면 이것이 어찌 한 가닥 실로 만균의 무거운 짐을 거꾸로 끄는 것과 무엇이 다르겠습니까. 비록 나같이 어리석은 사람도 오히려 그것이 옳지 못하다는 것을 알고 있습니다. 만일 왕자께서 계획을 고치고 마음을 바꾸서서 효성스럽게 대왕을 섬기시면 대왕께서도 왕자가 착하다는 것을 깊이 아시게 될 터이니, 반드시 선위(揖讓)하고 싶은 마음이 생기겠지만 그렇지 않다면 화(禍)가 곧 미칠 것입니다.' 수성은 이 말을 듣고 좋아하지 않았다. 좌우가 투기하여 즉시 그를 수성에게 참소했다. '왕자께서는 대왕이 연로하시므로 혹시 나라에 위태로운 일이 생기지 않을까하여 앞일을 도모하려는 것인데, 이 사람이 이렇게 망언을 늘어놓으니, 우리는 오직 일이 누설되어 화를 부르지

않을까 걱정되옵니다. 죽어서 입을 없애는 것이 마땅하겠습니다.' 했다. 수성은 그 말을 따랐
다(遂成獵於倭山之下, 謂左右曰, 大王老而不死, 吾齒卽將暮矣, 不可待也, 惟願左右, 爲我討之, 左右皆
曰敬從命矣, 於是一人獨進曰, 向王子有不詳之言, 而左右不能直諫, 皆曰敬從命者, 可謂姦且諛矣, 吾
欲直言, 未知尊意如何, 遂成曰, 子能直言藥石也, 何疑之有, 其人對曰, 今大王之賢, 內外無異心, 子雖有
功, 奉群下姦諛之人, 謀廢明上, 此何異將以單縷繫萬鈞之重而倒曳乎, 雖復愚人猶知其不可也, 若王子
改圖易慮, 孝順事上, 則大王深知王子之善, 必有揖讓之心, 不然則禍將及也, 遂成不悅, 左右妬其直讜於
遂成曰, 王子以大王年老, 恐國祚之危, 欲爲後圖, 此人妄言如此, 我等惟恐漏洩, 以致患也, 宜殺而滅口,
遂成從之)"-정해자〉

　고복장이 눈치를 채고 태조에게 들어가 고하며 수성을 주살(誅殺)하라고
청했다. 태조는 이에 '신하로서의 부귀'로는 수성의 마음을 달랠 수 없다는
것을 깨달았으나, 차마 죽이지 못하여 고복장의 청을 거절하고 수성에게 왕
위를 선위(禪位)한 다음 별궁(別宮)으로 물러났다. 수성이 즉위하여 차대왕
(次大王)이라고 했다.

　「삼국사기」 고구려본기 태조 80년에 "좌보 패자 목도루가 수성이 다른
마음을 품고 있는 것을 알고 병을 핑계로 벼슬길에 나오지 않았다(左輔沛者
穆度婁, 知遂成有異志, 稱疾不仕)"라고 기록했고 차대왕 2년에 "좌보 목도루가
늙고 병들었다는 핑계를 대고 물러났다(左輔穆度婁稱疾退老)"고 기록했다.
이미 15년 전에 병을 핑계로 벼슬길에 나오지 않은 목도루가 어찌 15년 뒤
차대왕 2년에 늙고 병들었다는 핑계로 물러날 수 있겠는가.
　김부식(金富軾)이 「삼국사기」를 지을 때 각종 고기(古記)의 기록을 가려 뽑
아야 하는데 이렇게 심하게 마구 뒤섞어 기록한 것이다. 더구나 좌보(左輔)
나 패자(沛者)가 모두 팔치의 음역인데 '좌보 패자'라는 겹말 명사를 기록으
로 올렸으니, 어찌 웃기는 일이 아니겠는가.

　또 고구려본기 태조기(太祖紀)에 94년 8월 "왕은 장수를 보내 한의 요동
서안평현을 기습하여 대방령을 죽이고 낙랑태수의 처자를 약탈해왔다(王遣
將, 襲漢遼東西安平縣, 殺帶方令, 掠得樂浪太守妻子)"라고 했는데, 이것은 「후한
서」 동이열전의 "수성이 죽고 아들 백고가 들어섰다. …질제와 환제 사이 다
시 요동 서안평을 침범하여 대방령을 죽이고 낙랑태수 처자를 약탈해 갔다

(遂成死, 子伯固立…質·桓之閒, 復犯遼東西安平, 殺帶方令, 掠得樂浪太守妻子)"는 기록을 초록한 것이다. 〈단재는 태조기 인용문에서 漢(한)자와 縣(현)자를 빼었고 「후한서」 동이전 인용문에서 '遂成死, 子伯固立…質·桓之閒(수성사, 자백고립…질·환지간)'을 '質·桓之間, 高句麗王伯固(질·환지간, 고구려왕백고)'로 고쳐 기록하여 원 기록대로 다시 고쳤다. 이하 '백고라는 이름'도 "고구려왕 백고라는 6자를"이라는 원문을 고친 것이다.─정해자〉

질·환지간(質·桓之間)은 질제와 환제 사이를 가리킨 것이다. 질제와 환제 사이는 태조대왕 94년이기 때문에 김부식은 이것을 태조기에 베껴 넣은 것이다. 백고(伯固)는 신대왕(新大王)의 이름이고, 이때는 신대왕이 들어서기 20년 전이었기 때문에 김부식이 '백고'라는 이름 대신 견장(遣將:장수를 보냄)'이라고 써 넣은 것이다.

그러나 이때 태조의 왕실에서는 차대왕과 막근 사이에 다툼이 벌어져 바깥일에 신경을 쓸 사이가 없던 때이다. 「후한서」의 "질제와 환제 사이(質·桓之間)"는 "환제와 영제 사이(桓·靈之間)", 즉 신대왕(新大王) 때로 고쳐야 했다. 김씨(김부식)가 이 일을 태조 94년의 일로 베껴 넣은 것이 벌써 터무니없는 저작인데, 게다가 친절하게 달까지 박아 "8월"이라고 한 것은 무슨 근거로 한 말인가. 김씨가 「삼국사기」에 안팎의 기록을 뽑아 적을 때 모호한 부분이 있으면 아무 근거 없이 연월(年月)을 멋대로 정하여 자구(字句)를 덧붙이거나 뺀 것이 많을 것이다.

제5장. 차대왕의 피살과 명림답부의 전횡(專橫)

(1) 차대왕(次大王)의 20년 전제(專制)

차대왕이 태조의 선위를 받아 20년 동안 고구려를 틀어쥐고 전제정치를 펴다가 연나조의(椽那皂衣) 명림답부(明臨答夫)에게 피살되었다. 그러나 차대왕기(次大王紀)가 간략하고 허술하여 그의 독단적인 정도가 어떠했고 시해(弑害)된 원인이 무엇인지 알기 어렵게 되어 있다. 이에 차대왕기 전문(全

文) 번역해 기재한 다음 논하고자 한다.

차대왕(次大王)의 이름은 수성(遂成)이고, 태조대왕의 동생(同母弟)이다. 어기차고 씩씩하여 위엄이 있었으나 인자한 마음이 적었다. 태조대왕의 양보를 받아 즉위했는데, 그때 나이 76세였다.

2년 봄 2월에 관나패자 미유(貫那沛者彌儒)를 좌보(左輔)로 삼았고 3월에 우보 고복장(右輔高福章)을 목 베어 죽였다. 복장은 죽기에 앞서 한탄해 말했다. "원통하고 억울하다. 나는 당시 선왕의 근신(近臣)으로 변란을 꾸미려는 역적을 보았는데, 어찌 묵묵히 아무 말 않겠는가. 한스러운 것은 선군(先君:앞의 임금)이 내 말을 듣지 않아 이렇게 되는구나. 지금 임금이 겨우 대위(大位)에 올랐으니, 마땅히 혁신적인 정교(政教)를 펼쳐 백성들에게 보여야 할 터인데, 의롭지 못한 일(不義)로 한 충신(忠臣)을 죽이려니, 나는 그런 주군과 함께 무도(無道)한 세상을 사느니 빨리 죽는 게 낫겠다"고 하여 즉시 처형되었다. 먼 곳이나 가까운 곳에서 이 소식을 듣고 분개하고 아까워하지 않는 사람이 없었다. 가을 7월에 좌보 목도루(穆度婁)가 늙고 병들었다는 핑계로 물러났다. 환나(桓那:연나(椽那)로 고쳐야 됨) 우태 어지류(于台菸支留)로 좌보를 삼고 작위를 올려 대주부(大主簿)로 삼았다. 겨울 10월에 불류나(沸流那) 양신(陽神)을 중외대부(中畏大夫)로 삼고 작위를 더해 우태(于台)로 삼았다. 이상은 모두 왕의 옛 친구였다. 11월에 지진(地震)이 일어났다.

3년 여름 4월에 왕이 사람을 시켜 태조대왕의 원자(元子) 막근(莫勤)을 죽였다. 그의 동생 막덕(莫德)은 화가 미칠까봐 두려워하다가 스스로 목을 매 죽었다. 가을 7월에 왕이 평유원(平儒原)에서 사냥을 했다. 백호(白狐:흰여우)가 따라오며 울었다. 왕이 활로 쏘았으나 맞지 않았다. 무당(巫師)에게 물었다. 무당이 말했다. "여우는 요망한 짐승이라 좋은 징조(吉祥)가 아닌데, 하물며 흰 여우라니 더욱 괴이(怪異)합니다. 그러나 하늘은 순순(諄諄)히 말을 할 수 없기 때문에 요괴(妖怪)를 보이는 것입니다. 임금에게 매사를 조심하고 무엇을 잘못했는지 살펴서 닦아 스스로 새사람이 되게 하려는 것입니다. 임금께서 만일 덕(德)을 닦으시면 화(禍)가 바뀌어 복(福)이 될 것입니다.” 왕은 이 말을 듣고 “흉(凶)하면 흉한 것이고 길(吉)하면 길한 것이다. 너는 어찌 요사스러운 것(妖)이라고 말해 놓고는 또다시 복(福)이라고 하니, 어째서 그렇게 거짓말을 하느냐”하고 즉시 죽여 버렸다.

4년 여름 4월 정묘 그믐날에 일식(日蝕)을 했다. 5월에 다섯 개의 별(五星)이 동쪽에 모였다. 일관(日官:天文官)은 왕이 노할까봐 무서워 거짓말로 꾸며 대기를 “이것은 임금의 덕이고 나라의 복입니다”하니, 왕이 크게 기뻐했다. 겨울 12월에 얼음이 얼지 않았다.

8년 여름 6월에 서리가 내렸다. 겨울 12월에 천둥을 치고 지진(地震)이 일어났다. 그믐에 객성(客星)이 달(月)을 침범했다.

13년 봄 2월에 별이 북두(北斗)에서 꼬리를 달았다. 여름 5월 갑술 그믐날에 일식(日蝕)을 했다.

20년 봄 정월에 일식(日蝕)을 했다. 3월에 태조가 별궁에서 죽으니 나이가 1백 19세였다. 겨울 10월에 연나조의 명림답부(椽那皂衣明臨答夫)가 참혹하여 차마 볼 수 없는 백성들 때문에 왕을 시해하고 왕호를 차대왕이라고 했다.

이것이 차대왕기의 전부이다. 가장 끝 마디에 “명림답부가 참혹하여 차마 볼 수 없는 백성들 때문에 왕을 시해하고”라고 하였으나, 그 위의 기록을 소급해 보면 차대왕이 인민들에게 참혹하여 차마 볼 수 없는 정사를 편 것이 하나도 없다.

고복장(高福章)은 차대왕의 음모를 고발했기 때문에 죽인 것이고, 목도루(穆度婁)는 차대왕과 막근의 중간에서 애매한 태도를 견지했기 때문에 쫓겨난 것이며, 무당(巫師)은 태조대왕의 꿈을 야릇하게 풀어 차대왕을 해치려했기 때문에 죽인 것이고, 막근 형제는 차대왕을 적대시하던 원수이기 때문에 죽인 것이다.

이것을 아무리 참혹하고 불인(不仁)한 일이라고 해도 사적인 원한의 복수이고 인민들과는 이해관계가 없는 일이었다. 또 이것은 모두 차대왕 2년 내지 3년 사이에 일어난 일이니, 18년 뒤 차대왕 20년에 반란을 일으킨 명림 답부의 유일한 구실이 될 수는 없다. 그 밖의 기록은 일식·지진·성변(星變) 등뿐이니, 이 같은 천문지리(天文地理)의 변화(자연현상)는 차대왕이 정치를 잘하고 못하는 것과 관계없는 일이다. 이것으로써 참혹하여 차마 볼 수 없 도록 인민들을 해친 증거로 삼을 수는 없다.

그렇다면 차대왕이 패망하고 명림답부가 성공한 원인(原因)은 어디 있는 가. 차대왕이 패한 뒤에 좌보 어지류(菸支留)가 여러 대신들과 함께 차대왕 의 아우인 백고(伯固), 즉 신대왕(新大王)에게 즉위하라고 권한 것을 보면, 어지류는 처음부터 차대왕을 도와 왕위 찬탈을 계획했던 원흉(罪魁)이고 여 러 대신은 대개 미유(彌儒)와 양신(陽神)등일 것이다.

이로 미루어 보면 차대왕의 패망은 바로 사당(私黨)의 배반(離叛)으로 인한 것일 것이다. 차대왕 즉위 이전 10여 년 동안 차대왕을 위하여 위험을 무릅 쓰고 왕위 찬탈을 계획하던 사당들이 도리어 차대왕과 20년 동안 부귀를 누 리다가 하루아침에 배반한 것은 무슨 까닭인가. 그 원인을 찾기는 쉽다.

고구려는 원래 한 사람이 전제하던 나라가 아니라, 여러 문벌(門閥)이 함 께 다스리던 공동통치제(共同統治制)의 나라였다. 국가의 기밀대사(機密大 事)는 왕이 전결(專決)하지 못하고 왕과 오부(五部)의 영수가 대회의(大會議) 의 결정에 따라 행했으며 형살(刑殺) 같은 것도 회의의 결정 등 과정을 밟아 서 집행했다.

차대왕은 부왕(父王)을 별궁에 가두고 당시 신앙의 중심에 있던 무당(巫 師)을 죽인 사람이다. 비록 어지류 등의 도움을 받아 왕위에 올랐으나, 왕위 에 오른 뒤에는 이 무리를 안중(眼中)에 두지 않고 군권(君權)의 유일함을 주 장하며 매사를 독단적으로 처결했다. 그래서 연나의 선배, 영수 명림답부가 그 본부의 선배로서 밖에서 반란을 일으키고 어지류 등이 안에서 호응하여 태조가 승하한 기회에 차대왕을 기습, 시해하고 문벌 공동통치국가로 회복 시킨 것이다.

어떤 이는 명림답부를 조선역사상 제1차 혁명(革命)을 일으킨 혁명가라고 한다. 그러나 혁명이란 반드시 역사상 진화(進化)의 의의(意義)를 가진 변동 (變動)을 일컫는 것이므로 문벌공동통치를 회복한 반란이 어찌 혁명이 되겠 는가. 명림답부는 한 때 정권을 약탈한 효응(梟雄)이라고 할 수는 있겠지만 혁명가라고 하는 것은 옳지 못하다.

(2) 명림답부(明臨答夫)의 전횡(專橫)과 외정(外政)

명림답부가 차대왕을 죽이고, 차대왕 당시 해를 피하여 산속에 숨어 살던 백고(伯固)를 세워 신대왕(新大王)이라 했다. 나라 안에 대사령(大赦令)을 내 려 차대왕의 태자 추안(鄒安)까지 사면(赦免)하여 양국군(讓國君)에 봉하고 차대왕의 준엄한 형법(刑法)을 폐지하니, 나라 사람이 크게 기뻐하며 복종하 였다.

명림답부가 이에 신가가 되어 크고 작은 군국(軍國)의 일을 모두 통할하고 팔치와 발치를 겸임(兼任)했으며 예(濊)와 양맥(梁貊) 제족의 부장을 아울러 맡으니, 그 권위가 태조 때의 왕자 수성(遂成)보다 더하였다. 〈「삼국사기」 신대 왕기(新大王紀)에는 "답부를 국상으로 임명하고 작위를 더해 패자로 삼았으며 내외군권을 통 섭하고 겸하여 양맥부락을 거느리게 했다(拜答夫爲國相,加爵爲沛者,令知內外兵馬,兼領梁貊部 落)"고 했을 뿐 '예(濊)'에 대한 말이나 "태조 때의 왕자 수성보다 권위가 더했다"는 등의 말 은 없다.–정해자〉

고구려본기 신대왕기(新大王紀)에는 "명림답부가 국상(國相)으로 패자(沛 者)를 겸했다"고 했고, 또 "이때부터 좌·우보를 고쳐 국상이라고 하기 시작 했다(改左右輔爲國相,始於此)"라고 했는데, 이것은 국상이 바로 신가라는 것 을 모르고, 패자가 팔치, 바로 좌보(左輔)라는 것을 모르고 건방지게 내린 주해이다.

태조대왕 때 한(漢)이 요동(遼東)을 지금의 난주(灤州)로 이동해 설치했다 는 것은 이미 앞에서 기술했다. 기원 169년 한이 요동을 회복하기 위해 경 림(耿臨)을 현토태수(玄菟太守)로 임명하여 대대적인 군사를 몰고 침입해 들 어왔다.

답부가 여러 신하들과 신대왕의 어전에서 회의를 열고 출전하느냐, 수비하느냐를 놓고 의견을 나누었다. 모두가 출전을 주장했다. 답부가 말하기를, "우리는 군사가 적으나 지리적 강점(險阻)을 가졌고 저(漢)들은 군사는 많으나 군량수송 등의 어려움이 많으니, 우리는 우선 수비만 하여 저쪽 군사들을 태만하게 만든 뒤에 나가서 공격하면 백전백승(百戰百勝)할 것입니다"했다. 이리하여 '선수후공(先守後攻 : 우선 수비하고 뒤에 싸운다)' 전략을 세운 뒤, 각 주군(州郡)에 명하여 인민과 양곡(糧穀 : 들판의 곡물 포함) 및 가축들을 모두 성 안, 또는 산성으로 옮겨 놓고 굳게 지키게 했다.

한군(漢軍)은 침입한지 몇 달이 지났으나 노략질을 해도 얻을 것이 없고 싸우려 해도 응하지 않기 때문에 군량만 고갈되어 배고프고 지치자 군사를 이끌고 돌아가기 시작했다.

〈고구려 고분벽화. 고구려 철갑기병(鐵甲騎兵)과 마갑(馬甲)〉

명림답부가 좌원(坐原)까지 추격하여 한군은 사람 한 명, 말 한 마리도 돌아가지 못하였다. 명림답부가 이렇게 한구(漢寇 : 한나라 도적)를 격파하고 강토를 개척하고자, 먼저 선비(鮮卑)의 유명한 왕 단석괴(檀石塊)를 달래어 한의 유주(幽州)와 병주(并州), 지금의 직예(直隸)와 산서(山西) 두 성(省)으로 쳐 들어가 소요를 일으키게 하고, 그 뒤를 이어 고구려의 병사를 이끌고 한을 치려다가 병으로 죽으니, 그때 나이 113세였다. 신대왕이 몸소 찾아가 통곡했고 왕을 장사지내 듯 왕례(王禮)로 장사지냈다. 〈명림답부(明臨答夫)가 선비대인(鮮卑大人) "단석괴(檀石塊)를 달랬다"는 기록은 어디에도 없다. 그럴 형편이 아니었다. 단석괴가 필요에 의해 한 일을 명림답부가 시켜서 한 일처럼 꾸미는 것일 뿐이다. 단석괴가 이 말을 들었다면 심히 불쾌하게 여겼을 것이다. 단석괴가 어떤 사람인지 잠시 짚고 넘어가자. 당시 선비는 북흉노(北匈奴)의 땅인 새외(塞外) 사막과 초원을 점거하고 각 부족이 끼리끼리 연합하여 한(漢)으로 쳐들어와 노략질을 했다. 원래부터 그들은 부족단위로 생활했기 때문에 누구의 통할되거나 절제를 받지는 않았다. 그러다 한환제(漢桓帝) 때 그 선비에서 지략과 용기가 뛰어난 한 영웅이 나타났다. 모든 선비가 경외(敬畏)하며 자발적으로 그의 절제(節制)를 받고자 모여들었다. 그가 바로 단석괴다. 그는 선비의 법률제도를 새롭게 정립하고 각 부족의 잘잘못을 제도에 의해 명쾌하게 처결했는데, 어느 부족도 타당하게 여기지 않는 사람이 없었다. 그리하여 그는 선비의 대인(大人)으로 추존되었다. 이로부터 선비의 군사력(兵馬)은 어기차고 씩씩하여 최 절정기를 맞았다. 북쪽으로 정녕(丁寧:敕勒)을 막고 서쪽으로는 오손(烏孫)을 쳤으며 동쪽으로는 부여(夫餘)를 침범하고 남쪽으로는 한(漢)으로 밀고 내려와 점거한 땅이 동서로 1만 4천 여리이고 남북으로 7천 여리였다. 전성기의 흉노(匈奴) 강역과 비슷했다. 한영제(漢靈帝)는 시달리다 못해 대군을 일으켜 선비공벌에 나섰지만 여지없이 참패해 수만 명의 목숨만 잃었다. 한왕조는 선비를 어떻게 할 수가 없었다. 그리하여 단석괴를 왕으로 봉하고 공주를 아내로 주겠다며 온갖 금은보화를 싸들고 가서 달랬지만, 단석괴는 받들어 올리는 옥새(玉璽)를 던져버리고 한으로의 약탈침략에 더욱 기세를 올렸다. 남흉노(南匈奴)와 오환(烏桓)은 단석괴에 병탄(併呑)되어 그 고통은 말할 수 없이 심했다. 그 단석괴를 어찌 명림답부가 타이를 수 있었겠는가. 단석괴는 45세로 죽으면서 더 이상 선비의 큰 꿈을 펼칠 수는 없었다.─정해자〉

「삼국사기」 고구려본기 신대왕 4년(기원 155년)에 "한의 현토태수 경림이 쳐들어와서 우리 병사 수백 명을 죽이자, 왕이 직접 항복하며 현토에 소속되기를 빌었다"했고 〈원문은 '왕이 직접 항복하며 현토에 소속되기를 빌었다' 가 "왕이 현토에 복속한다"로 되어 있어 「삼국사기」 기록을 참조해 바로잡았다.─정해자〉

신대왕 5년(기원 156년)에 "왕이 주부(主簿)·연인(然人)·대가(代加)·우거(優居)를 보내어 요동태수 공손탁(公孫度)을 도와 부산적(富山賊)을 토벌하라"했으며, 8년(기원 172)에 "한이 대병(大兵)을 이끌고 우리나라로 향해 오자,…답부가 좌원(坐原)에서 추격전을 펼쳐 한군을 대파(大破)하여 말 한 마리도 돌아가지 못했다"고 했다. 앞의 두 단락은 「후한서」와 「삼국지」에서, 뒤의 한 단락은 '고기(古記)'에서 베껴 넣은 것이다.

그러나 「조선사략(朝鮮史略:1924년 金宗漢이 저술한 역사서.─정해자)」에는 "신대왕 5년에 한의 현토태수 경림(耿臨)이 대병(大兵)을 거느리고 쳐들어오자,…답부가 좌원에서 대파하여…"라고 하였으니, 그 연조가 「후한서」 동이열전 영제(靈帝) "건녕 2년 현토태수 경림이 토벌하여…백고가 항복했다(建寧二年,玄菟太守耿臨討之…伯固降)"는 것과 맞아 떨어진다.

그렇다면 경림의 한구(漢寇)가 명림답부에게 패한 것이 분명한데, 김부식은 이를 두 번에 걸쳐 있었던 일로 잘못 나누어 하나는 신대왕 4년, 또 하나 는 신대왕 8년 단락에 기록했다.

공손탁은 「삼국지」에 따르면 한 헌제(漢獻帝) 영평(永平) 원년에 비로소 요 동태수(遼東太守)가 되었으니, 기원 190년이고 신대왕 5년(기원 169년)으로부 터 20년 이후이다. 신대왕이 20년 뒤에 있는 공손탁을 도울 수 없다는 것이 명백한데도 시비를 가리지 못하는 김부식이 그대로 신대왕기 속에 잘못 기 록해 넣은 것이다.

그러나 패하여 달아난 경림을 크게 이겼다(大捷)고 기록하고 연대도 맞지 않는 공손탁을 신대왕의 종주국(宗主國)으로 기록하였으니 이런 곳에서 지 나사(支那史)의 거짓된 기록(誣筆)이 많다는 것을 볼 수 있을 것이다.

「동국통감(東國通鑑: 성종 때(1484) 서거정(徐居正) 등이 엮은 역사서.-정해자)」에 는 현토태수 경림에 쳐들어왔다가 명림답부에게 패한 일을 신대왕 8년의 일 로 기록하고 있어 「조선사략」과 또 다르다. 아마도 조선조 초에는 「삼한고 기(三韓古記)」·「해동고기(海東古記)」 등 몇 종류가 있어 「삼국사기」 이외에 도 참고할만한 서적이 더러 있었고 내용이 같기도 하고 다르기도 했기 때문 일 것이다.

제6장. 을파소의 상업(相業)

(1) 왕후의 정치 간섭과 좌가려의 난(左可慮亂)

기원 179년 신대왕이 죽고 고국천왕(故國川王)이 즉위했다. 왕후 우씨(于 氏: 연나 우소(于素)의 딸)가 세상에 다시없는 자색(姿色: 미인)으로 왕의 총애를 받 았다. 그래서 왕후의 친척인 어비류(於卑留)가 팔치가 되고 좌가려(左可慮)가 발치가 되어 정권(政權)을 멋대로 휘두르자, 그의 자식과 아우들은 교만하고 난폭해져 남의 아내와 딸들을 빼앗아다 종첩(婢妾)을 삼고 남의 아들이나 조 카를 잡아다가 노복(奴僕)을 만들며 남의 좋은 땅과 잘 지은 집을 빼앗아 제 것으로 만들어 원망하고 비방하는 나라 안 사람이 많았다. 왕이 알고 죄를 주려 하자 좌가려 등이 드디어 연나부를 총동원하여 반란을 일으켰다.

왕이 기내(畿內)의 병마를 모집하여 좌가려의 난을 평정하고 왕후 족속의 정치 간섭을 징계(懲戒)하였다. 그리고 사부대신(四部大臣)에게 조서를 내려 이르기를, "근자에 벼슬을 정실(寵)에 따라 주고 덕(德)으로써 백성을 다스리지 못해 그 독(毒)이 백성들에게까지 흐르고 왕실을 요동치게 했다. 이것은 모두 내가 현명하지 못하여 일어난 일이니, 너희 4부는 각기 부 안에 있는 어질고 유능한 인재를 천거하도록 하라"고 했다. 4부는 협의하여 동부(東部) 안류(晏留)를 추천했다. 〈위의 毒(독)자가 원문에는 德(덕)자로 되어 있다. 「삼국사기」에 따르면 좌가려(左可慮)의 반란은 금방 평정된 것이 아니라, 고국천왕 12년 9월에 일어나 13년 4월 왕도(王都)를 공격하다가 왕의 기내병마에 의해 평정되었다. 반년이 넘어서야 평정된 것이다. 왕은 반란이 평정되자 명을 내려 말했다. '근자에 관직을 정실로써 임명하고 덕으로써 다스리지 못해 독이 백성들에게 흐르고 우리 왕가까지 요동쳤다. 이것은 과인이 밝지 못한 탓이다. 이제 너희 4부는 각각 유능하고 어진 사람이 있으면 추천하라' 고 했다. 이리하여 4부는 함께 동부의 안류를 추천했다. 왕은 그를 징집해 국정을 맡기려 했다(近者,官以寵授,位非德進,毒流百姓,動我王家,此寡人不明所致也. 今汝四部,各擧賢良在下者,於是四部共擧東部晏留,王徵之委以國政)"고 기록되어 있다. 그에 따라 德(덕)자를 毒(독)자로 바로잡았다.-정해자〉

(2) 을파소(乙巴素)의 등용

고국천왕(故國川王)이 안류(晏留)에게 국정을 맡기려 하자, 안류가 "자신은 대임(大任)을 맡을 만한 재목이 못 된다"며 서압록곡(西鴨綠谷:서쪽 오리골) 처사 을파소(乙巴素)를 천거하였다.

을파소는 유리왕(儒理王) 때의 대신 을소(乙素)의 후손이었다. 고금(古今)의 치란(治亂)에 밝고 백성들의 이폐(利弊:이롭고 폐 됨)를 잘 알아 학식(學識)이 넉넉하였으나 알아주는 사람이 없었기 때문에 초야(草野)에 묻혀 농사짓고 살아가가며 벼슬할 뜻이 없었다. 그러나 고국천왕이 자신을 낮추는 말과 정중한 예의로 맞아 스승으로 대접하며 중외대부(中畏大夫)로 삼아 일치의 작위를 더하고 가르침을 청했다.

을파소는 임명받은 관작(官爵)이 오히려 자신의 포부를 펼치기에 부족하다고 여기고 고사(固辭)하며 다시 어질고 유능한 사람을 찾아 높은 관직을 주어 대업(大業)을 이루도록 하라고 청했다.

왕은 그 뜻을 알고 을파소를 신가로 임명하여 백관(百官) 위에 앉히고 국정을 처리하게 하였다. 뭇 신하들이, 을파소가 초야의 한사(寒士:가난한 선비)로서 하루아침에 고위직에 오른 것을 시샘하여 비난이 자자했다.

왕이 조서를 내려 "만일 신가의 명령을 거역하는 자가 있으면 멸족(滅族)시키겠다"고 하며 더욱 을파소를 신임했다. 을파소는 자신을 알아주는 임금을 만난 것에 감격하여 지성으로 국정을 돌보며 상벌(賞罰)을 삼가고 정령(政令:조세와 법칙)을 누구나 인정하고 따르게 하여 나라가 크게 다스려졌다. 고구려 9백년간 제일가는 현상(賢相)이라고 일컬었다.

「삼국사기」 고구려본기에 "고국천왕의―혹은 국양왕이라고도 한다―이름은 남무인데 혹은 이이모라 한다 신대왕 백고의 둘째아들이다. 백고가 죽자, 나라 사람들이 큰아들 발기가 어질지 못하다 하여 함께 이이모를 왕으로 세웠다. 한 헌제 건안 초에 발기는 형으로서 왕이 되지 못한 것을 원망하여 소노가와 함께 각각 부하 3만여 명을 이끌고 공손강에게로 가서 항복했고 돌아와서 비류수 가에 살았다(故國川王或云國襄諱男武或云伊夷謨新大王伯固之第二子,伯固薨,國人以長子拔奇不肖,共立伊夷謨爲王,漢獻帝建安初,拔奇怨爲兄而不得立,與消奴加各將下戶三萬餘口,詣公孫康降,還住沸流水上)"고 하였는데이것은 김부식이 「삼국지」 고구려전의 본문을 베낀 것이다. 〈「삼국지」의 기록은 다음과 같다. "백고가 죽고 두 아들이 있었는데, 장자는 발치고 작은 아들은 이이모였다. 발치가 불초하다 하여 나라 사람들은 함께 이이모를 왕으로 세웠다. 백고 때부터 자주 요동을 노략질했다. 또한 망명한 동호 5백여 가구를 받아들였다. 건안 때 공손강이 출격하여 그 나라를 깨부수고 읍락을 불태웠다. 발기가 형이 되어 왕이 되지 못한 것에 원심을 품고 연노가와 함께 각각 부하 3만여 명을 이끌고 공손강에게로 와서 항복했고 돌아가서 비류수 가에 살았다(伯固死,有二子,長子拔奇,小子伊夷模,拔奇不肖,國人便共立伊夷模爲王,自伯固時數寇遼東,又受亡胡五百餘家,建安中,公孫康出軍擊之,破其國,焚燒邑落,拔奇怨爲兄而不得立,與涓奴加各將下戶三萬餘

口詣康降,還住沸流水)"–정해자〉

발기(拔奇)는 바로 산상왕기(山上王紀:원문은 上山王(상산왕)으로 잘못되어 있다. 이하도 같다.–정해자) 속의 발기(發岐)이고, 이이모(伊夷謨:伊夷模)는 산상왕 연우(延優)인데「삼국지」작자가 발기와 연우 두 사람을 신대왕의 아들로 잘못 전한 것인데 김씨가 경솔하게 믿고 고국천왕 남무를 이이모라 하고 남무를 발기의 아우라고 했으니 첫째 잘못이다.

또「삼국지」공손탁전에 따르면 공손강의 아버지 공손탁은 한 헌제 초평 원년에 요동태수가 되어 건안 9년에 죽었고 공손강이 그 자리를 계승했다. 한 헌제 초평 원년은 고국천왕 12년경이니 고국천왕 즉위 초에는 공손강은 고사하고 그 아비 공손탁도 아직 요동태수를 꿈도 꾸지 못하던 때이다. 김씨가 이를 고국천왕 즉위 원년의 일로 기록하였으니 두 번째 잘못이다.

앞에 기술한, 신대왕 5년에 "공손탁을 도와 부산적을 토벌했다(助公孫度, 討富山賊)"는 기록을 합쳐 보면 김씨가 공손탁이 어느 때 사람인지 모르는 것 같아 또한 괴이하다.

제 6 편

고구려의 쇠퇴와 북부여의 멸망

제1장. 고구려, 한(漢)과의 전쟁에 지다

(1) 발기의 반란과 제1 환도성(丸都城)의 잔파(殘破)

기원 197년, 고국천왕(故國川王)이 죽고 후사(後嗣)가 없었다. 왕후 우씨 (于氏)가 좌가려(左可慮)의 반란(叛亂) 이후 정치에 간여하지 못하고 답답하게 궁중(宮闈)에 처박혀 있었는데, 왕이 죽자 정치무대로의 재등장을 열망 (熱望)한 나머지 애통해하기보다 좋은 기회로 이용하기 위해 왕이 죽었다는 것을 숨기고 발표하지 않았다. 그리고 그 밤에 미복(微服)으로 갈아입고 남 몰래 왕의 큰 동생(長弟) 발기(發岐)의 집으로 찾아가, 발기에게 "대왕은 사자(嗣子)가 없으니 그대가 후계자가 되는 게 마땅하지 않겠습니까"라고 말을 흘렸다.

그러나 발기는 순나(順那)의 고추가(古鄒加)로 환도성간(丸都城干)을 겸하고 요동 전토(全土)를 관리하고 있어 위엄과 권세가 대단했을 뿐만 아니라, 또한 고국천왕이 돌아가면 왕위를 계승할 권리가 당당했기 때문에 우씨의 말을 새겨듣지 않고 엄격한 어조로 꾸짖듯이 말했다. "왕위는 천명(天命)이니, 부인이 무를 바가 아니고. 부인의 야행(夜行)은 법도가 아니니 왕후가 할 일이 아닌 것 같소이다."

우씨는 크게 부끄럽고 분하여 그길로 곧장 왕의 둘째 동생 연우(延優:位宮) 를 찾아갔다. 그리고 왕이 죽었다는 것과 발기를 찾아갔다가 무안만 당했다 는 일 등을 낱낱이 호소했다.

연우는 크게 기뻐하며 우씨를 맞아들여 야연(夜宴)을 베풀었다. 연우가 친히 고기를 베다가 손가락을 다치자, 우씨가 치마끈을 잘라 싸매 주고 함께 손을 잡고 궁으로 들어와 함께 잤다. 이튿날 고국천왕의 상사(喪事)를 발표 하는 동시 '연우로 왕위를 계승토록 하라' 는 왕의 유조(遺詔:유서)를 꾸며 즉위했다.

발기(發岐)는 연우(延優)가 왕이 되었다는 말을 듣고 노발대발했다. 격문(檄文)을 발표하여 연우가 우씨와 몰래 정을 통(通)하고 차례를 건너뛰어 왕이라 칭하는 간사하고 교활한 죄를 백일하에 드러내는 한편 순라(順那)의 병사를 동원하여 왕궁을 에워싸고 3일 동안이나 격전을 벌였다. 그러나 발기를 돕는 사람들이 없어 패할 수밖에 없었다. 발기는 순라의 백성 3만 가구를 이끌고 요동(遼東) 땅 전체를 들어 한의 요동태수 공손탁(公孫度)에게 바치고 투항하며 구원을 청하였다. 〈「삼국사기」와 「삼국지」에는 발기가 격문을 발표했다. 밀통을 했다. 요동 땅 전체를 들어 바쳤다.는 등의 기록이 없다. 발기가 왕후에게 한 말도 다르다. 왕후가 찾아와서 "왕이 아들이 없으니 그대가 마땅히 이어야하지 않겠소?"하자, 발기는 왕이 죽은 줄도 모르고 "하늘의 역수(曆數:운명)는 돌아갈 곳이 있을 터이니 경솔하게 의논 할 일이 아니오. 더욱이 부인이 밤늦은 시각에 다니는 것을 어찌 법도에 맞는다 하겠소."했다. 그래서 곧장 연우네 집으로 찾아가자 연우는 자다가 일어나 의관을 갖추고 문밖까지 나와 영접해 들이고 저녁을 대접했다. 그러자 왕후는 왕이 죽은 사실을 털어놓고 발기를 찾아갔다가 무안만 당한 일을 하소연했다. 그러자 연우는 왕후를 더욱 극진히 받들며 손수고기를 베어 주다가 손가락을 다쳤다. 왕후가 치마끈을 풀어 손가락을 싸매 주었다. 돌아갈 때 왕후는 연우에게 말했다. "밤이 깊어 무슨 일이 있을지 모르니 궁까지 좀 바래다주시오." 연우는 그대로 따랐다. 왕후가 손을 잡고 궁으로 들어갔다. 이튿날 거짓 조서를 증거로 선왕의 명령이라며 모든 신하들에게 연우를 왕으로 삼게 했다. 발기는 이 소식을 듣고 크게 노하여 군사를 동원, 왕궁을 에워쌌다. 그리고 외쳤다. "형이 죽으면 아우가 즉위하는 것이 법도다. 너는 차례를 뛰어넘어 찬탈했으니 대역 죄인이다. 빨리 나오너라. 그렇지 않으면 처자까지 주살(誅殺)할 것이다"했다. 연우는 3일 동안 문을 닫은 채 꼼짝 않았다. 국민 또한 발기를 따르지 않았다. 발기가 어렵게 되었다는 것을 알고 처자와 함께 요동태수 공손탁에게로 달아났다. 그리고 형수와 아우가 공모해 자신의 자리를 빼앗았기 때문에 분하고 억울하여 상국(上國)에 항복한 것이니, 3만 명의 군사만 빌려주어 공격하게 하면 평정할 수 있다고 했다" 이것이 「삼국사기」의 기록이다.-정해자〉

공손탁은 한나라 말기의 사납고 야심찬 인물(梟雄)이었다. 기원 190년에 한이 혼란해질 조짐을 보고 요동태수 자리를 얻어 요동에서 왕(王)노릇을 하려고 꿈꾸었다. 이때 요동 본토는 차대왕(次大王)이 점령한 뒤였기 때문에 고구려의 소유였고 한의 요동은 지금의 난주(灤州)로 이설(移設)되어 토지가 매우 협소했다. 공손탁은 늘 고구려의 요동을 엿보고 있었다.

그러던 중 뜻밖에 발기의 항복을 받게 되자 공손탁은 크게 기뻐했다. 드디어 정예병 3만을 출동시키고 발기의 항복한 병사들을 선봉으로 삼아 고구려로 쳐들어왔다. 차대왕의 북벌군(北伐軍) 대본영이던 환도성, 바로 제1 환도성으로 들어가 읍락(邑落)을 불태워버리고 비류강(沸流江)쪽으로 올라와 졸본성(卒本城)을 공격하려 했다.

연우왕은 동생 계수(罽須)를 신치 전군총사령(全軍總司令)으로 삼아 막아 싸우게 했다. 계수는 한군(漢軍)을 크게 무찌르고 좌원(坐原)까지 추격해 갔다. 발기가 위급하고 군색해지자, 계수를 돌아보며, "계수야, 네가 그예 너의 큰형을 죽이려 하느냐, 불의(不義)를 행한 연우를 위해서 너의 큰형을 죽이려 하느냐"고 했다. 계수가 말했다. "연우가 비록 의롭지 못하다고 해도 너는 외국에 항복하여 외국 군대를 끌고 들어와 조상과 부모의 강토를 유린하고 있으니, 연우보다 더 의롭지 못하(不義)지 않으냐."발기는 크게 부끄럽고 후회되었다. 배천(裵川:곧 비류강)에 이르러 스스로 목숨을 끊었다.

발기가 한 때 울분을 참지 못해 매국(賣國)의 죄를 범했고 계수의 말을 듣고 양심의 가책을 받아 자살했지만, 그가 넘겨준 오리골(烏列忽), 바로 요동은 끝내 수복하지 못하여 공손탁의 소유가 되었다. 이리하여 공손탁은 드디어 요동왕(遼東王)이라고 스스로 일컬으며 전 요동 땅을 요동(遼東)·요중(遼中)·요서(遼西) 세 군으로 나누고 바다를 건너 동래(東萊) 등 여러군(지금의 烟台(옌타이) 등지)를 점령하여 한 때 강력한 위세를 자랑했다.

연우왕은 이에 지금의 환인현(桓仁縣) 혼강(渾江) 상류, 지금의 안고성(安古城)에 환도성(丸都城)을 옮겨 세우고 그곳으로 천도(遷都)했다. 이것이 바로 제2 환도성이다.

(2) 동천왕의 제1 환도성 회복과 오·위(吳·魏)와의 외교

연우왕이 형수(兄嫂) 우씨에게 왕위를 얻고 우씨를 왕후로 삼았다. 〈형제가 죽으면 형수나 제수를 아내로 거두는 것이 당시 우리 민족의 풍속이었다.—정해자〉 얼마 뒤(山上王 12년) 우씨가 연로(年老)한 것을 싫어하여 주통촌(酒桶村:술통마을)의 미처녀(美處女:이름 后女)를 몰래 취(娶)하여 소후(小后)를 삼아 동천왕(東川王)을 낳았다.

기원 227년 연우왕(山上王)이 죽고 동천왕이 왕위를 계승했다. 이때 지나(중국)는 네 개의 큰 세력권(四大勢力)으로 나누어졌다. 첫째는 위(魏)의 조씨(曹氏)로, 업(鄴), 지금의 직예성 업현(直隸省鄴縣)에 도읍하여 양자강(揚子江:長江) 이북을 소유했고, 둘째는 오(吳)의 손씨(孫氏)로 건업(建業), 지금의 강소성 남경(江蘇省南京)에 도읍하여 양자강 이남을 소유했으며, 셋째는 촉(蜀)의 유씨(劉氏)로 성도(成都), 지금의 사천성(四川省:巴蜀) 성도에 도읍하여 지금의 사천성을 소유했고, 넷째는 요동(遼東)의 공손씨(公孫氏)로 양평(襄平), 지금의 요양(遼陽)에 도읍하여 지금의 난하(灤河)이동과 요동반도를 소유했다. 〈원문에는 사천의 四(사)자가 泗(사)자로 잘못되어 있다. 또 촉한(蜀漢)시대 성도(成都)라는 지명은 없었다. 당시는 파·촉(巴·蜀)을 익주(益州)라고 했는데 유비(劉備)는 촉(蜀)에 도읍했다. 익주는 오늘날 사천(四川)·운남(雲南)·귀주성(貴州省) 등의 일부를 포함하는 지역을 일컫는 말이었다.—정해자〉

고구려는 공손씨와는 적국(敵國)이고 촉(蜀)과는 너무 멀리 떨어져 있어 통교(通交)할 수 없었지만 위(魏)·오(吳) 양국과도 왕래가 없었다.

기원 233년 공손연(公孫淵:공손탁의 손자)이 간교한 계략으로 위와 오 사이에서 이익을 취하려고 오제 손권(吳帝孫權)에게 사신을 보내 표(表:제왕에게 소회를 적어 올리는 글)를 올리고 신(臣)이라 칭하며 위를 함께 치자고 청했다. 손권은 크게 기뻐하며 사신 허미(許彌) 등에게 수천 명의 병사를 딸려 공손연에게 보냈다.

공손연은 허미를 위와 통교하는 미끼로 삼으려고 했다. 그래서 우선 허미를 호위하는 장사(將士) 진단(秦旦) 등 60여명을 잡아 현토군, 지금의 봉천성성(奉天省城:선양)에 가두고 죽이려 하였다.

진단 등이 성을 넘어 도망쳐 고구려로 들어와서는 거짓말을 늘어놓았다.

"오제 손권이 고구려 대왕에게 올리는 공물(貢物)이 적지 않았고 또 고구려와 맹약(盟約)을 하고 공손연을 쳐 그 땅을 나누어 갖자는 도장 찍힌 서찰도 있었는데 불행히 배가 큰 바람을 만나 방향을 잃는 바람에 요동 해안에 도착했습니다. 공손연의 관리에게 수색을 받게 되어 공물과 서찰을 다 빼앗기고 일행이 모두 체포되어 갇혀 있었는데 다행히 틈을 타 호구(虎口)에서 벗어나 이렇게 왔습니다"라고 했다.

동천왕은 크게 기뻐하여 진단 등을 불러 보고 조의(皂衣) 25인에게 명하여 해로(海路)로 진단 등 일행을 호송하게 하며 돈피(담비털가죽) 1천장과 할계피(鶡鷄皮:멧닭 껍질) 10구(具)를 손권에게 보냈다. 그리고 고구려의 육군과 오의 수군(水軍)으로 공손연을 함께 쳐 없애기로 조약을 체결했다. 이듬해 동천왕 3년에 손권이 사굉(謝宏)·진순(陳恂) 등을 보내어 많은 의복(衣服)과 진보(珍寶)를 공납했다. 〈이 대목은 「삼국지(三國志)」 오서(吳書)의 기록을 뽑아 쓰고 있다. 원문은 秦旦(진단)이 秦朝(진조)로 잘못되어 있고, 陳恂(진순)도 陳宏(진굉)으로 잘못되어 있다. 이들 진단(秦旦)·장군(張群)·두덕(杜德)·황강(黃彊)은 깔깔대며 돌아가 손권을 보고 눈물을 흘렸다. 손권은 이들을 장하게 여겨 모두 교위(校尉)에 임명했다. 그러나 이 일을 계기로 오(吳)와의 외교채널이 열렸다. –정해자〉

동천왕이 주부 책자(笮資)와 대고(帶固) 등을 보내어 약간의 예물로 답사(答謝)를 했다. 책자가 오에 이르러 살펴보았다. 첫째 오(吳)의 수군(水軍)은 취약하여 바닷길을 이용해 공손연을 기습할 수 없었는데도, 오가 큰소리만 치며 고구려의 많은 재물이나 받으려는 것이 아닌가 싶었고, 둘째 손권이 고구려의 사신을 대할 때는 비록 공순하고 조심하는 태도를 보였으나 그 내용을 국내에 선포할 때는 "동이(東夷)를 정복하여 그 사자가 들어와 조공을 바쳤다"고 하는 등 사실이 아닌 말로 신민(臣民) 들을 속이는 것을 보고 돌아와 그대로 아뢰었다.

동천왕이 이 말을 듣고 크게 노하여 위제(魏帝) 조예(曹叡)에게 밀사(密使)를 보내, 고구려와 위(魏)가 오와 요동에 대한 공수동맹(攻守同盟)을 체결하여, 고구려가 요동을 치면 위가 육군으로 고구려를 돕고, 위가 오를 치면 고구려가 예(濊)의 수군으로 위를 돕기로 하는 한편, 오와 요동을 멸망시킨 뒤에는 요동은 고구려가 차지하고 오는 위가 차지하기로 했다. 그 이듬해 오(吳)의 사자 호위(胡衛)가 고구려로 오자 고구려는 그 목을 쳐 위로 보냈다. 이로부터 고구려와 위, 두 나라의 외교적 접촉이 매우 잦았다.

(3) 공손연(公孫淵)의 멸망과 고구려와 위(魏)의 충돌

기원 237년에 동천왕(東川王)이 신가 명림어수(明臨於漱)와 일치 착자(筰資)·대고(帶固) 등을 보내어 수만 군사를 출동시켜 양수(梁水:들물)로 나아가 공손연(公孫淵)을 치게 했다. 위는 유주자사(幽州刺史) 관구검(毌丘儉)에게 명하여 또한 수만명의 군사를 이끌고 요수(遼水)로 나왔다.

공손연은 곽흔(郭昕)·유포(柳蒲) 등을 보내어 고구려를 막고, 비연(卑衍)·양조(楊祚) 등을 보내어 위군(魏軍)를 막았다. 얼마 지나지 않아 위군은 패하여 돌아갔다. 공손연은 이렇게 되자 연왕(燕王)이라 칭하고 천자(天子)의 의장(儀仗)을 쓰며 온 힘을 기울여 고구려를 막았다.

이듬해 위가 태위(太尉) 사마의(司馬懿)를 보내어 10만 대군을 출동시켰다. 먼저 관구검에게 요대(遼隊)를 공격하여 공손연의 수장(守將) 비연·양조 등과 대치하게 하고 사마의 자신은 은밀하게 북쪽으로 진군하여 공손연의 서울인 양평을 기습 포위했다.

공손연의 정예병은 모두 고구려군을 막기 위해 양수(梁水)로 출진하여 양평이 비어 있었기 때문에 비연 등은 구하려 돌아오다가 크게 패해 무너졌고 공손연은 포위된 성안에서 30여일을 버티며 굶주리다가 포위망을 탈출하여 잡혀 참수되었다. 공손씨가 요동을 점거한지 무릇 3대 50년 만에 이로써 멸망했다.

위가 이렇게 공손씨를 손쉽게 멸망시킨 것은 고구려가 공손연을 후방에서 견제한 때문인데도, 겨우 「삼국지」 오환선비동이전(烏桓鮮卑東夷傳)에 "태위 사마선왕이 무리를 거느리고 공손연을 토벌했다. 궁이 주부와 대가를 보내어 수천 명을 가지고 군을 도왔다(太尉司馬宣王率衆討公孫淵,宮遣主簿大加

將數千人助軍)"라는 기사 이외에는 위 명제기(魏明帝紀)나 공손탁전(公孫度傳)에는 한 마디도 언급되지 않았다.

이것은 저들 사가(史家)의 고유한 상내약외(詳內略外:국내 일은 자세하게, 국외 일은 간략하게) 필법(筆法)을 따른 때문이겠지만 「삼국사기」 고구려본기에는 "위의 태부 사마선왕이 무리를 거느리고 공손연을 토벌했다. 왕이 주부와 대가를 보내어 병사 1천명을 가지고 도왔다(魏太傅司馬宣王率衆討公孫淵, 王遣主簿大加將兵千人助之)"고 했다. 〈이 대목은 「삼국사기」 고구려본기 동천왕(東川王) 12년에 있는 말이다. 원문에 "魏遣司馬(위견사마)…"로 되어 있다고 했으나 "魏太傅司馬(위태부사마)…"로 되어 있어 「삼국사기」 기록대로 다시 고쳤다. 「삼국사기」의 '왕이 보냈다'는 뜻인 '王遣(왕견)'을 「삼국지」에서는 '宮遣(궁견)'이라고 기록했는데 '宮(궁)'은 원래 태조대왕의 이름이다. 산상왕이 그를 닮았다 하여 별명을 '位宮(위궁)'이라고 했는데 중국 사가들이 동천왕의 이름을 宮(궁)으로 잘못 알고 적은 것으로 보인다.—정해자〉

사마의를 '사마선왕'이라고 한 것을 보면 「삼국지」 오환선비동이전의 본문을 그대로 베낀 것이 명백한데 '수천 명'을 고쳐 '1천명'이라고 한 것은 어찌된 까닭인가. 이제 저들과 우리 역사의 사실에 관한 기록 시말을 참작하여 위와 같이 정리했다.

위(魏)가 공손연(公孫淵)을 멸망시키고 요동 전체를 손에 넣자, 고구려에 대한 맹약(盟約)을 저버리고 한 조각의 땅도 고구려에 돌려주지 않았다. 이에 노한 동천왕은 자주 군사를 출동시켜 위를 토벌해 서안평(西安平)을 함락했다. 서안평은 이전 역사(동사강목)에 지금의 압록강(마자수) 입해구(入海口:바다로 들어가는 어귀)라고 했다. 이는 「한서」 지리지에 의거한 것이지만 공손연(公孫淵)의 절정기 고구려와 오(吳)·위(魏)의 통교는 언제나 서안평에서 바닷길을 통해 이루어졌으므로 이때의 서안평은 대개 양수(梁水)부근이었을 것이다. 고대의 지명은 늘 자주 옮겨 다녔다. 〈서안평(西安平)이라는 지명은 우리 고대사를 해석하는데 가장 중요한 열쇠를 갖고 있는 말이다. 이 서안평이 어디였느냐에 따라 한사군(漢四郡)의 중심이 오늘날 대릉하(大凌河) 서쪽, 요서(遼西)가 되기도 하고 야오닝성의 선양(瀋陽:沈陽)이 되기도 하고 북한 평양(平壤)이 되기도 하기 때문이다. 요(遼) 상경 임황부(上京臨潢府)가 한(漢) 때의 서안평 땅이라 했으니, 서안평은 분명 요서(遼西)에 설치되었을 터인데, 이 서안평을 압록강하구(馬訾水入海口), 즉 지금의 구련성(九連城) 부근에 이라는 것이, 「한서」 지리지에 근거한 것이라고 한다. 그러나 「한서」 지리지 본문에는 그런 말이 없다. 遼東郡(요동군) 기록을 보면 平郭(평곽)에는 철관(鐵官)과 염관(鹽官)이 있다는 주가 달렸지만 바로 밑 西安平(서안평)에는 "왕망(王莽)이 북안평(北安平)이라고 했다"는 주가 달렸을 뿐이다. 현토군(玄菟郡) 서개마(西蓋馬) 주에 "마자수는 서북쪽으로 흘러 염난수로 들어가고 서남쪽으로 흘러 서안평에 다다라 바다로 들어간다(馬訾水西北入鹽難水, 西南至西安平入海)"는 기록이 있는데, 아직도 마자수가 어느 물길을 가리키는 것인지조차 학자들의 의견이 일치된 적이 없다. 「요사(遼史)」에 "상경 임황부는 본래 한나라 요동군 서안평 땅이다(上京臨潢府, 本漢遼東郡西安平之地)"라는 등 여러 가지 기록이 상충되고 있기 때문이다. 그러나 반도사관 학자들은 여전히 '마자수하구'가 '압록강하구'라는 믿음을 견지하고 있다. 그래야 한사군(漢四郡)의 중심지인 낙랑군(樂浪郡)이 대동강 유역에 있었다는 자신들의 논리가 성립되기 때문이다. 전성기 고구려의 수도인 요양(遼陽:平壤)은 쏙 빠지고 말기 수도였던 대동강 가 평양이 고구려를 대표하는 수도인양 인식되고 있는 것도 그 때문이다. -정해자〉

(4) 관구검(毌丘儉)의 입구(入寇)와 제2 환도성 함락

기원 245년경 위(魏:曹魏)가 동천왕(東川王)의 잦은 침입을 걱정하다가 유주자사(幽州刺史) 관구검(毌丘儉)에게 명령하여 수만 명의 군사를 이끌고 입구(入寇)했다.

왕이 비류수(沸流水) 가에서 맞아 싸워 관구검을 크게 무찔렀다. 3천여 군사의 목을 치고 양맥곡(梁貊谷)까지 추격하여 또다시 3천여 명을 참하고 왕이 "위의 많은 군사가 우리의 적은 군사만도 못하구나."했다. 그리고 왕은 여러 장수들에게 모두 뒤에서 구경이나 하라하고 몸소 철갑기병 5천명을 거느리고 진격했다.

관구검 등이 우리 군사가 적은 것을 보고 죽기로 싸우면서 계속 밀고 나왔다. 왕의 군사가 퇴각하자 뒤에 있던 군사들이 크게 놀라 무너졌다. 드디어 참패(慘敗)하여 상한 자가 1만 8천병이나 되었다. 왕은 1천여기를 이끌고 압록원(鴨綠原)으로 달아났다.

관구검이 드디어 환도성(丸都城)으로 들어와 도륙을 내고 궁궐과 민가를 모두 불태웠으며 역대의 문헌(文獻)을 위국(魏國)으로 실어 보냈다. 그리고 장군 왕기(王頎:원문은 王頎(왕반)으로 잘못되어 있다.-정해자)에게 왕을 추격하게 했다. 왕이 죽령(竹嶺:대재)에 이르렀을 때는 모든 장수가 뿔뿔이 도망치고 오직 동부(東部) 밀우(密友)가 왕을 시위(侍衛)하고 있었다.

추격병이 바투 따라왔다. 형세가 매우 위급해지자 밀우가 결사대를 뽑아 위군(魏軍)과 싸우는 사이, 왕은 산속으로 도망쳐 흩어졌던 병사들을 모았다. 그리고 험한 지형을 이용하여 지키면서 영을 내려, "밀우를 살려서 데리고 오는 사람에게는 큰 상을 내리겠다"고 했다.

남부(南部) 유옥구(劉屋句)가 나섰다. 전장(戰場)으로 가서 기진(氣盡)하여 땅에 엎어져 있는 밀우를 발견하고 업고 돌아왔다. 왕이 다리를 베고 누워 있게 하자 한참 뒤에 깨어났다. 이리하여 밀우등과 함께 남갈사(南曷思:남옥저)로 달아났다. 〈원문은 "다리 살을 베어 먹여 한참 뒤에 깨어났다"고 했으나, 경우에 맞지 않는 말이고, 또 「삼국사기」 동천왕기(東川王紀)에 "王枕之以股久而乃蘇"라고 기록되어 있어 "다리를 베고 누워있게 하자 한참 뒤에 깨어났다"고 고쳤다.–정해자〉

위군(魏軍)의 추격은 계속되었다. 북부(北部) 유유(紐由)가, "국가의 흥망이 달린 마당에 모험을 하지 않고서는 이 같은 난국을 해결할 수 없다"고 했다. 그리고 음식물(飮食物)을 갖추어 갖고 위군 영채로 들어가서 거짓 항서(降書:항복문서)를 바치면서 말했다. "저희 임금이 대국(大國)에 지은 죄로 바닷가에 이르러 다시 더 갈 곳도 없게 되었습니다. 항복하기를 빌면서 우선 많지 않은 토산물이나마 잡수시도록 군중에 올리라고 하였습니다."

위군 장수가 맞아 들였다. 유유가 식기(食器) 속에 감추었던 칼을 꺼내 위장(魏將)을 찔러 죽이고 자신도 피살되었다. 왕은 군사들을 이끌고 혼란에 빠져 있던 위군을 급하게 몰아쳤다. 위군은 다시 진(陣)을 펼치지 못하고 요동의 낙랑(樂浪)으로 후퇴하여 달아났다. 〈원문에는 유유가 "위군 장수를 찔러 죽였다"고만 했을 뿐 "유유도 피살되었다"는 말은 없다. 그러나 「삼국사기」 동천왕기(東川王紀)의 "칼을 뽑아 위장의 가슴을 찔렀다. 더불어 모두 함께 죽었다(拔刀刺魏將胸,與之俱死)"라는 기록으로 보아 음식을 들고 따라갔던 사람들까지 모두 피살되었다는 뜻이므로 "자신도 피살되었다"는 말을 넣어 보충했다.–정해자〉

이 전쟁에 대한 기록은 김부식(金富軾)이 「삼국지」와 「고기(古記)」에서 마구 뽑아 고구려본기(高句麗本紀)에 넣었기 때문에 위아래 기록이 서로 모순되는 점이 많다. 이를테면 첫째 "관구검이 군사 1만 명을 이끌고 고구려를 침략했다(毌丘儉將萬人,出玄菟來侵)"고 하고 "왕은 보병과 기병 2만 명을 이끌고 맞아 싸웠다(王將步騎二萬人逆戰)"고 했으니 고구려군이 위군보다 배나 많은데, 그 밑에서 동천왕이 "위의 많은 군사가 우리의 적은 군사만도 못하구나"했다는 것은 어찌된 말이고, 둘째 비류수에서 위군 3천 명의 목을 베고 양맥곡에서 또 위군 3천 명의 목을 베었다면 1만 명의 위군 중 이미 6천명이 전사하여 다시 군사를 편성할 수도 없었을 터인데, 그 밑에 "왕이 철갑기병 5천명을 거느리고 진격하다가 대패(大敗)하였다"는 것은 또 무슨 말인가.

「삼국지」 관구검전(毌丘儉傳)에 그 전쟁결과를 기록하면서 "논공행상(論功行賞)을 할 때 후(侯:제후)가 된 자가 1백여 명이었다"고 했으니, 출전한 군사와 전쟁의 크기를 짐작할 수 있는 일이다. 어찌 구구하게 1만 명이 출전했을 뿐이겠는가. 다만 저들 역사가 상내약외(詳內略外:국내 일은 자세하게, 국외 일은 간략하게)의 규칙을 지키기 때문에 기록이 여기에 그치고 있는 것뿐일 것이다.

고구려본기에는 이 전쟁을 동천왕 20년(기원 245년)이라 했으니, 동천왕 20년은 위 폐제 방(魏廢帝芳)의 정시(正始) 8년이다. 「삼국지」 관구검전에는 "정시 때…현토로 나가 구려를 토벌했다.…6년에 다시 정벌했다(正始中…出玄菟…討之.句驪…六年,復征之)"고 하였으므로 「해동역사(海東繹史:조선후기 (英·正祖) 한치윤(韓致奫)이 지은 사서-정해자)」는 정시 5년과 6년 두 차례의 전쟁으로 나누어 기재했다. 정시 5년과 6년은 동천왕 18년과 19년이다. 그러나 「삼국지」 삼소제기(三少帝紀)에는 정시 7년(봄 2월)에 유주자사 관구검이 고구려를 토벌했다(幽州刺史毌丘儉,討高句驪)"라고 적고 있어 고구려본기와 맞아떨어진다. 어떤 기록을 따라야 되겠는가.

최근 기원 1905년에 청(淸)의 집안현지사(輯安縣知事) 모씨(吳光國)가 집안현 판석령(板石嶺)에서 발견한 '관구검기공비(毌丘儉紀功碑)' 파편에 "6년 5월(六年五月)"이라는 글자가 그 둘째 줄에 새겨져 있다. 만일 이것이 진짜

유물이라면 정시 6년, 동천왕 19년이 바로 전쟁의 시작이고 다시 정벌했다는 기록은 틀린 것이다.

그러나 청조(淸朝) 인사들이 고물(古物:골동품)을 위조하는 버릇이 무척 많아 지나(중국) 현대의 모서리가 깨진 비석이나 기와는 모두 위조된 것이라고 하니, 그 비석 파편은 아직 고고학자들의 감정이 필요할 것 같다. 설혹 그것이 진품이라고 하더라도 이것은 불내성(不耐城)의 비명(碑銘)이고 환도성의 비명은 아니다. 무엇 때문인가. 집안현의 환도성은 제3 환도성으로 동천왕 때는 아직 건축되기도 전이기 때문이다. 이에 관해서는 본편 제2장 제 (7)절에 자세히 기록하겠다.

〈관구검기공비(毌丘儉紀功碑) 파편의 탁본〉

〈「삼국지」 위서(魏書) 삼소제기(三少帝紀)에는 관구검(毌丘儉)의 고구려 정벌이 정시(正始) 7년의 일로 기록되어 있으나, 관구검전에는 정시중에 1차 침벌하고, 정시 6년에 2차 침벌한 것으로 나타난다. 그러나 오환선비동이전(烏桓鮮卑東夷傳) 고구려 대목에는 정시 5년에 침벌한 것으로 기록되어 있다. 이러한 기록의 차이로 관구검의 고구려 침벌 시기에 대해 이설이 많다. 어떤 이는 고구려전의 기록을 따르고, 어떤 이는 관구검기공비(毌丘儉紀功碑)의 연대와 관구검전의 연대를 따라, 관구검의 1차 침벌은 비문의 내용과 같이 정시 5년에 시작하여 6년 5월에 끝났고, 다시 6년에 왕기(王頎)의 2차 침벌이 있었다고 본다.-정해자〉

(5) 제2 환도성 잔파와 평양으로의 천도(遷都)

제2 환도성이 함락되어 폐허가 되자, 동천왕(東川王)은 이에 서북정벌(西北征伐)의 큰 꿈을 접고 지금의 대동강(大同江:우리내) 가 평양(平壤)으로 천도했다. 이것이 고구려 남천(南遷)의 시작이다.

고구려가 평양으로 천도한 이후 나타난 대세의 변화는 두 가지로 요약될 수 있다. 첫째는 남낙랑(南樂浪)에 소속된 작은 나라들이 비록 고구려에 복속(服屬)하였으나, 대주류왕(大朱留王)이 최씨(崔氏)를 멸망시킨 구원(舊怨)을 잊지 못해 복종과 배반을 반복하다가 평양이 고구려의 수도가 되고 제왕의 궁전과 군려(軍旅)의 본영(本營)이 모두 이곳에 들어서자 작은 나라들은 기가 눌려 차차 굴복한 것이고, 둘째는 평양으로 천도하기 이전에는 고구려가 늘 서북쪽으로 뻗어나가 흉노(匈奴) 및 지나(중국) 등과 충돌이 잦았으나, 평양으로 천도한 이후에는 백제(百濟)·신라(新羅)·가라(加羅) 등과 저촉(抵觸)되어 북쪽보다 남쪽에 대한 충돌이 많았다.

다시 말하면 고구려가 서북쪽에 있는 나라가 되지 않고 동남쪽에 있는 나라가 된 것은 바로 평양으로의 천도에 그 원인이 있다. 그러나 평양으로의 천도는 제2 환도성이 파괴된데 기인하고 있으니, 제2 환도성의 파괴는 고대사상(古代史上) 흔히 있을 수 있는 일이 아닌 대사건이라 할 것이다.

제2장. 고구려의 대 선비(鮮卑) 전쟁

(1) 선비 모용씨(慕容氏)의 강성(强盛)

선비(鮮卑)는 그때까지 늘 고구려(高句麗)에 복속해왔다. 그래서 단석괴(檀石塊) 같이 어기찬 영웅도 명림답부(明臨答夫)의 절제를 받았다.

고구려가 발기(發岐)의 난을 거쳐 요동을 잃어버리고 나라 힘이 약해지자, 선비가 드디어 이반(離叛)하여 한(漢)에 붙었다.

한말(漢末:후한말) 원소(袁紹)와 조조(曹操)가 대치할 때 선비와 오환(烏桓)은 모두 원소에게 붙었다가 원소가 망하자, 기원 207년 조조가 7월 장마(霖雨)을 틈타 노룡새(盧龍塞) 5백리를 은밀히 빠져나와 불의에 선비와 오환의 소굴을 기습, 격파했다. 이로 인해 오환은 드디어 쇠망했다.

선비는 그 뒤 가비능(軻比能)이 대인(大人:首領)이 되면서 다시 강성해져 자주 한의 유주(幽州)와 병주(并州)를 침략(侵掠)했다. 한의 유주자사 왕웅

(王雄)이 자객을 보내어 가비능을 암살(AD 235년)했다. 선비가 다시 쇠약해 졌다.

기원 250년경 선비가 우문씨(宇文氏)·모용씨(慕容氏)·단씨(段氏)·탁발씨(拓
拔氏 : 타브가시, 타부가 치) 4부가 되어 서로 자 웅을 다투었다. 모용씨 중에 모용외(慕容廆)가 어기차고 교활하여 부족 을 가장 강성하게 이끌었 는데 창려군(昌黎郡) 대 극성(大棘城 : 현 義縣 서북 쪽), 지금의 동몽고툼드 위치(東蒙古土默特右旗 : 현

〈대극성(大棘城) 옛 터. 대릉하(大凌河) 하류 북표(北票)시 경내에 있다〉

재 호흐호트(呼和浩特)와 부구트(包頭) 사이) 부근을 근거지로 하여 사방으로 쳐들
어가 노략질을 했다. 〈원문은 大棘城(대극성)이 '太棘城(태극성)'으로 잘못되어 있다. 대
극성은 전연(前燕)의 도성으로 대극성전투(大棘之戰)로 유명한 곳이다. -정해자〉

이때는 지나(支那)에 위(魏 : 曹魏)·오(吳)·촉(蜀) 삼국(三國)이 모두 멸망하고
진(晉)의 사마씨(司馬氏)가 지나를 통일하였으나 모용외에게 자주 패하여 요
서(遼西) 일대가 소란하지 않은 때가 없었다.

사가(史家)들이 이따금 모용씨가 점거했던 창려(昌黎)를 오늘날 난주(灤州)
부근이라고 하나, 「진서(晉書)」 무제기(武帝紀)에 "선비 모용외가 창려로 쳐
들어와 노략질을 했다(鮮卑慕容廆,寇昌黎)"는 것을 보면 위의 '창려', 지금
의 '난주'는 진나라 때 '창려'가 아닌 것이 분명하다. 바로 뒤에 아들 모용
기(慕容廆)가 도읍한 용성(龍城 : 현재의 朝陽) 인근이었을 것이다. 〈단재는 또다시
"단석괴(檀石塊)가 명림답부(明臨答夫)의 절제를 받았다"고 했는데, 그런 기록을 공인된 사
서(史書) 어디서도 찾을 수 없다. 단석괴가 우박(흰알)이 입으로 들어온 뒤 임신되어 태어났다
는 난생설화(卵生說話)에서 보듯, 선비와 우리는 한 조상에게서 태어난 것이 분명하지만 선
비는 선비(鮮卑)로, 우리는 동호(東胡)로 갈렸다. 그래서 선비는 선비대로 자라다 단석괴에

이르러 드디어 오늘날 파미르고원에서 타지키스탄, 키르기스스탄의 이시쿨과 우즈베키스탄의 안디잔, 카자흐스탄의 발하슈쿨을 거쳐 바이칼호 밑으로 이어지고 동으로는 만주 전체와 연해주 요동반도에서부터 오늘날 북경지방을 지나 대동(大同)·포두(包頭)·은천(銀川)·무위(武威)·장액(張掖)·주천(酒泉)·돈황(敦煌)·신강(新疆)으로 이어지는 대제국(大帝國)을 건설하고 중국(漢)을 어린애 취급하며 갖고 놀았다. 중국 황제(漢桓帝)가 얼마나 겁이 났으면 그에게 잘 보이려고 옥새(玉璽)를 만들어 싸들고 찾아가서 "왕으로 봉해 모시고 공주를 올리겠다."며 받아주기를 간청하게 했겠는가. 단석괴는 끝내 거절하고 받지 않았다. 아시아 대륙 전체를 거의 거머쥐고 중국을 자신들의 양곡창고쯤으로 여기던 그 단석괴를 어찌 동쪽 변두리 조그만 나라의 재상 명림답부(明臨答夫)가 제어(節制)할 수 있었겠는가. 한이 선비와 싸우는 틈을 이용하여 고구려가 한을 쳤거나 단석괴, 또는 선비 장수의 제의를 받고 작전을 펼친 것을 괴장하여 "제어했다"고 한 것이 아닌가 싶다. 그리고 '창려 대극성(昌黎大棘城)'을 "오늘의 동몽고 툰드우익(東蒙古土默特右翼)의 부근"이라 한 것은 단재가 실수한 것으로 보인다. "東蒙古土默特右翼"이란 '내몽고 툼드위치(內蒙古土默特右旗)'를 이르는 것으로 현재의 '호흐호트(呼和浩特)와 부구트(包頭) 사이'를 일컫는 지명이다. 진(晉) 때의 '창려대극성'은 현재의 요녕성 의현(遼寧省義縣) 서북쪽, 조양시(朝陽市) 동쪽 170리 지점이 그 옛터이다. 쉽게 말하면 요녕성 북표시 장길영자향 삼관영촌(遼寧省北票市章吉營子鄕三官營村) 부근이다. 이곳은 모용외의 본거지가 되었다가 뒤에 진(晉)의 평주 창려군(平州昌黎郡)이 되었고 청(淸) 때는 '내몽고 툼드위치'가 아니라 '내몽고 6맹' 중의 하나였던 '저소투명(卓索圖盟)'이 되었다. 단재가 이 '저소투명'을 '툰드위치'로 잘못 기재한 것으로 보인다. 또 단재는 '모용외가 노략질 한 창려'를 용성(龍城), 즉 오늘날 '조양(朝陽) 인근이었을 것'이라고 추단했는데, 그곳은 오늘날 의현(義縣), 즉 극성(棘城)을 말한 것으로 보인다. 모용외가 창려로 쳐들어와 노략질 했다는 진무제(晉武帝) 태강(太康) 2년은 그가 15세의 소년이었고 그의 아버지 섭귀찬우(涉歸單于)가 살아있을 때였다. 그래서 자치통감(資治通鑑) 세조무제(世祖武帝) 태강 2년에는 "섭귀가 처음으로 창려로 쳐들어와 노략질했다(冬十月涉歸始寇昌黎)"고 기록되어 있다. 그러니까 창려 북쪽에 본거지를 두고 있던 모용부가 이때 처음 창려로 내려와서 세력권을 넓혔다는 뜻으로 보인다. 조양인근에는 달리 창려로 불리던 지역이 없기 때문이다. -정해자〉

(2) 북부여의 잔파와 의려왕(依慮王)의 자살

북부여는 제4편에 기술한 것과 같이 조선 열국의 문화원천(文化源泉)이었다. 그러나 신라(新羅)·고려(高麗) 이래로 압록강 이북의 땅을 잃고는 드디어 북부여(北夫餘)를 조선 역외(域外)의 나라라 하여 그 역사를 수습(收拾)하지 않았다. 그래서 해모수왕(解慕漱王) 이후의 치란성쇠(治亂盛衰)를 알 수 없게 되었는데 다행히 지나(중국)의 사가(史家)들이 그와 관련된 정치적 사실을 몇 마디씩 기록했기 때문에 개략전인 것이나마 말할 수 있게 되었다.

후한(後漢) 안제(安帝) 영초(永初) 5년에 부여왕(夫餘王:失名)이 보병과 기병 7~8천명을 거느리고 한(漢)의 낙랑(樂浪)으로 쳐들어와 관리와 백성들을 죽이고 노략질을 했다(夫餘王始將步騎七八千人,寇鈔樂浪,殺傷吏民)"했으니, 이것이 사서에 나타난 북부여(北夫餘)가 외국을 친 첫 사례일 것이다.

연광(延光) 원년(기원 121년 2월)에 "부여왕이 아들 위구태(尉仇台)를 보내어 한군(漢軍)과 연합하여 고구려·마한(百濟)·예(濊)·읍루(挹婁)를 쳐 무질렀다(夫餘王遣子(尉仇台)將兵救玄菟,擊高句麗·馬韓·濊貊破之)"고 하였으나, 이듬해 한이 차대왕에게 화친하자고 빌고 속신(贖身)의 대가로 합사비단(縑)을 바친 것으로 볼 때 "북부여와 한이 고구려를 무찔렀다"고 한 것은 거짓된 기록일 것이다.

기원 136년 위구태가 왕이 되어서는 2만 명의 기병을 거느리고 한의 현토군을 기습했고, 공손탁(公孫度)이 요동왕(遼東王)이 되어서는 강성한 부여를 무서워하여 종실(宗室) 딸을 아내로 주고 고구려와 선비에 대한 공수동맹(攻守同盟)을 맺었다. 위구태왕은 고구려의 차대왕처럼 무(武)를 숭상한 군주였다. 그가 왕으로 있을 때가 해모수(解慕漱) 이후 북부여의 유일한 전성시대였을 것이다.

위구태왕의 뒤를 이은 간위거왕(簡位居王)에 이르러서는 적자(嫡子)가 없어 서자(庶子) 마여(麻余)가 즉위(AD 238년)했다.

오가(五加:馬加·牛加·豬加·狗加) 중의 우가(牛加)가 반심(叛心)을 품었으나 우가의 형의 아들 위거(位居)는 오가 밑의 관직인 대사(大使)로 있었는데 충성스럽게 왕실을 받들고 근면하게 나라 일을 보았으며 국민들에게 재물을 잘 나누어 주어 많은 인심을 얻고 있었다. 그는 숙부(叔父)인 우가 부자(牛加父子)가 반란을 일으키자 잡아 죽이고 재산을 몰수하여 국고에 귀속시켰다.

마여왕(麻余王)이 죽자, 위거는 마여왕의 여섯 살 난 아들 의려(依慮)를 왕으로 세우고 보좌했는데, 위거가 죽은 후 의려왕은 국방(國防)을 소홀히 하였다. 의려가 왕이 된지 41년 되던 해(AD 285년) 그 사실은 모용외가 탐지하고, 즉시 무리를 이끌고 북부여의 수도 아사달(阿斯達)로 물밀 듯이 들이닥쳤다.

모용외가 침략해 들어오자 의려왕은 수비가 허약하여 막아내지 못할 것을 직감하고 자결(自決)로써 나라를 망친 죄를 국민들에게 사죄하고 '태자 의라(依羅)에게 왕위를 계승하여 국토 회복에 힘쓰라'는 유서를 남기었다.

의려왕이 국방에 힘쓰지 못해 나라를 위망(危亡)에 빠지게 한 죄는 없지 않다. 그러나 '항복하느니 차라리 죽겠다'는 의기(意氣)를 보였고, 조선 역사상 첫 번째 순국왕(殉國王)이 되어 피로써 후대에게 기념비를 남겼으니, 어찌 성하지맹(城下之盟:왕이 성 밑에서 적에게 항복하여 신하가 되겠다고 하는 맹세)을 하면서 구차하게 목숨을 부지하려는 용렬한 군주(君主)에 비할 수 있겠는가.

의려왕이 자결하자 의라는 서갈사나(西曷思那:沃沮), 지금의 개원(開原) 부근 삼림(森林) 속으로 달아나 결사대를 모집하여 모용외의 선비병을 물리치고 요충지를 확보하여 새로운 나라를 건립했다.

아사달은 왕검 이후 수천 년 문화의 고도(古都)로서 역대의 진귀한 보물뿐만 아니라 문헌(文獻)도 많았다. '신지(神誌)의 역사'와 이두로 쓰인 풍월(風月) 및 왕검태자 부루(夫婁)가 하우(夏禹)를 가르쳤다는 금간옥첩(金簡玉牒:하우 때는 글자가 없었다−정해자) 등의 기록물이 있었는데, 이 모두가 선비 야만스런 병사(蠻兵)들에 의해 깨끗이 불타 없어지고 말았다.

(3) 고구려에 대한 예(濊)의 반란과 달가(達賈)의 죽음

선비 모용외(慕容庬)가 북부여를 침략하기 6년 전인 기원 280년 고구려에는 예(濊:肅愼)의 반란이 있었다. 예는 원래 수렵시대(狩獵時代)의 야만족속(野蠻族屬)으로 처음에는 북부여에 복속하고 있었는데 북부여가 과중한 세금을 물린다고 반기를 들고 일어나 고구려에 붙었다.

그러나 고구려가 요동을 잃고 나라 힘이 없어지자, 드디어 고구려를 배반하고 국경을 넘어 쳐들어와서 인민들을 살상하고 수많은 가축을 약탈해 갔다.

서천왕(西川王)이 크게 걱정하며 장수감을 찾았다. 많은 신료들이 왕의 동생 달가(達賈)를 추천했다. 달가가 신기한 계책으로 예(숙신)의 본거지(拔檀盧城)를 기습 공격하여 그 추장(酋長)을 죽이고 6백 가구를 잡아 부여 남쪽 오천(烏川)으로 옮겨 6~7개소의 항인부락(降人部落)에 살게 하면서 부용(附庸)으로 삼았다. 〈이 단락의 원문이 "그 酋長六七百家를 俘虜하야 夫餘南의 烏川에 옮기고 그 각 부락을 降하니"로 되어 있어 「삼국사기」 고구려본기 서천왕기(西川王紀)의 "達賈出奇掩擊拔檀盧城, 殺酋長, 遷六百餘家於夫餘南烏川降部落六七所, 以爲附庸(달가가 기묘한 전략으로 발단로성을 기습, 공격하여 추장을 죽이고 6백여 가구를 부여 남쪽 오천으로 옮겨 항인부락 6~7개소에 살게 하면서 부용이 되게 했다)"이라는 기록과 달라, 삼국사기의 기록을 따라 고쳤다.-정해자〉

서천왕은 크게 기뻐하며 달가를 안국군(安國君)에 봉했다. 서천왕이 죽고 그의 아들 봉상왕(烽上王)이 즉위했다. 봉상왕은 천성이 사람을 못 믿고 의심이 많았다. 달가가 항렬은 숙부(叔父:작은아버지)이고 권위는 전국을 떨게 했기 때문에 죄를 만들어 사형에 처하니 국민들이 모두 눈물을 흘리면서 "안국군이 아니었으면 우리는 모두 예맥(숙신)의 난리 때 죽은지가 오래였을 것이다"라고 했다.

(4) 모용외의 패배와 봉상왕의 교만

모용외(慕容廆)는 한 때의 사납고 야심찬 인물(梟雄)이었다. 진(晉)의 정치가 부패하여 지나(중국)가 장차 큰 혼란에 빠질 것을 예견하고 바야흐로 전지나를 주어 삼킬 야심을 품었다. 그러나 동쪽의 고구려를 꺾어놓지 않았다가는 뒤를 돌아보아야 하는 걱정이 적지 않으리라는 것을 익히 알고 있었다. 그래서 북부여를 잔혹하게 짓밟은 뒤 이긴 기세를 몰아 고구려로 쳐들어가고 싶었으나 안국군(安國君)의 위협적인 명성에 눌려 주저하고 있었다.

　모용외는 달가(達賈:안국군)가 죽었다는 소식을 듣고 크게 기뻐했다. 기원 292년 모용외는 경무장한 소수의 군사를 이끌고 고구려의 신성(新城:撫順)으로 쳐들어왔다. 이때 봉상왕(烽上王)은 신성을 순행(巡行)하다가, 이 사실을 탐지한 모용외에게 포위되었다. 사태가 매우 긴박했다. 신성의 재관(宰:지사) 북부소형(北部小兄) 고노자(高奴子)가 5백 명의 기병을 이끌고 나가 모용외의 군사를 돌격해 무찌르고 왕을 구했다. 왕은 기뻐하며 고노자의 작위를 올려 북부대형(北部大兄)에 임명했다. 3년 뒤 모용외가 또 입구(入寇)하여 졸본(卒本)에 있는 서천왕(西川王)의 무덤을 발굴하다가 구원병이 이들을 격퇴(擊退)했다.〈이 대목이「삼국사기」에는 약간 다르게 기록되

〈대극성 선비 궁동가면(假面)〉

어 있다. "봉상왕(烽上王) 2년(AD 293년) 8월 모용외가 쳐들어오자 왕은 신성(新城)으로 피난 길을 떠났다. 곡림(鵠林)에 이르렀을 때였다. 모용외가 왕이 빠져나간 사실을 알고 군사를 이끌고 추격해 왔다. 곧 왕이 따라잡히려할 때였다. 신성의 재관 북부소형 고노자가 5백 명의 기병을 이끌고 나와 왕을 맞아들이고 적군을 맞아 분격하자, 모용외의 군사는 패하여 물러갔다"고 했고, 또 "5년(AD 296년) 8월 모용외가 침략해 들어왔다. 고국원(故國原)에 이르러 서천왕릉(西川王陵)을 보고 사람을 시켜 발굴하게 했는데 발굴하던 사람이 갑자기 죽어 넘어지고 또한 광중(壙中) 속에서 음악소리 비슷한 소리가 났다. 신(神)이 있다고 공포에 질린 적들은 군사를 이끌고 물러갔다"고 되어 있다. -정해자〉

　왕은 모용외가 자주 침략하는 것을 걱정했다. 신가 창조리(創助利)가 나서서 "북부대형 신성 재 고노자는 지혜와 용기로 똘똘 뭉친 장수입니다.대왕께서 고노자를 두고 무엇 때문에 선비를 걱정하십니까"했다. 그리고
　왕에게 권하여 고노자(高奴子)를 신성태수(新城太守)로 삼게 했다. 고노자는 백성들을 아끼고 보듬는 한편 군사 훈련을 철저히 하여 모용외의 침입을 여러 번 막아냈다. 국경지방이 드디어 안정되었다.

모용외가 쳐들어오지 못하자, 봉상왕은 교만(驕慢)과 안일(安逸)에 빠져들었다. 몇 년씩 흉년이 들어 인민들이 기근(饑饉)에 시달리는데도 불구하고 나라 안의 인부(人夫)들을 징발하여 궁실(宮室)을 수리하게 했다. 이로 인해 떠돌거나 망명하는 인민들이 더욱 늘어나 갈수록 호구(戶口)가 줄어들었다.

기원 300년(봉상왕 9년8월), 왕은 뭇 신료들의 간하는 말을 모두 거절하고 전국의 15세 이상의 남녀를 총동원하여 건축공사에 부역하게 했다. 신가 창조리가 바른 말로 간(苦諫)했다. "천재(天災)가 잦아 농사(年事)가 안 되어 온 국민이 장정은 빌어먹으려 사방으로 흩어지고 노약자는 구렁텅이에 빠져 죽는데, 대왕께서는 이들을 돌아보지 않으시고 굶주린 백성들을 모두 토목공사에 부역시키시니, 임금이 하실 일이 아닙니다. 더욱이 북쪽에는 강적 모용씨가 있어 날마다 우리의 틈을 엿보고 있습니다. 대왕께서는 생각하소서. 임금이 백성을 아끼지 아니하면 인(仁)이 아니고, 신하가 임금을 간하지 않으면 충(忠)이 아닙니다. 신이 신가의 자리에 있으면서 말해야 할 것을 숨길 수 없어 아뢰옵니다."했다.

왕이 이 말을 듣고, "임금은 백성들이 쳐다보는 중심 대상이오. 임금이 사는 궁실이 웅장하고 화려하지 않으면 백성들이 무엇을 쳐다보겠소. 신가는 백성을 위하여 명예를 얻으려 하지 마시오. 신가가 만일 백성을 위하여 죽지 않으려거든 더 말하지 마시오."했다. 창조리는 봉상왕이 고치지 않을 것을 깨닫고 동지들과 비밀히 모의하여 왕을 폐위(廢位)하려 했다. 〈원문은 "신가가 만일 백성을 위하여 죽지 안하려거든…하리라"로 되어 있어 무슨 말을 숨긴 것인지 명확치 않다. 「삼국사기」의 기록을 유추하여 위와 같이 고쳤다. 이 대목 역시 「삼국사기」 고구려본기 봉상왕기에서 뽑아 쓰고 있는데, '궁전을 수리하는 한 가지 일'을 두 가지 일처럼 나누어 쓰는 등 원문과 차이가 많다. 「삼국사기」 기록은 다음과 같다. "9년(AD 33년) 7월, 이해 들어 내내 비가 오지 않았다. 굶주린 백성이 서로 잡아먹었다. 8월, 왕이 전국 15세 이상 남녀를 동원하여 궁실(宮室)을 수리했다. 백성들은 먹을 것이 없어 굶는데다 부역으로 시달리게 되자 도망쳐 떠도는 사람이 늘어났다. 창조리(創助利)가 간했다. '천재가 연거푸 들어 해마다 곡식이 영글지 못했기 때문에 백성들은 안정되지 못하고 있습니다. 젊은이들은 사방으로 떠돌며 빌어먹고 늙은이와 어린 것들은 구렁텅이로 떨어져 죽고 있습니다. 진실로 하늘을 두려워하고 백성들을 걱정하며 혹시 잘못한 것이 없는지 자성(自省)하고 조심(恐懼)해야 할 때입니다. 대왕께서는 이런 것을 생각하지 않으시고 굶주린 백성들을 부역으로 몰아붙이며 토목공사로 지치게 하시니, 이것은 백성들의 부모라는 뜻에 크게 어긋나는 일입니다. 더욱이 가까운 이웃에는 강력한 적이 있으니, 만일 우리가 이렇게 피폐해 있는 틈을 타 쳐들어온다면 사직(社稷)과 국민들은 어떻게 되겠습니까. 대왕께서는 익히 생각해 보소서' 했다. 왕은 성을 내면서 '임금은 백성들이 쳐다보는 중심이오. 궁실이 웅장하고 화려하지 않다면 지중한 권위를 무엇으로 보여주겠소. 지금 국상(國相)은 과인을 비방하여 백성들에게 명성을 얻겠다는 게요' 했다. 창조리가 자세를 고치며, '임금이 백성을 불쌍하게 여기지 않는다면 어질다(仁)고 할 수 없고 신하가 임금을 간하지 않는다면 충성(忠)이 아니라고 했습니다. 신(臣)이 국상이 된 몸으로 말하지 않을 수가 없어 아뢴 것일 뿐 어찌 감히 명성을 얻으려 하겠습니까.' 했다. 왕이 웃으면서 '국상, 백성들을 위해 죽고 싶은가' 하고는 다시 아무 말 없었다. 창조리는 왕이 마음을 고치지 않을 것이라는 사실을 알았고, 또 자신에게 해(害)가 미칠 것이 두려웠다. 물러나와 여러 신하들과 모의하여 왕을 폐위(廢位)하고 을불(乙弗)을 맞아들여 새로운 왕으로 삼았다. 왕은 무사하지 못할 것을 알고 스스로 목을 매어 죽었고 두 아들도 따라 죽었다"-정해자〉

(5) 봉상왕의 폐위과 미천왕(美川王) 즉위

봉상왕(烽上王)이 처음에 숙부 달가(達賈)를 죽이고, 또 동생 돌고(咄固)를 의심하여 죽이자, 돌고의 아들 을불(乙弗)은 화가 자신에게 미칠 것을 알고 달아났다. 봉상왕은 그 뒤 여러 차례 을불을 찾았으나 찾을 수 없었다. 을불은 도망친 뒤 성명을 바꾸고 수실촌(水室村)으로 들어가 음모(陰牟)라는 사람의 집에서 머슴살이를 하고 있었다. 음모는 매우 일을 고되게 시켰다. 낮에는 나무를 해 오라는 등 잠시도 쉬지 못하게 닦달하고 밤이면 또 집 안 사람들이 편히 자도록 집 앞 늪(草澤)에서 울어대는 개구리가 울지 못하도록 밤새 돌을 던지라고 하여 눈마저 붙일 틈이 없었다.

을불은 견디다 못해 한 해를 채우고 다시 도망쳐 동촌(東村) 사람 재모(再牟)와 동무가 되어 소금장수가 되었다. 그래서 소금을 사서 배편에 싣고 압록강으로 들어와 강 동쪽 사취촌(思取村) 어느 집에 소금 짐을 부렸다. 그 집 노파(老嫗:늙은 할망구)가 소금을 달라고 하여 한 말(斗) 남짓 주었다. 노파는 마음에 차지 않는지 더 달라고 졸랐다. 을불은 주지 않았다. 노파는 도리어 꽁한 마음을 먹고 음해(陰害)하기 위해 소금 짐 속에 남몰래 신발 한 켤레를 묻어 놓고는 을불이 떠나온 뒤에 뒤쫓아 와서 소금짐을 뒤져 신발을 찾고는 을불 등 두 사람을 도둑으로 몰아 압록 재(鴨綠宰:知事)에게 고발했다.

압록 재(지사)는 을불에게 태형(笞刑)을 가하고 소금을 전부 빼앗아 노파에게 주라고 판결했다. 을불은 이에 밑천마저 사라져 소금 장사도 할 수 없게 되어 모두 엎어버렸다. 다시 머슴살이할 곳도 얻지 못하여 전국(千村萬落)을 떠돌며 빌어먹고 다녔다. 옷은 나불나불 해지고 얼굴은 파리하여 보기에도 무서웠다. 누구도 그가 옛날 왕의 손자였다는 것을 알아보지 못하게 변해 있었다.

이 때 신가 창조리(創助利) 등이 봉상왕을 폐위시키려 모의하며 다음 임금으로는 인물로나 차례로나 을불이 합당하다고 의견이 모아졌다. 그래서 북부(北部) 살이 조불(祖弗)과 동부(東部) 살이 소우(蕭友) 등에게 을불을 찾으라고 했다.

이들은 비류수(沸流水) 가에서 을불을 만났다. 우소가 어렸을 때의 을불의 얼굴을 기억하고 있었기 때문에 나아가 절하고 은밀히, "지금 왕이 무도(無道)하여 신가 이하 여러 대신들이 협의 끝에 지금 왕을 폐위시키고 왕손으로 계승시키고자 하여 이렇게 찾아다니고 있었습니다."하고 뜻을 전했다. 그리고 또 소우는, "지금 왕께서는 인심을 잃어 국가가 위태롭기 때문에 어려 신하들이 '왕손은 품행이 단정하고 성격이 인자하여 할아버지의 기업(祖業)을 이를 만하다' 면서 바라는 마음이 간절하니, 왕손은 의심하지 마십시오."하고 데리고 돌아와 창조리의 동지 조박남(鳥陌南)의 집에 숨기었다.

가을 9월에 창조리가 봉상왕을 따라 사산(俟山:원문은 候山(후산)으로 잘못되어 있다.「삼국사기」의 기록을 참조하여 바로잡았다.-정해자)으로 가서 사냥을 했다.

창조리가 갈대 잎을 따 갓(모자)에 꽂고 외쳤다. "나를 따르려는 자는 나처럼 갈대 잎을 따서 갓에 꽂아라!" 모든 사람이 창조리의 뜻을 알고 갈대 잎을 따서 갓에 꽂았다.

창조리는 뭇 사람들과 함께 봉상왕을 폐위시켜 별실에 가두었다. 왕은 무사하지 못할 것을 깨닫고 아들 형제와 함께 목을 매어 자결했다. 을불이 왕위에 올랐다. 역사에서 미천왕(美川王)이라고 하는 이가 바로 이 사람이다.

(6) 미천왕의 요동수복과 선비구축(驅逐)

기원 187년, 발기반란(發岐叛亂) 이후부터 기원 370년경, 고국원왕(故國原王) 말년까지는 바로 고구려의 중쇠시대(中衰時代)이지만 미천왕 한 대(一代)는 이 중쇠시대 가운데 특성시대(特盛時代)였다.

저자가 일찍 환인현(桓仁縣)에 머무를 때, 그곳 문사(文士) 왕자평(王子平: 본래 만주인)의 말을 들으니, "고구려 고대(古代)에 '우글로'라는 대왕이 있었는데, 그는 왕이 되기 전 매우 불우하여 사방으로 돌아다니며 구걸을 했고 가죽으로 신을 만들어 신었기 때문에 지금도 만주에서는 가죽신을 '우글로'(우글로는 만주노동자의 신발)라고 한다면서 '우글로'는 그 대왕의 이름을 따다 붙인 것인데, 그 대왕은 그렇게 빌어먹도록 곤궁했지만, 늘 요동을 차지하고 경영하겠다는 생각으로 요동 각지를 떠돌면서도 산천의 험이(險易:험하고 평탄함)와 도로의 원근을 알기 위해 풀씨를 가지고 다니며 길가에 뿌려 그가 지나온 길을 기억했기 때문에 지금도 요동 각지의 길가에는 '우글로'라는 풀이 많다"고 했다.

'우글로'가 을불(乙弗)과 음이 같고, 또 고구려 제왕 중에 초년에 빌어먹은(乞食) 이는 을불 뿐이니, '우글로'는 아마 미천왕(美川王) 을불이 왕이 되기 전 만든 것일 것이다.

미천왕은 기원 300년부터 331년까지 31년간 재위한 제왕이고 그 31년간의 역사가 바로 선비 모용씨(慕容氏)와 혈전을 벌인 역사이다. 간략하고 고루한 「삼국사기」 고구려본기와 경박하고 과장된 「진서(晉書)」의 기록을 합쳐 진실에 가까운 것을 뽑아 왕의 역사를 서술하면 대략 다음과 같다.

㉮ 현토(玄菟) 수복(收復)

왕자 수성(遂成)이 수복한 요동(遼東)이 연우왕(延優王:山上王) 때 또 한의 소유가 되었다는 것은 앞에 기술하였다. 미천왕이 즉위하여서는 그 이듬해 즉시 현토성(玄菟城)을 깨부수고 8천여 명을 사로잡아 평양으로 끌고 왔으며 16년에 마침내 현토성을 점령했다.

㉑ 낙랑(樂浪) 수복(收復)

낙랑(樂浪)도 또한 한무제(漢武帝) 사군(四郡)의 하나로서 대대로 그 천이(遷移)가 무상하였지만 대개 또한 요동 땅에 가설했던 것이고 평양 낙랑과는 거리가 멀리 떨어져 있었기 때문에 위군(魏軍)이 낙랑으로 물러갔을 때 동천왕(東川王)은 평양으로 천도(遷都)했고, 동천왕이 평양을 수도로 정한 이후에도 위·진(魏晉)의 낙랑태수(樂浪太守)는 여전히 존재했으니, 만일 지나(중국)의 낙랑이 바로 조선 평양의 남낙랑(南樂浪)이라면 이것은 평양이 고구려의 왕도(王都)인 동시에 또 지나(漢) 낙랑군(樂浪郡)의 군치(郡治:군관아 소재지)가 된다는 말이니 천하에 어찌 이처럼 모순당착(矛盾撞着)되는 역사적 사실이 있겠는가.

미천왕(美川王)이 낙랑을 점령한 것은 재위 14년, 기원 314년의 일이다. 진인(晉人) 장통(張統)이 낙랑(樂浪)·대방(帶方) 두 군(郡:대방도 요동에 假設한 군이고 長湍, 또는 鳳山의 帶方國이 아니다)을 점거하고 있었기 때문에 왕이 이를 공격하자 장통은 항거할 힘이 못되어 모용외(慕容廆)의 부장(部將) 낙랑왕 모용준(樂浪王慕容遵)에게 구원해 달라고 빌었다. 그러나 모용준은 구원하러 왔다가 패하였다.

모용준은 장통을 달래어 1천여 가구를 이끌고 모용외에게 투항하게 하여 유성(柳城), 지금의 금주(錦州) 등지에 또 낙랑군을 가설(假設)하고 장통을 태수로 임명했다. 이로써 요동의 낙랑은 다시 고구려의 소유가 되었다. 〈이 단락은「자치통감(資治通鑑)」진기(晉紀) 건흥 원년 4월 "장통이 낙랑대방 두 군을 점거하고 고구려왕 을불리와 서로 공격했다. 해를 거듭하며 줄곧 싸워도 결말이 나지 않았다. '낙랑 왕 준'이 장통을 달래어 그의 백성 천여 가구를 거느리고 모용외에게 귀의했다. 모용외는 그를 위해 낙랑군을 설치하고 통을 태수로, 준을 참군사로 삼았다(張統據樂浪·帶方二郡, 與高句麗王乙弗利相攻, 連年不解. 樂浪王遵說統帥其民千餘家歸廆, 廆爲之置樂浪郡, 以統爲太守, 遵參軍事)는 기록에서 뽑아 쓰고 있는데, 단재는 "樂浪王遵(낙랑왕준)"이라는 기록을 "낙랑왕 모용준(樂浪王 慕容遵)"이라고 해석하여 쓰고 있다. 그러나 모용준(慕容遵)은 모용체(慕容逮)라고도 하는 모용황(慕容皝)의 셋째 아들이다. 그의 형인 전연황제(前燕皇帝) 모용준(慕容儁)이 황제가 되면서 임하왕(臨賀王)에 봉해졌다고 기록되어 있을 뿐 낙랑왕(樂浪王)으로 봉해졌다는 기록은 없다. 더욱이 모용외(慕容廆)는 당시 선비대찬우(鮮卑大單于)에 불과했으니 손자를 왕으로 봉할 수 있는 처지가 아니고, 그의 아들 모용황(慕容皝)은 전연(前燕)을 세웠지만 역시 진(晉)의 천자(天子)의 절제를 받던 제후에 불과했으니 아들을 왕으로 봉할 수 없다. 그래서 모용황의 둘째아들 모용준(慕容儁)이 황제를 참칭하며 모용준(慕容遵)을 임하왕(臨賀王)에 봉한 것이다. 그래서 "樂浪王遵(낙랑왕준)"은 '모용황의 아들 모용준' 이 아니라, "낙랑(樂浪)의 군사를 맡고 있던 왕준(王遵)", 즉 낙랑태수 왕준(樂浪太守王遵)으로 해석한다. 그가 장통(張統)을 설득하여 모용외에게 귀순한 뒤에도 여전히 태수 장통 수하에서 참군사(參軍事)자리를 맡고 있기 때문이다. 그가 낙랑왕에 봉해진 모용준이라면 그런 인사가 어찌 있을 수 있겠는가. 그가 오히려 낙랑왕이 되고 장통은 그 수하의 관리가 되어야 하지 않겠는가. 또 단재는 유성(柳城)을 지금의 금주(錦州:진저우)로 비정해 쓰고 있다. 그러나 중국 사학계는 조양(朝陽:차오양) 서남쪽 지금의 유성(柳城:류청) 쯤 되는 것으로 판단하고 있다. -정해자〉

㉰ 요동의 승전보(勝戰報)

　요동군치(遼東郡治)는 양평(襄平), 지금의 요양(遼陽:야오양)이다. 「진서(晉書)」에 따르면 미천왕(美川王)이 요동을 공격하다 자주 패하여 물러갔고 도리어 "맹세하며 빌었다(乞盟)"고 했으나, 「양서(梁書)」에는 "구려왕 을불리가 자주 요동으로 쳐들어왔으나 모용외는 제어할 수 없었다(句驪王乙弗利,頻寇遼東,廆不能制)"고 모용외가 늘 미천왕에게 패한 것처럼 기록하고 있어 두 책의 서로 모순된다. 그러나 「진서」는 당태종(唐太宗:李世民)이 지은 것이다. 이세민(李世民:당태종)은 어떻게든 요동이 지나(중국)의 요동이라는 증거를 위조하여 자국 신민(臣民)들을 고무시키고 고구려와 요동에 대한 전쟁 열기를 끌어올리기 위해 전대의 사서인 「사기(史記)」·「한서(漢書)」·「삼국지(三國志)」·「후한서(後漢書)」 등에 기록된 조선열국, 그중에서도 고구려와 관계되는 기록을 더욱 많이 개찬(改竄)하였는데, 하물며 자신이 지은 「진서」야 더 말할 것이 있겠는가.

　그러므로 「양서(梁書)」의 기록이 오히려 참 사실을 기록한 것일 것이다.

현토와 낙랑도 이미 차례로 정복되었으니 겨우 몇 개의 현(縣)만 남은 요동도 고구려에 돌아왔을 것이다. 그러나 아직 충분한 증거가 없으므로 이만 쓴다. 〈「진서(晉書)」모용외재기(慕容廆載記)에는 고구려가 요동으로 쳐들어간 것이 두 번 기록되어 있는데, 우문부(宇文部) 및 단부(段部)와 연합하여 쳐들어갔을 때는 스스로 물러났고 그 이듬해 쳐들어갔을 대는 패하여 돌아갔다고 했을 뿐 "맹세를 하며 빌었다(乞盟)"는 기록은 이디에도 없다. 모용황재기(慕容皝載記)에 모용황이 연왕(燕王)이라고 한 그해 "고구려를 정벌하자 고구려왕 쇠(王釗)가 맹세를 하며 빌어 돌아왔다"는 기록이 있을 뿐이다. 「양서(梁書)」에는 "구려왕 을불리가 요동을 자주 침략했으나 모용외가 제어하지 못했다. 불리가 죽고 아들 쇠가 들어섰다. 쇠와 싸워 크게 이기자 쇠는 혼자서 달아났다. 이긴 기세를 몰아 환도성에 이르러 궁실을 불태우고 남녀 5만여 명을 사로잡아 돌아왔다(句驪王乙弗利,頻寇遼東,廆不能制,弗利死,子釗代立,釗與戰,大敗,單馬奔走,就乘勝追至丸都,焚其宮室,掠男女五萬餘口以歸)"고 기록되어 있는데, 원문은 '乙弗利'가 '乙弗', '廆不能制'가 '不廆能制'로 되어있어 바로잡았다.–정해자〉

㉡ 극성(棘城) 전쟁

기원 320년 미천왕이 선비의 우문씨(宇文氏)와 단씨(段氏) 및 진 평주자사(晉平州刺史) 최비(崔毖)와 연합하여 모용외의 서울 극성(棘城)을 쳤다. 모용외가 네 나라 사이를 이간질 했다. 미천왕과 단씨는 군사를 이끌고 물러났고, 우문씨와 최비가 모용외와 싸웠으나 크게 패했다. "최비는 고구려로 망명해 투항했고, 고구려 장수 여노자(如奴子)는 하성(河城)을 점거하고 있다가 모용외가 보낸 장수 장통(張統)에게 패하였다"고 했다. 이것은 「진서」가 전하는 것으로 거의 사실인 것 같다. 〈「진서(晉書)」에는 이런 기록이 없다. 「자치통감(資治通鑑)」 진기(晉紀) 13에 있는 말인데, 내용은 "고려장수 여노자가 하성을 점거했다가 모용외의 장수 장통의 포위공격을 받고 사로잡혔고 그 무리 1천여 가구도 포로가 되었다(高句麗將如奴子據於河城,廆遣將軍張統掩擊,擒之,俘其衆千餘家)"라고 되어 있다. 그러나 원문에는 河城(하성)이 訶城(가성)으로 되어 있다. 「요사(遼史)」는 于河城(우하성)이라고 기록하고 있다. 또 如奴子(여노자)를「삼국사기」고구려본기 미천왕기는 如孥(여노)라고 기록하고 있다.–정해자〉

여노자(如奴子)는 고노자(高奴子)의 잘못인 듯 보인다. 그러나 고노자는 모용외를 여러 번 무찌른 명장(名將)이니, 장통에게 사로잡혔다는 것이 의심스럽고, 또 고노자는 봉상왕(烽上王) 5년 이후에는 다시 더 고구려본기에 나타나지 않았다. 그동안 사망하였을 터인데 40년이 지나 갑자기 나타나는 것도 의심스럽다. 아마도 거짓된 기록이 아닐까 싶다.

(7) 제3 환도성(紅石頂子山城)의 함락

기원 331년 미천왕(美川王)이 죽고 고국원왕(故國原王) 쇠(釗)가 왕위를 이었다. 3년 뒤 모용외(慕容廆)도 죽고 그의 세자 황(世子皝)이 왕위에 올랐다. 고국원왕은 야심이 미천왕보다 많았지만 지략(智略)은 아버지만 못했고 모용황(慕容皝)은 야심과 지략이 아버지 모용외를 뛰어넘는 사납고 걸출한 사람(梟雄)일 뿐 아니라, 그의 서형(庶兄) 모용한(慕容翰)과 둘째아들 모용준(慕容儁) 및 넷째아들 모용각(慕容恪)등이 모두 다시없이 뛰어난 인재였다.

고국원왕은 수도 평양이 서북지방 경영(西北經營)에 불편하다고 하여 지금의 집안현(輯安縣) 홍석정자산(紅石頂子山) 꼭대기에 새로 환도성을 짓고 천도(遷都)했다. 이것이 제3 환도성(丸都城)이다.

태조대왕 때 왕자 수성(遂成)이 지은 제1 환도성은 아직 적국의 땅이 되어 있고 동천왕이 쌓은 제2 환도성은 적국과 너무 가까웠기 때문에 나가서 싸우기 편하고 물러나서 지키기 쉬운 지방을 골라 수도를 정하려 했기 때문에 제3 환도성을 세운 것이다.

모용황은 고국원왕이 환도성으로 천도했다는 소식을 듣고, 고구려가 장차 북쪽을 침벌(侵伐)할 것이라는 것을 미리 알고 먼저 고구려로 쳐들어가 타격을 주려는 계획을 세웠다. 그리고 고구려가 방비를 소홀히 하도록 밖으로는 고구려를 피해 멀리 도망치는 것처럼, 모용외 이래 저들의 고도(故都)인 극성(棘城)을 버리고 그곳에서 서북쪽으로 더 들어간 용성(龍城:朝陽)으로 천도했다.

그리고 신하들을 모아놓고 물었다. "고구려와 우문씨(宇文氏) 두 나라 중 어느 것을 먼저 치는 것이 좋겠느냐?" 모용한 나서서 "우문은 비록 강성하

다고 하나 제 땅을 지키려고 할 뿐이지만, 고구려는 그렇지 않습니다. 우리
가 만일 우문을 먼저 치다가는 고구려가 우리 뒤를 기습하지 않을까 걱정됩
니다. 그러니 고구려를 먼저 쳐야합니다. 고구려를 치자면 두 길이 있습니
다. 하나는 북치(北置)로부터 환도성으로 가는 북쪽 길이고 하나는 남섬(南
陝)과 목저(木底)로부터 환도성에 이르는 남쪽 길입니다. 북쪽 길은 평탄하
고 남쪽 길은 협착하니 고구려는 남쪽 길보다 북쪽 길에 치중해 방비할 것
입니다. 우리가 먼저 일부의 병사를 북쪽 길로 보내어 침략하는 체하고 비
밀리에 대군을 남쪽 길로 출동시켜 기습하면 환도성을 격파하기 어렵지 않
을 것입니다"했다. 모용황은 그 계책을 따랐다. 〈원문은 南陝(남섬)의 '陝(섬)' 자
가 '陜(협)' 자로 잘못되어있다. 「진서」모용황재기(慕容皝載記) 및 「위서(魏書)」 고구려전(高
句麗傳) 등을 참조하여 바로잡았다. -정해자〉

　고국원왕은 모용황의 군사가 북쪽 길로 침입한다는 보고를 받았다. 그러
나 그들의 계략을 파악하지 못했다. 아우 무(武)에게 5만 명의 군사를 주어
북쪽 길목을 수비하라고 보냈다. 무는 모용황의 장수 왕부(王富)의 목을 베
고 그 휘하 1만 5천명의 군사를 남김없이 죽였다.

　왕은 적은 군사를 이끌고 남쪽 길목을 방어하고 있었다. 모용황의 대병(大
兵)이 물밀 듯이 들이닥쳤다. 왕은 단기(單騎:혼자서)로 달아날 수밖에 없었
다. 환도성은 드디어 함락되었고 왕태후 주씨(周氏)와 왕후까지 적병의 손에
사로잡혔다.

　모용황은 환도성을 점령하고 계속 왕을 뒤쫓으려 했다. 모용황의 장수 한
수(韓壽)가 말하기를, "고구려왕이 비록 패하여 달아나기는 했으나, 각 성
(城)의 구원병이 다 모여들면 넉넉히 우리 군을 대적할 수 있을 것입니다.
더구나 고구려에는 산과 험한 곳이 많아 추격하는 것이 위험할 수도 있습니
다. 왕을 위하여 한 말씀 드리겠습니다. 고구려왕의 아비 묘를 파서 시해(尸
骸)를 꺼내오고 그의 모후(母后)와 처(妻)를 잡아가면 그가 아비 시해와 어미
및 처를 찾기 위해서라도 굴복할 것입니다. 그런 연후에 자애롭게 다독여
저들을 움직이지 못하게 하면 장래 우리의 중원경영(中原經營)에 아무런 장
애가 되지 않을 것입니다."했다.

모용황은 그 말을 따랐다. 국고(國庫)로 들어가 역대 문헌에 불을 지르며 모든 값진 보물(珍寶)과 재물을 약탈하고 성곽과 궁궐 및 일반 주택에 불을 질러 쑥대밭으로 만든 뒤 미천왕의 무덤을 파 그 시해와 함께 왕태후 주씨와 왕후를 비롯해 남녀 5만여 명을 사로잡아 끌고 갔다.

고국원왕은 적병은 비록 물러갔지만 수도는 쑥대밭이 되고 죽은 아버지와 산 어머니까지 적국에 잡혀갔기 때문에 아버지 시해와 어머니를 되찾아오기 위하여 자신을 낮추는 말과 많은 예물을 바치며 모용씨와 통교하게 되었고, 어쩔 수 없이 지나(중국)대륙을 경영하겠다는 꿈을 포기하면서 수십 년 사이에 약한 나라가 되고 말았다.

환도성(丸都城)을 세 번 옮긴 것은 고구려 윗대의 강성하고 쇠퇴한 역사를 충분히 설명하고 있다. 태조대왕 때 왕자 수성, 바로 차대왕이 요동을 점령하고 제1차 환도성을 지금의 개평(蓋平:까이저우) 부근에 처음 세울 때가 가장 전성시대(全盛時代)였고 발기(發岐)가 반란을 일으켜 요동 땅 전체를 들어 공손씨(公孫氏)에게 바치고 항복하여 산상왕(山上王)이 제2차 환도성을 지금 환인현(桓仁縣) 부근에 옮게 세웠으나 그것마저 관구검(冊丘儉)에게 여지없이 파괴되던 때가 쇠락(衰落)했던 시기이며, 미천왕(美川王)이 선비(鮮卑)를 몰아내고 낙랑·현토·요동 등의 군을 거의 차례로 수복하여 중흥(中興)의 실현을 눈앞에 두었다가 중도에 무너졌고 고국원왕이 왕이 되어서는 제3차 환도성을 지금의 집안현(輯安縣) 부근으로 옮겨 세웠다가 또 모용황에게 파괴되었으니 이때가 가장 쇠약시대(衰弱時代)였다.

「삼국사기」에 비록 이러한 내용을 자세히 서술하지 못하였으나 고구려본기(高句麗本紀)의 지리(地理)를 자세히 고찰하면 그 대개는 알 수 있다.

「삼국지」에도 "이이모(산상왕 연우)가 다시 새 나라를 만들었다(伊夷模,更作新國)"라고 한 것은 제2 환도성의 신축을 가리킨 것이다.

위의 기록은 「조선사략(朝鮮史略)」과 「삼국사기」에 나타나 있는 것을 베껴 넣은 것이다. 「진서(晉書)」에는 대략 서술한 것과 같이 이세민(李世民:당태종)이 고구려를 폄하(貶辱)하기 위해서 허위사실을 많이 조작해 넣은 글이다. 그러므로 위의 기사도 의심할 점이 없지 않다.

예를 들면 모용황이 미천왕의 묘를 발굴해 갖고 갔다고 했으나, 미천왕 때의 고구려 수도는 평양이었고, 미천왕이 죽은 지 12년 뒤에 고국원왕이 환도성으로 천도했으니, 고구려 역대 왕릉은 모두 당시 왕도(王都) 부근에 있었으니, 미천왕도 죽은 뒤 평양에 묻혔을 것이고 환도에 묻히지 않았을 것이니 환도에 입구(入寇)한 모용황이 어떻게 평양에 묻혀 있는 미천왕릉을 발굴해 갈 수 있었겠는가.

그러므로 미천왕릉을 파갔다, 어쩌고저쩌고 하는 것은 십분 의심스러울 뿐 아니라, 왕태후와 왕후가 잡혀 갔다는 것도 믿기 어렵다. 다만 고구려가 그 뒤 30년 동안, 모용씨가 멸망하기 이전에는 다시 지나(중국)대륙을 경영하지 못한 것을 보면 모용씨에게 대패하여 불리한 조약을 맺었던 사실이 있었던 것은 분명한 것 같다.

제 7 편

고구려와 백제의 충돌

제1장. 고구려와 백제의 유래(由來)

(1) 남낙랑·동부여의 존망과 고구려·백제 양국의 관계

고추모(高鄒牟)와 소서노(召西奴) 부부가 갈라서 고구려(高句麗)와 백제(百濟), 남북의 두 왕국(王國)을 건설한 이후, 고구려는 북방 열국을 잠식하여 북방 유일의 강국이 되는 한편, 백제는 온조왕(溫祚王)이 마한(馬韓) 50여국을 통일하고 진(辰)·변(弁) 두 한(韓), 바로 신라(新羅)와 가라(加羅)를 정복하여 또한 남방 유일의 강국이 되었다는 것은 이미 제4편과 5편에 대략 기술하였다.

이 두 강국이 남북으로 대치하고 있었으면서도 이처럼 수백 년간 한 번도 접촉이 없었던 것은 남낙랑(南樂浪)과 동부여(東扶餘)가 두 나라 중간에서 장벽이 되어 주었기 때문이다. 이제 이 두 나라의 접촉 사실을 기술하려면 먼저 남낙랑과 동부여의 존망관계부터 말할 수밖에 없다.

남낙랑과 동부여의 열국이 고구려 대주류왕(大朱留王)에게 정복 된 뒤 고구려에 원한을 품고 지나(支那)의 지원을 받아 보복하려고 여러 차례 시도했으나 뜻처럼 되지 않았다. 게다가 이윽고 태조대왕 때 왕자 수성(遂成:차대왕)이 한과 싸워 이기고 요동과 북낙랑을 수복하면서 남낙랑과 동부여도 고구려의 위력에 눌려 꼼짝을 못했고, 백제도 고구려에 신복(臣服)하여 고구려가 요구하자 기병(騎兵)을 보내 고구려의 서정(西征)에 참가했다. 이것은 제4편과 제5편에 기술했다.

백제사(百濟史)가 중간 연대(年代)가 삭감되어 고구려 태조 때가 백제의 어느 왕 때인지 아직 알아낼 방도가 없고, 백제 초고왕(肖古王) 이후에야 그 연대를 겨우 믿고 따라 쓸 수 있게 되어 있다.

초고왕 32년은 바로 고구려 산상왕(山上王) 원년, 기원 197년으로 고구려가 발기(發岐)의 난으로 인하여 요동과 북낙랑을 한인(漢人) 공손씨(公孫氏: 제6편 1장 참고)에게 빼앗기자, 남낙랑과 동부여는 고구려에 반기를 들고 자립했고, 남낙랑의 남부인 대방(帶方: 지금의 장단(長湍) 내지 봉산(鳳山)등지)의 호족(豪族) 장씨(張氏)가 또 낙랑국에 반기를 들고 대방국(帶方國)을 세웠다. 백제도 이런 기회를 이용하여 고구려와 관계를 끊고 자립했다.

초고왕의 아들 구수왕(仇首王)은 예구(濊寇: 靺鞨)를 물리쳐 국세(國勢)가 더욱 강성해졌고, 백제 고르왕(古尒王)은 초고왕의 동생(同母弟)인데, 기원 234년 수구왕이 죽고 태자 사반(沙泮)이 왕위에 오르자 나이가 너무 어리다 하여 종손자의 왕위를 빼앗았다.

이때 고구려는 관구검(毌丘儉)과의 싸움에 진 다음 남낙랑을 기습, 점거하고 남낙랑의 구도(舊都) 평양을 빼앗아 천도했으며 남낙랑은 신(시대)내벌, 바로 풍천원(楓川原: 지금 평강(平康)·철원(鐵原) 사이)으로 옮겨갔다. 고르왕이 남낙랑으로 쳐들어가 그 백성들을 약탈했다.

위(魏)의 낙랑태수(樂浪太守) 유무(劉茂)와 대방태수(帶方太守) 궁준(弓遵)이 남낙랑과 한편이 되어 동부여를 쳐 승리하고 돌아오자, 고르왕은 아직 창업한지 얼마 안 되는 백제로서 위의 적수가 못 된다는 것을 깨닫고 잡아갔던 백성들을 돌려주고 화의(和議)하자고 청하였다.

그러나 유무 등은 듣지 않고 신라(新羅) 북부 8개국을 떼어 남낙랑에 붙여주려 하였다. 왕이 노하여 진충(眞忠)에게 대방 기리영(岐離營: 원문은 '畸(기)' 자가 畸(기)' 자로 잘못되어 있다. 「삼국지」의 기록을 참조하여 바로잡았다─정해자)을 쳐 왕 궁준의 목을 베고 위군(魏軍)을 물리쳤다.

대방왕 장씨가 백제의 위력에 무서움을 느끼고 딸 보과(寶菓)를 고르왕의 태자 책계(責稽)에게 시집보내며 백제와 대북방 공수동맹(攻守同盟)을 맺었다. 이윽고 기원 285년 책계왕이 구생(舅甥: 장인과 사위)의 정과 동맹의 의(義)를 위하여 대방을 구하였다. 이것이 백제와 고구려의 충돌의 시작이다. 〈이 대목이 이르면 단재가 무슨 말을 하는 지 쉽게 이해되지 않을 것이다. 정해자도 이해가 되지 않는다. 남낙랑은 평양(平壤)에 있다가 고구려에 쫓겨 시대내벌, 곧 신내벌(楓川原)인 오늘의 평강(平康)·철원(鐵原)지방으로 내려왔고 그곳에 살던 토후 장씨(張氏)는 남낙랑에 반기를 들고 지금의 장단(長湍)·봉산(鳳山)지방에 대방국(帶方國)을 세웠다고 했으니, 두 나라는 모두 평양 남쪽, 즉 고구려의 남쪽에 자리 잡고 있었다는 말이다. 그런데 고구려의 적국인 위(魏)의 낙랑태수 유무(劉茂)와 대방(삭방)태수 궁준(弓遵:王遵)이 어떻게 고구려를 타고 넘어와 남낙랑과 한패가 되어 동부여, 즉 강릉(江陵)과 싸워 이기고 돌아왔다는 것인지 설명이 없다. 당시는 비행기가 없었으니 배라도 타고 왔다는 말이 있어야 하는데 없다. 더욱이 대방은 남낙랑 통치에 반대하여 세운 나라이니 남낙랑의 적국이었을 것인데 대방의 백성을 빼앗아 갔던 백제 고르왕(古尒王)이 왜 위(魏)를 무서워하여 빼앗아 온 백성을 돌려주고 화의를 청했다는 것인지에 대해서도 설명이 없다. 더더구나 위(魏)의 유무 등이 화의에 반대하고 무리한 요구를 하여 백제왕이 노하여 기리영(岐離營)으로 쳐들어가 대방태수 궁준(弓遵)을 죽이고 위병(魏兵)을 물리쳤다 했으니 '위와 백제의 싸움'이다. 그것이 어떻게 "백제와 고구려의 충돌의 시작"이라는 것인지 앞뒤가 맞지 않는다. 이것은 단재가 「삼국사기」 백제본기(百濟本紀) 고르왕 13년에 "가을 8월에 위의 유주 자사 관구검이 낙랑태수 유무, 삭방 태수 왕준과 함께 고구려를 공격하자, 왕은 그 틈을 이용하여 좌장 진충에게 낙랑의 국경주변 백성들을 습격하여 잡아오게 하였다. 유무가 이 말을 듣고 분개하자, 왕은 침공을 받을까봐 무서워 잡아온 사람들을 돌려보냈다(秋八月, 魏幽州刺史毌丘儉, 與樂浪太守劉茂, 朔方太守王遵, 伐高句麗, 王乘虛, 遣左將眞忠, 襲取樂浪邊民, 茂聞之怒, 王恐見侵, 討還其民口)는 기록과 책계왕기(責稽王紀) 및 「삼국지」 위서 동이전 한전(韓傳)의 "부종사 오림이 낙랑이 한을 통할했다 하여 진한 8국을 떼어 주려 했다. 관리의 통역과정에서 착오가 생겨 신지가 마한을 격분하게 하여 대방군 기리영을 공격했다. 이때 태수 궁준과 낙랑태수 유무가 군사를 출동시켜 토벌했다. 궁준은 전사하고 2군이 마침내 한을 멸망시켰다(部從事吳林, 以樂浪本統韓國, 分割辰韓八國, 以與樂浪, 吏譯轉有異同, 臣智激韓忿, 攻帶方郡崎離營, 時, 太守弓遵, 樂浪太守劉茂, 興兵伐之, 遵戰死, 二郡遂滅韓)"라는 기록 등을 왜곡하여 대륙백제가 아닌, 자신이 설정한 지역에 맞춰 꾸미다 보니 이런 오류가 생기는 것이 아닌가 싶다. -정해자〉

그 뒤 고구려는 선비 모용씨(慕容氏)의 발흥(勃興)으로 서북방어에 급급하여 남쪽을 돌아볼 겨를이 없었으나, 남낙랑과 동부여는 백제가 강국이 되어가는 것을 시기하여 기원 298년 남낙랑과 동부여 두 나라가 진(晉)의 지원병과 연합하여 백제로 쳐들어왔다. 백제의 책계왕(責稽王)은 출전했다가 유시(遺矢:날아온 화살)에 맞아 죽었고 분서왕(汾西王)이 들어서서는 남낙랑 땅을 기습, 탈취했다가 남낙랑 자객에게 척살(刺殺)되었다.

비류왕(比流王)이 왕위에 올랐다. 고구려는 북쪽으로 요동과 북낙랑을 무찌르고 선비(慕容氏)를 물리쳤을 뿐 아니라, 남방경영에도 힘을 쏟아 남낙랑과 대방을 멸망시키고 미구에 백제(百濟)와도 결전을 하지 않으면 안 되게 되어 있었다. 그러나 미천왕(美川王)이 죽는 바람에 그 문제는 유야무야(有耶無耶)하게 묻혀버렸다. 미천왕의 아들 고국원왕이 들어선 후 선비에게 패했다는 것은 이미 전편에 기술하였다. 〈이 대목의 원문은 "비류왕(比流王)이 북쪽으로 요동(遼東)과 북낙랑(北樂浪)을 무찌르고…"로 되어 있어 앞 편에 기록되어 있는 고구려 미천왕(美川王)의 사적(事績)이 비류왕(比流王)이 한 일인 것처럼 되어 있다. 그러나 비류왕은 재위 41년 동안 외국을 침략하거나 외적의 침입을 받은 적이 없다. 아마도 "고구려는"이나 "고구려 미천왕은"이라는 말이 빠진 것으로 보고 "고구려는"이라는 말을 넣어 바로잡았다. ─정해자〉

고국원왕이 북방경영의 꿈을 버리고 남진정책(南進政策)을 택함으로써 백제를 자주 침벌(侵伐)하다가, 마침내 백제의 근구수왕(近仇首王)을 만나 좌절하면서 드디어 남북이 피터지게 싸우는(南北血戰) 판국을 형성했다. 다음 장에 그 내용을 기술하겠다.

제2장. 근구수의 영무(英武)와 고구려의 퇴축(退縮)

(1) 백제의 대방 병탄과 반걸양(半乞壤)의 접전

백제 근초고왕(近肖古王)이 처음에는 왕후 진씨(眞氏)에게 미혹(寵惑)되어 왕후의 친척 진정(眞淨)을 조정의 좌평(佐平)으로 임명했는데, 좌평이 위세를 부리며 발호하여 신하들을 억압하고 백성들의 재물을 약탈하는 등 20년 동안 국정을 어지럽혔다.

태자 근구수(近仇首)가 영특하고 현명하여 마침내 진정(眞淨)을 파면하고 폐단 많은 정치를 개혁했으며 대방국 장씨의 항복을 받아 그 땅에 군현(郡縣)을 설치했다. 육군 군제(軍制)도 개편했고 해군(海軍)을 창설하여 바다건너 지나(중국)까지 침략할 야심을 키웠다.

이때 고구려의 고국원왕이 환도성을 버리고 평양으로 천도하여 선비에게 패한 치욕(恥辱)을 남쪽에 설욕이라도 하려는 듯이 백제를 자주 침략하거나 압박하다가 기원 369년 기병(騎兵)과 보병 2만 명을 황(黃)·청(靑)·적(赤)·백(白)·흑(黑), 다섯 가지 깃발(五旗)로 나누어 거느리고 반걸양(半乞壤:雉壤), 지금의 벽란도(碧瀾渡:예성강 하류에 있었던 나루)까지 내려왔다.

근구수가 싸우러 나갔다. 사기(斯紀)라는 고구려 병사 하나가 몰래 빠져나왔다며 아뢸 것이 있다고 찾아 왔다. 그는 얼마 전 백제 왕실 마구간(國廐)의 말먹이(牧者)로 있던 자인데 잘못하여 왕실 말의 발굽을 다치게 하고는 벌을 받을까봐 무서워 도망쳐 고구려의 병사가 되었다가 이번에 따라오게 된 자였다.

그는 근구수에게 이렇게 아뢰었다. "저들 군사가 많기는 하지만, 남의 눈을 속이려고 숫자만 늘려 채워 넣은 허수아비에 불과합니다. 오직 적기(赤旗)의 기병만이 날래고 어기찹니다. 이들만 무찌르면 나머지는 제풀에 무너져 달아날 것입니다."

근구수는 그 말에 따라 정예들을 뽑아 적기의 기병을 무찌르고 고구려 군을 추격해 수곡성(水谷城), 지금의 신계(新溪) 서북쪽까지 진격하여 돌을 쌓아 기념탑을 만들고 이에 패하(浿河:대동강 상류. 지금의 곡산(谷山) 상원(祥原) 등지) 이남을 거두어 백제 땅을 만들었다.

(2) 고국원왕의 전사와 백제의 재령(載寧) 천도

반걸양 전쟁(半乞壤戰爭)이 일어난 3년 뒤 고국원왕(故國原王)은 백제에 빼앗긴 땅을 되찾으려고 정예병 3만을 거느리고 패하(浿河:버라내)를 건넜다. 근초고왕(近肖古王)이 근구수를 보내어 미리 패하 남쪽 기슭에 매복해 있다가 불시에 공격하여 무찔렀고 그해 겨울 패하를 건너 평양성을 공격하여 고국원왕을 쏘아 죽였다. 〈원문은 "패하 남쪽 기슭에 매복해 있다가 불시에 공격하여 고국원왕을 쏘아 죽이고 패하를 건너 함락하니"로 되어 있다. 어디를 함락했다는 말도 없다. 고국원왕은 그해 겨울 백제왕 부자가 평양성을 공격하자 맞아 싸우다가 화살에 맞아 죽었고 백제왕은 군사를 물리어 한산(漢山)으로 도읍을 옮겼다(冬, 王與太子, 帥精兵三萬, 侵高句麗, 攻平壤城, 麗王斯由, 力戰拒之, 中流矢死. 王引軍退, 移都漢山). 그래서 사실에 맞게 약간 고쳤다. –

정해자〉

고구려는 다시 국내성(國內城), 지금의 집안형(輯安縣)으로 천도(遷都)하고 고국원왕의 아들 소수림왕(小獸林王：小朱留王)을 세워 백제를 방어했다. 근초고왕이 이에 상한수(上漢水), 지금의 재령강(載寧江)에 이르러 황기(黃旗)를 세우고 열병식(閱兵式)을 크게 거행한 뒤 서울을 상하성(上漢城), 지금의 재령(載寧)으로 옮기고 더욱 북진(北進)에 박차를 가했다.

「삼국사기」 고구려 지리지(高句麗地理志)에는 고국원왕이 평양으로 천도한 것만 기록하고 소수림왕(소주류왕)이 국내성으로 다시 돌아간 것은 기록하지 않아 역대 사가들이 모두 고국원왕 이후에는 고구려가 늘 평양등지를 수도로 하고 있은 줄로 알고 있다. 그러나 고구려가 국내성을 고국천(故國川)·고국양(故國壤)·고국원(故國原)이라고 하는 것을 보면, 고국원왕(故國原王)의 시해(尸骸)가 그 천도 행렬을 따라 북쪽으로 돌아와 장사지내졌기 때문에 고국원왕이라고 한 것일 것이다.

이것은 이때 고구려의 수도가 국내성으로 되돌아왔다는 첫 번째 증거이고, 광개토경평안호태왕(廣開土境平安好太王) 비문(碑文)에 따르면 호태왕은 국내성에서 태어나 자라고 죽어서 국내성 부근에 묻힌 것이 명백하니, 이것은 호태왕의 전대 왕이 국내성으로 수도를 다시 옮겼다는 두 번째 증거이다. 국내성으로의 환도(還都)는 바로 백제의 침략과 압박을 피하기 위한 것일 것이다.

또 「삼국사기」 백제본기(百濟本紀)에는 근초고왕(近肖古王)이 "고구려 평양을 공격하다 군사를 물려 한산(漢山)에 도읍했다"고 했고 지리지(地理志)에는 "한산(漢山：漢城)을 평양(平壤)이라고도 한다"고 했는데, 이밖에도 「삼국사기」에는 한산(한성)을 고구려 남평양(南平壤)이라고 보는 데가 몇 군데 있다. 〈원문은 "고구려 평양을 取(취)하고 물러나 漢城(한성)에 도읍하였다"고 되어 있다. 그러나 「삼국사기」에는 위에서 주한 것과 같이 '취(取：갖는다는 뜻)했다'거나 '한성(漢城)'이라는 말은 없다. 그래서 「삼국사기」의 기록대로 "취하고"라는 말과 한성(漢城)을 한산(漢山)으로 고쳐서 번역했다. 이하도 같다. 단재는 이 '한산'을 황해도 재령(載寧)이라고 했는데, 역대 학자들은 근초고왕이 "26년(AD 371) 3만 정병을 거느리고 남평양성(南平壤城)을 공격해서 고구려군을 무찌르고, 다시 남한성(南漢城:오늘의 廣州)에서부터 북한산(北漢山)에 도읍한 것이라고 해석했다. 백제의 시조 온조(溫祚)가 한산(漢山:지금의 서울)에 도착해서 하남 위례성(河南慰禮城)을 세우고 도읍했다고 했으나, 그 후 이곳은 고구려·백제·신라가 서로 빼앗고 빼앗겼던 땅이라. 드디어 고구려의 소유가 되었고, 고구려는 이곳에 남평양성(南平壤城)을 설치했다가 다시 백제에 빼앗겼다고 보기 때문이다. 그 후 백제는 105년 동안 이곳을 잘 지켜오다가, 개로왕(蓋鹵王) 21년(475년)에 고구려 장수왕(長壽王)이 3만 대군을 이끌고 쳐들어와 북한산성(北漢山城)을 함락시키고, 이 땅을 다시 빼앗아 남평양성(南平壤城)이라 했다. 이 싸움에서 목숨을 잃은 개로왕의 뒤를 이어 왕이 된 그의 아들 문주왕(文周王)은 고구려를 피해 웅진(熊津:곰나루)으로 천도하고 말았다. -정해자〉

그러나 지금의 한성(漢城)은 오직 장수왕(長壽王)이 한차례 함락한 이외에 그 이전에는 어느 해 어느 달에 고구려 땅이 되었다는 기록이 전혀 없다. 북평양(北平壤)은 북낙랑(北樂浪), 곧 요동의 개평(蓋平)·해성(海城) 등지이고 남평양은 바로 지금의 평양이다. 따라서 근초고왕(近肖古王) 부자가 공격한 평양이 지금의 한성이 아니라, 지금의 평양이라는 첫 번째 증거이고, 지리지의 중반군(重盤郡), 지금의 재령(載寧)을 한성(漢城:한골·내골·시어재)이라고도 했으니, 백제가 평양을 무찌른 다음 북진하여 오늘날 재령으로 도읍을 옮겼다는 것이 사리에 맞을 것이다.

만일 근초고왕이 빼앗은 평양이 지금의 한성이라면 어찌 "고구려 평양을 빼앗아 도읍했다"했다거나 "고구려 한성을 빼앗아 도읍했다"고 기록하지 않고 구태여 평양과 한성을 갈라 "고구려 평양성을 공격해 무찌르고…물러나 한산(漢山)으로 도읍을 옮겼다"라고 기록했겠는가. 이것은 근초고왕이 무찌른 평양성이 한성이 아니라, 지금 평양이라는 두 번째 증거이다.

백제본기에 따르면 근초고왕이 물러나 도읍한 한성 부근에 한수(漢水)·청목령(靑木嶺) 등 지명이 있으므로 어떤 이는 이 한수를 지금의 한강이라고 하고 이 청목령은 지금의 송악(松嶽)이라고 하지만, 대개 고대(古代)에는 도성을 옮기면 그 부근의 지명도 따라 옮겨지므로 이 한수와 청목령 등은 근초고왕이 천도할 때 따라 옮겨진 지명이고 지금의 한강과 송악이 아니다.

백제에는 원래 세 개의 한강이 있었다. 지금 한성에 가까운 한강이 그 하나이고, 앞에 기술한 재령 한성의 한강이 그 둘이며, 후에 문주왕이 천도한 직산(稷山) 위례성(慰禮城), 한성에 가까운 지금 양성(陽城)의 한내(漢江)가 그 셋이다. 이 책에서는 쉽게 구별하기 위하여 첫째는 중한수(中漢水)·중한성(中漢城)으로, 둘째는 상한수(上漢水)·상한성(上漢城)으로, 셋째는 하한수(下漢水)·하한성(下漢城)이라고 하겠다.

(3) 근구수(近仇首) 즉위와 해외경략(海外經略)

근구수왕이 기원 375년 즉위한 후 10년 동안 고구려를 침입한 것은 겨우 한번 뿐이었지만, 바다를 건너, 지나(중국)대륙을 경략하여 선비 모용씨(慕容氏)의 연(燕:前燕·後燕)과 부씨(苻氏)의 진(秦:前秦)을 정벌, 지금의 요서(遼西)·산동(山東)·강소(江蘇)·절강(浙江) 등지를 경략하여 광대한 토지를 장만하였다.

이런 말이 비록 백제본기(百濟本紀)에는 오르지 않았으나, 「양서(梁書)」와 「송서(宋書:劉宋書)」에 "백제가 요서의 진평군 진평현을 공략해 차지했다(百濟略有遼西.…晉平郡晉平縣)"고 했고 「자치통감(資治通監:東晉穆帝)」의 "부여가 녹산에 살다가 백제의 침략으로 부락이 쇠잔해지자 서쪽으로 연나라 가까이 옮겨갔다(夫餘居于鹿山,爲百濟所侵,部落衰散,西徙近燕)"고 한 것이 이를 입증한다. 〈원문의 인용문이 「송서」 내용과 다르게 "百濟 略有遼西晉平郡"이라든가 「자치통감」의 내용과 다르게 "夫餘初據鹿山 爲百濟所殘破 西徙近燕"이라고 되어 있어 위 두 책의 기록대로 다시 고쳤다. 「송사」 이만전(夷蠻傳)의 이 단락 전문은 다음과 같다. "그 뒤 고구려가 요동을 공략해 차지하자 백제도 요서를 공략해 차지했다. 백제가 통치했다는 곳은 진평군 진평현을 말하는 것이다(其後高驪略有遼東.百濟略有遼西.百濟所治,謂之晉平郡晉平縣)"－정해자〉

대개 근구수(近仇首)가 근초고(近肖古)의 태자로서 군국대권(軍國大權)을 대신 맡아 쳐들어오는 고구려를 공격해 물리쳤고 나아가 지금의 대동강 이남을 백제 것으로 만들었다. 이에 해군을 확대 편성하여 바다를 건너 지나(支那)로 쳐들어갔다. 모용씨를 쳐 요서(遼西)와 북경(北京)을 빼앗아 요서·진평 두 군(郡)을 설치하고 녹산(鹿山), 지금의 하르빈(哈爾濱)까지 쳐들어가 부여(夫餘)의 서울을 점령하자 북부여(北夫餘)는 지금의 개원(開原:카이위안)으로 천도하기에 이르렀다.

묘용씨(慕容氏:前燕)가 망한 뒤 지금의 섬서성(陝西省:샨시성)에서는 진왕(秦王:前秦) 부견(苻堅), 또는 선비족이 강력한 세력을 형성하며 확장하였는데, 근구수는 또 진(前秦)과 싸워 지금의 산동(山東) 등지를 자주 정벌했고 이들을 물리치거나 지치게 만들었으며 남으로는 지금의 강소(江蘇:쟝수성)·절강(浙江:저쟝성) 등지에 있던 진(東晉)을 쳐 또 적잖은 주군(州郡)을 빼앗았다. 여러 사서의 기록은 대략 이러했다. 〈원문에는 '군국대권(軍國大權)'이 '군국대국(軍國大國)'으로 잘못되어 있다. 또 원문은 전연(前燕)도 연(燕), 전진(前秦)도 진(秦), 동진(東晉)도 진(晉)이라고 기록하고 있어 혼동하기 쉽다. 짧은 주를 붙여 구별하게 했다. 삼국시대 이후 중국을 통일했던 진왕조(晉王朝:317~419)는 팔왕의 난(八王之亂:300~306)으로 나라가 혼란해지자 북방의 호족(胡族)들이 침입하며 316년에 일단 멸망했다. 이것을 후에 서진(西晉)이라 한다. 그 후 왕족 사마예(司馬睿)가 317년 오늘의 남경(南京)을 수도로 하여 진왕조를 다시 세우고 양자강(揚子江)이남을 통치했다. 이것을 동진(東晉)이라 한다. 동진은 419년 군벌 유유(劉裕)에게 제위를 빼앗겨 멸망했고 유유는 420년 남조(南朝)의 송(宋)을 세웠는데 후대의 조광윤(趙匡胤)이 세운 송(宋)과 구별하기 위해 유송(劉宋)이라고 한다. -정해자〉

그런데 「진서(晉書)」나 「위서(魏書:元魏)」·「남제서(南齊書)」는 무슨 까닭으로 이러한 사실을 빼었는가. 지나 사관(支那史官)들이 국치(國恥)를 숨기는 괴팍한 버릇(怪癖)이 있어서 지나(중국)로 들어와 군주가 된 모용씨(慕容氏)의 연(燕:전연)이나 부씨(苻氏)의 진(秦:전진), 탁발씨(拓跋氏:타브가치)의 위(魏:북위)나 요(遼:거란)·금(金)·원(元)·청(淸) 등은 저들이 자신들의 역대 제왕(帝王)으로 인정하여 그들의 공적(功業)을 그대로 기재(記載)하지만, 그밖에는 거의 이런 사실을 지워버리고 기록하지 않는다.

뿐만 아니다. 이세민(李世民:당태종)이 백제와 고구려를 침략할 때는 자신들의 장수와 병사들을 고무(鼓舞)하기 위해 양국이 지나를 침입한 기록을 없애고 양국 영토의 절반이 본래부터 지나의 소유였던 것처럼 증거를 조작해 기록했다.

「진서(晉書)」는 이세민이 지은 책이니, 백제 근구수(近仇首)의 대지나 전공(對支那戰功)을 물론 뺐을 것이고 「위서(魏書:북위서)」・「남제서(南齊書)」 등은 이세민 이전의 책이니, 역시 근구수의 서정(西征)이야기를 뺐을 것이다. 오직 「양서(梁書)」와 「송서(宋書)」에 "백제 역시 요서를 점거해 가졌다(百濟亦據有遼西)"거나 "백제는 요서를 공략해 가졌다(百濟略有遼西)"는 구절이 있는데, 기록이 너무 간단하고 사실이 너무 소략(疏略)하다. 이세민(당태종)이 우연히 주의하지 못하여 그 기록이 그대로 유전(流傳)되게 된 것일 것이다. 〈원문에는 "百濟亦據有遼西"라는 「양서(梁書)」의 기록은 없다. 「양서」와 「송서」에 똑같이 "百濟略有遼西"라고 기록되어 있는 것처럼 오해할 수 있게 되어 있어 「양서」의 기록을 넣어 보충했다. 또 이 기록이 "오직 「양서」와 「송서」에만 있는 것도 아니다. 「남사(南史)」에도 있고 「통전(通典)」에도 있고 「양・직공도(梁・職貢圖)」에도 있다. -정해자〉

그러면 무슨 까닭으로 「삼국사기」 백제본기(百濟本紀)에서도 이에 관한 기록을 뺐는가. 이것은 신라가 백제를 증오했기 때문에 뺐을 것이고, 또 후대에 사대주의(事大主義)가 성행하여 조선이 지나(支那)를 친 사실은 지나사(支那史)에 나타난 것만을 베껴 기록하고 그 나머지는 모두 빼버렸기 때문일 것이다.

근구수(近仇首)의 무공에 관한 기록만 이렇게 삭제된 것이 아니라, 그 문화에 관한 것도 많이 삭제되었다. 이를테면 근구수기 10여년은 태자로, 10년은 대왕(大王)으로 정권을 잡았는데 근구수왕기(近仇首王紀)에 문화적 사업의 기록이라고는 고작 박사 고흥(博士高興)을 얻어 「백제서기(百濟書記)」, 백제사(百濟史)를 지은 것 한 가지 뿐이다.

그러나 「일본사(日本史)」의 성덕태자(聖德太子:쇼토쿠타이시)의 사적(史蹟)이 거의 근구수(近仇首)의 것을 훔쳐다가 만든 것이라고 한다. '近仇首(근구수)'의 近(근)의 음은 '건'으로 백제 때 聖(성)을 '건'이라고 하였다. 그래서 近肖古(근초고)・近仇首(근구수)・近蓋婁(근개루)는 모두 聖(성)을 뜻한다. 또 '仇首(구수)'는 음이 '구수'로 마구간(馬廐)이라는 호칭이다. 〈'구수'는 마구간이 아니라 '외양간'의 '구시→구수', 즉 '구유'를 말하는 것이 아닐까 싶다. 순수 우리말로

는 소나 말을 키우는 곳은 '외양간'이라 했고 돼지나 양을 키우는 곳은 '우리'라고 했다. –
정해자〉

일본의 성덕태자(聖德太子 : 쇼토쿠타이시)의 성덕(聖德 : 쇼토쿠)이라는 칭호는
近仇首(근구수)의 近(근)을 가져간 것이고 성덕태자가 마구간 한쪽에서 태어
났기 때문에 이름을 구호(廐戶 : 우마야도)라고 지었다는 것은 近仇首(근구수)
의 仇首(구수)를 본뜬 것이다. 이로 미루어보아 성덕태자가 "헌법 17조를 제
정했다"거나 "불교(佛法)을 수입했다"는 것도 모두 일본인이 근구수의 공업
(功業)을 흠모하여 이것을 본떠다가 저들 성덕태자전(聖德太子傳)에 끼워 넣
은 것이 명백하다.

「삼국사기」에 보면 백제 침류왕(枕流王) 원년 9월에 호승(胡僧) 마라난타
(摩羅難陀)가 "진(晉)에서 왔다"고 하였다. 사가(史家)들은 이에 따라 백제 불
교의 시발점을 침류왕 원년(기원 384년)으로 잡고 있다. 그러나 「삼국사기」가
늘 전왕의 말년(末年 : 죽은 해)를 신왕의 원년(元年)으로 삼고, 전왕 말년의 일
을 신왕 원년의 일로 잘못 기록한 것이 허다하다. 이에 관해서는 따로 변론
하겠지만 호승 마라난타가 백제로 들어온 해가 근구수왕 말년, 기원 383년
이고 침류왕 원년은 기원 384년이다.

제3장. 광개토대왕의 북진정책과 선비 정복(征服)

(1) 광개토대왕의 북토남정(北討南征)의 시작

기원 384년 근구수왕(近仇首王)이 죽고 큰아들 침류왕(枕流王)이 왕위에
오른 지 2년 만에 또 죽어 작은 아들 진사왕(辰斯王)이 즉위했다.

진사왕은 어려서부터 총명하고 어기차다고 일컬었다. 그러나 천성이 호
탕(浩蕩)하여 근구수왕이 이뤄놓은 강력한 국가권력을 믿고 인민들을 혹사
했다. 15세 이상 전 국민을 동원하여 청목령(靑木嶺), 지금의 송도(松都 : 개

성)에서부터 팔곤성(八坤城), 지금의 곡산(谷山)에 이르는 성책(城柵:關防)을 쌓았고, 다시 서쪽으로 꺾어 서해(西海)에 이르는 천리장성(千里長城)을 쌓아 고구려를 막았다.

〈고구려 천리장성의 기점인 길림(吉林) 용담산(龍潭山). 원내는 산 정상 남천문(南天門)이다〉

서울에는 백제 건국 이래 처음이라고 할 만한 큰 공사를 벌여 궁실(宮室)을 더없이 웅장하고 화려하게 짓고 큰 못을 파 각종 물고기를 길렀으며 못 안에는 가산(假山)을 조성하여 기이한 새들과 특이한 초목을 심어 놓고 극도로 호사를 즐겼다. 그리하여 인민들은 원한을 품었고 해외의 영토는 모두 적국(고구려)에게 빼앗겨 나라의 형세가 급속히 쇠약해졌다. 〈원문에 "15세 이상 전 국민을 동원하여"라는 말은 없다. 「삼국사기」 백제본기 진사왕기(辰斯王紀)를 참조하여 보충해 넣었다. 단재는 이 관방(關防)을 "천리장성(千里長城)"이라고 하였는데 '관방'은 국경지방의 길목에 관문과 요새를 짓고 목책을 설치하는 것 등이므로 천리장성이라고 할 수 없다. 우리민족이 쌓은 천리장성은 오늘날 요동(遼東)의 길림(吉林) 용담산성(龍潭山城)에서 대련(大連:따렌)까지 이어 쌓은 '고구려 천리장성'과 압록강 하구에서 함경남도 동해안 도련포에 이르는 '고려 천리장성'이 있을 뿐이다.—정해자〉

고구려 고국양왕(故國壤王)은 백제의 진사왕(辰斯王)과 동시대의 왕이었다. 고국양왕은 할아버지(故國原王 斯由)의 원수를 갚고 영토 일부를 빼앗긴 치욕을 풀기 위해 늘 백제를 벼르고 있었다.

이때 선비의 모용씨(慕容氏:前燕)가 진(秦)에 망하고 진왕 부견(符堅)이 불같이 일어나 90만 대병(大兵)을 이끌고 동진(東晋)을 치다가 크게 패했다. 고국양왕은 이러한 기회를 이용하여 요동(遼東)과 낙랑(樂浪:북낙랑)·현토(玄菟) 등 군을 모두 수복(收復)했다.

그러나 모용씨 중의 모용수(慕容垂)라는 자가 다시 굴기(崛起)하여 중산(中山), 지금의 직예성(直隷省:현 河北省定縣)을 점거하고 황제위에 올라 나라 이름을 다시 연(燕:後燕)이라 했으며 국세를 회복하여 자주 군사를 몰고 와 요동을 다투었다. 또 몽고 등지에서 와려족(磩麗族:고구려본기의 契丹)이 강력하게 일어나 고구려의 신성(新城) 등지를 침략했다.

고국양왕은 즉위한 이후 모용수와 싸워 요동을 수복하고 와려족을 공격, 축출하는 등 북쪽 국경을 수비하고 보전하는데 급급하여 남쪽을 돌아볼 겨를이 없었다. 〈단재가 '와려족(磩麗族)'이라고 하는 것은 광개토대왕비(廣開土大王碑)의 '稗麗(패려)', 또는 '碑麗(비려)'라는 지명의 '碑(비)'자를 '磩(와)'자로 잘못 판독하여 부르는 이름이다. 그리고 '와려'를 일반적인 설인 거란족의 종족명으로 상정하여 쓰고 있다. 그러나 거란이 '와려'나 '워리'로 불린 적은 없다. 거란은 자신들을 키탄(Khitan)이라고 했다. 이 말은 고대 중국을 일컫던 영어식 표기 '캐세이(Cathay)'와 러시아어식 표기 '키타이(Kitay)', 몽골어식 표기 '햐타드(Hyatad)' 등이 되었다고 알려지고 있다. 광개토대왕비의 '비려'는 거란을 가리키는 것이 아니라 선비를 지칭하는 것이라는 등 여러 가지 설이 있다.-정해자〉

고국양왕 말년에 이르자, 태자 담덕(談德), 바로 뒤의 광개토경평안호태왕(廣開土境平安好太王)이 영특하고 어기차 병마(兵馬)를 맡게 되자 신속한 전략으로 백제군을 무찌르고 석현(石峴) 등 10여성을 수복했다. 진사왕은 여러 번 크게 패하자 드디어 한강 남쪽 위례(慰禮:지금 廣州 南漢)로 천도하고 담덕의 군사작전에 겁을 내어 나가 싸우지도 못했다. 이로 인해 중한수(中漢水), 지금 한강 이북의 주군(州郡)들은 거의 고구려의 소유가 되었으며 관미성(關彌城), 지금의 강화(江華)는 예부터 천험(天險)의 요새로 일컬리는 곳이었지만, 역시 담덕의 해군(水軍)에 함락되었다.

「삼국사기」에는 이 전쟁이 기록되어 있으나 광개토경평안호태왕(廣開土境平安好太王)의 비문(碑文)에는 이런 말이 없다. 어찌된 까닭인가. 「삼국사기」는 원래 「고기(古記)」에 의거한 것이기 때문이다.

「고기」가 현재 전해지지 않으나 여러 책에 인용된 「고기」의 내용을 보면 편년체(編年體)의 사서(史書)가 아니라, 기전체(紀傳體)의 사서였기 때문에 연대(年代)를 조사해 맞추기가 매우 곤란했다. 김부식(金富軾)이 「삼국사기」를 쓰면서 착실히 조사해 맞추지 않고 아무렇게나 모든 사실을 각 왕의 연대에 분배하여 넣었기 때문에, 아라가라(阿羅加羅)가 멸망한 것은 법흥왕(法興王) 원년의 일인데 진흥왕(眞興王) 37년의 일로 되어 있고, 담덕(談德)이 석현성(石峴城) 등을 수복하고 와려족(磑麗族:稗麗)을 쫓아낸 것은 고국양왕 말년, 담덕이 태자로 있을 때의 일인데 왕이 된 뒤의 일로 잘못 기재하고 있다. 이런 것들을 잘 분별하고 나서 「삼국사기」를 읽어야 할 것이다.

(2) 광개토대왕의 와려원정(磑麗遠征)

태자 담덕(談德)이 고국양왕(故國壤王)의 뒤를 이어 태왕(太王)이 되었다. 와려(磑麗:稗麗)가 자주 국경주변을 약탈했다. 태왕은 즉위한 5년 뒤(기원 359년)에 원정군(遠征軍)을 일으켰다. 부산(富山)과 부산(負山)을 지나 염수(鹽水)가에 이르러 그들의 3개 부락 6~7백 영지(營地)를 깨부수고 셀 수 없이 많은 소와 말·양떼를 노획하여 돌아왔다.

파부산(叵富山)은 「황명수문비사(皇明脩文備史)」에 "지금의 음산산맥(陰山山脈)의 와룡이다"했고, 부산(負山)은 지금의 감숙성(甘肅省:깐수성) 서북쪽 알라샨산(阿拉善山:寧夏의 賀蘭山)이라고 한다. 염수(鹽水)는 「몽고지지(蒙古地志)」에 따르면 염분(鹽分)을 함유한 호수나 하수가 무수히 많다. 알라샨산 기슭에도 지란타이라는 염호(吉蘭泰鹽湖)가 있어 호수가에 늘 2자 이상 6자 이내의 소금무지가 응결된다 하였으니, 이로 미루어 보면 태왕의 발길이 지금의 감숙성 서북쪽까지 미쳤다는 말이다. 이것은 고구려 역사상 유일한 원정(遠征)이 될 것이다. 〈叵富山(파부산)이라는 것은 단재가 "부산(富山)을 지나"라는 뜻의 過(과)자가 오랜 비바람으로 망가져 '叵(파)' 자처럼 보이자 "過富山"이라는 비문(碑文)을

巨富山(파부산)으로 잘못 판단하여 설명하는 것이다. 단재는 염수(鹽水)를 오늘날 중국 서북부 영하회족자치구(寧夏回族自治區) 하란산(賀蘭山) 기슭에 있는 지란타이얀후(吉蘭泰鹽湖)로 보고 있는데, 많은 학자는 일반적으로 요하(遼河) 상류의 하나인 시라무렌강(西拉木倫河) 유역으로 보고 있다. 그 북쪽 인근 시린거러(錫林郭勒)나 호린거러(霍林郭勒) 등 대흥안령(大興安嶺) 기슭 일대에도 염지(鹽池) 및 함수호(鹹水湖)가 여럿 있다. –정해자〉

위 원정은 「삼국사기」고구려본기(高句麗本紀)에는 빠져 있고 광개토경평안호태왕(廣開土境平安好太王)의 비문(碑文)에만 기재되어 있는데, 와려(碨麗:稗麗)를 어떤 이는 고구려본기에 기록된 거란(契丹)이 아닌가 하지만, 실상 거란은 선비의 후예로, 태왕시대의 선비는 모용씨·우문씨 등이고 거란이라는 명칭이 없었다. 고구려본기의 거란은 바로 후대 사가(史家)들이 와려를 터무니없이 거란으로 고친 것으로 보인이다.

와려(碨麗:稗麗)가 거란이 아니면 어느 족속(族屬)인가. 「위서(魏書:북위서)」나 「북사(北史)」에 따르면 흉노(匈奴)의 후예인 연연(蠕蠕)이란 족속이 지금의 몽고 등지에 분포하여 한 때 강성하였다. ‘와려’와 ‘연연’의 글자 소리가 모두 ‘라라’이니, ‘와려’는 바로 흉노의 후예일 것이다. 〈와려(碨麗)는 중국 음이 ‘워리’이고 연연(蠕蠕)은 ‘롼롼’으로 발음 하다가 지금은 ‘루루’라고 발음 한다. 그런데 이 두 가지, ‘워리’와 ‘루루’가 어째서 모두 그 음이 ‘라라’라는 것인지 단재는 그 근거를 밝히지 않아 상고할 수가 없다. 碨(와)자의 중국 각지 고금음(古今音)은 ‘완·위’였고 蠕(연)자는 ‘롼·루·유·윤·니욘·뉵·룩·리·지’ 등등으로 발음 되었지만 ‘라’로 발음된 예는 없다. –정해자〉

(3) 광개토대왕의 왜구(倭寇) 구축 (附 百濟遷都)

왜(倭)는 일본(日本)의 본래 이름이다. 오늘날 일본이 ‘왜’와 ‘일본’을 갈라, 왜는 북해도(北海道:홋카이도)의 아이누(Ainu)족이고 일본은 대화족(大和族:야마토)이라고 한다. 그러나 일본 음은 화(和:ㄲ)와 왜(倭:ㄲ)가 똑같이 ‘와’이다. 일본이 바로 명백하게 왜인 것이다. 저들은 근세에 와서 조선사(朝鮮史)나 지나사(支那史:中國史)에 기록되어 있는 ‘倭(왜)’가 너무 문화 없이 흉포하기만 한 야만족속(野蠻族屬)이었음을 부끄럽게 여겨, 드디어 화

(和:와)라는 명사를 지어 붙였으나, 倭(왜)와 다를 게 없다.

백제 건국 이후까지도 왜는 미욱하고 몽매하여 일본 삼도(三島) 속에서 물고기나 잡으며 살아왔을 뿐 아무런 문화가 없었다. 백제 고르왕(古尒王)이 이들을 가엾게 여겨 농사법(農事法)과 직조(織造)·봉제(縫製) 등 백공(百工)의 기예(技藝)를 가르치고 박사(博士) 왕인(王仁)을 보내어 「논어(論語)」와 「천자문(千字文)」을 가르쳤다. 또 백제가명(百濟假名:구다라가나), 바로 백제의 이두(吏讀)를 모방하여 일본 가나(日本假名:가다가나)라는 것을 지어 주었다. 지금의 이른바 일본 문자라는 것이 바로 그것이다.

왜가 이처럼 백제의 교화(敎化)를 받아 백제의 속국(屬國)이 되었으나 천성이 노략질을 좋아하여 도리어 백제를 침략해 소요를 일으켰으며 진사왕(辰斯王) 말년에는 더욱 기승을 부렸다.

그러나 백제가 고구려에게 석현(石峴) 등 10여개의 주군을 빼앗긴 것을 원통하고 분하게 여겨, 기원 391년(광개토대왕 원년)에 왕목(王目)·진무(眞武)에게 고구려가 새로 점령한 곳을 기습, 공격하게 하고 한편으로는 왜(倭)와 친하게 지내며 대고구려동맹을 체결하였다.

그 5년 뒤인 기원 395년 태왕이 와려(碑麗:稗麗) 원정길에서 회군(回軍)한 뒤 수군(水軍)을 출동시켜 백제의 연해(沿海)·연강(沿江)의 일팔성(壹八城)·구모로성(臼模盧城)·고모야라성(古模耶羅城)·관미성(關彌城) 등을 함락하고, 육군을 출동시켜 미추성(彌鄒城)·야리성(也利城)·소가성(掃加城)·대산한성(大山韓城) 등을 함락했으며, 호타왕이 직접 갑주(甲冑)를 두르고 아리수(阿利水: 지금의 月唐江)를 건너 백제 병사 8천명을 죽였다.

백제 아신왕(阿莘王)은 궁지로 몰리자, 왕의 아우(王弟) 한 사람과 대신(大臣) 열 명을 볼모(人質)로 보내고 남녀 1천명과 가는 베(細布) 1천 필을 바치며 '신하로 살겠다'는 '노객(奴客)의 맹약서'를 쓴 다음 고구려를 피하여 사산(蛇山:지금의 稷山)으로 천도했고 신위례성(新慰禮城)이라고 불렀다. 〈'노객(奴客)의 맹약(盟約)'이라는 것은 '다시는 맞서지 않고 노예처럼 시키는 대로 따라 모시겠다고 다짐하는 맹약서(盟約書)'를 말한다. 이 '奴客(노객)'이라는 말은 '광개토대왕비문(廣開土

大王碑文)’과 ‘모두루묘지(牟頭婁墓誌)’ 및 ‘중원고구려비(中原高句麗碑)’에 나오는 말로 노예라는 뜻이지만, 고구려왕의 신하라는 말이다. AD 414년에 건립된 ‘광개토대왕비문’에는 왕이 영락(永樂) 6년(396) 백제를 공격하자 백제 아신왕(阿莘王)은 굴복해 남녀 생구(生口) 1천인과 세포(細布) 1천 필을 바치면서 “지금 이후 영원토록 노객이 되겠다고 맹세하였다(從今以後,永爲奴客)”고 기록되어 있다. -정해자〉

그 뒤 고구려가 북쪽 선비와 전쟁을 할 때마다 백제가 맹약을 깨고 왜병(倭兵)을 불러들여 고구려의 새로운 점령지를 침략해 소동을 일으켰으며, 또 신라(新羅)가 고구려 편이 되는 것을 미워하여 왜병들을 시켜 신라를 침략하며 압박했다.

그러나 태왕(太王)의 군사전략은 뛰어나고 신속했다. 북쪽의 선비를 공벌(攻伐)하면서도 언제나 백제의 기선(機先)을 제압하고 왜병을 덮쳐 무찌르며 신라를 구원했다. 임나가라(任那加羅), 지금의 고령(高靈)에서 왜군(倭軍)을 크게 무찌르자 신라 내물왕(奈勿王)은 직접 찾아가 태왕을 배알(朝見)하고 사례하였다. 기원 407년 대동강 수전(水戰)에서는 그의 전략이 가장 뛰어났다. 수만 명의 왜병이 전멸하여 갑주(甲冑) 1만여 벌과 무수한 군사물자 및 무기를 얻었다. 왜(倭)가 이로부터 겁을 먹고 다시 바다를 건너오지 못해 남쪽 지방이 오랫동안 평온하였다.

〈선비의 보석 물린 금반지〉

(4) 광개토태왕의 환도성 천도와 선비 정복

태왕(太王)은 야심으로 꽉차있고 무술과 전략에 뛰어난 인물이지만, 실은 동족(同族)에 대한 사랑이 매우 깊었다. 그래서 그가 백제를 공벌(攻伐)한 것은 왜와 손잡은 것을 미워하여 친 것이고 영토를 빼앗으러 친 것이 아니었다.

태왕의 유일한 목적은 북방의 강성한 선비(鮮卑)를 정벌(征伐)하여 지금의 봉천(奉天:遼寧省)과 직예(直隷:河北省) 등지를 소유하려는 것이었다. 그러므로 남쪽에서의 전쟁은 언제나 소극적인 의미의 전쟁이었고 북쪽에서의 전

〈선비족의 보요(步搖). 여성들의 머리장식물이다〉

쟁만이 비로소 적극적인 의미를 띠는 전쟁이었다.

그래서 태왕의 5개 도성(都城)중 하나인 안시성(安市城:지금의 蓋平 부근)으로 천도했고 선비 모용씨(慕容氏)와 10여 년간 전쟁을 계속하며 언제나 빈틈을 타고 불시에 습격하여 선비병을 무찔렀고 마침내 요동(遼東)에서부터 요서(遼西), 지금의 영평부(永平府:현 山海關·靑龍·遷西·唐山을 포함하는 지역)까지 차지했다.

'언제나 이기는 장수'라고 이름 높던 연왕(燕王) 모용수(慕容垂)도 패하여 물러갔고 그의 뒤를 이어 연(燕:後燕)의 왕이 되었던 모용성(慕容盛)과 모용희(慕容熙) 등 지나(중국)역사상 일대 효웅(一代梟雄)들도 모두 억눌리고 기가 꺾여 수 천리 영토를 어쩔 수 없이 고구려에 베어줌으로써 광개토경평안호태왕(廣開土境平安好太王)이 그의 존호(尊號)처럼 영토를 넓게 개척하기에 이르렀다.

「진기(晉紀)」에 고작 "고구려가 숙군성을 공격하자 연의 평주자사 모용귀는 성을 버리고 도망쳤다(高句麗攻宿軍,燕平州刺史慕容歸棄城走)"는 기록이 있을 뿐이고 그밖에는 도리어 연이 언제나 이긴 것으로 기록되어 있는 것은 어찌된 까닭인가. 〈원문에는 「晉紀(진기)」가 「晉書(진서)」로 되어 있고 인용문도 "태왕이 연 평주 숙군성을 공격하자 평주자사 모용귀가 도주했다"라고 되어 있다. 그러나 「진서」에는 이런 기록이 없다. 「자치통감(資治通鑑:晉紀三十四 東晉安帝 元興·大亨元年五月)」에 있는 말이고 내용도 조금 다르기 때문에 「진기(晉紀)」로 고치고, 인용문도 진기의 기록대로 고쳐 썼다. AD 402년의 일이다.-정해자〉

「춘추(春秋)」에 '적(狄)이 위(衛)를 멸망시킨 것'을 기록하지 않은 것과 같이 외국과의 전쟁에서 패한 것을 숨기는 것은 지나사관(支那史官)들의 상투적인 수법이지만, 당시 모용씨의 연(燕)이 멸망하고 탁발씨(拓拔氏)의 위(魏)

가 강성하게 된 것도 태왕이 연을 친 것과 직접적인 관계가 있고 동진(東晉)의 유유(劉裕)가 굴기하여 선비족과 강족(羌族)을 물리치고 송(宋:劉宋)의 터를 닦은 것도 태왕이 연을 친 것과 간접적인 관계가 있는 것인데, 저들이 고질적인 상투적 수법대로 사실을 사실대로 쓰지 않아 5세기 초 지나 대국(支那大局)의 변화원인이 가려지고 만 것이다.

광개토경평안호태왕(廣開土境平安好太王)의 비문은 「진서(晉書)」와는 또 다른, 바로 태왕의 후손 제왕이 세운 것인데, 그중에 선비정벌에 대해 한 구절도 기재하지 않은 것은 무슨 까닭인가.

내가 일찍 태왕의 비를 보기 위해 집안현(輯安縣)으로 가서 여점(旅店)에 머물렀는데, 만주인 영자평(英子平)이라는 소년을 만나 필담(筆談)으로 비에 관한 이야기를 나누었다. 그 이야기는 다음과 같다.

"비석이 오랫동안 풀 섶에 묻혀 있다가 최근 영희(榮禧:또한 만주인)가 발견했는데, 그 비문 속의 고구려가 토지를 빼앗은 자구(字句)는 모두 칼과 도끼로 쪼아내어 알아보지 못하게 없어진 자구가 많았다. 그 뒤 일본 사람이 이 비를 차지하고 영업적으로 비문을 탁본해 팔았는데 이따금 자구가 없어진 곳에 석회로 바르는 바람에 도리어 알아볼 수 없게 된 것도 생겨나 진짜 사실은 삭제되고 위조된 사실이 덧붙은 것 같은 감이 없지 않다"고 하였다.

그렇다면 비문에 정작, '태왕이 선비를 정복한 대전공(大戰功) 기록'이 없는 것은 삭제된 까닭일 것이다. 하여간 태왕은 평주(平州)를 함락하고 그 뒤 선비가 쇠퇴한 틈을 이용하여 계속 진격했다면 태왕이 개척한 토지가 그 존호 이상으로 광대(廣大)하였을 것이다.

그러나 이미 기술한 것과 같이 태왕은 동족에 대한 사랑이 깊었던 사람이다. 그러므로 연왕(燕王) 풍발(馮跋)이 연왕 모용희를 죽이고 고구려 선왕의 후손 고운(高雲)을 황제로 세운 다음 태왕에게 사실을 알렸다. 태왕은 "이제는 동족(同族)이니 싸울 수 없다"며 사자를 보내 즉위를 축하하고 촌수를 따지며 동기(同氣)의 정을 보여 전쟁을 그쳤다. 태왕의 북벌정책(北伐政策)은 이로써 마무리 되었다.

〈1900년대 초 발견 당시의 광개토대왕비〉

태왕이 기원 304년, 백제 근구수(近仇首)가 죽던 해에 태어나 기원 391년에 왕위에 올랐고 412년에 죽으니 나이 39세였다. 광개토경평안호태왕비(廣開土境平安好太王碑)의 단편적인 비문이 지금 봉천성 집안현 북쪽 2리쯤에 있다. 만주 사람 영희(榮禧)가 발견하여 탁본(拓本)했으며 비에 이지러진 글자가 많았다. 그 뒤 일본사람이 그 비를 차지하여 탁본해 팔았고 이지러진 글자에 석회를 바르고 글자를 조작한 곳이 있으므로 학자들이 본모습을 잃고 있는 것을 안타깝게 여긴다. 〈원문에는 "집안현 북쪽 2리쯤에 있다" 다음에 "길이는 약 ○자(尺)이다. 기원 ○○○○년에"라는 구절이 있다. 단재가 뒤에 확인하여 넣으려다가 지나친 것으로 보인다. 그래서 그 구절을 빼었다. 이 비는 장수왕(長壽王) 2년(414)에 세워진 것으로 자연스럽게 네모진 각력응회암(角礫凝灰岩)이다. 비의 높이는 6.39m이고, 너비는 1.38~2.00m이다. 측면은 1.35m~1.46m로 불규칙하다. 비의 머리 부분은 경사져 있다. 무게가 37톤이나 된다. 울퉁불퉁한 표면에 바둑판처럼 반듯하게 선을 긋고 14×15cm 정도 크기의 글자를 새겨 넣었다. 네 면에 총 1,775자가 새겨져 있는 것으로 알려져 있다. 그러나 글자가 불분명한 부분이 있고 비석이 불규칙하여 글자 수 통계에 이론(異論)이 있다.-정해자〉

제4장. 장수태왕의 남진정책과 백제 천도

(1) 장수태왕(長壽太王)의 역대 정책의 변경

기원 412년 장수태왕(長壽太王)이 광개토태왕(廣開土太王)의 뒤를 이어 즉위하여 491년에 타계하니 재위기간이 79년이었다. 이 79년 동안은 조선 정치사상(政治史上) 가장 큰 변화를 일으킨 기간이다. 무슨 변화인가.

고구려의 역대 제왕들이 북진정책도 쓰고 남진정책도 썼지만 처음부터 끝까지 오로지 북수남진정책(北守南進政策:북쪽은 지키면서 남쪽으로 뻗어나려는 정책)을 쓴 것은 장수태왕이 처음이었다. 그리하여 남방 3국이 대고구려 공수동맹(攻守同盟)을 하는 사태를 불러 일으켰다.

남방의 백제(百濟)는 이미 강성해져 있었고 신라(新羅)와 가라(加羅)도 점점 강성해져 지난날에 비할 바가 아니었다. 고구려의 정치가가 된 이상 부득불 남쪽을 안 돌아볼 수 없겠지만 광개토태왕(廣開土太王)은 외국 각족(外國各族), 지나(支那:중국)·선비(鮮卑)·와려(碨麗:䅈麗) 등을 정복하여, 동족 각국이 저절로 그 앞에 무릎 꿇게 만들었지만 장수태왕은 그 정책을 위험하다고 보고 우선 동족 각국을 통일한 뒤에 외국 각 족과 싸우는 것이 옳다고 여겨 드디어 광개토태왕의 정책을 변경하여 평양으로 천도하고 북수남진정책을 쓰기에 이르렀다.

이때에 연(燕)의 장군 풍발(馮跋)이 연왕 모용희(慕容熙)를 죽이고 고운(高雲:慕容雲)을 황제(天王)로 세워 광개토태왕의 문죄(問罪)를 면했으나, 오래지 않아 풍발이 고운을 죽이고 자립하여 북연(北燕)의 천왕(天王)이 되었다. 〈풍발(馮跋)은 후연(後燕)의 4대왕 모용희(慕容熙)를 살해하고 2대왕 모용보(慕容寶)의 양아들 모용운(慕容雲), 바로 고운(高雲)을 왕으로 추대하였다(407). 고운은 고국원왕(故國原王)때 잡혀간 고구려왕의 서파인 고화(高和)의 손자이다. 당시 광개토대왕은 고운에게 사신을 보내 동족의 우의를 표하기도 했다. 409년 고운이 살해되고 한인(漢人) 풍발(馮跋)이 북연(北燕)을 세우고 집권했다.-정해자〉

그러나 제2세 풍홍(馮弘)이 이르자 선비 별부의 탁발씨(拓拔氏)가 오늘날 산서(山西) 등지에서 나라를 세우고 날로 강대해져 황하(黃河) 이북을 거의 차지하고 군사를 출동시켜 연(燕:北燕)을 치자, 풍홍은 나날이 줄어드는 영토를 보다 못해 여러 번 고구려로 사자를 보내어 구원해 달라고 애원했다.

장수태왕은 북수남진(北守南進)이 그의 정책이었고 위(魏:북위)와 틈이 벌어지는 것도 원하지 않았다. 그러나 북연이 모용희 이래로 백성들의 자산을 빼

중쇠기(中衰期)의 고구려. 전연(前燕) 모용황에게 환도성을 짓밟히고 왕의 어머니 주씨와 왕비가 잡혀 갔으며 미천왕의 시체까지 파가는 능욕을 당했다.

앗아 꾸민 궁실(宮室)과 원유(苑囿)가 보통이 아니게 장대(壯大)했을 뿐 아니라 궁중으로 모아들이 진귀한 보물들과 미인들이 수도 없어 음탕(淫蕩)하고 사치(奢侈)한 것이 열국에서 으뜸이었으므로 보통 이상의 이기심(利己心)을 가졌던 장수왕(長壽王)이 이런 것들을 탐하지 않을 리 없었다.

그래서 연의 사자를 속여 이르기를 "고구려 남쪽 백제에 난(亂)이 있어 당장 대군(大軍)을 출동시킬 수는 없지만 연주(燕主)가 기꺼이 고구려로 와서 머문다면 당연히 장사(將士)를 보내 영접하고 일후에 시기를 보아 구조하겠다"고 하였다. 연왕 풍홍은 그렇게 하자고 허락했다.

기원 426년, 위(魏:북위)가 기병 1만 명과 보병 수 만 명을 출동시켜 연(燕:북연)의 서울 화롱(和龍:지금의 鄴)으로 쳐들어왔다. 장수태왕은 말치(左輔) 맹광(孟光)을 보내어 수만 명의 군사를 거느리고 연왕 풍홍을 맞았다.

위군(魏軍)이 이미 연의 서울에 당도하여 서문(西門)으로 입성했다. 맹광은 재빨리 동문(東門)으로 들어가 위에 항복한 연의 상서령(尙書令) 곽생(郭生)의 군사와 싸워 곽생을 죽이고 연의 무기고로 들어가 날카로운 무기들을 갖고 위군을 무찔렀으며 궁전에 불을 지르고 미인들과 진귀한 보물들을 거두어 갖고 돌아왔다.

위주(魏主)는 미인들과 진귀한 보물들을 빼앗긴 것은 억울해 하지 않고 다만 풍홍이 고구려에 머무는 것을 싫어하여 인도해 주기를 청하였으나 장수왕이 허락하지 않았다. 그러나 위의 환심을 잃지 않으려고 자주 위와 통교

(通交)했으며, 또 남지나의 송(宋:劉宋)과도 친교(親交)하며 위를 견제하였다. 〈북연(北燕)의 2대왕 풍홍(馮弘)은 풍발(馮跋)의 아들이 아니다. 「진서(晉書)」 풍발재기(馮跋載記)에 따르면 그는 풍발의 아우였다. 풍발이 죽자, 그의 아들 풍익(馮翼)을 죽이고 조카의 자리를 빼앗아 왕이 되었다. 후에 북위(北魏)가 쳐들어오자 고구려로 달아나 2년을 살았고, 고구려에 피살되었다. - 정해자〉

(2) 위기승(圍碁僧)의 음모와 백제의 피폐

장수태왕(長壽太王)은 외교적인 방법으로 지나(중국)의 위(魏:북위)와 송(宋:유송)을 견제하고 백제를 파멸시키려고 있는 힘을 다하였다. 그러나 아버지 광개토태왕(廣開土太王)과 같은 전략가가 아니고 사납고 사악한 음모가였다. 그래서 적국의 정면을 칼과 창, 활로 공격하지 않고 먼저 사악한 계책으로 적의 심장을 부식(腐蝕)시킨 뒤 쳐들어가는 사람이었다. 그러므로 평양으로 천도한 뒤에 비밀히 조서를 내려 백제 내정(內政)을 문란(紊亂)하게 할 수 있는 기략(奇略)을 가진 책사(策士)를 찾았다. 이 조서에 따라 나타난 사람이 불교승(佛敎僧) 도림(道琳)이었다.

당시 백제의 근개루왕(近蓋婁王)은 바둑의 명수(名手)였고 도림 역시 바둑의 명수였다. 도림은 장수왕에게 은밀히 고한 다음 죄를 짓고 도망치는 사람 모습으로 백제로 들어갔다. 그리고 근개루왕의 바둑 벗이 되어 아침저녁으로 근개루왕을 모시고 바둑을 두었다. 근개루왕은 자기의 바둑 적수가 천하에 오직 도림 하나뿐이라며 친애하여 마지않았다.

도림이 몇 년 동안 근개루 옆에 붙어 있었기 때문에 왕의 성격과 행동 등 파악하지 못한 것이 없었다. 그래서 은근히 입을 열었다.

"신은 한 낱 망명죄인으로 대왕의 총애를 받아 이렇게 사치스럽게 입고 먹고 살고 있으나, 이 은혜를 갚을 땅이 없습니다. 어리석은 생각이나마 진정을 다하여 대왕께 한 마디 드리겠습니다. 대왕의 나라는 안으로는 산악을 끼고 밖으로는 하해(河海:강물과 바다)가 둘러 적병 백만이 온다고 해도 어찌할 수 없는 천험(天險)의 요충지입니다. 대왕께서 이런 천험에 의거하여 숭고한 지위와 부유한 업을 누리시며 사방이 보고 놀랄만한 형세를 만든다면 사방의 열국이 바야흐로 서로 다투어 높이 섬기려고 할 터인데, 이제 성곽은 나트막하고 궁실은 오종종하며 선왕은 작은 뫼에 묻히고 인민들의 집은 매년 장마에 떠내려가고 있으니, 외국인이 보기에도 창피한 것이 적지 않은데 누가 대왕의 나라를 쳐다보며 높이 받들려 하겠습니까. 신이라면 대왕을 위해 그렇게 하지 않겠습니다."라고 했다.

근개로왕은 그 말을 달게 여기어 전국 남녀를 총동원하여 벽돌을 구워 일주 거리가 몇 십리나 되는 왕성(王城)을 높이 쌓고 성안에는 하늘에 닿을 듯한 궁실을 지었으며 욱리하(郁里河:지금 陽城 한내) 가에서 커다란 돌을 가져다가 대석관(大石棺)을 만들어 부왕(父王)의 시해를 넣어 광대한 왕릉을 지어 묻었고 왕성의 동쪽에서 숭산(崇山) 북쪽까지 욱리하의 제방을 쌓아 어떠한 장마에도 수재(水災)가 안 나도록 하였다.

이 같은 토목 공역(工役)으로 국고(國庫)는 바닥나고 군용 물자도 남은 것이 없었으며 백성들도 피곤에 지쳐 도적이 벌 떼처럼 일어나 나라의 형편이 위태롭기 짝이 없었다. 도림은 자기의 임무가 성공한 것을 알고 몰래 도망쳐 고구려로 돌아와 장수태왕에게 그 사실을 아뢰었다.

(3) 고구려군의 침입과 근개로왕의 순국(殉國)

장수태왕(長壽太王)은 도림(道琳)의 회보(回報:돌아와서 하는 보고)를 듣고 크게 기뻐했다. 말치(벼슬이름) 제우(齊于)와 백제에서 항복해온 장수 재회걸루(再會乞累) 및 고르만년(古爾萬年) 등에게 3만 명의 군사를 이끌고 가서 백제의 신위례성(新慰禮城:지금 稷山 부근 古城)을 치라고 했다.

근개루왕(近蓋婁王)은 고구려군이 쳐들어온다는 소식을 듣고 도림의 간교한 계책에 속은 것을 알았다. 즉시 태자 문주(文周)를 불러 말했다.

"내가 어리석어 간사한 자에게 속아 나라가 이 꼴이 되었구나. 아무리 급한 일이 생긴다 한들 누가 나를 위해 힘쓰겠느냐. 고구려 병사가 들이닥치면 나는 국가를 위해 한 목숨 바쳐 죄를 씻겠다. 너도 나를 따라 함께 죽는다면 무슨 도움이 되겠느냐. 너는 빨리 남쪽으로 달아나 의병을 모집하고

외국의 구원을 청해 조상 대대 물려주신 왕업(王業)을 잇도록 하여라." 그리
고 눈물을 뿌리며 문주를 보냈다.

　고구려 말치 제우 등이 북쪽 성을 쳐 7일 만에 함락하고 군사를 이끌고
가서 남쪽 성을 쳤다. 성안이 온통 겁에 질려 허둥거릴 뿐 싸울 뜻이 없었
다. 근개루왕이 직접 싸우러 나갔다가 고구려군에 사로잡히고 말았다. 걸루
와 만년 등이 처음에는 전날의 임금과 신하였다는 의(義)를 지켜 말에서 내
려 두 번 절하더니, 벌떡 일어나며 왕의 얼굴에 세 번 침을 뱉으며 꾸짖어
욕하고 왕을 결박하여 아차성(阿且城:지금 광나루 峨嵯山)으로 끌고와 항복을
받으려 했다. 근개루왕은 듣지 않았다. 드디어 목숨을 잃었다. 이로 인해 신
위례성, 지금의 직산(稷山) 이북은 모두 고구려 땅이 되었다.

　아신왕(阿莘王)이 광개토태왕(廣開土太王)을 피하여 신위례성으로 천도했
다는 것은 이미 앞에서 기술하였지만, 정다산(丁茶山:丁若鏞)은 직산을 "문주
(文周)가 남천(南遷)한 뒤의 잠도(暫都:잠시 머물렀던 도성)"라고 했다. 잘못된
판단이다. 사성(蛇城)은 직산(稷山)의 옛 이름이고 숭산(崇山)은 아산(牙山)의
옛 이름이다. 이 장을 참고하면 직산 위례성이 문주 이전, 바로 아신왕이 천
도한 곳임을 더욱 명백히 알 수 있을 것이다.

제 8 편

남방 제국의 대 고구려 공수동맹

제1장. 4국 연합 작전과 고구려의 퇴각

(1) 신라·백제 양국의 관계와 비밀동맹의 성립

장수태왕(長壽太王)의 남진정책이 한 때 백제를 파괴하였으나, 마침내 남방 3국, 신라·가라·백제가 연맹(聯盟)을 하게 되는 원인이 되어 역사상 처음인 대 변국(大變局:큰 변화 국면)을 형성했다. 이 연맹의 주력(主力)은 신라에 있었으므로 그 과정을 서술하려하며 먼저 신라의 대 백제·고구려의 그때까지의 관계부터 간략하게 기술하겠다.

신라는 본래부터 그 지방이 고구려와 멀리 떨어져 있고 백제와는 가까이 붙어 있기 때문에 고구려보다 백제와의 관계가 더욱 복잡하였다. 그러나 「삼국사기(三國史記)」에 기록되어 있는 신라·백제와 관계되는 기록은 믿을 만한 것이 적다. 그 한두 가지 예를 들어보겠다.

〈와산성(蛙山城)으로 보이는 문암산성(門岩山城)〉

첫째, 신라가 탈해이사금(脫解尼師今) 이후에 백제와 늘 피차 2백 명의 적은 군사로 늘 연혁(沿革)도 전해지지 않는 와산(蛙山)·봉산(烽山) 등지를 거의 해마다 빼앗으려고 싸웠다고 하나, 신라는 당초 경주(慶州) 한 구석의 작은 나라(小國)였고 백제는 온조(溫祚) 당년에 벌써 마한(馬韓) 50여국을 소유하였으니 어찌 신라와 같이 해마다 2백 명의 군사를 출동시켰겠는가. 〈와산성(蛙山城)은 백제본기(百濟本紀) 다루왕기(多婁王紀)에 나오는 지명이다. 본디 신라의 성이었는데 다루왕은 이 산성을 두고 네 차례나 쟁탈전을 벌였으나 끝내 꿈을 이루지 못하고 죽었다. 매년 2백 명의 병사를 동원하여 싸운 것도 아니다. 수천 명이 동원되어 쫓고 쫓겼다. 그 성을 빼앗아 2백 명을 주둔시켜 지키다가 다시 빼앗겼다는 기록은 있다. 이 와산성(蛙山城)을 오늘날 충북 보은(報恩)에 비정하고 있는데, 이것은 지난 세기 위당 정인보(爲堂鄭寅

〈신라의 삼년산성(三年山城) 서문 밖. 많이 허물어져 있던 것을 최근 복원했다〉

普) 선생이 "보은에 있는 성일 것"이라고 하면서부터이다. 보은에 와산(蛙山)이 있으니까 그 산에 있는 성이 '와산성'일 것이라고 추단(推斷)한 것이다. 그러나 그 추단이 맞다면 보은에 있는 사산(蛇山)·와산(蛙山)·저산(猪山)이라는 이름이 조선조 때 생겨난 것이 아니라, 삼국초기부터 있었다는 말이 되고, 보은읍 중심지대인 '三山(삼산)'이라는 이름이 "삼년산군(三年山郡)"이라는 옛 이름이 줄어서 된 명칭이 아니라 '사산·와산·저산'의 세 산 때문에 붙은 이름이라는 풍수설이 정설인양 힘을 얻을 수도 있다. 그러나 보은읍 남쪽 죽전리와 수정리에 걸쳐 있는 '와산'에는 성터가 없다. 여러 사람이 찾아 헤맸지만 어떠한 인공흔적도 찾을 수 없었다. 이 '와산'이 「삼국사기」가 기록하고 있는 '와산'이 아니라는 결정적 증거이다. 그렇다고 위당이 '와산성'을 '보은'으로 비정한 것이 잘못되었다는 말은 아니다. 다만 죽전 와산과 연계하여 추단한 것이 잘못되었다고 지적하고 싶을 뿐이다. 왜냐하면 '蛙山城(와산성)'을 보은으로 해석할 수 있는 산성이 실제로 보은에 있기 때문이다. 바로 "含林山城(함림산성)"이 그것이다. 요즘은 그 산성 이름이 문암산성(門岩山城)과 노고산성(老姑山城)으로 섞갈리고 동네 이름도 함림리(含林里)에서 학림리(鶴林里)로 바뀌어 있지만, 원래는 "머구메"라는 마을로 한자로 표기하면 '蛙山(와산)'이 된다. 우리 옛말 '마구리'→'머구리'는 개구리(蛙)를 뜻하고 마을이 '메'이니까 '머구메'가 '蛙山(와산)'으로 표기되고 '머구메 뒷산에 있는 성'이 '蛙山城(와산성), 또는 '함림산성'으로 표기된 것이다. 다만 '함림산성'이란 이름은 '와산성'이라는 명칭보다 훨씬 후대에 붙은 이름일 것이다. '머구메(蛙山)'라는 마을에 느티나무가 군락을 이루게 되어 '머그메 숲'이 형성되고 그 '머구(메)숲'이 "含林(함림)"으로 이두 표기되면서 마을 이름까지 바뀌게 되어 이루어진 이름이 '含林山城'이라고 보이기 때문이다. 그러면 보은군(報恩郡)의 신라때 이름인 삼년산군(三年山郡)이란 무슨 말의 이두표기인가. '삼년산성(三年山城:세살메바람)'에서 보듯 그 이름이 무엇을 뜻하는지 몰라 얼토당토않은 전설까지 붙어 있지만 삼년산군(三年山郡)이 설치되었던 지역, 관할하고 있던 청천(靑川)과 청산(靑山) 두 현이 모두 '살메(薩買)', 또는 '사리메'였기 때문에 '세사리메(세살메)'가 된 것이다. 그렇다면 '사리'란 무슨 뜻인가. '살→사리'는 물이나 내를 일컫던 우리 옛말 중 하나다. '三年山(삼년산)'을 직역하면 '세 해 산'이 되지만 말이 안된다. 우리 이두에서 '三年'이나 '山(산)'을 꼭 '세 해'나 '산'이라는 뜻으로 쓰지 않았다. "세 살→세 사리"를 '三年'이라고 표기했고 '메(마을)'를 '山'으로 표기했다. 당시 '세살메군(三年山郡)'에 속했던 땅이 모두 "사리메:살메"라고 불리던 고장이었기 때문에 한곳은 살메(薩買), 한곳은 삼년산(三年山), 한곳은 청산(靑山:구르메)이라고 표기한 것이다. '세 사리(살)'는 세 줄기의 깨끗한 물을 뜻하고 '메'는 산(뫼)이 아니라, '합수머리 마을'을 뜻하는 말로 "세살메"는 '두 줄기의 물이 합쳐 세 줄기가 되는 머리'라는 뜻이다. 멀지 않은 미원(米院)의 원 이름이 바로 '사리메의 안쪽'이라는 뜻인 "살안→쌀아니"이고 청천이 '깨끗한 물줄기 연변'이라는 뜻인 "살메(薩買:사리메)"이며 그 물줄기를 따라가면 '살미(쯏味)'도 있다. '살메'와 같은 뜻이다. '메'가 마을을 뜻하는 것은 '두메'에서도 볼 수 있다. 잠실 "세밭나루(三田渡)"처럼 '삼(三)'을 '세(沙:모래)'의 뜻으로 보면 '모래땅 합수머리'라는 의미도 된다. 고려는 이 "세살메"라는 지명을 '保齡(보령)'이라고 바꾸었다. 일부 고지대를 제외하고는 양쪽에서 밀려드는 큰물로 해마다 수해를 겪던 '세살메'에 보(둑)가 설치된 이후 '세살메'를 "보살메"라고 고친 것이다. 여기서 '保(보)'자는 '보(洑)'를 뜻하고 '齡(령)'자는 '나이'라는 뜻으로 쓴 것이 아니라 '살(사리)'이라는 훈으로 쓴 글자이다. "보사리메"는 '두 보 사이의 마을'이라는 뜻이다. 그러나 '보령'이라는 한자지명이 오래 쓰이다 보니 "보살(사리)메"의 '메'는 탈락되고 "보사리"라고만 불리었다. 그러다가 '보령'이라는 이름마저 충남 '保寧(보령)'과 겹친다고 하여 "報恩(보은)"으로 바꾸었다. 아직도 그 말의 뿌리, 삼년산은 '삼산(三山)'으로 바뀌어 중심 동네이름으로 남아 있고, '사리'는 여전히 향교 밑의 마을 "교사리"에 남아 있다. 그렇다면 성 밑에 있는 '바람부리(風吹里)'라는 마을 이름은 어떻게 생긴 것일까. 바로 성(城)을 이르는 우리 옛말이 '바람' 또는 '잣'이기 때문에 붙은 것으로 '성밑 벌판'이라는 뜻의 '바람벌'이 '바람부리'가 된 것이다. '삼년산성(三年山城)'이 '세살메바람'으로 불렸다는 증거이다. - 정해자〉

둘째, 두 나라가 간혹 사이가 좋게 지낸 적은 있지만, 백제가 늘 신라에게 좋게 지내자고 빌었다니, 백제가 신라보다 몇 배나 큰 나라로서 어찌 늘 먼저 굴복했겠는가. 백제와 신라 사이에 가라(加羅) 여섯 나라와 사벌(沙伐)·감문(甘文) 등 완충국이 있었는데, 어떻게 백제가 가라 등의 나라들과는 한 번의 충돌도 없이 신라로 쳐들어갔겠는가. 대개 신라가 백제에 대한 원한이 깊어, 백제가 망한 뒤에 백제와 관계되는 사적을 많이 개찬(改竄)했거나 위

조했을 것이다. 지나(支那)의 「삼국지(三國志)」·「남사(南史)」·「북사(北史)」 등
에 기록된 것을 보면 신라가 처음에 백제의 절제(節制)를 받았다고 했으니,
이것이 도리어 믿을 만한 기록일 것이다.

　이윽고 근구수왕(近仇首王) 이후 백제가 고구려와 혈전을 벌이는 사이에
신라는 비로소 자립(自立)하여 백제와 맞섰다. 그 후 오래지 않아 광개토태
왕(廣開土太王)이 국위(國威)를 크게 떨치자 백제의 아신왕(阿莘王)은 왜병(倭
兵)을 불러들여 북으로는 고구려를 막고 남으로는 신라를 쳤다. 신라의 내
물이사금(奈勿尼師今)은 고구려의 지원병을 얻어 왜병을 물리치고 직접 광개
토왕을 찾아가 알현하고 왕족 실성(實聖)을 볼모로 보냈다.

　내물이사금이 죽자 내물의 아들 눌지(訥祇)가 어렸기 때문에 실성(實聖)이
신라로 돌아와 왕위를 잇고 대신 눌지와 복호(卜好) 형제를 고구려에 볼모로
보냈다.
　그 뒤 실성은 고구려의 귀족과 결탁하여 눌지를 죽이려 했으나 고구려인
은 듣지 않고 눌지를 돌려보냈다. 눌지는 실성을 죽이고 즉위했다.
　눌지마립간(訥祇麻立干)은 이처럼 고구려 덕에 왕위를 잇게 되었으나, 고
구려가 백제를 병탄(倂呑)하면 신라도 혼자서 남아날 수 없다고 판단하고 박
제상(朴堤上)을 고구려로 보내어 "신라의 고구려에 대한 충성과 신의는 한낱
볼모가 있거나 없거나 달라질 것이 없다"는 말로 고구려의 임금과 신하를
달래어 아우 복호(卜好)를 돌아오게 하고 은밀하게 백제와 연계하여 고구려
를 막으려 했다. 백제도 왜(倭)는 멀고 신라는 가까웠으므로 왜를 끊고 신라
와 통교하며 고구려를 막기로 결정하여, 신라와 백제의 양국동맹(兩國同盟)
이 성립되었다.

　「삼국사기」 신라본기 눌지마립간(訥祇麻立干) 39년(기원 455)에 "고구려가
백제를 침략하자 왕이 군사를 보내 구원했다(高句麗侵百濟, 王遣兵救之)"하였
으니 이는 곧 위에서 말한 약국동맹의 결과였다. 이밖에도 고구려의 대 동
맹양국의 침입전쟁과 동맹양국의 대 고구려 방어전쟁이 잦았을 것이지만
기록에 보이지 않는 것은 역사의 기록문이 빠진 까닭일 것이다. 〈위의 '訥祇
麻立干(눌지마립간)' 이 원문에는 모두 '訥祇尼師今(눌지이사금)'으로 되어 있다. 이사금(尼師今)

이라는 호칭은 실성이사금(實聖尼師今)에서 끝나고 눌지(訥祗)에 이르면 그 호칭이 마립간(麻立干)으로 바뀌어 법흥왕(法興王) 전까지 이어진다. 그래서 모두 마립간(麻立干)으로 고쳤다. 「삼국사기」인용문도 원문은 "이사금이 병사를 보내어"로 되어 있으나 눌지마립간 39년 기록이 "왕이 군사를 보내어(王遣兵)"로 되어 있어 '이사금'을 '왕'으로 고치고 「삼국사기」기록원문을 삽입했다. -정해자〉

(2) 신라·백제·임나·아라 네 나라의 대고구려 동맹

장수태왕(長壽太王)이 백제의 신위례성으로 쳐들어오자 근개루(近蓋婁)의 태자 문주(文周)가 신라로 와서 위급(急難)함을 고했다. 신라가 동맹의 의(誼)로서 뿐만 아니라, 자신을 방어하기 위해서라도 군사를 출동시키지 않을 수 없었다. 자비마립간(慈悲麻立干)이 1만 명의 군사를 이끌고 구원하러 갔으나 근개루왕은 이미 죽고 신위례성(新慰禮城)은 다 부서진 뒤였다.

백제의 문주왕(文周王)은 이에 옛 왕도를 구복하지 못하고 물러나 웅진(熊津:곰나루)에 도읍했다. 웅진은 광개토태왕(廣開土太王) 비문(碑文)에 기록된 "古模那羅(고모나라)"이다. 熊津(웅진)이나 古模那羅(고모나라)는 모두 '곰나루'라는 이두 표기로 앞의 것은 뜻을 따라 쓴 것이고 뒤의 것은 음을 따라 쓴 것이다. 지금의 공주(公州)가 당시의 곰나루였다.

이때 지금 한강 이남에는 신라·백제 이외에도 가라(加羅) 등 6국이 지금 경상남도를 분할 점거하고 있었다는 것은 제4편 4장에 기술했다. 최초에 생긴 '신가라(金官伽倻)'가 종주국(宗主國:金首露)이고 임나(任那)·아라(阿羅)·고자(古自)·고령(古寧)·벽진(碧珍)의 오가라(五加羅)는 형제국이었는데, 뒤에는 신가라와 기타 3가라는 미약해져 정치문제에서 발언권을 잃었고 오직 임나와 아라 두 가라만이 강성하여 신라와 대치하였다. 광개토태왕이 왜(倭)를 칠 때도 상당한 병력을 갖고 신라와 함께 고구려를 도와 왜와 싸웠다. 〈원문에는 "형제국이었는데"라는 말이 없다. "五加羅는 그 後來에 신加羅"로 이어져 있어 문맥이 통하지 않았다. 무슨 말인가가 빠진 것이 분명하여 4편 4장 "가라육국(加羅六國)"의 내용을 참고해 보유(補遺)했다. -정해자〉

그러나 이때에 이르러 신위례성이 쑥대밭이 되고 백제가 웅진으로 천도하자, 두 가라는 모두 크게 놀라 자보책(自保策:자신을 보호하기 위한 계책)을 강구하는 동시, 신라·백제도 그들의 힘이 고구려를 막기에 미흡하다고 느끼고 두 가라의 동맹가입을 종용했다. 이리하여 신라·백제 양국의 대고구려 공수동맹이 신라·백제·임나·아라 4국의 대고구려 공수동맹(對高句麗攻守同盟)으로 바뀌었다.

장수태왕(長壽太王)은 신라가 지난번 고구려의 큰 은혜(大恩), 광개토태왕이 왜(倭)를 무찌르고 신라를 구원해 준 일을 잊고 백제와 연합하자, 크게 분개하여 기원 481년 대병(大兵)을 출동시켜 신라의 동북쪽으로 쳐들어왔다.

신라의 소지마립간(炤知麻立干)은 직접 비리골(比列忽), 지금 안변(安邊)으로 가서 방어하다가 크게 패했다. 고구려군이 이긴 기세를 타고 남진하여 호명(狐鳴:여울목), 지금의 회양(淮陽) 등 7개의 성을 함락했다. 백제의 동성왕(東城大王)은 두 가

〈백제 연꽃무늬 수막새〉

라국과 연합하여 길을 나누어 구원하러 갔다. 신라는 고구려군을 무찌르고 잃은 땅을 수복했다.

(3) 4국 동맹 40년간 지속

4국 동맹으로 인하여 장수태왕의 남진 철편(鐵鞭)이 꺾이고 백제와 신라는 자신을 보호할 수 있었다. 그러므로 당시 조선 역사상 일대사건(一大事件)이라 아니할 수 없다.

백제 동성대왕이 해외(海外:중국)를 경략(經略)하여(다음 장 참고) 백제가 고구려와 이상의 강국임을 자랑하던 때까지도 이 동맹은 지속되었다. 그래서 기원 494년 신라가 살수(薩水), 지금의 대동강 상류부근에서 고구려와 싸우다가 견아성(犬牙城)에서 포위되어 구원을 청하자 백제 동성대왕이 병사 3천명을 보내어 고구려군을 물리치고 포위를 풀었고 이듬해 고구려가 백제의 반걸양(牛乞壤)을 치자 신라 소지마립간(炤知麻立干)이 또한 구원병을 보내 고구려군을 물리쳤다. 위의 동맹이 대개 40여 년간 지속된 것이 명백하

다. 이 동맹이 해체된 뒤에야 신라가 가라(加羅:가야) 침벌(侵伐)을 시작했다. 〈단재는 '살수(薩水)'를 '대동강 상류'로 비정하여 쓰고 있는데, 많은 학자들은 오늘날 괴산(槐山:느티메)의 청천(靑川:사리내)으로 보고 있다. 삼국당시 그곳 이름이 살매(薩買)이고 그곳의 흐르는 물줄기가 살수(薩水)였기 때문이다. 더구나 문경-괴산-보은-옥천으로 이어지는 전선대(戰線帶)는 고구려·신라·백제의 이해가 상충되는 국경지대로 그곳을 빼앗아 잠식하려는 쪽과 그곳을 지키려는 쪽 사이에 전쟁이 계속됐던 곳이다. 그래서 이름 없이 묻혀 있던 삼국초기형태의 석성(石城)이 계속 발견되고 있다. 본편 1장에 주한 문암산성(門岩山城)과 삼년산성과 대치하고 있는 백제의 보은 노고산성(老姑山城) 등이 그것이다. 그러므로 견아성(犬牙城)역시 살수(薩水:사리내) 인근에 있는 성으로 추정되고 있다. '문경 서쪽에 있는 성'이라는 설도 그래서 제기되었다. 혹시 犬(견)자가 大(대)의 오자라면 대야산(大冶山) 어디쯤에 그 흔적이 있을 수도 있다. '犬牙城'이 우리말 '견아'인지 '개야'인지 '가야'인지 '개오금'인지 '개어금'이지 확인할 수는 없지만, '개'가 '왕'을 뜻하는 말이기도 했고, 또 개의 옛 이름 '개·가히·개아지'이기도 했으며, 牙의 음 '아'나 '야', 또는 훈 '어금'·'아금'··'오금'을 붙여 기록한 이두라고 볼 수밖에 없으니, 와산성(蛙山城)이 머그메→함림(含林)→학림(鶴林)이 되었듯이 어느 고성 밑에는 犬牙城(견아성)을 뜻하는 흔적이 분명 남아 있을 것이다. 멀지 않아 유관 학자들에 의해 찾아질 것으로 기대한다. 사리내(薩水) 인근에는 흔히 '선돌'이라고 이르는 '立石(입석)'이 있는데 옛사람들은 그것을 '선돌'이라고 하지 않고 '선멩이'→'설멩이'라고 했다. 그 이름은 뒤에 '솔면이'라고 와전되다가 한자로 송면(松面)이 되었는데 松面(송면)이 立石(입석)이라는 뜻임을 누가 어떻게 알겠는가. 또 입석에서 화북 견훤성(甄萱城) 쪽으로 가다보면 느티나무가 서있어 붙여진 것으로 보이는 느티재→느리재라는 이름이 변하여 '느리티→늘티'로 불리는 마을도 있다. 견아성을 찾기 위해서는 이런 변화가 참고가 될 것으로 보인다. -정해자〉

제2장. 백제의 위구(魏寇) 격퇴와 해외 식민지 획득

(1) 동성대왕(東城大王) 이후 백제 강국으로의 복귀

백제가 신위례성이 파괴되고 외적(外敵)에 대한 걱정이 한창이던 그때, 내란(內亂) 또한 빈번히 일어났다. 문주왕(文周王)이 곰나루(熊津)로 천도한 뒤 4년(연표에는 3년)만에 반신(叛臣) 해구(解仇)에게 시해(弑害)되었고 그의 큰아들 왕근왕(王斤王)이 (「삼국사기」 백제본기에는 '三斤(삼근)'이라 하였으나, 일명 임걸(壬乞)이라고 한 것을 보면 삼근(三斤)의 三(삼)자는 王(왕)자의 잘못이다.) 열세 살의 어린 나이로 즉위하여 그 이듬해 좌평(佐平:16품관 중 첫째) 진남(眞男), 덕솔(德率:16품관 중 넷째) 진로(眞老) 등과 은밀히 공모하여 해구를 죽인 영특한 임금이었지만 3년 만에 열다섯의 꽃다운 나이로 죽었다. 〈백제본기 삼근왕기(三斤王紀)에 따르면 삼근왕이 좌평 진남(眞男)·덕솔 진로(眞老)와 은밀히 모의(密謀)해서 해구(解仇)를 죽인 것이 아니다. 처음 왕위에 올라 모든 국정을 해구에게 맡기고 있었는데, 왕을 시해한 사실이 밝혀졌는지 이듬해 봄 해구는 3등 품관인 연신(燕信)과 대두성(大豆城)을 점거하고 반란을 일으켰다. 삼근왕은 진남에게 2천명의 군사를 이끌고 가서 토벌하게 했으나 이기지 못하자, 다시 진로에게 정예병 5백 명을 이끌고 가서 토벌하게 하여 해구를 쳐 죽였다. 연신은 몸을 빼어 고구려로 도망쳤는데, 그의 처자(妻子)가 잡혀와 목이 떨어진 채 저잣거리에 널리었다.—정해자〉

그해 기원 479년 동성대왕(東城大王)이 즉위했다. 대왕의 이름은 마모대(摩牟大)이다. 이전 사서(삼국사기)에 摩牟(마모)라고 쓴 것은 밑의 한 글자를 생략한 것이고 牟大(모대)라고 쓴 것은 위의 한 글자를 생략한 것이다.

대왕이 즉위할 때 나이가 얼마였는지 사서(삼국사기)에 적지 않았으나 왕근(王斤:三斤)의 종제(從弟:4촌아우)이니, 십 4~5세에 지나지 않았을 것이다. 〈동성왕(東城王)이 삼근왕(三斤王)의 "종제(從弟)", 즉 4촌 아우라는 기록은 어디에도 없다. 「삼국사기」 동성왕기에 "모대는 문주왕 아우 곤지의 아들이다(牟大,文周王弟,昆支之子)"라는 기록이 있을 뿐이다. 그러므로 삼근왕의 4촌인 것은 분명하지만 형인지, 아우인지는 알 수 없다. 문주왕의 아우의 아들이니까 문주왕의 아들보다 어릴 것이라는 단순한 판단에서 '4촌 아우(종제)'라고 단정해 쓴 것으로 보인다.—정해자〉

대왕이 십 4~5세의 소년으로 이 같은 난국(難局)을 당했지만, 타고난 모습이 어른스럽고 백발백중의 궁술(弓術)을 갖고 있어 고구려와 위(魏:북위)를 물리쳐 혼란해진 나라를 평정하였을 뿐만 아니라, 바다를 건너 지나(支那), 지금의 산동(山東)·절강(浙江) 등지를 점령했고, 일본(日本)을 쳐서 속국(屬國)을 만들었으며, 그밖에도 꼽을만한 전공(戰功)이 허다했는데도 「삼국사기」는 다만 당시의 천재(天災)인 1~2차의 수재(水災) 및 한발(旱魃)과 대왕이 사냥한 일을 기록했을 뿐이고, 그 나머지는 전부 빠졌으니, 이것은 신라 말엽의 문사(文士)들이 삭제한 때문일 것이다. 이제 밑에 그 약사(略史)를 기술하겠다.

(2) 장수왕(長壽王)의 음모와 위군(魏軍)의 침입

이때 지나(支那:중국)가 황하(黃河) 남부를 기준으로 남북으로 갈라져 위(魏)·제(齊) 두 나라로 분립(남북조)했다. 〈원문은 "黃海南北으로 갈라져"로 되어 있다. "황하(黃河)를 사이에 두고 남북으로 갈라졌다"는 말의 오기(誤記)로 보았다. 그러나 남북조시대 위(魏)와 제(齊)의 국경은 황하가 아니라 황하 훨씬 이남인 회수(淮水)를 비롯해 양자강(揚子江) 이북을 반 이상 차지하고 있었다. 그래서 "황하 남부를 기준으로"라는 말을 넣어 보충했다.-정해자〉

위(魏:북위)는 바로 탁발씨(拓拔氏:타부가치)로 모용씨의 연(燕)에 이어 굴기(崛起)한 선비족이다. 위의 세력은 폭풍처럼 사납게 풍미하며 넓게 퍼져 당시 유일한 강국이 되었다.

그런데 고구려의 장수태왕(長壽太王)은 남쪽 네 나라의 동맹으로 인하여 백제를 병탄(倂呑)치 못하자, 또 '손도 대지 않고 사람을 죽이는 신랄한 수완'을 동원하여 제3국에게 먼저 백제를 깨부수게 하고 자기는 그 뒤에서 이익을 거두려 하였다.

그래서 해마다 황금(黃金)과 명주(明珠)를 열 되(十升:一斗)씩 가져다 위주(魏主:世宗宣武帝)에게 바치다가 3년 만에 사자 예실불(芮悉弗)을 빈손으로 위에 보냈다. 위주(선무제)가 그 까닭을 물었다. 예실불이 말하기를 "사비(泗沘) 부여에는 황금산(黃金山)이 있고 섭라(涉羅:지금 濟州)에는 명주연(明珠淵)이 있어 두 가지 보물이 한정 없이 생산되므로 지난날에는 이것을 캐어 폐하께 바쳤지만 이제 사비 부여는 백제의 서울이 되고, 섭라도 백제에 정복되어 황금산과 명주연이 모두 저들 손으로 들어가 우리 고구려 사람들은 이 두 가지 보물을 구경도 할 수 없게 되었습니다. 어떻게 바칠 수 있겠습니까" 했다.

위의 임금과 신하들이 이 말을 곧이듣고 황금산의 황금과 명주연의 명주를 빼앗을 야욕이 치밀어 이에 백제를 침벌하고자 군사를 일으켰다.

「삼국사기」에는 「위서(魏書:북위서)」의 기록을 베껴 예실불의 일을 장수태왕의 아들 문자왕(文咨王) 시대의 일로 가록하였으나, 남양 예씨(南陽芮氏) 족보(族譜)에 따르면 예실불을 그의 시조(始祖)라 하고 예실불이 위에 사자로 갔던 일을 위에 서술한 것과 같이 기록했다.

〈북위(北魏)의 우차(牛車) 모형. 우리 달구지와 크게 다르지 않다〉

대개 위가 동쪽으로 고구려, 남쪽으로 제(齊:南齊), 곧 연륙되어 있는 나라들을 놓아두고, 멀리 바다를 건너 백제를 침공하였던 것은, 해상 통행이 불편했던 고대(古代)에 있어서는 토지를 다투려는 것이 아니었다고 보면 예실불의 말에 속아 황금과 명주를 빼앗으려 한 것이 사실인 듯하다.

위의 백제침입이 장수태왕 때이고 문자왕 때가 아니니, 삼국사기의 연대개가 틀린 것 같아, 이제 삼국사기를 버리고 예씨 족보를 따른다. 〈명주(明珠)는 투명한 보석이나 진주(眞珠)를 일컫는 말이다. 중국사서(史書)나 우리 사서 어디에도 황금과 명주를 고구려가 북위에 바쳤다는 기록은 없다. 보석류라고는 수정류(水晶類)가 조금 산출되었고 금이 생산되었지만 진주(眞珠)는 거의 생산되지 않았다고 보아야 한다. 그런 금과 보석·진주가 어디서 나서 해마다 열 되, 큰말(大斗) 한 말씩 가져다 바쳤겠는가. 또한 북위 사람들이 모두 바보가 아니라면 신화(神話)속에나 나올법한 황금산(黃金山)·명주연(明珠淵) 이야기를 가만히 앉아서 듣지도 않았을 것이다. 그런 3류 신파조의 연의(演義)를 명백한 사서(魏書)의 기록보다 진실 된 것으로 평가하여 자신이 잡아 놓은 줄거리에 맞추기 위해 사실(史實)연대까지 바꾸는 것은 본받을만한 사가(史家)의 태도가 아니다. 우선 「위서(魏書)」 고구려열전(高句麗列傳)의 기록을 살펴보자. 문자왕(文咨王) 13년(AD 504), 북위 3대 황제인 세종 선무제(世宗宣武帝) 정시(正始:504~507)연간에 사신으로 갔던 예실불(芮悉弗)은 동당(東堂)에서 세종을 만났다. 예실불이 진언(進言)했다. "고구려는 하늘에 닿을 듯한 정성으로 여러 대에 걸쳐 충성하여 향토에서 생산되는 것을 빠짐없이 조공(朝貢)하였습니다. 다만 황금(黃金)은 부여(夫餘)에서 나고 가(珂:전복껍질)는 섭라(涉羅:제주도)에서 생산되는데, 지금 부여는 물길(勿吉)에게 쫓겨났고 섭라는 백제(百濟)에게 병탄되었습니다. (고구려)국왕 신 운(雲:文咨王 羅雲의 자칭)은 오직 끊어진 의리를 잇기 위해 모두(부여 망명객) 제 나라로 와서 살게 했습니다. 두 가지 물품(二品)을 왕부(王府)에 올리지 못하는 것은 실로 두 도적(賊:백제와 물길) 때문에 그렇게 된 것입니다."했다. 이것을 읽어보면 '황금산'이니 '명주연'이니 하는 것이 얼마나 허황되게 꾸며진 말쟁이들의 말인 지를 쉽게 판단할 수 있다. 더욱이 예실불이 북위로 가기 6년 전 섭라는 백제 동성왕에 의해 병탄되었으니, 예실불은 사실대로 말한 것이라고 볼 수도 있다. 이것을 두고 세종에게 대답하는 원문이 "우리 고구려 사람도 두 가지 보물은 구경할 수 없는데, 어찌 남에게 줄 것이 있겠는가"라고 반말 비슷하게 황제에게 말하는가 하면, 고구려가 위(魏)의 북쪽에 있다고 착각하여 "위가 북쪽으로 고구려"라고 쓰고 있어 "동쪽"으로 고쳤다. 당시 북위의 북쪽에는 유연(柔然)이 있었고 동북쪽으로는 고막해(庫莫奚)·거란(契丹)·지두우(地豆于)·오락후(烏洛侯)·실위(室韋)·두막루(豆莫婁)·물길(勿吉)이 있었으며 그 밑에 고구려가 붙어 있어 동쪽에 가까웠다. 더욱이 고구려와 백제의 연대가 잘못되었다고 질타하던 단재가 동성왕 10년 위군(魏軍) 침략 기록은 철석같이 믿고 고구려본기나 위서의 명백한 기록을 틀렸다고 주장하고 있다. 무엇 때문인가. 그것은 황금·명주와 아무런 관련도 없을 수 있는 두 가지 사실(史實)을 황금·명주와 얽어 꾸미려다 보니 사실(史實)을 왜곡해야 할 필요가 있어 그렇게 하는 것으로 밖에 볼 수 없다. 「남양예씨족보」의 기록이 어떻게 되어 있는지 확인할 필요를 느끼지 않지만 그 기록의 연대마저 밝히지 않고 쓰는 것은 독자들에게 불쾌감을 줄 수도 있지 않을까 싶다. -정해자〉

(3) 위병(魏兵)의 재침입과 재패배

지나 대륙(支那大陸)의 국가로서 조선을 침략한 나라가 허다했지만 그 군사의 수가 10만 명에 달했던 것은 탁발씨(拓拔氏)의 위(魏)가 처음이었고 이런 대적(大敵)을 물리친 것은 백제의 동성대왕(東城大王)이 처음이었다.

「위서(북위서)」에는 위의 국치(國恥)를 숨기기 위해 이것을 기록하지 않았고 「삼국사기」는 백제의 공업(功業)을 질투하여 그 사적을 삭제한 신라의 역사 기록을 그대로 따라 기록하지 않았다.

오직 「남제서(南齊書)」에 그 대략이 기록되었으나, 그것도 당태종이 대부분 찢어버려(挫毁) 남아 있는 것이 없고 겨우 동성대왕이 남제(南齊)에 보낸 국서(國書)가 남아 있어 그 사실을 단편적으로 파악할 수 있을 뿐이다. 그러나 국서가 또 완전한 원문이냐 하면 그렇지도 않다.

"중국 사람들은 남의 시문(詩文:朝鮮人의 詩文)을 대담(膽大:멋대로)하게 고치는데, 중국을 '殊方(수방:다른 지방)' 혹은 '遠邦(원방:먼 나라)'이라고 쓴 자구가 있으면 저들이 채집(採集)할 때 반드시 '皇都(황도)' 혹은 '大邦(대방)' 등으로 고친다"고 한 박연암(朴燕巖:朴趾源) 선생의 말이 있으니, 예사로운 음풍영월(吟風咏月)의 시문도 그러할진대, 정치에 관계되는 국서(國書)야 더할 말이 있겠는가.

우리가 그 국서로 인하여 ① 기원 409년에 위(魏)가 두 차례나 보병과 기병 수십만을 이끌고 백제를 침입하였다는 것과 ② 동성대왕이 제1차 전 때 영삭장군 면중왕 왕저근(寧朔將軍面中王 王姐瑾)과 건위장군 팔중후 부여고(建威將軍八中侯 夫餘古)·건위장군 부여력(建威將軍夫餘歷)·광무장군 부여고(廣武將軍夫餘固)를 보내어 국군으로서 위병(魏兵)을 맞아 싸워 크게 무찔렀다는 것과 ③ 동성대왕이 제2차 전 때 정로장군 매라왕 사법명(征虜將軍邁羅王 沙法名)·안국장군 벽중왕 찬수류(安國將軍辟中王 贊首流)·무위장군 불중후 례곤(武威將軍弗中侯 解禮昆)·광위장군 면중후 목간나(廣威將軍面中侯 木干那)를 보내어 또 위병(魏兵)을 맞아 싸워 수만 병사의 목을 베었다는 것과 ④ 동성대왕이 두 번에 걸친 대전(大戰)에서 큰 승리를 거두고 국서(國書)와 우격(羽檄:급히 전하던 군사상의 격문)을 각국에 보내어 과시한 것과 ⑤ 동성대왕이 몇 대째 쇠퇴했던 백제에서 태어나 국세가 급전직하(急轉直下)의 위기(岌業)를 당했으나 위와의 두 차례 대전에서 승리한 것을 발판으로 국운(國運)을 만회(挽回)하고 마침내 내외경략(內外經略)의 터를 닦았다는 것과 ⑥ 당시 출전한 대장(大將)들은 저근(王姐瑾)·사법명(沙法名)·부여고(夫餘古)·부여력(夫餘歷)·부여고(夫餘固)·찬수류(贊首流)·해례곤(解禮昆)·목간나(木干那) 등이었다는 알 수 있을 뿐이고 전선(戰線)의 길이가 얼마였는지, 정쟁이 얼마동안이나 계속되었는지, 후자는 육전(陸戰)이겠지만 전자는 육전이었는지 해전(海戰)이었는지 모두 알 수가 없다.

무엇 때문에 전후 두 전쟁의 대장이 각각 네 사람이었는가. 이것은 백제

왕도 고구려와 같이 중·전·후·좌·우의 오군제(五軍制)를 써서 동성대왕이 중
군대원수가 되고 네 사람은 각기 4원수가 된 까닭일 것이다. 또한 무슨 까
닭으로 왕저근이나 사법명이 동성대왕의 신하로서 왕이 되었는가.

이것도 조선의 고제(古制)이다. 대왕(大王)은 바로 '신한'의 의역(義譯)으
로 한 나라에 군림하는 천자(天子)라는 칭호이고 왕(王)은 '한(汗)'의 의역으
로 곧 대왕을 보좌하는 소왕(小王)들의 칭호인 까닭이다. 〈이 단락 머리가 원문
은 "伸도 朝鮮의 古制니 大王은 신하의 譯이니"로 되어 있어 제3편 삼조선(三朝鮮) 등을 참
조하여 위와 같이 고쳤다. 그러나 수십만의 위군(魏軍)이 백제를 치자면 고구려를 거쳐 와야
하는데, 고구려가 그 길을 내어줄리 없고 그렇다고 수십만 명의 기병과 보병이 일용해야 할
수 많은 전쟁 물자를 싣고 배를 타고 황해(黃海)를 건너왔다는 것도 쉽게 납득되지 않는다.
당시는 고사하고 지금도 어려운 일이기 때문이다. 그렇게 보면 이 기록은 지나치게 과장된
것이거나 아니면 역사서에 나타나지 않은 발해연안 등의 '대륙백제(大陸百濟)'와 관련된 기
록이라고 보아야 의문이 풀린다. 그래서 여기에 나타나는 위군(魏軍)을 고구려군으로 해석하
기도 한다.-정해자〉

(4) 동성대왕의 해외경략과 죽음

조선 역대이래로 바다를 건너 영토를 두었던 것은 오직 백제의 근구수왕
(近仇首王)과 동성대왕(東城大王) 두 왕 때뿐이다. 동성대왕 때는 근구수왕
때보다 더욱 광대하였기 때문에 「구당서(舊唐書)」 동이열전(東夷列傳) 백제
전에는 백제의 영토를 기록하면서 "동북쪽으로는 신라에 이르고 서쪽으로
는 바다를 건너 월주에 이르고 남쪽으로는 바다를 건너 왜국이 이르고 북쪽
으로는 바다를 건너 고구려에 이른다(東北至新羅, 西渡海至越州, 南渡海至倭國,
北渡海至高(句)麗)"고 했다. 〈원문은 "西渡海至越州 北渡海至高麗 南渡海至倭"로 되어
있다. 단재는 모든 사서(史書)의 기록을 거의 기록대로 인용하지 않고 글자를 바꾸거나 앞뒤
라도 바꾸어 썼다. 이 기록도 예외 없이 한 구절은 빠지고 두 구절은 뒤바뀌어 있다. 「구당
서」의 기록대로 바로잡았다.-정해자〉

월주(越州)는 지금의 회계(會稽:上海 인근 江蘇省 紹興)이다. 회계(콰이지) 부근
은 모두 백제의 소유였다. 「문헌비고(文獻備考)」에 "월왕 구천(越王句踐)의
고도(古都)를 둘러싼 수천리가 모두 백제 땅이다"라고 한 것이 이것을 가리

킨 것이다. 〈「문헌비고(文獻備考)」에는 어디에도 이런 기록이 없다. 이 기록은 노상직(盧相稷:1855~1931)의 「소눌선생문집(小訥先生文集)」 속 '역대국계고(歷代國界攷)'에 있는 말을 가져다 쓰면서 원문을 조작하여, 「문헌통고(文獻通考)」를 「문헌비고」에 있는 말인 것처럼 꾸민 것이다. 소눌선생의 '역대국계고'의 기록은 이러하다. "「당서」에 '백제가 서쪽으로 바다를 건너 월주에 이르렀다' 했고, 송기(宋祈)의 신서(신당서)에는 '백제의 서쪽 국경 월주(越州)와 남쪽 왜(倭)는 모두 바다 너머이다'라고 했다. 월주는 월왕 구천(越王句踐)이 도읍했던 회계산(會稽山) 북쪽인데 당나라 때 월주가 되었다. 「문헌통고(文獻通考)」에 따르면 '진(晉:唐으로 잘못되어 있다) 때 고구려가 요동(遼東)을 공략해 차지하자 백제도 요서(遼西)의 진평(晉平)을 공략해 차지했다' 했는데, 본주는 '唐의 유성(柳城)과 북평(北平) 사이'라고 했다." – 정해자〉

'高麗(고려)'는 당(唐)나라 사람들이 고구려를 지칭하던 명칭이다. 고구려의 국경인 요수(遼水) 서쪽, 지금의 봉천(奉天:선양)서쪽이 모두 백제의 소유였기 때문에 「만주원류고(滿洲源流考)」는 "금주(錦州)·의주(義州:義縣)·아이훈(愛琿:黑河) 등지가 모두 백제"라고 가리킨 것이다. 〈「만주원류고」 강역(疆域)에 "「수서」에 이르기를, 백제의 땅이 서북쪽 오늘의 광녕(廣寧:北鎭)·금주(錦州)·의주(義州:義縣)의 남쪽으로부터 바다를 넘어(隋書云百濟之境西北自今廣寧錦義南踰海)"라고 되어 있으니, 오늘날 요서(遼西) 일대가 백제 땅이었던 것은 확실한 것 같다. 그러나 아이훈(愛琿), 즉 오늘날 흑하(黑河:헤이허)가 백제 땅이었다는 기록은 어디에도 없다. 흑하는 아무르강 중류 강가에 세워진 내륙항으로 청조(淸朝)가 러시아의 남침(南侵)을 막기 위해 세웠던 흑룡강장군 군서아문(黑龍江將軍署衙門)으로 옛 망루인 괴성각(魁星閣)이 아직 남아 있다. 점령군과 제 땅을 두고 흥정을 벌이던 아이훈고성(愛琿古城)이다. 1689년의 네르친스크(Nerchinsk)조약으로 태평양 진출이 좌절된 러시아는 1858년 청나라가 태평천국(太平天國)의 난과 제2차 아편전쟁(Arrow War)으로 고충을 겪는 틈을 이용하여 강제 점령한 아무르 이북의 땅과 연해주를 제 것으로 만들기 위해 청 정부를 윽박지르고 위협해 '아이훈조약'을 체결한 곳이다. 원래는 부여(夫餘)의 땅이었고 부여가 망한 뒤에는 부여의 망명정부격인 두막루(豆莫婁)의 땅이었다. 그러므로 백제 조상의 땅이라면 말이 되지만 백제의 땅이라는 것은 말이 안 된다. 단재는 무엇 때문에 이런 대목을 끼워 넣어 스스로의 가치를 떨어뜨리는지 안타깝다. –정해자〉

왜(倭)는 지금의 일본(日本)이다. 위에 인용한 「구당서」의 구절에 따르면 당시 일본 전국이 백제의 속국이었던 것은 의심할 것도 없다. 백제가 위의 식민지를 언제 잃었는가하면, 성왕(聖王:武寧王 아들)이 초년에 고구려에게 패하고 말년에 신라에게 패하여 나라 형세가 일시에 쇠약해졌으니 이때에 해외 식민지가 거의 몰락했을 것이다.

동성대왕이 그 같은 전공(戰功)을 이루었으나 수재(水災)와 한발(旱魃)이 심하던 때임에도 불구하고 웅장하게 크고 화려한 임류각(臨流閣)을 짓고 그 앞에 원림(園林)과 못을 조성하여 진기한 새와 기이한 물고기를 길렀으며 사냥을 즐겨 자주 밖으로 나갔다. 기원 501년 11월에 사냥 중 대설(大雪)을 만나 사비 부여의 마포촌(馬浦村)에서 유숙하고 있었는데, 왕을 원망하던 위사 좌평(衛士佐平) 가림성주 백가(加林城主苩加)가 보낸 자객의 칼에 죽었다. 재위한 지 23년이었고 나이가 불과 30여세였다.

제 9 편

삼국 혈전의 시작

제1장. 신라(新羅)의 발흥(勃興)

(1) 진흥대왕(眞興大王)의 화랑(花郎) 설치

화랑(花郎)은 한 때 신라 발흥의 원인이 되었을 뿐만 아니라, 후세(後世)에 한문화(漢文化)가 발호하여 사대주의(事大主義) 학파의 사상(思想)과 주장(言論)이 사회의 인심·풍속·학술을 지배하여, 온 조선을 들어 지나(중국)화 하려고 했고, 또 이러한 현상에 반항하고 배척하며 조선을 조선답게 이끌려 한 것이 화랑이다.

송도(松都:고려) 중엽 이후로는 화랑을 가르치는 소리가 완전히 끊어져, 비록 직접적으로 그 감화(感化)를 받은 사람은 없지만, 그래도 간접적으로 화랑유풍(花郎遺風)의 여운(餘韻)을 받아 가까스로 조선이 조선답게 이끌어온 것은 화랑이다. 그러므로 화랑의 역사를 모르고 조선사(朝鮮史)를 말하려고 한다면 골을 빼고 그 사람의 정신을 찾는 것과 같은 어리석은 짓이다.

〈중앙아 용마. 뿔·날개는 권력 상징〉

그러나 화랑파(花郎學派)가 지은 문헌인 「선사(仙史)」·「화랑세기(花郎世記)」·「선랑고사(仙郎故事)」 등은 다 없어져 화랑의 사적(事績)을 알려면 오직 화랑의 문외한(門外漢)인 ㉠ 유교도인 김부식의 「삼국사기」와 ㉡ 불교도 무극(無極)이 지은 「삼국유사」 두 책 가운데, 스치는 불에 밥 데워 먹듯 적은 몇 십 줄의 기록을 신뢰할 수밖에 없지만 그 몇 십 줄의 기록이나마 진실 되고 정확하냐 하면 그렇지도 못하다. 〈「화랑세기(花郎世記)」가 원문은 '花郎, 世郎'으로 잘못되어 있다. 현재 시중에 나돌고 있는 「화랑세기」는 일제강점기 박창화(朴昌和:1889~1962)에 의해 필사된 위서(僞書)로 알려져 논쟁중이다. –정해자〉

이제 「삼국사기」에 나타난 화랑을 설치하게 된 실록(實錄)을 말하겠다. 그 전문(全文)인 「삼국사기」 신라본기(新羅本紀) 진흥왕기(眞興王紀)의 본문은 다음과 같다.

"37년 봄 처음으로 원화(源花)를 받들게 했다. 처음에 임금과 신하가 사람의 됨됨이를 알아볼 방법이 없어서 동류들을 모아 함께 놀게 하면서 그

들의 행위 등을 관찰한 다음 추천해 임용하기로 했다. 그래서 미녀 두 사람을 뽑았는데 하나는 남모(南毛)였고 하나는 준정(俊貞)이었다. 무리 3백여 명

〈신라 천마도(天馬圖). 바람에 날리는 갈기와 관모(冠毛)가 최고 권력을 상징한다〉

이 모여들자, 두 미녀는 맵시를 뽐내며 서로 질투하다가 준정이 남모를 자기 집으로 유인하여 억지로 술을 권해 취하게 만든 다음 끌고 나가 강물에 밀어 넣어 죽게 했다. 준정은 죄를 받아 참수되었다. 그 무리는 화합하지 못하여 해산되었다. 그 뒤 다시 잘생긴 남자를 골라 곱게 단장시켜 화랑(花郞)이라 부르며 받들게 했다. 무리가 구름처럼 몰려들었다. 혹은 도의(道義)로써 서로 연마하고 혹은 노래와 음악으로 서로 즐기면서 산 따라 물 따라 노닐었는데, 아무리 멀어도 가지 않는 곳이 없었다. 이로 인해 그 사람이 바른지 그른지를 알게 되었고 그중의 착한 자를 골라 조정에 추천했다. 그렇기 때문에 김대문(金大問)의 「화랑세기(花郞世記)」는 '이로부터 현좌(현명한 보좌)와 충신이 여기서 뽑혀왔고 뛰어난 장수와 용감한 사졸들도 여기서 나왔다'고 했으며 최치원(崔致遠)의 「난랑비서(鸞郞碑序)」에는 '우리나라에는 현묘한 도(道)가 있는데 '풍류(風流)'라고 한다. 교가 언제 세워졌는지는 「선사」에 자세히 기록되어 있다. 내용은 삼교(儒·佛·仙)를 포함한 것으로 모든 생명이 서로 의지해 조화롭게 살아가자는 뜻을 담고 있다. 또 들어오면 집(부모)

에 효도하고 나가면 나라에 충성하라 했으니 공자(孔子:魯司寇)의 분부이고, 자연에 순응하여 말없이 가르치라 했으니 이것은 노자(老子:周柱史)의 근본 요지이며, 모든 악행은 하지 말고 선행만을 하라 했으니 이것은 부처(釋迦牟尼:竺乾太子)의 가르침이다. 당나라 영호징(令狐澄)의 「신라국기」에 '귀족 자제 중 잘생긴 사람을 골라 분을 바르고 곱게 장식하여 화랑이라고 불렀는데 국민들이 모두 높이 받들어 섬겼다'고 했다.(三十七年春,始奉源花.初君臣病無以知人,欲使類聚群遊,以觀其行義,然後舉而用之.遂簡美女二人,一日南毛,一日俊貞.聚徒三百餘人,二女事娟相妒,俊貞引南毛於私第,强勸酒至醉,曳而投河水以殺之.俊貞伏誅,徒人失和罷散.其後,更取美貌男子,粧飾之.名花郎以奉之.徒衆雲集,或相磨以道義,或相悅以歌樂,遊娛山水,無遠不至.因此知其人邪正,擇其善者,薦之於朝.故金大問花郎世記曰,賢佐忠臣,從此而秀,良將勇卒,由是而生.崔致遠鸞郎碑序曰,國有玄妙之道,曰風流.設敎之源,備詳仙史.實乃包含三敎,接化群生.且如入則孝於家,出則忠於國,魯司寇之旨也.處無爲之事,行不言之敎,周柱史之宗也.諸惡莫作,諸善奉行,竺乾太子之化也.唐令狐澄新羅國記曰,擇貴人子弟之美者,傅粉粧飾之,名曰花郎.國人皆尊事之也)" 〈원문은 첫머리 源花(원화) 밑에 曰(왈)자가 덧붙어 있고 그 다음의 初(초)자가 빠져 있으며 '花郎以奉之'의 奉(봉)자가 本(본)자로 잘못되어 있고 '無遠不至'와 '崔致遠鸞郎碑序曰,國有玄妙之道,曰風流.設敎之源,備詳仙史'라는 대목이 뭉텅 빠져 있어 진흥왕기 기록대로 고치고 끼워 넣어 보완했다. 노사구(魯司寇)라는 것은 공자(孔子)가 노(魯)나라의 사법관인 사구(司寇)라는 벼슬을 했기 때문에 부르는 별칭이고 주주사(周柱史)는 노자(老子)가 주(周)나라 장서실(藏書室)의 주하사(柱下史)라는 관직에 있었기 때문에 부르는 별칭이며 축건태자(竺乾太子)라는 것은 인도태자 석가모니(釋迦牟尼)를 지칭하는 것으로 축건(竺乾)은 천축(天竺)·서건(西乾)과 같은 인도의 옛 별칭이다. -정해자〉

글 끝에 김대문(金大問)과 최치원(崔致遠)의 말을 인용하여 무척 화랑을 찬미한 것 같지만 자세히 살펴보면 어그러진 내용과 황당한 오류가 보통 아니다.

「삼국사기」 사다함전(斯多含傳)에 따르면 사다함이 화랑으로 가라(加羅)정벌에 참여한 것이 진흥대왕(眞興大王) 23년이다. 그러니까 14~15년 전부터 화랑이 있었던 것이 분명한데, "(진흥왕) 37년에 화랑(花郎)이 시작되었다"는 것은 무슨 말인가. 「삼국유사」에 따르면 원화(源花)는 여자 교사이다. 원

화를 폐지한 뒤에 남자 교사를 두어 국선(國仙), 혹은 화랑이라고 호칭했는
데 이제 '원화를 화랑' 이라 하는 것이 무슨 말인가. 〈이 대목은 독자들에게 얼핏
당혹감을 줄 수도 있다. 위 「삼국사기」 본문에 "37년 봄에 처음으로 원화를 받들게 했다"는
말이 있을 뿐, 어디에도 "화랑이 진흥왕 37년에 시작되었다"는 말은 없고, 또 어디에도 "원
화를 화랑"이라고 한 기록이 없기 때문이다. 독자들은 나타난 글만 읽으며 전말을 이해하려
할 뿐, 작자처럼 온갖 자료를 머릿속에 넣고 이 책을 읽는 것이 아니므로 없는 말까지 이해
하려고 하지 않을 것이기 때문이다.-정해자〉

대개 김부식 당년에는 화랑이란 명칭도 끊어지지 않았고 화랑에 관한 서
적(書籍)도 많이 남아 있었을 터인데도 불구하고 그가 지은 소위 「사기(史
記:삼국사기)에 그 설치연대를 흐리게 하고 그 원류(源流)를 구별하지 못한 것
은 무슨 까닭인가.

대개 김부식은 유교도의 영수로서 화랑파 윤언이(尹彦頤)를 쫓고(제1편 5장
참고) 화랑의 역사를 말살한 자이니, 그의 심사대로라면 「삼국사기」에 화랑
이라는 이름을 한 자도 남겨두지 않았겠지만, 다만 그는 지나(支那)를 숭배
하는 자라, 우리의 이야기가 무엇이든 지나(중국)사적에 실려 있으면 이것을
사기(삼국사기)에서 빼지 못했다.

그러므로 그가 아무리 화랑을 질시해도, 지나의 「대중유사(大中遺事)」·
「신라국기(新羅國記)」 같은 글 속에 화랑(花郞)이라는 말이 게재되었기 때문
에 「삼국사기」에도 빼지 못한 것이다. 그가 문단 끝에 인용한 「신라국기」
가 겨우 "澤貴人子弟之美者(귀족 자제 중 잘생긴 자를 가려)"등 스물네 글
자에 불과하지만, 도종의(陶宗儀)가 「설부(說郛)」에 인용한 「신라국기」에
"新羅君臣病無以知人…擧而用之(신라의 임금과 신하가 사람 됨됨이를 알
아볼 방법이 없어…추천해 임용했다)"라는 등의 말이 있으니, 이로 미루어보
면 그 이하의 사실과 김대문·최치원의 논평도 대개 「신라국기」에 있는 것을
베껴 넣은 것이 아닌가 싶다. 김부식은 이처럼 「신라국기」에 실려 있는 화
랑 설치에 대한 사적(事績)은 인용하여 쓰면서 본국에 남아 전해지는 것은
말살해 버렸다. 〈「신라국기(新羅國記)」는 당나라 때 고음(顧愔)이 지은 것이다. 768년 책
봉사를 따라와서 보고 들은 것을 돌아가서 정리한 견문기다. 김부식은 「삼국사기」를 쓰면서

이 책을 당의 영호징(슈狐澄)이 쓴 것이라고 했으나, 영호징은 「대중유사(大中遺事)」를 엮으면서 「신라국기」를 인용한 것뿐이다. 현재는 전해지지 않는다. 「설부(說郛)」는 원나라 말 도종의(陶宗儀)가 편찬한 것으로 중국 역대 명인들의 작품을 망라하고 있는 100권 대작이다. 청의 순치제 때(1647) 완성되어 나왔다. -정해자〉

다음은 「삼국유사(三國遺事)」(彌勒仙花·未尸郎·眞慈師)에 기록되어 있는 화랑실록(花郎實錄)이다. 다음과 같다.

"진흥왕이…즉위했다. …신선의 도(道)를 많이 숭상했다. 여염집 예쁜(美艶) 낭자를 골라 원화(原花)로 받들게 했다. 무리를 모으고 인재(士)를 선발하기 위해 부모에게 효도하고 형제간에 우애롭고 나라에 충성하고 친구간에 신의를 지켜야 한다는 것(孝悌忠信)을 가르쳤는데 이 또한 나라를 다스리는 큰 요체(大要)였다. 그래서 남모낭(南毛娘)과 준정낭(峻貞娘)을 뽑았는데 두 (원)화는 3~4백 명의 무리를 모았다. 준정낭이 모낭을 질투하여 많은 술을 모낭이 마시게 하여 남몰래 북천(北川)으로 끌고 가서 돌로 묻어 죽였다. 모낭의 무리는 그가 간 곳을 몰라 슬피 울다 헤어졌다. 어떤 사람이 그 사실을 알고 노래를 지어 거리의 아이들을 유인해 그 노래를 부르며 다니게 했다. 그 무리가 듣고 모낭의 시신을 북천 물속에서 찾아내고 즉시 준정낭을 죽였다. 이리하여 왕은 원화 제도를 폐지하라고 명했다. 여러 해 뒤 왕은 또다시 나라를 크게 일으키기 위해서는 풍월도(風月道:花郎道)를 먼저 가르치는 것이 필수라고 생각했다. 그래서 다시 명을 내렸다. 양가(良家)의 남자 중 덕행(德行)이 있는 자를 뽑아서 화랑(花郎)이라고 고쳐 불렀다. 처음에는 설원랑(薛原郎:사람 성명)을 국선(國仙)으로 받들었는데, 이것이 화랑국선(花郎國仙)의 시작이다.(眞興王…卽位…多尙神仙. 擇人家娘子美艶者,捧爲原花. 要聚徒選士,敎之以孝悌忠信,亦理國之大要也. 乃取南毛娘峻貞娘, 兩花, 聚徒三四百人. 峻貞者嫉妬毛娘, 多置酒飮毛娘至醉,潛舁去北川中,擧石埋殺之. 其徒罔知去處,悲泣而散. 有人知其謀者作歌,誘街巷小童唱於街,其徒聞之,尋得其尸於北川中.乃殺峻貞娘.於是王下令廢原花. 累年王又念,欲興邦國,須先風月道. 更下令選良家男子有德行者,改爲花娘. 始奉薛原郎爲國仙,此花郎國仙之始)"〈「삼국유사」의 인용문 역시 많이 틀리고 고쳐지고 뭉텅뭉텅 빠져 있어 「삼국유사」의 기록대로 다시 고쳤다. 특기할 것은 「삼국사기」가 俊貞(준정)이라고 한 낭자의 이름의 俊(준)자를 「삼국유사」에서는 山(산)자 옆에 交(교)자가 붙은 글자로 기록했는데 그런 한자는 없다. 그래서 峻(준)자의 잘못으로 보고 기록했다. -정해자〉

위의 기록은 「삼국사기」보다는 좀 상세하지만, 시쳇말로 '아닌 밤중에 홍두깨 같은 말'이 적지 않다. 이를테면 진흥대왕이 신선을 숭상하여 원화·화랑을 받들었다니, 원화와 화랑이 도사(道士)나 황관(黃冠:도교, 또는 도사)의 일종이란 말인가. 「삼국유사」 작자는 불교도인 까닭에 「삼국사기」 저자인 유교도 같이 남을 쓸어버리려는 마음보(心術)를 가지지는 않았겠지만 그 기록이 모호하기는 마찬가지다. 〈"진흥왕이 신선을 숭상하여 원화와 화랑을 받들었다"는 말은 어디에도 없다. 우선 위 「삼국유사」 인용원문의 '…'으로 되어 있는 부분의 기록부터 살펴보자. "제24대 진흥왕(眞興王)의 성은 김씨고 이름은 삼맥종(彡麥宗)이다. 심맥종(深麥宗)이라고도 한다. 양(梁) 대동 6년(AD 540) 즉위했다. 큰아버지 법흥왕(法興王)의 뜻을 사모하여 한결같은 마음으로 부처를 받들고 불교 사찰을 많이 지었으며 사람들을 중(僧尼)이 되도록 제도했다. 또한 천성이 고상하고 아름다운 멋이 많았다. 신선의 도를 숭상했고 여염집의 예쁜 낭자를 뽑아 원화로 받들게 했다. 무리를 모으고 인재(士)를 선발하기 위해…(第二十四眞興王, 姓金氏, 名彡麥宗, 一作深麥宗, 以梁大同六年庚申卽位, 慕伯父法興之志, 一心奉佛, 廣興佛寺, 度人爲僧尼, 又天性風味多, 尚神仙, 擇人家娘子美艷者, 捧爲原花, 要聚徒選士…)"로 위의 인용문처럼 이어진다. 이러한 내용을 거두절미하고 "진흥대왕이 신선을 숭상하여 원화·화랑을 받들었다"고 기록했다. -정해자〉

국선(國仙)·화랑(花郎)은 진흥대왕이 바로 고구려의 선배 제도를 모방한 것이다. 선배를 이두로 '선인(先人)', 혹은 '선인(仙人)'이라고 한다는 것은 이미 제5편 제2장에 기술했다.

선배를 신수두 단(壇) 앞에서의 경기대회(競技大會)에서 뽑아 학문(學問)에 힘쓰게 하는 한편, 수박(手搏)·격검(擊劍)·사예(射藝)·기마(騎馬)·택견·앙감질(깨금질)·씨름 등 각종 기예를 연마하고 멀거나 가까운 곳의 산수(山水)를 탐험하며 시가(詩歌)와 음악(音樂)을 즐기게 했다.

또 한 곳에서 함께 먹고 함께 자며 평시(平時)에는 어려움(患難)을 당한 이들을 구원해 주거나 성곽·도로 보수 등 자력봉사에 앞장서고 난시(亂時)에는 전장(戰場)에서 죽는 것을 영광으로 여기는 등 공익(公益)을 위해 한 몸을 희생하는 것이 선배와 같다.

국선(國仙)이라 하는 것은 고구려의 선인(仙人)과 구별하기 위하여 위에 國(국)자를 더 넣어 지은 이름이고, 화랑(花郎)이라 하는 것은 고구려의 선배가 조백(皂帛:검은 명주)을 입어 조의(皂衣)라고 하듯, 신라의 선배는 꽃단장(花粧)을 시킴으로써 화랑이라고 하는 것이니, 또한 조의와 구별하기 위한 명칭이다.

원화(源花)는 마치 유럽 중세 예수교 무사단(武士團)의 여교사 같이 남자의 성정(性情)을 조화하기 위하여 둔 여교사이다. 「소재만필(昭齋謾筆)」이 이르기를, "화랑의 설(說)에 '전쟁(戰爭)을 하다 죽으면 천당(天堂)의 가장 높은 자리(第一位)를 차지하고 노인(老人)으로 죽으면 혼(魂)도 노인이 되며 소년(少年)으로 죽으면 혼도 소년이 된다' 하여 화랑(花郎)들이 소년으로 전쟁을 하다 죽는 것을 즐기었다"고 하였다. 〈소재(昭齋)가 누구인지는 알 수 없으나, 그의 호(號)나 말로 보아 구한말 사람임이 분명하다. 어찌 그의 '화랑설'이 증거가 될 수 있겠는가.－정해자〉

그렇다면 '국선'이 다만 國仙(국선)이라는 仙(선)자 때문에 장생불사(長生不死)를 추구하는 지나(중국)의 선도(仙道)로 알면 큰 오해이다. 최치원(崔致遠)이 "자연에 순응하여 말없이 가르치라 했으니, 이것은 노자(老子)의 근본 요지다(處無爲之事,行不言之敎,周柱史之宗也)"라고 한 것은, 다만 국선의 교(敎)가 유·불·선 삼교(三敎)의 특징을 갖추었다고 찬탄(讚歎)한 말이다. 그러나 국선은 투쟁(鬪爭) 속에서 살고 있어 '무위(無爲)'와 '불언(不言)'과는 사이가 아주 천만리나 떨어져 있는 교이다. 〈원문은 '不言(불언)'이 '不信(불신)'으로 잘못되어 있다.－정해자〉

앞에 기술한 「삼국사기」의 "우리나라에는 현묘한 도가 있는데 '풍류'라 한다(國有玄妙之道,日風流)"는 것과 「삼국유사」죽지랑조(竹旨郎條)의 "득오가…풍류황권에 이름을 올려놓고(得烏…隷名於風流黃卷)"라는 것을 보면 국선(國仙)의 교를 '풍류(風流)'라고 하였음을 알만하고, 앞에 기술한 「삼국유사」의 "나라를 크게 일으키기 위해서는 '풍월도'를 먼저 가르치는 것이 필수라고 생각했다(念,欲興邦國,須先風月道)"는 것과 「삼국사기」 검군전(劍君傳)에 "저는…풍월의 뜰에서 수행하고 있습니다(僕…修行於風月之庭)"라는 것을 보면 '풍류'는 지나(중국)의 유허풍류(遊虛風流:사상적 수양을 쌓으며 속세를 떠나 멋있게 노니는 것)의 뜻이 아니라. 우리말의 풍류, 즉 음악(音樂)을 이르는 것이고, 풍월(風月)도 지나(중국)의 음풍영월(吟風咏月:맑은 바람과 밝은 달을 노래하거나 시를 지으며 노는 것)의 뜻이 아니라 우리말 풍월, 바로 시가(詩歌)를 가리키는 것이다.

대개 화랑(花郎)의 도(道)가 다른 학문(學問)과 기술(技術)에 대해서도 힘을 썼지만 가장 전적으로 공부한 것은 음악(音樂)과 시가(詩歌)로, 이것을 배워 사람과 사회를 교화(敎化)했다.

「삼국사기」 악지(樂志)에 실려 있는 진흥대왕 때의 「도령가(徒領歌)」와 설원랑(薛原郎:原郎徒)의 「사내기물악(思內奇物樂)」은 물론 화랑에 대한 작품이지만, 「삼국유사」에 이른바 "신라 사람들은 향가를 숭상하는 자가 많았는데…이따금 천지와 귀신을 감동시킨 이가 한둘이 아니었다(羅人,尙鄕歌者尙矣…往往能感動天地鬼神者非一)"라고 한 것을 보면 향가(鄕歌) 또한 거의 화랑도의 작품이다. 〈"물론 화랑에 대한 작품이지만"의 원문이 "勿論花郎의 面作이어니와 의방三國遺事에"로 되어 있어 '의방'을 '의 方', 즉 "花郎의 方面作이어니와"의 오식(誤植)으로 보고 위와 같이 고쳤다. 「도령가」를 원문에는 진흥왕이 지은 것이라고 했으나 「삼국사기」의 기록대로 고쳤고 「사내기물악」을 설원랑이 지은 것이라 했으나, 원랑도(原郎徒)가 지은 것이라고 명기되어 있고, 또 원랑도가 설원랑을 지칭하는 것일 수도 있어 작은 글자를 넣어 표시했다. 단재는 「삼국유사」 명월사 도솔가(月明師兜率歌) 말미의 기록을 인용하면서 또 "신라 향가가 천지를 감동시키고 귀신을 감격시켰다(新羅鄕歌感天地而格鬼神)"고 고쳐서 기록해 삼국유사 기록대로 다시 고쳤다.-정해자〉

최치원의 '향악잡영(鄕樂雜詠)'을 보면 이 시가(詩歌)와 음악으로 많은 연극(演劇:五伎)을 한 것으로 보이는데, 부여(夫餘) 사람이나 삼한(三韓) 사람들이 노래하기를 좋아해 밤낮으로 가무(歌舞)가 끊이지 않았다는 것은 「삼국지(三國志)」에도 분명하게 기재되어 있다. 〈원문은 「향악잡록(鄕樂雜錄)」으로 되어 있다. 그러나 「향악잡록」이라는 책은 없다. 「삼국사기」 악지(樂志) 말단부에 인용되고 있는 최치원(崔致遠)의 칠언사구(七言四句)의 한시(漢詩) 5수(首), 즉 '향악잡영(鄕樂雜詠)'을 이르는 것으로 보고 錄(록)자를 詠(영)자로 고쳤다. 이 시는 신라 때 가면극(假面劇)인 '오기(五伎)'에 대해 읊은 것이다.-정해자〉

신라가 이런 습속(習俗)을 이용하여 가르치고 이끌기 위해 시가·음악·연극 등의 방법을 통해 인심을 고무시킴으로써 처음부터 소국(小國)이었던 나라가 마침내 문화적으로나 정치적으로나 고구려 및 백제와 마주서는 나라가 된 것이다.

화랑의 원류(源流)를 적은 「선사(仙史)」·「선랑고사(仙郎故事)」·「화랑세기(花郎世記) 등이 모두 전해지지 않았으나, 「선사」는 바로 신라 이전, 단군 이래 고구려·백제까지의 유명했던 선배들의 사적을 적은 것으로 고구려본기(高句麗本紀)의 "평양(平壤)이라는 것은 선인(仙人) 왕검의 집이다"라고 한 것이 바로 「선사」 본문의 한 구절일 것이다.

「선랑고사」·「화랑세기」 등은 바로 신라 이래 선배들의 사적을 기록한 것으로 「삼국사기」 열전(列傳)에 간혹 베껴 넣은 것이 있으나, 이것은 모두 전쟁(戰爭)에서 공을 세운 화랑의 졸도(卒徒)들 뿐이고 3백여 화랑, 즉 낭도(郎徒)의 스승들은 하나도 적지 않았으니, 여기서도 김씨(김부식)가 화랑을 말살하려 한 심리가 나타나고 있다. 〈원문은 戰爭(전쟁)이 '義爭(의쟁)'으로 되어 있다. 뜻으로 보면 '의리를 다툰다'는 것이 되지만 그런 숙어는 없다. 戰(전)자의 약자(戦)나 반자(战)를 갈겨쓰거나 고치고 써서 義(의)자처럼 보여 잘못 식자(植字)된 것으로 판단하고 고쳤다.-정해자〉

(2) 육가라(六加羅)의 멸망

김수로(金首露) 6형제가 신사라, 지금의 김해(金海)·밈라가라, 지금의 고령(高靈)·안라가라, 지금의 함안(咸安)·구지가라, 지금의 고성(固城)·별뫼가라, 지금의 성산(星山)·고링가라, 지금의 함창(咸昌)에 분립하여 왕이 되었고 밈라(임나)·안라 두 가라가 4국 동맹에 참가하여 백제를 도와 고구려를 막았다는 것은 제5편과 제8편에 걸쳐 기술했다.

신라의 지증(智證)·법흥(法興)·진흥(眞興) 세 대왕(大王)이 이어가며 육가라(六加羅)를 잠식하여 진흥왕 때에 이르러서는 가라 6국이 모두 신라의 소유가 되어 지금의 경상 좌·우도가 완전히 통일 되었다. 이제 가라 6국의 흥망에 관한 약사(略史)를 기술하겠다.

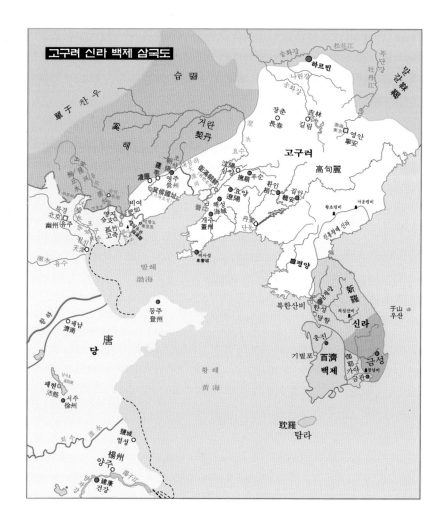

　신가라는 「삼국사기」 신라본기에 금관국(金官國)이라고 쓴 나라이다. 시조(始祖) 김수로(金首露) 때는 신라보다 강성하여 신라의 파사이사금(婆娑尼師今)이 인근 작은 나라인 음즙벌(音汁伐:지금 慶州 북쪽 경계 안) 및 실직(悉直: 지금 三陟)과의 영토분쟁을 해결하지 못해, 수로왕(首露王)에게 중재를 요청했는데, 수로왕이 한마디로 판결하자 삼국(三國)이 모두 기꺼이 승복하였다.

　그리하여 파사이사금은 수로왕에게 감사의 연회를 베풀었는데, 지체 낮은 신라 6부장의 하나인 한지부장 보제(漢祇部長 保齊)를 손님을 대접하는 주빈으로 삼았다가 수로왕의 노여움을 촉발시켰고, 수로왕이 종(奴) 탐하리(耽下里)에게 명하여 보제를 죽이자, 파사이사금은 감히 수로왕에 맞서지 못하고 오직 탐하리에게 죄를 물으려고 탐하리를 숨긴 음즙벌국을 쳐 멸망시킬 뿐이었다.

그러나 수로 이후에는 나라의 형세가 날로 미약해져 밈라(임나)가라의 침략과 업신여김을 받다가 신라 법흥대왕 19년, 기원 532년에 제10대 왕 구해(仇亥)가 나라의 재산(國帑)과 처자를 데리고 신라에 투항해버렸다.

안라가라는 그 연대와 사실이 거의 탈락되어 있다. 이미 앞에 기술한 것과 같이 고구려의 광개토태왕(廣開土太王)이 남쪽을 정벌할 때 신라와 함께 고구려에 붙어서 백제에 맞서 싸웠고, 백제 문주왕(文周王)이 지원을 애걸하자 또 신라와 함께 4국 동맹에 참가하여 고구려를 막는 등 비록 작은 나라였지만 당시 정치문제에 빠지지 않던 나라이다.

이전 역사(삼국사기)에 안라가라가 멸망한 연조를 밝히지 않았으나, 신라본기(新羅本紀) 지증마립간(智證麻立干) 15년에 "작은 서울을 아시촌에 설치했다(置小京於阿尸村)"고 했는데, '안라'의 이두표기가 '阿尸良(아시라)'이니, 지증마립간 15년 이전에 안가라는 이미 멸망한 것이다. 〈원문에는 阿尸良(아시라)의 良(량)자가 郎(랑)자로 잘못되어 있다. 「삼국사기」 지리지에는 阿良(아라), 또는 阿尸良(아시라)라는 지명이 두 군데 나온다. 첫째는 북아라(北阿良)로 "마야정은 본래 관 아라지정으로 북아라라고도 한다. 경덕왕이 이름을 고쳐 지금 경주에 합속시켰다(莫耶停, 本官阿良支停, 一云北阿良, 景德王改名, 今合屬慶州)"는 대목이 있고, 그 다음은 "법흥왕이 대군을 출동시켜 아시라국(阿尸良國)을 멸망시키고 그 땅에 함안군을 설치했다"는 대목이 그것이다. –정해자〉

「삼국사기」 지리지(地理志)에는 "(法興王, 以大兵滅阿尸良國一云安那加耶, 以其地爲郡)"이라고 했는데, 선왕(先王)이 죽은 해를 신왕(新王)의 원년(元年)으로 잘못 기록한 것은 「삼국사기」에서 자주 보는 일이다. 지증마립간 15년은 그가 죽은 해이고 법흥왕 원년이니까, 안라가야가 법흥왕 원년에 멸망한 것이 아닐까 싶다. 〈지증마립간은 정월에 아시촌에 소경(小京)을 설치하고 7월에 죽었다. –

정해자〉

　그러나 「삼국사기」 열전(列傳)에 따르면 "지증마립간 때 김이사부(金異斯夫)가 연변(沿邊)의 군관(軍官)이 되자 (거도의 권모(權謀)를 본떠) 국경지방에 말 떼를 모아 놓고 병사들에게 타고 달리며 즐기게(馬戱) 했다. 가야 사람들은 그것을 보는데 익숙해져 예사로 알고 방비하지 않았다. 이사부가 기습, 공격하여 가야를 멸망시켰다(異斯夫…智度路王時, 爲沿邊官, 襲居道權謀, 以馬戱, 誤加耶國取之)"고 했으니, 이 가야는 안라가라를 가리키는 것이다. 안라가라는 대개 지증마립간 말년에 이사부의 손에 망하여 법흥왕 원년에 그 서울이 신라의 작은 서울(小京)이 된 것이다. 지리지에 어쩌고저쩌고 한 것은 잘못된 것이다.

　밈라(임나)가라는 건국 이후 가라 6국 중 가장 신라와 악전고투(惡戰苦鬪)를 겪은 소국(小國)이다. 처음에는 신라와 싸울 때마다 거의 이겼지만, 신라 탈해이사금(脫解尼師今) 40년, 기원 209년 밈라에 소속되어 있던 포상(浦上)의 여덟 나라(대개 지금의 南海·泗川 등지)가 반기를 들고 연맹군을 형성하여 밈라로 쳐들어와 크게 이기고 6천명을 사로잡아 갔다.

　밈라왕은 왕자를 신라에 볼모로 보내고 구원해 주기를 간청했다. 신라태자 석우로(昔于老)가 6부의 정예병을 이끌고 구원하러 와서 여덟 나라의 장수들을 쳐 죽이고 잡혀갔던 6천명의 병사를 되찾아 밈라에 돌려주었다. 그 뒤부터 밈라의 나라 형세가 허약해져 신라에 대항하지 못했다.

　그러나 중간에 신라와 연합하여 고구려의 광개토태왕을 도왔고 4국 연맹에도 참가하여 백제를 구했다. 그 뒤 신라의 지증과 법흥 두 대왕이 안라가라 등을 멸망시키자, 밈라가라(大加耶)의 16대 가보왕(嘉寶王:嘉實王·嘉悉王)은 위기감을 느끼고 신라의 귀골(貴骨) 비조부(比助夫)와 결혼하여 나라를 보전코자 하였으나 끝내 신라의 습격을 받아 멸망하고 말았다. 〈원문은 가보왕, 즉 가실왕(嘉實王)이 밈라가라의 "제6세"라고 되어 있다. 그러나 밈라가라, 즉 대가야는 서기 42년에서 562년까지 16대 520간 존속한 나라라고 알려지고 있어 '16대'로 고쳤다. -정해자〉

그 뒤 가보왕(가실왕)은 신라에 항복하기를 거부하는 왕족(王族)과 인민들을 이끌고 미을성(未乙城:지금 忠州)으로 달아나, 백제에 의지하여 신라를 막고 미을성을 도성으로 삼았다. 이윽고 기원 554년 백제 성왕(聖王)이 구양(狗壤:음글내), 지금의 백마강 상류(옥천)에서 신라를 습격할 때 밈라군사들도 따라 갔다가 신주군주 김무력(新州軍主金武力:신가라의 항복한 왕 仇亥의 아들)의 복병(伏兵:매복군사)을 만나 두 나라의 연합군이 전멸하였다. 이것은 제2장에 자세히 기술하겠다. 기원 564년 신라 병부령 김이사부(兵部令金異斯夫)와 화랑 김사다함(金斯多含)이 쳐들어와 쫓겨 와 살던 이 밈라가라까지 멸망시켰다.

이전 역사에 대가야(大加耶), 바로 밈라가라가 지금의 고령(高靈)에 나라를 세웠다가 고령에서 망한 것으로 기록되어 있는데, 이제 어느 책에 근거하여 밈라가 충주(忠州)를 점거하고 있었다고 하는 것인가.

「삼국사기」열전(列傳)에 "강수는 중원경 사량 사람이다(强首,中原京沙梁人也)"라고 했고 또 강수의 말을 기록하여 "신은 본래 임나가라 사람입니다(臣,本任那加良人)."라고 했다. 중원경은 바로 충주이고 임나가라는 바로 밈라가라이니, 밈라가라가 충주로 천도하였던 첫째 증거이고, 「삼국사기」악지(樂志)에 "악사 성열현 사람 우륵(樂師省熱縣人于勒)이라 했으니, 우륵은 밈라가라의 악공(樂工)이고 성열현(省熱縣), 지금의 청풍(淸風)은 당시 충주, 곧 미을성(未乙省)에 속했던 땅이므로, 밈라가라가 충주로 천도하였다는 둘째 증거이다. 〈원문은 "本任那加良人"다음에 也(야)자가 덧붙어 있고 악지(樂志) 인용문은 "于縣本省熱人"으로 글자도 틀리고 앞뒤가 바뀌어 있다. 「삼국사기」악지의 기록을 참조하여 다시 고쳤다.-정해자〉

또 신라본기 진흥왕(眞興王) 15년(기원 554년)에 "백제왕 명농이 가라와 함께 와서 관산성을 공격했다(百濟王明穠與加良來攻管山城)"고 기록하고 있는데, 가라(加良)는 또한 밈라가라를 가리킨 것이고 관산성(管山城)은 백제의 고시산(古尸山), 지금의 옥천(沃川)인 구양(狗壤) 부근이니, 이때 밈라가라가 백제와 연합하여 옥천을 친 것은, 지금의 영동(永同)을 지나고 추풍령(秋風嶺)을 넘어 고령(高靈)의 옛 도성을 찾아가려다가 전쟁에 패하여 죽은 것이다. 이는 밈라가라가 충주로 천도했었다는 셋째 증거이다. 밈라가라가 비록 멸망하였으나 강수(强首)의 문학(文學)과 우륵(于勒)의 음악(音樂)으로 이름을 전하고 있어 가라 6국 중 가장 칭찬할만한 나라이다. 〈진흥왕기(眞興王紀)의 인용문이 원문에는 "百濟與加良來攻管城"으로 되어 있다. 왕의 이름도 빼고 관산성을 모두 '관성(管城)'이라고 축약해 쓰고 있다. 「삼국사기」의 기록대로 다시 고쳤다. -정해자〉

구지·별뫼·고링 등 3가라는 「삼국사기」 지리지(地理志)에 다만 "신라에게 멸망되었다"거나 "신라가 가졌다"고만 쓰고 언제인지는 밝히지 않았다. 구지는 안라가라와 가까웠으니 그 운명이 밈라가라와 같았을 것이다.

6가라가 모두 멸망하자 신라는 계립령(鷄立嶺:새재) 이남을 전부 통일하여 백제 및 고구려와 혈전을 시작했다.

제2장. 새재와 대재 이북의 10군 쟁탈전
—삼국의 백년 전쟁과 수(隋)·당(唐)의 입구(入寇)—

(1) 무령왕(武寧王)의 북진(北進)과 고구려의 퇴축(退縮)

백제 동성대왕(東城大王)이 비록 역신(逆臣) 백가(苩加)에게 시살(弑殺)되었으나, 그의 아들 무령왕(武寧王)이 또한 영특하고 어기차서 백가의 난(亂)을 이내 평정하고 같은 해 고구려가 방비를 하지 않는 틈을 이용하여 달솔(達率:16품관 중 둘째) 부여우영(夫餘優永)에게 정예병 5천명을 이끌고 가서 고구려의 수곡성(水谷城), 지금의 신계(新溪)를 급습하여 무찔렀다. 그 몇 년 뒤에는 장령(長嶺), 지금의 서흥(瑞興) 철령(鐵嶺)을 차지하고 성책을 세워 예(濊:鞅鞨)을 방비했다. 이리하여 백제의 서북쪽 국경이 대동강(大同江)에 다다라 근구수대왕(近仇首大王) 때의 옛 모습을 되찾았다. 〈장령(長嶺)이 원문에는 '長頜(장령)'으로 잘못되어 있다. 단재는 이 '장령'을 지금의 "瑞興鐵嶺(서흥철령)"이라고 했는데, 서흥은 고구려 때 오곡군(五谷郡)으로 현재 북한의 행정구역상 '황해북도 서흥군'의 군청소재지이다. 서흥에 철령(鐵嶺)이라고 부르는 고개가 또 있는지는 모르겠으나 「동국여지승람(東國興地勝覽)」에는 대현산(大峴山)·나장산(羅帳山)·자비령(慈悲嶺:岊嶺) 등이 있을 뿐 '철령은 없다. 정인보(鄭寅普) 선생에 따르면 長嶺(장령)은 오늘날 강원도 휴전선 일대에 뻗쳐 있는 백복령(百福嶺)·댓재(竹峙)·건의령(巾衣嶺)·영해(嶺海) 등의 요새를 이르는 것으로 신라의 국경이 실직(悉直:三陟)지방까지 확장되자 남하하던 말갈(靺鞨)과 직접 충돌이 불가피 했고, 지마왕(祇摩王) 14년 백제의 지원을 받아 말갈을 물리치고 그 말갈을 따라 들어간 곳이 북쪽 국경이고, 그 국경이 대령책(大嶺柵)이며 장령오책(長嶺五柵)이라고 했다. 그러니까 철령은 백제의 서북쪽 국경이 대동강에 이르는 것과는 아무런 관련이 없는 곳이라는 뜻이다. -정해자〉

기원 505년에 고구려 문자왕(文咨王)이 그 치욕을 씻으려고 대병(大兵)을 이끌고 침입하여 가불성(加弗城)에 이르자 왕이 정예병 3천명을 이끌고 출전했다. 고구려인은 군사가 적은 것을 보고 방비를 하지 않았다. 무령왕은 기발한 계책을 내어 고구려군을 급하게 공격하여 크게 무찔렀다. 이후 10년 동안 고구려는 다시 남쪽을 침범하지 못했다.

왕은 이러한 틈을 이용하여 안팎의 놀고먹는 자들을 논밭으로 몰아넣어 일하게 하고 제방을 수축하여 논을 개간했다. 나라의 곳간(府庫)은 이로 인해 더욱 충실(充實)해졌다. 서쪽으로 지나(중국)와, 서남쪽으로 인도·대식(大食:압바스왕조) 등의 나라와 통상을 하여 문화도 상당히 발달했다. 대왕의 재임기간 24년은 또한 백제의 황금시대(黃金時代)였다.

(2) 무장왕(安藏王)의 연애와 백제의 패퇴(敗退)

고구려 안장왕(安藏王)은 문자왕(文咨王)의 태자(太子:흥안태자)였다. 그가 태자일 때 일찍이 장사꾼 차림으로 백제(에 빼앗긴) 개백현(皆伯縣), 지금의 고양 행주(高陽幸州)의 형세를 살펴보러 왔다가 백제의 정찰관리(偵吏)의 눈에 띄어 그곳의 장자(長者) 한씨(韓氏:漢氏)의 집으로 도망쳐 숨었다.

한씨의 딸 한주(韓珠:한구슬)는 세상에 다시없는(絶世) 미녀였다. 태자는 한주를 보고 깜짝 놀라 기뻐했다. 드디어 남몰래 통정(通情)하고 부부의 언약을 맺었다. 그리고 은밀히 한주에게 "나는 고구려 대왕의 태자다. 돌아가서 대군을 이끌고 와서 이 땅을 빼앗고 그대를 맞아 데려 가겠다"고 하고 도망쳐 돌아갔다.

귀국한 얼마 뒤 문자왕이 죽고 안장왕이 왕위를 계승했다. 자주 장사(將

士)를 보내어 백제를 쳤으나 패전만 거듭하여 왕이 직접 정벌(親征)에 나섰으나 성공하지 못했다.

한편 이곳(北漢山郡:南平壤)의 태수(太守)가 한주가 미인이라는 소문을 듣고 한주의 부모에게 결혼시켜 달라고 청했다. 한주가 죽기를 한하고 거절하자 부모의 압박과 태수의 노여움이 보통이 아니었다. 한주는 어쩔 수 없이 "자기는 이미 정을 둔 남자가 있으며, 먼 지방으로 나가 돌아오지 않았으니, 그 남자의 생사나 안 뒤에 결혼여부를 말하겠다."고 하였다. 태수가 더욱 크게 성을 내며 "그 남자가 누구냐. 어째서 바로 대지 못하느냐. 그자가 분명 고구려의 첩자(諜者)이기 때문에 말을 못하는 것이 아니냐. 적국의 간첩과 내통하였으니, 너는 죽어도 죄가 남겠다."고 하고 옥(獄)에 가둔 다음 죽이겠다고 위협하는 한편 또한 달콤한 말로 꾀었다.

한주는 옥중에서 "죽어죽어 1백번 다시 죽어 백골(白骨)이 진토(塵土)되고 넋이야 있든 없든 님 향한 일편단심(一片丹心) 가실 줄이 있으랴"하고 노래하니, 듣는 자가 모두 눈물을 흘렸다. 태수는 이 노래를 듣고 한주의 뜻을 돌릴 수 없음을 알고 죽이기로 결정했다.

안장왕은 한주가 갇혔다는 정보를 탐지하고 더할 수 없이 초조하였으나 구해낼 방법이 없었다. 장수들에게 조서를 내려, "만일 개백현(皆伯縣)을 수복하고 한주를 구해내는 사람이 있으면 천금(千金)의 상(賞)을 주고 만호(萬戶)의 후(侯)로 삼겠다."고 했다. 그러나 응하는 자가 없었다.
안장왕에게는 안학(安鶴)이라는 친누이(親妹:여동생)가 있었는데, 역시 절세미인이었다. 늘 장군(將軍) 을밀(乙密)에게 시집가고 싶어 했고, 을밀 역시 안학을 아내로 맞고 싶어 했으나, 왕이 을밀의 문벌(門閥)이 저급하고 한미하다 하여 허락하지 않았다.

을밀은 병을 핑계로 관직을 버리고 집에만 박혀 있었다. 왕이 조서를 내렸다는 소식을 듣고 찾아와 왕을 뵙고 아뢰기를, "천금의 상과 만호의 후는 모두 신의 원하는 바가 아닙니다. 신의 소원은 안학과 결혼하는 것뿐입니다. 신이 안학을 사랑하는 것이 대왕께서 한주를 사랑하는 것과 다를 바 없습니다. 대왕께서 만일 신의 소원대로 안학과의 결혼을 허락하시면 신 또한 대왕의 소원대로 한주를 찾아다 올리겠습니다."했다.

왕의 안학을 아끼는 마음이 마침내 한주를 사랑하는 마음보다 약했다. 드디어 하늘을 가리키며 맹세하고 을밀의 청을 들어주었다.

을밀은 수군(水軍:海兵) 5천명을 거느리고 바닷길로 떠나면서 왕에게 "신이 먼저 백제를 쳐서 개백현을 수복하고 한주를 살려낼 터이니, 대왕께서는 대병(大兵)을 이끌고 육로를 따라 천천히 오십시오. 수십일 내로 한주를 만날 것입니다."했다. 그리고 남몰래 결사대 20명을 뽑아 평상복(微服) 차림에 무기를 감춰 갖고 미리 개백현으로 들여보냈다.

태수는 이러한 사실을 깨닫지 못하고 생일을 맞아 관리와 친구들을 모아놓고 큰 잔치를 벌이며, 한주가 마음을 돌리려고 사람을 보내 회유했다. "오늘은 나의 생일이다. 오늘 너를 죽이기로 결정했다만, 네가 마음을 돌리면 살려주겠다. 그러면 오늘이 너의 생일이라 해도 되지 않겠느냐." 이 말을 듣고 한주는, "태수가 한주의 뜻을 빼앗지 않으면 태수의 생일이 되겠지만, 그렇지 않으면 태수의 생일이 곧 한주의 사일(死日:죽는 날)이 될 것이오. 한주가 생일(生日:사는 날)이 된다면 그것은 바로 태수의 사일(死日:죽는 날)이 될 것입니다."라고 대답했다. 태수가 이 말을 듣고 대노(大怒)하여 빨리 형을 집행하라고 명했다.

을밀의 결사대 장사(壯士)들이 춤꾼(舞客)으로 가장하여 잔치자리에 미리 들어와 있다가 칼을 빼어 연회 참석자들을 닥치는 대로 쳐 죽이며 "고구려 군 10만이 입성(入城)했다"고 외치자 성안이 발칵 뒤집히며 큰 혼란에 빠졌다. 이에 을밀이 군사를 몰고 성을 넘어 들어와서 옥을 부수고 한주를 꺼내 놓는가 하면 성안의 관고(府庫)를 봉해 놓고 안장왕이 오기를 기다리며 한강 일대의 각 성읍(城邑)을 쳐서 항복을 받았다. 백제는 크게 진동했다. 안장왕은 이리하여 아무런 저항 없이 백제의 여러 군을 지나 개백현에 이르러 한주를 만났고 안학을 을밀에게 짝지어 주었다.

이상은 「해상잡록(海上雜錄)」에 있는 말이다. 「삼국사기」 고구려본기에는 비록 안장왕이 개백현, 지금의 행주를 점령했다는 말이 없으나 지리사(地理四) 왕봉현(王逢縣) 주에는 "또한 개백(皆伯)이라고도 한다. 한씨(漢氏) 미녀가 안장왕을 맞은 곳이기 때문에 '왕봉'이라고 한다(一云皆伯.漢氏美女,迎安藏王之地.故名王逢)라고 했고 달을성현(達乙省縣) 주에는 "한씨 미녀가 높은 산꼭대기에서 봉화를 올려 안장왕을 맞은 곳이기 때문에 뒤에 이름을 고봉(高烽)이라 했다(漢氏美女,於高山頭點烽火,迎安藏王之處,故後名高烽)"고 했다.

漢氏(한씨)는 곧 「해상잡록」의 韓氏(한씨)일 것이고 한씨 미녀는 한주(韓珠:한구슬)일 것이며 달을성은 지금의 고양(高陽)이니, 을밀이 개백현(皆伯縣)을 점령하고 안장왕에게 한주를 맞게 한 곳이다. 〈이 「해상잡록(海上雜錄)」의 한씨미녀(韓氏美女) 설화는 많은 허점을 드러내고 있다. 근거로 제시하고 있는 것이 「삼국사기」 본문 밑에 달린 주(注)를 들고 있는데, 그 주라는 것이 조선조(朝鮮朝) 때 항간에 떠돌던 불확실한 말에 의거하여 기록한 것이다. 예를 들면 신라의 '삼년산성(三年山城)'이 "3년 동안 쌓은 것이기 때문에 삼년산성이라고 한다"는 류이다. 신라본기 자비마립간 13년에 보면 "築三年山城(삼년산성을 쌓았다)"이라는 본문이 있고 그 밑에 작은 글자로 "三年者,自興役始終,三年訖功,故名之(삼년산성이라는 것은 공사를 시작하여 끝낼 때까지 3년이 걸렸기 그렇게 이름 붙였다)"는 말도 안 되는 설명이 붙어 있다. 삼년산성이란 이름은 그곳이 삼년산군(三年山郡)이었기 때문에 붙은 이름으로 제8편 1장 (1)절 와산성(蛙山城)의 주를 읽어본 사람이라면 그 뜻을 알겠지만 순 우리말 '세살메바람'이라는 이름이다. '바람'은 '잣'과 같이 '성(城)'이라는 옛말이다. 그래서 성 주위에는 바람부리(風吹:바람벌)·바람들이(風納:바람들) 등의 지명이 생기게 된 것이다. 한씨미녀 설화도 마찬가지다. 고구려본기 안장왕기(安藏王紀) 어디에도 한씨녀 이야기나 왕봉현(王逢縣), 즉 개백현(皆伯縣)을 점령했다는 기록은 없다. 다만 "안장왕 11년 10월에 백제와 오곡(五谷)에서 싸워 이기고 2천 여급을 베었다"는 기록이 있을 뿐이다. 오곡은 오늘날 황해북도 서흥(瑞興)을 말하는 것이니, 번지수가 다르다. 더욱이 당시 고구려나 백제에는 태수(太守)라는 직함이 없었지만, 태수는 군을 다스리는 지방장관이니까 왕봉현(개백현)이 소속되어 있는 북한산군(北漢山郡), 바로 오늘의 서울인 남평양(南平壤)의 장관을 이르는 말이다. 그런데 단재는 개백현이 달을성현(達乙省縣), 즉 오늘의 고양(高陽) 소속으로 쓰고 있다. 더욱이 한씨녀가 당지(當地) 태수에게 잡혀가 옥에 갇혔다면 남평양성인 한양의 감옥에 갇혔을 테고 을밀이 쳐들어와 생일잔치를 뒤엎고 한씨녀를 구했다면 남평양을 함락시켜야 가능한 일인데 그런 대기록이 안장왕기에 빠졌을 리 없다. 그래서 '고양의 개백현'이라고 하고 을밀이 개백현을 점령하고 한씨녀를 구했다고 했는지 모르지만 태수에게 잡혀가 감옥에 갇혀 있는 한씨녀를 어찌 개백현을 점령하고 구해낼 수 있겠는가. 앞뒤가 맞지 않는다. 그러므로 이 이야기는 고려 말이나 조선조 때 떠도는 민간 설화를 비판 없이 「삼국사기」 지리(地理)에 위에 인용한 것처럼 주한 것을 보고 조선 말기 어느 잡설가가 「춘향전(春香傳)」 등의 구성을 흉내 내어 꾸민 것이 한씨 설화이고 「해상잡록(海上雜錄)」이 아닌가 싶다. 단재가 이런 장황한 이야기를 끌어 쓰면서 언제 누가 지은 책인지 밝히지 않은 점이 더욱 그러하다. 이곳 인용문에서도 단재는 왕봉현(王逢縣)과 개백현(皆伯縣)을 뒤바꿔 놓고 迎(영)자를 遇(우)자로 바꿔 기록했으며 어고산두(於高山頭:높은 산 꼭대기에서)라는 말을 빼고 써 놓아 모두 「삼국사기」 기록대로 다시 고쳤다. ―정해자〉

그러나 개백(皆伯)은 '가맛:가맏→가맟'으로 읽어야 한다. '가'는 고구려에서 왕(王)이나 귀인(貴人)을 일컫는 말이고 '맛'은 맞는다(迎·遇)는 뜻이다. 皆(개)의 음이 '개'이기 때문에 그 음의 상중성(上中聲)을 빌려 '가맛'의 '가'로 표기한 것이다. 「삼국사기」 지리4 우수주(牛首州) 王岐縣(왕기현) 주에 "또한 皆次丁(개차정)이라고도 한다"는 것을 보면 皆(개)가 王(왕)의 뜻이라는 것을 증명하고 있다. 伯(백)은 뜻이 '맏:맏이'이기 때문에 그 뜻의 온 소리를 빌려 '가맛'의 '맛:맏→맟'으로 표기한 것이다.

그러므로 皆伯(개백)은 이두로 표기한 '가맛'이고 王逢(왕봉)은 한문으로 번역한 '가맛'이다. 가맛은 바로 한주(한구슬)가 안장왕을 맞은 뒤에 붙은 이름인데 사가(史家)들이 원래의 이름을 잊어버리고 이두 읽는 법을 모르기 때문에 '개백'을 안장왕 이전의 명칭으로 쓴 것이다.

백제본기 성왕(聖王) 7년(安藏王 11년)에 "고구려왕 흥안이 직접 병마를 이끌고 쳐들어와 북쪽 변경의 혈성(穴城)을 함락했다(高句麗王興安躬帥兵馬來侵拔北鄙穴城)"고 했는데, 혈성은 혈구(穴口), 지금의 강화(江華)를 가리키는 것이다. 이것이 바로 을밀(乙密)이 행주(幸州)를 함락하는 동시에 점령한 것이 아닌가 싶다.

「단심가(丹心歌)」는 이전부터 정포은(鄭圃隱:鄭夢周)이 지은 것으로 알려지고 있으나 위의 기술한 것으로 보면 옛사람이 지은, 바로 한주가 지은 것을 정포은이 읊어 조선조 태종의 창(唱)에 답한 것이고 포은이 직접 지은 것이 아니지 않을까 싶다.

(3) 이사부·거칠부의 집권과 신라·백제의 연맹

고구려와 백제가 한창 혈전(血戰)을 벌이는 동안 신라에서는 두 사람의 정략가(政略家)가 나타났다. 한사람은 김이사부(金異斯夫)이고 또 한사람은 김거칠부(金居柒夫)이다.

「삼국사기」 열전(列傳)에 따르면 "이사부, 어떤 이들은 태종이라고 한다(異斯夫或云苔宗)"고 하였다. 「훈몽자회(訓蒙字會)」에 苔(태)를 '잇'이라 훈하였으니 異斯(이사)는 苔(태:잇→이끼)의 뜻인 '잇'으로 표기한 것이고 荒(황)은 지금도 '거칠황'하니까 居柒(거칠)은 荒(황)의 뜻인 '거칠'로 표기한 것이며 夫(부)는 칠서언해(七書諺解:사서삼경주해본)에 士大夫(사대부)를 '사태우'라고 음해(音解)하였으니 고음(古音)이 '우'이고 종(宗)의 뜻은 '마루:말우'이다. 그러므로 이두로 異斯夫(이사부)와 苔宗(태종)은 '잇우'라는 표기이고 居柒夫(거칠부)와 荒宗(황종)은 '거칠우'라는 표기이다.

이사부(異斯夫)는 기지(機智:임기응변의 재치)가 번뜩이는 사람이라 젊어서 가슬라(加瑟羅)의 군주(軍主)가 되었는데, 우산국(于山國), 지금의 울릉도(鬱陵島)가 반기를 들었다. 모두가 "군사를 출동시켜 토벌하자"고 했다. 이사부가 이르기를 "우산국은 조그만 섬이지만 습속이 어리석고 사나워 힘으로 굴복시키자면 많은 군사가 필요할 것입니다. 계책으로 항복시키는 것이 낫습니다."라고 했다. 그래서 나무로 사자(獅子)를 많이 만들어 배에 싣고 우산국 부근으로 가서 정박하고는 우산국에 통고하기를, "너희들이 만일 항복하지 않는다면 이 짐승을 풀어놓아 밟아 죽이게 하겠다."고 엄포를 놓았다. 우산국 사람들을 공포에 질려 항복했다.

그 뒤 안라·밈라(임나)등의 가라(가야)를 정복하고 지증(智證)·법흥(法興) 두 왕을 내리 섬기다가 진흥대왕(眞興大王) 원년(기원 540년)에 이르렀다. 진흥왕은 일곱 살 어린 아이였고 어머니인 태후(太后)가 섭정(攝政)을 하였는데, 이사부는 병부령(兵部令)으로 안팎의 군사에 관한 일(軍統帥權)을 총지휘하고 모든 내정(內政)과 외교(外交)에도 참여해 처리했다.

거칠부(居柒夫)는 할아버지가 잉숙(仍宿)으로 쇠뿔한(신라 宰相의 칭호)이고 아버지 물력(勿力)은 아손이니, 왕족으로 누대에 걸쳐 장상(將相:장수와 재상)을 배출한 가문이었다.

거칠부는 소년시절부터 큰 뜻을 품고 고구려를 정찰하기 위해 머리를 깎고 중이 되었다. 그리고 고구려로 들어가 각 지방을 정찰하며 법사 혜량(法師惠亮)의 강당에 참여하여 강의를 들었다. 혜량은 교활하고 약삭빠른 중이었다. 거칠부를 달리보고 "사미(沙彌:새로 중이 된 자의 호칭)는 어디서 왔는가"하고 물었다. 거칠부가 "나는 신라 사람으로 법사의 이름을 듣고 불법을 배우러 왔습니다."했다. 혜량이 말하기를 "노승(老僧)이 어리석은 사람인데도, 오히려 그대를 알아보는데, 고구려 안에 어찌 그대를 알아볼 사람이 없겠는가. 빨리 돌아가야 할 것이네"하고, 또 후일 거칠부의 소개로 신라에 투항하게 되기를 바랐다.

거칠부는 돌아와서 한아손(大官名)이 되었고 이사부와 함께 국정에 참여했다. 그리고 먼저 백제와 결탁하여 고구려를 무찌르고, 또 기회를 보아 백제를 기습하여 영토(疆土)를 늘리려고 획책했다.

이때 백제 성왕(聖王)은 한강 일대를 고구려에게 빼앗기어 신라와 손잡고 싶었지만, 신라가 동맹국이었던 가라 6국을 모두 병탄(倂呑)했기 때문에 성왕의 마음에 썩 내키지는 않았다. 그러나 당시 가라가 모두 망하여 손잡을 만한 제3의 나라가 없었으므로 어쩔 수 없이 사자를 신라로 보냈다. 이사부가 기꺼이 백제의 동맹제의를 받아들여 신라·백제의 대고구려 공수동맹(攻守同盟)은 다시 성립되었다.

(4) 신라의 10군 탈취와 양국동맹의 파열

기원 548년 고구려 양원왕(陽原王)이 예병(濊兵)을 이끌고 백제의 한강 북쪽 독산성(獨山城:돌로 쌓은 산성이라는 뜻. 충주 장미성으로 보는 견해가 설득력을 얻고 있다.-정해자)을 쳤다. 진흥왕(眞興王)이 동맹한 약속에 따라 장군 주진(朱珍)에게 정예병 3천명을 이끌고 가서 구원하게 하여 고구려군을 물리쳤다. 이때의 한강 이북은 안장왕의 연애전(戀愛戰)으로 모두 고구려 소유가 되었으니, 이 한북(漢北)은 어디를 말하는 것인가. 이것은 대개 양성(陽城) 한래(한자로 번역하면 또한 漢江)의 북쪽을 가리킨 것이고, 독산성(獨山城)은 지금 수원(水原)·진위(振威) 사이에 있는 독산성(禿山城)인 듯하다.

원양왕은 이 보고를 받고 다시 대군(大軍)을 동원하여 더욱 깊숙이 침입하여, 이듬해에는 지금 충청도 동북쪽 일대로 들어와, 고구려는 도살성(道薩城), 지금의 청안(淸安)을 점거하고 백제는 금현성(金峴城), 지금의 진천(鎭川)을 점거하여 한해가 다가도록 혈전을 벌였으나 승부가 나지 않았는데 신라는 비록 백제의 맹방(盟邦)이었으나 군사를 눌러둔 채 움직이지 않았다. 〈이런 긴 전쟁은 없었다. 한해 걸러 일어난 두 번의 전쟁을 이어 붙이며 간단한 이야기를 비틀어 이해하기 어렵게 되어 있다. 「삼국사기」 고구려 양원왕기와 백제 성왕기의 이 전쟁에 관한 기록을 종합하면 다음과 같다. "AD 548 봄 정월 고구려 양원왕이 예병(濊兵) 6천명을 이끌고 백제 독산성(獨山城)을 치다가 신라장군 주진(朱珍)이 구원하러 오자 패하여 물러갔다. AD 550 봄 정월 백제가 고구려의 도살성(道薩城)을 함락하자. 그해 3월 고구려는 백제의 금현성(金峴城)을 공격했는데, 이런 기회를 이용해 신라는 고구려의 도살성과 백제의 금현성을 모두 빼앗아 차지했다." 이것이 이 이야기의 줄거리이다. 그러니까 "원양왕은 이 보고를 받고 다시 대군(大軍)을 동원하여 더욱 깊숙이 침입하여, 이듬해에는 지금 충청도 동북쪽 일대로 들어와" 등의 말을 끼워 넣지 않았으면 훨씬 부드럽고 사실에 가까웠을 것이다. 원문에는 朱珍(주진)의 朱(주)자가 珠(주)자로 되어 있고 水原(수원)의 原(원)자도 源(원)자로 되어 있어 모두 고쳤다. 도살성과 금현성의 위치는 여러 가지 설이 있으나, 도살성은 지금의 천안(天安) 또는 증평(曾坪:淸安)으로 비정되고 있고 금현성은 전의(全義) 또는 진천(鎭川)으로 비정되고 있다. -정해자〉

이듬해 기원 년 551년 돌궐족(突闕族)이 지금의 몽고로부터 동침(東侵)하여 고구려의 신성(新城:현 中國 遼寧省 撫順(푸순))과 백암성(白岩城:현 中國 遼寧省 燈塔 西大窯)을 공격했다. 양원왕(陽原王)은 군사를 나누어 장군 고흘(高紇)에게 주고 돌궐을 물리치게 했다.

이러는 사이 백제의 달솔(達率) 부여달기(夫餘達己)가 정예병 1만 명을 거느리고 평양을 돌격, 기습하여 점령했다. 양원왕은 달아나 장안성(長安城)을 새로 쌓고 천도(遷都)하였다.

장안성을 어떤 사람은 지금의 평양이라고 하나, 만일 평양이라면 이것은 양원왕이 평양에서 평양으로 달아난 것이다. 어찌 말이 되겠는가. 장안성은 대개 지금의 봉황성(鳳凰城:현 中國 遼寧省 鳳城)이고 당시의 신평양(新平壤)이다. "안동도호부…(지금 遼陽)…남쪽으로 평양까지는 8백리이다(安東都護府…(今遼陽)…南至平壤城八百里)"라는 것이 그것이다.

「삼국사기」 고구려본기에는 평원왕(平原王) 28년에 장안성으로 도성을 옮긴 것으로 되어 있지만 양원왕은 한때 피난 갔다가 곧 평양으로 되돌아왔고 평원왕에 이르러 다시 장안성 신평양으로 도읍을 옮긴 것이다. 〈「삼국사기」 등 어느 사서에도 양원왕(陽原王)이 백제 장군 달기(達己)에게 국도 평양을 기습, 점령당하고 압록강 너머 오늘의 중국 땅 丹東(단동)을 지나 鳳城(봉성)으로 달아나 장안성(長安城)을 새로 짓고 천도했다는 말은 없다. 위에서 주한 것처럼 백제 성왕(聖王) 28년(AD 550) 봄 정월 왕은 장군 달기(達己)에게 1만 명의 군사를 주어 불시에 고구려의 도살성(道薩城)을 공격하여 함락하게 하자, 고구려는 그해 3월 백제의 금현성(金峴城)을 기습하여 차지하려 했으나 신라의 이사부(異斯夫)에게 두 성을 모두 빼앗기는 것으로 끝났다. 그 이듬해인 양원왕 7년(AD 551) 9월 고구려는 돌궐의 침략을 받았고 신라와 백제는 그 기회를 이용하여 백제는 한강 하류지역 6개 군을 차지했고 고구려는 죽령(竹嶺) 이북 고현(高峴)이남 10개 군을 빼앗았다. 그런데 단재는 1년 전 정월 달기가 1만 군사를 이끌고 고구려의 도살성을 함락했던 일을 이곳으로 다시 끌고 와서 재탕하며 "평양성을 함락하여 양원왕이 달아났다"고 기록하고 있다. 양원왕 8년(AD 552)에 "장안성을 쌓았다(築長安城)"는 단 한마디가 적혀 있는데, 이것을 거칠부전(居柒夫傳)의 "백제인들이 먼저 평양을 공격하여 무찌르자(百濟人先攻破平壤)"라는 말과 결부시켜 사실(史實)을 왜곡하고 있는 것이다. 단재는 앞에서도 백제의 근초고왕(近肖古王)이 현재 북한 수도인 고구려 수도 평양을 공격하여 함락했다고 적었는데, 많은 학자들은 삼국전쟁에 등장하는 평양은 거의 현재의 서울인 한강 남·북쪽에 설치되었던 평양으로 보고 있다. 「일본서기(日本書紀)」에도 AD 551년(고구려 陽原王7년·백제 聖王29년·신라 眞興王12년) "백제도 북상하여 한성(漢城:강남 平壤)과 평양(平壤:강북 南平壤) 등 본래 백제 영토였던 한강하류의 6개 군을 수복했다"고 적고 있다. 또 당시 신라·백제가 연합작전을 폈다고는 하지만 모든 방면에서 백제나 신라보다 앞섰던 고구려가 일시에 넓은 땅을 잃게 된 것을 두고 일부 학자는 양원왕(陽原王)의 왕위 계승권을 두고 내란이 몇 년간 지속되어 내정이 불안했기 때문이라고 추측하기도 한다. "안동…평양까지는 8백리이다"하는 말은 「신당서(新唐書)」 지리지(地理志)에서 인용한 것인데 이대목 전문은 다음과 같다 "요수를 건너 안동도호부까지는 5백리이다. 부의 소재지는 옛날 한의 양평성이다. 동남쪽으로 평양까지는 8백리이다(渡遼水至安東都護府五百里.府,故漢襄平城也.東南至平壤城八百里)-정해자〉

신라가 만일 동맹의 의(誼)를 다하여 백제와 협력해 고구려를 쳤다면, 혹 고구려를 쳐 없앴을지도 모른다. 그러나 신라가 가까운 백제를 먼 고구려보다 더 미워해온 터에, 백제를 위해 고구려를 쳐 없앤다면 그 결과 백제는 더욱 강성해져 신라가 대적하기 어렵게 될 것은 뻔한 일이었다.

그래서 진흥왕(眞興王)은 은밀히 백제의 뒤를 기습하여 백제가 새로 얻은 땅을 빼앗기로 내정하고 병부령(兵部令) 이사부(異斯夫)를 지금의 충청도 동북쪽으로 출병(出兵)시키고, 한아손 거칠부(居柒夫)에게는 구진(仇珍)·비태(比台)·탐지(耽知)·비서(非西)·노부(奴夫)·서력부(西力夫)·비차부(比次夫)·미진부(未珍夫) 등 여덟 명의 장군을 거느리고 죽령(竹嶺:대재) 이북으로 출병했다. 백제는 이를 동맹국의 출병이라 하여 매우 환영했다.

그러나 국가의 전쟁에 무슨 신의(信義)가 있겠는가. 이사부(異斯夫)가 백제와 협력하여 도살성(道薩城)을 탈환하고는 즉시 고구려군을 돌격, 기습하여 금현성(金峴城)을 함락했으며, 거칠부(居柒夫)는 군사를 나누어 죽령 밖 백제의 각 진영을 기습해 무찌르고 백제가 점령했던 죽령이외 고현이내의 10군을 빼앗으니, 백제는 닭 쫓던 개 울 쳐다보는 꼴이라 하기보다, '독에 든 쥐요, 함정에 빠진 범'이라고 하게 되었다. 그래서 10개 군만 빼앗긴 것뿐만 아니라 평양으로 진격하여 입성했던 '수만 대병'이 진퇴유곡(進退維谷:오도 가도 못하는 궁지)에 빠져 패망했다. 〈위의 주를 읽어본 사람이라면 이 단락의 백제 진영 기습 내용이 비틀려 있다는 것을 알 수 있을 것이다. 위에서 달기가 1만 명의 군사를 이끌고 평양을 기습, 점령했다고 했는데, 웬 병력이 갑자기 '수만 대병'으로 늘어나 오도 가도 못하고 패망했다는 것인지 이마저 앞뒤가 맞지 않는다.—정해자〉

위의 전쟁 상황은 신라가 맹약을 어긴 행위를 숨기기 위해 백제가 평양을 공격해 무찌른 것을 진흥왕기(眞興王紀)에서 빼버렸고, 거칠부가 10개 군을 빼앗은 것도 누구와 싸운 결과인지 밝히지 않았다. 그러나 "백제 사람들이 먼저 평양을 무찔러(百濟人先攻破平壤)"라고 여덟 글자를 우연히 거칠부 전에 남겨 두어, 후세에 전해지게 되었다. 〈원문은 "百濟先攻破平壤"으로 되어 있고 "七字를 偶然히 남겨 두어"로 되어 있다. 그러나 「삼국사기」 거칠부전에는 위에 보는 바와 같이 人(인)자가 더 들어 있어 8자였다. 그래서 거칠부전의 기록을 따라 고쳤다.—정해자〉

청안(淸安:槐山)의 옛 이름은 도살(道薩), 혹은 도서(道西)로 둘 다 '돌시울'이라는 표기이다. 진천(鎭川)의 옛 이름은 흑양(黑壤)·금양(金壤)·금현(金峴)·금물내(金勿內) 혹은 만노(萬弩)이다. 우리 옛말에 천(千)을 '지물(즈믄)'이라 하고 만(萬)을 '거물(거믄)'이라고 했는데, 진천은 '거물래'이기 때문에 黑壤(흑양:거믄내)이라고 쓴 것이다. 흑양의 黑(흑)과 만노의 萬(만)은 모두 '거물(거믄)'이라는 뜻을 따 표기한 것이고 壤(양)·內(내)·弩(노)는 모두 '래(내)'의 소리를 따 표기한 것이다. 금양·금현의 金(금)은 今勿(금물)의 줄임말이고 금현의 峴(현)은 거물내의 산성(山城:잣)을 지칭한 것이다.

「삼국사기」 지리에 지금의 경기도는 물론이고, 충청도의 충주·괴산 등지까지도 고구려의 강역(疆域)으로 들어가 있으므로 근세의 정다산(丁茶山:丁若鏞)·한진서(韓鎭書) 등 여러 선생이 모두 "고구려가 지금의 한강 이남 땅은 한 발짝도 밟아본 때가 없다"며 「삼국사기」가 틀렸다고 공격했으나, 이 도살성(道薩城)을 점령한 것을 보면 고구려가 한강을 건너지 못했다는 말이 어찌 잠꼬대가 아니겠는가. 〈한진서(韓鎭書)는 조선 후기 실학자 한치윤(韓致奫)의 조카다. 한치윤의 「해동역사(海東繹史)」의 속편 「해동역사속(海東繹史續)」 15권을 지었다. 해동역사지리고(海東繹史地理考)라고도 한다. ―정해자〉

그러나 이것은 고구려가 일시적으로 점령했던 것뿐이고, 오랜 기간에 걸쳐 황해도까지는 늘 백제의 땅이었으니, 충북 각지를 고구려 주군(州郡)으로 만든 「삼국사기」가 틀리지 않았다는 것은 아니다.

죽령(竹嶺:대재) 이북 고현(高峴) 이남 10개 군은 어느 땅인가. 죽령은 지금의 죽령이고 고현은 지금의 지평(砥平) 용문산(龍門山)의 명치(鳴峙)가 아닐까 싶고 10개 군은 제천(堤川)·원주(原州)·횡성(橫城)·홍주(洪州:洪川)·지평(砥平)·가평(加平)·춘천(春川)·낭천(狼川:華川) 등지가 아닐까 한다. 뒤에 신라 9주(州)의 하나인 우수주(牛首州) 관내의 군현이 그것이다.

(5) 백제 성왕의 전사(戰死)와 신라의 영토 확장

신라는 고구려의 10개 군을 빼앗고 고구려와 강화(講和)하고, 어제까지 맹방(盟邦)이던 백제로 쳐들어가 동북쪽 영토를 빼앗았다. 그리고는 지금의 이천(利川)·광주(廣州)·한양(漢陽) 등지에 신주(新州)를 설치했다.

백제는 싸움에 지고 고립무원(孤立無援)에 처했으나, 끓어오르는 분노를 이길 수 없었다. 밈라(임나)가라의 유민(遺民)들을 불러들여 국원성(國原城), 지금 충주에 다시 나라를 세울 수 있도록 땅을 베어 주었다. 그리고 기원 554년 밈라가라와 합병(合兵)하여 어진성(於珍城), 진산(珍山:錦山)을 쳐 신라 군을 무찌르고 남녀 3만 9천 명과 말 8천 필을 노획했다. 다시 전진하여 고시산(古尸山), 지금의 옥천(沃川)을 쳤다.

신라의 신주군주 김무력(新州軍主金武力)과 삼년산군(三年山郡:報恩) 비장 고간도도(裨將高干都刀)가 많은 군사를 이끌고 구원하러 왔다.

성왕(聖王)은 정예병 5천 명을 뽑아 신라군의 대본영(大本營)을 야습(夜襲: 밤에 기습함)하려 했다. 구천(狗川:음은 '글래' 다. 沃川이라는 이름이 이로 인해 생겼다. 지금 백마강 상류다)에 이르렀을 때, 신라의 복병(伏兵)이 덮쳐들어 싸움에 지고 자신마저 난군 중에 죽었다. 신라군은 이긴 기세를 타고 백제의 좌평(佐平: 大臣) 네 사람과 병졸 2만 9천명을 죽이거나 사로잡았다. 백제는 온 나라가 크게 요동쳤다. 〈이 단락의 전쟁은 위 1장 (2)절 '가라 6국의 멸망'에서 이미 서술한 것을 다시 풀어쓴 것이다. 이 전쟁에서 백제 성왕(聖王)은 세살메군(三年山郡)의 비장(裨將) 고간도도(高干都刀)의 손에 죽었다. 원문에는 '裨將(비장)'이라는 직함이 빠지고 이름도 '高于都(고우도)'로 잘못되어 있다. "백제가 신라의 어진성(於珍城)을 침략하여 남녀 3만 9천 명과 말 8천 필을 노획했다"는 것은 「삼국유사」 기이(奇異) 진흥왕조에 있는 말이다. —정해자〉

신라는 이때부터 백제를 더욱 공략(攻略)하여 남쪽으로 비사벌(比斯伐), 지금의 전주(全州)를 쳐 완산주(完山州)를 설치하고 북쪽으로 국원성을 쳐 제2 밈라를 멸하고 그 땅을 소경(小京)으로 만들었다.

진흥왕은 이처럼 백제를 무찌르고 지금의 양주(楊州)·충주(忠州)·전주(全州) 등, 바로 지금의 경기·충청·전라도의 요지를 차지하고 고구려를 쳐 동북쪽으로 지금의 함경도 등지와 길림(吉林:현 中國 吉林省) 동북쪽을 차지했다. 신라의 영토가 이때에 이르러 건국 이래 가장 넓고 컸다.

「삼국사기」의 진흥왕기(眞興王紀)는 연월(年月)이 거꾸로 되고 빠진 것이 한둘이 아니다. 화랑(花郎)을 설치한 연조가 틀렸다는 것은 이미 본편 제1장에 기술하였지만, 진흥왕 14년(553) "가을 7월에 백제 동북쪽 병경을 빼앗아 신주를 만들었다(秋七月,取百濟東北鄙,爲新州)"고 하고 "겨울 10월에 백제 왕녀를 취하여 작은댁으로 삼았다(冬十月,娶百濟王女爲小妃)"고 했으니, 아무리 은원(恩怨:은인과 원수)이 무상한 때이지만 어찌 4개월 전에 영토를 빼앗고 지키려고 피터지게 싸우던 사람들이 4개월 뒤에는 혼사(婚事)를 맺어 옹서국(翁壻國)이 되었겠는가.

하물며 3년 전에는 백제가 신라와 맹방이 되어 잘 지내다가 그렇게 속고도 3년 후에 또 그 왕을 사위로 삼았겠는가.〈원문은 '하물며' 다음에 "이는 10개 군을 빼앗긴지 불과 3년이니(十郡被奪後,不過三年)"라는 말이 들어 있다. 그러나 10개 군을 빼앗긴 것은 고구려이고 백제가 아니기 때문에 빼었다. 신라가 동북쪽에 있는 고구려의 10개성을 빼앗는 사이 백제는 한강 하류지역 6개 군을 빼앗았는데, 단재는 백제가 마치 죽령(竹嶺)이북 고현(高峴) 이남 10개 군을 먼저 빼앗았는데, 신라가 백제군을 죽이고 다시 빼앗은 것처럼 기록하여 그렇지 않다는 것을 위에서 주한바 있다.-정해자〉

진흥왕 12년(551)에 "왕은 차낭성(次娘城:지금 충주 彈琴臺 부근)을 시찰(巡守)하다가 우륵(于勒)과 그 제자 니문(尼文)이 음악에 정통하다는 소리를 듣고 특별히 불렀다(聞,于勒及其弟子尼文知音樂,特喚之)"라고 했으나, 악지(樂志)에 우륵은 가라(加羅)의 성열현(省熱縣:淸風)사람으로 "그 나라가 장차 어지러워질 것을 알고 악기를 이끌고 와서 신라 진흥왕에게 투항했다. 진흥왕은 받아들여 국원에 안치했다(其國將亂,攜樂器投新羅眞興王,王受之,安置國原)"고 했으니, 우륵은 본래 제1 밈라, 지금의 고령(高靈) 사람으로 제2 밈라로 들어와, 청풍(제천)의 산수를 즐기며 살다가 제2 밈라가 흥성하지 못할 것을 알고 신라에 투항했고 진흥왕이 제2 밈라를 토벌해 평정한 뒤에 국원에 안치했으며 그 뒤에 시찰하러 왔던 길에 우륵을 불러 가야금을 뜯게 하여 들은 곳이 지금의 충주 탄금대(彈琴臺) 옛터일 것이다. 국원성(國原城), 지금의 충주가 신라의 땅이 된 것이 진흥왕 16년(555)이니, 진흥왕이 우륵의 가야금 연주를 들은 것도 16년 이후일 것이다. 어찌 12년에 차낭성(次娘城)을 시찰하다가 우륵의 가야금 소리를 들었겠는가.〈성열현(省熱縣)의 원문이 성현현(省現

縣)으로 잘못되어 있고 끝의 '차낭성'도 浪城(랑성)으로 잘못되어 있다. 단재는 '성열현'을
충북 제천지역의 옛 이름인 청풍(淸風)이라고 했는데 청풍의 고구려 때 이름은 沙熱伊縣(사열
이현)으로 '성열현'과 다르다. 우륵의 출신지 省熱縣(성열현)은 省熱:辛:斯二 등의 음운 대응
에 따라 그간 학자들은 옛 가야 땅인 경남 의령(宜寧郡富林面新反里)으로 비정하여 왔고 최근
에는 합천(陜川郡大幷·鳳山面일대) 설도 제기되
고 있다. -정해자〉

한양(漢陽) 삼각산(三角山) 북쪽 봉우
리에 진흥대왕순수비(眞興大王巡狩碑)가
있다. 이것은 대왕이 백제를 쳐 성공한
유적이다. 함흥(咸興) 초방원(草坊院)에
도 진흥대왕의 순수비가 있는데, 이것
은 대왕이 고구려를 쳐 성공한 유적이
다. 신라본기 진흥왕기에는 이런 대사
건이 모두 탈락되고 기록되지 않았다.
〈함흥에 있는 신라 진흥왕순시비(新羅眞興王巡
狩碑)는 함경남도 장진군 황초령의 꼭대기에 있
던 황초령비(黃草嶺碑)와 함경남도 이원군 동면
운시산(雲施山:萬德山) 봉우리 아래에 있던 마운

〈황초령비 탁본, 8.15후 결손부도 찾았다〉

령비(摩雲嶺碑)를 말하는 것이다. -정해자〉

「만주원류고(滿洲源流考)」와 「길림유력기(吉林遊歷記:작자·연대 未詳)」에 따
르면 길림(吉林)은 본래 신라 땅이고 吉林(길림:지린)이라는 명칭도 신라의
鷄林(계림:지린)에서 연유한 것이라고 한다. 이것은 진흥대왕이 고구려를 쳐
강토를 지금의 길림성 동북쪽까지 개척했다는 하나의 증거이다.

박연암집(朴燕巖集:朴趾源文集)에 중국 복건성(福建省) 천주(泉州:Tsuan
tsiu)·장주(漳州:Tsiang tsiu)가 "일찍이 신라의 땅이었다"했으나 어느 책에 근
거한 말인지 알지 못하여 인용하지 못하지만, 진흥대왕이 혹 해외(海外)도
경략(經略)하여 이런 유적을 남긴 곳이 있지 않나 싶다.〈중국 복건성(福建省:푸젠
성)의 천주(泉州:취안저우:현지음 쭈안지우)와 장주(漳州:장저우:현지음 짱지우)는, 낙양강(洛陽江)

〈복건성(福建省)의 천주(泉州) 구룡강(九龍江) 상류 용암(龍岩)에 있는 여러 객가(客家) 건물 중의 하나〉

및 진강(晉江) 하구의 천주만(泉州灣)과 장주(漳州) 구룡강(九龍江)하구에 형성된 거대한 만과 아오모이항(廈門港)으로 인해 명대(明代)까지도 중국 남방에서 가장 큰 무역항이었다. 이 구룡강을 따라 언제부터 신라(新羅) 사람들이 들어와 하나의 객가(客家)를 이루고 살았는지 알 수 없지만 여러 객가들 중에서 가장 문화적으로 발전되고 개방된 취락을 이루고 살았던 것은 확실해 보인다. 그 신라인들의 취락이 주치(州治)가 되는 것을 보면 알 수 있다. 「정주부지(汀州府志)」와 「연성현지(連城縣志)」 및 「장정현지(長汀縣誌)」 등에 따르면 이곳은 "진(秦) 때는 민중군(閩中郡)에 속했고 한(漢) 때는 민월국(閩越國)에 속했고 삼국(三國)의 오(吳) 때는 건안군(建安郡)에 속했다. 진(晉)나라 태강(太康) 3년(282)에 비로소 신라현(新羅縣)이 설치되었는데, 그곳이 바로 정주(汀州)였다. 당(唐) 개원(開元) 말에 신라고성(新羅故城) 동쪽에 장정현(長汀縣)을 설치하고 정주 치소(汀州治所)를 옮겼다. 연성(連城)도 모두 정주소속의 땅이었다. 천보(天寶) 원년(742)에 주(州)를 임정군(臨汀郡)으로 고쳤고 건원(乾元) 원년(758)에 다시 정주(汀州)라고 복원했다. 처음에는 신라성(新羅城)에서 다스리다가 장정촌(長汀村)으로 옮겼고, 또 동방구(東方口:新羅口)로 치소를 옮겼으며 대력(大曆) 4년(769) 또다시 백석(白石)으로 옮겼다. 그래서 연성(連城)이 정주의 치소가 되었다. 이곳이 바로 오늘날 용암시(龍岩市:룽옌시)이고 이곳이 바로 진(晉)나라 때 신라(新羅)였다"는 것이다. 복건성 남서부 산악지대, 구룡강(九龍江:쥬룽쟝) 지류인 안석계(雁石溪)를 끼고 있다. 나무가 울창한 구릉으로 둘러싸여 있는 비옥한 분지형태의 농지 중앙에 자리하고 있다. 그러나 이 신라성(新羅城)이라는 명칭을 두고 당대(唐代)들어 다른 객가(客家) 세력들에 의해 많은 저항을 받았다. 기록에 따르면 "개원(開元) 24년(736) 정주(汀州)를 옮겨 설치하고 장정(長汀)·황련(黃連)·신라(新羅:唐「元和郡縣志」에는 '雜羅(잡라)'로 되어 있다) 3현을 거느리게 하면서 신라현치(新羅縣治)를 고초진(苦草鎭)으로 옮겼다. 그러자 '신라현'이라는 이름에 반대하는 객가세력들은 읍 남쪽 취병산(翠屛山) 용암동굴(龍岩洞窟) 속 돌무늬가 날려고 엎드려 있는 용과 같으니 용암현(龍岩縣)으로 읍이름을 바꿔달라고 나라에 청원하기로 했다. 그래서 대표를 뽑아 무이산(武夷山)을 넘고 파양호(鄱陽湖)를 건너 북쪽으로 올라가 당명황(唐明皇)에게 청원서를 올리기로 했다. 그러나 당시의 교통편을 고려하면 걸어서 산을 넘고 배를 타고 또 말을 타고 간다고 해도 족히 몇 달은 걸려야 되는 먼 길인데다가 당시 이곳에는 장안으로 가서 벼슬살이를 했거나 하고 있는 사람이 없었기 때문에 보낼만한 사람도 없었다. 그 몇 년 뒤 드디어 이지방에서도 진사(進士) 한명이 배출되었다. 그러나 그 역시 청원서를 통과시키려면 어떤 과정을 거쳐 올려야 할지 몰랐다. 마침 이해는 당명황이 연호를 천보원년(天寶元年:742)이라고 고치고 사천(四川)에서 막

〈원형토루 중심엔 사당과 전체회의장이 있다〉

장안으로 돌아온 대시인(大詩人) 이백(李白)을 한림(翰林)으로 등용하여 황제 주위에서 일을 보게 했다. 이백은 다분히 백성들의 고충을 살피는 기풍을 나타냈다. 그리하여 즉시 '신라현(新羅縣)이란 이름을 용암현(龍岩縣)으로 바꿔 달라'는 청원서를 올렸다. 소식을 전해들은 객가 일부 사람들은 뛸 듯이 기뻐했다. 그러나 달이 가고 해가도 뒷소

식은 전해지지 않았다. 다만 양귀비(楊貴妃)와 당명황의 염문(艷聞)만 떠들썩할 뿐이었다. 그 신라현(新羅縣)이라는 이름이 없어진 것은 남북조(南北朝)의 송(宋:劉宋) 태시(泰始) 4년(468)의 일로 "신라현을 폐지해 없애고 진평군에 예속시켰다(罷廢新羅縣, 歸屬晉平郡)"는 것이 그 것인데, 구체적으로 당시 진평군이 어디에 설치되었고 무슨 현들을 거느렸는지 상고할 수 없다. 그러니까 신라현은 282년에 가설되어 468년에 폐지되었으니 186년이란 긴 세월동안 유지되어 왔다. -정해자〉

(6) 고구려의 신라 침략과 바보 온달(溫達)

고구려가 평양(平壤:남평양)이 백제에 함락되던 때 신라의 청에 의해 응해 상호조약을 체결하였으나, 얼마 뒤 진흥왕은 고구려의 동쪽변경을 기습하여 남가실라(南加悉羅)로부터 길림(吉林) 동북쪽까지 점거했다. 고구려는 부득이 개전(開戰)하여 비리골(比列忽), 지금의 안변(安邊) 이북을 수복하였으

나, 그 나머지 강토, 장수왕(長壽王)이 점령하고 안장왕(安藏王) 이후에 다시 점령했던 계립령(鷄立嶺), 지금의 조령(鳥嶺:새재) 서쪽과 죽령(竹嶺:대재) 서쪽의 여러 군은 끝내 되찾지 못했다.

당시 군사적 요충지인 북한산(北漢山)은 신라가 소유한 뒤 영구히 갖겠다는 뜻으로 장한성가(長漢城歌)를 지어 불렀는데, 고구려인은 가슴이 아프지 않을 수 없었다. 그래서 해마다 군사를 출동시켜 신라를 쳤으나 끝내 성공하지 못했다.

평원왕(平原王)의 사위 온달(溫達)이 전사한 것도 이 싸움에서 있었던 일인데, 당시 시인(詩人)·문사(文士)들이 이 일을 이야기하고 노래하며 그 노래와 이야기를 이두로 기록하여 일반에 널리 퍼뜨림으로써 고구려에 대한 적개심(敵愾心)을 더욱 충동질 했다. 이리하여 고구려는 멸망할 때까지 신라와는 평화가 길이길이 끊이고 말았다.

이제 전사(前史:삼국사기)에 실려 있는 온달(溫達)의 이야기를 다음과 같이 기술하려 한다.

"온달(溫達:옛 음은 '온대'로 '百山'이라는 뜻이다)은 고구려 평원왕(平原王:平崗上好王) 때 사람이다. 얼굴은 볼품없고 우스꽝스럽게 생겼으나 마음은 맑고 밝았다. 집이 볼 가실 것도 없이 가난하여 늘 음식을 얻어다 어머니를 봉양했다. 떨어진 옷과 해진 신발을 신고 거리를 오갔다. 당시 사람들은 그를 '바보 온달'이라고 불렀다.

평강공주(平崗公主)는 평원왕의 작은 따님이었다. 어릴 때 걸핏하면 잘 울었다. 평원왕은 어르는 말로 "너는 걸핏하면 시끄럽게 울어대니, 커서도 사대부의 아내가 되기는 글렀다. 바보 온달에게나 시집보내야 되겠다."고 했다.

이윽고 딸의 나이가 열여섯 살이 되었다. 왕은 상부(上部) 고씨(高氏)에게 시집보내려 했다. 공주가 맞서 하기를, "대왕께서는 늘 저에게 꼭 바보 온달에게 시집보내겠다고 말씀하셨는데, 이제 와서 무슨 까닭으로 전에 하신 말씀을 고치려 하십니까. 하나의 지아비(匹夫)도 식언(食言)은 하지 않는데,

하물며 지존(至尊)이겠습니까. 그래서 '왕이 된 사람은 흘리는 말(戲言)은 안
해야한다'고 했습니다. 지금 하신 말씀은 전에 하신 말씀과 달라 소녀는 따
르지 못하겠나이다."라고 했다.

왕은 크게 성이 나서, "네가, 내가 하라는 대로 하지 않겠다면, 내 딸이라
고 할 수 없다. 어찌 함께 살 수 있겠느냐. 네가 하고 싶은 대로 하거라."했
다. 이리하여 공주는 금팔깍지(寶釧:금팔찌) 수십 개를 팔뚝에 끼고 궁을 나
와서 혼자 길을 물어 온달의 집으로 찾아갔다.

늙고 눈이 먼 온달의 어머니가 집에 있었다. 그 앞으로 가서 절하고 "아
드님은 이디 갔느냐"고 물었다. 노모가 대답하기를 "내 아들은 가난하고 누
추해서 귀한 분이 가까이할 만한 상대가 못됩니다. 지금 그대에게서 풍겨오
는 향기가 보통 향기가 아니고 그대의 손이 비단결처럼 보드라운 것으로 보
아 천하의 귀한 분이 분명한데, 무엇에 홀려 여기까지 오셨습니까. 내 자식
은 배고픔을 참지 못해 느릅나무 껍질(榆皮)이라도 벗겨다 먹으려고 산으로
간지 오래됐는데 아직 돌아오지 않고 있습니다."했다. 〈유피(榆皮)는 소나무 껍
질, 송기와 함께 선조들이 흉년을 살아나던 '구황(救荒)식품'이다. 느릅나무 속껍질을 말려
가루를 내어 떡처럼 쪄 먹었다.－정해자〉

공주는 그 집을 나와 산 밑으로 갔다. 느릅나무 껍질을 지고 산에서 내려
오는 온달을 보고 말을 나누며 자신의 속내를 밝혔다. 온달이 벌컥 성을 냈
다. "이곳은 어린 여자가 다니는 곳이 아니다. 너는 분명 사람이 아니라, 여
우거나 귀신일 것이다. 나에게 가까이 오지 말라!"하고 즉시 뒤도 돌아보지
않고 가버렸다.

공주는 혼자 돌아와 온달의 집 사립문 밖에서 잤다. 이튿날 아침 다시 안
으로 들어가 모자(母子)에게 오게 된 사정을 자세히 이야기 했다. 온달은 우
물쭈물하면서 결정을 하지 않았다. 그의 어머니가 보다 못해 "내 자식은 누
추하기 짝이 없어 귀한 분의 배필이 되기에는 턱없이 부족하고 우리 집은
이를 데 없이 곤궁하여 귀한 분이 사실만한 곳이 못됩니다."했다.

공주는, "옛사람 말에 '한말의 조(粟)도 찧어서 나누어 먹을 수 있고 한

자의 베도 나누어 옷을 꿰맬 수 있다' 고 했습니다. 진실로 마음만 같이하면 되는 것이지, 어째서 꼭 부자와 귀한 사람들끼리만 함께할 수 있는 것이겠습니까."하였다. 그리고 즉시 금팔깍지를 팔아 농지와 집, 노비(奴婢)와 마소(馬牛), 살림에 필요한 온갖 기물(器物)들을 모두 사들였다.

처음에 말을 살 때 공주는 온달에게 말하기를, "장사꾼의 말은 사지 않도록 조심하시고 꼭 병들고 비쩍 말라 방출된 국마(國馬)를 사서 뒤에 다른 말처럼 만들도록 하십시오."했다. 온달은 그 말대로 했다. 공주는 매우 부지런히 그 말을 먹이고 길렀다. 말은 날이 갈수록 살이 오르고 씩씩해졌다.

고구려는 항상 3월 3일이 되면 언제나 나라언덕(樂浪之丘)에서 수렵대회(狩獵大會)를 열고 그 사냥에서 잡은 멧돼지와 사슴으로 하늘(天神)과 산천의 신(山川神)에게 제사를 올렸는데, 이날 왕의 사냥에는 많은 신하와 오부(五部)의 병사가 모두 그 뒤를 따랐다.

이리하여 온달은 기른 말을 타고 따라갔는데, 그는 늘 남보다 앞서 달렸고 잡은 짐승도 그보다 더한 사람이 없을 정도로 많았다. 왕이 불러서 성명을 물어보고는 놀라고 또한 이상하게 여겼다.

이때 후주(後周)의 무제(武帝)가 군사를 출동시켜 요동(遼東)으로 쳐들어왔다. 왕은 군사를 거느리고 이산(肄山:拜山)의 들에서 맞아 싸웠다. 온달은 선봉이 되어 번개처럼 적진으로 뛰어들어 수십 명의 목을 베어 죽였다. 모든 군사가 그 기세를 타고 분발, 공격하여 크게 이겼다.

전공을 논하는 자리에서 모두 온달을 제일로 내세웠다. 왕은 갸륵하게 여기고 한숨을 내쉬며 "이 사람이 내 딸의 남편일세."하고 예를 갖추어 사위로 맞고 대형(大兄)이라는 작위(爵位)를 내렸다. 이때부터 총애(寵愛)와 광영(光榮)이 더해지며 위세와 권력이 날로 높아졌다.

이윽고 다음 왕이 즉위했다. 〈「삼국사기」원문은 "양강왕(陽崗王)이 즉위했다"로 되어 있다. 그러나 양강왕은 양원왕(陽原王)을 가리키는 것으로 평원왕(平原王)의 아버지이다. 그러므로 평원왕(平原王:平崗王)의 아들이 양강왕이라는 것은 말이 안 된다. 평원왕의 아들은 영양왕(嬰陽王)이다. 그러므로 이곳의 양강왕은 영양왕의 오기(誤記)가 분명하여 "다음 왕이 즉위했다"로 고쳤다.－정해자〉

온달이 아뢰기를, "신라가 우리 한강 이북(漢北)의 땅을 갈라 군현(郡縣)을 만들자, 백성들이 가슴 아파한다니 아직 부모의 나라를 잊지 못하고 있는 것입니다. 원컨대 대왕께서는 신을 어리석고 덤벙댄다 하지 마시고 군사를 주신다면 한번 가서 반드시 우리 땅을 수복하겠습니다."했다. 왕은 허락했다.

온달은 떠나기에 앞서 "계립령(鷄立嶺:鷄立峴)과 죽령(竹嶺) 서쪽을 수복하지 못하는 한 나는 돌아오지 않을 것이다."라고 맹세하고 길을 떴다. 드디어 신라군과 아차성(阿且城:峨嵯城) 밑에서 싸우다가 날아온 화살(流矢)에 맞아 죽었다.

장사를 치르려 하자, 널(柩:관)이 움직이지 않았다. 공주가 와서 관을 어루만지면서, "죽고 사는 것은 결정 났습니다. 아! 돌아가십시다."하자 드디어 관이 들려 장사를 지냈다. 대왕이 듣고 매우 비통(悲痛)해 했다.

(이상은 「삼국사기(三國史記)」 온달전(溫達傳)을 그대로 번역한 것이다. 역사 기록이란 그대로 두고 보는 것이 원칙이다. 그것을 읽고 이해하는 것은 각자가 다를 수 있기 때문이다. 예를 들면 선화의 남편 온달이 성도 없던 거지주제에 진골(眞骨)들이 판치던 그 세상에 어떻게 왕의 수렵대회에 참석하고 북주(北周) 군사와 싸웠겠는가. 행간을 읽어보면 임금은 모르는 체하고 주위에서 모두 선화를 도와주었기 때문이 아니겠는가. 그러므로 역사 기록을 옮길 때는 되도록 그대로 옮겨야 역사 기록이라 할 수 있다. 내용에 없는 말을 지어 넣거나 자신의 생각에 맞춰 부연하면 소설(小說)이 된다. 이 책의 제목이 '역사(史)'이므로, 그대로 번역한 온달전을 앞에 실었다. 단재가 부연해 각색한 내용과 비교해 보면 유익한 점이 있을 것 같다. 다음은 단재가 쓴 내용이다.)

온달(溫達:옛 음은 '온대'로 百山의 뜻이다)은 얼굴이 울룩불룩 하고 성도 없는 한 거지였다. 거지였지만 마음은 시원했다. 집에는 눈 먼 노모(老母)가 있어 늘 밥을 빌어다가 봉양했고, 그 나머지는 일 없이 거리로 오락가락 했다. 가난하고 천한 사람을 업신여기는 것이 세상의 인심이라. 바보도 아닌 온달을 누구나 다 '바보 온달'이라고 불렀다.

평원왕(平原王)에게는 따님이 하나가 있었다. 어릴 때에 울기를 즐김으로 평원왕이 사랑 끝에 실없는 말로 달래어 이르기를, "오냐 오냐 울지 마라.

울기를 좋아하면 내가 너를 귀한 집의 며느리로 주지 않고, 바보 온달의 계집을 만들 것이다"라고, 울 때마다 말하였다. 이윽고 따님이 장성(長成)하여 시집갈 나이 되어, 상부(上部) 고씨(高氏)와 혼사를 의논하려 하니, 따님이 반대하기를, "아버지가 늘, 나더러 바보 온달에게 시집보낸다고 말씀하시지 아니하였습니까. 만일 이제에 와서 다른 사람에게 시집보내면 그 말이 거짓말이 아니겠습니까. 나는 죽더라도 바보 온달에게 가서 죽겠습니다"했다. 평원왕이 크게 노해 말했다. "네가 만승천자(萬乘天子)의 딸이 아니냐. 만승천자의 딸이 거지의 계집이 된단 말이냐." 그러나 따님이 듣지 아니 하고 말하기를, "필부(匹夫)도 거짓말을 안 하는데, 만승천자가 어찌 거짓말을 하겠습니까. 나는 만승천자의 딸인 까닭에 만승천자의 말이 거짓말이 안 되게 하기 위하여 온달에게 시집가려는 것입니다"라고 했다. 평원왕은 어찌 할 수 없어 "너는 내 딸이 아니니, 내 눈 앞에 보이지 말라"하고 쫓아내었다.

따님이 나올 때에 다른 것은 아무 것도 가진 것이 없고, 다만 금 팔깍지(寶釧) 수십 개를 팔뚝이 끼고 나와서, 벽도 다 무너지고 네 기둥만 우뚝 서 있는 온달의 집으로 찾아 들어갔다. 온달은 어디 가고 노모만 있었다. 그 앞에 절하고 온달이 간 곳을 물으니, 노모가 눈은 멀었지만 코가 있어 그 귀여운 따님의 향내는 맡았으며, 귀가 있어 그 아리따운 미인의 목소리는 듣는 터라. 이상하게 여겨 그 명주 같이 보드랍고 고운 손을 만지며, 어디서 오신 귀한 처녀인지 모르겠으나, 어찌하여 빌어먹는 헐벗은 내 아들을 찾으오. 내 아들은 굶다 못해 산으로 느릅나무(느티나무) 껍질이나 벗겨다가 먹으려고 나가서 지금까지 돌아오지 않았습니다."했다. 따님이 온달을 찾아 산 밑으로 가서, 느릅나무(느티나무) 껍질을 벗겨 지고 오는 사람을 만나자, 그가 곧 온달임을 알고 그 이름을 물은 뒤에 자기가 찾아온 이유, 즉 결혼하려 한다는 속내를 말했다. 온달은 속으로 "사람이라면 어찌 부귀한 집의 아름다운 여자가 가난하고 천한 거렁뱅이 서방을 구할 리가 있겠는가"하고 소리를 버럭 지르며 "너는 사람을 홀리려는 여우나 도깨비고, 사람이 아닐 것이다. 해가 졌으니 네가 나에게 덤비는 모양이구나"하고, 뒤도 돌아보지 않고 집으로 달려와 사립문을 딱 닫아 매고 들어가서 나오지 않았다.

따님이 그 문밖에서 하룻밤을 자고 그 이튿날 또다시 들어가 간청하니, 온달은 대답할 바를 몰라 머뭇거리기만 했다. 노모가 말했다. "내 집 같이 가난한 집이 없고 내 아들보다 더 천한 사람이 없는데, 그대가 한 나라의 귀한 사람으로 어찌 가난한 집에서 서방을 섬기려 하오?"

따님이 이르기를, "종잇장도 마주 든다 하니, 마음만 맞으면 가난하고 천한 것이 무슨 관계가 있겠습니까."하고 드디어 금 팔깍지(팔가락지)를 팔아 집이며 논밭, 노비와 소 등 모든 것을 사들여, 빌어먹던 온달이 하루아침에 부자가 되었다.

그러나 따님은 온달을 한갓 부자를 만들려 한 것이 아니기 때문에 온달에게 말을 사오라고 하여 말 타기와 활쏘기를 배우게 했다. 이때는 전국시대(戰國時代)였기 때문에 고구려에서도 말을 매우 중요하게 여겨, 황실 마구간(御廏)의 말을 국마(國馬)라고 하여 잘 먹이고 잘 길러 화려하고 아름다운 굴레를 씌웠다.

그러나 대왕이 말을 타다가 다치면 말 먹이는 사람(牧者)과 말 모는 사람(御者)을 벌했기 때문에, 말 먹이는 사람과 말 모는 사람은 매양 거칠고 고집 센 준마(駿馬)가 있으면 굶기거나 때려 병든 말(病馬)을 만들기가 일쑤였다. 따님은 비록 깊은 궁 안의 처녀였지만 이런 폐단을 잘 알고 있어 말을 살 때에 온달에게 "시장에서 파는 말을 사지 말고 버리는 국마(國馬)를 사오라"고 했다. 따님이 직접 먹이고 다듬자 말은 날로 건장해졌고, 온달의 기마술과 궁술도 날로 진척하여 이름난 마사(馬師)와 궁수(弓手)가 온달을 못 쫓아왔다.

3월 3일 신수두 대제(大祭)의 경기에 온달이 참여하여, 말타기(騎馬)에 우승하며 사냥해 잡은 짐승도 가장 많았다. 평원왕이 불러 그 이름을 물어보고 온달이라는 것을 알자 크게 놀라워했다. 그러나 따님에 대한 분노가 아직 풀리지 않아 사위로 인정하지 않았다. 그 뒤에 주(周:宇文氏) 무제(武帝)가 지나(중국) 북쪽을 통일하여 위력을 뽐내며, 고구려의 콧대를 꺾어 놓으려고 요동(遼東)으로 쳐들어왔다. 평원왕은 이를 맞아 배산(拜山:肆山)의 들에서 싸웠다. 어떤 사람이 혼자 용감하게 적진으로 뛰어들어 능란한 칼놀림과 신묘한 활쏘기로 수백 명의 주나라(北周) 군사를 몰아붙이며 죽이는 것을 보고, 알아보니 바로 온달이었다. 왕이 탄식하며 말하기를, "이것은 참 내 사위다"하고 온달을 불러 대형(大兄:5품쯤 되는 관직)을 제수하고 총애가 극진하였다.

이윽고 영양왕(嬰陽王)이 즉위했다. 온달이 아뢰었다. "계립령(鷄立嶺:鷄林嶺으로 잘못돼 있었다.-정해자)과 죽령(竹嶺) 서쪽의 땅은 본디 우리 고구려의 땅인데 신라에 빼앗겨 그 곳에 사는 인민들은 늘 부모의 나라를 잊지 못해 통한(痛恨)하고 있습니다. 대왕께서는 신에게 불초(不肖)하다 마시고 군사를 주시면 한번 걸음에 그 땅을 수복하겠습니다."했다. 영양왕이 승낙했다.

온달은 출발하면서 군중(軍中)에서 맹세하기를, "신라가 한강 이북의 우리 땅을 빼앗아 갔으니, 이번에 만일 이를 수복하지 못하면 돌아오지 아니할 것이다"라고 하고 아차성(阿且城:오늘날 京城 부근의 광나루 위의 峨嵯山) 아래 이르러 신라 군사과 맞붙어 싸우다가 유시(流矢)에 맞아 죽었다. 돌아가 장사를 치르려 했으나 널(喪柩)이 땅에 꽉 붙어 떨어지지 않았다. 따님이 직접 와서 울면서 말하기를, "나라 땅을 못 찾고야 임이 어찌 돌아가겠소. 임이 아니 돌아가는데 첩이 어찌 혼자 돌아가겠소."하고, 졸도(卒倒)하여 깨어나지 못했다. 고구려 사람들은 이에, 따님과 온달을 그 땅에 합장했다. 〈온달장군과 평원왕공주의 묘(溫達將軍·平原王公主 墓)는 현재 평양시 역포구역 용산리에 있다. 6세기 전반기의 벽화고분으로 북한 국보 문화유물 제180호로 지정되어 있다.-정해자〉

널이 땅에 붙어 떨어지지 않을 리가 있겠는가. 당시 장례를 치르려던 사람들이 온달의 상여를 가지고 돌아가려다, 온달의 애국충정을 느꼈고, 또 전날 온달이 "계립령(새재)과 죽령(대재) 서쪽의 옛날 고구려 땅을 수복하지 못하면 돌아오지 않겠다."고 하던 말을 생각하고 차마 상여를 들지 못하여, 널이 땅에 붙어 떨어지지 아니 했다는 현상이 나타나게 된 것이다.

「삼국사기」 온달전 끄트머리에 "공주가 와서 관을 어루만지며 '죽고 사는 것은 결정 났습니다. 아! 돌아가십시다." 하자 드디어 관이 들려 장사를 지냈다(公主來.撫棺日.死生決矣.於乎歸矣.遂擧而窆)"고 했다. 그러나 공주가 만일 이처럼 "죽은 자와 산 자의 길이 다르다"는 말만 하고 울었다면 공주에게는 국토에 대한 정열이 없었을 뿐 아니라, 남편에 대한 사랑도 두텁지 않았다 할 것이고, 또 온달의 널이 이 말을 듣고 움직였다면 온달이 국토수복을 위해 죽은 것이 아니라, 상사병(相思病)에 걸려 죽은 것이니, 공주가 평일에 전마(戰馬)를 사서 온달을 가르친 본뜻은 어디 있고, 온달이 편히 지낼 수 있는 부귀를 버리고 전장(戰場)으로 나선 참뜻은 어디 있는가.

「조선사략(朝鮮史略:1924년 金宗漢이 지은 책.-정해자)」에는 "국토를 수복하지 못했으니, 공이 어찌 돌아가시겠소. 공이 돌아가지 않는데 첩이 어찌 혼자 돌아가겠소, 하고 통곡하다 절명했다. 고구려 사람들이 드디어 공주를 그 땅에 합장했다(國土未還.公能還.公旣未還.妾安能獨還.一恸而絕.高句麗人.遂並葬公主於其地)"고 했다. 「조선사략」은 시대의 거리로 보아 「삼국사기」만큼 믿을 만한 가치가 없지만, 이 한 단락의 문구는 군국시대(軍國時代)의 사상을 나타낸 것이기 때문에 이 책에서는 이것을 따라 쓴다.

정다산(丁茶山:정약용)·한진서(韓鎭書) 등 여러 선생이 "온달의 한수 이북(漢水以北)…"이라는 말에 따라 "고구려는 한수이남(漢水以南)을 차지해본 때가 없다"는 것을 강조했다. 그러면 온달의 "계립현(鷄立峴:원문은 鷄林嶺으로 잘못되어 있다.-정해자) 이서(以西)가 우리 땅"이라는 말은 어떻게 풀어야 하겠는가. 고구려가 장수대왕(長壽大王:광개토왕 아들) 어느 해와 안장왕(安藏王) 이후 어느 해에 한수 이남을 점령하였던 것이 명백하니, 온달이 말한 '한수(漢水)'는 지금 한강이 아니라, 지금 양성(陽城:안성군)의 '한내'를 말하는 것이다. 〈단재가 '한수(漢水)'를 양성(陽城) '한내'로 본 것이 사실일지는 모르지만 "고구려가 한강 이남을 차지한 적이 없다"는 정약용(丁若鏞)과 한진서(韓鎭書) 등의 주장이 여지없이 틀리고 단재의 추론이 맞았다는 것이 지난 1979년 '중원고구려비(中原高句麗碑)'가 발견되면서 세상에 알려져 사학계를 깜짝 놀라게 했다. 높이 203cm, 폭 55cm, 두께 33cm의 커다란 자연석을 다듬어 그대로 비면(碑面)으로 활용했는데. 4면에 모두 예서체 글자가 새겨졌지만 심하게 마모되어 앞면과 좌측면 일부만이 판독 가능했다. 글자 하나의 지름은 3~5cm로 앞면에 23자씩 10줄, 좌측면에 23자씩 7줄이, 우측면에는 6줄, 뒷면에 9줄이 있었던 것으로 보인다. 비가 세워진 시기에 대해서는 일반적으로 고구려가 남한강(南漢江) 유역까지 영역을 확장한 5세기 장수왕 때 세워진 것으로 추정됐다.
비문에서는 고구려왕을 '고려대왕(高麗大王)'이라고 칭하
고 있고, '신라토내당주(新羅土內幢主)' 등의 표현으로 보
아 고구려군이 신라의 영토에 주둔하며 영향력을 행사했다
는 사실이 확인됐다. 또 신라를 이(夷)라고 칭하고 있어 고
구려의 독자적 천하관도 확인할 수 있으며, 고모루성(古牟
婁城), 대사자(大使者) 등 당시 지명과 관직명도 기록되어
있다. 이처럼 '중원고구려비'는 5세기 고구려의 남진(南進)
과 신라와의 관계를 알려주어 사료(史料)로서의 가치가 매
우 높고 고구려비가 이곳에 세워짐으로써 고구려의 남쪽 국
경이 중원(현재의 충주)까지 이르렀음을 알 수 있어 중요성

〈삼국의 판도를 바꾼 중원고구려비〉

이 더욱 높다. 1981년 3월 18일 국보 제205호로 지정되었
다. 원본은 충주시 가금면 용전리에 있는 충주고구려비 전시관에 보존되어 있다.-정해자〉

　연전에 일본인 금서룡(今西龍:이마니시 류)이 북경대학(北京大學)에서 조선
사(朝鮮史)를 강연하면서 "온달전은 역사로 볼 가치가 없다"고 하였다. 이
것은 참으로 문맹자(文盲者)나 할 소리이다. 온달의 죽음으로 인하여 고구려
와 신라의 우호(友好)의 길이 끊어지고, 백제가 고구려와 동맹하여 삼국흥망
(三國興亡)의 판국이 이루어진다. 온달전은 삼국시대 몇 안 되는 기록이다.
그러나 김부식의 가감첨삭(加減添削)을 거치면서 그 가치가 얼마쯤 줄었다
는 것을, 역사를 잘 읽는 사람이라면 일반적으로 이해하고 있을 것이다.

제3장. 동서전쟁(同壻戰爭)

(1) 백제왕손 서동(薯童)과 신라공주 선화(善化)의 결혼

　기원 6세기 하반에 백제 위덕왕(威德王)의 증손(曾孫) 서동(薯童)은 준수한
도련님으로 삼국(三國) 중에 가장 이름이 났고, 신라 진평왕(眞平王)의 둘째
따님은 어여쁜 아가씨로 삼국 중에서 가장 이름이 났다.

진평왕은 아들 없이 딸만 셋을 낳았는데, 그중에 선화가 그처럼 어여뻤기 때문에 선화를 가장 사랑했다. "신라의 왕이 된 것이 나의 자랑거리가 아니라, 선화의 아비가 된 것이 나의 자랑거리다"라고 하는 정도였다.

그래서 늘 '선화를 위하여 좋은 사위 감을 골라야지' 하고 생각할 때마다 삼국에서 가장 준수하다고 소문난 서동(薯童)을 생각하게 되었고, 위덕왕 역시 증손부 감을 찾으면서 늘 삼국에서 가장 어여쁘다는 선화를 생각하게 되었다.

가부장제도(家父長制度 : 원문은 家族制度로 되어 있다. -정해자)의 시대이니, 집안의 어른, 양편의 주혼자(主婚者)로서, 더욱이 각기 한 나라의 대왕(大王)으로서 이렇게 생각될 때에는 물론 그 혼사(婚事)가 쉬웠을 것이다. 그러나 그 혼사가 쉽지만은 않을 뿐 아니라 절대로 되지 않을 사정이 있었다. 설혹 누구인가가 그 결혼을 제의한다할지라도 진평왕이나 위덕왕은 반드시 대노(大怒)하여 역적(逆賊)놈이라고 처형할 만한 사정이 있었다.

그것이 무슨 사정인가하면, 신라는 누대(累代)에 걸쳐 박(朴)·석(昔)·김(金) 세 성씨가 서로 결혼하여 낳은 아들이나 사위 중 나이가 가장 많은 자에게 왕위를 물려주어 왔기 때문에 다른 성씨의 딸은 혹 세 성씨의 집안으로 들어갈 수 있었으나, 세 성씨의 딸은 다른 성씨에게로 시집가지 못했다.

그래서 소지왕(炤知王)이 백제 동성대왕(東城大王)에게 딸을 주었다 했고, 법흥왕(法興王)이 밈라가라 가실왕(嘉實王)에게 누이를 주었다 했지만, 실상은 친딸, 친누이를 준 것이 아니라, 육부(六部) 귀골(貴骨)의 딸이고 누이였다. 그러니, 김씨였던 진평왕의 딸 선화의 남편감은 박씨 아니면 석씨이고, 석씨가 아니면 같은 성씨인 김씨가 될 뿐이었다. 어찌 신라인도 아닌 백제의 부여(夫餘)씨인 서동(薯童)의 아내가 될 수 있겠는가. 이것은 선화편의 사정이다.

백제는 신라와 같이 결혼에 있어 성씨에 대한 엄격한 제한은 없었으나, 위덕왕(威德王)의 아버지 성왕(聖王)을 죽인 사람이 누군가 하면, 바로 진흥대왕(眞興大王)이고 진흥대왕이 누구인가 하면 성왕의 사위였다. 증손부(曾孫

婦)를 어디서 데려오지 못해 아비 죽인 원수 놈의 손녀를 데려오고, 장인을 죽인 고약한 사위 놈의 손녀를 데려오겠는가. 심리적으로도 엄중한 질타를 받을 일이니, 서동(薯童)의 아내 역시 백제의 목씨(木氏)·국씨(國氏) 등 팔대성(八大姓)의 여자이거나, 그렇지 않으면 혹 민가의 여자일지언정, 어찌 전대의 원수인 진흥대왕의 자손이 될 수 있겠는가. 이것은 서동편의 사정이다.

백제나 신라의 군신(君臣)들이 거의 피차간 전장(戰場)에서 서로 죽이고 죽던 사람들의 자손이니, 모두 이 결혼을 반대할 것이다. 이것도 양편이 결혼할 수 없는 또 하나의 사정이다.

사정이 이러한데도 불구하고 서동(薯童)은 커갈수록 "백제왕가(百濟王家)에 태어나지 말고 신라의 민간자

〈단양에 있는 신라 진흥왕의 적성비(赤城碑)〉

제(民間子弟)로 태어났다면 선화(善化)의 얼굴이라도 한번 쳐다보고, 선화에게 내 얼굴이라도 한번 보여줄 수 있었을 텐데"하는 생각이 머릿속을 꽉 채우고 맴돌아 어쩔 수가 없었다.

서동은 마침내 백제 왕궁을 도망쳐 나와 신라의 동경(東京), 지금의 경주로 갔다. 그리고 머리를 깎고 어느 대사(大師)의 제자가 되었다. 이때 신라에서는 불교를 높이 받들어, 왕이나 왕의 가족들이 궁 안으로 중을 청해 들여 재(齋)도 올리고 백고좌(百高座)도 베풀고 대화상(大和尙)의 설법(說法)도 듣던 때였다.

그로인해 서동은 법연(法筵:불법을 설파하는 자리)을 계기로 오랫동안 그려오던 선화를 만날 수 있었다. 두 사람의 눈이 마주치자, 선화는 "백제 서동이 사랑스러운 사내라더니, 아마 서동도 저 중만은 못할 것이다. 내 오늘부터는 서동 생각을 접고 저 중을 사모하리라."했고 서동은 "내가 네 남편이 되지 못한다면 죽어버릴 것이다. 너도 내 아내가 되지 않으려거든 죽어버려라."하고 두 마음이 서로 맺어졌다.

그래서 서동은 선화의 시녀에게 뇌물을 주고 밤에 선화의 궁으로 들어가 사통(私通)하게 되었다. 선화는 서동이 아니고는 다른 사내의 아내는 되지 않겠다고 했고 서동은 선화가 아니고는 다른 여자의 남편은 되지 않겠다고 겹겹이 맹세했다. 그러나 주위의 사정이 허락하지 않는 데야 어떻게 하겠는가.

서동과 선화는 상의했다. "차라리 이 일을 세상에 널리 알려, 세상이 허락하면 결혼하게 되겠지만 그렇게 되지 않으면 죽겠다"는 각오를 다졌다. 그래서 서동은 엿과 밤 기타 과실들을 많이 사가지고 가끔 시가(市街)를 돌아다니면서 아이들을 유인하여 이런 노래를 가르쳤다.

"선화 아기씨님은 염통(심장)이 반쪽이라네. 본래는 온통이었지만 반쪽은 떼어 서동을 주고, 반쪽은 남기어 자기가 가졌으나 상사병(相思病)을 앓고 있다네. 서동아 어서 오소서. 어서 오시어 염통을 도로 주사, 선화 아기씨를 살리소서."

이 노래는 하루아침에 신라 동경 곳곳에 퍼져 모르는 사람이 없게 되었다. 그래서 선화는 아버지 진평왕에게 자백했고, 서동은 신라로 돌아가 증조부 위덕왕에게 바로 고했다. 그리고 다른 방면의 결혼을 제의하면 두 사람 다 죽기로써 거절했다.

위덕왕이나 진평왕이 모두 처음에는 조부모나 부모가 모르는 남녀 간의 사사로운 통정(通情)은 가문(家門)의 큰 변고(大變)라며 즉시 사형(死刑)에 처할 듯 서둘렀지만, 그래도 사랑하는 딸과 사랑하는 손자인데, 어찌하겠는가. 진평왕은 박·석·김 3성의 결혼풍습을 타파했고, 위덕왕은 아버지의 원수를 잊고 서동과 선화의 결혼을 허락하여 양국 왕실(王室)이 다시 새 사돈이 되었다. 〈향가(鄕歌)의 하나인 「서동요(薯童謠)」는 「삼국유사」 무왕(武王)조에 있는데, "善化公主主隱(선화공주님은)/他密只嫁良置古(남몰래 정을 통해두고)/薯童房乙(서동도련님을)/夜矣卯乙抱遣去如(밤에 몰래 안고 갔다네)"로 되어 있다. 단재가 위에서 인용한 서동요는 전해지고 있는 금낭설화(錦囊說話)·익산민요(益山民謠) 등 여러 전래가요 중 하나로 보인다. 일부 호사가들은 원래의 「서동요」를 "선화공주는 남달리 빽빽한 ×× 가랑이에 샛서방을 몰래 숨겨 두고서, 아! ×을 포개는 거여"라고 풀기도 한다.—정해자〉

(2) 결혼후 약 10년의 양국 동맹

두 나라가 국혼(國婚)을 한 뒤 매우 친밀하게 지냈다. 「삼국사기」에는 그에 대한 말이 없으나, 이것은 신라가 그 뒤 고타소낭(古陀炤娘)의 참혹한 죽음(다음장 참조)으로 인해 백제를 몹시 통한(痛恨)했고 이윽고 백제를 멸망시키고는 그러한 기록을 모두 태워버려 신라왕가(新羅王家)의 딸이 백제로 출가한 자취를 숨겨버린 까닭이다.

그러나 「삼국유사」에 따르면 "서동(薯童)이 선화(善化)공주가 아름답다(美艶)는 말을 듣고 머리를 깎고 신라 서울로 와서 노래를 지어 아이들을 유인해 부르게 했다"고 했고, 동국여지승람(東國輿地勝覽:益山彌勒寺條)에는 무강왕(武康王)이 선화부인(善花夫人)과 함께 용화산(龍華山) 밑에 미륵사(彌勒寺)를 짓자, "신라 진평왕이 온갖 기술자를 보내 도왔다(新羅眞平王, 遣百工助之)"고 했다. 〈「동국여지승람(東國輿地勝覽)」 익산(益山) 미륵사(彌勒寺)에 대한 기록은 이러하다. "무강왕(武康王)이 선화부인(善花夫人)과 함께 사자사(獅子寺)에 가려고 용화산(龍華山) 밑에 있는 큰 못(大池) 가를 지나는데, 세 미륵(彌勒)이 못 안에서 나타났다. 부인이 왕에게 이곳에 가람(伽藍)을 짓자고 원했다. 왕이 허락했다. 그리고 사자사(獅子寺)의 지명법사(知命法師)에게로 가서 못을 메울 방법을 물었다. 지명법사가 신통력(神通力)으로 하룻밤 사이에 산을 허물어 못을 메웠다. 그래서 불전(佛殿)을 창건하고 또한 세 미륵상(彌勒像)을 지었다. 신라 진평왕(眞平王)이 온갖 기술자를 보내 도왔다. 석탑(石塔)이 있는데 말할 수 없이 크고 높이도 몇 길이나 된다. 동방(東方)의 석탑 중 최고다." 원문에는 「여지승람」의 興(여)자가 '與(여)'자로 잘못되어 있고 내용도 "선화부인과 함께"가 "선화공주를 취(娶)하여"로 되어 있어 기록을 참고해 고쳤다. -정해자〉

또 「고려사(高麗史)」 지리지(地理志)에는 "후조선 무강왕비릉(後朝鮮武康王妃陵)을 항간에서는 말통대왕릉(末通大王陵)이라 한다"고 했고, 그 주에 "백제 무왕(武王)의 어릴 때 이름이 서동(薯童)인데 말통(末通)은 바로 서동의 와전된 음이라고 한다"고 했다. 〈「고려사」지리지의 기록은 이렇지 않다. "금마군(金馬郡)에는 후조선(後朝鮮) 무강왕비릉(武康王妃陵)이 있는데 속설에 영통대왕릉(永通大王陵)이라고 한다. 일설에는 백제 무왕(武王)의 어릴 적 이름이 서동(薯童)이었다 한다"고 되어 있다. 단재는 이 대목에서 「고려사」가 아닌 「동국여지승람」의 '쌍릉(雙陵)' 설명을 뽑아 쓰고 있는데 '쌍릉'은 빼버리고 "후조선 무강왕기준비릉(後朝鮮武康王箕準妃陵)은 말통대왕릉

(末通大王陵)이라 한다"며 「여지승람」 기록에도 없는 "箕準(기준)"이라는 두 글자를 及(급)자 대신 끼워 넣어 서술하고 있다. 그래서 「고려사」 등의 기록대로 箕子(기자)라는 두 글자를 빼었다.-정해자〉

무릇 서동이 백제의 왕위를 물려받아 42년 동안 재위하다 타계하여 무왕(武王)이라는 시호를 받았으니, 무강왕은 (항간의 속설처럼) 후조선(後朝鮮)의 기준(箕準)이 아니라, 바로 무왕을 잘못 지칭한 것이고, 서동과 말통은 이두로 보면 薯(서)는 뜻을 따고 童(동)은 음을 따서 '마동'이 되고 末通(말통) 두 자는 모두 음을 따서 '마동'이라고 표기한 것이다. 그러므로 말통대왕릉은 바로 서동 무왕과 선화공주를 합장한 무덤이다.

그런데 말통대왕이 왕이 된 뒤에는 바로 신라와 혈전을 벌이는 사이가 되었다. 신라가 혈전을 벌이는 적국에 백공(百工)을 보내어 사찰(寺刹) 건축을 도왔을 리 만무하니, 미륵사(彌勒寺)를 지은 것은 아마도 서동(薯童)이 왕손(王孫)으로 있을 때 원당(願堂)으로 지은 것일 것이다.

그 원당을 지을 때에는 신라·백제 두 나라가 사돈이 되어 피차간 화목한 관계를 유지하며 고구려에 대한 동맹국이 되어 있었다. 그래서 진평왕 원년에서 24년까지, 곧 백제 위덕왕 26년에서 45년을 지나 혜왕(惠王) 2년, 법왕(法王) 2년을 지나 무왕(武王) 2년까지는 신라와 백제 사이에 한 차례의 전쟁도 없었다.

다만 두 나라가 앞서거니 뒤서거니 하며 수(隋)나라로 사자를 보내어 고구려를 치자고 청하여 수문제(隋文帝)·수양제(隋煬帝) 양대(兩代)의 침입(侵入: 제10편 참조)을 불러오게 된다.

(3) 동서전쟁, 용춘(龍春)의 시샘과 무왕의 항전

백제가 위덕왕 말년이나 혜왕·법왕 연간, 바로 서동(薯童)이 왕의 증손(曾孫)일 때나 왕의 손자일 때, 또 왕의 태자일 때는, 신라와 화목하게 지냈다. 그러다 무왕(武王) 3년, 바로 서동이 왕이 된 3년 뒤에는 오히려 신라와의 전쟁이 시작되어 백제는 신라의 아막산성(阿莫山城:母山城), 지금의 운봉(雲

峰:원문은 '雲' 자가 빠져 있다.-정해자)을 쳤고, 신라는 소타(小陀)·외석(畏石)·천석(泉石)·옹잠(甕岑), 지금의 덕유산(德裕山) 일대에 성책(城柵)을 쌓아 백제를 막았는데, 백제는 좌평(佐平) 해수(解讐)에게 위 네 성으로 쳐들어가 신라 장군 건품(乾品) 및 무은(武殷)과 격전을 벌이게 했다. 〈위의 아막산성(阿莫山城)이 원문에는 아모산성(阿母山城)으로 되어 있다. 阿莫山城(아모산성)의 莫(막)은 古音(고음)이 '모'이다. 그러므로 '아막산성'은 우리말 '어미뫼잣', 즉 '어미산성'이라는 이두 표기이고 母山城(모산성)은 한문으로 번역된 이름이다. 그래서 "阿莫山城. 一名 母山城"이라고 삼국사기는 기록했다. 단재가 이것을 어찌 뒤섞어 '阿母山城'으로 적었는지 모르지만 사서의 기록대로 다시 고쳤다.-정해자〉

그 뒤부터는 지금의 충청북도의 충주(忠州)·괴산(槐山)·연풍(延豊)·보은(報恩:원문은 '報安'으로 잘못되어 있다.-정해자) 등지와 지금의 지리산(智異山:박달산) 좌우의 무주(茂州)·용담(龍潭)·금산(金山)·지례(知禮) 등지 및 지금의 덕유산 동쪽 함양(咸陽)·운봉(雲峰)·안의(安義) 등지에서는 무수한 생명(生命)과 자산(資産)을 버리며 쇠가 쇠를 먹고 살이 살을 먹는 참극(慘劇)을 빚어내기에 이르렀다.

진평왕은 무왕의 사랑하는 아내의 아버지다. 속담에 "아내에게 엎어지면 처갓집 말뚝을 보고도 절을 한다."고 하였는데, 무왕은 어찌 자기가 왕이 되어 정권(政權)을 잡은 마당에, 그의 유일한 애처(愛妻)의 아버지인 장인의 나라를 말뚝만큼도 보지 않고 눈만 뜨면 군사를 동원하여 유린(蹂躪)하려 하였는가.

신라의 왕위를 박·석·김 세 성바지가 서로 전해 받았지만, 그 시조 박혁거세(朴赫居世:ᄇᆞ그ᄂᆞ) 때부터 그렇게 하기로 결정한 명문헌법(明文憲法)은 아니었다. 처음에는 박·석 두 성바지가 결혼하여 한 가지 성씨의 아들이나 사위만 왕이 될 권리를 얻었는데, 건국 3백년 후 미추이사금(味鄒尼師今)이 김(金)씨로서 점해니사금(沾解尼師今)의 사위가 되면서 두 성바지에 끼어들어 세 성바지로 왕위가 전해지는 상황이 형성되었다. 그러니, 건국 6백년 뒤에 부여(夫餘)씨가 세 성바지에 끼어들어 네 성바지가 왕위를 물려받는 상황이 된다고 해서 안 될 것이 무엇인가.

이렇게 보면 무왕이 신라의 왕위를 물려받을 권리가 있다는 첫 번째 조건
이고, 신라는 원래 아들이나 사위 중 나이가 가장 많은 사람이 전왕의 왕위
를 계승했는데, 진평왕에게는 딸만 있고 아들이 없었으며, 맏딸 선덕(善德)
은 불문(佛門)으로 들어가 여승(女僧:원문은 曾(증)자로 잘못되어 있다.-정해자)이
된 채 정치에는 관계하지 않았으니, 선화(善化)가 비록 둘째딸이지만 선화의
남편, 무왕이 그의 맏사위였으므로, 무왕이 신라의 왕위를 물려받을 권리가
있다는 두 번째 조건이다.

이 두 가지 조건으로 무왕은 신라의 왕이 될 희망을 가졌을 것이고, 진평
왕 또한 왕위를 무왕에게 전해볼까 하는 생각을 가졌었을 것이다. 만일 그
렇게 되었다면 박·석·김·부여 네 성바지가 왕위를 물려받는 상황이 열려 신
라와 백제가 한 나라로 통합되고 양국 인민이 의미 없는 혈전(血戰)도 면할
수 있었을 것이다.

백제는 부여(夫餘)씨를 포함해 팔대가(八大家:眞·國·海·燕·木·苩·劦)가 있었으
나 실은 부여씨가 정권(政權)을 전담하여 고구려의 벌족공화(閥族共和)와 달
랐고 신라는 원래 박·석·김 삼성공화국(三姓共和國)이었으나 이때는 김씨 일
가(一家)가 왕위계승권을 독점하다시피 하던 때이니, 두 나라(兩家) 왕들의
마음만 맞으면 두 나라의 결혼적 연합(結婚的聯合:연방제)이 용이하였을 것이
다.

그러나 세상 일이 어찌 이처럼 순탄하게 이루어지겠는가. 두 나라 군신(君
臣)이 거의 반대하였겠지만 그중에서도 가장 강력하게 반대한 사람은 김용
춘(金龍春)일 것이다. 김용춘이 누구인가. 바로 진평왕의 셋째 딸 문명(文明)
의 남편이다. 선화(善化)가 백제로 시집가 멀리 떨어져 있으니, 진평왕의 사
랑은 자연히 문명에게로 옮겨갔을 것이고, 맏사위인 선화의 남편 서동(薯童)
보다 둘째사위, 문명의 남편 김용춘을 더 사랑하게 되었을 것이다.

만일 신라의 왕위가 서동에게 가지 않는다면 바로 자기에게 돌아올 공산
이 크기 때문에, 김용춘은 반대의견을 갖고 이를 막으려 했을 것이다. 그러

한 반대는 성공을 거두어, 진평왕은 드디어 서동에게 왕위를 물려줄 생각을 접고 불문(佛門)으로 출가(出家)하여 중이 된 맏딸 덕만(德曼), 곧 선덕대왕(善德大王)을 불러들여 태녀(太女:원문은 '王太女'이다. 太子(태자)와 같은 말로 선덕왕(善德王)이 여성이기 때문에 단재가 지어 붙인 말이다. 사서(史書) 어디에도 덕만을 태녀로 봉했다는 말은 없다-정해자)로 삼았는데, 이것은 김용춘을 중용(重用)하여, 장래 명의는 선덕에게 있더라도 실권은 김용춘이 갖도록 배려한 것일 것이다. 김용춘에게 왕위를 계승할 수 있는 명의를 주지 않고 덕만에게 준 것은, 물론 서동의 감정을 누그러뜨리려는 생각에서였을 것이다.

그러나 서동도 하나의 총명한 사람이다. 어찌 이런 수단에 넘어가겠는가. 그러므로 즉위한 뒤 김용춘을 죽이려고 군사를 출동시켜 신라를 치자, 김용춘이 처음에는 진평왕의 뒤에 숨어 군막(軍幕:帷幄) 안에서 참모(參謀) 노릇만 하다가 끝에는 내성사신(內省私臣)으로 대장군(大將軍)을 겸하고 실제 전장(戰場)에 나타나 피차간의 악전고투(惡戰苦鬪)를 거의 해마다 계속하였다. 이것이 이른바 동서전쟁(同壻戰爭)이다. 〈내성사신(內省私臣)은 궁정의 관리(官吏)와 근시(近侍)집단을 통할, 통제하고 재상(宰相)을 겸하는 절대왕권의 최고 관리였다. 김용춘(金龍春)은 일명 용수(龍樹)로, 진지왕(眞智王)의 아들이고 태종무열왕(太宗武烈王) 김춘추(金春秋)의 아버지이다.-정해자〉

(4) 동서전쟁(王位爭奪戰)의 희생자들

두 개인의 비열한 이기주의적 충돌에 불과했지만, 명분은 국가와 민족중흥을 위해서라는 핑계로 너나없이 국내 인심을 선동하여 명예와 작록(爵祿:벼슬)으로 죽기를 각오하는 장사(死士)들을 샀기 때문에 한쪽에는 비통하게 우는 인민들이 있음에도 불구하고 한쪽에서는 공명(功名)에 춤을 추는 장사(將士)가 적지 않았다.

그러므로 「동국여지승람」의 합천(陜川) '부자연(父子淵)' 전설에 따르면 신라의 전쟁이 지루하여 민가(民家) 남정네들이 늘 전쟁하러 가면 만기가 여러 번 지나도 돌아오지 아니하므로, 어느 늙은 아비가 어려해만에 아들이 전장에서 돌아온다는 기별을 듣고 마중을 나갔다가, 이 못의 바위 위에서 오래도록 서로 안고 울며 애타게 그리던 정(情)과 어려운 삶을 하소연하다가 바위 밑으로 떨어져 빠져 죽었기 때문에 「부자연」이라 한다고 했고, 〈위의 '합천(陜川)'이 원문에는 '영평(永平)'으로 되어 있다. 오늘날 경기도 포천(抱川) 지방을 이르는 옛 지명이다. 그러나 「여지승람」 '영평현(永平縣)'에는 '부자연(父子淵)'이라는 못이 없다. '부자연'은 합천군(陜川郡) 산천(山川)조에 보이는데, 내용도, "신라의 장성(長城)을 쌓는 일에 동원되어 오랫동안 부역에 시달린 졸개가 돌아오게 되었는데, 그는 아버지를 이 못 가에서 만나 서로 부둥켜안고 울다가 함께 빠져 죽었기 때문에 '부자연'이라 한다."고 기록되어 있다. 그렇다고 합천(陜川)이 영평(永平)이라고 불린 기록이 있는 것도 아니다. 그래서 단재의 착각으로 판단하고 '영평'을 '합천'으로 고쳤다.─정해자〉

「삼국사기」설씨녀전(薛氏女傳)에 따르면 설녀는 문벌 없고 가난하며 일가붙이 없이 외롭게(寒門孤族) 사는 사람이지만 얼굴이 예쁘고 지조와 행실이 반듯하여 보는 사람마다 탐을 내었으나 감히 범접하지 못했다. 진평왕 때, 그의 늙은 아비가 먼 지방으로 수자리(關防)를 살러 가야 했다. 설녀는 여자로 태어나 대신 갈수 없는 것만 한하며 큰 걱정을 했다. 그때 설녀를 마음에 품고 있던 사량부(沙梁部) 소년 가실(嘉實)이 이 사실을 알고 대신 가겠다고 나섰다. 설녀의 아버지가 이 말을 듣고 크게 기뻐하며 가실과 딸을 즉시 결혼시키려 했다. 설녀가 가실에게 "결혼은 평생에 한번 있는 큰일이니, 너무 서두르지 말고 3년 뒤 돌아와서 올리자."고 했다. 가실도 그렇게 하기로 했다. 설녀는 갖고 있던 거울을 반 쪽 내어 가실에게 한쪽을 주며 뒤에 신표(信標)로 삼자고 했고 가실은 자기가 기르던 말을 대신 키우라고 설녀에게 주었다. 이윽고 변방(邊防)으로 떠난 가실은 3년 만기를 곱 짚어 6년이 지나도 돌아오지 않았다. 설녀의 아버지는 나이만 먹고 있는 딸을 보다 못해 다른 사람에게 시집보내려 했다. 설녀가 말을 안 듣자 강제로 서둘렀다. 설녀가 도망치려고 가실이 준 말이 있는 마구간으로 가서 말을 보고 한숨을 쉬며 눈물을 흘렸다. 이때 가실이 교대를 마치고 돌아왔다. 얼굴은 바짝 말라 해골만 남았고 옷은 해질 대로 해져 알아볼 수도 없게 변해 있었다. 설녀가 알아보지 못하자 가실은 깨진 거울조각을 설녀 앞으로 던졌다. 설녀는 그것을 보고 엉엉 소리 내어 울었다. 드디어 결혼하여 함께 오래 살았다.

이상 두 가지 기록이 당시 전국시대(戰國時代) 정황(情況)의 만분의 1에 불과하겠지만, 당시 인민들의 고초가 어떠했는지는 짐작할 수 있다. 그러나 무사(武士)들의 사회는 이와는 완전히 딴판이었다. 밑에 이에 대해 대략 기술하겠다.

㉮ 귀산(貴山)은 파진간 무은(波珍干武殷)의 아들이고 사량부(沙梁部:六部의 하나) 사람이다. 소년 추항(箒項)과 벗(친구)이 되어 함께 원산법사(圓山法師)를 찾아가 가르침을 청하자, 법사는 "불교에 십계(十戒)가 있으나, 너희들은 남의 신자(臣子)가 되어 봉행(奉行)하지 못할 것이다. 화랑(花郞)의 오계(五戒)가 있으니 '임금을 충(忠)으로 섬기고 아비를 효(孝)로 섬기며, 벗은 신(信)으로 사귀고, 전쟁에는 용감(勇)하게 나가되 생물을 살상(殺傷)할 때는 가림이 있어야 한다' 했으니 너희들은 이것을 받들어 행하도록 하여라"라고 했다.

진평대왕(眞平大王) 건복(建福) 19년(기원 602년) 백제가 쳐들어와 아막성(阿莫城:母城), 지금의 운봉(雲峰)을 포위 공격했다. 왕이 파진간(波珍干:벼슬 이름) 건품(乾品)과 무은(武殷) 등을 보내어 방어하게 했는데, 귀산(貴山)과 추항(箒項)도 따라갔다. 〈위 아막성(阿莫城)이 원문에는 아모성(阿母城)으로 되어 있다. 진평왕기(眞平王紀)의 기록대로 다시 고쳤다.─정해자〉

백제가 거짓 패한 체 하고 천산(泉山), 지금의 함양(咸陽)으로 퇴각하여 매복했다가, 추격해오는 신라 군사를 무찌르고 쇠갈고리(鐵鉤)로 무은을 얽어 매어 생포했다. 귀산이 소리높이 외쳤다. "우리 스승이 나에게 전쟁에는 용감하라고 가르치셨다. 어찌 감히 물러서겠느냐"하고 추항과 함께 창을 들어 수십 명을 죽이고 아버지 무은을 구했으나 금창(金瘡:창이나 칼에 다친 상처) 온 몸에 가득하여 추항과 함께 중도에서 죽었다.

㉯ 찬덕(贊德)은 모량부(牟梁部:또한 六部의 하나) 사람이다. 심지가 굳고 용감했으며 영특했다. 진평왕 복건 27년 가잠성주(椵岑城主)가 되었다. 이듬해 10월 백제가 쳐들어와 성을 포위하고 1백 여일을 싸웠다. 왕이 상주(上

州:尙州)·하주(下州:昌寧)·신주(新州:廣州)의 병사 5만을 출동시켜 구원하라고
보냈으나, 싸움에 지고 돌아갔다. 찬덕이 분통을 터뜨리며 사졸들에게 "세
고을(三州)의 군사와 장수가 강한 적에 겁을 먹고 진격하지 못하여 위급한
성을 구하지 못하니, 이것은 의리(義)가 없는 것이다. 의리가 없이 사는 것
은 의리 있게 죽는 것만 못하다"하고 군량이 떨어지자, 시체를 먹고 오줌을
마시며 힘을 다해 싸우다가 이듬해 정월 인력(人力:兵士)마저 더할 수 없이
지쳐 널브러지자, 드디어 머리로 느티나무(槐木)를 받아 골이 깨져 죽었다.
가잠성은 지금의 괴산(槐山)이다. 괴산은 혹 찬덕이 머리로 괴목을 받은 까
닭으로 지은 지명이 아닌가 한다. 〈가잠성(椵岑城)은 이밖에도 안성군 죽산(竹山:皆次
山郡)으로 비정되기도 한다. 그러나 현재는 충북 영동군 양산면 가곡리(永同郡陽山面柯谷里)
에 있는 가지산, 즉 갓산, 또는 갓산으로 불린 비봉산성(飛鳳山城)으로 고증되고 있다. 7세기
중반 비봉산 서쪽 원당리(元塘里) 대왕산(大王山:337.8m)에 조비천성(助比川城)을 쌓고, 행
정촌 이름을 가잠성에서 조비천성으로 바꾸었다 한다.—정해자〉

㉯ 해론(奚論)은 찬덕(贊德)의 아들이다. 진평왕 복건 3년에 금산당주(金山
幢主)로 한산주도독 변품(漢山州都督邊品)과 함께 가잠성(椵岑城)을 수복하려
갔다. 교전(交戰)이 시작되자 해론은 "나의 아버지가 여기서 돌아가셨다.
나도 백제인과 여기서 싸우고 있으니, 오늘이 내가 죽을 날이다."하고 단병
(短兵:刀劍 등 짧은 무기)을 들고 달려 나가 몇 사람을 죽이고 죽었다. 당시 시
인(詩人)들이 애도하는 긴 노래(長歌)를 지어 조문(弔)했다. 〈원문은 "해론이 말
하기를, '이곳은 나의 아버지가 죽은 곳이다' 하고 달려 나가…"로 되어 있다. 너무 축약되어
있다 싶어 「삼국사기」의 기록을 참고하여 보충 번역했다.—정해자〉

㉰ 눌최(訥催)는 사량부 사람이다. 진평왕 41년 백제의 대군(大軍)이 쳐들
어와 속함(速含)·앵잠(櫻岑)·기잠(岐岑)·봉잠(蜂岑)·기현(旗懸)·용책(冗柵) 6성
을 공격했다. 왕이 상주(上州)·하주(下州)·귀당(貴幢)·법당(法幢)·서당(誓幢)의
5군에게 구원하라고 명했다. 5군의 장수들은 백제군 진영이 당당한 것을 보
고 감히 진격하지 못했다. 그중의 한 장수가 건의하기를 "대왕께서 다섯 고
을의 군사를 우리 장수들에게 맡기셨으니, 국가의 존망이 이 싸움에 달렸
소. '가능하면 진격하고 어렵거든 퇴각하라'는 것이 병가(兵家)의 말입니
다. 이제 저렇게 막강한 적세를 보면서 진격했다가 패한다면 후회해 보았자

무슨 소용이겠소."했다. 여러 장수가 모두 "그렇소"하고 돌아가려 했다. 그러나 너무 면목이 없었다. 그래서 노진성(奴珍城)을 쌓고 돌아갔다.

이렇게 되자 백제군은 더욱 급하게 속함·기잠·용책 세 성을 공격해 함락했다. 눌최는 기현·앵잠·봉잠 세 성을 굳게 지키다가, 5군이 모두 돌아갔다는 말을 듣고 분개하여 사졸들에게 물었다. "봄이 되면 온갖 초목이 다 번성하지만 겨울이 깊어지면 소나무와 잣나무(또는 측백나무)만 푸르다. 이제 구원병은 없고 세 성은 위태롭게 되었다. 이는 뜻있는 선비(志士)와 의로운 사내(義夫)가 절개(節)를 세우기 좋은 날이다. 너희들은 어찌하겠느냐?" 사졸(士卒)들이 모두 눈물을 뿌리며 함께 죽겠다고 맹세했다. 성은 함락되고 살아남은 병사는 몇 명 안 되었으나 오히려 힘을 다해 싸우다 죽었다.

이상의 네 전쟁은 바로 신라의 파진간(波珍干)이나 도독(都督), 5군 대장(大將)들이 출동한 동서전쟁(同壻戰爭)에 관한 충신(忠臣)·의사(義士)의 약사이다. 백제와의 큰 전쟁이었기 때문에 사서(史書)에 특별히 기록해 놓은 것이지만 이밖에도 소소한 전쟁은 거의 그칠 날이 없었을 것이다.

백제사(百濟史)는 거의 빠지거나 없어져 알 수가 없으나, 백제가 신라보다 억세고 사나웠던 호전국(好戰國)이었으므로 희생된 충신과 의사도 신라보다 많았을 것이다. 그러나 두 동서(同壻), 즉 두 개인의 이기심(利己主義)을 성취하기 위해 수많은 인민을 죽이는 전쟁에서 희생된 충신과 무사(武士)들이니, 이 시대의 충신·의사도 역시 가치 없는 충신·의사들이라 할 것이다. 〈파진간(波珍干)의 干(간)은 고구려의 加(가), 백제의 韓(한)과 함께 본디 독자적 영역과 백성을 가진 小國(소국)의 王(왕)들이었다. 이들은 이웃 세력들과 견주어 작은 세력이 보다 큰 세력에게 굴복함으로써 평화를 유지했다. 고구려에서는 형제적 질서를 형성해 큰 세력을 이룬 加(가)를 太大兄(태대형)·大兄(대형)이라 했고 작은 세력의 加(가)를 小兄(소형)이라고 불렀다. 삼한(三韓)에서는 가장 큰 세력의 干(간)을 臣智(신지)라 했고 다음을 險側(험측)·樊穢(번예)·殺奚(살해)·邑借(읍차)의 5단계로 나누어 호칭했다. 신라의 伊干(이간)·波珍干(파진간)·阿干(아간)·一吉干(일길간)·沙干(사간)·級干(급간) 등의 관등도 이러한 역사적 배경 속에 태어난 이름들이다. –정해자〉

제 10 편

삼국 혈전의 시작

제1장. 임유관(臨渝關) 전투

〈임유관의 渝(유)자가 원문에는 楡(유)자로 잘못되어 있다.-정해자〉

(1) 고구려와 수(隋)의 전쟁 원인

세력과 세력이 만나면 충돌하게 되는 것은 정해진 이치이다. 고대 동아시아에서 비록 많은 종족이 대립하였으나, 모두 어리비리하고 무식하여 유목이나 하는 미개한 야만족들이라, 혹 한 때 정치적으로 큰 세력을 잡는다고 해도 문화(文化)가 없기 때문에 뿌리 없는 나무처럼 붕괴하고 나면 다시 이어나갈 수 있는 터전까지 없어지고 만다.

토착민족(土着民族)으로 장구한 역사와 상당히 발전한 문화를 갖고 있는 나라는 지나(支那:중국)와 조선(朝鮮) 뿐이었다. 지나와 조선은 고대 동아시아의 양대 세력(兩大勢力)이었다. 그러니, 만나면 어찌 충돌이 없겠는가. 만일 충돌이 없던 때라고 하면 반드시 피차간 내부의 분열과 갈등이 있어 각기 내부 통일에 바빴던 때일 것이다.

상고(上古)는 말할 것도 없다. 고구려 건국 이래 조선은 아직 봉건(封建)상태에 있어 열국(列國)이 서로 침벌(侵伐)했으므로 외국을 정벌(征伐)할 힘이 없었고, 지나(중국)는 한(漢)이 통일하여 외국을 정벌할 힘이 넉넉했으므로 한(漢)의 고구려에 대한 침략이 가장 잦았다.

태조대왕(太祖大王)과 차대왕(次大王) 때는 고구려가 비록 조선을 통일하지는 못했지만 국력이 매우 강성하여 조선 안에는 거의 대등(對等)한 세력이 없었기 때문에 한을 쳐 요동(遼東)을 점령하는 동시에 직예(直隷)·산서(山西) 등지도 그 침략범위 안에 있었다.

그 얼마 뒤 왕위(王位)를 두고 쟁탈전을 벌이는 난(亂)이 거듭되면서 발기(發岐)가 마침내 요동을 갖고 공손탁(公孫度)에게 항복했고 이로 인해 고구려 백성이 가장 많이 모여 살던 기름진 땅을 잃게 되어 약소국(弱小國)이 되

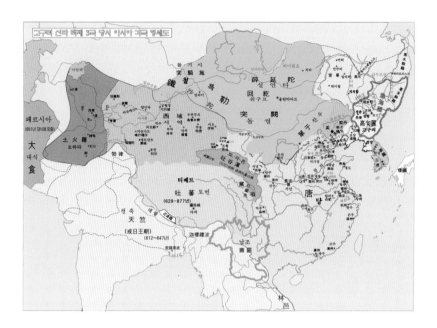

고 말았다.

그 약소국의 지위를 면하기 위해 고구려는 조조(曹操)의 자손인 위(魏:三國魏)와 모용-씨(慕容氏)의 연(燕), 즉 지나(중국) 북쪽 나라들에게 도전을 하고 있었는데, 그동안 백제와 신라가 남쪽에서 굴기(崛起)하여 고구려와 대등한 세력을 갖게 되었다.

이윽고 소수림왕(小獸林王)·고국양왕(故國壤王)·광개토대왕(廣開土大王)의 세 태왕(太王)이 일어나 요동(遼東)을 쳤고, 또 서북쪽의 거란(契丹)을 정복하여 열하(熱河:承德) 등지를 점령했으며, 장수태왕(長壽太王)이 70년간 백성들을 편히 쉬게 하면서 힘을 기르자, 인구가 대폭 늘고 국력이 팽창하여 지나와 우열을 다툴 만했다. 그러나 남쪽의 네 나라(新羅·百濟·任那·阿羅)의 대고구려 공수동맹(攻守同盟)이 생겨 등 뒤의 견제를 받았기 때문에, 장수태왕이래로 드디어 북진정책을 버리고 남방 통일에 전력하였다.

만일 이때 지나(중국)대륙이 통일되었다면 고구려에 대한 침략이 빈번하였겠지만 지나도 남북조(南北朝)로 갈리어 들어서는 바람에 산해관(山海關) 이 동을 엿볼 사이가 없었다. 위(魏:北魏)의 탁발씨(拓拔氏)의 백제 침입(제8편 2 장 참고)과 주(周:동서로 갈라진 魏를 멸하고 세운 北朝의 제국. 北周라고 한다) 우문씨 (宇文氏)의 고구려 침입(곧 溫達의 격퇴) 같은 일시적인 침입은 있었으나, 피차 가 흥망을 다투는 혈전이 오래 계속되지는 않았다.

그러나 기원 509년경이 이르러 북주 우문씨의 제위(帝位)를 빼앗은 수(隋) 의 문제(文帝) 양견(楊堅)은 진(陳:東晉·宋·齊·梁·陳으로 이어진 南朝의 마지막 나라) 을 병탄하여 전 지나(중국)를 통일하는 강대한 제국을 이룩했다. 그리고는 지 나 이외의 나라들은 모두 깔보았다. 당시 북쪽의 돌궐(突闕)이나 서쪽의 토 곡혼(吐谷渾)은 모두 쇠약해져 신례(臣禮)를 행했다. 〈원문에는 "남쪽의 토곡혼 은…"으로 되어 있다. 그러나 당시 돌궐(突闕)은 동서로 나뉘어져 북쪽에는 동돌궐(東突闕), 서북쪽에는 서돌궐(西突闕)이 있었고, 영토가 많이 축소된 토곡혼(吐谷渾)은 오늘날 청해(靑 海)와 하서회랑(河西回廊) 지역에 있었다. 그래서 "서쪽"으로 고쳤다. -정해자〉

오직 동쪽의 고구려 제국(高句麗帝國)만이 강력한 힘을 뽐내며 지나에 맞 섰다. 이러한 고구려를 어찌 저들의 오만하고 무례하며 저 높은 줄만 아는 지나(중국) 제왕이 보고만 있겠는가. (수(隋)의 황실(皇室)과 장상(將相)들이 거의 선비 족(鮮卑族)이었지만 지나(중국)에 동화된 지 오래였다.) 이것이 수군(隋軍)이 입구(入寇) 하게 된 첫째 원인이었다.

백제와 신라는 수십 년간 서로가 풀지 못할 원수(仇讐)를 맺었지만, 갑자 기 옹서(翁壻:장인과 사위)의 나라(9편 3장 참고)가 되어 화해했고 고구려를 미워 하여 두 나라가 모두 수(隋)로 사자를 보낼 때마다 고구려를 치라고 청했으 며, 이따금 고구려 국정(國情)의 허실을 알려주어 수나라 군신(君臣)의 야심 을 부추기었다. 이것이 수군(隋軍) 입구(入寇)의 둘째 원인이었다.

뒤에 신라가 당(唐)에 망하지 않고 그 구구한 반독립(半獨立)이나마 지킬 수 있었던 것은 다년간 고구려의 굳센 저항과 연개소문(淵蓋蘇文)의 맹렬한 진공(進攻)이 있었던 까닭이다. 만일 고구려가 수(隋)에 망하였다면 백제나 신라는 모두 수의 군현(郡縣)이 되고 말았을 것이다. 그러므로 우리가 옛 역사를 읽을 때 신라·백제가 수에 구원을 청한 사실을 보게 되면 책을 물리고 한숨을 짓게 되는 것이다.

(2) 수문제의 모욕적인 글과 강이식(姜以式)의 북벌론

기원 597년은 바로 고구려 영양왕(嬰陽王) 8년이고 수문제(隋文帝)가 진(陳)을 병탄하고 지나를 통일한지 17년 되는 해였다. 수는 이즈음 해마다 풍년이 들어 먹을 것이 풍족했고 군사들도 오래 쉬어 기운이 넘쳐났다. 그래서 고구려와 자웅을 겨루려고 극히 기만적이고 더할 수 없이 거만한 말투로 모욕적인 글을 보내왔다. 그 대강은 이러했다.

"짐이 하늘의 명을 받아 천하를 사랑으로 기르며, 왕에게 바닷가 한 모퉁이를 맡긴 것은, 조화(朝化:황제의 가르침과 기풍)를 널리 떨쳐 모든 사람이 각자 바라는 마음을 이룩하도록 하기 위해서이다. 왕이 매번 사절(使節)을 보내 해마다 조공(朝貢)을 하니,(무릇 타국에 사신을 보낸 것을 '조공'이라고 쓴 것은 지나(중국)「춘추(春秋)」이래 상례(常例)이다. 이는 그들 사책(史冊) 속에 그렇게 기록했을 뿐이고 상대국에 보내는 국서(國書)에는 그렇게 쓰지 못하는 것인데, 이제 고구려의 분노를 촉발시켜 한바탕 싸우려는 것이었으므로 고의로 이 말을 쓴 것이다) 비록 번부(藩附:分封 받은 屬國)라고는 하겠지만 충성심(誠節)이 미진(未盡)하다. 왕은 이미 짐의 신하이니, 모름지기 짐과 함께 덕(德)을 쌓아야 할 것인데, 말갈(靺鞨)을 몰아붙이며 핍박하고, 거란(契丹)을 가두었다. 모든 속국(諸藩)들이 엎드려 머리를 조아리며 나의 신하와 첩이 되고 있는데, 착한 사람들이 의(義)를 흠모하는 것을 분하게 여기고 있으니, 어찌하여 독하고 고약한 마음이 그렇게 깊으냐? 태부(太府:國庫와 工部의 복합체)의 기술자(工人)가 적지 않으니, 왕이 필요하다면 직접 아뢰기만 하면 될 것인데(부강함을 과장하는 말), 연전(昔年)에는 남몰래 뇌물(財貨)을 주고 소인(小人)을 꼬드기어 노수(弩手)를 도망치게 해 사사로이 하국(下國:고구려)으로 데려갔다. 어찌 병기(兵器)를 수리하려는 것이 아니고 불순한 계획이 밖으로 알려질까 봐 훔쳐(盜竊)간 것이 아니겠느냐? …그 지방(고구려)이 비록 땅은 협소하고 사람은 적다고 해도, 온 하늘 밑이 모두 짐의 신하이다. 이제 만일 왕을 쫓아내(黜)면 비워둘 수가 없으니, 반드시 다시 관속

(官屬)을 선발하여 그곳을 안무(按撫)하게 해야 할 것이다. 왕이 만일 마음을 바꿔 먹고 행동을 고친다면 바로 짐의 어진 신하(良臣)이니, 무엇하러 수고롭게 다른 재언(才彦:賢士)을 보내겠느냐. …왕은 요수(遼水)가 넓다 해도 장강(長江:揚子江)과 비교하여 어떻다고 생각 하느냐? 또 고구려의 인적 자원이 (멸망한) 진(陳)과 비교하여 어떻다고 생각하느냐? 짐이 만일 함육(含育: 敎化하여 기르려는 마음)하는 마음을 갖지 않고 왕의 죄(前罪)를 묻고자 한다면 장군 한 사람에게만 명해도 될 일이니, 무슨 큰 힘이 들겠느냐. 은근히 알아듣도록 타이르며, 왕이 스스로 새사람이 되도록 허락할 뿐이다.〉〈원문이 "거란(契丹)을 금고(錮禁)하여 왕의 신하와 첩(臣妾)을 만들고, 짐에게 조공(來朝)하는 것을 막으며, 착한 사람들이 의(義)를 흠모(慕)하는 것을 분하게 여기니"로 고치는 등 군데군데 사서의 기록을 고치고 빼버려 원뜻이 이어지지 않으므로 「수서(隋書)」 동이열전(東夷列傳)에 기재되어 있는 「사탕새서(賜湯璽書)」에서 단재가 추출한 대목만 따서 번역했다. 「수서」에는 "수(隋)가 남조의 진(陳)을 평정하자, 탕(湯)이 크게 겁을 먹고 군사를 훈련시키고 군량을 비축하면서 방어하고 지키려는 군사적 행동을 하므로 개황(開皇) 17년 이 국서를 보냈다"고 기록되어 있다. 湯(탕)은 평원왕(平原王)을 지칭하는 것이라고 「삼국사기」 주가 밝혔다.-정해자〉

「삼국사기」에는 이 글이 평원왕(平原王) 32년에 수문제(隋文帝)가 평원왕에게 보낸 것으로 기록하였으나, 「수서(隋書)」에는 수문제 개황(開皇) 17년에 평원왕에게 보낸 것으로 기재하였다.

그러나 평원왕 32년은 수문제 개황 17년이 아니다. 개황 17년은 평원왕이 타계한지 7년 뒤이다. 「삼국사기」는 연조(年代)를 잘못 기록했고, 「수서」는 왕대(王代)를 잘못 기록했다. 이웃나라 제왕의 죽음을 언제나 그 상(喪)을 보고한 해로 기록하여, 그 사실이 발생한 해를 옮겨 적어온 것이 지나(중국)「춘추(春秋)」 이래의 관습이기 때문에 「수서」에 이 같은 오록(誤錄)이 있는 것인데, 「삼국사기」는 평원왕기(平原王紀)와 영양왕기(嬰陽王紀)의 연조는 고기(古記)를 따르고 우리와 관계된 사실은 오로지 「수서」의 것을 베껴 넣었다.

「수서」에 이 글이 평원왕에게 보낸 글이라고 했기 때문에 「삼국사기」에 드디어 이 글을 평원왕 32년에 옮겨 실어 연조를 틀리게 기록하는 동시에 사실과 관계있는 인물까지 잘못 기록한 것이다.

　영양왕(嬰陽王)이, 이 모욕적인 글을 받고 크게 노하여 신하들을 모아 놓고 어떻게 회답해야 하겠는지 물었다. 강이식(姜以式)이 나서서, "이같이 오만 무례한 글에는 붓으로 회답할 것이 아니라, 칼로 회답해야 하옵니다." 하고 개전(開戰)을 주장했다.

　대왕이 이 말을 기꺼이 따랐다. 강이식을 병마원수(兵馬元帥)로 임명하여 5만 정병(精兵)을 이끌고 임유관(臨渝關)으로 나가게 하고, 이에 앞서 예병(濊兵:「수서」에는 靺鞨兵) 1만 명을 출동시켜 요서(遼西)로 쳐들어가 혼란을 조성하며 수군(隋軍)을 유인했으며, 거란병 수천 명을 출동시켜 바다를 건너 산동(山東)을 치게 했다. 이렇게 하여 두 나라의 제1차 전쟁이 시작되었다. 〈임유관(臨渝關)은 현재 진황도(秦皇島)와 푸닝(撫寧) 사이의 유관(楡關)에 있던 국경관문이다. 명(明)나라가 명장성(明長城)을 쌓기 이전에는 그곳에서 산해관(山海關) 같은 구실을 했다.—정해자〉

　「삼국사기」에는 '강이식(姜以式)'이라는 세 글자도 보이지 않는다. 이것은 「수서」의 기록만 베껴 실은 까닭이다. 「대동운해(大東韻海)」에는 강이식을 '살수전쟁(薩水戰爭)의 병마도원수(兵馬都元帥)'라 했고, 「서곽잡록(西郭雜錄)」에는 강이식을 '임유관전쟁(臨渝關戰爭)의 병마원수(兵馬元帥)'라고 하여 두 책의 기록이 같지 않다. 그러나 살수전쟁에는 왕의 아우 건무(建武)가 해안(海岸)을 맡고 을지문덕(乙支文德)이 육지를 맡았으니, 어찌 '병마도원수 강이식(兵馬都元帥姜以式)'이 있을 수 있겠는가. 그러므로 「서곽잡록」의 기록을 따른다.

(3) 임유관 전투(臨渝關戰鬪)

　이듬해 고구려 군이 요서(遼西:灤河 서쪽)로 쳐들어가 수(隋)의 영주총관 위충(營州總管韋冲)과 맞붙어 싸우다가 거짓 패한 체하고 임유관으로 나왔다. 이에 수문제가 30만 대병(大兵)을 출동시켰다. 한왕 양량(漢王楊諒)을 원수(元帥)로 삼아 임유관으로 나오고, 주라후(周羅睺)를 수군총관(水軍總管)으로 삼아 바다 길로 나가게 했는데, 주라후는 비록 평양(平壤)으로 간다고 떠들어댔지만 실은 군량을 싣고 요해(遼海:渤海)로 들어가 양량의 대병에게 군량을 대주려는 목적이었다.

강이식은 수군(水軍)을 시켜 바다에서 군량운반선을 맞아 깨부수고 전군에 명하여 보루(堡壘)를 높이 쌓은 채 지키기만 하고 나가 싸우지 않았다. 수군(隋軍)은 군량이 떨어져 먹을 것이 없는데다, 6월 장마를 만나 굶주림과 역질(疫疾)로 사망자가 늘편했다. 어쩔 수 없어 군사를 퇴각시키자, 강이식은 이들을 유수(渝水)가로 추격하여 전군을 거의 섬멸하고 무수한 군자 기계(軍資機械)를 얻어 개선(凱旋)했다. 〈원문은 '영주총관 위충(營州總管韋冲)'을 "요서총관 장충(遼西總管張冲)"으로 바꾸고, 한왕 양량(漢王楊諒)의 직책인 '원수(元帥)'를 "행군대총관(行軍大總管)"으로 바꾸는 등 그냥 두어도 조금도 뜻이 달리질 것이 없는 것까지 임의로 고쳐 놓아 사서(史書)의 기록대로 다시 고쳤다. 이 단락은 「삼국사기」 고구려본기 영양왕(嬰陽王) 9년(AD 598)의 기록을 재해석해 쓴 것인데, 이 기록은 원래 「수서(隋書)」 고제기(高帝紀)와 동이열전(東夷列傳) 및 주라후전(周羅睺傳)에 있는 것을 종합한 것이다. 「삼국사기」의 기록은 이러하다. "왕이 말갈(靺鞨) 군사 1만여 명을 거느리고 요서(遼西)를 침범하자, 영주총관 위충(營州總管韋冲)이 쳐 물리쳤다. 수문제(隋文帝)가 이 소식을 듣고 크게 노하여 한왕 양량(漢王楊諒)과 왕세적(王世績)을 원수(元帥)로 삼아 수군(水軍)과 육군(陸軍) 30만 명을 거느리고 가서 토벌하게 했다. 여름 6월 수문제는 조서를 내려 왕의 관작을 삭탈했다. 한왕 양량의 군사가 임유관(臨渝關)에 당도하자, 장마를 만나 군량수송이 계속되지 못해 진중(陣中)에 양식이 떨어지고 또 역질(疫疾)이 돌았다. 주라후(周羅睺)는 동래(東萊)에서 배를 타고 평양성(平壤城)으로 가려다가 역시 바람을 만나 많은 배가 표류하고 침몰했다. 가을 9월 수군(隋軍)이 돌아갔는데, 죽은 자가 열에 여덟아홉이었다. 왕도 또한 두려워서 사신을 보내어 사죄하고 표(表)를 올려 "요동분토(遼東糞土)의 신(臣) 아무개"라고 칭하자 수문제는 군사를 물리고 처음과 같이 대우했다. 백제왕 창(昌:위덕왕)이 수문제에게 사신을 보내어 '군사의 길잡이'가 되겠다고 청했다. 수문제는 조서를 내려 "고구려가 죄를 자복하므로 이미 용서해 주었으니 다시 칠 수는 없다"고 하고 그 사신을 후히 대접해 돌려보냈다. 왕은 그 사실을 알고 백제의 국경지방으로 쳐들어갔다."-정해자〉

「수서」에는 "양량(楊諒)의 군사는 장마 속에 역질(疫疾)을 만나고, 주라후(周羅睺)의 군사는 풍랑을 만나 퇴각하였는데, 죽은 자가 열의 여덟아홉이었다.”고 하여 불가항력적인 자연현상으로 패한 것이고 고구려 군에 패한 것이 아닌 것처럼 적었으나, 이것은 중국의 체면을 위하여 치욕을 (숨기는) 저들의 소위 춘추필법(春秋筆法)이다. 임유관 전쟁은 물론이고 다음 장의 살수전쟁(薩水戰爭)의 기록에도 이 같은 춘추필법이 적지 않다.

여하간 임유관 전쟁 이후 수문제는 고구려를 두려워해서 다시 군사를 출동시키지 못했다. 피차간 휴전협약을 맺으며 상품교역을 재개하여 양국은 10여 년 동안 아무 일 없이 지냈다. 〈「수서(隋書)」고제기(高帝紀) 18년 9월에는 “한왕 양(漢王諒)의 군사가 역질(장티푸스 등)을 만나 돌아왔다. 죽은 사람이 열에 여덟아홉이었다.(漢王諒師, 遇疾疫而旋, 死者十八九)”는 말이 있을 뿐 “주라후(周羅睺)의 군사가 풍랑을 만나 퇴각했다”는 말은 없다. 주라후에 관한 기록은 주라후전에 있는데, “18년 요동전쟁이 일어나자, 수군총관(水軍總管)으로 징집되었다. 동래(東萊)에서 배를 타고 평양성(平壤城)으로 가려다가 바람을 만나 많은 배가 표류하고 침몰하여 아무 공이 없이 돌아왔다(十八年, 起遼東之役, 徵為水軍總管. 自東萊泛海, 趣平壤城, 遭風, 船多飄沒, 無功而還)”고 되어 있다. −정해자〉

제2장. 살수 대전(薩水大戰)

(1) 고구려와 수의 재차전정의 원인과 동기

고구려가 장수대왕(長壽大王) 이후 남진정책(南進政策)을 시행하여 서북쪽 지나(중국)와는 친선을 유지하고 남쪽의 신라·백제에 대해서는 군사작전을 계속 폈다. 이윽고 수(隋)가 지나의 남북을 통일하자, 고구려가 이를 두려워하여 우리도 어서 신라와 백제를 멸(滅)하고 조선을 통일해야겠다는 생각으로 자주 남정군(南征軍)을 일으켰다.

신라와 백제는 동서전쟁(同壻戰爭)으로 인하여 피차 화합할 여지마저 없이 해마다 방패와 창을 부딪치며 싸웠는데, 북쪽의 고구려가 또 침략하므로 국력이 피폐해져 견딜 수가 없었다. 그래서 각기 수로 사자를 보내어 고구려를 치라고 종용했다. 그러나 수가 임유관 싸움을 경험해 보아 고구려를 가벼이 볼 상대가 아닌 줄 알고 이를 사절(謝絕)했다.

이윽고 수문제가 죽고 수양제(隋煬帝)가 즉위했다. 해마다 풍년이 들어 전
국이 부유해지고 각지 창고에는 미곡(米穀)이 차고 넘쳤다. 양제는 순유(巡
遊:시찰여행)를 좋아해서, 지금의 직예성(直隸省) 통주(通州:현 北京市通州區)에
서부터 황하(黃河)를 황단하여 지금의 절강성(浙江省:저장성) 항주(杭州:항처
이,홍자우,항저우)까지 3천리(전장 1794km)의 운하(運河:京杭大運河)를 파고 용주
(龍舟)를 타고 이리저리 돌아다녔으며, 토곡혼(吐谷渾), 지금의 청해(青海)·
선선(鄯善) 지방과 서돌궐(西突闕), 지금의 신강(新疆)과 아랄해지방, 동돌궐
(東突闕), 지금의 바이칼호를 포함한 몽고전역 등의 조공을 받으며 하늘 밑
에는 오직 수(隋)만이 강대한 제국이라고 자부했다. 〈원문에서 단재는 "토곡혼
(吐谷渾), 지금의 서장(西藏:티벳), 서돌궐(西突闕), 지금의 몽고(蒙古), 돌궐(突闕), 지금의 몽
고 동부"라고 서술했다. 그러나 토곡혼은 원래 오늘의 청해(青海)지방에서 시작하여 한때 티
벳과 신강지방을 많이 차지했었으나 수초(隋初)에는 티벳, 즉 서장(西藏)지방 등을 거의 잃고
오늘날 청해호(青海湖) 지방에서 껄무(格爾木)와 체머(且末)·과주(瓜州)로 이어지는 하서회랑
(河西回廊)을 점유하고 있었으나 수양제 대업(大業) 5년(AD 609)년 수에 멸망하여 수의 영토
가 되었다. 수양제의 경항운하(京杭運河)가 완공되기 1년 전의 일이다. 당시 서돌궐(西突闕)
은 중국 사회과학원이 펴낸 「중국역사지도집(中國歷史地圖集)」에 따르면 오늘날 신강(新疆)
고비알타이 산맥 서쪽 고창(高昌)과 우루무치에서 시작하여 카자흐스탄의 발하슈쿨을 거쳐
아랄해를 돌고, 아무다라야 연안을 거슬러 파미르를 넘어 중국 신강의 우전(于田)·언기(焉耆)
고창에 이르는(오늘의 카자흐스탄·우즈베키스탄·아프가니스탄·타지키스탄·키르기스스탄의 일부나 전부),
광범위한 땅을 차지하고 있었으며, 돌궐, 즉 동돌궐(東突闕)은 오늘날 바이칼호 북서부를 포함
하여 알타이산맥 동부와 영하(寧夏)의 은천(銀川)을 거쳐 북상하여 호호호트(呼和浩特) 북쪽
에서 동쪽으로 타원형태로 내몽고 깊숙이 파고 돌아 만주리(滿洲里) 쯤에서 곧장 어르구나강
(額爾古納河) 왼쪽을 따라 북상하는 광활한 초지를 점거했던 것으로 나타난다. 그 넓이가 꼭
맞는지 알 수는 없지만 단재의 어림보다는 실제에 가까울 것으로 보여 "서장(西藏)" 등의 잘
못된 기록을 위와 같이 고쳤다.-정해자〉

그러나 동쪽에 고구려가 있어 조선의 서북쪽, 지금의 황해·평안·함경 3도
와 지금의 봉천(奉天:遼寧)·길림(吉林)·흑룡(黑龍) 3성을 차지하고 있었으므
로, 영토는 비록 수(隋)보다 협소했으나 인구가 조밀(稠密)하고 사졸(士卒)이
용감하여 수에 맞서려 했으니, 일찍이 병마도원수(兵馬都元帥)로 강남의 진
(陳)을 토벌, 평정하고 무공(武功)을 뽐내며 허영적 야심에 충만해 있던 수양

제가 어찌 잠시인들 그런 고구려를 잊고 있었겠는가. 그것이 폭발하지 않았던 것은 다만 시기를 기다리고 있었을 뿐이었다.

이윽고 기원 607년(煬帝 즉위 후 3년) 양제가 수백 기(騎)를 거느리고 유림성(榆林城:지금 陝西省榆林縣)에 이르러 돌궐(突闕:동돌궐)의 계민가한(啓民可汗:자미가한) 막사(帳)로 들어갔다. 이때 돌궐이 비록 수에 '신하'라고 칭하고 있었으나, 또한 막강했던 고구려가 두려워 자주 사자를 보내는 등 두 나라의 속국(屬國) 구실을 했다. 그래서 고구려가 답빙(答聘:답례로 찾아감)사자를 보냈는데, 양제가 이를 알고 계민가한을 위협하여 고구려 사신을 불러 보았다.

양제의 총신(寵臣) 배구(裵矩)가 말하기를, "고구려 땅은 거의 한사군(漢四郡)의 땅입니다. 중국이 이 땅을 차지하지 못하는 것은 수치입니다. 선제(先帝:직전 황제)께서 일찍이 이를 멸하려 하셨으나 양량1이 무능하여 성공하지 못했습니다. 폐하께서 어찌 이 일을 쉽게 잊으시리까."했다.

양제가 고구려 사자에게 "만일 고구려왕이 빨리 조근(朝覲:제후가 황제를 배알함)하러 오지 않으면 짐이 그 땅으로 시찰(침입한다는 뜻)하러 가겠다."고 사자에게 빈정거렸다. 〈이 대목, 수양제(隋煬帝)의 유림(榆林)순행과 고구려 사자 이야기는 「수서(隋書)」 양제기(煬帝紀) 대업 3년 8월 기록과 배구전(裵矩傳)에서 뽑아 재해석해 쓴 것이다. 단재는 유림을 "지금의 산서성(山西省) 영하(寧夏)"라고 했는데, 산서성에는 그런 곳이 없다. 청말(淸末) 영하(寧夏)는 감숙성(甘肅省)에 속했다. 유림부(榆林府)는 섬서성(陝西省)의 한 부(府)였는데 민국2년(1913) 유림현으로 개편됐다. 그래서 "今 山西省 寧夏"를 "지금 陝西省榆林縣"으로 고쳤다. 그리고 또 단재는 "짐이 마땅히 出巡川(침입한다는 뜻)할 것이다"라고 했는데, 중국 문적 어디에도 '巡川(순천)'이나 '出巡川(출순천)'이라는 단어는 없다. 또 말이 되지 않는다. 「수서」 양제기에는 "빨리 조근(朝覲)하러 오지 않으면 나는 계민가한(染幹)과 함께 그 땅으로 시찰하러 갈 것이다(吾與啓民巡彼土矣)"라고 되어 있다. 그러므로 '出巡山川(출순산천)'의 山(산)자가 빠졌거나 무엇이 잘못된 것으로 보고 사서의 기록을 참조하여 위와 같이 고쳤다. 그러나 이 대목의 돌궐(突闕)과 고구려(高句麗)의 관계를 알기 위해서는 우선 동돌궐의 당시 상황을 살펴볼 필요가 있다. 수(隋)가 589년 중국을 통일했을 당시 중국을 위협하는 세력은 북방 초원의 돌궐과 동방의 고구려뿐이었다. 그래서 수는 돌궐에 잘 보이기 위해 조공을 하며 북주(北周) 때 사발략가한(沙鉢略可汗:이스바라가한)에게 바쳤던 북주 왕실의 천금공주(千金公主)에게 양(楊)씨 성을 더하고 수황실(隋皇室)의 대의공주(大義公主)

에 봉하며 진후주(陳後主:陳叔寶) 궁중에 있던 병풍을 가져다 바치는 등 실제 황실의 공주에게보다 더욱 각별하게 신경을 썼다. 그러나 천금공주는 수문제(隋文帝:楊堅)가 자신의 친정인 주(周:북주)와 진(陳)을 멸망시켰다하여 그를 속으로 원망하며 망국의 한과 자신의 처지를 그 병풍 그림 위에 시로 써 놓고 스스로를 달랬다. 이 사실을 알게 된 수문제는 매우 괘씸하게 여겼다. 장손성(長孫晟)이 돌궐을 무력하게 만들 수 있는 방책을 수문제에게 고했다. 그는 선비족(鮮卑族)으로 매우 재빠르고 기발한 책략을 많이 구사하는 사람이었다. 그는 북주 선제(宣帝)가 사발략가한(攝圖)에게 천금공주를 시집보낼 때 공주를 호송하는 부사(副使)로 돌궐에 갔던 사람이다. 그는 돌궐 귀족과 어울리고 오고가며 그들 내부정황과 산천형세들을 소상하게 알 수 있었다. 수문제가 북주의 선위를 받는 형식으로 제위에 오르자, 사발략가한은 북주의 사위임을 내세워 신생국 수를 자주 공격했다. 그러자 장손성은 "돌궐내부는 사발략가한(攝圖)·달두가한(達頭可汗玷厥)·아파가한(阿波可汗大邏便)·제2가한(第二可汗庵邏)·돌리가한(突利啓民可汗[啓民可汗]钵芯) 등 숙질·형제가 각각 강력한 군사를 거느리고 모두 가한이라고 칭하며 동서남북으로 나누어 서로 시기하는 등 알력을 빚고 있으니 친근하게 구는 쪽을 돕고 멀리하려는 쪽은 공격하며(近交遠攻) 강한자는 이간시키고 약한 쪽을 돕는(離强合弱)정책을 시행하면 저희들끼리 싸우다가 힘이 빠져 제 발로 걸어와 살려달라고 빌붙을 것이니, 큰 힘 안들이고 돌궐을 깨부술 수 있을 것입니다"라고 했다. 수문제는 그 정책을 쓰기로 했다. 그래서 장손성이 돌궐로 들여보내 재물로 환심을 사고 반간계(反間計)를 쓰기 시작했다. 사발략가한과 달두가

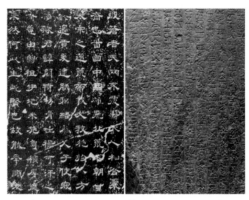

〈퀸테긴 돌궐비. 비석 앞뒤 내용이 반대로 기록되어 있다〉

한(玷厥)이 과연 서로 시샘하며 의심했다. 장손성이 다시 아파가한(大邏便)과 사발략가한에게 이간책을 쓰자 아파가한(大邏便)이 과연 달두가한(玷厥)과 연합하여 사말략가한을 공격했다. 이리하여 돌궐은 드디어 정식으로 갈라져 동돌궐(東突闕)·서돌궐(西突闕) 두 나라가 되었다. 사발략가한(攝圖)은 동돌궐의 대가한(大可汗)이 되었고 달두가한(玷厥)과 아파가한(大邏便)은 서돌궐의 대·소가한이 되었다. 서돌궐은 곧 연합하여 동돌궐을 쳤다. 사발략가한은 계속 패하여 몰리게 되자 드디어 수에 항복하고 신(臣)이라고 칭했다. 사발략가한이 죽고 그의 아들 옹우려(雍虞閭)가 이어 도람가한(都藍可汗)이 되었다. 동돌궐은 수(隋)의 확실한 보장을 받기 위해 혼인을 요구했다. 장손성이 수문제에게 말했다. "옹려는 믿을 만 한 자가 못됩니다. 끝내 반역할 것입니다. 그의 사촌아우 돌리가한(突利可汗) 염간(染幹)과 혼인하는 것이 낫습니다. 그를 옹우려에게 맞서도록 키워 국경지방을 튼튼히 지키게 해야 합니다."라고 했

〈732년 세운 퀼테긴의 돌궐비〉

다. 수문제는 그 말을 따랐다. 도람가한 옹우려(都藍可汗雍虞閭)는 대가한(大可汗)이 되자 아버지 사발략가한의 후처를 아내로 맞았는데, 바로 북주(北周)의 공주로, 수문제가 하사한 병풍에 소회를 읊은 시를 써놓고 마음을 다져 수문제의 기대를 저버린 여인이다. 그 시는 이러했다. "성하고 쇠하는 건 아침저녁 같고/사람이 산다는 것도 부평초 같네/영화란 진실로 지키기 어려운 것/연못이나 누대도 끝내는 평지가 되네/부귀가 지금 어디 있는가/헛되이 단청하느라 수고만 했지/술잔을 들어도 언제나 음악이 없는데/현가라고 어찌 소리를 내겠는가/나는 원래 황실의 자식으로/오랑캐 궁중으로 흘러 들어왔네/하루아침에 멸망하는 것을 보니/가슴속이 갑자기 곤두섰다 자빠지네/옛날부터 늘 이랬으니/나 혼자 처음 당하는 것이 아닐 것이네/오직 '명군곡'이 있어〈명군곡은 왕소군(王昭君)을 노래한 거문고곡이다.—정해자〉/멀리 시집온 이 내속을 아프게 하네(盛衰等朝暮, 世道若浮萍, 榮華實難守, 池臺終自平, 富貴今何在, 空事寫丹靑, 杯酒恒無樂, 弦歌詎有聲, 余本皇家子, 漂流入虜廷, 一朝睹成敗, 懷抱忽縱橫, 古來共如此, 非我獨申名, 惟有明君曲, 偏傷遠嫁情)." 이때 돌궐이 수에 혼인을 요청하게 된 것이다. 문제는 배구(裵矩)를 보내 은근히 사자에게 "대의공주(천금공주)를 죽이면 혼인을 허락하겠다."고 이르게 했다. 돌리가한(突利可汗) 염간(染幹)이 도람가한(都藍可汗) 옹우려(雍虞閭)에게 공주를 죽이라 권고했다. 그리하여 그녀는 죽게 되었다. 그러나 수문제는 597년 대가한 옹우려가 아닌, 소가한 염간에게 종친의 딸 안의공주(安義公主)를 주어 아내로 맞게 하고, 두 사람을 이간시키기 위해 염간에게만 눈이 뒤집힐 만큼 금은보화 등 많은 상을 내렸다. 도람가한 옹우려는 뿔이 치솟을 대로 치솟아 서돌궐 달두가한(達頭可汗) 점궐(玷厥)과 손잡고 돌리가한 염간을 공격했다. 599년 염간은 국경부근 싸움에서 패하고 장손성(長孫晟)과 함께 국경 안으로 들어왔다. 수는 그를 계민가한(啓民可汗)이라고 이름을 바꾸어 봉했다. 의지가 굳센 가한이라는 뜻이다. 그리고 삭주(朔州:지금 山西朔州)에 살게 했다. 그러나 달두가한 점궐의 침입과 압박에 시달리다 못해 계민가한 염간은 황하 남쪽 하주(夏州)와 승주(勝州) 사이, 지금의 내몽고 하투(河套:황하가 ㄷ자 꼴로 구부러진 곳) 남쪽으로 옮겨와 살았다. 동돌궐의 대가한 도람가한(都藍可汗) 옹우려(雍虞閭)는 수의 공작으로 599년 부하에게 척살(刺殺)되었다. 인수(仁壽) 원년(601) 서돌궐 달두가한 점궐이 국경을 넘어 쳐들어왔다. 대주총관 한홍(代州總管韓洪)이 항안(恒安:현 大同)에서 크게 패하자 수는 양소(楊素)등을 출격시켰다. 돌궐의 이르킨(俟斤:部族首領)들이 황하를 건너 황하 이남의 계민가한(啓民可汗) 염간(染幹)의 부락을 습격하여 남녀 6천여 명과 가축 20여만 마리를 약탈해 갔다. 양소가 경무장 기병들을 이끌고 60여리를 추격하며 돌궐군

〈훗차이담의 퀼테긴 두상〉

을 무찌르고 약탈해가던 남녀와 가축들을 되찾아 염간에게 돌려 주었다. 603년 막북(漠北)이 크게 어지러워(大亂)졌다. 계민가한 염간은 장손성의 배려로 적구(磧口:山西臨縣)에 살고 있었는데, 대가한을 잃은 옹우려의 부족이 그에게로 몰려들었다. 염간은 드디어 동돌궐의 '대가한'이 되었다. 대업(大業)3년(607) 계민가한 염간은 수양제(隋煬帝)가 장성(長城) 수리를 시찰하러 온다는 소식을 듣고 남쪽 유림(榆林:「元和郡縣志」에 따르면 지금 內蒙古托克托 서남쪽)으로 내려와 수양제를 조근(朝覲)했는데, 이때 고구려 사신을 만나게 된 것이다. 이렇게 하여 수(隋)는 돌궐을 갈라놓고 힘을 못 쓰게 만든 다음, 마음 놓고 고구려를 침략할 수 있었다. 그러나 고구려 침략에 실패한 수나라는 이내 멸망했고, 수의 이간책에 휘말려 동서돌궐로 갈라져 힘을 잃고 망했던 것을 뼈저리게 반성한 돌궐은 일릭카간(Ilig Qagan, Bumin:伊利可汗)에 의해 다시 제2 돌궐제국으로 힘차게 일어섰다. 그때 당(唐)나라가 새롭게 들어서게 되는데, 당나라가 건국될 당시, 돌궐은 다시 뭉쳐 막강한 군사력을 과시했다. 그래서 당나라는 돌궐에게 신하로서 복종하여 북주(北周)와 북제(北齊) 때처럼 돌궐에 해마다 많은 조공을 하는 군신(君臣)관계가 성립되었다. 돌궐은 괵튀르크(Göktürk)라는 한자 표기로 천산 산맥에서 발원한 철륵(鐵勒:튀르크)의 하위 부족이다. 흉노(匈奴)의 후손이라고도 한다. 괵튀르크는 위대한 튀르크, 또는 하느님의 자손 튀르크라는 뜻이라 한다. 이로 보면 고구려의 고음(古音) 역시 '괵구르→괴쿠르'로 '위대한 무리, 하느님의 자손들'이라는 뜻으로 해석된다. '구르'는 '성'이나 '고을'을 뜻한다고 하지만 '무리', 또는 '연합'이라는 뜻으로도 해석되기 때문이다.–정해자〉

고구려 사자가 수양제에게 대답한 말과 사자가 귀국한 뒤 고구려의 조정 공론이 어떠했는지는 사책(史册)에 적혀 있지 않아 알 수 없지만, 배구(裵矩)는 「동번풍속기(東藩風俗記)」30권을 만들어, 양제에게 올렸는데, 그중에는 평양(平壤)의 아름다움과 개골산(皆骨山:金剛山)의 빼어난 경치를 그리고 설명하여, 시찰여행(巡遊)을 즐기는 양제의 동침(東侵) 야욕을 부추기었다. 명분 없는 군사를 일으켜 옛날 동양사상 일찍이 없었던 큰 전쟁을 하게 만든 것이다. 〈원문은 '일으키다'는 뜻의 興(흥)자가 與(여)자로 되어 있어 "이름 없는 병사들과 함께 동양사상…"으로 잘못 해석할 수도 있게 되어 있다. 단재는 이곳에서 배구(裵矩)가 평양과 금강산을 아름답게 묘사한 「동번풍속기(東藩風俗記)」30권을 지었다고 했는데, 배구전(裵矩傳)에도 없는 그런 기록을 어디서 입수했는지 알 수는 없으나, 가당치 않은 말이다. 평생 와보지도 않은 평양과 금강산을 배구가 어떻게 알아 그림까지 그려 아름다움을 설명할 수 있었겠는가. 배구는 수양제 때 돌궐 등 기타민족 정책을 제정한 자로 양견(楊堅)이 북주(北周)의 정주총관(定州總管)으로 있을 때부터 그의 막하에서 문서나 담당하며 양견의 곁을 맴돌다가 수나라 건국 후 겨우 급사랑(給事郎)이 되었던 인물이다. 수양제가 들어선 이후 중용되어 양제의 서역(西域) 경영에 참여하였는데 대업(大業) 원년(605)부터 9년(613) 사이 그는 최소 감주(甘州)·양주(凉州)·사주(沙州), 오늘의 감숙성(甘肅省) 무위(武威)와 돈황(敦煌) 등지를 네 차례나 드나들며 무역(物品交易) 진흥에 온 힘을 기울였다. 호상(胡商:아랍상인)들을 이끌고 장안(長安:西安)·낙양(洛陽)으로 들어와 변경무역을 수도무역으로 바꾸는데 일조했다. 이와 동시 그는 서역(西域:지금의 新疆) 44국의 산천과 지리, 인물·풍속 등의 자료를 수집하고, 각국 귀족과 서민들의 복식(服飾)과 생김새 등을 그림으로 그려 넣은 「서역도기(西域圖記)」 3권과 아울러 각지의 요새(隘要) 등을 기록한 지도를 그려 수양제에게 바쳤다고 「수서(隋書)」 배구전(裵矩傳) 등에 기록되어 있는데, 혹 단재가 이 「서역도기」라는 이름을 「동번풍속기」로 고쳐 꾸민 것이 아닌가 싶다. 어디에도 「동번풍속기」라는 책이름은 보이지 않고 「수서」나 「당서(唐書)」의 문원(文苑)에도 그런 책에 대한 이야기는 없기 때문이다. -정해자〉

(2) 수양제의 침입과 그 전략

기원 611년 2월 수양제(隋煬帝)가 고구려를 치겠다는 전국 총원령을 내렸다. 내년 정월까지 탁군(涿郡), 지금의 직예성 탁현(直隷省涿縣)으로 모이게 했다. 〈원문은 '6월'로 잘못되어 있다. 수양제는 대업 7년(611) 2월 오늘의 강소성 양주 강도(江蘇省揚州江都)에 있던 양자진(揚子津)에서 대신들과 큰 연회를 베풀고 대운하(大運河)를 따라 용주(龍舟)를 타고 통제거(通濟渠)를 거쳐 탁군(涿郡) 임삭궁(臨朔宮)으로 향하면서 떠난 지 7일 째 되던 날 고구려를 치려니 내년 정월까지 전국의 군사는 모두 탁군으로 모이라고 총동원령을 내렸다. -정해자〉

그리고 유주총관 원홍사(幽州總管元弘嗣)를 동래(東萊), 지금의 연대(烟臺:옌타이) 해구(海口:바닷가)로 보내어 3백 척의 배를 짓게 했고, 4월에는 장강(長江)과 회수(淮水) 이남의 수수(水手:뱃사람) 1만 명, 노수(弩手:쇠뇌 잡이) 3만 명과 영남(嶺南:廣東·廣西·江西지구)의 배찬수(排鑽手:작은 창잡이) 3만 명을 징발하여 수군(水軍)을 보강했으며, 5월에는 하남(河南)과 회남(淮南)에 명하여 병거(兵車:戎車) 5만대(乘)을 만들어 군복(軍服)과 군갑(軍甲)·군막(軍幕)을 싣게 했고, 7월에는 강남(江南)과 회남(淮南)의 백성(民夫)와 배(舟船)을 징발하여 여양창(黎陽倉)·나구창(洛口倉) 등의 쌀을 탁군으로 운반하여 오게 했다.

이리하여 강과 바다에는 배들이 언제나 1천여 리에 늘어서 있었고 육지에
는 각지의 물자를 수송하는 수십만의 인부가 떠드는 소리로 밤낮없이 시끄
러웠다.

이듬해 정월 양제는 탁군에서 모든 군사를 재편성(節度)했다. 〈원문은 "이듬
해 정월 양제가 탁군에 이르러 모든 군사를"로 되어
있다. 그러나 「수서(隋書)」양제기(煬帝紀)는 그 전해
4월 탁군(涿郡) 임삭궁(臨朔宮)에 도착했다고 기록되
어 있다. 그래서 '이르러'라는 말을 빼고 위와 같이
고쳤다.—정해자〉

좌·우군(左·右軍)을 각 12군으로 나누고
매 군(軍)마다 대장(大將)과 아장(亞將) 1명
에, 기병(騎兵)·보병(步兵) 등을 배속했는데.
기병은 40대(隊)로, 1백 명이 1대이고 10대
가 1단(團)이 되어 4단이었고, 보병은 80대
로 20대가 1단이 되어 4단이었으며, 치중
병(輜重兵:물자 운송병)과 산병(散兵:미리 요소

〈수양제(隋煬帝) 양광(楊廣)상〉

요소에 심어놓는 병사)도 각각 4단으로 보병 사이에 배치하였는데, 투구와 갑
옷(鎧甲) 및 깃발(旗幟)들을 단(團)마다 빛깔을 달리하여 나가고(進)·물러가고
(退)·머무르고(留)·행군하는(行) 것이 질서정연했다. 무릇 24군이었다.

하루에 1군(軍)씩 40리 간격으로 병영(兵營)을 설치하며 출발하기 시작하
여 40일만에야 전군이 출발했다. 머리와 끝이 서로 이어지고 북소리와 나팔
소리가 산하(山河)를 울렸으며 온갖 깃발이 9백 60리에 뻗쳐 있었다.

최후로 어영군(御營軍)이 출발하여 또 80리의 긴 줄을 이루며 깃발을 휘날
리니, 정병(正兵)이 총 1백13만3천8백 명이었으나, 말로는 2백만 명이라고 했
다. 여기에 군량과 무기를 운반하는 궤운병(餽運兵)이 배나 되었다고 했으니,
지나(중국) 유사 이래 일찍이 없었던 대군(大軍)의 출동이었다. 〈원문은 "궤운병
(餽運兵)이 4백만 명이나 되었다"고 되어 있다. 그러나 사서의 기록이 "배나 되었다"고 되어
있어 고쳤다. 1,133,800명의 배라고 해도 2,267,600명밖에 안되기 때문이다.—정해자〉

「수서(隋書)」에 양제의 출군명령(出軍命令)을 기록하였는데, "좌(左) 12군(軍)은 루방(鏤方)·장잠(長岑)·명해(溟海)·개마(蓋馬)·건안(建安)·남소(南蘇)·요동(遼東)·현토(玄菟)·부여(扶餘)·조선(朝鮮)·옥저(沃沮)·낙랑(樂浪) 등의 길로 나가고, 우(右) 12군은 점선(黏蟬)·함자(含資)·혼미(渾彌)·임둔(臨屯)·후성(候城)·제해(提奚)·답돈(踏頓)·숙신(肅愼)·갈석(碣石)·동이(東暆)·대방(帶方)·양평(襄平) 등의 길로 나아가 모두 평양으로 모이라"했다. 〈원문에 틀리고 잘못된 지명이 많아 「수서」 양제기를 참고해 고쳤다.—정해자〉

명해(溟海)는 지금의 강화(江華)이고, 옥저(沃沮)는 함경도와 훈춘(琿春) 등지이고, 임둔(臨屯)과 동이(東暆)는 지금 강원도이다. 평양으로 모이라는 수군(水軍)이 어찌 훈춘이나 함경북도나 평양 이남의 땅으로 나갔겠는가.

「자치통감(資治通鑑)」에 여러 군(軍)이 진행한 실황을 기록했는데, "좌익위대장군 우문술(左翊衛大將軍宇文述)은 부여도(扶餘道)로, 우익위대장군 우중문(右翊衛大將軍于仲文)은 낙랑도(樂浪道)로, 좌효위대장군 형원항(左驍衛大將軍荊元恒)은 요동도(遼東道)로, 우익위장군 설세웅(右翊衛將軍薛世雄)은 옥저도(沃沮道)로, 우둔위장군 신세웅(右屯衛將軍辛世雄)은 현토도(玄菟道)로, 우어위장군 장근(右禦衛將軍張瑾)은 양평도(襄平道)로, 우무위장군 조효재(右武衛將軍趙孝才)는 갈석도(碣石道)로, 좌무위장군 최홍승(左武衛將軍崔弘昇)은 수성도(遂城道)로, 우어위호분랑장 위문승(右御衛虎賁郎將衛文昇)은 증지도(增地道)로 나아가서 모두 압록강(鴨綠江) 서쪽에 모였다"고 하였다. 〈원문에 趙孝才(조효재)의 孝(효)자가 考(고)자로 되어 있고 御衛虎賁郎將(어위호분랑장)이 禦衛將軍(어위장군)으로 되어 있는 등 잘못되어 있어 「자치통감」의 기록을 참고하여 바로잡았다.—정해자〉

〈수나라 때의 동경(銅鏡)〉

낙랑(樂浪)·현토(玄菟)는 한(漢) 이래 요동에 가설(假設)한 북낙랑과 현토도 있으니 압록강 서쪽이라고 해도 되겠지만, 옥저가 어찌 압록강 서쪽이 되겠는가. 그러니 이 지명은 거의 임시로 가정한 것이고 고구려의 원 지명이라고 볼 수 없다. 그러므로 이 지명으로 행군 노건을 자세히 말할 수는 없다. 다만 그 전쟁 상황을 따라 미루어 보면 양제의 작전계획은 대략 다음과 같다.

24군을 수륙(水陸) 두 방면으로 나누었고, 육군(陸軍)을 다시 양부로 나누었는데, 하나는 어영군(御營軍)과 기타 10여군으로 양제가 직접 관장하고 요수(遼水)를 건너 요동의 각성을 치기로 하고, 남은 하나는 우익위대장군 우문술 등 9군으로 좌익위대장군 우중문이 참모가 되고 우문술이 사령(司令)이 되어 요수를 건너 고구려의 서울 평양으로 쳐들어가기로 했다. 수군(水軍)이 또 수만 명으로 우익위대장군 수군총관 내호아(右翊衛大將軍水軍總管來護兒)와 부총관 주법상(周法尚)이 군량선을 거느리고 바닷길을 따라 대동강(大同江)으로 들어가 우문술과 연합하여 평양은 치려고 한 것이다. 〈원문은 大同江(대동강)의 同(동)자가 '東(동)'자로 되어 있다. 「수서(隋書)」어디에도 내호아(來護兒)가 군량선을 호위했다는 말은 없다. 물론 자신들이 먹을 것은 가져갔을 것이다. 그러나 식량등을 운반하는 餽運者(궤운자)가 배나 되었다고 했는데 또 무슨 군량운반 선단이 있어 그것을 호위하겠는가. 다만 수군을 태운 전선(戰船)인 누선(樓船)을 이끌고 싸우러 갔다고만 기록되어 있다.-정해자〉

대개 태조대왕(太祖大王) 때 왕자 수성(遂成:次大王)이 한군(漢軍)의 군량보급로를 끊고 그들을 격파한 이후, 고구려에서 북방의 침입을 방어할 때 언제나 그 방책(遺策)을 쓰면 반드시 승리했기 때문에 북방의 침입자들도 가장 이것을 경계했다.

이제 수양제는, 육군은 도중에 비축된 군량(路糧)에 의지해 목적지인 요동·평양 두 성에 도착한 다음부터는 수군이 배로 운반해온 군량을 먹으며 양성을 포위하고 지구전(持久戰)을 펴 고구려의 항복을 받아내려는 속셈이었다.

(3) 고구려의 방어와 작전계획

후세에 살수대전(薩水大戰)을 말하는 사람들이 거의 을지문덕(乙支文德) 한 사람의 계획한 것처럼 말하고, 또 을지문덕이 겨우 수천 명의 군사로 수의 백만 대군(百萬大軍)을 무찔렀다고 말한다. 〈원문은 "수백만 대군"으로 되어 있다. 위에서 "궤운병(饋運兵)이 4백만 명이나 되었다"고 썼기 때문에 그런 것이 아닌가 싶으나, 실제적으로 '백만 대군'이라는 숫자도 부풀린 것으로 보여 '數(수)'자를 뺐다. 강줄기 어느 지점이 전장(戰場)이 되었든 그 골짜기에 수백만 명의 군사가 들어서려면 콩나물시루처럼 들어서도 다 들어서지 못할 숫자이기 때문이다.—정해자〉

　이것은 사실(事實)과 맞지 않는 말이다. 고구려가 망할 때도 상비병(常備兵)이 30만 명이나 되었으니, 영양대왕(嬰陽大王)이 재위하던 전성기에는 30만 명이 넘었을 것이다. 또 광개토태왕(廣開土太王) 비문의 "왕이 직접 수군을 거느리고(王躬率水軍)"라는 기록으로 보거나, 수양제의 고구려에 대한 전쟁선포 조서의 "거란의 무리를 아울러 거느리고 바다를 지키는 군사들을 죽였다(兼契丹之黨,虔劉海戍)"는 말 등으로 보아, 고구려에도 수군이 있었다는 것을 알 수 있다. 수군도 대략 수만 명은 되었을 것이다.

　이 30만 명으로 남쪽의 백제와 신라를 경계하자면 몇 만 명은 소요되었겠지만 그 나머지만도 20여만 명이니, 이 20여만 명은 수를 막는 전사가 되었을 것이다.

　물론 수륙군대원수(水陸軍大元帥)는 영양대왕(嬰陽大王)이고 수군원수는 왕의 아우 건무(建武)였으며, 육군원수는 을지문덕이었다. 수군(隋軍)은 육지와 바다 양쪽으로 쳐들어왔기 때문에 고구려의 작전계획 또한 수륙양면으로 방어하되 '선수후전(先守後戰:우선 수비만 하다가 뒤에 공격함)' 계획 위주로 육상의 장사(將士)들은 주민들에게 모든 양곡을 거두어 성안으로 들어가 살게 하고 해상의 수군들 역시 각각 항구 요새(要塞) 등 안전지대로 물러나 전쟁을 피하다가 수군(隋軍)의 군량이 떨어지기를 기다려 공격하려 하였다.

(4) 고구려병의 패강(浿江) 승전

　을지문덕은 수군(隋軍)을 중심지로 깊숙이 유인하기 위해 요하 서북쪽 군사들을 거두어 요하를 지켰다. 같은 해(611년) 3월 수군이 요하 서쪽기슭에 이르러 위아래로 수 백리에 걸쳐 진영(陣營)을 매고 마치 벌떼처럼 우글거렸고 각 군단의 군장(軍裝)과 군기(軍旗)는 햇볕아래 5색으로 빛났다.

수군 중에서 가장 용기 있는 장수로 알려진 선봉 맥철장(麥鐵杖)이 부교 (浮橋)를 매어 동쪽기슭으로 접근하려 했다. 을지문덕이 부하 장수들에게 공격하게 하여 맥철장 등 장수와 사관 수십 명 및 졸개 만여 명을 죽이고 부교를 부셔버렸다. 〈「수서(隋書)」 양제기(煬帝紀)에는 이 싸움에서 "우둔위장군 신세웅(辛世雄)·좌광록대부 맥철장(麥鐵杖)·무분랑장 전사웅(錢士雄)·무분랑장 맹사채(孟金叉)가 다 죽었다 했는데, 맥철장이 고구려군에 당하는 것을 보고 전사웅과 맹금채는 건너 뛰어가 싸우다가 죽었고 뛰어 넘지 못한 장수들은 건너편에서 이들이 죽는 것을 지켜볼 수밖에 없었다고 했다. 많은 병졸이 죽었겠지만 만여 명이 죽었다는 기록은 없다. -정해자〉

수의 병사들 중 잠수(潛水) 잘하고 헤엄 잘 치는 자들이 내걸린 상(賞)을 타기 위해 다투어 물속으로 뛰어들었고 격전을 치르면서 달려들어 부교를 다시 왕성해갔다. 을지문덕은 예정했던 계획대로 패한 체하고 퇴각했다. 이리하여 수양제의 전군은 요하를 건넜다.

양제는 어영군과 검교좌익위대장군 관왕웅(觀王雄) 등에게 요동성(遼東城)을 포위 공격하게 하고 좌둔위대장군 토만서(左屯衛大將軍吐萬緖) 등 10여군에게 부근의 각 성을 포위공격하게 했으며, 좌익위대장군 우문술(宇文述) 등 9군에게 을지문덕을 추격하여 평양성을 치라고 했다. 〈원문에서 단재는 "어영군과 좌익위대장군 등과 왕웅(王雄) 등으로"라고 쓰고 있다. 그러나 당시 '왕웅'이라는 장수는 없었다. "광록대부(光祿大夫) 관왕 웅(觀王雄)"을 말하는 것인데, 「수서(隋書)」 관덕왕웅전(觀德王雄傳)에 따르면 그는 수문제 양견(楊堅)의 족자(族子)라고 했다. 관덕왕(觀德王)에 봉해진 것으로 보아 수양제와도 그리 멀지 않은 양웅(楊雄)이라는 친척일 것이다. 그는 당시 71세의 노인으로 노대신(老大臣)들과 함께 황제를 따라 나섰다가 요하전쟁이 있기 전인 2월에 이미 병이 나 죽었다. 그러자 단재는 그의 당시 직함인 검교좌익위대장군(檢校左翊衛大將軍)에서 '檢校(검교)'라는 두 글자를 떼어버리고 觀王雄(관왕 웅)에서 觀(관)자를 떼어버려 왕웅(王雄)이라는 별개의 사람이 있었던 것처럼 만들어 썼다. 그리고 토만서(吐萬緖)는 귀화 선비족인데, 원문에는 '토우서(吐禹緖)'로 잘못되어 있다. -정해자〉

이에 앞서 우익위대장군 내호아(來護兒)가 장강과 회수의 수병(水兵) 10여만 명을 거느리고 군량선을 보호하며 동래(東萊), 지금의 연대(烟臺:엔타이)를 출발하여 바다를 건너 패강(浿江) 어귀로 들어섰다.

왕의 아우 건무(建武)는 남몰래 수군(水軍)의 장수와 졸개들을 항만 각 곳

숨길만한 곳에 숨겨 두고 평양성 밑 민가들에는 귀한 물건들은 널어놓은 채 수군이 상륙하는데도 모르는 체하고 있었다.

내호아가 날랜 군사 4만 명을 뽑아 패강을 거슬러 성 밑까지 돌진해왔다가 명주 등 값진 물건들이 널려 있는 것을 보고 그것을 노획하느라 대열이 흩어져 난장판을 이루었다. 이때 건무가 결사대 5백 명과 함께 나곽(羅郭:外城) 안 빈 절(空寺)에 숨어 있다가 돌격하여 무찌르고 모든 군사를 호령하여 추격했다. 각 곳에 숨어 있던 수군들도 일시에 쏟아져 나와 공격하니 수군(隋軍)은 가까스로 강어귀에 다다라 서로 먼저 배를 타려다 밟혀 죽는 자가 수도 없었다. 군량선도 모조리 바다에 가라앉았다. 내호아는 겨우 혼자서 작은 배를 타고 도망쳤다.

군량을 실은 배가 이미 모두 가라앉았으니, 이후 평양으로 쳐들어온 우문술 등 대군(大軍)이 무엇을 먹고 싸우겠는가. 고구려가 이때 벌써 필승의 자리로 올라서게 된 것이다. 만일 전공(戰功)의 등수를 매긴다면 왕의 아우 건무가 을지문덕보다 한 등급 더 높은 제1등이라고 할 것이다.

왕의 아우 건무의 공이 이렇게 컸는데도, 독자들이 흔히 을지문덕만 아는 것은 어찌된 까닭이가. 사마온공(司馬溫公:司馬光)의 「자치통감고이(資治通鑑考異)」 주에 "내호아의 군이 패하여 돌아가지 않았다면 우문술의 군사가 살수에서 낭패를 당하지는 않았을 것(來護兒之師不敗而先退則…宇文述諸軍…不致有薩水之狼狽也)"이라고 하였으니, 대개 그 말이 맞는 말일 것이다. 〈원문은 "「자치통감고이」에 내호아(來護兒)의 군량운반선이 패하여 돌아가지 아니하였다면 우문술(宇文述)의 살수(薩水)의 패배가 없었을 것이다"로 되어 있다. 「자치통감고이」의 호삼성주(胡三省注)를 참조하여 위와 같이 고쳤다. 수(隋)의 대군(大軍)을 먹이기 위해 동원된 식량운반인(餽運者)이 전군(全軍)의 배나 되었다고 했는데, 단재는 전군의 생명줄이 내호아의 군량선에 달려 있는 것처럼 설정해 쓰고 있다. 내호아는 수군의 대장으로 수군을 이끌고 싸우러 간 것뿐이다. 단재의 설정처럼 전군이 식량을 그에게 의지했고 내호아의 군량운반선이 모두 침몰하여 수군(隋軍)이 퇴각할 수밖에 없었다면 내호아는 열 번 죽어도 그 죄를 면하지 못했을 것이다. 그러나 내호아는 멀쩡히 살아 2차 3차 침공에 참여한다. 그렇다면 내호아는 군량보급과 아무런 관련이 없었다는 말이다. 그래서 호삼성(胡三省)은 「자치통감고이주(資治通鑑考異注)」에서 "내호아가 우문술 등 대군을 기다리지 않고 먼저 공을 세우려고 서두르다 패하여 돌아가지 않고 평양성 밖에 주둔한 채 서로 도와가며 상대했다면 살수의 낭패는 당하지 않았을 것(使來護兒之師不敗而先退, 則營於平壤城外, 猶聲援相接, 不致有薩水之狼狽也)"이라고 했다. 단재는 그 말을 마치 내호아가 군량을 잃었기 때문에 우문술도 지게된 것이라고 사마광(司馬光)이 말한 것처럼 왜곡해 썼다. –정해자〉

(5) 고구려군의 살수(薩水) 승전

을지문덕(乙支文德)은 요하(遼河)에서 퇴각한 후, 수군(隋軍)의 허실을 알아내고자 거짓 항복하겠다는 사자(使者)가 되어 그들 진영으로 들어가 정황을 파악하고 돌아오고 있었다.

우문술(宇文述) 등은 을지문덕의 우람하고 어기찬데 놀라, 이 사람이 고구려 대왕이나 대대로(大對盧)가 아닌가 하여 잡아놓지 않았다가 뒤늦게 후회하고, 다시 사람을 보내어 보자고 했다.

을지문덕은 이때 이미 패강(浿江)의 첩보(捷報)를 들은 후였고 우문술 등 수군의 굶주린 기색을 보았기 때문에 이 싸움은 반드시 이긴다는 계산을 이미 끝낸 후였다. 어찌 호랑이굴로 다시 들어가겠는가. 번개처럼 달려 돌아왔다.

그리고 수군(隋軍)을 유인하기 위해 요새를 만나면 일단 멈춰 맞붙어 싸우다가 거짓 패하여, 하루 동안 일곱 번 싸워 일곱 번 패(七戰七敗)하니, 우문술 등은 크게 기뻐하며 "고구려군은 하잘 것 없다"고 하며 먼 길을 달려 살수(薩水), 지금의 청천강(淸川江)을 건너 평양(平壤)에 이르렀다.

그러나 평양은 성 밖은 물론 성안까지 모두 조용했고 집들에는 사람의 그림자도 보이지 않았다. 개 짖는 소리나 닭 우는 소리도 들리지 않았다. 우문술 등은 부쩍 의심이 들어 바로 진격하지 못하고 사람을 보내어 닫힌 성문을 두드렸다.

성안에서 대답하기를, "우리가 항복하기 위해 토지와 인구에 관한 문서들을 준비하고 있으니 대군(大軍)은 성 밖에서 닷새만 기다려 주시오."했다. 전보(電報)같은 것이 없던 옛날이기 때문에 우문술 등은 내호아(來護兒)가 이미 와서 싸움에 지고 돌아갔다는 것을 모르고 내호아가 오기를 기다려 연합 공격하려는 속셈으로 성안에 대고 "그렇게 하라"고 대답하고 성 부근에 진지를 구축하고 머물렀다.

군사들이 굶고 있었기 때문에 노략질을 하려 해도 집집마다 텅 비어 있고 남아 있는 것이 없었다. 5일을 거듭하여 10일이 지나도 성안에서는 아무런 기색도 나타내지 않았다. 우문술은 모든 군사들에게 공격을 명령했다. 성 위에 갑자기 고구려의 깃발이 수없이 올라가 돌려 꽂히며 사방에서 화살과 돌멩이가 비 오듯 쏟아졌다.

을지문덕이 통역관을 시켜 외치게 했다. "너희들의 군량선(軍糧船)은 이미 모두 바다 속으로 처박혀 먹을 것은 사라졌고 평양성은 높고 튼튼하여 넘을 수가 없으니, 너희들은 이제 어찌할 작정이냐!"하고 사로잡거나 노획한 수(隋)의 수군(水軍) 장수들의 도장(圖章)과 신표(信標), 깃발(旗幟) 등을 던져주었다.

우문술 등 수군(隋軍)은 그제야 내호아가 패했다는 것을 알고 군사들이 겁을 먹고 크게 흔들려 싸울 수가 없었다. 우문술 등은 퇴각하기 시작했다. 을지문덕은 미리 사람들을 보내 모래주머니로 살수의 상류를 막아 놓고 정예병 수만 명을 선발하여 천천히 한가롭게 수군의 뒤를 쫓았다.

수군이 먼저 살수 가에 도착했다. 배가 한 척도 보이지 않았다. 우문술 등은 물이 깊은지 옅은지 몰라 머뭇거리고 있었다. 갑자기 나타난 고구려 승려 일곱 사람이 다리를 걷고 물로 들어섰다. 물어보았다. "오금에도 미치지 못하는 물"이라고 했다. 수군은 기뻐하며 다투어 물속으로 들어섰다.

수군이 강 중간쯤에 이르렀을 때였다. 상류에서 모래주머니를 텄다. 폭포처럼 쏟아진 물길은 금방 홍수처럼 차오르고 때마침 추격해온 을지문덕의 군사가 뒤에서 덮쳐들었다. 뒤에서는 창과 칼, 화살에 맞아 죽고 앞에서는 물에 빠져 죽었다. 가까스로 살아남은 자들은 하루 낮 하루 밤 사이 4백 50리를 달리어 압록강을 건너 도망쳤다.

요동성에 이르러 점고해 보았다. 우문술 등 9군 30만 5천명이 2천 7백으로

〈고구려 철장(鐵匠)들이 쇠를 벼리던 곳. 이곳이 바로 파도파도 끝이 없는 안산(鞍山)의 노천철광이다.〉

줄어 있었다. 살아남은 자가 1백 명에 하나도 안 되는 꼴이었다. 무기(軍器)·치중(輜重:군수물자) 등 수 만 가지 물품은 모두 고구려의 노획물이 되었다. 〈여기서 단재는 '살수(薩水)'를 '청천강(清川江)'에 비정해 쓰고 있다. 우리나라 역대 사가들의 인식을 그대로 준거한 것이 아닌가 싶다. 우선 당시의 고구려 수도 평양은 지금 북한 평양에 있지 않았다. 단재는 오늘의 봉황성(鳳凰城)이 장안성(長安城)이었다고 했지만 「원사(元史)」에 따르면 오늘의 요양(遼陽)인 "동녕부(東寧府)가 바로 고구려의 평양성(平壤城)으로 장안성이었다. 광개토왕의 아들 장수왕 련(長壽王璉)이 처음 이곳에 살기 시작했다. 당(唐)나라가 고구려를 정벌하여 평양성을 함락시키자 그 나라는 동쪽으로 옮겨갔다. 압록강 동남쪽 1천여 리에 있는데, 옛날의 평양이 아니다"라고 했다. 그러니까 '패수(浿水)'도 대동강(大同江)일 수 없는 것이다. '납록수(納綠水:小遼水·蛤蜊河)'가 바로 한반도의 '대동강'이고 '압록강'이라고 유추됨으로써 그렇게 된 것이다. 패수는 국천(國川)이라는 뜻의 '버라내', '퍼라내'로 대릉하(大凌河)도 되고 요하(遼河)도 되며 '납록수(아리물)'는 '야루물'이라는 뜻으로 송화강(松花江:아리물)도 되고 압록강(鴨綠江:야리물)도 되고 혼하(渾河)도 된다. 더욱이 혼하를 납록수(納綠水·納嚕水)라고 이르기도 했는데 이것은 '나루어지(納嚕窩集:沃沮)', 즉 삼림지대에서 흘러내리는 물길이라 해서 그렇게 부른 것이다. 수군(隋軍) 30만은 오늘의 요양(遼陽)인 평양(平壤)으로 뚫고 들어가려다가 이곳에서 을지문덕(乙支文德)에게 수장되었다. 이곳은 고구려의 심장부이고 요동에서 조선으로 가는 중요한 길목이다. 을지문덕(乙支文德)이 수양제(隋煬帝)의 30만 대군을 처박아 수장시킨 '싸리내'가 바로 이곳 살수(薩水)이고 또 누르하치(努爾哈赤)가 명나라의 사로군(四路軍)을 깡그리 도륙내고 청나라의 기초를 세운 곳도 바로 이 싸리물(薩爾

漅)이다. 그뿐 아니다. 조선조 연산군(燕山君) 때 명나라를 위해 파견됐던 강홍립(姜弘立)이하 13000명의 조선원병(朝鮮援兵)이 5천 명만 살아 돌아오고 나머지는 모두 목숨을 잃은 곳도 바로 이곳이다. 그래서 수양제가 건넜다는 '요수'를 유수(濡水), 즉 난수(灤水)나 고수(沽水)로 보고 요동성(遼東城)을 당시 해(奚)와 거란(契丹)이 영향력을 행사했던 노룡(盧龍)이나 연군(燕郡) 및 그 인근으로 보는 견해가 설득력을 얻고 있다. ─정해자〉

(6) 고구려의 오리골(烏列忽) 대첩(大捷)

양제의 어영군(御營軍)과 기타 10여 군(軍) 수십만 명의 수군(隋軍)이 오리골(烏列忽:遼陽)과 요동 각지의 성을 쳤지만 하나도 함락시키지 못했다. 3월부터 7월까지 무릇 4~5개월 동안 고구려군의 화살과 돌에 맞아 죽은 해골(骸骨)이 성 밑에 산처럼 쌓였고, 식량을 얻지 못해 굶주리던 병사들은 우문술 등이 패하여 돌아오는 것을 보자 더욱 전의(戰意)를 상실했다.

그러나 수양제는 오히려 최후의 요행수를 바라고 모든 군사를 오리골 성(遼東城) 밑으로 집중시켰다. 을지문덕이 돌격하여 이들을 크게 무찔렀다. 참살한 인마(人馬)와 노획한 무기 및 군수물자가 수도 없었다.

뒤에 고구려가 망하자 당(唐)나라 장수 설인귀(薛仁貴)가 그들의 경관(京觀)을 헐고 백탑(白塔)을 세웠는데, 항간에서 이를 당태종이 안시성(安市城)으로 쳐들어왔을 때 당나라 장수 울지경덕(尉遲敬德)이 쌓은 것이라 하나 이는 와전된 것이다. 〈京觀(경관)은 고대 전쟁에서 승자가 무공을 자랑하기 위해 적군의 시체를 산처럼 쌓아놓고 흙으로 덮어 놓은 무덤을 이르는 말이다. 그 무덤은 이내 흙이 무너져 내리며 백골이 드러나 사방으로 굴러 다녔다. 당시 고구려가 만들어 놓았던 수군(隋軍) 전사자들의 경관(京觀)은 요동에 있었는데 당태종 이세민이 628년(정관 2년7월) 광주사마 장손사(廣州司馬長孫師)를 고구려로 들여보내 경관을 허물고 해골을 수습하여 장사지냈다고 기록했다. 설인귀(薛仁貴)가 그 자리에 백탑(白塔)을 세웠다는 기록은 찾을 수 없다. 「강희요양주지(康熙遼陽州志)」에 따르면 이 백탑사(白塔寺)는 한(漢) 때 세워져 당(唐)때 울지공(尉遲恭:敬德)이 수리한 고찰(古刹)이라고 했는데, 그 후에도 역대 조정이 계속 손댄 것으로 기록되어 있다. 그러나 현재의 모습은 요대(遼代) 중기에 만들어진 전형적인 13층 8각 밀첨식전탑(密檐式磚塔)으로 당탑(唐塔)의 모습은 어디서도 찾을 수 없다. 현재 중국 6대탑 중 하나이다. 이 요양(遼陽)은 지난날 우리나라 중국 사행로(使行路)의 중요한 길목 중 하나로, 허봉(許

舒:1574년)·박지원(朴趾源:780년)·홍대용(洪大容:1766년)·이정구(李廷龜:1780년) 등 우리나라 유수의 문사(文士)들이 일부러 찾아가보고 소회(所懷)를 남긴 곳이다. 홍대용은 그의 문집「담헌서(湛軒書)」연기(燕記)에서 "석문(石門)을 나서자 비로소 앞이 탁 트이면서 하늘과 맞닿은 들판이 끝없이 널브러졌는데, 오직 요양(遼陽)의 백탑(白塔)만이 연기와 구름 속에 우뚝 서 있는 것이 보였다. 북행(北行)길 중에 제일가는 볼거리였다."라고 했다. 잃어버린 땅을 지키고 있는 대탑을 올려다보는 감격이 어찌 홍대용 혼자만의 것이었겠는가.-정해자〉

〈많은 문사의 속을 아리게 한 요양백탑(遼陽白塔)〉

수의 24군(軍) 1백 10여만 명이 전멸(全滅)하고 오직 우어위호분랑장 위문승(右御衛虎賁郎將衛文昇)의 패잔군 수천 명만이 남아 수양제를 보호하며 달아났다. 「수서(隋書)」에 우문술(宇文述)의 패전만을 기록하고 오리골 양제의 패전을 기록하지 않은 것은 이른바 '존자를 위하여 숨기는(爲尊者諱)'는 춘추필법(春秋筆法)이다. 춘추필법을 알아야 지나(중국) 역사를 읽을 수 있다.

요하를 건너 얼마쯤 가면 발착수(渤錯水)가 나온다. 이곳은 이름은 '물(水)'이지만 실은 물이 아니라, 2백리 진 수렁이다. 또 다른 이름이 요택(遼澤)인데, 당태종의 '요택에 널린 뼈를 거두어 묻으라(遼澤埋骨)'는 조서(詔)를 보면, 당시 수군(隋軍)이 이곳에서 보통이상으로 많이 죽었다는 것을 알 수 있다. 이것도 대개 고구려군의 추격을 받고 죽었을 것이다.

말하자면 이 전쟁이 패강·살수·오리골의 3대 전쟁을 포함한 것인데 첫째의 공은 패강의 전투이고 둘째 공은 살수전투이며 끝맺은 것은 오리골 전쟁이다. 이 것 모두를 통틀어 살수전쟁이라고 하는 것은 부당하지만 이미 오 랫동안 써온 명사이므로 그대로 쓴다. 〈원문은 "요하를 건너 ○○리쯤에 발착수가 있는데"로 되어 있어 "요하를 건너 얼마쯤 가면"으로 고쳤다. '요택매골(遼澤埋骨)의 조서' 라는 것은, 당태종 정관 19년(645) 5월 요동(고구려)을 정벌하려고 요택으로 나왔다가 수없이 널브러진 수군(隋軍)의 해골을 발견하고 내린 조서를 말한다. 그 내용은 "지난날 수나라 군 사가 요수를 건널 때 하늘이 돕지 않아서 따라온 장수와 사병들의 해골이 서로를 바라보며 온 들판에 널려 있으니, 매우 슬프고 한탄스럽다. 봄이면 드러난 해골을 묻어주던 옛 휼민 (恤民)정책을 본받아 모두 수습하여 묻도록 하라"는 것이었다. -정해자〉

제3장. 오리골, 회원진(懷遠鎭) 전쟁과 수의 멸망

(1) 수양제의 재침과 오리골 성주의 방어

수양제(隋煬帝)는 싸움에 지고 돌아오자, 패전의 책임을 우문술(宇文述) 등 장수들에게 물어 관직을 파면하거나 옥에 가두었다.

패전의 치욕을 씻고자, 이듬해 정월 전국의 병마(兵馬)를 다시 탁군(涿郡) 으로 불러 모으고 요동고성(遼東古城:고구려 태조대왕이 요동을 차지하자 한(漢)이 지금 영평부(永平府)로 옮겨 설치한 성)을 수축(修築)하여 군량을 저장하게 했으며 "모든 장수가 지난 번 전쟁에 진 것은 군량이 결핍된 까닭일 뿐 장수들이 작 전을 잘못해서가 아니다"라고 전국에 유시(諭示)하며 장수들을 다시 원직에 복귀시키고 고구려를 칠 계획을 세웠다.

"작년에 요동을 평정하지 못하고 평양을 친 것이 실책이다."하여 조서로 대개 작년과 같이 여러 장수들의 출정 길을 지정하였으나, 내용은 오리골을 먼저 쳐 함락한 뒤, 차차 그 지방의 순서대로 각 주군(州郡)을 평정하며 평 양으로 쳐들어가려는 것이었다.

이때는 수(隋)가 크게 패한 뒤라서 국고가 텅 비고 군사자원도 고갈되었으 며 국민들의 세금부담 능력마저 없어져 인심이 들끓고 전쟁에 끌려가지 않 으려고 스스로 손발을 잘라내는 장정들이 수도 없었다. 이러한 틈을 타고 반란(叛亂)을 기도하는 자들의 「무향요동낭사가(無向遼東浪死歌:요동으로 가서 개죽음 말자는 노래)」가 점점 퍼졌다. 〈수양제는 611년(大業7), 요동(高句麗)을 정벌하고자 전국 총동원령을 내리고 군량 등 군수물자 운송과 대대적인 전선(戰船) 건조를 명령했는데 하북(河北)과 산동(山東)이 출정병사의 집결지(集結地)였다. 당시 산동에는 혹심한 수재(水災)를 당해 백성들은 잠잘 곳마저 없었는데 전쟁으로 인한 부역은 갈수록 심해졌다. 이로 인한 불평불만은 반란으로 이어질 수밖에 없었다. 이때 가장 먼저 무리를 모아 반란을 일으킨 사람은 산동 추평(鄒平)사람 왕박(王薄)이었다. 그는 지금의 산동 장구(章丘) 동북쪽에 있는 장백산(長白山)을 점거하고 '지세랑(知世郎:세상물정을 아는 사내)을 자처하며 「무향요동낭사가(無向遼東浪死歌)」를 지어 고구려와의 전쟁에 출정하지 말라고 인민을 선동했다. 많은 농민이 그를 따라 반란에 가담했으나 오래지 않아 관군(官軍)에 진압되었다. 그러나 크고 작은 농민반란은 그로부터 들불처럼 전국으로 번져 나갔다. 「무향요동낭사가」는 다음과 같다. "(나는) 장백산의 지세랑, 붉은 비단에 수놓은 옷을 입었네./긴 창은 반공중으로 뻗치고, 둥근 칼날은 햇빛에 뻔쩍이네./산으로 올라가면 노루 사슴 잡아먹고, 산을 내려오면 양과 소를 잡아먹네./(그러다) 문득 관군이 온다는 소식 들리면, 칼을 들고 달려가 쓸어버리네./요동으로 끌려가 개죽음하는 것과 비교하면, 머리가 떨어진다 한들 무엇이 대수로울까.(長白山前知世郎, 純著紅羅錦背襠/長槊侵天半, 輪刀耀日光/上山吃獐鹿, 下山吃牛羊/忽聞官軍至, 提刀向前蕩/譬如遼東死, 斬頭何所傷)" 그러나 「수사유문(隋史遺文)」에 나오는 똑같은 제목의 가사(3절)는 또 다르다. "요동으로 가지 말라. 갔다가는 배만 곯고 추위에 떨다가, 범 같은 고구려 병사 만나면, 눈 깜짝할 새 칼 밥이 된다. 용감히 싸웠다고 누가 슬퍼해 주느냐? 이긴다 해도 상은 장수들이 받고, 우리는 잡초 밭에 해골이 되어 뒹군다(莫向遼東去, 迢迢去路長/老親倚閭望, 少婦守空房/有田不得耕, 有事誰相將/一去不知何日返, 日上龍堆憶故鄕//莫向遼東去, 從來行路難/長河渡無舟, 高山接雲端/淸霜衣苦薄, 大雪骨欲剜/日落寒山行不息, 蔭氷臥雨摧心肝//莫向遼東去, 夷兵似虎豺/長劍碎我身, 利鏃穿我腮/性命只須臾, 節俠誰悲哀/功成大將受上賞, 我獨何爲死蒿萊)"는 뜻으로 되어 있다. -정해자〉

　양제는 이럼에도 불구하고 백성들의 재물을 강탈하여 군량으로 쓰고 백성(民夫)들을 강제 징발하여 병사로 충원했으며, 훈련시킨 지 몇 삭(朔:10일이 1삭.-정해자)만에 요동으로 끌고 갔다.

　양제는 우문술 이경(李景:馬軍總管) 등 여러 장수에게 고구려가 지원하러 오는 길을 막도록 하고 직접 어영군을 이끌고 가 오리골(遼東城)을 포위 공격하였다.

　당시 오리골 성주(城主)가 누구였는지 그 이름은 사책에 보이지 않으나, 대개 지략 있고 용감하며 침착하고 굳세었던 인물이고 장수와 병사들 역시 온갖 전쟁으로 단련된 용사들이었다.

　양제는 비루(飛樓:성안을 내려다보며 공격하게 만든 누각)를 세우고 운제(雲梯:긴 사닥다리)를 매고 땅굴(地道)을 파고 토산(土山)을 쌓는 등 온갖 방법(攻城術)을 다 동원하여 공격했다. 성주는 조금도 흔들리지 않고 대처방법대로 맞서 싸웠다. 대치한지 수10일이 지나도 양제는 성을 함락하지 못했고 병사들의 사상자는 날로 늘어났다.

　그때 수양제는 여양(黎陽:南北運輸의 중심점)에서 군량수송을 지휘 감독하던 양현감(楊玄感)이 반란을 일으켰다는 보고를 받았다. 양제는 군수물자와 무기·공성기구(攻城機具) 등을 다 버려둔 채 밤 2경(更:밤 9~11시 사이)에 남모르게 장수들을 불러 빨리 철군(撤軍)하도록 했으나, 성주에게 발각되어 그 후군(後軍)이 고구려군의 공격을 받아 거의 죽었다. 〈위의 "전쟁에 끌려가지 않으려고 스스로 손발을 잘라내는 장정들이 수도 없었다"는 대목은 원본에 없는 말이다. 그러나 「자치통감」 당기(唐紀)에 양제의 "요동전쟁에 사람들은 모두 징집을 피하려고 수족을 잘랐다(遼東之役,人皆斷手足以避征役)"고 기록되어 있어 보충 번역했다. 그리고 원문에는 양현감(楊玄感)을 "동부수장(東部守將)"이라고 했는데 그런 관직은 없다. 양현감은 예부상서(禮部尙書)로 여양(黎陽), 지금의 하남성 준현(河南城浚縣) 동북쪽에서 군량 등 군수물자의 수송을 지휘 감독하고 있었는데, 그가 반역하였기 때문에 군사적 직함이 무엇이었는지 기록되지 않았다. 또 원문은 "밤 2경에 남모르게…철군했으나…발각되어…고구려군의 공격을 받아 거의 죽었다"고 되어 있으나, 이 대목들의 저본의 되고 있는 「자치통감」의 기록은 다르다. "양제는 요동성(오리골)을 오랫동안 공격했으나 함락시키지 못하자, 부대 1백만 개를 만들게 하여 그곳이 흙을 담아 어량대도(魚梁大道:高架大道)를 만들었는데, 너비가 30보(步)였다. 평지에서부터 시작하여 곧장 성 쪽으로 다가가며 성 높이로 쌓아 올렸다. 군사들이 올라가 싸우도록 하려는 것이었다. 또 바퀴가 여덟 개 달린 공성전차(攻城戰車)도 만들었는데, 성보다 높았다. 많은 사수(射手)들을 싣고 어량대도 양쪽에서 성장으로 밀고 가 성 위의 군사와 성안을 내려다보며 공격하려는 기구였다. 준비물이 거의 완성되어 곧 총공격명령을 내릴 참이었다. 고구려 병사들은 성안에서 이 광경을 지켜보며 정세가 위급함을 느끼고 있었다. 이때 여양에서 군수물자 수송을 총 지휘·감독하던 양현감(楊玄感)이 병부시랑(兵部侍郎) 곡사정(斛斯政) 등과 결탁하여 운부(運夫) 5천여 명과 선부(船夫) 3천여 명을 이끌고 반란을 일으켰다는 보고가 들어왔다. 양제는 남몰래 각 장수들을 소집하여 철군을 명령했다. 군용물자와 무기, 공성기구 등 산처럼 쌓여 있는 모든 물자와 영루(營壘)·막사(篷帳)들을 그대로 둔 채 전부 버리고 철군하라는 것이었다. 군사들은 영문을 몰라 허둥댔고 행군이 제대로 이루어지지 않았다. 도망치는 군사가 속출했다. 고구려 수비병이 즉각 발견했으나 무슨 속임수인지 몰라 성을 나오지는 못하고 성위에서 북을 치고 함성을 지르며 기세만 올렸다. 이튿날 한낮이 다 되어서야 척후병을 내보내 사방을 정찰하게 했다. 그러나 수군(隋軍)이 기만술(欺瞞術)을 쓰는 것이 아닌가하여 이틀이 지난 다음에야 수천 명의 군사를 출동시켜 추격했다. 그러나 바투 추격하지 않고 80~90리를 유지하다가 전군(前軍)이 요수를 건너자, 그제야 철군이 확실하다는 것을 알고 공격을 개시하여 후군(後軍)의 노약자 수천 명이 고구려군에 도살되었다."고 기록되어 있다. 저들의 입장에서 쓴 것이니 다를 수는 있으나 참고할 점도 있을 것 같다.-정해자〉

(2) 수양제의 삼구(三寇)와 노사(弩士)의 저격

수양제가 비록 양현감(楊玄感)의 반란을 평정하였으나, 국력이 피폐하고 인민들의 원한이 극에 달했는데도 불구하고, 양제가 또 패전을 설욕(雪辱)하기 위해 나라 안 병마를 또 소집하여 회원진(懷遠鎭)에 이르렀다.

그러나 병사들이 모두 지난 두 차례의 패전을 겪은 터라, 가면 죽는다는 것을 알고 있었기 때문에 중간에서 도망치는 자가 속출했고 일부 지방에서는 반란이 일어나 징집에 응하지 않는 곳도 있었다.

수양제는 싸우기 어렵게 되었다는 것을 깨닫고 중지하고 싶었으나, 중국의 웃음거리(恥笑)가 되어 계속되는 반란자(叛亂者)들을 억제할 수 없게 되지 않을까 걱정했다. 그래서 무슨 핑계를 대든 휴전(休戰)을 할 명분을 만들기 위해 고구려에 반신(叛臣:반역자) 곡사정(斛斯政:후시정)을 인도하라는 유일한 조건을 내걸고 화의(和議)를 제의했다. 곡사정은 양현감의 무리로 고구려에 투항한 자였다.

이때 고구려의 국론(國論)은 양파로 갈리어 있었다. 하나는 화의파(和議派)로, "남쪽의 신라와 백제를 멸하기 전까지는 지나(중국)를 높이 받드는 체하고 후하게 대접하며 좋은 관계를 유지해야 한다. 지나에 대해 너무 강경책으로 맞서다가 여러 해에 걸친 전쟁(兵禍)을 야기하지 않았는가. 지금부터라도 다시 정책을 바꾸어 수(隋)와 강화(講和)해야 한다"고 주장했고, 하나는 주전파(主戰派)로, "신라와 백제는 산천이 기구(崎險)하여 지키기는 쉬우나 공격하기는 어렵고, 인민들 또한 굳세고 고집불통이라 좀처럼 굴복하지 않는다. 지나 대륙은 이와 반대로 평원(平原)·광야(曠野)가 많아 용병(用兵:군사전략을 구사하는 것)에 좋고 인민들이 전쟁을 무서워하여 한쪽이 무너지면 다른 쪽도 따라 흔들린다. 장수태왕(長壽太王)의 북수남진책(北守南進策)은 원래부터 잘못된 것이다. 오늘부터라도 정책을 바꾸어 남쪽은 지키기만 하고 정병(精兵)을 선발하여 수(隋)를 친다면, 비록 많은 군사가 아니라 해도 쉽게 성공할 수 있다. 성공한 다음 그 인민을 다독여 어루만지고 인재를 등용한다면 전 지나를 통일하는 것도 어려운 일은 아니다"라고 주장하며 늘 서로 다투었다.

화의파는 왕의 아우 건무(建武)를 따르는 사람들로 다수의 호족(豪族)들이 이에 속했고, 주전파는 을지문덕(乙支文德)을 따르는 사람들로 일부 무장(武將)들이 이에 속했다.

두 사람이 모두 수와의 전쟁에서 큰 공을 세워 누가 더하다고 할 수 없이 국민들의 신망(信望)을 한 몸에 받고 있었다. 따라서 양파의 세력도 거의 대등하여 영양대왕(嬰陽大王)은 주전파를 지지하였으나, 고구려는 호족공화제(豪族共和制)의 나라였기 때문에 왕 또한 화의파의 의견을 꺾지 못했다.

그런 중에 수양제가 곡사정(斛斯政:후시정)의 인도를 조건으로 화의를 제의했다. 조정에 이를 지지하는 화의파가 우세했다. 드디어 망명 가련한 곡사정의 인도를 허락하는 동시에 국서(國書)를 받들고 사자가 양제의 어영(御營)으로 갔다.

어떤 장사(將士)가 이에 크게 분개하여 쇠뇌(弩弓)를 품속에 감추고 사자의 수행원처럼 가장하여 사자의 뒤를 따라 들어가 양제의 가슴을 쏘고 달아났다. 비록 이것으로 화의를 깨지는 못했고 곡사정의 인도를 막지는 못했지만 수양제의 넋을 빼앗고 고구려의 사기가 어떠했는지를 보이기에는 넉넉했다. 이 화살을 맞고 돌아간 수양제는 병도 들고 후회와 노여움도 심했으며 나라 안이 더욱 크게 어지러워(大亂)져 몇 년 못가 암살을 당했고 수왕조(隋王朝)는 멸망했다. 〈어느 "장사(將士)가 쇠뇌로 수양제의 가슴을 쏘고 달아났다"는 기록은 「삼국유사」 흥법(興法) 보장봉로(寶藏奉老)에 있는 말인데, 상식적으로 판단해도 가능한 일이 아니다. 기록은 이러하다. "隋煬帝, 大業十年甲戌十月, 高麗王上表乞降, 時有一人,

密持小弩於懷中, 隨持表使到煬帝舡中, 帝奉表讀之, 弩發中帝胸. (수양제 대업10년(614) 갑술 10월, 고구려왕이 표를 올려 항복을 빌었다. 그때 어떤 사람이 작은 쇠뇌를 품속에 감추고 표를 갖고 가는 사자를 따라 수양제의 배로 갔다. 수양제가 표를 읽고 있었다. 쇠뇌를 쏘아 수양제의 가슴을 맞추었다.)" 그러나 그런 일이 정말 있었다면 어찌 화의가 이루어지고 사자가 살아 돌아올 수 있었겠는가. 그렇지 않아도 영양왕이 직접 나오라고 채근 받던 판에 더욱 큰 사단으로 번졌을 것은 뻔한 일이다. 중국 재상 '羊皿(양명)'이 죽어서 고구려를 멸망시키고 당태종의 원수를 갚기 위해 고구려에 태어난 것이 바로 羊+皿로 이루어진 '盖(개소문)'라는 말처럼 허황된 기록에 불과하다. 곡사정(斛斯政)은 수양제의 절대적인 신임을 받으며 병부시랑이 되었던 귀화 선비족으로 그의 할아버지가 종남산(終南山)으로 이주하여 '斛斯山(후시산)'이라는 선비족 명칭을 따라 '후시족(斛斯族)'이라고 했는데, 중국으로 귀화하며 복성 '후시' 씨가 되었다. 수양제는 그를 참살하여 조상들에게 제사를 지내겠다며 수(隋)의 서울인 오늘의 시안(西安)으로 끌고 갔는데, 당시 좌익위대장군 우문술(宇文述)이 글을 올려 "곡사정의 죄는 하늘과 땅도 용납하지 않고 사람과 귀신을 모두 분노하게 합니다. 만일 일반적인 형법대로 참형에 처한다면 난신적자(賊臣逆子)들을 어떻게 진압할 수 있습니까. 청하오니 평상적인 법을 고쳐주십시오."했다. 그래서 수양제는 곡사정을 금광문(金光門) 밖 큰 기둥에 잡아매고 공경백관(公卿百官)에게 직접 활을 쏘아 죽여 살을 저미게 하였는데 저민 살점을 먹는 자가 많았다. 먹고 남은 것은 다시 삶게 했고 남은 뼈는 태워 날려버렸다. −정해자〉

안정복(安鼎福) 선생이 이 전쟁을 논하다가, "영양왕이 살수(薩水)에서의 승리를 시위하며 수양제가 아비를 죽인 죄를 성토하고, 을지문덕 등 여러 장수를 호령하여 수(隋)를 병탄(合併)하지 못한 것을 한탄하였으나, 양제가 '아버지를 죽였다는 설(弑父說)'은 의문스러운 안건일 뿐이고 또 궁중비사(宮中秘史)라, 고구려 사람들이 듣지 못했을 터이니, 말할 것이 없겠지만, 그러나 「해상잡록」에 명백히 "이 전쟁 끝에 을지문덕 등 일파가 북벌(北伐)을 주창(主唱)했다고 기록되어 있는데, 선생이 이것을 자신이 지은 「동사강목(東史綱目)」에 기재하지 않은 것은 어찌된 까닭인가.

아마 비사(秘史)의 설(說)을 정사(正史)에 넣을 수 없다고 해서일 것이다. 그러나 정사 「삼국사기」·「동국통감」 등은 사대주의적 기록인 까닭에 지나(중국)와의 전쟁에 있어서는 오로지 저들의 기록만 인용하였으니, 비사의 설이 오히려 정확한 자료로 남은 것이 아닌가 싶어 이 책에서는 이를 채록(採錄)했다.

제 11 편

고구려의 대 당(唐) 전쟁

제1장. 연개소문(淵蓋蘇文)의 서유(西遊)와 혁명

(1) 연개소문의 출생과 그 소년의 서유(西遊)

연개소문(淵蓋蘇文)은 ㉠ 고구려 900년 이래의 전통인 호족공화제(豪族共和制)의 구질서를 타파하고 정권을 통일했으며 ㉡ 장수태왕(長壽太王) 이래 철석같이 굳어온 북수남진(北守南進)정책을 변경하여 남수서진(南守西進)정책을 세웠으며 ㉢ 그래서 국왕이하 대신·호족 등 수백명을 도살하고 자신의 독무대를 만들었고 서쪽 나라의 제왕인 당태종(唐太宗)을 격파하고 지나(중국)대륙의 침략을 시도하였다. 그것이 잘한 일이냐 잘못한 일이냐는 별개문제로 하고, 여하간 당시 고구려뿐만 아니라 동아시아 전쟁사(戰爭史)의 유일한 중심인물이었다.

그러나 「삼국사기」의 연개소문에 관한 기록은 김유신전(金庾信傳)의 "김춘추가…그들 국경 안으로 들어가자 고구려왕이 태대대로 개금을 보내어 숙소를 정해 주었다([金]春秋…旣入彼境麗王遣太大對盧蓋金館之)"는 단 한마디 뿐이고, 그밖에는 오로지 「신·구당서」와 「자치통감」 등 지나(중국)사를 베껴 넣은 것뿐이다. 저들 역사는 바로 연개소문의 혈전 상대였던 당태종 군신(君臣)의 입과 붓에서 나온 것을 바탕으로 한 것이기 때문에 믿을 만한 가치가 가장 적다. 〈김유신전 기록이 원문에는 "개금이 김춘추를 관(館)하였다"고만 되어 있어 김유신전 기록대로 다시 고쳤다. 「삼국사기」 보장왕기(寶藏王紀)에 따르면 "신라는 백제를 치기 위해 김춘추를 보내어 군사지원을 청했으나, 따르지 않았다"고 되어 있다. ─정해자〉

연개소문은 고구려 서부의 세족(世族)으로 서부의 명칭이 연나(椽那:淵那)이기 때문에 성이 연(淵)이다. 「삼국사기」에 성을 '천(泉)'이라고 한 것은 당인(唐人)들이 당고조 이연(唐高祖李淵)의 이름자인 淵(연)을 피하기 위해

'泉(천)'이라고 쓴 것을 그대로 베껴 넣은 까닭이다. 만당(晚唐) 두광정(杜光庭)의 「규염객전(虬髯客傳)」은 이 사실을 기술한 것인데, "규염객은 부여(夫餘) 사람으로 중국 태원(太原)으로 와서 이정(李靖)과 사귀고 이정의 처 홍불기(紅拂妓)와 의남매를 맺었으며 중국의 제왕이 되려고 기도하다 당공(唐公) 이연(李淵)의 아들 이세민(李世民:唐太宗)을 만나보고 그 영기(英氣)에 눌려, 이정에게 '중국의 제왕이 되려던 생각을 접었'고 말하고 귀국하여 난(亂)을 일으켜 부여국주(夫餘國主)가 되었다."고 했는데(「규염객전」의 줄거리[大意]만 번역한 것), 선배들이 "부여국은 바로 고구려이고 규염객은 바로 연개소문이다"라고 한다. 〈원문에는 「규염객전(虬髯客傳)」이 "당인(唐人) 장열(張悅)'이 지은 것으로 기록되어 있다. 그러나 이것은 만당(晚唐) 때의 도사(道士) 두광정(杜光庭)이 지은 것으로 송(宋) 때 이방(李昉)이 지은 「태평광기(太平廣記)」 속에 수록되어 있는 것이다. 그래서 위와 같이 고쳤다. 「규염객전」에는 규염객(虬髯客)이 "부여(夫餘) 사람"이라거나 "귀국하여 난을 일으켜 부여국주(夫餘國主)가 되었다"는 등의 기록은 없다. 그는 경사(京師), 즉 서안(西安) 저택에서 여종 40명, 남종 20명 악기(樂妓) 20명을 거느리고 사는, 천하제패(天下制霸)의 뜻을 품고 천금(千金)을 가소롭게 아는 협객이다. 그는 이정(李靖)과 홍불기(紅拂妓)를 사귄 이후 이세민(李世民)을 만나보고 그의 영기(英氣)에 눌려 전 재산을 이정에게 주며 이세민을 잘 보좌하라고 이르고 아내와 함께 종 한 명만 데리고 말을 타고 떠났는데, 그는 많은 갑병(甲兵)을 거느리고 남만(南蠻) 해상을 떠돌다 부여국(夫餘國)으로 쳐들어가서 왕이 되었다는 내용으로 꾸며져 있다. 단재는 이 규염객을 연개소문과 엮기 위해 "규염객이 부여 사람"이다. "귀국해 난을 일으켜 부여국주가 되었다"라고 남의 소설 줄거리까지 고쳐서 소개하고 있다.-정해자〉

당태종의 영기에 눌려 지나(중국)의 제왕이 되기를 포기했다는 것은 '제왕이란 하늘이 정하는 것이고 구구한 지력(智力)이 좀 있다고 해서 넘볼 자리가 아니다'라는 저들 나라 소설가의 권선징악(勸善懲惡)적 기록이겠지만, 연개소문이 지나를 침략하려고 그 나라의 사정을 알아보기 위해 한차례 서유(西遊)한 것은 사실인 것 같다.

중국에 전해지는 「갓쉰동전」은 이런 유의 소설이다. 그 줄거리가 다음과 같다.

《연국혜라는 재상(宰相)이 있었다. 나이 50이 되도록 슬하에 자녀가 없었다. 아들 하나를 점지해 달라고 하늘에 제사를 올리며 기도하여 옥동자를 얻었다. '갓쉰동'이라고 이름을 지었다. 갓 쉰이 되던 때에 낳았다는 뜻이다. 갓쉰동이 자라나자, 용모가 비범(非凡)하고 재주와 지혜가 뛰어났다. 연국혜는 손안의 구슬처럼 사랑하며 곁에서 떠나지 못하게 했다.

갓쉰동이 일곱 살 되던 해 대문 앞에서 놀고 있었다. 어떤 도사가 지나다가 보고 "아깝다, 아깝다"하고 달아났다. 연국혜가 그 말을 듣고 쫓아가, 도사를 잡고 그 이유를 물었다. 도사가 처음에는 말하지 아니하려다가, 간절히 묻자, "이 아이가 자라면 공명(功名)과 부귀가 무궁하겠지만, 타고난 수명이 짧아서 그 때까지 살지 못할 것이오." 했다.

연국혜는 흉액(凶厄)을 모면할 방법을 물었다. "15년 동안 이 아이를 내버려 부모와 서로 만나지 못하게 하면 그 액을 면할 수 있을 것이오." 했다.

연국혜는 도사의 말을 믿었다. 비록 차마 못하는 마음이 없지 않았으나, 갓쉰동의 장래를 위하여 하인에게 갓쉰동을 산도 설고 물도 선 멀고 먼 어느 시골에 가져다가 버리게 했다. 다만 후일에 아들 찾을 있도록 먹실로 등에다가 '갓쉰동'이란 세 글자를 새겨 넣어 보냈다.

갓쉰동이 버려진 곳은 원주(原州)의 학성동(鶴城洞)이었다. 이 동내에는 장자(長者:富者) 유씨(柳氏)가 살고 있었다. 그는 꿈에 앞개울에서 황룡(黃龍)이 승천(昇天)하는 것을 보고 괴이쩍게 여겨 새벽에 개울 가로 나가 보았다. 준수한 아이 하나가 울고 있었다. 유씨는 아이를 데려다 키웠다. 그 등에 새겨진 '갓쉰동'이라는 글자를 보고 이름을 그대로 '갓쉰동'이라고 불렀다.

갓쉰동은 자랄수록 얼굴이 깨끗하고 영특했으며 모습이 발랄했으나 그 내력을 몰랐기 때문에 온 집안이 천것(賤人)으로 대접했다. 장자는 비록 갓쉰동을 사랑했으나 남과 다투는 것을 싫어해서, 신분을 높여 주지 못하고, 다만 글 몇 자를 가르쳐 자기 집 종으로 부렸다.

하루는 갓쉰동이 산으로 올라가 나무를 하고 있었다. 난데없는 청아한 퉁소 소리가 들려왔다. 지게(支械)를 받쳐 놓고 그 소리를 찾아갔다. 한 노인이 앉아 불고 있었다. 노인은 갓쉰동을 보고 "네가 갓쉰동이 아니냐. 네가 오늘 배우지 아니하면 장래 어찌 큰 공업을 이룰 수 있겠느냐." 하고 학문의 필요성을 이야기했다.

갓쇤동은 그 이야기에 취해 해지는 줄도 몰랐다. 노인이 저녁놀을 가리키며 "오늘은 늦었으니 내일 오거라."하고 어디로 획 가버렸다.

갓쇤동은 그제야 깜짝 놀라, "내가 나무를 하려고 왔다가 빈 지게를 받쳐 놓고 이 해를 다 보냈으니, 주인의 꾸중을 어찌 하나."하고 내려왔다. 누가 해 놓았는지 지게에는 나무가 한 짐 지워져 있었다.

갓쇤동은 그 다음날로부터 나무를 하러 가면 반드시 그 노인을 만났고 만나서는, 검술(劍術)·병서(兵書)·천문(天文)·지리(地理) 등을 배웠다. 그리고 내려오면 언제나 지게에는 나무가 한 짐 지워져 있어 지고 돌아오면 되었다.

장자 유씨는 아들은 없고 딸만 셋을 두었는데 이름이 문희·경희·영희였다. 셋이 모두 뛰어난 미인이었는데, 막내 영희가 더욱 예뻤다.

갓쇤동이 열다섯 살 되던 해, 봄 어느 날이었다. 장자가 갓쇤동에게 세 아기씨를 태우고 나가 봄나들이(꽃과 버들 구경)을 하라고 했다. 갓쇤동이 그 말에 따라 가마꾼(轎軍)을 이끌고 문희 방문 앞으로 가서 "아기씨! 가마 대령했습니다."했다. 문희가 버선발로 마루 끝으로 나서더니, "아이고 맨땅을 어떻게 디디겠느냐? 갓쇤동아, 네가 거기 엎드려라."하고 갓쇤동의 등을 밟고 내려가 가마에 들어갔다. 경희를 태우러 갔을 때도 역시 그랬다. 갓쇤동은 화가 머리끝까지 치솟아 단 주먹에 계집애들을 때려죽이고 싶었지만 장자의 은혜를 생각하여 꾹 참고, 영희의 방앞으로 가서는 "이 년도 그 년의 동생이니, 별 수 있겠느냐!"하고 "가마를 대령했습니다." 한 마디 하고는 미리 뜰에 엎드렸다. 영희가 문을 나서다 보고는 놀라, "갓쇤동, 이게 무슨 일이여!"했다.

갓쇤동이 말했다. "갓쇤동의 등이야 하느님이 아기씨들을 위하여 만든 것 아닙니까. 이 등으로 나무를 져다 아기씨들 방을 덥히고, 이 등으로 쌀을 져다가 아기씨들 배를 부르게 하고 있습니다. 아기씨들이 앉으시려면 갓쇤동의 등을 자리로 쓰시고, 아기씨들이 걸으시려면 갓쇤동의 등을 디딤으로 쓰시고 …"

이 말이 끝나기도 전에 영희가 달려들어 "아서라. 이것이 무슨 일이냐. 사람의 발로 사람의 등을 밟는 일이 있겠느냐."하고 갓쇤동을 일으켜 세웠다.

갓쉰동이 일어나 영희의 꽃 같은 얼굴, 옥 같은 살결과 정다운 목소리에 마음을 잡지 못하며 "나도 어렴풋이 어렸을 적 일을 생각하면 너와 결혼할만한 집안인데…" 하고 눈물을 글썽였고, 영희는 갓쉰동의 비범한 용모와 우렁찬 목소리에 끌려 "너 같은 남자가 어찌 남의 집에 종이 되었느냐."하고 눈물이 나는 것을 깨닫지 못하였다.

이 뒤부터 갓쉰동은 영희를 생각하고, 영희는 갓쉰동을 사랑하여 둘 사이의 정의가 점점 깊어졌다. 갓쉰동이 "내가 일곱 살 때 집을 떠나던 일을 어렴풋이 기억하는데, 아마 우리 부모가 도사의 말을 믿고 나를 버린 듯하다. 분명히 다시 찾으려 할 것이다. 나도 집에 돌아가면 귀한 집 아들이니, 너와 결혼할 수 있다."고 영희에게 말했다.

영희는 이 말을 듣자, "나는 귀한 집 아들의 아내가 되기를 바라는 것이 아니라, 사나이의 아내가 되기를 바란다. 만일 네가 사나이가 아니라면, 귀한 집 아들이라 해도 나의 남편은 못될 것이고, 네가 사내라면 종이라도 나는 네가 아니면 누구의 아내도 되지 않을 것이니, 너는 너의 속내를 말해 보아라."했다.

갓쉰동은, "달딸이(韃靼:중국을 타타르족이라고 잘못 칭하는 것–정해자)는 언제나 우리나라를 침범하여 우리를 괴롭히는데, 우리는 달딸이를 쳐 물리칠 뿐, 달딸이 나라로 쳐들어가지 않으니, 나는 이것이 불만스러워 늘 달딸이 땅을 한 번 쳐부수고 백년토록 태평하게 살았으면 하는 바람을 갖고 있다."고 말하고 계속하여 "요즘 나무하러 가서 어느 선관(仙官)에게 날마다 검술과 병서·천문·지리 등을 배운다."고 말했다.

영희는 크게 기뻐하며, "달딸이를 치자면 달딸이의 형편을 잘 알아야할 테니, 그렇다면 직접 달딸국으로 가서, 그곳 산천을 두루 돌아다녀 보고 그 나라 사정을 속속들이 알아, 뒷날 성공할 수 있는 터를 닦으라."고했다. 그리고 나서 돌아온다면 "나는 그대의 아내가 못된다면, 그대의 종이라도 되어 그대 앞에서 백년을 모시겠다."고 했다.

갓쉰동은 꼭 그렇게 하겠다고 하고 장자의 집에서 도망쳐 떠났다. 영희가 준 금가락지와 은그릇 등을 팔아 노자로 쓰며 달딸국으로 들어갔다.

달딸의 말도 배우고 달딸의 풍속도 익히고, 또 그 내막을 알기 위해 이름을 돌쇠라 고치고, 달딸국 왕의 종(奴隷)이 되었다.

돌쇠는 매우 충실했고 영리했으므로 그 왕의 신임을 받았다. 왕의 둘째 공자(公子)가 매우 영특하고 현명하여 사람을 잘 알아보았다. 그는 "갓쇤동은 흔히 볼 수 있는 영물(英物)이 아니고 달딸의 씨알이 아니니, 죽여 후환(後患)을 끊어야 한다."고 그 아비에게 고했다. 그리고 철책으로 지은 울안에 가두고 음식을 끊어 굶겨 죽이려 했다.

갓쇤동은 자신이 위기에 빠졌다는 것을 깨달았다. 계책이 없어 답답하기만 했다. 자기 옆에 새매를 길들이려고 잡아 놓은 조롱(鳥籠)이 있었다. 돌쇠는 왈칵 잡아당겨 조롱을 부수고 그 안에 들어 있던 새매를 모두 날려 보냈다. 이때 마침 달딸왕 부자는 사냥을 나가고 달딸왕의 공주가 지켜보다가 놀라, "너는 왜 새매를 다 날려 보내느냐? 우리 아버지와 오라버니에게 더 큰 죄를 짓는 것이 아니냐."고 했다.

갓쇤동이 말했다. "내가 갇혀 보니 여간 답답한 것이 아니다. 갇혀 있는 매들은 얼마나 답답했겠느냐. 나는 나를 풀어주지 않고 가둬두는 사람을 원망하면서, 내 곁에 갇혀 있는 매를 풀어주지 않는다면 매들이 얼마나 나를 원망하겠느냐. 차라리 내가 매를 위해 죽을지언정 매의 원망은 받지 않겠다는 마음이 불쑥 들어 갇힌 새매를 날려 보냈다."

공주가 듣더니, 측은히 여기며, "내가 우리 둘째 오라버니에게 들으니, 네가 우리 달딸을 망칠 사람이라 하더라. 네가 어째서 달딸을 망치려 하느냐?"고 물었다.

갓쇤동이 공주를 바라보며, "하늘이 나를 달딸을 망치려고 낸 사람이라면, 너의 오라버니가 나를 죽이려 해도 죽지 않을 것이고, 또 나를 죽일지라도 나 같은 사람이 또 나타날 것이다. 너의 오라버니에게 이렇게 잡혀 죽게 된 몸이 어찌 달딸을 망친단 말이냐. 공주가 만일 나를 풀어준다면, 나는 저 매와 같이 천산만수(千山萬水)로 훨훨 날아다니면서 '나무아미타불(南無阿彌陀佛)'을 외며 공주를 보호해 달라고 기도나 하고, 다른 생각은 일체 않겠다."고 했다.

공주가 더욱 측은하게 바라보더니, "오냐. 내 아무리 무능한 여자지만 우리 아버지의 딸이고, 우리 오라버니의 동생이니, 어찌 너 하나쯤 살리지 못하겠느냐. 얼마 안 있으면 우리 아버지와 오라버니가 돌아오실 테니, 너의 무고함을 아뢰어 너를 살리도록 하겠다."고 했다.

갓쇤동이 공주의 얼굴을 한참 쳐다보다가 고개를 숙이며 말했다. "공주님은 애쓰지 마소서. 돌쇠 한 놈 죽는 것이 무슨 대수인가요. 듣자니, 부처님은 사람을 구할 때에 아버지와 오라버니에게 고한 일이 없다고 하는데 …"

공주가 이 말을 듣가, 얼굴색이 더욱 변하더니, 내전 불당에 들어가 기도하고 열쇠를 가지고 나와 철책문을 열어 갓쇤동을 내보내주었다. 갓쇤동이 철책문을 나서자 공주가 손목을 잡고 "나는 너를 처음 보았지만 너를 보니 내 마음도 따라간다. 네 몸은 새매같이 훨훨 날아가더라도 네 마음일랑 나를 주고 가거라."했다.

갓쇤동이 공주를 바라보며 "공주는 저를 잊으시겠지만 저야 어찌 공주를 잊겠습니까."했다. 할 말은 많았지만 갈 길이 바빠서 '걸음아 날 살려라' 하고 주먹을 불끈 쥐고 도망쳐 성문을 빠져나와 풀뿌리를 캐어 먹으며 낮에는 숨고 밤에는 달려 달딸의 국경을 벗어나 귀국했다. 달딸의 둘째 공자가 돌아와, 공주가 갓쇤동을 놓아 준 것을 알고 크게 노하여 칼을 빼어 그 누이 공주의 목을 베었다》라고 했다.

그 밑으로도 갓쇤동이 귀국한 뒤 책문(策文:과거에서 정치에 관한 계책을 물어 답하는 글)을 지어 과거에 급제한 것과 영희와 결혼 한 것, 달딸을 쳐 평정한 것 등 다른 이야기가 많다. 이런 것은 모두 생략한다. 그러나 나는 이것을 연개소문이 지나(중국)을 정탐하던 전설의 한 단락이라고 믿는다.

'갓쇤동' 은 바로 연개소문이다. 蓋(개)는 '갓' 이라는 표기이고 蘇文(소문)은 '쇤' 이라는 표기이다. '국혜(갓쇤동의 아비)'는 바로 「남생묘지(男生墓誌)」에 쓰여 있는 연개소문의 아버지, 태조(太祚)이다. 하나는 그의 이름이고 또 하나는 그의 자(字)일 것이다. 그렇지 않다면 '국혜'가 소설 작자가 지어 넣은 이름일 수 있다.

달딸국 왕은 바로 당고조(唐高祖:李淵)이고 둘째 공자(公子)는 당고조의 셋째아들 당태종(唐太宗:李世民)이다. 어째서 당고조와 당태종을 달딴 왕·달딴 공자라고 하였는가. 이것은 수백 년 동안 사대주의 파에 눌려, 언문책(諺文冊)이라고 천대하던, 우리글로 쓴 여염집 부녀자들이 읽는 책에서도 당당한 지나(중국) 대륙의 정통제왕을 공격, 혹은 비난하는 것은 시대의 금기(禁忌)였기 때문에 그 전설 속의 당(唐)을 달딴으로, 당고종을 달딴 왕으로, 당태종을 달딴국 왕의 둘째 공자로 고친 것이다.

연개소문이 군사를 동원하여 임금과 호족 수백 명을 죽인 사실이 왜 「갓쉰동전」에 빠졌는가. 이것 역시 옛 소설에 권선징악 주의에 위반되는 일이라 하여 고친 것이다.

연개소문의 시대는 조선에 과거가 없던 때이니, 책문(策文)을 지어 과거에 맞출 일이 없었겠지만 이것은 과거 합격자를 하늘에서 내려온 신선처럼 보던 조선조(朝鮮朝) 관습에 따라 덧붙인 것이다. 「갓쉰동전」은 이처럼 옛 전설을 고치고 새로운 관념을 가감하여 지은 소설이다. 이 책의 신용할 만한 가치가 어떠할지를 말할 수 없는 것이 안타깝다.

「규염객전(虬髥客傳:虬髯客傳)과 「갓쉰동전」, 두 책의 내용이 약간씩 다른데, 이제 이 두 책의 내용이 진실인가 거짓인가를 미루어 논하려 한다.

이때 고구려가 수양제의 백만 대병을 무찌르자, 전 중국이 지진이 일어난 것처럼 크게 놀라 떨었다. 당고조·태종 부자(父子)는 수양제 치하 태원(太原)에 있던 작은 공국(公國)의 주인이었고 이정(李靖)은 태원의 작은 관리였다. 태원은 그 옛날부터 고구려의 침략과 압박을 많이 받던 지역이기 때문에 더욱 고구려인을 경계했을 것이다.

당태종은 그래서 안으로는 전 지나(중국)를 평정하고 밖으로는 고구려를 쳐 없앨 야심을 가지고 고구려나 고구려인의 행동을 늘 주의 깊게 지켜보고 있었을 것이다. 그런 중에 당태종이 노예들 속에서 변장을 하고 있던 고구려인 연개소문(淵蓋蘇文)을 발견했으니 얼마나 놀랐겠는가.

「당서(唐書)」에도 연개소문이 "모습이 괴상하고 기개가 호방하다(狀貌怪異,意氣豪逸)"고 했다. 당태종이 이를 발견하는 동시에, 자신의 미래의 강적이 자기 손에 잡혔다는 것을 알고 얼마나 요행으로 여겼고, 얼마나 뛸 듯이 기뻐했겠는가. 그는 놀랍고 기뻐하며 꼭 죽이려 했을 것은 불을 보는 것 같이 명확한 사실일 것이다. 이치로 따져도 「갓쉰동전」은 믿을만한 점이 많다.

「신·구당서」에 기록된 "개소문은 방자하다(蓋蘇文盖恣)", "개소문은 감히 나오지 못했다(蓋蘇文不敢出)", "개소문은 늑대 같은 야심을 품었다(蓋蘇狼子野心)"이라는 등의 당태종의 말을 보면, 언사가 비록 연개소문을 혐오하는 듯하지만 반면에 시기(忌憚)하는 뜻이 드러나고 「이위공병서(李衛公兵書: 唐太宗李衛公問對)」에 막리지(莫離支) "개소문이 스스로 병법을 안다고 여겼다(蓋蘇文, 自謂知兵)"고 한 문구가 또한 개소문을 멸시했다기보다 외경(畏敬)하는 뜻이 보인다. 연개소문이 당태종을 만나보고 영기(英氣)에 눌려 동쪽으로 나왔다는 것이 무슨 말인가. 다른 기록과 대조해 보니 「규염객전(虬髯客傳)」은 의심스러운 곳이 많다. 그러므로 이 책에서는 「규염객전」을 버리고 「갓쉰동전」을 따른다. 〈단재는 여기서 자신의 반대파인 호족 수백 명을 잔치자리로 유인해 도살하고 영류왕(榮留王:建武)까지 토막 쳐 죽인 다음 장사마저 치러주지 않고 개굴창에 버린 사람을 '조선제일의 혁명가'라고 치켜세우며 끝내 그를 변호하고자 소설(小說)이 오히려 역사기록보다 믿을 만하다고 하는가 하면, 이곳에서는 없는 말까지 꾸며 넣어 이어가고 있다. 당시 수당(隋唐)과 고구려는 유사 이래 양대 세력을 형성하며 동아시아를 지배해 왔기 때문에 언제인가 두 세력의 충돌은 불가피한 숙명이었다. 그래서 한(漢)이 쳐들어와 사군(四郡)을 설치했었으나 오래가지 못했고 수가 다시 뜻을 이루고자 후방의 돌궐(突厥)을 무력화 시킨 다음 전 국력을 쏟아 고구려로 쳐들어왔지만 실패하고 그 전쟁의 뒷감당을 하지 못해 멸망했다. 당이 그 뒤를 이어 쳐들어 왔다가 지고 물러났었지만, 끝내 연개소문의 억압정치로 국민들의 반당(反唐)심리를 약화시켜 고구려는 동아시아의 패권적 균형을 이룰 수도 있는 기회를 영원히 잃고 말았다. 애초부터 연개소문(淵蓋蘇文)은 휘하의 군사력을 믿고 반역의 조짐을 보이자 건무(建武:榮留王) 이하 전 호족(豪族)이 그를 경계했고 연개소문은 반대파를 쓸어버린 뒤 스스로 최고 권력자가 되어 포악한 정치를 일삼았다. 그렇지 않고는 호족공화제였던 고구려 조정에서 그 많은 잠재정적들을 억압할 수 없었을 터이니, 공포정치는 계속될 수 밖에 없었을 것이다. 그러니 국가나 국민을 위해 획기적이고 새로운 정책을 편 것도 없고 중국으로 쳐들어간 기록도, 천하를 통일하겠다는 기개를 보인 것도 없다. 오히려 국민들의 가슴속에 반항심을 키우고 국력을 약화시켜 끝내 망국(亡國)을 불러오게 한 것뿐이다. 오직 하나 중국 측의 호의를 살까하고 은(白金)을 바치고 미녀(美女)를 바쳤다가 퇴짜를 맞고 도교(道敎)의 시조인 노자상(老子像)과 도사(道士) 여덟 사람을 수입한 것이 전부이다. 그것을 어찌 혁명이라고 할 수 있겠는가. 아마도 연개소문 이외의 고구려 조신(朝臣)들은 모두 중국에 빌붙어 나라를 팔아먹으려는 자들이라고 단정하고 이런 논리를 편 것이 아닌가 싶다. 아무리 기성질서에 대한 부정심리가 강하다 해도 다시 생각해볼 필요가 있지 않았나 싶다. 단재는 또 「신·구당서」에도 연개소문이 모습이 괴상하고 기개가 호방하다(狀貌怪異, 意氣豪逸)고 했다"고 했는데, 「구당서」에는 "수염난 모습이 매우 훌륭했고 몸이 건장하고 통이 컸으며 다섯 개의 칼을 차고 다녔다(鬚貌甚偉, 形體魁傑, 身佩五刀)"고 했고 「신당서」에는 "모습이 건장하고 키가 컸으며 수염이 아름다웠는데 관복을 모두 금으로 치장하고 다섯 개의 칼을 찼다(貌魁秀, 美須髯, 官服皆飾以金, 佩五刀)"고 기록했다. 어디에도 "모습이 괴상하고 기개가 호방했다"는 말은 없다. 또 「신·구당서」에서 당태종이 "개소문은 방자하다(蓋蘇文盖恣)", "개소문은 감히 나오지 못했다(蓋蘇文不敢出)", "개소문은 늑대 같은 야심을 품었다(蓋蘇狼子野心)고 말했다"고 했는데, 본기(本紀)는 물론 열전(列傳)을 다 뒤져도 어디에도 그런 기록은 없다. 이세민(李世民 : 당태종)이 이정(李靖) 등 장수들과 이야기를 나누는 대목이 가장 많은 곳은 '고(구)려전'인데 그곳에도 물론 없다. 어느 소설에서 본 것이 아닌가 싶다. 그리고 「이위공병서」에 "막리지 개소문은 스스로 병술을 안다고 여겼다(幕離支蓋蘇文, 自謂知兵)는 문구가 있다"고 했는데, 비슷한 내용으로 "개소문은 병술을 안다고 자부하며 중국이 쳐들어오지 못할 것이라고 여겼기 때문에 명령을 어기는 것입니다(蓋蘇文自恃知兵, 謂中國無能討, 故違命)"라는 기록이 있을 뿐이다. —정해자〉

(2) 연개소문 귀국후의 내외정세

연개소문이 지나(중국)에서 귀국한 것은 대개 616년경일 것이다. 연태조(淵太祚) 내외는 연개소문의 등에 먹실로 새긴 '갓쉰동'이라는 이름을 증거로 아들을 찾았고 만 리 밖에서 결혼을 약속한 사내를 기다리던 유씨(柳氏) 집안 막내딸 영희는 신랑을 맞아 한때 고구려 국내의 기이한 얘깃거리로 전해졌다 한다. 이것은 역사에 기재할만한 일이 아니므로 여기서 생략한다.

연개소문이 귀국한 뒤, 수양제(隋煬帝)는 강도(江都)에 머무르고 있었다. 도처에서 반란이 일어나 지나(중국) 전국이 대혼란에 빠져 들끓었다. 그때 태원 유수(太原留守)로 있던 당공(唐公) 이연(李淵)의 아들 이세민(李世民), 바로 당태종은 돌궐(突闕)에 연패하여 곤경에 빠져 있던 아버지 이연을 설득해 반군(叛軍)을 일으켰다. 그리고 손쉽게 수도 장안(長安)을 함락하고 양제의 손자 양유(楊侑:長安留守)를 황제로 세워 수(隋)를 받드는 체했다. 이듬해 여름 양제가 우문화급(宇文化及:살수에서 패한 우문술의 아들)에게 참살(慘殺)당했다는 소식이 전해지자 양유를 협박하여 선위(禪位)하는 방식으로 아버지 이연을 황제로 추대했다. 〈양유는 15살의 나이로 피살되었다. 원문은 "개소문이 귀국한 뒤에, 수양제는 그 신하 우문화급(살수에서 패해 돌아온 장군 우문술의 아들)에게 참살을 당하고, 군웅(群雄)이 도처에서 병기(竝起)하여 서로 강함을 다투어 지나 전국(全局)이 끓는 국같이 부글부글 하다가, 얼마 뒤 전술한 당공 이연(李淵)의 아들 이세민(李世民), 당태종이 아버지 이연을 협박하여, 또한 반군을 일으켜, 처음에는 오히려 수(隋)에 대하여 신례(臣禮)를 잡더니, 마침내 군신(群臣)을 모두 쳐 없애고는, 드디어 아버지 연을 추대하여 당황제를 삼고"로 되어 있다. 당시 상황과 줄거리가 제대로 잡혀 있지 않아 위처럼 보충 번역했다.–정해자〉

또 얼마 뒤 당태종은 형 이건성(李建成)과 아우 이원길(李元吉)이 권력을 차지하려 하자 병사를 이끌고 가서 건성과 원길을 쳐 죽이고 아버지 이연을 핍박하여 황제 자리를 빼앗아 스스로 제위에 올랐다.

연호를 정관(貞觀:627~649)이라고 고치고 15년 동안이나 정사(政事)에 골몰했다. 유능한 재상(賢相)과 현명한 장수(名將)들을 등용하여 태평한 세월 속에 각종 문화 사업을 진흥시켰으며 국가사회주의를 실행하여 전국의 농토(農土)를 모두 공전(公田)으로 만들어 백성들에게 골고루 나눠 주려 했고 16위(衛)를 만들었는데, 고구려의 징병제(徵兵制)를 참작하여 상비군(常備軍) 이외에 예비군(後備軍)을 두어 전국 인민이 농한기에 말 타고 활 쏘는 법을 익히게 했다.

이정(李靖)·후군집(侯君集) 등 장수들을 출동시켜 동돌궐(東突厥)과 서돌궐(西突闕) 철륵제부(鐵勒諸部)의 고창(高昌)과 토곡혼(吐谷渾) 등을 정복하여 문치(文治)와 무력(武力)이 모두 더할 수 없이 빛났다. 이것이 지나(중국)사에서 가장 치켜세우는 '정관지치(貞觀之治)'이다. 〈원문에는 "돌궐(突闕), 지금의 내몽고(內蒙古)·서돌궐(西突厥), 지금의 서몽고(西蒙古)·철륵제욱(鐵勒諸郁), 지금의 외몽고(外蒙古)·고품토곡혼(高品吐谷渾), 지금의 서장(西藏)을 정복하여"로 되어 있어 지명도 잘못되고 풀이도 잘못되어 있다. 그래서 풀이를 모두 빼고 지명만 실제에 맞도록 위와 같이 고쳤다.

제10편 1장 (1)절 토곡혼(吐谷渾) 주 참조.-정해자〉

그러나 여개소문이 귀국(616년)하던 그 이듬해가, 수(隋:581년~618년)가 망한 해이다. 그로부터 정관 15년(연개소문이 영류왕을 토막 내고 정권을 탈취한 641년)이 되자면 도합 26년이다. 이 26년간 고구려의 정정(政情)은 어떠하였는가.

왕의 아우 건무(建武)는 을지문덕(乙支文德)과 함께 수(隋)의 대군(大軍)을 물리친 으뜸 공신들이었지만 을지문덕은 북진남수(北進南守) 정책을 지지했고 건무는 북수남진(北守南進)을 고수하여 두 사람이 서로 소견을 달리했다.

영양왕(嬰陽王)이 죽고 건무가 즉위(기원 618년)했다. 두 사람은 자신들의 소신을 더욱 고집하며 의견 충돌을 벌였다. 수(隋)가 망하고 당(唐)이 굴기하는 그 사이에 을지문덕 일파의 신하들은 "이런 기회를 이용하여 서북쪽으로 강토를 늘리자"고 주장했으나, 왕은 모두 억제하고 듣지 않았다. 당으로 사자를 보내어 좋게 지내자고 약속했고 수말에 사로잡은 포로들을 모두 돌려보냈으며 장수태왕(長壽太王)의 남진정책을 다시 써 신라와 백제를 쳤다.

연개소문은 이를 반대했다. "고구려의 큰 걱정거리(大患)가 될 것은 당(唐)이고 신라와 백제가 아니다. 지난날 신라와 백제가 연합하여 우리나라 영토를 침탈(侵奪)한 일은 있으나, 이제는 사정이 많이 바뀌었다. 신라와 백제는 서로에게 원한이 너무 깊어 평화롭게 지내리라는 희망이 없다. 우리는 남쪽에 대한 견제책(牽制策)으로 신라와 연합하여 백제를 막거나, 백제와 연합하여 신라를 막거나 하는, 두 가지 정책 중 하나를 쓰면 신라와 백제는 저희들끼리 싸우느라 바쁠 것이니, 우리는 남쪽에서 쳐들어올까봐 걱정할 필요가 없게 된다. 이런 틈을 타 당(唐)과 한판 겨루어 승패를 결정하면 된다. 서쪽나라(중국)는 우리나라와 그때가 언제이든 양립(兩立)할 수 없는 나라이다. 이는 지난 역사에 비추어 누구나 알 수 있는 일이다. 우리가 지난번 수의 백만대군(百萬大軍)을 무찔렀을 때 곧장 대병(大兵)을 출동시켜 수를 토벌하였다면 큰 힘 들이지 않고 평정(平定)할 수 있었을 터인데, 그 천재일우(千載一遇)의 기회를 놓쳐 뜻있는 이들이 통한(痛恨)하고 있다. 지금도 좀 늦기는 했지만, 저들 이가(李家:唐皇室) 형제가 불목(不睦:화목하지 못함)하여 형 건성(建

成)이 동생 세민(世民)을 죽이려 하고 세민은 또 건성을 죽이려 하는데, 아비인 이연(李淵)은 정세판단도 못하고 어리석어 둘 사이에 끼여 이러지도 저러지도 못하고 있으니, 우리가 이럴 때 대병을 이끌고 가서 들이치면 건성이 배반하고 우리에게 붙거나, 세민이 배반하고 우리에게 붙을 것이다. 설혹 그렇지 않다고 하더라도 저들은 수말의 큰 패배와 여러 해 계속된 전쟁(禍亂)으로 백성들의 힘이 되살아나지 못했고 국력(國力)이 회복되지 않아 전쟁을 할 여력(餘力)이 없었을 터이니 다시없는 기회이다. 만일 저들 형제 중한 사람이 죽고 한사람이 권력을 독점한 후 세력을 통일하고 폐정(弊政)을 수습하며 군제(軍制)를 바로잡아 우리나라로 쳐들어오면 영토의 크기와 국민의 수가 모두 저들만 못하니, 고구려가 무엇으로 저들을 당해낼 수 있겠는가. 우리나라의 흥망이 여기에 달렸는데도 많은 신하와 장상(將相)들이 이에 대해 아는 자가 없으니, 어찌 한심한 일이 아니겠는가.” 하고 당(唐)을 정벌하자고 극력 주장했으나 영류왕(榮留王:건무)과 그의 대신(大臣)들은 이 말을 듣지 않았다. 〈단재는 건무(建武) 즉 영류왕(榮留王)이 “수말(隋末)에 사로잡은 포로들을 모두 돌려보냈다”고 했는데, 이것은 영류왕 5년 당(唐)과 통호(通好)하며 잡은 포로를 돌려보내고 중국에 잡혀 있던 고구려 포로들을 돌려받은 일을, 일방적으로 돌려주기만 한 것처럼 기록한 것이다. 그리고 “장수태왕의 남진 정책을 다시 써서 자꾸 군병(軍兵)을 내어 신라와 백제를 쳤다”고 했는데, 영류왕은 629년(영류왕 12) 오히려 신라 김유신의 공격을 받아 낭비성(娘臂城)을 잃었고 고구려가 남쪽을 공격한 것은 영류왕 21년(638) 신라의 칠중성(七重城)을 친 것이 유일했다. 그런데, 영류왕이 “자꾸 신라와 백제를 친 것”처럼 기록하여 위와 같이 고쳤다. 위에 연개소문이 극력 주장했다는 말은 건무(建武)와 을지문덕(乙支文德)이 국가 경영에 대한 의견이 달라 다투었다는 것과 함께 모두 전거가 없는 것으로 단재가 꾸며 넣은 단재의 추론일 뿐이다. ─정해자〉

기원 626년 당태종, 곧 이세민은 아버지 이연의 황제자리(帝位)를 빼앗던 당 무덕(唐武德) 9년(榮留王 9), 고구려로 사자를 보내어 신라·백제와 사이좋게 지내라고 권고했고, 몇 년 뒤(631년, 영류왕 14) 을지문덕 등이 수와의 전쟁에서 이긴 것을 기념하여 쌓은 경관(京觀:수군 전사자들의 해골무지)을 ‘양국 평화에 걸림돌이 된다’ 하여 철거를 요구했다.

영류왕은 이 소식을 듣고 깜짝 놀랐다. 당의 침입이 조만간 반드시 이루어질 것이라는 것을 깨달았다. 그러나 오히려 북수남진 정책을 고수하며 남쪽 침략을 그치지 않는 동시에 전국 남녀를 징발하여 북부여성(北扶餘城)에서부터 지금의 요동반도(遼東半島) 남단에 이르는 1천여 리의 장성(長城)을 쌓기 시작하여 16년(榮留王 14년(631) 2월) 만에 끝냈다.

성을 쌓는 일과 그에 따른 부역은 전쟁을 능가했다. 남자들은 농사를 짓지 못했고 여자들은 길쌈을 하지 못해 국력이 매우 피폐해졌다. 「삼국사기」에 장성을 쌓은 것은 연개소문의 주청에 의한 것이라고 하였으나 연개소문이 노자상(老子像)과 도사(道士)를 청해 왔다는 말과 같이 거짓말(誣說)이다. (제3장 6절 참고) 〈"양국평화에 장애가 된다"해서 경관(京觀)을 철거했다는 기록은 어디에도 없다. 「삼국사기」에도 영류왕 14년(631년;정관 5월) "당(唐)이 광주사마 장손사(廣州司馬 長孫師)를 보내어 무지(瘞)로 와서 수의 전사자 해골에 제사지내고 허물었다"고 기록되어 있을 뿐이다. 당시 이세민은 인심수습 차원에서 사자를 보내 노천에 드러나 있는 전사자들의 해골무지 앞에서 제사지내고 그 해골더미, 곧 경관을 허물어 장사지내 준 것으로 보인다. 그해 2월 영류왕은 이미 천리장성, 오늘의 길림(吉林) 용담산산성(龍潭山山城)에서 대련(大連)에 이르는 천리장성(千里長城)을 완공했기 때문에 깜짝 놀라 당의 침입을 예상하고 천리장성을 쌓기 시작했다는 것은 기록과 어그러진다. ─정해자〉

(3) 연개소문의 혁명과 대도살(大屠殺)

기원 646년경 서부(西部) 라살(薩伊) 겸 대대로(大對盧) 연태조(淵太祚)가 죽었다. 대대로는 당시 국권(國權)을 총괄하여 관리를 임면(任免:임명·파면)하거나 군사를 징발·통제하는 등 모든 내외 기밀을 한 손에 쥐고 행사하는 막중한 자리였다.

연개소문이 그 자리를 세습하게 되어 있었다. 그러나 연개소문이 늘 당(唐)을 치자고 주장했기 때문에 영류왕과 모든 대신 및 호족들이 '평화를 깰 인물'이라고 위험시하여 세습을 허락하지 않았다. 이것은 연개소문의 정치 생명을 끊는 일이었다. 〈원문은 대대로(大對盧)에 대한 설명이나 연태조(淵太祚)가 대대로였다는 사실을 밝히지 않고 "서부의 살이 연태조가 죽으니 연개소문이 살이 자리를 세습하게 되었다. 그러나 연개소문이 늘…"이라고 서술하여 연개소문이 살이(라살)자리를 이어

받으려는 것을 온 나라 사람들이 막으려 한 것처럼 쓰면서, 막는 이유도 연개소문이 늘 '당을 치자'고 했기 때문이라고 왜곡해 쓰고 있다. 물론 이런 기록의 근거는 없다. 단재가 지어 붙인 것이다. 「삼국사기」에 따르면 영류왕 25년(642)10월 "그의 아버지동부대인(大人:혹은 서부) 대로가 죽었다. 개소문이 당연히 그 자리를 물려받아야 하는데 나라 안 사람(國人)들이 모두 그의 성미가 너무 잔인하고 포악하니 세우면 안 된다고 했다. 그러자 개소문은 모든 사람들에게 머리를 조아리며 사죄하고 임시로 그 자리를 물려받았다가 만일 잘못하는 일이 있으면 비록 폐출(廢黜)한다 해도 후회하지 않겠다고 애원하여 세습하게 했다. 그런데 흉포하고 잔인하기가 도를 지나쳐 여러 대인(라살)들과 왕이 비밀스럽게 모의하여 죽이기로 했는데 그 일이 누설되었다"고 기록되어 있다. 6세기 후반부터 고구려의 왕권은 약화되었고 대대로의 정치적 실권은 상대적으로 대폭 강화되었다. 이 시기의 대대로는 "귀족들이 서로 싸워 가장 강한 자가 스스로 대대로가 되었다."고 「한원(翰苑)」고(구)려기(高麗記)는 적고 있다. 이 때 왕은 귀족 간의 싸움이 끝나기만 조용히 기다렸다. 이러한 현상은 고구려말기 대대로가 고구려 최고의 실권자가 되었으며 왕권은 상대적으로 약화되었다는 것을 의미한다. −정해자〉

연개소문은 스스로에 대한 믿음이 확고하여 "내가 아니면 고구려를 구할 사람이 없다"고 하는 인물이지만, 또한 어릴 때부터 타향과 이국(異國)에서 두 번이나 종노릇을 한 경험이 있어, 굽혀야할 때는 굽힐 줄 아는 사람이었다.

아버지의 직책을 세습하지 못하게 되자, 즉시 4부의 라살과 기타 호족들의 집을 찾아다니며, "개소문이 불초한데도, 여러 어른들께서 큰 죄를 내리지 않고 세습권만 박탈하시니 이만하여도 큰 은혜가 아닐 수 없습니다. 오늘부터 개소문도 힘써 회개하고 여러 어른들의 가르침을 따를 터이니, 여러 어른들께서는 개소문이 아버님의 직책을 물려받게 해 주시기 바랍니다. 만일 개소문이 직을 물려받은 뒤에 잘못하는 일이 있으면 그때 직을 탈환해도 후회하지 않겠습니다."했다.

여러 대인들은 이 말을 애처롭게 여겨 서부 라살의 직책을 물려받게 했다. 그러나 서울에 있는 것은 안 된다며 북쪽으로 쫓아내어 북부여의 장성(천리장성) 쌓는 일을 감독하게 했다. 연개소문은 이에 서부 병마를 거느리고 출발할 날짜까지 잡아놓고 있었다.

이전에 당태종이 고구려의 내정(內情)을 탐지하려고 자주 밀사(密使)를 파견했으나 당인(唐人:중국인)은 고구려 나졸(邏卒)에게 발각되어 붙잡혔다. 그래서 남해(南海) 속에 있는 삼불제국(三佛齊國:인도네시아) 왕에게 뇌물을 주고 고구려의 군사 자원과 군량 등은 얼마나 되고 군사 배치상황과 군사지리 및 기타 정세는 어떻게 돌아가고 있는지 정찰해 달라고 부탁했다.

삼불제국은 남양의 한 작은 나라로 옛날부터 고구려와 통상(通商)하며 조공을 바치고 있었기 때문에 사자가 가서 마음대로 각처를 돌아다닐 수 있었으므로 쾌히 승낙했다. 그리고 조공을 바친다는 명목으로 정탐을 하기 위해 사자를 고구려로 보냈다.

삼불사자는 고구려로 와서 모든 정보를 수집한 다음 제나라로 돌아가겠다고 떠나더니, 바다에서 당(唐)나라로 향했다. 그러다가 바다에서 고구려 해나장(海邏長:海上警察長)에게 잡혔다.

해나장은 의협심이 강한 무사였는데, 연개소문을 하늘(天神)같이 떠받드는 자였다. 그는 늘 조정이 연개소문의 주장대로 당을 치지 않는다고 분개했다. 그는 당의 밀정(密偵:간첩) 삼불제의 사자를 잡자, 그에게서 빼앗은 비밀문서를 조정에 올리며 그를 처벌하게 하려다가, "앗아라! 큰 적(敵)을 보고도 치지 못하는 나라에 무슨 조정이 있겠느냐."하고 문서를 모두 바다에 던지고 나서 사자의 얼굴에 먹실로 다음과 같이 새겼다.

"我兒李世民, 今若不來進貢, 明年當起兵問罪(내 아들, 이세민아! 금년에 만일 조공하러 오지 않으면 내년에는 마땅히 군사를 일으켜 죄를 물을 것이다)"라는 한시 한 절구를 새기고 다시 "高句麗太大對盧淵蓋蘇文卒某書(고구려 태대대로 연개소문 졸개 아무개가 썼다)"라고 썼다. 얼굴은 좁고 글자는 많아 먹 흔적이 알아볼 수 없을까 하여 다시 그것을 백지에 옮겨 써서 사자에게 주어 당으로 보냈다. 〈연개소문을 수도에 못살게 하고 북쪽으로 보내 성 쌓는 것을 감독하게 했다거나, 삼불제(三佛齊國)의 사자가 고구려의 정보를 수집했다가 붙잡혔다는 등의 기록은 모두 사실이 아니다. 국정의 실질적인 총책임자가 어떻게 성을 쌓는 감독관으로 간다는 말인가. 더욱이 천리장성은 연개소문이 영류왕을 죽이기 12년 전에 이미 완공되었는데, 무슨 성 쌓는 일이 또 있어 자신을 성 쌓는 감독으로 임명했다는 말인가. 단재는 개소문이 "흉포하고 잔인하기가 도를 지나쳐 여러 대인(라살)들과 왕이 비밀스럽게 모의하여 죽이기로 했다"는 기록을 뒤집기 위해, 개소문이 부당한 대우를 받은 것처럼 조작하는 것이다. 그래서 처음부터 대대로의 직책을 이어받는다는 것을 숨기고 엉뚱한 줄거리를 이어붙이며 연개소문을 둘도 없는 혁명가로 몰고 가기 위해 벌이는 것일 뿐이다. 삼불제국 하나만 예로 들어보자. 상식적으로도 말이 되지 않는다. 당(唐)은 백제와 신라를 통해 얼마든지 고구려의 정보를 얻을 수 있었는데 무엇 하러 '남해 속 작은 나라' 왕에게 뇌물까지 주면서 고구려의 정보를 수집해 달라고 부탁했겠는가. 더욱이 삼불제국이란 삼보자제국(Samboja kingdom), 또는 시리비자야(Sri Vijaya)라고 불리던 고대 남아시아의 국가로 오늘날 인도네시아 자바섬과 수마트라 섬 및 말레이시아반도를 아우르고 있던 큰 나라로 수마트라섬 동부의 팔렘방(Palembang)이 그 나라의 수도였다. 우리와도 생김이 약간 다르고 우리말을 할 수 있었다고 보기도 힘든 그 수마트라인이나 자바인이 어떻게 고구려로 와서 마음대로 돌아다니며 정보를 수집했겠는가. 이것은 청(清)나라 말기 연의(演義) 등 통속소설(通俗小說)이 큰 인기를 끌던 시절 여연거사(如蓮居士)라는 자가 쓴 「설인귀정동(薛仁貴征東)」이라는 소설의 한 대목을, 단재가 그 일부를 자기주장에 맞도록 고쳐 기술한 것으로 「갓쉰동전」 등과 함께 이 책의 가치를 지극히 실추시키고 있는 기록의 일부이다. 「설인귀정동」에는 "불제국 사신의 이름은 왕표(王彪)인데, 당왕(唐王)에게 바치려던 세 가지 보물(三椿寶物)을 요동 고건왕(高建王) 휘하의 대원수 개소문(蓋蘇文)이 빼앗아 갔으며 얼굴에 몇 줄을 자자(刺字)했기 때문에 얼굴을 가리고 황제를 뵙게 되었다고 했다. 가린 것을 걷고 보니, 얼굴에는 "面刺海東不齊國, 東遼大將蓋蘇文, 把總催兵都元帥, 先鋒掛印獨稱橫, 幾次興兵離大海, 三番舉義到長安. 今年若不來進貢, 明年八月就興兵, 生擒敬德秦叔寶, 活捉長安大隊軍. 戰書寄到南朝去, 傳與我兒李世民(불제국 차사 얼굴에 자자한 것은/요동의 대장 개소문이다/군사를 총지휘하는 도원수이고/선봉장의 인수 걸고 혼자서도 횡행한다/몇 차례 군사를 일으켜 대해를 건넜고/세 번 의거하여 장안에 이르렀다/금년에 만일 조공하러 오지 않으면/내년 8월에는 즉시 군사를 일으켜/ 울지경덕과 진숙보를 사로잡고/장안의 대대군을 포로로 잡아/내 아들 이세민에게 전해 주겠다)"이라는 한시가 새겨져 있었다."고 되어 있다. –정해자〉

　　당태종은 이것을 보고 크게 분노하여 고구려로 쳐들어가려고 했다. 시신(侍臣)이 간했다. "지금 대대로의 이름은 연개소문이 아닙니다. 사자의 얼굴에 자자(刺字)한 연개소문이 어떤 사람인지 알 수 없습니다. 어떤 사람인지도 알 수 없는 연개소문의 졸개가 지은 죄로 맹약을 깨뜨리고 고구려로 쳐들어가는 것은 안 될 일입니다. 먼저 사자를 보내어 왕에게 은밀히 알아보게 하는 것이 옳을 것입니다."

당태종은 그 말을 따라 사실의 진위를 알려달라는 밀서(密書)를 사자에게 주어 고구려로 보냈다.

영류왕(榮留王)은 이 글을 받고 금병(禁兵:금군)을 보내어 해나장(海邏長: 해양순시장)을 잡아다 신문했다. 해나장은 씩씩하게 자백하고 조금도 꺼리지 않았다. 영류왕은 크게 놀라 서부 라살 연개소문만 빼고 각부의 라살(大兄: 薩伊)과 대대로(大對盧) 울절(鬱折:大對盧·大兄 다음 벼슬) 등 각 대관(大官)을 그날 밤 비밀스럽게 소집하여, 해나장의 일을 상의했다.

해나장이 당왕(唐王)을 모욕한 것은 큰일이라고 할 수 없지만 대대로도 아닌 연개소문을 대로라고 한 것과, 허다한 대신들 가운데 유독 연개소문만 집어 올려 그 휘하의 졸개라고 자칭한 것을 보면, 저들이 연개소문을 추대하려는 것이 분명하고, 또 연개소문은 늘 당을 치자는 설로 전쟁을 선동하면서 조정을 반대하여 인심을 얻고 있으니, 이제 그를 죽이지 않으면 후환을 상상할 수도 없을 것이라며 그의 직책을 박탈하고 사형에 처하자는데, 모두가 한목소리로 찬성했다.

그러나 전날 같으면 한 마디 명령으로 한명의 졸개만 보내도 연개소문을 잡아올 수 있었지만, 지금은 연개소문이 서부의 라살(薩伊)이 되어 많은 군사(大兵)를 거느리고 있는데다, 천성이 거칠고 사나워 오라를 받지 않고 반항할 것이 십중팔구 분명한 사실이었다. 그러므로 공식적인 명령문(詔書)으로 연개소문을 잡으려 했다가는 한차례 나라에 큰 소동을 일으킬 것이 뻔했다.

연개소문이 장성 쌓는 일의 감독관으로 임명받아 떠날 날이 멀지 않았으니, 멀지 않아 사은숙배(謝恩肅拜:임금에게 감사하다며 절하는 짓)하러 올 것이고 그때 반역죄를 선포하고 조령(詔令)으로 구금하면 장사(將士) 한명의 힘으로도 충분히 연개소문을 잡아 꿇릴 수 있다고 판단하고 각 대관들은 어전(御前)에서 물러나와 아무 일 없었던 듯 그날이 오기만 기다렸다.

그러나 세상일이란 사람이 생각하는 대로 되지 않고 언제나 시시각각 돌변하기 일쑤이다. 그 어전회의(御前會議)의 비밀이 어디서 새었는지 연개소문의 귀에도 들어갔다. 심복장사들과 상의 끝에 먼저 손을 쓰기로 계획을 세웠다.

떠나기 며칠 전 평양성 남쪽에서 대열병식(大閱兵式)을 거행하려 하니, '대왕과 각 대신들은 직접 참석하시기 바랍니다.' 하고 왕에게 아뢰고 각부에 통고하였다.

각부 라살(薩伊)과 대신들은 가기 싫었으나 연개소문의 의심을 촉발시켜 큰일에 불리하게 작용하지 않을까 하여 일제히 가보기로 했다. 그러나 대왕은 왕궁에서 금군(禁軍)의 보호를 받으며 존엄(尊嚴)을 지키고 있으면 개소문이 비록 다른 마음을 품었더라도 왕위(王威)에 눌려 감히 어찌지 못할 것이라고 하고 그날 대관들은 질서 정연하게 개소문의 열병장으로 갔다. 〈"고구려의 왕도 아닌 자가 어찌 대열병식(大閱兵式)을 주관해 열고 왕과 대신들을 나오라고 부를 수 있을까" 의심하는 독자가 있을지 모른다. 연개소문이 행정권과 군사통제권을 다 갖고 있던 대대로(大對盧)였기 때문에 가능했던 일이다. 각부 대인(大人)들은 가지 않을 수 없었던 것이고 연개소문은 모든 참석자들을 도살하고 궁중으로 달려가 영류왕(榮留王)까지 시해하여 몇 도막으로 잘라 개굴창(溝中)에 버리고 나서도 아무 일 아니라는 듯 행동할 수 있었던 것이다. 그가 한 부(部)의 살이(라살)로서 그런 일을 벌였다면 남은 3부와 임금의 친위병 들이 어찌 그 뒤 연계하여 보복에 나서지도 못하고 보고만 있었겠는가. –정해자〉

라살과 대신들은 경쾌한 군악(軍樂)소리에 인도되어 군막(軍幕) 안으로 들어갔다. 술이 두어 차례 돌았을 때였다. 연개소문이 갑자기 "역적놈들을 잡아라!"하고 외쳤다. 그와 동시에 사방에서 기다리고 있던 장사(將士)들이 번개처럼 쏟아져 나와 칼과 도끼·철퇴 등으로 도살을 시작했다.

참석한 대관(大官)들도 역전의 무사들이었지만 겹겹이 에워싸고 찍고 찌르고 내리치는 것을 어떻게 피할 수 있겠는가. 눈 깜짝할 사이에 대신·호족 등 수백 명이 일시에 고기죽(肉醬)이 되고 열병식장은 온통 선혈로 물들었다.

연개소문은 휘하장사를 거느리고 "대왕의 긴급명령으로 왔다"고 하며 성문을 지나 궁문으로 들어섰다. 문을 지키던 병사들이 막아섰다. 연개소문은 그들을 죽이고 궁중으로 돌입(突入)하여 영류왕(榮留王)을 찔러 넘어뜨리고 그 시신을 토막 쳐 수채 구멍에 던졌다.

아무런 준비 없이 급습을 당한 왕의 위병(衛兵)들은 연개소문의 위엄과 신속한 행동에 놀라 저항하지 못했다. 20년 전 패강(浿江) 어귀에서 수나라 장수 내호아(來護兒)의 수십만 대군을 일격에 섬멸하여 "지혜와 용기가 누구보다 뛰어나다"고 이름 높던 영류왕이 뜻밖에 연개소문의 손에 무참히 죽고 말았다.

연개소문은 영류왕을 죽이고 곧 왕의 조카 보장(寶藏)을 추대하여 대왕으로 삼은 다음연개소문 자신은 신크말치가 되어 전권(全權)을 쥐고 흔들었다. 보장은 비록 왕이라 하나 아무런 실권이 없었고 연개소문이 모든 실권을 가진 대왕이었다.

신크말치는 바로 태대대로(太大對盧)를 지칭하는 것으로, 고구려가 처음에 세 재상(宰相)을 두어 신가·말치·불치하고 했는데 이두로 相加(상가)·對盧(대로)·沛者(패자)라고 표기한 것이 바로 그것이다.

신가(相加)는 정권(政權:정부조직과 행정권)과 병권(兵權:군사지휘권)을 모두 쥐고 있었는데, 그 뒤 신가의 권력이 너무 과중하다 하여 그 명칭을 폐지하고 '말치'·'크말치'라고 해서 병권 없이 오직 왕을 보좌하고 백관(百官)을 다잡아 규찰(糾察)하는 수석대신의 임무만이 주어져 있었다. 〈잘못 설명되고 있다. 위 (3)절의 대대로(大對盧)주 참조할 것.─정해자〉

연개소문은 크말치 위에 '신'자 더해 '신크말치'라고 하면서 정권과 병권을 도맡아 관장하고 라살(薩伊)의 세습권을 폐지한 다음 자신의 부하들로 임명했으며 4부 라살의 평의제(評議制)를 없애고 관리의 임용과 파면, 국고의 출납, 전쟁(宣戰)과 강화(講和) 등 국가대사(國家大事)를 모두 신크말치 혼자서 전단으로 처결하는 유일독제체제를 구축했다. 왕은 옥새나 찍어줄 뿐이었다.

연개소문은 고구려 900년간 장상(將相)과 대신(大臣)들 뿐 아니라, 고구려 900년 동안 제왕들도 갖지 못했던 권력을 가졌던 유일한 사람이다.

(4) 연개소문의 대당정책(對唐政策)

당(唐)을 쳐 없애고 지나(支那)를 고구려의 부용국(附庸國)으로 만들고자 한 것이 연개소문의 필생의 목적이었다. 여개소문이 10대에 서유(西遊:중국

여행)한 것도 물론 그런 목적을 위한 것이지만, 혁명적 수단으로 대왕을 죽이고 각부의 호족을 참살한 다음 정권과 병권을 한 손에 거머쥔 것도 또한 그 목적을 위해서였다. 〈고구려 장수는 고사하고 역대의 모든 장수, 아니 전 국민이 북으로 밀고 올라가 전 중국을 평정하고 유사 이래 핍박받아온 앙갚음을 하고 싶다는 희망을 가져보지 않은 사람은 하나도 없을 것이다. 그것이 어찌 연개소문 혼자만의 희망이고 목적이었겠는가. 더구나 연개소문이 10대(소년시절)에 그런 목적을 달성하기 위해 중국을 여행했다고 전거도 없는 주장을 하며 연개소문을 띄워 올린다. 한 부(部)의 대인(大人)이었고 대대로(大對盧)였던 아비 어미가 관상쟁이 말을 믿고 만득(晩得)이 하나뿐인 아들을 버려 남의 집 종살이를 하게 했다는 말도 안 되는 소설이 그 주장의 근거이다. 그리고 백여 명의 호족을 고기죽(肉醬)으로 만들고 영류왕을 토막 쳐 개굴창에 버리고 장사도 치러주지 않은 행동을 "혁명적 수단"이라고 표현했다. 세계 어느 지도자도 이렇게는 하지 않았다. 그가 뒤에 당(唐)과의 1·2차 전쟁을 승리로 이끌고 당에 씻을 수 없는 수치심과 공포감을 심어 주었던 것은 사실이고 칭찬할만한 일이지만, 이런 것을 '혁명'이라고 한다면 기성사회나 기성질서를 전에 없던 방식으로 처절하고 잔인하게 뒤엎을수록 그것이 혁명이고, 같은 논리로 민주 내지 공화제를 철저한 1인 독제체제로 뒤바꿀수록 혁명이라는 말이 된다. 세상에 어찌 이런 것이 혁명이겠는가. 한 무부(武夫)의 단순한 야욕에 따른 인간도살일 뿐이다. 그의 행동으로 보아 「삼국사기」의 "나라 안 사람들이 모두 그의 성미가 너무 잔인하고 포악하니 세우면 안 된다"고 했다는 기록이 백번 옳은 기록이고 정론이다. - 정해자〉

그러나 당(唐)은 영토와 인구가 고구려보다 몇 배는 크고 많았으므로 연개소문은 당을 칠 때 고구려 혼자 치는 것보다 여러 나라가 연합해 치는 것이 좋을 것이라고 생각했다.

이때 고구려와 당나라 밖에도 많은 나라가 있었다. 첫째는 고구려의 동족인 남쪽의 신라와 백제이고, 둘째는 고구려와 다른 종족인 돌궐(突闕:동돌궐)·설연타(薛延陀)·토곡혼(吐谷渾) 등 여러 나라이다.

연개소문이 처음에 영류왕에게 "고구려·백제·신라 세 나라가 연합하여 당과 싸우자"고 했으나 영류왕은 듣지 않았고, 김춘추(金春秋)가 고타소낭(古陀炤娘)의 원수를 갚으려고 고구려로 와서 구원을 청할 때 연개소문이 김춘추를 자기 집(自家私邸)에 숙소(館)를 정해주고 천하대세를 이야기하며 춘추에게 "사사로운 원수를 잊고 조선 3국이 손잡고 지나를 치자"고 했으나 춘추가 한창 백제에 대해 이를 갈고 있던 때이므로 또한 듣지 않았다. 〈돌궐(突厥)·설연타(薛延陀)·토곡혼(吐谷渾) 밑에 "오늘의 내몽고, 오늘의 서몽고 등지, 오늘의 서장(티벳)"이라고 부정확한 해석이 붙어 있어 모두 빼었다. 제10편 1장 (1)절에서 주한 것처럼 토곡혼(吐谷渾)은 오늘의 청해(靑海)지방과 하서회랑(河西回廊) 등지이고 설연타는 서돌궐의 부속국으로 627년 셀렝게강 쪽으로 이동하여 630년 당과 손잡고 동돌궐을 와해시킨 다음 몽고고원을 지배했으나 646년 당에 망해 간접지배를 받았다. 연개소문이 영류왕에게 "고구려·백제·신라가 연합하여 당과 싸우자고 했다"는 것은 근거 없이 꾸며낸 말이고 연개소문이 김춘추를 자기 집으로 데리고 가서 묵게 하며 "사사로운 감정을 잊고 조선 3국이 손을 잡고 지나를 치자"고 했다는 말 역시 근거가 없다. 「삼국사기」 '김유신전'에 따르면 "김춘추가… 그들(고구려) 국경 안으로 들어가자 고구려왕이 태대대로 개금을 보내어 숙소를 정해 주었다([金]春秋…旣入彼境麗王遣太大對盧蓋金館之)"고 했는데, 이 말을 연개소문이 자기 집으로 김춘추를 데리고 가서 천하대세를 논했다고 고쳤다. 두찬(杜撰)이 아닐 수 없다.—정해자〉

「삼국사기」 고구려본기(高句麗本紀)에 김춘추가 온 것을 보장왕(寶藏王) 원년이라고 했으나 이것은 「삼국사기」가 늘 전왕(前王) 말년(末年:원문은 元年으로 되어 있다.—정해자)의 일을 신왕(新王) 원년의 일로 내려쓰기 때문이고 '김유신전(金庾信傳)'에는 "태대대로(太大對盧) 개금(蓋金)이 춘추(春秋)의 숙소를 정해주었다"고 했으나 이것은 뒤의 직함(職銜)을 당겨 쓴 것이다.

이윽고 연개소문이 정권을 잡자, 신라는 이미 당(唐)과 동맹관계를 유지하고 있었다. 연개소문은 백제 의자왕(義慈王)에게 사자를 보내어 "백제가 신라와 싸우면 고구려는 당을 쳐서 당이 신라를 구하지 못하게 하고, 고구려가 당과 싸우면 백제는 신라를 쳐서 신라가 당과 호응하지 못하게 하자"는 조건으로 동맹을 체결했다.

연개소문은 또 오족루(烏簇婁)를 돌궐 등 여러 나라로 보내어 고구려가 당과 싸울 때 저들에게 당의 배후를 치라고 설득하였으나, 이때 돌궐 여러 나라는 이미 당에 정복되어 세력이 미약했고 오직 설연타의 진주가한(眞珠可汗)만이 그러겠다고 허락할 뿐 감히 응하는 자가 없었다.

개소문이 한숨을 내쉬며, "고구려가 남진정책을 고수하다가 천재일우(千載一遇:천년에 한번 올까 말까하는)의 좋은 기회를 놓치는 것이 적지 않구나!"했다. 〈진주가한(眞珠可汗)은, 7세기 설연타(薛延陀)의 가한이다. 628년, 서돌궐(西突厥)의 통엽호가한(統葉護可汗)이 피살되고 나라가 혼란에 빠지자 진주가한은 7만 호(戶)의 부족을 거느리고 알타이산맥을 넘어 동돌궐(東突厥) 가한국으로 귀의했다. 그 이듬해 동돌궐의 소가한, 돌리가한(突利可汗:啓民可汗)이 대가한, 일익가한(頡利可汗:都藍可汗雍虞閭)을 배반하고 당에 항복했고, 철륵(敕勒)의 발야고(拔野古)와 회흘(回紇:위구르), 동라(同羅)등이 돌궐에 대해 연달아 반란을 일으키자 설연타는 을실이남(乙失夷男)을 가한으로 세웠다. 이가 바로 진주가한이다. 그의 아장(牙帳:幕府)는 욱독군사(郁督軍山)에 있었다. 그는 630년 설연타국(薛延陀國)을 세웠는데, 실위(室韋)와 말갈(靺鞨)이 그에게 붙었다. 641년에는 당이 이세적(李世勣)을 보내 설연타를 쳐서 대승을 거두었다. 645년 당태종은 고구려를 치러 가면서 설연타가 배후에서 칠까봐 겁이나 고의로 진주가한에게 편지를 보내어 "너 가한에게 이른다. 지금 우리 부자는 동쪽으로 고구려를 정벌하러 간다. 너는 노략질(寇)하기 좋을 터이니 빨리 와야 할 것이다"라고 했다. 그해 9월에 진주가한이 죽었다. 그의 두 아들과 조카가 서로 가한이 되겠다고 다투었다. 그 이듬해 당이 설연타를 멸망시키고 연연도호부(燕然都護府)를 설치했다. – 정해자〉

제2장. 요수 전쟁(遼水戰爭)

(1) 오선(吳船) 4백척의 패주(敗走)

요수 전쟁은 전사(前史:삼국사기)에 통째로 빠지고 말았다. 「신당서(新唐書)」 고(구)려전에 "신라가 구원을 애걸하므로 제(帝:당태종)가 오선(吳船) 4백 척으로 군량을 수송하게 하고 영주도독 장검(營州都督張儉) 등에게 고구려를 치라고 했는데 마침 요수(遼水)가 범람하여 군사를 철수하였다"했다. 이것은 명백히 기원 645년 안시성(安市城) 전쟁 이전에 요수에서 한 차례 전쟁이 있었고 당이 대패했기 때문에 당의 사관(史官)들이 '나라를 위하여 부끄러운 일을 숨기는' 춘추필법(春秋筆法)에 따라 이렇게 모호하고 간략하게 몇 구절의 기록만 남겨둔 것이다.

이것은 아마도 당태종이 연개소문이 혁명을 일으킨 뒤, 고구려의 인심이 안정되지 못한 기회를 이용하여 신속히 수군(水軍)을 출동시켜 침입했다가 고구려 수군에게 패멸(敗滅)한 것일 것이다. 기록이 충분하지 못해 그 실제(實際)가 어떠했는지 자세히 말할 수는 없으나, 이것이 안시성 전쟁의 초벌이고 양국 충돌사(衝突史)의 첫 페이지이기 때문에 이제 그 눈동자만 보여둔다. 〈「신당서」 고(구)려전에는 "신라가 여러 번 군사지원을 요청했다. 그래서 오선(吳船) 4백 척에 군량을 실어 보내며 영주도독(營州都督) 장검(張儉) 등에게 거란(契丹)·해(奚)·말갈(靺鞨) 등의 군사를 이끌고 가서 토벌하라고 했다. 마침 요수(遼水)가 범람하여 군사를 철수시켰다. 막리지(莫離支:연개소문)가 겁이 나서 사자를 보내어 금(金)을 바쳤다. 황제는 받아들이지 않았다. 사자가 또 '막리지께서 관리 50명을 보내어 숙위(宿衛)하도록 하겠다고 했습니다.' 했다. 황제가 노하여 '너희들은 고무(高武:영류왕)의 신하로서 목숨을 걸고 의리를 지키지 못하고 또다시 역적 놈을 위해 시키는 대로 하고 있으니 용서할 수 없다'고 사자를 꾸짖으며 모두 옥에 가두라고 했다"고 기록되어 있다. -정해자〉

제3장. 안시성(安市城) 전투

(1) 안시전쟁 전의 교섭과 충돌

「삼국사기」에 등재된 고구려의 수(隋)·당(唐)과의 전쟁에 대한 기록은 거의 「수서(隋書)」와 「당서(唐書)」에서 베껴 넣은 것이다. 「수서」와 「당서」의 이 전쟁에 관한 기록은 거의 무록(誣錄:원문은 誣자가 經자로 되어 있다. 이하도 같다.-정해자)이라고 앞에서 기술한 바 있다.

그러나 「수서」는 수가 이 전쟁을 치른 뒤 얼마 못가 망했고 이 전쟁을 기록한 사람은 수인(隋人)이 아니라, 당인(唐人)이기 때문에 오히려 무록(誣錄:거짓기록)이 적은 편이다. 「당서」는 당이 존속한 연대가 길고 고구려와의 전쟁 사실을 당 때의 사관(史官)이 기록해 전한 것이기 때문에 시비(是非)와 성패(成敗)를 뒤집어 꾸민 무록이 얼마인지 모른다.

이제 「신당서」와 「구당서」·「자치통감(資治通鑑)」·「책부원구(册府元龜)」 등에 기록된 두 나라의 교섭(交涉)과 충돌하게 된 내막을 대략 기술하여 그 진위(眞僞)를 판별한 다음에 당시의 실상을 논하려 한다.

㉮ "정관 17년(643) 6월… 태상승 등소가 고(구)려에 사신으로 갔다가 돌아와서, 회원진의 수비병을 증파하여 고(구)려를 압박하라고 청했다. 상이 말했다. '나는 먼 곳에 있는 사람이 복종하지 않으면 문덕을 닦아 그들이 오게 만들어야 한다는 말(공자의 말)은 들었지만 1~2백 명의 수비병으로 멀리 떨어져 있는 곳의 사람들을 위압할 수 있다는 말은 들어보지 못했다'고 했다(貞觀十七年 六月, …太常丞鄧素使高麗還, 請於懷遠鎭增戍兵以逼高麗. 上曰, "遠人不服, 則修文德以來之. 未聞一二百戍兵能威絶域者也)"〈자치통감〉

고 했는데, 이것은 등소가 강력하고 왕성한 고구려를 살펴보고 두려움을 느껴 수비병 증파(增派)를 요청한 것이니, 그 수자가 1~2백 명만을 제청한 것이 아닐 것이다. 그러므로 이것은 업신여겨 쓴 기록이고 실담(實談)은 아닐 것이다.

㉯ "윤 6월(643) 당제(唐帝 : 당태종)가 장손무기(長孫無忌 : 원문에는 房玄齡으로 잘못되어 있다. –정해자)에게 말했다. '개소문이 섬기던 임금을 시해하고 국정을 멋대로 농단하고 있으니, 진실로 참을 수 없구나. 당장 군사를 동원하여 잡기는 어려운 일이 아니겠지만 백성들을 고생시키고 싶지 않다. 내 우선 거란과 말갈에게 치라고 하면 어떻겠느냐'라고 했다(閏六月, 唐帝謂房玄齡曰, 蓋蘇文弑其君而專國政, 誠不可忍. 以今日兵力, 取之不難, 但不欲勞百姓. 吾欲且使契丹·靺鞨擾之, 何如)."〈자치통감〉

고 하였는데, 말갈은 바로 예(濊)로 고구려에 복속(服屬)한 것이 수백 년이고, 거란도 장수태왕(長壽太王) 이후 고구려에 부속하였는데 당태종이 어떻게 거란을 시켜 고구려를 침략할 수 있었겠는가. 당태종이 비록 늙어 꼬부라졌다 해도 이따위 실제에 맞지 않는 말은 아니 했을 것이니, 이것 역시 사관(史官)의 망령된 기록(妄錄)일 것이다. 〈거란족은 말갈과 함께 고구려를 구성한 중요 축으로 고구려의 군사 자원 중 하나였다. 그러나 고구려 후기 628년에는 거란 8부(部)의 수령들이 모두 당에 복속했다. 이들은 대외적으로는 당에 의존하고 대내적으로 종래의 합의 체적 관습에 따라 결속력을 강화했으며 916년 예루아보지(耶律阿保機)가 여러 부족을 통합하여 요(遼)를 세웠다. –정해자〉

㉮ 정관 16년(642) 11월, 박주자사 배장이 고구려를 치자고 주청하자, 상(上:황제)이 말했다. '상사(喪事)로 혼란한 틈을 이용하여 쳐들어간다면 평정하기는 쉽겠지만 잘하는 일은 아니다'라고 했다(貞觀十六年 十一月,亳州刺史裴莊,奏請伐高麗.上曰,…因喪乘亂而取之,雖得之不貴)"〈역시 「자치통감」에서 뽑아 쓰고 있는 것인데, 원문은 "어떤 사람이 드디어 고구려를 칠 수 있게 되었다고 황제에게 권했으나 황제는 상중에 치려고 하지 않아 돌아왔다(…或勸帝,可遂討高麗.帝不欲因喪伐還)"고 역사 기록이 개작되어 있다. 그래서 「자치통감」의 기록을 참조해 위와 같이 고쳤다. 당시 당태종은 "산동지역에 흉년이 들어 여전히 피폐(凋弊)했기 때문에 차마 전쟁을 하자는 말을 할 수 없었다."고 덧붙였다.—정해자〉

고 했는데, 당태종이 연개소문을 임금을 죽인 역적이라 하여 치고자 한다면 춘추(春秋)의 의(義)로 보더라도 상중(喪中)이라 하여 못할 일도 아니다. 당태종이 상중을 이유로 치기를 꺼렸다는 것이 무슨 말인가. 대개 당태종이 당시 아직 고구려를 칠 방책이 완비되지 못했기 때문에 군사를 출동시키지 못한 것이다. 이에 대한 사관의 해설이 미흡하다.

㉯ "정관 17년(643) 9월, 신라가 보낸 사신이 와서 말했다. '백제가 신라의 40여개의 성(城)을 공격해 빼앗고 다시 고구려와 연합하여 신라의 조공길을 끊으려 하니, 군사를 보내 지원해 달라'고 빌었다. 상(上:황제)이 사농승 상리현장에게 황제의 옥새가 찍혀 있는 명령문을 갖고 가서 고구려를 타이르게 했다. '신라는 황제(國家)의 신하이다.… 너희와 백제는 각각 군사를 거두도록 하라. 만일 다시 공격한다면 내년에 군사를 출동시켜 네 나라를 치겠다.'고 했다. 이듬해 정월 상리현장은 평양에 도착했다. 막리지는 이미 군사를 출격시켜 신라의 두 성을 무찔렀다. 고구려왕이 사자를 보내 부르자 돌아왔다. 현장은 신라를 공격하지 말라고 타일렀다. 막리지가 말했다. '지난날 수군이 쳐들어왔을 때 신라는 그 틈을 타서 우리 땅 5백리를 빼앗아 갔소. 그 땅을 돌려주지 않는다면 공격을 멈출 수가 없을 것이오.'라고 했다(貞觀十七年九月,新羅遣使言,百濟攻取其國四十餘城,復與高麗連兵,謀絶新羅入朝之路,乞兵救援.上命司農丞相裡玄獎,繼璽書賜高麗曰,新羅委質國家…爾與百濟各宜戢兵,若更攻之,明年發兵擊爾國矣.翌年正月,相裡玄獎至平壤,莫離支已將兵擊

新羅,破其兩城,高麗王使召之,乃還.玄奬論使勿攻新羅,莫離支日,昔隋人入寇,新羅
乘釁侵我地五百里,自非歸我侵地,恐兵未能已)" 〈「자치통감」에서 뽑아 쓰고 있는 말
들이다. 그러나 원문의 내용이 많이 고쳐지고 글자들이 바뀌어 있으며 틀린 글자도 눈에 띄
어 「자치통감」의 기록대로 다시 고쳤다. 연개소문이 신라가 뺏어간 땅을 돌려주지 않으면
공격을 멈출 수 없다고 하니까, "상리현장은 '지난 일을 무엇 때문에 들추어내시오. 그렇게
말한다면 요동의 모든 성은 중국의 군현(郡縣)이었지만 중국도 이에 대해 말하지 않는데, 고
구려는 어째서 꼭 옛 영토를 찾아야한다는 것이오.'했지만 막리지는 끝내 따르지 않았다"고
기록되어 있다.−정해자〉

   고 했는데, 상리현장(相裡玄奬)이 이처럼 모욕적이고 오만한 국서를 가지
고 갔다면 뒷날 장암(蔣儼:밑에 보임)처럼 옥에 갇혔을 터인데, 어찌 무사히
살아 돌아갔겠는가. 또 연개소문이 이때 신라를 정벌 중에 있었다면 어찌
당사(唐使) 현장의 요청으로 소환(召還)될 수 있었겠는가.

   「삼국사기」 신라본기에 따르면 수군(隋軍)이 쳐들어오던 무렵, 그 허점
을 타고 5백리의 땅을 빼앗은 일도 없고, 또 연개소문이 두 성을 공격해 무
찌른 일도 없으니, 이것은 아마 당태종이 현장이 사신으로 갔다가 돌아오자
군사를 출동시킬 구실을 만들어 국내에 선전하려고 꾸며낸 말들일 것이다.

   ㉲ "태종이 고구려를 치려고 하면서 사자(使者)를 모집했다. 사람들이 모
두 가기를 꺼렸다. 장엄(蔣儼)이 분연히 말했다. '천자의 강력한 위무(威武)
는 사이(四夷)가 모두 무서워하는 것인데, 조그만 나라가 감히 천자가 보낸
사람을 도모하겠는가. 만일 불행한 일이 있다면 그곳이 내가 죽을 곳이다'
하고 끝내 가겠다고 청하여 막리지에게 갇히게 되었다.(太宗將伐高麗,募爲
使者,人皆憚行.儼奮日,以天子雄武,四夷畏威,叢爾國敢圖王人.有如不幸,固吾死所
也.遂請行.爲莫離支所囚)" 〈「신당서(新唐書)」 장엄전(蔣儼傳)에서 뽑아 쓴 것이다. 그러
나 太宗(태종)이 帝(제)로, 爲(위)가 僞(위)로, 叢(최)가 叢(총)으로, 固(고)가 困(곤)으로 잘못
되어 있고 蔣(장)자가 삽입되어 있어 「신당서」의 기록대로 모두 고쳤다.−정해자〉

   고 했는데, 장엄이 무슨 사명(使命)을 가지고 갔는지 사서(史書)에 기록되
어 있지 않지만, 그 전에 연개소문에게 갇히고 참수된 사자가 없었다면 어

찌 사람마다 가기를 꺼렸겠는가. 이로써 당의 사관(史官)들이 언제나 국치(國恥)를 숨기기 위해 교섭의 전말을 많이 뺐었다는 것을 알 수 있다.

　무릇 고구려와 당은 피차 양립(兩立)할 수 없는 적대국가(敵對國家)였고 연개소문과 당태종 역시 양립할 수 없는 인물이었다. 이러한 두 인물이 두 나라의 정권을 잡았으니, 두 나라 사이에 전쟁이 폭발할 것은 조만(早晩)의 차이가 있을 뿐 필연적인 사실이었다.
　만일 연개소문의 집권이 몇 해만 빨랐다면 당태종이 쳐들어오기 전에 벌써 연개소문이 쳐들어갔을지도 모를 일이다.
　다만 당태종이 지나(중국)를 통일한지 30년, 또 제왕이 되어 자신의 모든 지략을 다하여 국가를 경영하고 건설한지 20년, 또 돌궐(突闕)과 토곡혼(吐谷渾) 등 서북쪽의 강국들을 정복한지 10년이 되어서야 연개소문은 겨우 혁명에 성공하고 신크말치 자리에 올랐기 때문에 당태종이 먼저 쳐들어온 것이다.

　연개소문은 자기가 고구려의 내정(內政)과 외교(外交) 등 모든 국가대사를 정비한 뒤에 전쟁을 했으면 하는 생각이 굴뚝같았겠지만, 사세가 허락하지 않았기 때문에 서둘러 남쪽으로 백제와 손잡고 서북쪽으로 설연타(薛延陀) 등을 선동하여 여당(與黨)을 만들려 한 것이고, 당태종은 수양제(隋煬帝)가 고구려와의 전쟁 때문에 멸망했다는 것을 보여주고 있었지만, 또한 싸우지 않을 수 없는 형편임을 스스로 알고 있었기 때문에 연개소문의 내부 세력이 완전히 굳어지기 전에 꺾으려고 서둘러 군사를 일으킨 것이다. 이것이 당시 양쪽이 처한 상황이었다. 이 밖에 저들 역사의 춘추필법적 기재와 우리 역사의 노예적 채집은 거의 믿을 수 없는 망령된 기록(妄說)이다.

(2) 당태종의 전략과 침입경로

　당태종이 고구려로 쳐들어온 것은 어느 날 갑자기 일어난 일이지만, 그것은 거의 20년 동안이나 계획하고 준비해온 전쟁이다.

진(秦)·한(漢) 이후 흉노(匈奴)는 쇠퇴했고, 위(魏)·진(晉) 이후 오호(五胡:후한에서 남북조 때까지 서북쪽에서 중원으로 이주하여 16개 국가를 세운 다섯 민족. 匈奴(흉노)·羯(갈)·鮮卑(선비)·氐(지)·羌(강)을 말한다.-정해자)는 동화(同化)되어 지나(중국)인이 되었으며, 그 밖의 돌궐(突厥)과 토곡혼(吐谷渾)이 때때로 지나의 서북쪽에서 굴기(崛起)하였으나, 모두 얼마 못가 잔약(殘弱)해졌다. 오로지 고구려가 동북쪽에서 지나와 대치하며 탁발씨(拓拔氏)의 주(周)와 겨루었다. 수(隋:원문은 淸(청)으로 되어 있다.-정해자) 때에는 수양제의 백만 대군을 섬멸하여 그 강력한 힘은 한 시대를 깜짝 놀라 벌벌 떨게 했다.

그리고 지나와 마주서서 신수두교의(敎義)라든지, 이두시문(詩文)이라든지, 기타 음악(音樂)·미술(美術) 등이 모두 고유의 국풍(國風)으로 발달하여 정치적으로 뿐만 아니라, 엄연히 하나의 대제국(大帝國)을 형성하고 있었다.

당태종은 지나 이외에 또 이러한 고구려가 있다는 것을 두고 볼 수 없었기 때문에 정관지치(貞觀之治) 20년 동안 겉으로는 편안하게 여러 신하들과 함께 통치하는 방법과 덕(德)을 강론했지만, 그의 머릿속에는 측근 모사(謀士) 방현령(房玄齡) 등도 모르게 대고구려전쟁 계획이 오락가락했을 것이다.

그는 고구려를 치자면 먼저 수양제가 패한 원인을 연구하여 그 반대로 전략을 세우라고 했기 때문에 다음과 같은 초안이 작성되었다.

㉠ 수양제가 패한 첫째 원인은 정예병을 취하지 않고 많은 수의 군사를 취하여 숫자로만 따지면 군사가 비록 백만 명〈원문은 '4백만명'으로 되어 있다. 제10편 2장 주 참조.-정해자〉이 넘었다고 하지만 실제로 싸울 수 있는 군사는 수십만 명도 되지 않았기 때문이라 하여 10년 동안 기른 병사 중에서 특별히 잘 훈련된 정예병 20만 명을 추려내게 했다.

㉡ 수양제가 패한 둘째 원인은 고구려의 국경지방에서부터 먹어 들어가지 않고 곧장 대군을 몰고 평양으로 쳐들어갔다가 군량보급로가 끊기고 뒤를 받쳐주는 지원군이 없었기 때문이라 하여 평양으로 쳐들어가지 말고 먼저 요동의 각 고을(州縣)을 정복하라고 했다.

ⓒ 수양제가 패한 셋째 원인은 백만 대군이 각자 먹을 양식을 직접 지고 가면서 도중에 먹고, 따로 수군(水軍)에게 배를 이용하여 각지 창고로 군량 미를 운송하게 하여 목적지에 다다른 다음 먹도록 하려다가, 군량운반선이 고구려 수군에 전멸한 까닭이라 하여, 군량 수운(水運)의 위험을 줄이기 위 해 소와 말, 양 등의 목축을 장려하여 전사(戰士) 한 사람당 말과 소 한 마리 씩과 양 몇 마리씩을 분배하여, 가면서 먹을 양식을 병사가 직접 지지 않고 소로 운반하게 하되, 목적지로 가서 군량운반선을 기다릴 필요 없도록 충분 한 양식을 싣고 가게하고, 또 소나 말·양 등을 잡아 고기를 먹게 했다.〈위에 서도 주했지만 수(隋)의 수군(水軍)이 육군(陸軍)의 군량 보급을 담당했다는 기록은 어디에 도 없다. 단재가 자신의 생각에 따라 꾸민 말이다. 수군(隋軍)의 군량 등 보급에 관한 기사 는 「삼국사기」 고구려본기 영양왕기(嬰陽王紀)에 잘 기록되어 있다. "우문술 등의 군사는 노 하(瀘河)·회원(懷遠)에서부터 사람과 말에 모두 100일치의 군량을 주고, 또 방패·갑옷·창·삼 지창·옷감·무기·천막 등을 나누어 주었는데, 사람마다 3섬 이상이 되어 무거워서 운반할 수 가 없었다. 그러나 '군량을 버리는 자는 목을 베겠다'고 군령이 내려져 있었기 때문에, 병사 들은 모두 군막 밑에 구덩이를 파고 묻었다. 행군이 겨우 중간 이르렀을 때 군량이 이미 바 닥나고 있었다(述等兵, 自瀘河懷遠二鎭, 人馬皆給百日糧, 又給排甲槍稍幷衣資戎具火幕, 人別三石 已上, 重莫能勝致. 下令軍中, 遺棄米粟者斬. 士卒皆於幕下, 掘坑埋之. 纔行及中路, 糧已將盡)"고 되어 있다. 그러니까, 전쟁이 예상대로 끝나지 않고 길어지자, 절량(絶糧)사태가 속출하여 싸울 수 도 없는 형편에 놓이게 되었던 것이다. 또 당태종 이세민(李世民)이 세상에 둘도 없는 바보 멍청이가 아니라면 어찌 병사들에게 가축을 몰고 가게 하는 전략을 세우겠는가. 병사 1인당 소 1마리, 말 1마리, 양 3마리만 잡아도 정예병 20만 명이 120만 마리의 소·말·양을 몰고 가 야 하니, 적군과 싸우기에 앞서 가축몰이에 지치거나 가축 떼에 밟혀 죽지 않으면 다행일 것 이다. 황당한 기록임에는 틀림없다. 이세민이 전쟁을 시작하면서 내린 조서(詔書)에 "군량을 운반하는 수고를 덜어주기 위해 소와 말을 몰고 가면서 군사들에게 먹이도록 했다(驅牛羊以 飼軍)"는 대목이 있는데 이것을 그렇게 해석한 것이 아닌가 싶다.─정해자〉

ⓓ 수양제가 패한 넷째 원인은 다른 나라의 지원 없이 오직 혼자 힘으로 고구려와 싸운 까닭이라 하여, 신라 김춘추(金春秋)가 군사지원을 요청하자, 이를 빌미로 공수동맹(攻守同盟)을 맺고 고구려의 뒤를 치게 하는 등의 주도 면밀(周到綿密)한 전략을 세웠다.

(19세기 말 출간된 이즉분(李則芬)의 「수당오대역사논문집(隋唐五代歷史論文集)」이 있다. 단재도 이글을 참고한 흔적이 많이 나타난다. 이 책 속에 있는 '양제원정의 고증 및 평론(煬帝遠征的考證及評論)'이라는 글 끝에 수양제의 실패원인 네 가지를 지적한 것이 있다. 독자들에게 참고 될 점이 있을 것 같아 간단히 소개한다. "① 전장(戰場)의 날씨(장마)와 지형(地形)이 원정군(遠征軍)에게 불리했다. 수군에 가장 큰 영향을 미친 것은 군량 등을 보급하기가 곤란했다는 점이다. 그러나 보급이 끊어지게 된 이유에 대한 기록이 없어 자세히 논할 수 없다. ② 수양제가 고구려 정벌에 실패한 가장 큰 원인인은 전방 수백 리 먼 곳에 있는 장수들이 군사작전에 대한 것을 사사건건 물어본 뒤에 행동해야 했다는 것이다. 이런 경우는 세계 전쟁사상 볼 수 없는 일이었다. 그래서 육군은 두 눈을 멀쩡히 뜨고 앉아서 좋은 기회를 놓쳐야 했고 어느 성 하나도 함락할 수 없었다. ③ 양제가 중간 지휘관을 두지 않고 황제가 직접 24군을 지휘했다는 것이다. 이것은 통제(統制)원리를 완전히 벗어난 것이다. 손자(孫子)가 말하기를 '많은 사람을 다스리려면 적은 사람을 다스려야 한다. 수를 나누는 것이 그것이다(治衆如治寡, 分數是也)'라 했다. 수를 나눈다는 것은 바로 층층이 절제(節制)하는 것을 말하는 것인데, 양제는 이 병법(兵法)의 명언(名言)을 위반한 것이다. 현대 「기업관리학」에서도 '지휘단위의 수자가 5명을 넘어서면 안 된다'고 했는데, 하물며 당시 통신수단마저 유치했던 시절 어떻게 24군을 직접 지휘할 수 있었겠는가. 양제는 또한 수항사자(受降使者)한 사람을 보내어 대장(大將)의 절제도 받지 않고 전진(戰陣)에서 군사를 감독하게 하여 전방 장수들이 지휘권을 행사하지 못하게 했다. 유사룡(劉士龍)이 을지문덕(乙支文德)을 놓아준 것이 그런 예 중의 하나다. ④ 수군(水軍)이 행동시기를 육군과 상의하지 않고 독자적으로 행동한 것이다. 호삼성(胡三省)이 「자치통감」 주에서 한 말이 매우 맞는 말이다. 내호아(來護兒)의 수군이 패하여 먼저 물러가지 않고 평양성 밖에 진영을 펼치고 있다가 우문술(宇文述) 등 여러 군사와 유기적인 연락을 하였다면 살수에서의 패배 같은 일은 일어나지 않았을 것이다."하는 내용이다. 유사룡이 을지문덕을 놓아준 기록은 「삼국사기」 고구려본기 영양왕기(嬰陽王紀)에 있는데, 그 내용은 다음과 같다. "왕은 대신 을지문덕에게 수군(隋軍) 진영으로 가서 거짓으로 항복하게 했다. 실은 그들의 허실을 알아보기 위한 것이었다. 우문술(宇文述)의 아들 우중문(于仲文)이 앞서 '만약 왕이나 을지문덕이 오면 반드시 사로잡으라.'는 밀지(密旨)를 받고 있었기 때문에 우중문이 을지문덕을 잡으려 하자, 상서우승 유사룡(尙書右丞劉士龍)이 위무사(慰撫使)로서 굳이 말렸다. 우중문은 그 말을 따라 을지문덕을 돌아가게 했다. 놓아준 얼마 뒤 후회하고 사람을 보내어 을지문덕에게 "다시 할 이야기가 있으니 돌아오라"고 속였다. 을지문덕은 돌아보지도 않고 압록수를 건너 가버렸다. 우중문과 우문술 등은 을지문덕을 놓치고 속으로 불안해했다(王遣大臣乙支文德, 詣其營詐降, 實欲觀虛實. 子仲文先奉密旨, 若遇王及文德來者, 必擒之. 仲文將執之, 尙書右丞劉士龍, 爲慰撫使, 固止之. 仲文遂聽, 文德還, 旣而悔之, 遣人紿文德曰, 更欲有言, 可復來. 文德不顧, 濟鴨淥水而去. 仲文與述等, 旣失文德, 內不自安.)"-정해자)

〈오골성(烏骨城). 전장 7.5㎞ 중 2.5㎞만 남았다. 현재 요녕성 봉성 변문진(遼寧省鳳城邊門鎭)에 있다〉

　기원 644년 7월 군사들은 낙양(洛陽)으로 몰려들었고 군량은 영주(營州)의 대인성(大人城:지금 秦皇島)으로 몰려들었다.

　영주도독 강검(營州都督張儉)에게 유주(幽州)·영주(營州) 두 주의 병마를 거느리고 요동 국경지방을 공격하게 하여 고구려의 동정을 살폈으며, 장작대장 염입덕(將作大匠閻立德)에게 모든 군량은 대인성으로 운송하게 했다.

　같은 해 10월 형부상서 장량(刑部尙書張亮)을 평양도행군대총관(平壤道行軍大總管)으로 삼고 상하(常何)와 좌난당(左難當)을 부총관(副總管)으로 삼았으며, 방효태(龐孝泰)·정명진(程名振)·염인덕(冉仁德)·유영행(劉英行)·장문간(張文幹)을 총관(總管)으로 삼아 강회영협(江淮嶺峽)의 정병 4만 명과 장안(長安)·낙양(洛陽)의 용사 3천명(및 전선 5백 척)을 거느리고 바닷길을 따라 평양으로 간다고 했으나 실은 요하(遼河)로 가려는 것이었다.

　또 이적(李勣)을 요동도행군대총관(遼東道行軍大總管)으로 삼고 강하왕 도종(江夏王道宗)을 부총관으로 삼았으며 장사귀(張士貴)·장검(張儉)·집시스리(執失思力)·키피하리(契苾何力)·아사나미사(阿史那彌射)·강덕본(姜德本)·곡지성(曲智盛)·오흑달(吳黑闥) 등을 총관으로 삼아 기병 6만을 거느리고 요동으로 달려갔다. 양군(兩軍)이 요동에 집합하게 하고 당태종은 직접 어림군(御林軍) 20만 명을 이끌고 가서 뒤를 받쳐주기로 했다.

(3) 연개소문의 방어와 진공 전략

당나라 군사가 쳐들어온다는 보고를 받자, 연개소문은 여러 장수들을 모아 놓고 맞아 싸울 계책을 논의했다. 어떤 사람은 평원왕(平原王) 때 온달(溫達)이 주(周)와 싸우듯 기병으로 마구 무찔러 요동평야에서 승부를 내야 한다고 했고, 또 어떤 사람은 영양왕(嬰陽王) 때 을지문덕(乙支文德)이 수(隋)와 싸우듯 마을과 들판의 곡물과 인민을 모두 성안으로 대피시킨 뒤 평양으로 유인하고 군량보급로를 끊어 그들을 굶주리게 한 뒤 공격해 무찌르는 것이 낫다고 하는 등 중론이 분분했다.

연개소문이 좌중을 둘러보며, "전략은 그때그때 형세에 따라 정하는 것이다. 지금 형세가 평원왕이나 영양왕 때와는 다른데, 어찌 그때 같은 전략으로 맞설 수 있겠는가. 이번에는 지형적 이점을 이용해서 지키고 기회를 보아 진격해야 할 것이니, 옛 사람들이 쓰던 방법을 그대로 따라할 필요가 없다."고 말했다. 그리고 명령을 내렸다.

건안(建安:營口)·안시(安市)·가시(加尸)·횡악(橫岳) 등 몇 개의 성만 굳게 지키게 하고, 그 나머지는 양곡과 말먹이(草料) 등을 모두 운반해 내오거나 태워버려 적들이 노략질 할 것이 없도록 하여, 오골성(烏骨城), 지금의 연산관(連山關)으로 방어선을 삼아 날랜 장수와 많은 병사를 배치하고, 따로 안시성주(安市城主) 양만춘(楊萬春)과 오골성주(烏骨城主) 추정국(鄒定國)에게 은밀하게 일렀다.

"지금 당인(唐人)들이 수(隋)의 패전을 교훈삼아 양식에 특별히 주의하고 있다. 군량이 떨어지는 경우 보충하기 위해 군중에 소와 말·양떼를 무수히 몰고 왔다. 곧 가을이 지나 겨울이 되면 풀들이 다 마르고 강물 또한 얼어붙을 텐데, 그 소·말·양떼에 무엇을 먹이겠는가. 저들도 이런 사정을 알기 때

문에 빨리 싸워 결판을 내려 들 것이다. 그러나 저들은 수의 패전에서

　배운 것이 있으니, 평양으로 곧장 나가지 못하고 안시성을 먼지 칠 것이
다. 양공(楊公)은 나가 싸우지 말고 성만 굳게 지키다가 그들이 굶주리고 치
칠 때를 기다려 양공은 안에서 쳐 나가고, 추공(鄒公)은 밖에서 쳐들어오도
록 하라. 나는 뒤에서 당병(唐兵)의 뒤를 습격하여 아주 그들이 돌아갈 수
있는 길을 없애고 이세민을 사로잡겠다."고 했다.

(4) 상곡(上谷)의 횃불과 당태종의 패주(敗走)

　「해상잡록」에 따르면, 당태종이 출병(出兵)하기 전에 당(唐)의 가장 명장
(名將)으로 소문나 있는 이정(李靖)을 행군대총관(行軍大總管)으로 삼으려고
하자, 이정이 사양하며 말하기를, "임금의 은혜도 중하지만 스승의 은혜도
돌아보지 않을 수 없습니다. 신이 일찍 태원(太原)에 있을 때 개소문(蓋蘇文)
을 만나 병법(兵法)을 배웠고 신이 그 뒤 폐하를 도와 천하를 평정한 것이 모
두 그의 병법에 힘입은 것이었습니다. 지금 와서 신이 어찌 감히 전 날 섬기
던 개소문을 칠 수 있습니까."했다.
　태종이 다시 물었다. "개소문의 병법이 과연 옛사람 누구와 견줄 만하다
는 것이냐."
　이정이 말했다. "옛사람은 알 수 없지만 지금 폐하의 여러 장수 가운데 적
수는 없습니다. 비록 천위(天威:당태종)로 임하셔도 이기기 어렵지 않을 까
싶습니다."
　태종은 좋지 않은 표정으로 말했다. "광대한 중국과 많은 인민과 강력한
군사로 어찌 한낱 개소문을 두려워하겠느냐."
　이정이 말했다. "개소문이 비록 한 사람이지만 재주와 지혜가 만중(萬衆)
에 뛰어납니다. 어찌 두렵지 않겠습니까." 하였다는 기록이 사실이라면 당
태종은 이때 일찍 '영희' 때문에 개소문을 죽이지 못한 것을 후회했을 것이
다. 〈당태종이 언제 연개소문이 종살이를 하던 집 막내딸 '영희' 때문에 연개소문을 죽이
지 않고 놓아준 일이 있는가. 그런 내용은 「갓쉰동전」에도 없다. 아마도 갇혀 있던 '돌쇠'를
풀어준 '공주'를 '영희'로 착각하여 잘못 쓴 것이 아닌가 싶다. 이 단락의 이야기는 「규염객

전」 끝에 있는 "위공(李靖)의 병법은 절반이 규염객이 전해준 것이라 한다(衛公之兵法, 牛乃虬髥所傳耳)"는 기록에 의거하여 부연 각색된 것으로 보인다. 그러므로 전해지지도 않고 누가 지은 것인지도 모르는 「해상잡록(海上雜錄)」이라는 책 역시, 단재의 잡기장 형태의 기록으로 필요에 따라 군데군데 원용하면서 전해지는 책인 것처럼 위장한 것이 아닌가 싶다. 그렇지 않고서는 사사건건 단재의 주장과 그렇게 꼭 맞아떨어질 수가 없기 때문이다. 「규염객전」은 규연객(虬髥客)이 군사를 일으켜 천하를 도모하려다가 이세민(李世民)의 기상을 보고 천명(天命)이 돌아갈 곳이 정해져 있다고 판단한 다음, 전 재산을 이정(李靖)에게 주고 이세민을 도와 천하를 얻도록 하라며 규염객은 멀리 해외로 나갔는데, 뒤에 부여국(夫餘國)의 왕이 되었다는 줄거리다. 당(唐)이 천하를 얻은 것은 천명(天命)에 따른 것이라는 것을 강조하고 있다. 내용은 비록 허구(虛構)지만 인물묘사가 생동감 있게 그려져 널리 유포되었다. 규염객은 수염이 고불고불한 협객이라는 뜻이다. –정해자〉

기원 645년(정관 19) 2월, 당태종은 낙양(洛陽) 행재소(行在所)에서 정원숙(鄭元璹)을 찾아오라고 불렀다. 수(隋)의 우무후장군(右武侯將軍)으로 수양제를 따라 고구려를 치러 갔다가 수가 망한 뒤 당의 의주자사(宜州刺史)를 역임하고 연로하여 물러나 있던 사람이다. 그러면 요동의 실정을 소상하게 알고 있을 것이므로 전쟁에 관한 것을 물어보기 위해서였다.

행재소로 불려온 정원숙은 이렇게 대답하기를, "요동은 길도 멀고 고불고불하여 군수물자 운송이 지극히 어렵습니다. 게다가 고구려는 성을 잘 지켜 뚫고 들어가기가 쉽지 않습니다. 폐하께서는 곰 짚어 생각하시기 바랍니다."라고 했다.

당태종은 벌컥 성을 내며 "지금이 수조(隋朝:수나라) 때 같은 줄 아시오. 공은 짐이 놈들을 무찌르는 것이나 보시오."했다. 정원숙은 늙고 병들었다는 핑계를 대며 감사의 인사를 하고 돌아갔다. 〈이 단락은 「역사통속연의당사(歷史通俗演義唐史)」에서 베껴 쓰고 있는데, 원문이 "요동은 길이 멀어 군량운반이 매우 어렵고 고구려가 수성(守城)에 능하여 성을 쳐서 뽑기(攻拔)가 극히 어렵습니다. 신은 이 길을 매우 위태로운 길로 보나이다"라든가, "오늘의 국력이 수(隋)에 견줄 바 아니니, 공은 다만 결과나 보라."등으로 고쳐져 있어 원래의 기록대로 다시 고치고 정원숙이 돌아가는 대목을 보충했다. –정해자〉

그러나 만일을 염려하여 태자와 이정(李靖)에게 후방을 단단히 지키라고 명하고 드디어 출발했다.

요택(遼澤:지금 渤錯水)에 다다랐다. 2백리 진창길(泥濘:진 수렁)이 펼쳐져 있어 사람이나 말이 오갈 수가 없었다. 장작대장 염입덕(將作大匠閻立德)에게 나무와 돌들을 운반 해다가 길을 만들라고 명했다. 수군(隋軍) 병사들의 해골이 도처에 널려 있었다. 당태종은 제문(祭文)을 지어 애곡(哀哭)하고 여러 신하들을 돌아보며 "지금 중국의 자제(子弟)들이 거의 이 해골의 자손이니, 어찌 복수(復讐)하지 않겠느냐!" 했고, 요택을 지나서는 웃으면서 "누가 개소문이 병법을 안다고 하더냐. 어찌 이 요택을 지키지 않았느냐."고 하였다.

요하(遼河)를 건너자, 전쟁은 순탄하게 잘 풀렸다. 요동성(遼東城), 바로 오리골(烏列忽)·백암성(白巖城)·개평(蓋平)·횡악(橫岳)·은산도(銀山渡)·황성(黃城) 등을 차례로 함락했다.

〈푸순(撫順)에 있는 고구려 신성(新城) 정상. 요탑이 지키고 있다〉

다시 이적(李勣) 등 여러 장수를 불러 군사회의를 열고 새로 진격할 길을 의논했다. 강하왕 도종(江夏王道宗)은 오골성(烏骨城:현 丹東邊門 鳳凰山城)을 쳐 무찌르고 곧장 평양을 기습하자고 했고 이적과 장손무기(長孫無忌)는 안시성(安市城:현 鞍山)을 치자고 하였다.

당태종은 수양제가 우문술(宇文述) 등 30만 대군을 보내 평양을 치다가 패하여 몰사한 것을 경계하고 있었기 때문에 도종의 말을 받아들이지 않고 이적의 말을 채택하여 안시성을 쳤다.

연개소문은 앞에서 기술한 것과 같이 이곳의 전쟁을 안시성 성주(城主) 양만춘(楊萬春)과 오골성 성주 추정국(鄒定國)에게 맡겨두고 있었다. 이곳 안시성은 '아리티', 또는 환도성(丸都城)이라 했고 북평양(北平壤)이라고도 했다. 태조대왕(太祖大王)이 일찍부터 서북쪽을 경영하기 위해 설치한 곳으로 발기의 난(發岐之亂)으로 지나(중국)에 빼앗겼다가 고국양왕(故國壤王)이 수복한 뒤부터 해로와 육로가 엇갈리는 요충지(要衝地)라 하여 성첩(城堞:성가퀴)을 보강하고 정예병을 배치했으며 성안에는 언제나 수십만 석의 양곡을 비축하여 '난공불락(難攻不落)의 요새'라고 불린지가 이미 오래였다.

같은 해 6월, 당태종은 이적 등 수십만 명의 무리를 거느리고 성을 에워 쌌다. 그리고 통역관을 시켜 성안을 향해 "너희들이 항복하지 않으면 성을 함락하는 날 남김없이 도륙(屠戮)하겠다!"하고 외쳤다. 양만춘이 성 위에 있다가 역시 통역관을 시켜 "너희들이 항복하지 않으면 성을 나가는 날 남김 없이 도륙하겠다!"하고 맞장구를 쳤다.

당병(唐兵)이 접근하자, 성안에 있던 군사들이 접근하는 족족 화살을 쏘아 거꾸러뜨렸는데 한 발의 허실도 없었다. 당태종은 성을 단단히 포위하고 성 안에 양식이 떨어지기를 기다렸다. 그러나 성안에는 비축된 양곡이 넉넉했고 오히려 몇 달이 지나자 당병의 군량이 바닥나려 한다는 보고가 들어오기 시작했다.

비록 요동의 몇 개 성을 함락했으나 아무런 저축이 없는 빈 성들뿐이었고 바닷길 군량보급선은 모두 고구려 수군에게 격파되어 군량을 얻을 길이 없었다. 게다가 요동의 날씨는 일찍 추워져, 만일 가을이 되고 풀이 마르면 소·말·양떼는 먹일 것이 없어 굶어 죽을 것이 뻔한 일이었다.

당태종의 낭패감(狼狽感)은 극에 달했다. 강하왕 도종에게 안시성 동남쪽에 토산(土山:원문은 土城(토성)으로 잘못되어 있다.정해자)을 쌓게 했다. 진흙 속에 나뭇가지를 깔며 층층이 쌓아 올리고 중간에 다섯 갈래의 통로를 내어 오갈수 있게 하였는데, 60일간의 노력(勞力)과 50만 공전(工錢)이 들었으며 병사 수만 명이 매일 6~7차례씩 번갈라 교전하느라 사상자도 적지 않았다.

토산이 이루어지자, 산 위에서 포차(礮車)를 이용하여 큰돌(大石)을 날리고 당차(撞車)를 굴려 성을 무너뜨렸다. 성안에서는 성이 무너진 곳에 목책(木柵)을 세워 막으려 했으나 당해낼 수가 없었다.

양만춘은 결사대 1백 명을 뽑았다. 그리고 성이 무너진 곳으로 돌격해 나가 당군(唐軍)을 무찌르고 토산을 빼앗았다. 토산 위에서 빼앗은 당차와 포차로 도리어 산 밑에 있던 당병(唐兵)을 쳐 물리쳤다. 당태종은 이렇게 되자 어떻게 해볼 계책이 없어 철군(回軍)하려 하였다.

연개소문은 요동의 전쟁을 양만춘·추정국에게 맡기고 정예병 3만 명을 이끌고 적봉진(赤峰鎭), 지금의 열하(熱河:承德) 부근을 거쳐 남진하여 장성(長城)을 넘어 상곡(上谷:현 張家口市宣化區)을 기습하여 깨뜨렸다. 당의 태자(唐太子) 이치(李治)가 어양(漁陽)에 머무르다 크게 놀라, 급변(急變)을 알리는 봉화(烽火)를 올렸다. 하룻밤 사이에 그 봉화는 안시성에 다다랐다. 〈연개소문이 이때 상곡(上谷)을 기습했다는 기록은 어디에도 없다.─정해자〉

당태종은 바로 임유관(臨渝關) 안에 변란(變亂)이 일어났다는 것을 알고 즉시 철군을 서둘렀다. 오골성주 추국정과 안시성주 양만춘은 그 봉화로 인해, 연개소문이 목적지에 도착했다는 것과 당태종이 서둘러 도망치리라는 것을 짐작했다.

추정국이 전군을 거느리고 안시성 동남쪽 협곡으로 은밀히 빠져나와 돌격 기습했고 양만춘 또한 성문을 열고 나와 공격했다. 당군(唐軍)은 큰 혼란에 빠져 인마(人馬)가 서로 밟고 밟히며 도망쳤다.

당태종은 훤우락(薛芋灤)에 이르렀다. 말발굽이 진창에 빠져 꼼짝을 못했다. 양만춘이 쏜 화살에 왼쪽 눈을 맞고 거의 사로잡힐 처지에 놓여 있었다. 당의 용장(勇將) 설인귀(薛仁貴)가 달려와서 당태종을 구해 말을 갈아 태우고 전군(前軍) 선봉 유홍기(劉弘基)가 뒤를 막아 혈전을 벌인지 한참만에야 겨우 탈출했다.

「성경통지(盛京通志)」해성고적고(海城古蹟考)에 기록되어 있는 "당태종의 말 빠진곳(唐太宗陷馬處)'이 바로 그곳이다. 지금까지 그곳 사람들 사이에는 '당태종의 말이 진창에 빠지고 화살이 눈에 박혀 사로잡힐 뻔한' 이야기가 전해지고 있었다. 〈당태종함마처(唐太宗陷馬處)가 하이청(海城) 어디에 있는지 상고할 수 없으나, 장수성 옌청시(江蘇省鹽城市)에 가면 당태종의 말이 수렁에 빠진 것과 관련된 몽롱탑(朦朧塔)이 있다. 사양하(射陽河)와 서당하(西塘河)가 아우러지는 곳, 건호현신장향보탑촌(建湖縣辛莊鄉寶塔村)이 그곳이다. 금방이라도 허물어지지 않을까 싶은 밀첨 누각식(密檐樓閣式) 팔각전탑(八角磚塔) 하나가 서 있다. 높이는 16.7m, 밑변 매 각의 길이는 2m이다. 겨우 3층만이 남아 있다. 이 탑은 당태종 이세민(李世民)이 고구려를 칠 때 군사를 이곳 염성(鹽城) 일대 바닷가 여울에 주둔시키고 있었는데, 하루는 달빛이 몽롱(朦朧:흐릿한)한 늦은 밤에 혼자서 말을 타고 대영(大營)을 순찰하다가 인접해 있던 적군 진지로 잘못 들어갔다. 마침 적의 진영을 순찰 중이던 연개소문에게 발각되었다. 연개소문은 곧장 칼을 휘두르며 뒤쫓아 왔다. 이세민은 말채찍을 내리치며 정신없이 달아났다. 말이 길을 잘못 들어 진창에 빠져 꼼짝을 못했다. 이세민은 어쩔 수 없이 말에서 뛰어내려 도망쳤다. 물 마른 두레박우물이 하나 보였다. 무턱대고 그 속으로 뛰어 내렸다. 연개소문은 우물가까지 추격해 왔으나 사람은 보이지 않았다. 우물 속을 들여다보았다. 깜깜하여 아무것도 보이지 않았고 우물 입구에 쳐져 있는 거미줄만 보였다. 거미줄이 멀쩡한 것을 보면 사람이 들어갔을 리 없다고 생각한 연개소문은 말을 돌려 돌아갔다. 뒤에 이세민은 거미가 줄을 쳐 목숨을 살려준 은혜에 감동하여 울지공(尉遲恭:敬德)을 파견하여 이 탑을 세우게 했다. 이세민은 진룡천자(眞龍天子)로서 우물 속으로 몽진(蒙塵)하였고 거미의 보호를 받아 살아났으니, 세상일은 알 것도 같고 모를 것도 같다는 뜻에서 탑 이름을 몽롱보탑(朦朧寶塔)이라고 했다. 지금도 탑 동쪽에 한줄기 세니하(洗泥河)가 흐르는데 당시 당태종이 살아나 진 수렁에 빠졌던 말을 씻긴 곳이라 한다. 탑 안에는 2m 높이의 아치천장이 있고 북쪽에는 불감(佛龕)이 있으며 가운데는 사다

〈당태종의 전설이 깃든 몽롱탑(朦朧塔)〉

리를 잡고 선회하며 위로 올라갈 수 있도록 설계되었는데 지금은 이미 허물어져 있다. 이 몽롱탑 전설이 어떻게 되어 이루어진 것인지는 알 수 없지만 옛 사람들은 이곳을 요동(遼東)으로 인지하고 있었음은 확실한 것 같다. 패현(沛縣), 바로 남사호(南四湖:微山湖)-화이난(淮南)-허베이(合肥) 동쪽은 모두 요동으로 불렸다고 볼 수 있다. 「한서(漢書)」 무제기의 "요동 고묘(遼東高廟)"가 그것을 증명한다. (제4편 3장 창해군(滄海郡) 주 참조)-정해자〉

　당태종을 뒤쫓아 요수(遼水)에 다다른 양만춘 등 고구려군은 수많은 당군을 죽이거나 사로잡았다. 요택(遼澤)에 다다른 당태종은 말들을 진창에 몰아넣고 말 등을 다리(橋梁) 삼아 밟고 넘어갔다.
　10월 당태종은 임유관에 도착했다. 연개소문이 당군의 앞길(歸路) 끊고 양만춘의 추격이 다급해지자 당태종을 어찌해야할지 몰랐다. 그때마침 풍

설(風雪)이 크게 일어 천지가 아득하고 지척을 분간할 수 없었다. 양군의 인마가 너나없이 엎어지고 자빠지며 혼란을 빚었다. 당태종은 이런 기회를 이용하여 달아났다.

이 안시성 전투는 동양 고대사상 큰 전쟁이었다. 양국 군사의 숫자는 비록 살수전쟁(薩水戰爭)에 미치지 못했으나, 군사전략과 병사들의 정연도(精鍊度) 및 소모된 자력(資力)은 살수전쟁을 초과했고 대전(對戰) 시일 역시 살수 때보다 배나 길었다.

이 전쟁이 바로 두 민족의 운명을 건 한판 대전이었는데, 당사(唐史)는 거의 사리(事理)에 모순되게 기록하고 있다. 이를테면,

① 백제는 고구려의 동맹국이었는데, 당사(唐史)는 "백제가 옻칠한 철개갑(鐵鎧甲)을 바쳐 전군이 입고 출전하자 갑광(甲光)이 햇빛처럼 빛났다."고 했는데, 그렇다면 고구려의 동맹국이 도리어 적군인 당군에게 무장을 제공했다는 말이 아닌가. 〈"백제가 옻칠한 철개갑(鐵鎧甲)을 바쳐 전군이 입고 출전하자 갑광(甲光)이 햇빛처럼 빛났다."는 기록은 어디에도 없다. 사마광(司馬光)이 부풀린 말을 단제가 더욱 부풀린 말이다. 「신당서(新唐書)」 백제전(百濟傳)에 무왕(武王) 27년(626년), 당으로 사자를 보내 명광개(明光鎧)를 바쳤다는 기록이 있고 「신당서」 동이전에 백제가 "철갑(鐵甲)과 조각한 도끼"를 바쳤다는 기록이 있다. 사마광이 이 사실을 정관 19년(645;의자왕 5년)으로 옮겨 침소봉대(針小棒大)해 적은 것이 아닌가 싶다. 「자치통감(資治通鑑)」 당기(唐紀)의 원 기록은 이러하다. "이 때 백제가 금조투구(金銚鎧)와 또 현금(玄金)으로 산오무늬(山五文)를 놓은 투구를 만들어 올렸다. 호위무사가 입고 따랐다. 제(당태종)와 이적(李勣)이 만났는데, 갑옷이 햇빛을 받아 번쩍거렸다.(時百濟上金銚鎧, 又以玄金爲山五文鎧, 士被以從, 帝與勣會, 甲光炫日)"―정해자〉

② 당군(唐軍)의 패인(敗因)이 군량 고갈에 있었는데도, 당사(자치통감)는 당태종이 개모성(蓋牟城)을 함락하고 군량 10만석을 얻고 요동성(遼東城)을 함락하고 50만석을 얻었다니, 운반해온 군량 이외도 빼앗은 군량이 적지 않았다는 말이 아닌가. 〈원문은 "당태종이 백암성(白巖城) 등을 깨치고 양곡을 '십만석, 또는 50만 석을 얻었다' 고 하니"로 되어 있다. 그로나 사실(史實)과 달라 당기(唐紀)를 참조하여 위와 같이 다시 고쳤다.―정해자〉

③ 연개소문이 영류왕(榮留王)과 많은 호족을 죽이고 연씨 일족 및 그 무리를 요직에 두루 앉히고 전통적 벌족정치(閥族政治)를 타파하고 국권(國權)을 독점했는데, "당태종이 안시성에 이르자 북부누살 고연수(北部耨薩高延壽)와 남부누살 고혜진(南部耨薩高惠眞)이 고구려·말갈 병사 15만6천8백 명을 거느리고 안시성을 구했다."하였다. 왕족 고씨(高氏)가 남·북 양부를 근거로 살이(薩伊:라살)라는 중책을 맡고 수십만 명의 군사를 갖고 있었다는 말이니, 연개소문의 전제(專制) 아래 고구려 현상이 어찌 이러했겠는가. 〈"연개소문의 전제(專制)아래"의 원문은 "연개소문의 혁명이후"로 되어 있다. 645년 4월 개모성(蓋牟城)·비사성(卑沙城)·요동성(遼東城)·백암성(白巖城) 등을 차례로 점령한 당군(唐軍)은 6월 안시성(安市城)으로 몰려들었다. 이에 고구려는 북부누살(北部耨薩) 고연수(高延壽)와 남부누살 고혜진(高惠眞)을 대장으로 한 15만 명의 군사를 안시성으로 보냈다. 당태종 이세민은 많은 군사에 놀라 기만전술을 폈다. "당은 싸우려는 것이 아니라, 왕을 시해한 신하를 문죄하려는 것이므로 고구려가 신하의 예를 다하면 잃은 땅도 되돌려 주겠다"고 회유했다. 고연수는 이 말을 믿고 있다가 공격해 온 당군에 크게 패해 3만여 명의 병사가 전사했다. 고연수와 고혜진은 항복할 수밖에 없었다.-정해자〉

④ 안시성은 환도성(丸都城)으로 고구려 삼경(三京) 중 하나였다. 해로와 육로가 엇갈리는 요충이므로 연개소문은 이 땅을 제 심복이 아닌 사람에게 줄 수 없었을 것인데, 당사(唐史:資治通鑑 唐紀)에 "안시성주(安市城主:楊萬春)가 재주 있고 용감할 뿐 아니라, 성은 험하고 양식은 충분하므로 막리지(莫離支:연개소문)의 난(亂)에도 굳게 지키며 복종하지 않으므로 막리지가 어쩔 수 없이 그 성을 주었다"고 하였다. 그렇다면 이때 고구려 안에 몇 개의 나라가 있었다는 말이 된다. 어떻게 하나로 뭉쳐 당병(唐兵)을 막아낼 수 있었겠는가. 〈이 대목은 자치통감 당기(唐紀)에 근거한 것이다. 642년 연개소문이 영류왕(榮留王)을 죽인 후 스스로 고구려의 대막리지(大莫離支)가 된 다음 양만춘을 내쫓고 제 심복을 앉히려 했다. 그러나 양만춘은 연개소문을 막리지로 인정하지 않았다. 연개소문은 수하 군사들을 몰고 가서 안시성을 쳤다. 그러나 도저히 함락할 수 없다는 것을 알고 좋은 말로 타협했다. 그래서 양만춘은 성주(大人:薩伊)직을 유지하고 있었던 것이다. 당기의 기록은 이러하다. "상(당태종)이 백암성(白巖城)을 함락하고 이세적(李世勣)에게 말했다. '들으니 안시성은 성도 험하고 군사들도 정예병일 뿐 아니라 그 성주 또한 지략 있고 용감하여 막리지가 난리를 부릴 때도 성을 지키며 항복하지 않자 막리지가 쳐들어왔으나 함락시킬 수가 없어 어쩔

수 없이 그 직책을 주어 두었다' 한다(上之克白巖也,謂李世勣曰,吾聞安市城險而兵精,其城主材勇,莫離支之亂,城守不服,莫離支擊之不能下,因而與之,).”−정해자〉

⑤ 평양으로 쳐들어가는 것은 수양제가 패망한 원인인데, 당사는 “도종(道宗)의 계책을 쓰지 않은 것을 패전의 첫째 원인으로 꼽고 당태종 또한 이를 후회한다”고 하였다. 이것은 수양제 때 일을 잊은 건망증이 아니겠는가. 〈원문은 “李靖(이정)이 이 계책의 씨지 못하므로”로 되어 있다. “이정의 계책을 쓰지 않았다”는 말인지, “李勣(이적)이 이 계책을 쓰지 않았다”는 말이 잘못된 것인지 확실치 않다. 그러나 위에서 평양으로 쳐들어가자고 주장한 것은 강하왕 도종(江夏王道宗)이다. 그러므로 그 말뜻이 무엇이든 “도종의 계책”이라고 보는 것이 확실하여 고쳤다. 이 대목의「자치통감」기록은 이러하다. “태종이 서울로 돌아와서 이정(李靖)에게 말했다. '내가 천하의 무리를 이끌고도 조그만 오랑캐(小夷)에게 곤욕을 당한 것은 무엇 때문이냐?' 이정이 대답했다. '그것은 도종이 잘 알고 있습니다.' 태종이 도종을 돌아보며 물었다. 도종은 당시 상황을 자세히 설명하며 '주필(駐蹕)하고 계실 때 비어있는 틈을 이용하여 평양으로 쳐들어가자' 고 여쭌 적이 있습니다.' 했다. 태종은 몹시 아쉬운 듯 '당시 나는 너무 바빠 기억이 나지 않는구나(太宗還京師謂李靖曰,吾以天下之衆困於小夷何也,靖曰,此道宗所解,太宗顧問,道宗具陳,在駐蹕時乘虛取平壤之言,太宗恨然曰,當時怱怱吾不憶也)했다.”−정해자〉

이처럼 모순된 기록이 많은 것은 어찌된 까닭인가. 대개 그 이유는 다음과 같다.

㉠ 세계 만방(萬邦)을 모두 번복(蕃服:邊方屬國)으로 보는 주관적 자존감(自尊感)에 순치되어 사관(史官)들이 언제나 높은 이를 위하여 숨기고(爲尊者諱)·친한 이를 위하여 숨기고(爲親者諱)·중국을 위하여 숨기(爲中國諱)는 등의 소위 춘추필법(春秋筆法)으로 기록을 더럽혀 놓았기 때문이다. 백제가 고구려의 동맹국인 것이 객관적 사실임에도 불구하고 ①항의 망발이 그래서 있게 된 것이고

㉡ 요동성·개모성 등을 차례로 점령하게 하게 된 것이 연개소문이 미리 정해놓은 계략에 빠진 것이라는 것을 숨기기 위해 노획품이 많다는 것을 부풀려 과시하다가 ②항의 위증(僞證)이 있게 된 것이며

㉢ 당태종이 패하여 달아난 것을 승리한 것으로 뒤집어 꾸미다가 고씨(高氏) 천하가 이미 연씨(淵氏) 천하가 되었다는 것을 망각하고, 15만 대병(大

兵)을 가진 고연수·고혜진 두 누살이 투항하였다고 한 ③항의 망작(妄作)이 있게 된 것이고

ⓒ 당태종이 수십만 대군으로 4~5개월 동안 하나의 외로운 성인 안시성 하나 함락시키지 못한 수치를 가리기 위해 "안시성은 당태종만 함락시키지 못한 것이 아니라, 고구려의 대권(大權)을 거머쥔 연개소문도 어찌하지 못했다"는 ④항의 기록이 있게 된 것이며

ⓓ 당이 고구려에 패한 것은 책략과 역량이 부족해서가 아니라, 이러한 기발한 계책이 있어도 쓰이지 못한 때문이라 하여 "이도종(李道宗)이 평양의 빈틈을 이용하여 쳐들어가자고 주장했다"는 ⑤항의 바보 같은 이야기가 있는 것이다.

이상은 그 대략을 말한 것이지만 자세히 상고하면 거의 다가 이런 따위다. 그러므로 이제 당사(唐史:「자치통감」·당기)를 쫓지 않고 「해상잡록(海上雜錄)」·「성경통지(盛京通志)」 및 동삼성(東三省) 토인전설(土人傳說) 등을 제재(題材)로 하여 적겠다.

(5) 당태종의 전독(箭毒)과 연개소문의 정당(征唐)

당태종이 양만춘의 화살에 눈을 맞아 애꾸가 되자 초인(樵人:나무꾼)·야객(野客:隱士)의 전설이 되어, 시가(詩家)의 음영(吟詠:詩)에까지 올랐는데 목은 이색(牧隱李穡)은 「정관음(貞觀吟)」에서 "주머니 속 물건 같은 것일 뿐이라고 했는데/백우(화살)가 현화(눈)에 떨어질 줄을 어찌 알았겠는가(謂是囊中一物耳,那知玄花(目)落百羽(矢)"라고 하였고 노가재 김창흡(老稼齋金昌翕)은 「천산시(千山詩)」에서 "천추에 대담한 양만춘이/화살을 쏘자 규염(李世民)의 눈동자에 떨어졌네(千秋大膽楊萬春,箭射虯髯落眸子)"라고 하였으며, 이박에도 이런 유의 시가 많다.

그러나 「삼국사기(三國史記)」·「동국통감(東國通鑑)」 등 역사책에는 당시 전황(戰況)을 전하는 내용이 「당서(唐書)」에서 베껴 넣은 것뿐이라, 이런 말이 없다. 이것은 사대주의를 추종하는 사가(史家)들이 고대(古代) 우리나라에 전해지던 외국에 대한 승리기록을 모두 깎아(刪落)버린 때문일 것이다.

당태종이 돌아가 치료한 진단기록을 지나(중국)사에서 참고하면,「구당서」 태종본기(太宗本紀) 2,「신당서」본기 3,「자치통감」의 진단 내용이 서로 다르다. ㉠에서는 당태종이 내종(內腫)으로 죽었다 했고 ㉡에서는 당태종이 한질(寒疾)로 죽었다 했으며, ㉢에서는 당태종이 이질(痢疾)로 죽었다고 했다. 한 시대, 전 지나(支那)를 풍미한 만승 황제의 죽은 병을 늑막염인지, 장티푸스인지 모르도록 모호하게 기록한 것은, 대개 고구려인의 독전(毒箭)에 맞아 죽은 것을 숨기려다가 이렇게 모순된 기록을 남긴 것이다.

그러나 '요동에서 얻은 병'이라고 모든 책이 똑같이 기록하고 있는 것으로 보아, 양만춘의 화살 독이 번져 죽은 것이 명백해 보인다. 송태종(宋太宗:趙光義)이 태원(太原)에서 맞은 전창(箭瘡:遼將 耶律休哥가 쏜 화살 두 대를 맞았다)이 해마다 재발하다 3년 만에 죽은 것을「송사(宋史)」가 숨긴 것과 다를 게 없다. 〈진항(陳恒)의 양산묵담(兩山墨談)에 보인다.〉

이 뒤 신라와 당의 동맹이 더욱 공고(鞏固)해진 것과, 당의 안록산(安祿山)·사사명(史思明)의 난(安史之亂) 및 번진(藩鎭)의 발호(跋扈) 등이 무엇 하나 당태종이 고구려 전독으로 죽은 사건과 관계되지 않는 것이 없는데, 이를 숨겨 역사적 사실의 원인을 모르게 하였으니, 춘추필법의 해독(害毒)이 또한 심하다 하겠다.

연개소문이 중국으로 쳐들어간 것도 기록에는 보이지 아니하나, 지금 북경(北京) 조양문(朝陽門) 7리쯤에 있는 황량대(謊糧臺)를 비롯하여 산해관(山海關)에 이르기까지 '황량대'라는 지명이 10여 군데나 있는데, 전해지는 말에 따르면 황량대는 당태종이 모래를 쌓아놓고 '군량더미'라고 속이면서 고구려인이 쳐들어오면 매복병으로 잡으려 했던 곳이라 한다.

이것은 연개소문이 당태종을 북경까지 추격한 자취(遺蹟)일 것이다. 산동(山東)·직예(直隸) 등지도 띄엄띄엄 '高麗(고려)'라는 두 글자가 앞에 붙은 지명이 있는데 전해지는 말에 따르면 이것이 모두 연개소문이 점령했던 땅이라고 한다.

그중에서도 가장 알려진 곳은 북경(北京) 안정문(安定門) 밖 60리쯤에 있는 고려진(高麗鎭)과 하간현(河間縣:현 河北河間市) 서북쪽 20리쯤에 있는 고려성

(高麗城)인데, 당인(唐人) 번한(樊漢)은 「고려성회고시(高麗城懷古詩)」에서,

　　"외진 곳에 성문은 열려 있고/구름 걸친 숲에는 성가퀴가 길구나/맑은 물에는 저녁놀이 가득하고/검은 모래톱은 촛불마냥 반짝인다/첩고소리 구름처럼 높게 일었고/새로 핀 수양버들 땅을 쓸며 단장했지/어느새 장거리가 훌쩍 변하여/다시는 음악소리 못 듣게 됐네/사람이 살던 곳엔 가시덤불 우거지고/그 옛날 길섶에는 쑥대들만 수북하다/곱고 짙은 푸른 빛 먼지에 묻혀 있고/황막한 언덕위로 소와 양떼 올라간다/그 당시 일들을 지금 와서 어찌할까/꽉꽉 소리에 정신이 번쩍 들어 올려다보니 기러기 줄지어 날아가네.(僻地城門啓, 雲林雉堞長. 水明留晚照, 沙暗燭星光. 疊鼓連雲起, 新花拂地粧. 居然朝市變, 無復管絃鏘. 荊棘黃塵裏, 蒿蓬古道傍. 輕塵埋翡翠, 荒壟上牛羊. 無奈當年事, 秋聲肅鴈行)"라고 했다.

　이 시로 보면 연개소문이 한 때 당의 영토를 들락날락하며 침략했을 뿐만 아니라, 성을 쌓고 인민들을 이주시켜 비고(鼙鼓)소리가 하늘에 닿고 화류(花柳)가 땅을 쓸었으며 시가가 번화하여 관악(管樂)과 현악(絃樂)이 연주되고 비취(翡翠)와 보옥(寶玉)이 차고 넘쳐 새로운 점령지의 부유하고 강성함을 자랑했던 실록(實錄)으로 볼 수 있지 않을까 싶다. 〈위 시 속에서 말하는 '첩고(疊鼓)'는 저녁에 입직(入直)하는 군사를 불러 모으기 위해 치던 북을 말하는 것인데, 단재는 그 시를 아무런 관계가 없는 연개소문과 연계시키고 '첩고'를 '비고(鼙鼓)'로 고쳐 말하고 있다. '비고' 기마병들이 말을 탄 채 치는 '전고(戰鼓)'를 뜻한다.—정해자〉

　당사(唐史)를 보면 당태종이 안시성에서 도망쳐 돌아간 뒤, 거의 해마다, 달마다 고구려를 침벌(侵伐)하는 군사를 출동시켜, "어느 해 어느 달에 우진달(牛進達)을 보내어 고(구)려를 쳐서 어느 성을 공파했다", "어느해 어느 달에는 정명진(程名振)을 보내어 고(구)려를 쳐서 어느 성을 격파했다"고 하는 등의 기록이 있다. 〈정관 21년(647) 7월 우진달(牛進達)·이해안(李海岸)이 고구려 국경 안으로 들어가 1백여 차례나 싸웠는데, 이기지 못한 적이 없었다. 석성(石城)을 공격해 함락하고 적리성(積利城) 밑에 다다르자 고구려 군사 1만여 명이 싸우러 나왔다. 바닷가에서 공격해 무찌르고 2천여 개의 목을 베었다.(貞觀二十一年, 丁未. 秋七月, 牛進達·李海岸入高麗境, 凡百餘戰, 無不捷, 攻石城, 拔之, 進至積利城下, 高麗兵萬餘人出戰, 海岸擊破之, 斬首二千級.)라는 기록과 "영희 6년(655), 신라가 고구려와 말갈이 36개성을 빼앗아 갔다고 호소하며 천자에게 구

원해 달리고 애원했다. 영주도독 정명진(程名振)과 좌위중랑장 소정방(蘇定方)에게 조서를 내려 군사를 이끌고 가서 토벌하라고 했다. 신성(新城:赤峰)으로 가서 고구려군을 무찌르고 외곽과 촌락들을 불태우고 돌아왔다.(永徽六年, 新羅訴高麗·靺鞨奪三十六城, 惟天子哀救. 有詔營州都督程名振·左衛中郎將蘇定方率師討之. 至新城, 敗高麗兵, 火外郭及墟落, 引還.)"는「자치통감」당기(唐紀)의 기록을 말하는 것이다.─정해자〉

이것은 당태종이 고구려 때문에 눈알이 빠지고, 수많은 인민의 자제가 죽거나 다쳐, 천신(天神) 같은 제왕의 권위가 땅에 떨어진데다가 고구려에 대한 복수전(復讐戰)을 일으키지 않으면 나라 안팎의 웃음거리가 될 것이고, 그렇다고 다시 큰 전쟁을 일으켰다가는 수양제의 전철(前轍)을 밟을 것이 뻔했으므로, 교활한 술책으로 달마다 여러 장수들에게 "고구려 어느 곳으로 쳐들어갔다", "고구려 어느 성을 점령했다"는 허위보고를 올리게 하여 실상(實狀) 없는 무위(武威)를 국민들에게 보이려 한 것이다.

또, 죽을 때 유언(遺詔)으로 "요동전쟁을 그만두게 했다"는 것은, 아들 고종(高宗)의 "아버지의 원수를 갚지 않는다(父讐不復)"는 책임을 경감시키는 한편 "인민들을 사랑한 어진 임금이었다"는 명성을 백성들에게 얻으려 한 것이다. 그러나 그때는 본래부터 요동에 전쟁이 없었는데 무슨 전쟁이 있어 그만 두겠는가. 당태종의 일생은 허위로 점철되어 있을 뿐이다. 사가(史家)나 역사를 읽는 사람은 그 기록을 잘 살펴서 취해야 할 것이다.

연개소문은 무엇으로 이와 같이 외국정벌(外征)에 성공했을까. 그 근거가 두 가지가 있다.

발해사(渤海史)에, "대문예가 말하기를, '옛날 고구려의 전성기(全盛期)에는 강력한 군사가 30여만 명이나 되어 당나라를 대적할 수 있었다(大門藝…曰…昔高麗全盛之時, 强兵三十餘萬, 抗敵唐家)"고 했고「당서(唐書:신당서)」에는 "고구려의 국내성 및 신성의 보병과 기병 4만 명이 요동성 군사를 지원하러 왔다(高麗國內及新城步騎四萬來援遼軍)"고 했으며,「자치통감」당기(唐紀)는 "지금 건안과 신성의 오랑캐 무리가 10만 명쯤 될 것 같다(今建安新城之虜, 衆猶十萬)"고 하는가하면 "고구려와 말갈 병사 15만이 안시성을 구원하러 왔다(高麗靺鞨兵十五萬救安市)", 또는 "고구려·말갈이 군사를 합쳐 진을 펼쳤는데, 그 길이가 40리나 되었다(高麗靺鞨合兵爲陣, 長四十里)"고 했다. 〈원문이 「구당서(舊唐書)」 발해전(渤海傳)에 있는 말을, 마치 「발해사(渤海史)」에 있는 말인 것처럼 호도하며 "'大門藝曰, 高句麗盛時(士正兵을 가리킨 것)三十萬, 抗唐爲敵'이라 하고, '당서'에도 '高麗, 發新城國內步騎四萬', '新城建安之虜, 猶十萬', '高麗靺鞨合兵十五萬'이라고 했다고 내용을 개작하거나 인용한 책이름을 제대로 밝히지 않아 모두 다시 고쳤다.─정해자〉

이 말들에 따르면 고구려의 정병(正兵:正規軍)이 30만 이상이고 기타 산병(散兵)도 적지 않았다는 것을 알 수 있다. 「고려사(高麗史)」 최영전(崔瑩傳)에 "당태종이 우리나라로 쳐들어왔을 때 우리나라는 승군(僧軍) 3만 명을 동원하여 무찔렀다(唐太宗征本國本國發僧軍三萬擊破之)"고 했고 「고려도경(高麗圖經)」에는 "재가화상(집에 있는 중)은 검은 명주로 허리를 묶고 국경지방에 경보가 있으면 단결하여 나가며 나라의 경비를 쓰지 않고 싸웠다.(在家和尙… 束腰皂帛…邊陲有警, 則團結而出…國用不費, 而能戰也)"고 했으며 「해상잡록(海上雜錄)」은 "명림답부와 개소문이 모두 조의선인 출신이다(明臨答夫·蓋蘇文, 此皆皂衣先人出身)"라고 했다. 그렇다면 '승군(僧軍)'은 중들이 아니라, 바로 신수두 단(壇) 앞의 조의무사(皂衣武士)이고 연개소문이 조의의 수령(首領)이었다는 것을 알 수 있다.

그렇다면 수십만 명의 군대와 그 중심인 조의군(皂衣軍)은 연개소문의 외국 정벌을 성공하게 한 첫 번째 근거다. 〈원문은 최영전(崔瑩傳) 인용문이 "以三十萬衆, 侵高句麗, 高句麗發僧軍"으로 고쳐져 있고, 「선화봉사고려도경(宣和奉使高麗圖經)」 내용도 "在家和尙…以皂帛束腰…有戰事, 則自結爲一團, 以赴戰場"이라고 고쳐져 있어 위와 같이 다시 고쳤다. 「고려도경」의 재가화상(在家和尙)에 대한 설명 전문은 다음과 같다. "在家和尙, 不服袈裟, 不持戒律, 白紵窄衣, 束腰皂帛, 徒跣以行, 間有穿屨者. 自爲居室, 娶婦鞠子. 其於公上, 負載器用, 掃除道路, 開治溝洫, 修築城室, 悉以從事. 邊陲有警, 則團結而出, 雖不閑於馳逐, 然頗壯勇. 其趨軍旅之事, 則人自裹糧, 故國用不費, 而能戰也. 聞中間契丹, 爲麗人所敗, 正賴此輩. 其實刑餘之役人. 夷人, 以其髡削鬢髮, 而名和尙耳. (재가화상은 가사를 입지 않고 계율을 지키지 않는다. 흰모시로 만든 통 좁은 옷을 입고 검정색 명주로 허리를 묶었으며 맨발로 다녔는데, 간혹 신발을 신은 자도 있었다. 거처할 집을 자신이 짓고 아내를 얻고 자식을 기른다. 그들은 관청에서 기물을 져 나르고 도로를 쓸고 도랑을 치고 성과 집을 수축하는 일들에 종사한다. 그리고 국경지방에 경보가 있으면 단결해서 나가는데, 비록 말을 타고 달리는데 익숙하지 않으나 자못 씩씩하고 용감하다. 군대에 가게 될 경우에는 각자 양식을 싸가지고 가기 때문에 나라의 경비를 쓰지 않고서도 싸울 수 있다. 듣건대 그사이 거란이 고구려 사람들에게 패한 것도 바로 이 무리들의 힘이었다고 한다. 이들은 실제로는 수형자(受刑者)들인데, 오랑캐들이, 이들이 수염과 머리를 깎은 것을 보고 화상(和尙)이라고 부르는 것뿐이다.)"-정해자〉

　미수 허목(眉叟許穆:원문은 叟(수)자가 叛(반)자로 되어 있다.-정해자)이 말하기를, "싸움 좋아하기로는 백제만한 나라가 없었다(好戰之國 莫如百濟)"고 했고, 순암 안정복(順菴安鼎福)은 말하기를, "삼국 중에서 백제가 가장 싸우기 좋아하는 것으로 유명했다(三國之中,百濟最以好戰稱)"고 했다. 백제는 어기차고 모질어 누구보다 잘 싸우는 나라였는데, 고구려와 동맹을 하였으니, 그 또한 연개소문이 외국정벌에 성공한 두 번째 근거이다.

　최치원(崔致遠)은, "고구려·백제의 전성기에는 강력한 군사가 백만이나 되어 남쪽으로는 오·월을 침략했고, 북쪽으로는 유연과 제·로를 쥐고 흔들었다.(高麗百濟全盛之時,强兵百萬,南侵吳越,北撓幽燕齊魯)"고 했다. 〈원문이 "北撓幽薊齊魯,南侵吳越"로 글자도 바꾸고 글귀도 도치(倒置)해 놓아 「삼국사기」 최치원전을 참조하여 다시 고쳤다. 유연(幽燕)은 현재 하북성 및 요녕성 일대를 말하는 것이다. 당(唐)은 이 지역이 전에는 유주(幽州)에 속했고 전국시대에는 연국(燕國)에 속했기 때문에 '유연'이라고 불렸는데, 단재는 영주(營州)·평주(平州)·단주(檀州)·규주(嬀州)·계주(薊州)·유주(幽州)·역주(易州)·막주(莫州)·창주(滄州)·영주(瀛州) 등등 수많은 속주(屬州)들 속에서 유주와 계주만 말하는 것으로 알았는지 '유연'을 '유계(幽薊)'로 고쳐놓아 결과적으로 지역을 대폭 축소시켜 놓았다.-정해자〉

　이것은 연개소문이 백제와 연합한 결과를 말하는 것이다. '南定(남쪽으로…평정하다)'이나 '北平(북쪽으로…토평하다)'이라 하지 않고 '남침(南侵:남쪽으로…침략했다)'이라거나 '북요(北撓:북쪽으로…쥐고 흔들다)'라고 한 것은, 이 글이 당의 숭배자(尊唐者)였던 최치원이 당의 어느 재상에게 올리는 글이었기 때문에 이같이 춘추필법적 어귀를 구사한 것이다.

　기실 이때 유주(幽州)·계주(薊州), 지금의 직예(直隸)와 제(齊)·로(魯), 지금의 산동(山東), 오(吳)·월(越), 지금의 강소(江蘇)·절강성(浙江省)이 모두 고구려와 백제의 세력권 안에 매어 있던 곳들이다. 연개소문의 백제와 관계된 사실을 다음 편에 자세히 기술하겠다.

(6) 연개소문의 사적에 관한 거짓 기록

신라는 연개소문(淵蓋蘇文)을 백제를 지원하고 돕는 자라 하여, 또는 유교 윤리상 임금을 시해한 역적이라 하여, 또 사대주의를 위반한 죄인이라 하여 늘 박대해 왔고 그에 관한 전설이나 사적(史蹟)을 모두 없앴으며 오직 도교 (道敎)의 수입과 천리장성(千里長城)의 수축을 연개소문이 한 일이라고 했다. 그러나 실은 「당서(唐書)」의 기록을 가져다 부연한 것이고 실제의 기록(實 錄)이 아니다.

이제 「삼국유사(三國遺事:興法 寶藏奉老)」의 본문을 밑에 베껴 실으며 그 무 록(誣錄)임을 증명하려 한다.

"또한 「당서」에 따르면 앞서 수양제가 요동으로 쳐들어왔을 때 羊皿(양명) 이라는 비장이 있었는데, 싸움에 지고 죽게 되자, 맹세해 말하기를, '반드시 고구려 임금에게 사랑받는 신하(寵臣)가 되어 이 나라를 멸망시킬 것이다' 라고 했다. 蓋(개:羊+皿=蓋)씨가 고구려 조정을 쥐락펴락할 때 사람들은 죽 은 羊皿(양명)이 蓋(개)씨로 태어난 것이라고 했다. 또한 「고구려고기(高句麗 古記)」에 따르면 수양제 대업 8년(612)임신에 30만 대군을 이끌고 바다를 건 너 쳐들어 왔는데, 10년(624) 갑술 10월…수양제가 돌아가려 하면서 시신(侍 臣:左右)들에게 말하기를, '짐이 천하의 주인으로, 직접 조그만 나라를 정벌 하러 왔다가 쫓겨 가게 되었으니 만대의 비웃음거리가 되었구나.' 했다. 이 때 우상 양명(右相羊皿)이 아뢰기를, '신이 죽어 고구려의 대신이 되어 반드 시 나라를 멸망시키고 폐하의 원수를 갚겠습니다.' 했다. 수양제가 죽은 뒤 그는 고구려에 태어났다. 열다섯 살이 되자 총명하고 어기차며 무술에도 뛰 어 났다. 이때 무양왕(武陽王:바로 榮留王)은 그가 현명하다는 소문을 듣고 신 하로 뽑아 들였다. 그는 스스로 성이 蓋(개)고 이름이 金(금)이라고 했다. 직 위가 蘇文(소문)에 다다랐다. 바로 시중(侍中)에 해당하는 직책이다. 그가 아 뢰었다. '솥에는 세 발이 있고 나라에는 세 가지 교(敎)가 있습니다. 신이 보 니, 우리나라에는 유교와 불교뿐이고 도교가 없습니다. 그렇기 때문에 나라 가 위태로운 것입니다.' 했다. 왕도 그러리라 여기고 당에 주청했다. 당태종은 숙달(叔達) 등 도사(道士) 8명을 보내 주었다. 왕은 기뻐했다. 불교 사찰을 도관(道觀)으로 만들고 도사를 높여 유학자 위에 앉혔다.…개금(盖金)은 또 아뢰어, '동북쪽에서부터 서남쪽에 이르는 장성(長城)을 쌓게 했는데, 이때 남성들은 성을 쌓고 여성들은 농사를 짓게 하면서 16년 공사 끝에 완공했다. 보장왕(寶藏王) 때에 이르자 당태종이 직접 6군을 거느리고 쳐들어왔다.(又按唐書云:先是,隋煬帝征遼東,有神將羊皿.不利於軍,將死有誓曰:必爲寵臣,滅彼國矣.及蓋氏擅朝,以盖爲氏,乃以羊皿是之應也.又按高麗古記云:隋煬帝以大業八年壬申,領三十萬兵,渡海來征.十年甲戌十月…帝爲旋師,謂左右曰:朕爲天下之主,親征小國而不利,萬代之所嗤.時右相羊皿奏曰:臣死爲高麗大臣,必滅國,報帝王之讎.帝崩後,生於高麗,十五聰明神武.時武陽王(곧 榮留王),聞其賢,徵入爲臣.自稱姓盖名金,位至蘇文,乃侍中職也.金奏曰:鼎有三足,國有三敎,臣見國中,唯有儒釋無道敎,故國危矣.王然之.奏唐請之,大宗遣叔達等道士八人.王喜.以佛寺爲道館,尊道士,坐儒士之上.…盖金又奏,築長城東北西南,時男役女耕,亦至十六年乃畢.及寶藏王之世.唐太宗親統,以六軍來征)"〈원문에는 神將(비장)이 禪將(선장)이 되고 盖氏擅朝(개씨천조)가 盖氏朝鮮(개씨조선)으로 고쳐져 있어 모두 「삼국유사」 기록대로 다시 고쳤다.─정해자〉

　羊皿(양명)의 후신(後身)이 盖(개)씨가 되었다는 것은 요망한 말이고, 연개소문을 "성이 盖(개)고 이름이 金(금)이고 직위가 蘇文(소문)"이라는 것은 망령된 조작으로 변론할 가치도 없다. 그리고 "도교(道敎)를 수입했다", "장성축조를 주청했다" 하는 것도 또한 거짓된 기록이다.

　수양제는 기원 617년에 죽었고 영류왕(榮留王), 바로 무양왕(武陽王)이 노자교(老子敎)를 들여왔다는 것은 「구당서」에 분명히 당고조 무덕(武德) 7년(기원 624)으로 기록되어 있다.

　연개소문이 수양제가 죽은 뒤에 태어났다면 영류왕이 노자교(道敎)를 수입할 때 나이가 겨우 여덟 살이다. 그렇다면 "열다섯 살에…신하가 되어…당에 주청했다(十五…爲臣…奏唐請之)"는 것은 무슨 말이고, 장성축조는 영류왕 14년(631)에 시작하였으니, 16년 만에 끝났다면 바로 보장왕(寶藏王) 5년(646), 당태종이 쳐들어온 이듬해 완공했다는 말인데 "16년 공사 끝에 완공했다…당태종이 직접 6군을 거느리고 쳐들어왔다(十六年乃畢…唐太宗親

統,以六軍來征)"이라고 한 것은 무슨 까닭인가. 〈도교(道敎) 수입에 관해 「구당서 (舊唐書)」 동이전 고려(高麗)조에는 "무덕(武德) 7년(624), 천존상(天尊像)과 도사(道士)를 고구려로 보내 「노자(老子)」를 강의하게 했다(將天尊像及道士往彼,爲之講「老子」)" 했고, 「삼국사기」 고구려본기 영류왕(榮留王紀) 7년(624)에는 "당의…형부상서 심숙안(沈叔安)이 도사와 천존상 도법을 갖고 와서 노자를 강의하게 했다(唐…遣刑部尚書沈叔安…命道士,以天尊像及道法,往為之講「老子」)고 했으며, 보장왕(寶藏王) 2년(643) 3월 "소문이 왕에게 고했다. 삼교(三敎)는 비해 말하자면 솥발 같아서 하나라도 빠지면 아니 되는 것인데, 지금 유교와 불교는 아울러 흥성하나, 도교는 흥성하지 못하고 있으니, 이른바, '천하의 도술(道術)을 갖춰야한다'는데 미치지 못하고 있습니다. 엎드려 청하오니, 당나라로 사신을 보내어 도교를 잘 아는 이들을 구해다 국민들을 훈육하소서.' 했다. 대왕은 깊이 공감했다. 표(表)를 올려 청했다. 당 태종은 도사 숙달(叔達) 등 여덟 사람은 보내주고 아울러 「노자도덕경(老子道德經)」을 보내주었다. 왕은 기뻐하며 중들의 절을 빼앗아 도관(道觀)을 만들었다.(蘇文告王日,三教譬如鼎足,闕一不可.今儒釋並興,而道教未盛,非所謂備天下之道術也,伏請遣使于唐求道教,以訓國人.大王深然之,奉表陳請.太宗遣道士叔達等八人,兼賜「老子道德經」,王喜,取僧寺館之)"고 했다. 그러니까 연개소문이 도교를 들여온 것은 아니지만, 도교를 진작시키기 위해 당에 도사 등을 들여오게 한 것은 사실로 보인다. 고구려 천리장성(千里長城:현 吉林省農安 부여성에서 渤海에 이르는)의 축조연대에 대하여, 영류왕 14년(631)에 쌓기 시작하여 보장왕 5년(646)~6년에 완공했다는 것은, 영류왕 2월, "왕은 국민을 동원하여 장성을 쌓았다. 동북쪽 부여성에서부터 동남쪽 바다까지 1천여 리나 되었다. 거의 16년 만에 공사를 마쳤다(王,動衆築長城,東北自扶餘城,東南至海千有餘里.凡一十六年畢功)."고 했는데, 그해 성을 쌓기 시작했다면 "축성 공사를 끝마쳤다"는 말을 그곳에 썼을 리가 없다. 그러므로 성을 쌓기 시작한 것은 그로부터 16년 전인 영양왕(嬰陽王).27(616)년 수양제의 대군을 물리친 뒤 쌓기 시작했고, 1년 뒤 영양왕이 타계하자 영류왕이 이어 쌓아 14년 2월에 완공했다고 보아야 할 것 같다.-정해자〉

　대개 영류왕(榮留王)은 북수남진(北守南進) 정책에 따라 당과는 친하게 지내며 신라와 백제를 치려던 사람이고, 연개소문은 남수북진(南守北進) 주의에 따라 백제로 신라를 견제하며 당을 치려던 사람이다.

　당 황제가 자신의 성이 李(이)이고 도교(道敎)의 창시자 노자(老子)의 성도 李(이)이기 때문에 당 황실은 노자를 그들의 선조라고 위증(僞證)하며 지극히 높이 받들었다. 그래서 영류왕은 당과 친밀하게 지내기 위해서 당의 선조인 노자의 교(敎)와 교도인 도사(道士)를 맞아 떠받들었다.

　신수두를 높이 받들며 당으로 쳐들어가려 한 연개소문이 어찌 국교(國敎)

를 버리고 적국인 당의 선조 노자의 교인 도교를 맞아 절할 리 있었겠는가.

장성은 진격하기 위해 쌓은 것이 아니라, 방어하기 위해 쌓은 것이다. 북쪽을 막아 지키려고 영류왕이 쌓은 것이니, 날마다 북쪽 진공(進攻)을 주장한, 또 그 주장을 실행하지 않았나 싶은 연개소문이 어찌 이같이 국력을 들여 민원(民怨)을 사는 방어용 장성을 쌓을 리 있겠는가. 연조도 틀리고 사리에도 맞지 아니하니, 위 두 가지 사실은 모두 날조된 기록이라는 것을 의심할 것이 없다. 〈원문은 "날마다 북쪽 진공(進攻)을 주장한, 또 그 주장을 실행한 연개소문이"로 되어 있다. 그러나 그 사실을 입증할 근거는 어디에도 없다. 예맥(濊貊)이 유방(劉邦)을 도와 한나라를 입국(立國) 당시만 해도 천리제장성(千里齊長城) 이북이 모두 고조선 땅이었을 것을 감안하면 역대 하북(河北)이나 산동(山東) 지방의 고리(高麗)나 고리성(高麗城)등의 지명이 예맥족의 본고장인 구이(九夷)·구려(九黎)·고례(高禮)·고귈(高闕)·고륵(高勒) 등등과 떼어놓고 생각할 수 없는 것인데, 단재는 그곳이 모두 태어나서 외국을 밟아본 적도 없는 연개소문이 고구려말 쳐들어가 일군 땅이라고 서술하고 있다.─정해자〉

어떤 사람은 "「삼국사기」를 보면 연개소문이 유·불·도 3교는 솥발과 같아서 하나도 빠지면 안 된다고 왕에게 아뢰어 도교(도사)를 당에 보내달라고 한 것"이 보장왕 2년의 일이니, 「삼국유사」의 "개금이 도교(도사)를 주청 운운한 것이 연대는 틀렸지만 그런 사실이 확실히 있었던 것이 아니겠느냐"고 한다.

「삼국유사」에 이것을 「고려고기(高麗古記)」에서 인용했다 했으니, 「삼국사기」도 이것을 「고려고기」에서 인용한 것이 명백하다. 「고려고기」에는 "무양왕, 바로 영류왕에게 아뢰어 도교를 당에서 수입했다"했으니, 「삼국사기」 작자 김부식(金富軾)이 그 연대를 옮겨 보장왕 2년의 일로 기록한 것이 명백하다.

김부식이 늘 각종 고기(古記)와 지나사(支那史)의 사실 등을 마구 뽑아 삼국사기를 지었는데, 이따금 연대가 모호하면 그런 사실이 있었는지 없었는지 자세히 살피지도 않고 멋대로 연월(年月)을 고쳐 기입한 것이 허다하다.

연개소문이 보장왕에게 도교를 들여올 것을 주청했다 운운 하는 것도 그러한 예의 하나이다. 그러하니 도교수입과 장성축조를 주청했다고 한 두 가지 기록을 물을 것도 없는 날조된 기록(誣錄)이다. 〈단재는 연개소문이 보장왕 2년(642) 주장한 일을 「고려고기」가 무양왕(武陽王) 때라고 적었다 하여 무양왕을 영류왕(榮留王)이라고 단정하고 연개소문이 집권하기 거의 20년 전인 영류왕 7년(624) 도교(道敎)를 수입할 때의 일이라며, 예의 김부식(金富軾) 몰아붙이기와 자신의 주장 이외에는 모든 기록이 날조된 것이라고 한다. 그러나 무양왕이 누구인지는 확실치 않다. 영류왕의 이름이 건무(建武), 또는 건성(建成)이기 때문에 영류왕이라고 하는 것이지만, 보장왕(寶藏王)의 이름이 또한 '대양자 장(大陽子藏)'이기 때문에 그를 '무양왕'이라고 한 것일 수도 있고, 연개소문이 일찍부터 대양자의 수하가 되어 교분을 쌓아오다 건무를 죽였을 수도 있기 때문이다.–정해자〉

그러면 이런 무록을 짓도록 좋지 않은 전례(前例)를 만들어 놓은 것은 「고려고기(高麗古記)」다. 〈원문은 '좋지 않은 전례를 만들었다'는 뜻인 '作俑(작용)'이 '作備(작비)'로 잘못되어 있다.–정해자〉「고려고기」는 무슨 까닭으로 이런 무록을 쓴 것일까. 「고려고기」는 대개 신라 말엽 불교 승려들이 지은 것이다. 지나(중국)의 북위(北魏) 태무제(太武帝:太平眞君)와 당 무종(唐武宗)이 도교에 빠져 중국의 모든 불교 사찰을 때려 부수고 중들을 잡아 죽였기 때문에 당시 어느 나라 불교 승려(佛僧)이든 도교(道敎)에 대해 이를 갈지 않는 사람이 없었고, 연개소문은 백제와 손잡고 신라를 멸망시키려던 사람이기 때문에 당시 신라 사회는 연개소문을 더할 수 없이 헐뜯고 있었다.

이러한 환경 속에서 작자가 「고려고기」를 짓다 보니, 「당서」에 "영류왕이 도교를 들여갔다"하고 "연개소문이 장성을 쌓게 했다"는 것을 보고, 도교를 가슴깊이 원망하는 마음으로 「당서」에 있는 말을 가당치도 않게 가져다 맞추며, 늘 하는 수법대로 법라(法螺:부처의 설법을 나각(螺角)부는 것에 비유한 말) 크게 불며 "도교를 믿지 말라. 도교를 믿다가는 고구려 같이 망한다. 도교를 들여다가 우리 정신의 생명을 없애고 장성을 쌓는 일에 동원하여 우리 육체의 생명을 없애려 한 것이 연개소문이다."하며, 연개소문을 미워하는 사회심리를 이용하여 도교를 배척하려 한 것이다. 그러나 연대와 사실이 맞지 않으니, 날조된 기록(誣錄)이 분명하다.

우리나라에 전해지는 연개소문은 모든 이름과 사실을 바꾸어 전한 「갓쉰동전」 이외에는 모두 이러한 날조된 말들뿐인가?

내가 20년 전 서울 명동(明洞)에서 노상운(盧象雲)선생이란 노인을 만났는데, 그의 말이, 연개소문의 자(字)는 김해(金海)이고 병법(兵法)이 고금에 뛰어났다. 그가 지은 「김해병서(金海兵書)」는 송도(松都:高麗) 때까지 각 방면 병마절도사(兵馬節度使)가 부임할 때는 언제나 한 질(帙)씩 어사(御賜)했는데, 지금은 그 병서(兵書)가 씨도 안 남았다. 연개소문은 그 병법으로 당인(唐人) 이정(李靖)을 가르쳐 이정이 당의 유일한 명장(名將)이 되었고 이정이 지은 「이위공병법(李衛公兵法:唐太宗李衛公問對)」은 무경칠서(武經七書:孫子·吳子·六韜·司馬法·黃石公三略·尉繚子·唐太宗李衛公問對를 말함.─정해자)의 하나로, 「이위공병법」 원본에는 연개소문에게 병법을 배운 이야기를 자세히 기록했을 뿐 아니라, 연개소문을 우러러 숭배하는 말이 많았기 때문에 당(唐)과 북송(北宋) 사람들이 연개소문 같은 외국인 스승에게 병법을 배워 명장(名將)이 되었다는 것은 실로 중국의 큰 수치라 하여, 드디어 그 병법을 없애버렸다. 그래서 지금 유행하는 「이위공병서」는 후대 사람이 위조한 것이기 때문에 편(篇) 머리에서부터 "막리지는 스스로 병법을 안다고 하여"라는 연개소문을 폄하하는 말로 시작하였다며 이것은 원본이 아니라 하였다. 선생이 이런 말이 어디에 근거한 말인지, 내가 당시 사학(史學)에 어두워 자세히 묻지 못하였다. 〈단재가 무록(誣錄)이라는 말을 자주 쓰는데, 바로 이런 기록이 무록이 아닐까 싶다. 고려 때 각 병마절도사에게 나누어 준 「김해병서(金海兵書)」는 신라의 아찬(阿飡) 설수진(薛秀眞)이 지었다는 「육진병법(六陣兵法)」과 함께 오늘날 전해지지 않는 고대 병서이다. 새롭고 더욱 발전된 병서가 있었기 때문이 효용가치가 없는 고대 병서라서 사라진 것이다. 「고려사(高麗史)」 병제(兵制)에 "정종 6년 8월 서북로 병마사가 아뢰었다. 「김해병서」는 무략(武略)의 중요한 비결(要訣)이니 국경에 연한 주현(州縣)에 한 권씩 하사하소서.' 했다. 그대로 따랐다(靖宗六年八月, 西北路兵馬使奏, 金海兵書, 武略之要訣也. 請沿邊州鎭, 各賜一本. 從之)"는 기록이 보인다. 이 책이 연개소문이 지은 것이라는 것은 단재의 주장일 뿐 근거가 없다. 고구려가 자신들이 부르던 이름 이외에 무슨 중국식 이름인 자(字)를 썼다고 연개소문의 자가 '김해'라는 말인가. 자가 있었다면 대왕들이 먼저 썼을 텐데 그런 흔적은 일체 보이지 않는다. 더욱이 이정(李靖)이 연개소문에게 병법을 배워 명장이 되었다는 근거도 없는 말을 규염객전의 "위공(李靖)의 병법은 절반이 규염객이 전해준 것이라 한다(衛公之兵法, 半乃虯髥所傳

〈나호트카 앞바다에서 바라본 시호트알린지맥. 윤관비(尹瓘碑)가 있다고 한다〉

耳)"는 소설에 의거하여 부연 각색하면서 그것이 사실임을 증명하기 위해 「이위공병서」에 연개소문을 우러러 숭배하는 말이 많았다고 했다가 정작 「이위공병서」에 그런 말이 없자,

지금 전해지는 「이위공병서」는 위조된 가짜라고 몰아붙이고 있다. 안타깝기 그지없는 일이다.-정해자〉

요양(遼陽)·해성(海城)·금주(金州)·복주(復州) 등지에 연개소문에 대한 고적과 전설이 많고 연해주(沿海州)의 개소산(蓋蘇山:sikhote alin을 말하는 것. 총론에서는 석혁산악(錫赫山嶽)이라고 했다. 시호트산(錫赫特山)의 잘못된 표기다. 개소산(蓋蘇山)이라는 이름은 단재가 지은 것으로 보인다.-정해자)에는 연개소문(또는 尹瓘)의 기공비(紀功碑)가 서 있어 해삼위(海參崴:블라디보스토크)에서 배를 타고 블라고베센스크(黑河 건너편)로 가다보면 바다에서 이따금 그 산을 바라본다 하니, 일후에 혹 그 비를 발견하여 개소문에 대한 기록을 변증(辨證)하며 빠진 기록을 보완할 날이 있었으면 한다.

(7) 연개소문 사망년도의 10년 오차

「삼국사기」의 연개소문에 대한 사적(事績)은 「신·구당서」와 「자치통감」 등에서 베껴 넣은 것이라는 것은 이미 앞에서 기술했다. 「신·구당서」와 「자치통감」 등에 모두 연개소문이 죽은 해를 당고종(唐高宗) 건봉(乾封) 원년이라고 했는데, 당고종 건봉 원년은 보장왕(寶藏王) 25년(기원 666)에 해당한다.

그러므로 「삼국사기」에도 보장왕 25년을 연개소문이 죽은 해로 기록했다.

만일 연개소문이 보장왕 25년, 기원 666년에 죽었다면 연개소문이 죽기 전에 백제의 동맹국인 백제가 이미 망하고 고구려의 수도인 평양도 소정방(蘇定方)에게 포위되어 있을 터인데, 무엇 때문에 당태종과 이정(李靖)이 연개소문을 두려워하며 꺼리(畏憚)고 소동파(蘇東坡:蘇軾)와 왕안석(王安石)이 연개소문을 영웅시(英雄視)하였겠는가. 〈당태종과 이정(李靖)이 연개소문을 두려워하여 꺼렸다는 기록은 어디에도 없다. 북송(北宋) 때의 사장가(詞章家)인 소식(蘇軾)과 정치개혁가인 왕안석(王安石)이 연개소문(淵蓋蘇文)을 영웅시했다는 기록 역시 두 사람의 관계서적을 다 뒤져도 찾을 수 없다. 혹 소식의 시문을 말하는 '蓋蘇詩(개소시)'나 '蘇文(소문)'을 연개소문으로 왜곡하여 이르는 말이 아니었으면 좋겠다.─정해자〉

나는 이로 인해 개소문이 죽은 해가 적어도 백제가 멸망(660)하기 전 어느 해라고 가정했다. 이 가정을 갖고 연개소문이 죽은 해를 오랫동안 찾았으나, 확증을 얻지 못했는데, 근자에 소위 「천남생묘지(泉男生墓誌)」라는 것이 하남(河南) 낙양(洛陽)의 흙속에서 출토(出土)되었다.

그 묘지에 따르면 남생(男生) 형제가 갈라져 다툰 것이 건봉 원년, 즉 기원 666년 이전의 일임이 명백했다. 그러나 묘지에는 연개소문이 어느 해 죽었다는 말은 없었다. 그러나 남생이 "24(28)세에 막리지 겸 3군 대장군으로 임용 되었고 32세에 대막리지로 승진하여 군(軍)과 국사(國事)를 총괄하는 아형(阿衡:宰相)과 원수(元首:元帥)가 되었다.(卄八任莫離支兼授三軍大將軍·二加大莫離支摠錄軍國阿衡元首)"하였고, "봉의 4년 정월 19(29)일 병이 들려 안동부의 관사에서 죽었다. 나이가 46세였다.(以儀鳳四年正月卄九日遘疾薨於安東府之官舍春秋卌有六)"라고 했다. 〈원문에는 '卄八'이 '二十四'로 바뀌어 있고 '元首'가 '元道'로 되어 있으며 '卄九日'이 '十九日'로 바뀌어 있고 '大莫離支'가 '太莫離支'로 되어 있는 등 이밖에도 빠지고 바뀐 글자가 여럿 있어 「천남생묘지」의 탁본을 참조하여 모두 고쳤다. 따라서 상·하문(上·下文)에 "24(28)" 등으로 기재된 앞 수자는 단재가 묘지(墓誌)의 숫자를 임의로 고쳐 주장하는 수자고 뒤의 괄호 안 작은 수자는 묘지 기록에 따라 환산한 수자이다. 쉽게 말해 연개소문은 666년에 죽은 것이 확실하고 남생은 그 뒤 태대대로가 된 것이 틀림없는데, 남생의 나이 28세를 단재는 24세로 고쳐 억지 주장을 하고 있기 때문에 빗어지는 혼란이다. 남생이 대막리지가 되었던 28세 때는 661년으로 백제가 멸망(660)한 1년 뒤이고, 고구려가 망(668)하기 7년 전이다.−정해자〉

당고종(唐高宗)의 의봉(儀鳳) 4년은 기원 679년이고, 그때 남생의 나이는 46세였다. 그러니까 남생의 나이가 24(28)세 때는 기원 657(661)년이고, 남생은 24(28)세 때인 657(661)년 막리지 겸 3군대장군이 되어 병권(兵權)을 잡았으니, 기원 657(661)년에 연개소문이 죽어 그 직위를 남생이 물려받은 것이 확실하다.

혹 남생이 32세, 대막리지가 되던 해인 기원 665년에 연개소문이 죽어 그 직위를 남생이 물려받은 것으로 보는 이가 있을 것이다. 그러나 「삼국사기」 고구려본기나 개소문전(蓋蘇文傳)에는 무두 "개소문이 막리지(莫離支)가 되었다"했고, 「삼국사기」 김유신전(金庾信傳)이나 「천남생묘지(泉男生墓誌)」에는 모두 연개소문을 "태대대로(太大對盧)"라고 하였다.

〈천남생묘지(泉男生墓誌) 앞면〉

개소문전에는 "아비 동부대인,(어떤 이는 서부대인이라 한다) 대대로가 죽었다. 개소문이 당연히 그 직책을 물려받아야 하는데(其父,東部 或云西部大人大對盧死.蓋蘇文當嗣)"라고 했고 「천남생묘지」에는 "증조 자유와 조부 태조는 모두 막리지를 지냈고 아버지 개금은 태대대로 직책에 있었다.(曾祖子遊,祖太祚竝任莫離支.父蓋金,任太大對盧)"고 했다.

그러니까 ㉠ 책의 '막리지'를 ㉡ 책에서는 '태대대로', 또는 '대대로'라고 썼고 ㉢ 책의 '태대대로' 또는 '대대로'를 ㉣ 책에서는 '막리지'라고 기록한 것이다.

對盧(대로)의 對(대)는 '마주'라는 뜻이다. 대개 이두에서 對(대)는 莫離支(막리지)의 莫(막)과 같이 '마'라는 표기이고, 盧(로)와 막리지의 離(리)는 'ㄹ'의 표기로 위 글자에 붙여 '말'이 되도록 발음한다. 거기에 '치'라는

표기 支(지)가 붙은 것이 莫離支
(막리지)로 바로, '말치'라는 우
리말의 이두 표기이다.

　고구려말 관제(官制)에 '말치'
가 장상(將相:宰相과 元帥)을 겸
하여 마치 초대의 '신가'와 같
았다.

　말치를 이두로 對盧(대로), 혹
은 莫離支(막리지)라고 썼는데 對
盧支(대로지)라 아니하고 對盧(대

〈천남생묘지명. 단재는 卄八(28)을 卄四(24)로 조작해 썼다〉

로)라고 한 것은 약칭(略稱:줄임말)이고, 말치가 임용된 지 몇 해가 지나면 太
大(태대)라는 號(호)를 더하여 太大對盧支(태대대로지), 또는 太莫離支(태막리
지)라고 불렸는데, 太大莫離支(태대막리지)라 아니하고 大莫離支(대막리지)라
고만 한 것 또한 약칭이다.

　말치, 즉 대로지(大盧支), 또는 태대막리지(太大莫離支)가 그 직책은 같은
것이다. '신크', '太大(태대)'는 바로 훈덕(勳德)에 대해 상(賞)으로 주는 품
계(品秩)이다. 「삼국사기」 직관(職官)에 각간 김유신(角干金庾信)의 원모(元
謀:으뜸가는 지략)에 대한 상(賞)으로 太大(태대)라는 두 자를 角干(각간)위에
얹어 주어 太大角干(태대각간)이라고 한 것이 그런 유이다.

　남생(男生)의 나이 24(28)세, 바로 막리지 겸 3군대장군이 된 해, 기원
657(661)년에 남생이 행정권과 병권을 아울러 장악했다는 확실한 증거이며
따라서 그해 연개소문이 죽은 것이 확실하다.

　만일 대로(對盧)와 말치가 똑같이 '말치'의 이두라면 무슨 까닭으로 「천남
생묘지」에 "증조 자유와 조부 태조, 아비 개금이 모두 태대로를 지냈다.(曾
祖子遊,祖太祚,父蓋金並任莫離支)"고 하지 않고, "증조 자유와 조부 태조는 모
두 막리지를 지냈고 아버지 개금은 태대대로 직책에 있었다.(曾祖子遊,祖太
祚竝任莫離支,父蓋金,任太大對盧)"고 막리지와 대대로를 분간해 썼는가.

「천남생묘지」의 윗글(上文)에는 남생의 본직(本職)을 중리위두대형(中裏位頭大兄:원문은 頭자가 鎭자로 잘못되어 있다.-정해자), 또는 태막리지(太莫離支)라고 기록했고 밑의 글(下文)에는 남생이 당(唐)에 항복한 뒤에도 옛날처럼 태대형(太大兄)으로 특진(特進)시켰다 하였다. 태대형은 중리위두대형을 지칭한 것으로 태막리지를 가리킨 것일 것인데, 이처럼 다르게 기록했으니, 묘지(墓誌)의 관직이름(官名)은 거의 구별할 수가 없다.

또한 "증조 자유와 조부 태조는 모두 막리지를 지냈고 아버지 개금은 태대대로 직책에 있었다."는 다음 글이 "할아버지와 아버지가 쇠를 잘 다루고 활을 잘 쏘아 아울러 병권을 잡고 함께 국권을 전단했다.(乃祖乃父, 良冶良弓,竝執兵鈐,咸專國柄)"고 했으니, 막리지와 태대로는 똑같이 병권과 행정권을 전담(專擔)하는 유일한 수석 대신이라는 말이다.

「당서」 고구려전에는 "대대로가 국사를 총괄해 살폈다(大對盧…總知國事)"했고 「삼국사기(三國史記)」 개소문전(蓋蘇文傳)에도 "막리지라는 관직은 당의 병부상서 겸 중서령 같은 직책이다.(莫離支其官如唐兵部尙書兼中書令職也)"라고 했으니 더욱 양자가 똑같은 장상(將相)을 겸한 대관(大官)이라는 것을 알 수 있을 것이다. 〈원문은 "「唐書」의 蓋蘇文傳"으로 되어 있다. 그러나 당서에는 '개소문전'이 없다. 그의 아들 '천남생전(泉男生傳)'이 「신당서」에 있는데 그곳에는 이런 말이 없다. 「삼국사기」 개소문전에 있는 말을 「당서」에 있는 말이라며 글자를 고치고 순서를 바꾸어 "莫離支猶唐中書令兵部尙書職"이라고 했기 때문에 개소문전 기록대로 위와 같이 다시 고쳤다.-정해자〉

그러므로 기원 657(661)년에 신크말치 연개소문이 죽고 그의 큰아들 남생이 말치가 되어 아버지 연개소문의 직책을 물려받았다가 그 9(4)년 뒤('신크'라는 호를 더하여 '신크말치'라고 한 것이 틀림없다.

구사(舊史)에 의거하여 기원 666년에 연개소문이 죽었다는 것도 물론 큰 착오(大誤)지만, 「천남생묘지」의 남생이 태막리지가 되던 해에 의거하여 기원 665년에 개소문이 죽었다는 것도 큰 잘못이다. 연개소문은 명명백백하게 기원 657년에 죽었다.

어떤 이는 「신·구당서」에 모두 연개소문이 죽은 해를 늘려 "기원 666년" 이라고 하고, 「천남생묘지」에 아버지 연개소문의 죽은 해를 쓰지 않는 것은 무슨 까닭인가.

이것은 다름이 아니라, 당태종이 눈깔이 빠져 죽은 것이 바로 연개소문 때문이고, 당의 일부 영토도 연개소문에게 빼앗겼으니, 춘추의 의(義)로 보자면 당(唐)의 군신(君臣)이 촌각(寸刻)을 다투어 복수(復讎)를 청해야할 마땅할 일인데도, 세월을 허송(遷延)하여, 연개소문 생전에는 고구려의 침략(侵討)만 받고 고구려로 한 발짝도 침투해 들어가지 못했다. 바로 연개소문이 무서워서 기피(畏憚)한 것이고, 임금(君父)의 원수를 잊은 것이다. 이 얼마나 수치스러운 일인가.

이 수치를 은폐하기 위해 연개소문 생전에도 당병(唐兵)이 평양을 포위한 적이 있었다는 것을 과시하기 위해 연개소문이 죽은 해를 10년이나 늘려 사책(史冊)에 올린 것이다. 바로 다음에 기술하려는 부여복신(扶餘福信)이 죽은 달(死月)을 늘린 것과 똑같은 수법이다.

고대에는 교통이 불편하고 역사를 다룬 기록이 많지 않아 이웃나라 유명인의 생사를 일반에서는 거의 관청에서 공표하는 말을 그대로 전할 뿐이기 때문에, 이처럼 연개소문의 사년(死年)에 대한 날조된 기록(誣錄)이 지나(支那) 안에서 실록(實錄)으로 떠돌게 된 것이다. 〈이 책의 연개소문(淵蓋蘇文)과 관련된 기록은 모두 무록(誣錄)이다. 소설의 문구를 들어 국내외역사를 논박하고 존경받아야 마땅할 선인들을 모욕하며 적신(賊臣)을 혁명가(革命家)로 치켜세우는 것은 단재의 취향이 그렇다고 치자. 그러나 연개소문이 살아 있었으면 절대 동맹국을 망하게 두지 않았을 것이라는 자신의 소신을 증명하기 위해 엄연히 돌에 새겨져 있는, 금석불간(金石不刊:금석에 새겨져 고칠 수 없는)의 기록까지 고쳐 증거를 조작하고 있다. 「천남생묘지(泉男生墓誌)」의 '卅八'을 '二十四'로 고쳐 연개소문이 죽은 해를 666년이 아니라 657년 이라고 우기는 것이 그것이다. 또 그 묘지(墓誌)의 문자가 조금이라도 뭉개져 식별하기가 어렵다면 그럴 수도 있다고 넘어갈 수 있다. 그러나 679년 당고종(唐高宗) 의봉 4년에 땅속이 묻혔던 것이 1921년 낙양성(洛陽城) 북쪽 영두촌(嶺頭村)에서 1242년 만에 발견되었지만, 각자(刻字) 등이 현재도 완벽한 상태를 유지하고 있다. 그런데 똑같이 분명한 글자들을 다른 글자는 제대로 읽었으면서 어찌 '卅八'의 '八'자만 '四'자로 읽었겠는가. 이것은 독자나 후대 학자들이 아무도 그

묘지(墓誌)를 못 볼 것이라고 생각하고 자신이 무어라 하든 그것이 바로 법이고 역사를 바로 세우는 일이라는 착각에 빠져 하지 않았으면 좋았을 일까지 한 것에 아닌가 싶어 참으로 안타깝고 민망하기 그지없다. 연개소문은 천남생의 묘지의 기록을 보아도 666년 죽은 것이 맞다. 천남생이 나이가 32세 때라는 것은 나이를 어떻게 치느냐에 따라 한해가 많아지기도 하고 적어지기도 하여 665년도 되고 666년도 되는 것이기 때문에 1년의 오차는 틀린 것이라고 보기 어렵다. 이 탁본 부분 컷은 '卅八'이라는 수자를 누구나 알아볼 수 있다는 것을 보여주고 있는데, 그에 관한 기록은 이러하다. "9살에 선인(先人)으로 임용되고…15살에 중리소형이 되고 18살에 중리대형이 되고 23살에 중리위두대형이 되었으며 24살에 장군을 겸했으나 다른 관직은 그대로였고 28살에 막지리 겸 3군대장군이 되었으며 32살에 태막리지로 군권과 국권을 총괄하여 아형(재상)과 원수(군통수권자)가 되었다(九歲卽授先人…年十五授中裏小兄, 十八授中裏大兄, 年卅三改任中裏位頭大兄, 卅四兼授將軍餘官如故, 卅八任莫離支兼授三軍大將軍·二加太莫離支摠錄軍國阿衡元首)." 현재 전해지는 '천남생묘지'가 가짜라는 주장이 나오지 않을까 겁난다. –정해자〉

〈卅八(28) 부분〉

(8) 연개소문의 공업(功業)에 대한 평가(略評)

이전 사가(史家)들이 흥망성패(興亡成敗)로 사람의 우열을 가렸고, 또 유가(儒家)의 윤리관(倫理觀)으로 사람의 옳고 그른 것을 논했다. 연개소문은 성공하였지만 불초(不肖)한 아들들이 유업(遺業)을 지키지 못했기 때문에 춘추필법을 운위하는 자들에 의해 죽일 놈으로 배척(誅斥)되고, 연개소문을 흉한 역적놈(凶賊)이라고 하여 헐뜯고 욕만 해왔다.

그러나 어떻게 하는 것이 혁명(革命)인가 하면, 반드시 역사상 진화(進化)의 뜻(義)을 가진 변화(變化)가 그것이다. 역사는 어느 날, 어느 때이고 변화의 과정을 밟지 않는 때가 없다. 그러므로 어느 날, 어느 때고 혁명이 아닌 때가 없을 것이다. 그렇다면 역사를 모두 '혁명사(革命史)'라고 해도 되겠지만, 역사가들이 특히 혁명(革命)이라는 말을 중요시하여, 문화상, 혹은 정치상 확연히 시대를 구분할 만한 진화의 의의를 가진 인위적(人爲的) 대변혁(大變革)을 가리켜 혁명이라고 한다.

이런 뜻으로 정치상의 혁명을 찾는다면, 우리 조선 수천 년 역사에 몇몇 번도 안 될 것이다. 한양(漢陽)의 이씨(李氏)로 송도(松都:開成)의 왕씨(王氏)를 대신한 것이나, 조선조(朝鮮朝) 이시애(李施愛)·이괄(李适) 등의 반란이 성패는 다르지만, 기실 정권을 훔치고 탈취(政權攘奪)한 행동에 불과하니, 내란(內亂)이나 역대(易代:임금을 대신 바꿨다)라고 할 수는 있겠지만 혁명이라고 하는 것은 안 될 말이다.

연개소문은 그렇지 아니하다. 봉건세습(封建世襲)의 호족공화제(豪族共和制)를 타파하고 정권을 독점하여(아들에게 물려주었)으니, 분산된 권력을 하나로 통일한 것이고, 동시에 반대하는 자는 임금이나 호족을 불문하고 한꺼번에 쓸어버려 영류왕(榮留王:建武) 이외의 수백 명의 대신(大官)을 토막 쳐 죽였으며, 쳐들어온 당태종을 격파했을 뿐 아니라, 도리어 진격에 나서 지나(중국) 전국을 진동하게 했으니, 혁명가(革命家)의 기백(氣魄)만 가졌던 것이 아니라, 혁명가의 재략(才略)을 갖추었다고 할만하다.

다만 그가 죽을 때, 따로 유능한 사람을 골라 자신의 직책을 물려주었다면, 조선인 만대의 행복을 꾀할 수 있었을 터인데, 그렇지 못하고 불초한 아들 형제에게 정권을 맡겨 마침내 이루어 놓은 공업(功業)마저 뒤엎어 버렸다. 대개 야심이 많고 공덕(公德)이 적었던 인물이었던 것 같다.

그러나 역사의 흔적이나 자취가 없어져 오직 적국인(敵國人)이 전한 기록만을 갖고 논술하게 되니, 사실의 전말을 명확히 알 수가 없다. 그러니 가벼이 그 일부분만 들어 그의 전모(全貌)를 논한다는 것은 옳지 않다. 그런데 수백 년간 사대(事大)나 한 용렬한 종놈들인 사가(史家)들이 그 좁쌀만 하고 팥알만 한 주관적 눈깔에 보이는 대로 연개소문을 혹평하여, "신하는 충성으로 임금을 섬겨야 한다(臣事君以忠)"는 불구적(不具的) 도덕률(道德律)로 그의 행위를 탄핵하고, "작은 나라가 큰 나라를 섬기는 자는 하늘을 두려워하기 때문(以小事大者畏天)"이라는 노예적 심리로 그의 공업을 부인하며, 시대적 대표인물의 유체(遺體)를 거의 한조각 고기(片肉)도 남지 않을 정도로 씹고 있어, 내가 몹시 가슴 아프게(痛恨) 생각했다. 그래서 그를 위해 대략 몇 구절 평을 더하였다. 〈"작은 나라가 큰 나라를 섬기는 것은 하늘을 두려워하기 때문이다(以小事大者畏天)"라는 말은 「맹자(孟子)」 양혜왕 하편(梁惠王下篇)에 있는 말이다. 그 전문은 다음과 같다. "제선왕(齊宣王)이 물었다. "이웃나라와 사귀는데도 도(道)가 있습니까?" 맹자가 대답했다. "있습니다. 오직 어진 자(仁者)만이 큰 나라를 가지고 작은 나라를 섬길 수 있습니다. 그러므로 탕왕(湯王)에 갈(葛)나라를 섬겼고 문왕(文王)이 곤이(昆夷)를 섬겼던 것입니다. 오직 지혜로운 자(智者)만이 작은 나라를 가지고 큰 나라를 섬길 수 있습니다. 그러므로 태왕(太王)이 훈육(獯鬻)을 섬겼고 구천(句踐)이 오(吳)나라를 섬긴 것입니다. 큰 나라를 가지고 작은 나라를 섬기는 자는 천리(天理)를 즐거워하는 것이고 작은 나라를 가지고 큰 나라를 섬기는 자는 천리를 두려워하는 자입니다. 천리를 즐거워하는 자는 온 천하를 보전할 수 있고, 천리를 두려워하는 자는 자기 나라를 보전할 수 있습니다.(齊宣王問曰;交鄰國有道乎？孟子對曰;有, 惟仁者爲能以大事小, 是故湯事葛, 文王事昆夷, 惟智者爲能以小事大, 故大王事獯鬻, 句踐事吳, 以大事小者, 樂天者也, 以小事大者, 畏天者也, 樂天者, 保天下, 畏天者, 保其國.)-정해자〉

제 12 편

백제의 강성(强盛)과 신라의 음모

제1장. 부여 성충(扶餘成忠)의 위략(偉略)과 척지(拓地)

(1) 부여 성충의 대책(對策) 건의

부여 성충(扶餘成忠)은 백제의 왕족이다. 소시(少時)적부터 지략(智謀)이 뛰어났다. 일찍이 예병(濊兵:靺鞨)이 쳐들어오자, 고을 사람들을 거느리고 산성(山堡:山城)을 지키고 있었는데, 언제나 기발한 계략으로 많은 예병을 죽이거나 상하게 했다.

예병 장수가 사자를 보내어 "그대들이 나라를 위하는 충절(忠節)을 높이 사 사소하나마 먹을 것(食物)을 올린다."며 궤짝 하나를 바쳤다. 보 안의 사람들이 모두 궤를 열어보려 하였다. 성충이 굳이 말리며 그 궤를 불속에 넣었다. 그 속에 들어 있는 것은 벌과 땡삐(땅벌)였다.

이튿날 또 예병 장수가 궤짝 하나를 또 바쳤다. 보 안의 사람들이 또 이것을 불속에 넣으려 했다. 성충이 말리며 열어보라 했다. 속에는 화약(火藥)과 염초(焰硝) 등속이 들어 있었다. 〈화약은 아주 오래전 중국에서 발명되었다. 그러나 신년이나 축전에 벽사(辟邪)용으로 민간에서 사용되어 왔을 뿐 당나라 때까지도 화약이 전쟁에 쓰였다는 기록은 없다. 포차(礮車)와 쇠뇌(弩)가 당시의 신무기(新武器)였음을 감안하면 알 수 있는 일이다. 그러니 당시 백제에 화약(火藥), 즉 유황(硫黃)과 염초(焰硝)가 있었을 리 없다. 성충을 높이기 위해 꾸미는 무록(誣錄)일 뿐이다. 밑의 월왕구천(越王句踐) 이야기는 계백(階伯)이 마지막 싸움을 앞두고 부하들에게 한 말이다-정해자〉

셋째 날 또 궤짝 하나를 보냈다. 성충이 톱으로 켜게 했다. 피가 흐르더니, 칼을 품은 용사가 허리가 잘려 죽어 있었다. 이때가 기원 645년, 무왕이 죽고 의자왕(義慈王)이 죽은 해였다.

의자왕이 성충을 불러 물었다. "짐이 부덕하여 대위(大位)을 이었으나 이금의 직책을 제대로 수행할 수 있을지 두렵구나. 신라가 백제와 풀 수 없는 원수(世仇:몇 대에 걸친 원수)가 되어 백제가 신라를 멸망시키지 못하면 신라가 백제를 멸망시킬 터이니, 이것이 짐이 염려하는 것이다. 옛적에 월왕 구천(越王句踐)이 범여(范蠡:원문은 苑蠡로 되어 있다.-정해자)를 얻어 10년 동안 백성을 길러 군사자원을 확충하고 저축을 늘려 나라를 부강(生聚)하게 하는 한편

10년 동안 그들을 가르쳐(敎育) 오(吳)를 멸망시켰으니, 그대가 범여가 되어 짐을 구천으로 만드는 것이 어떠하겠느냐?"

성충이 말했다. "구천은 오왕 부차(吳王夫差)가 교만하고 오만해져 월(越)에 대한 우려를 잊었기 때문에 20년간의 국력확충과 교육으로 오를 멸망시킬 수 있었지만, 지금 우리나라는 북으로는 고구려와 남으로는 신라의 침입이 그칠 날이 없습니다. 전쟁의 승패는 순간에 달려 있고 국가의 흥망도 조석에 달려 있습니다. 어찌 20년 동안이나 국력을 늘리고 교육할 틈이 있겠습니까. 고구려는 서부대인(西部大人) 연개소문이 바야흐로 불궤(不軌:반역)의 뜻을 품고 있어 미구에 내란이 일어날 터이니, 한동안 외사(外事:외국침략)를 경영할 수 없어, 우리가 근심할 일은 없겠지만 신라는 본디 작은 나라로 진흥왕(眞興王) 이후 갑자기 강국이 되어 우리나라와 원수로 맺어지고 근자에는 더욱 악랄해져 내성사신 김용춘(內省私臣金龍春)이 선왕(先王:武王)과 싸우다 죽고 아들 춘추(春秋:다음편 참고)가 늘 우리나라의 틈을 엿보았으나, 선대왕께서 영무(英武)하신 것이 두려워 꼼짝하지 못했는데, 이제 선왕께서 돌아가셨으니, 저들은 반드시 대왕을 군사(軍旅)에 익지 못한 소년이라고 깔보고 또 우리나라가 상중(喪中)에 있는 틈타 오래지 않아 쳐들어올 테니, 에에 대한 반격을 연구해야 할 것입니다."〈김용춘(金龍春), 일명 용수(龍樹)는, 진지왕의 아들이고 태종무열왕(太宗武烈王)의 아버지다. 622년(진평왕 44) 이찬(伊飡)으로 내성사신(內省私臣)이 되었다. 629년 대장군으로 부장(副將) 김유신(金庾信)과 함께 고구려의 낭비성(娘臂城:淸州)을 공격, 5천여 명을 살해하고 성을 함락시켰다. 635년(선덕여왕 4) 왕명으로 주현(州縣)을 순무(巡撫)하고, 654년 아들이 왕위에 오르자 문흥대왕(文興大王)으로 추봉되었다. 백제 무왕과 싸우다 죽었다는 기록은 없다.-정해자〉

왕이 말했다. "신라가 쳐들어온다면 어디로 쳐들어오겠느냐?"

성충이 말했다. "선왕께서 성열성(省熱城:지금 淸風) 석쪽 가잠성(椵岑城:槐山) 동쪽을 차지하자, 신라가 이를 원통하게 여긴지 오래니, 반드시 가잠성을 칠 것입니다."

왕이 말했다. "그렇다면 가잠성의 수비를 늘려야 하겠느냐?"

성충이 말했다 "가잠성주 계백(階伯)은 지혜와 용기를 고루 갖추어 비록 신라가 전체 군사를 동원하여 포위 공격한다 해도 쉽게 뽑지 못할 테니, 염려하실 것 없습니다. 불시에 출격하여 허를 찌르는 것이 병가의 상책이니, 신라의 정예병이 가잠성을 치거든 우리는 가잠성을 구하려 간다고 소문내놓고 다른 곳을 기습 공격해야 할 것입니다."

왕이 말했다. "어느 곳을 치면 되겠느냐?"

성충이 말했다. "신이 듣자니, 대야성(大耶城:지금 陜川) 도독 김품석(都督金品釋)이 김춘추의 딸 소낭(炤娘)의 남편이 되어, 권세를 믿고 부하와 군민(軍民)을 학대하여 음탕한 일과 사치를 일삼아 원부(怨府)가 된지 이미 오래라합니다. 이제 우리나라의 상고(喪故)를 들었으면 수비가 더욱 소홀해질 것입니다. 신라가 가잠성을 포위 공격하고 있다면 대야성이 아무리 위급하다 해도 갑자기 구하러 갈 수가 없을 것입니다. 우리가 대야성을 함락하고 승세를 몰아 공격한다면 신라 전국이 진동할 테니, 쉽게 공격하여 멸망시킬 수 있을 것입니다."

왕이 말했다. "공의 지혜와 책략은 고금에 비교할 만한 사람이 드물 것이다."하고 즉시 성충을 상좌평(上佐平)으로 임용했다. 〈이 단락은 모두 단재가 소설을 쓴 것이다. 일종의 무록이다. 하문(下文)도 이럴 것 같아 「삼국사기」 백제본기 의왕기(義慈王紀)의 사실(史實)만 간단히 기록하여 독자들이 사실과 허구(虛構)를 구별하는데 도움이 되고자 한다. 이 밖의 싸움이 있었다면 모두 날조된 것이다. 의자왕은 641년 왕위에 올랐다. 성충(成忠)은 상좌평이 아니라 여러 사람의 좌평 중 한 사람이었다. 상좌평은 백제 최고 대신을 말하는 것이다. 의자왕이 그에게 군사전략을 물었다는 기록은 어디에도 없다. 또 계백이 가잠성주(椵岑城主)였다는 기록도 없다. 의자왕은 즉위한 다음해인 2년(642) 7월 왕이 직접 군사를 이끌고 신라를 침공하여 미후성(獼猴城)등 40여성을 무찔렀고 8월에는 장군 윤충(允忠)에게 1만 명의 군사를 이끌고 신라의 대야성(大耶城)으로 쳐들어가게 했다. 대야성주(城主) 품석(品釋)은 죽죽(竹竹)의 반대에도 불구하고 처자와 함께 성문을 열고 나와 항복하기로 했고 성은 함락되었다. 윤충은 품석(品釋)과 그의 처자를 깡그리 죽여 그 목을 백제 수도로 보냈고, 대야성에 군사를 주둔시켜 지키게 하는 한편 남녀 1천여 명을 잡아다가 백제 서주현(西州縣)에 분산 배치했다. 왕은 윤충에게 말 20마리와 양곡 1천석을 상으로 주었다./ 3년(643) 고구려와 동맹을 하고 신라의 당항성(黨項城:남양만)으로 쳐들어갔다가 신라왕 덕만(선덕여왕)이 당에 구원을 청하는 바람에 군사를 돌렸다./ 4년(644) 9월 신라 장군 김유신(金庾信)이 군사를 이끌고 쳐들어와 7개의 성을 빼앗아 갔다./ 5년(645) 5월 당태종이 고구려정벌에 나서 신라의 군사들을 징집해 갔다. 이런 틈을 노려 신라 성 7개를 빼앗았다./ 7년(647)

10월 장군 의직(義直)이 보병과 기병 3천 명을 거느리고 신라 무산성(茂山城) 밑에 진지를 구축하고 군사를 나누어 감물(甘勿)과 동잠(桐岑) 두 성을 공격했다. 신라 장군 김유신이 직접 군사들을 독려하며 결사전을 벌여 우리 군을 크게 무찔렀다. 장군 의직은 겨우 살아남아 혼자 돌아왔다./ 8년(648) 3월 장군 의직이 신라의 서쪽 변경 요차(腰車) 등 10여 성을 기습해 빼앗았다. 4월 옥문곡(玉門谷)으로 진격하다가 신라장수 김유신의 반격을 받아 크게 패했다./ 9년(649) 8월 왕이 좌장(左將) 은상(殷相)에게 정예병 7천을 거느리고 신라로 가서 석토성(石吐城) 등 7개를 공격해 빼앗게 했다. 신라 장수 유신(庾信)과 진춘(陳春)·천존(天存)·죽지(竹旨) 등이 반격하여 불리했다. 산졸(散卒)들을 거두어 도살성(道薩城) 밑에 둔치고 있다가 다시 싸웠으나, 우리 군은 패배했다./ 15년(655) 8월 왕은 고구려 말갈(靺鞨)과 함께 신라의 성 32개를 공격해 무찔렀다./16년(656) 3월 왕이 궁녀들과 음탕한 짓과 놀이에 빠져 계속 술만 마셔대자 좌평(佐平) 성충(成忠)이 극력 간했다. 왕이 노하여 옥에 가두었다. 이로부터 누구도 감히 말하는 사람이 없었다. 성충은 말라 죽었다. 성충은 죽기에 앞서 글을 올렸다. "충신은 죽어도 임금을 잊지 않습니다. 원하오니, 한 말씀 드리고 죽게 해 주십시오. 신이 돌아가는 형편을 살펴보니 반드시 전쟁이 일어날 것 같습니다. 무릇 군사를 쓰려면 지세(地勢)를 살펴 상류(上流)에 자리 잡고 적(敵)에 대처해야 만전(萬全)을 기할 수 있습니다. 만일 다른 나라 군병이 육로(陸路)로 쳐들어오면 침현(沈峴:炭峴)을 넘지 못하게 하고 수군(水軍)이 쳐들어오면 기벌포(伎伐浦:白江口)로 들어오지 못하게 한 다음 험한 지형을 의지하고 싸워야 됩니다."라고 하였다. 왕은 살피지 않았다./ 19년(659) 4월 장수를 보내 신라의 독산성(獨山城)과 동잠성(桐岑城) 두 성을 침공했다./ 20년(660) 5월 당(唐)의 좌위대장군 소정방(左衛大將軍 蘇定方)이 신구도행군대총관(神丘道行軍大摠管)이 되어 30만 대군을 이끌고 바다를 건너오고 신라왕 김춘추(金春秋)는 우이도행군총관(嵎夷道行軍摠管)이 되어 김유신에게 신라 정예병 5만 명을 이끌고 소정방과 연합하여 쳐들어가게 했다. 왕은 사태의 심각성을 깨닫고 신하들을 불러 회의를 하였으나 당군을 먼저 치자는 주장과 신라군을 먼저 치자는 주장이 맞서 결론을 내리지 못하고 시일만 끌었다. 왕은 어떻게 해야 할지 몰라 당시 고마미지현(古馬彌知縣)으로 귀양가 있던 좌평 흥수(興首)에게 사람을 보내어 그 대책을 물었다. 흥수 역시 성충이 한 말을 되풀이할 뿐이었다. 그러는 사이 당군(唐軍) 대장 소정방(蘇定方)과 신라의 김인문(金仁問)이 이끄는 13만 명의 당군은 이미 기벌포(백강)로 올라와 백제군을 격파했고 신라의 김유신(金庾信) 등이 거느린 5만 명의 군대는 탄현(침현)을 넘어 왔다. 다급해진 왕은 장군 계백(階伯)을 불렀고 지는 싸움임을 직감한 계백은 떠나기 전 처자 등 가족을 모두 죽이고 결사대 5천명을 이끌고 황산벌로 나가 김유신에 맞섰으나 여지없이 패해 백제의 최후를 장식했을 뿐이다. 이로 인해 사비성(泗泌城)은 함락되고 백제는 31왕 678년 만에 멸망하였다. 그렇게 되자, 백제 왕족 복신(福信)은 중 도침(道琛)과 주류성(周留城:韓山)에서 백제부흥운동을 시작하여 왕자 풍(豊)을 왕으로 세우고 군사를 모으는 한편, 고구려와 왜(倭:日本)에 원병(援兵)을 요청하고 임존성(任存城:大興)에서 기병한 흑치상지(黑齒常之)·지수신(遲受信) 등의 호응을 받아 662년(문무왕 2)에는 지라성(支羅城)·급윤성(及尹城)·대산책(大山柵)·사정(沙井)·내사지성(內斯只城:儒城) 등 금강 동쪽의 여러 성을 점령했으나, 복신과 도침의 불화로 복신이 도침을 죽이고 풍이 복신을 죽이게 되었다. 이로써 군사조직은 약화되고 주류성이 함락되었다. 풍은 고구려로 망명했고, 흑치상지는 당에 항복했으며 지수신은 임존성에서 항전하다가 고구려로 망명했다. 부흥운동은 이로써 끝이 났다. 백제가 패망하게 된 것은 의자왕이 직접 군사를 이끌고 나가 신라의 많은 성을 빼앗아 본 후 신라쯤 언제든 내마음대로 할 수 있다는 자만심에 빠져 충신들을 멀리하고 모든 일을 독단으로 처결했으며 궁전을 호화롭게 짓는 등 국사를 볼보지 않은데 일차적인 원인이 있지만, 그보다 결정적인 원인이 된 것은 대야성(大耶城)을 함락하고 성주 품석(品釋)의 '처자(妻子)' 까지 목잘라 죽인데 있지 않았나 싶다. 품석의 아내는 바로 태종무열왕 김춘추(金春秋)의 딸이고 무열왕비 문명왕후(文明王后:文姬)의 소생으로 김유신(金庾信)의 생질(누이의 딸) 고타소낭(古陀炤娘)이었다. 김춘추는 대야성이 함락되고 딸과 사위 및 외손들이 참혹하게 죽었다는 소식을 듣고 백제를 멸망시켜 딸의 원수를 갚고자 고구려에 군사지원을 요청했으나 거절당하고 다시 당으로 가서 군사지원을 요청하여 허락을 받았다. 김유신은 대야성의 원수를 갚기 위하여 647년 백제를 공격하여 사로잡은 백제 장수 8명과 고타소낭 부부의 해골을 맞바꿔 왔으며, 660년(태종무열왕 8) 나당연합군이 백제를 멸망시키자 661년 왕위에 오른 법민(法敏:문무왕)은 의자왕의 첫태자 융(隆)에게 "너의 아비는 나의 누이동생 고타소낭을 참혹하게 죽여 옥중에 묻음으로써 나로 하여금 20년 동안이나 가슴 아프게 하고 고통스럽게 하였다."고 꾸짖었다. 이처럼 대야성에서의 고타소낭의 죽음은 왕가의 명예수호 및 삼국통일과 관계기가 적지 않다는 것을 알 수 있다.-정해자〉

(2) 대야성의 함락과 김품석(金品釋)의 참사(慘死)

이듬해 3월 신라가 과연 장군 김유신(金庾信)에게 정예병 3만을 거느리고 가잠성(椵岑城)을 치게 했다. 계백(階伯)이 성을 의지하고 임기응변(臨機應變)으로 대적하여 몇 달 동안 많은 신라군이 죽었다. 7월에 의자왕이 수만 명의 군사를 뽑아 가잠성을 구원하러 간다고 북쪽으로 가다가 갑자기 군사를 돌려 대야주(大耶州)로 가서 미후성(獼猴城)을 포위했다.

대야주는 신라 서쪽의 중진(重鎭)으로 관할하는 성읍(城邑)만도 40여개나 되었다. 김춘추(金春秋)는 그의 공주 소낭(炤娘)을 사랑하여 대야주의 속현인 고타(古陀:지금 居昌)를 식읍(食邑)으로 주고 고타소낭(古陀炤娘)이라고 불렀다. 그리고 소낭의 남편 김품석(金品釋)을 대야주 도독(都督)으로 임명하여 40여 성을 관할하게 했다.

품석은 음란하고 포악하여 군사와 백성들을 긍휼(矜恤)히 여기지 아니하고 재물과 여색을 탐하여 부하의 아내를 빼앗아 비첩(婢妾)으로 삼았다. 품석의 막료(幕客) 검일(黔日:舍知)은 품석에게 아내를 빼앗기자 원한을 품고 복수를 다짐했다. 그러던 중 백제가 후미성을 포위하자 은밀히 사람을 보내어 내응(內應)하겠다고 자청했다.

의자왕은 부여 윤충(扶餘允忠:成忠의 아우)에게 1만 명의 군사를 이끌고 쳐들어가게 했다. 백제 군사가 성 밑에 다다르자, 검일이 성 안 창고에 불을 질러 군량을 모두 태웠다. 백성들은 공포감에 휩싸여 어찌할 줄을 모르고 허둥댔다. 품석은 지켜내기 어렵다고는 판단이 서자, 싸울 뜻을 잃고 막료 서천(西川:阿湌)에게 성으로 올라가 윤충에게 "우리 부부(夫婦)에게 고향으로 돌아가 살게 해준다면 성을 내어 주겠다"고 말하게 했다.

윤충은 이 말을 듣고 좌우에게 "저의 부부를 위해 국토(國土)와 인민(人民)을 파는 놈을 어찌 살려둘 수 있겠는가. 그러나 허락하지 않으면 성안에서 다시 버텨 얼마를 더 싸워야 할지 모르니, 차라리 거짓 허락하고 사로잡아야겠다."했다. 그리고 서천에게 대답하기를, "공의 부부가 살아서 돌아갈 수 있도록 천일(天日)을 두고 맹세하리다."했다. 그리고 은밀히 군사를 매복시킨 다음 군사를 물리는 체했다.

품석은 부하 장수와 사병들을 먼저 내보냈다. 백제가 매복하고 있던 군사를 출동시켜 모조리 쳐 죽였다. 품석 부부는 검일에게 핍살(逼殺:위협하고 다그쳐 죽게 함) 당했다. 백제 군사가 입성(入城)하였다.

의자왕은 미후성에서 이곳까지 직접 와서 윤충에게 작위를 더하고 말 20마리와 쌀 1천석을 상으로 내렸으며, 그 이하 장사(將士)들에게도 차례로 시상(賞獎)하고 여러 장수를 나누어 보내 각 주군(州郡)을 공략했다. 대야주는 본래 임나가라 땅이라, 그 지방 인민들이 고국을 그리워하며 신라를 싫어하다가 백제 군사가 쳐들어오자 모두 환영하므로 40여 성이 한 달 사이에 모두 백제차지가 되었다.

「삼국사기」에는 "7월 왕(의자왕)이…미후성(獼猴城)등 40여성을 무찔렀고 8월에는 장군 윤충(允忠)을…대야성(大耶城)으로 보내…함락했다"고 기록하였으나 「해상잡록」에는 대야성을 함락한 뒤 40여성의 항복을 받았다고 했다. 후자가 사리에 가까우므로 이를 따른다.

大耶(대야)는 '하래'라는 이두 표기로 낙동강 상류를 일컫는 말이다. 김유신전(金庾信傳)에는 大耶(대야)를 大梁(대량)이라고 기록했는데, 耶(야)·梁(량) 등이 모두 고음(古音) '라', 혹은 '래'로 발음되던 글자이다. 대야(大耶)를 신라 말에 합천(陜川)으로 고쳤는데, 이것을 지금은 '합천'이라고 발음하고 있으나, 당시에는 陜(합)의 첫소리 '하'와 川(천)의 훈(뜻) '래'를 따라 '하래'로 발음했던 것이다. 〈원문에는 允忠(윤충)을 扶餘允忠(부여윤충)이라고 했고 또 성충(成忠)의 아우라고 했는데, 윤충의 성이 '부여'라는 근거는 어디에도 없다. 조선조 후기 그런 주장을 하는 이가 있었지만 주장에 지나지 않는 것이다. 단재는 거기다 한술 더 떠 "윤충이 성충의 아우"라고 주장하고 있다. 근거 없는 말이다. 더욱이 642년 3월 김유신이 먼저 가잠성을 쳤기 때문에 백제의 윤충이 대야성을 친 것처럼 꾸미고 있는데, 이런 것이 바로 역사기록을 거짓으로 꾸미는 것이다. 당시 신라는 백제보다 힘에 약해 막아내기에도 급급한 형편이었는데 무슨 힘이 있어 먼저 쳐들어가겠는가. 「삼국사기」 신라본기 선덕왕기(善德王紀)는, "11년(642)년 7월 백제왕 의자가 대병(大兵)을 동원해 나라 서쪽 40여개의 성을 빼앗아 갔다. 8월 또다시 고구려와 함께 당항성(黨項城)을 빼앗아 당과의 통행로를 끊으려 했다. 왕이 사자를 파견하여 당태종에게 위급을 알렸다. 이 달 백제 장군 윤충(允忠)이 군사를 이끌고 와서 대야성을 공격해 함락했다. 도독 이찬 품석(都督伊湌品釋)과 사지 죽죽(舍知竹竹)과 사지 용석(舍知龍石) 등이 다 죽었다."라고 기록하고 있다. 검일(黔日)은 죽죽전(竹竹傳)에 따르면 대야성(大耶城)의 사지(舍知)였는데, 당시 대야성의 도독(都督) 김품석(金品釋)이 그의 아내를 빼앗아 갔기 때문에 그에 대한 원한을 품고 있었다. 그러던 중 선덕여왕 11년(642) 8월 백제 장군 윤충(允忠)이 대야성을 공격하자 그와 내통하여 성안 창고에 불을 질러 민심을 흉흉하게 만드는 한편, 그의 동조자 모척(毛尺)이 성문을 열어줌으로써 많은 군사가 살해되었다. 이때 품석도 그 가족과 더불어 죽었다. 그러나 660년 백제는 신라에 정복되었다. 태종무열왕은 검일을 잡아 그의 사지를 찢어 강물에 던지고 모척도 함께 처형했다. 또 위의 본문에는 품석이 서천을 시켜 윤충에게 "우리 부부(夫婦)에게 고향으로 돌아가 살게 해준다면 성을 내어 주겠다."고 말하게 했고, 윤충은 "공의 부부가 살아서 돌아갈 수 있도록 천일(天日)을 두고 맹세하리다."했다고 적고 있는데, 「삼국사기」 기록은 다르다. 품석이 "만일 장군이 나를 죽이지 않는다면 성을 바치고 항복하겠다."고 하자, 윤충은, "만일 그렇게 한다면 공과 나에게 모두 좋은 일이 될 것이오. 밝은 해(白日)를 두고 맹세하리다."했고 서천(西川)이 품석과 여러 장사들에게 이 말을 전하며 항복을 권하여 성을 나가려고 하였다. 죽죽이 말렸다. "백제는 배반을 밥 먹듯 하는 나라입니다. 믿으면 안 됩니다. 윤충의 말이 달콤한 것을 보면 분명히 우리를 꾀어내려는 수작입니다. 만일 성을 나갔다가는 반드시 적에게 사로잡히게 될 것입니다. 잔뜩 엎드려 삶을 구걸하느니 호랑이처럼 싸우다 죽는 것이 낫습니다."했다. 품석은 듣지 않았다. 성문을 열고 장수와 사졸들이 먼저 나갔다. 매복해 있던 백제 병이 뛰어나와 모조리 쳐 죽였다. 품석은 나가려 하다가 먼저 나간 장사들이 모두 죽었다는 소식을 듣고 먼저 처자를 죽이고 스스로 목을 찔러 죽었다. 끝까지 저항하던 죽죽(竹竹)과 용석(龍石)도 죽었다."고 기록되어 있다. -정해자〉

(3) 고구려 백제 동맹(同盟)의 성립

의자왕이 대야주(大耶州) 40여개 성을 차지한지 얼마 안 되어(두달 뒤인 10월), 연개소문이 영류왕(榮留王)을 시해하고 고구려의 국권(國權)을 틀어쥐었다.

의자왕이 성충에게 물었다. "연개소문이 사람의 신하가 되어 그 임금을 죽였는데도 고구려 전국이 위세에 눌려 꼼짝 못하고 죄를 묻겠다는 자가 없는 것은 어찌된 까닭이냐?"

성충이 말했다. "고구려가 서쪽나라(支那)와 싸운 지 수백 년 동안 처음에는 여러 번 패했지만 근래에 와서는 갈수록 강대해지며 요동(遼東)을 차지하고 요서(遼西)까지 세력을 뻗치고 있습니다. 육상에서만 거칠 것 없이 행동하는 것이 아니라, 바다(海上)까지 주름잡아, 영양대왕(嬰陽大王) 때는 세 차례나 수양제의 백만 대군을 무찔렀습니다. 나라의 위세(國威)가 이로 인해 크게 진작되어 고구려의 군민(軍民)은 당과 우열을 가리고자하는 대기염(大氣焰)이 하늘을 찌르는데, 건무(建武:榮留王)가 도리어 이를 억압하고 당과 화친하려 하여 군민의 불신을 산지 이미 오래입니다. 연개소문은 고구려의 누대에 걸친 장상(將相)의 명가(名家) 출신으로 왕에게 반대하며 정당론(征唐論)을 주장하는 등 군민의 마음에 영합하여 건무를 죽였기 때문에 고구려 전국이 연개소문의 죄를 묻지 않을 뿐만 아니라, 바야흐로 그 공을 노래할 것입니다."⟨성충 같은 충신이 이 말을 듣는다면 너무나도 황당해 해골이라도 벌떡 일어났을 것이다. 모두 진토(塵土)되어 아무것도 남아 있지 않은 것이 이보다 다행일 수는 없다.-정해자⟩

왕이 말했다. "고구려와 당이 싸우면 어느 나라기 이기겠느냐?"

성충이 말했다. "당이 비록 영토는 고구려보다 넓고 인민도 고구려보다 많지만 연개소문의 전략은 이세민이 따라올 수 없는 일이니, 승리는 반드시 고구려의 것이 될 것입니다."

의자왕이 말했다. "이세민은 서북쪽 군웅(群雄)을 토벌하여 통일 황제가 되었고 연개소문은 전장(戰場)의 경험이 아무것도 없는데, 어찌 연개소문의 전략이 이세민보다 낫다고 하느냐?"

성충이 말했다. "신이 왕년에 일찍 고구려에 갔다가 연개소문을 만나 보았습니다. 그때는 연개소문이 아무 직책도 없는, 다만 한 연씨가(淵氏家)의 귀소년(貴少年)이었습니다. ⟨아비에게 버림받아 장자 유(柳)씨네 집에서 종으로 컸다는 것이 연개소문인데 갑자기 '귀소년이었다' 니, 앞뒤가 안 맞는다.-정해자⟩ 그러나 모습이 훤칠하고 우람했으며 의기(意氣)가 호방하여, 신이 이를 기특하게 여겨 함께 담론(談論)하다가 병법(兵法)에까지 미쳤습니다. 그래서 연개소문의 지략이 보통이 아니라는 것을 아는 것입니다. 이번 일로 말하더라도 연개소문은 아비의 직책을 물려받은 지 오래되지 않아 눈도 하나 깜짝 않고 하루아침에 대신 이하 수백 명을 죽이고, 패수(浿水) 전쟁에서 수군(隋軍)을 거꾸러뜨려 명성을 떨친 건무왕(建武王:榮留王)을 쳐 이기고 고구려의 대권(大權)을 잡았으니, 이는 이세민이 따라올 수 없는 일입니다."

왕이 말했다. "그러면 고구려가 당을 이길 수 있겠느냐?"

성충이 말했다. "그것은 단언할 수 없습니다. 연개소문이 10년 전에 고구려의 대권을 잡았다면 오늘날 당을 멸망시킬 수도 있었을지 모르지만, 연개소문은 이제 겨우 성공했고, 이세민은 벌써 20년 전에 서북쪽 나라들을 통일한 다음 치밀하고 규모 있게 나라를 다스리며 인민을 사랑하여 백성들이 믿고 따르는지 이미 오래입니다. 연개소문이 비록 싸움에 이긴다 하더라도 민심이 쉽사리 당을 배반하지 않을 터이니, 그것이 첫 번째 어려운 일이고, 연개소문이 비록 고구려를 통일하였으나 이것은 겉모습일 뿐이고 그 속에는 왕실(王室)과 호족(豪族)의 잔여세력이 언제나 연개소문의 동정을 살피다가 만일 연개소문이 당을 멸망시키기 전에 죽고 그 후계자가 아니다 싶으면 사방에서 반란이 일어날 터이니, 이것이 두 번째 어려운 일입니다."

왕이 말했다. "우리나라는 이제 대야를 차지했으나, 아직 그 뿌리를 뒤엎지 못했으니, 보복하려는 마음을 잠시도 놓지 않을 것이다. 그런데 고구려가 당을 멸하거나 당이 고구려를 멸하거나 반드시 남침(南侵)할 터이니, 그때 우리나라가 북으로는 고구려나 당의 침략을 받고 동으로는 신라의 반격을 받게 될 터인데, 어찌해야 되겠느냐?"

성충이 말했다. "지금 형세로 보면 고구려가 당을 치지 않으면 당이 고구려를 쳐 서로 대립할 것입니다. 이것은 연개소문도 잘 알고 있습니다. 고구려가 당과 싸우자면 반드시 남쪽의 백제·신라와는 친하게 지내야 뒤까지 챙겨야 하는 부담을 덜 수 있습니다. 연개소문도 잘 알고 있습니다. 백제와 신라는 피차간 깊은 원수(仇怨)지간이라, 고구려가 이쪽 한 나라와 화친하면 저쪽 한 나라와는 적국(敵國)이 되어야 하는 것도 연개소문이 잘 알고 있습니다. 그러므로 연개소문이 장차 두 나라 중 한 나라와 화친하여 그들이 당과 싸울 때 남쪽 두 나라가 서로 견제하여 고구려의 후방을 노리지 못하게 되기를 바랄 것입니다. 이제 백제를 위하여 계책을 세운다면, 빨리 고구려와 화친하여, 백제는 신라와, 고구려는 당과 싸우는 것이 좋습니다. 신라는 백제의 적수가 못됩니다. 틈을 타 이로움을 따라 나가면 모든 달콤함은 고구려보다 백제에 있을 것입니다."

왕은 "옳다!"하고 성충을 고구려로 보냈다.

성충은 고구려로 가서 무엇이 이롭고 무엇이 해로운가로 연개소문을 달랬다. 맹약이 거의 이루어지게 되었는데, 연개소문이 갑자기 성충을 멀리하고 여러 달을 만나주지 않았다. 성충이 의심스러워 염탐해 보았다. 신라사신 김춘추(金春秋)가 와서 바야흐로 고구려와 백제의 맹약을 저지하고 고구려와 신라의 동맹을 추진하고 있었다.

성충이 즉시 연개소문에게 글을 써 보냈다. "현명한 공께서 당과 싸우지 않으려면 모르겠지만, 만일 당과 싸우려 한다면 백제와 화친하지 않으면 아니 될 것이오. 무슨 까닭이냐 하면, 지나가 고구려를 칠 때 늘 군량수송이 제대로 이루어지지 않아 패하였으니, 수(隋)가 그 본보기입니다. 이제 백제가 만일 당과 연합한다면 당은 육로인 요동을 통해 고구려로 쳐들어올 뿐 아니라, 해로로 군사들을 배로 운송하여 백제로 쳐들어와, 백제의 쌀을 먹으며 남쪽에서 고구려로 쳐들어갈 터이니, 그렇게 되면 고구려가 남북 양쪽으로 적을 맞아야 할 것이오. 그 위험이 어떠하겠소. 신라는 동해안에 자리 잡고 있는 나라이기 때문에 당의 병력 운송이 백제만큼 편리하지 못할 뿐만 아닙니다. 신라가 일찍 백제와 맹약하고 고구려를 치다가 끝내 백제를 속이고 죽령(竹嶺) 밖 고현(高峴) 안 10개 군을 가로채 점거한 것은〈제9편 1장 4~5절 주 참조〉 현명한 공께서도 아시는 일입니다. 신라가 오늘 고구려와 맹약을 하더라도 내일에는 당과 연합하여 고구려의 영토를 빼앗지 않는다는 것을 어떻게 아겠습니까."

연개소문은 이 글을 보고 김춘추를 가두고 죽령(竹嶺) 밖 욱하(郁河:유리물:한강 하류) 일대의 땅을 빼앗으려 하였다. 이것은 다음 장에 기술할 것이라 아직 그만두거니와, 성충은 드디어 고구려와 동맹을 하고 돌아왔다. 〈이 성충(成忠)과 연계된 단락은 단재가 1천 2백여 년 전에 죽은 성충의 입을 통해 자신의 생각을 펼치고 있는 것일 뿐, 어디에도 이를 증명할 근거는 없다.-정해자〉

(4) 안시(安市)전쟁 때 성충의 건의

기원 644년(원문은 '五百四十四年'으로 되어 있다-정해자) 신라가 장군 김유신(金庾信)을 보내 죽령을 넘어 성열(省熱)·동대(同大:同火) 등 여러 성을 기습 공격했다. 의자왕이 여러 신하들을 모아놓고 대응할 방책을 논의했다. 성충이 아뢰었다.

"신라가 번번이 패했는데, 제 몸 사릴 줄 모르고 이제 갑자기 쳐들어온다는 것은 기필코 까닭이 있을 것입니다. 신이 듣자니, 김춘추가 딸 고타소낭(古陀炤娘)의 앙갚음을 하려고 은밀히 여러 번 바다를 건너 당(唐)으로 들어가서 군사지원(援兵)을 빌었다 하니, 당주(唐主) 이세민(李世民)은 오래전부터 해동국(海東國)을 침략하려던 자로, 반드시 신라와 고구려·백제 양국에 대한 음모(陰謀)가 있을 것입니다. 신이 추단(推斷)컨대, 아마 당은 고구려를 치는 동시에 수군(水軍:船兵)을 출동시켜 백제의 서쪽 변경을 침탈하고, 신라는 백제를 쳐 고구려를 구하지 못하게 하는 동시에 또 대군(大軍)을 출동시켜 고구려의 배후를 치기로 하였을 것입니다. 그러나 신라가 성열·동대 등 성을 차지하기 전에는 고구려의 배후로 쳐들어가지 못할 것이고, 당이 요동을 차지하기 전에는 뱃길(水路)로는 군량수송에만도 바빠, 백제로 쳐들어올 수 있도록 군사를 실어 나를 배가 없을 것입니다. 이제 백제를 위하여 계책을 세운다면, 우선 성열성 등을 신라에 맡겨 둔 채 군사를 정돈하며 기다리고 있으면, 당과 신라는 고구려와 격렬한 싸움이 붙어 서로 손을 빼기가 어렵게 될 것이고, 신라는 백제가 염려되어 대병(大兵)을 출동시키지 못하겠지만, 당은 전국의 병력을 총동원하여 고구려로 쳐들어올 것입니다. 우리 백제가 그 틈을 타서 배로 정예병 수만 명을 이끌고 가서 당의 강남(江南)을 치면 쉽게 점령할 수 있을 것입니다. 강남을 점령한 뒤에는 그곳 물자(財賦)와 민중들을 앞세워 진격하면 당의 북쪽은 비록 고구려의 소유가 되더라도 남쪽은 모두 백제의 소유가 될 것입니다. 그러면 신라가 비록 백제를 원망한다 하더라도 손바닥(蕞爾)만한 소국(小國)이 어찌하겠습니까. 오직 머리를 숙여 명령을 따를 것입니다. 그때는 백제가 신라를 가질 수도 있고 두어 둘 수도 있을 터이니, 아무런 말썽도 없을 것입니다." 〈蕞爾의 한자음은 '최이'다. 중국 음으로는 '쮈'로 발음된다. 그래서인지 「국어사전」에는 "촬이"라는 말로 나온다. 아주 작다는 뜻이다─정해자〉

의자왕은 이 말에 따라 군사들에게 변경을 굳게 지키라고 명했다. 이듬해(645) 과연 당이 30만 대군(大軍)을 이끌고 고구려로 쳐들어왔다. 〈개모성(蓋牟城)·사비성(沙卑城)·요동성(遼東城)·백암성(白巖城:白崖城) 등을 함락하고〉 안시성(安市城)

을 포위한 채 맞붙어 싸웠으나 몇 달이 지나도 승부가 나지 않았다.

　신라는 12만 대군을 출동시켜 고구려의 남쪽, 즉 배후를 공략하려 했다. 왕이 계백(階伯)에게 "신라의 뒤를 기습하여 성열 등 7개성을 수복하라"고 명하고 윤충을 보내어 부사달(夫斯達:지금 松都) 등 10여 성을 점령하고, 수군(水軍:船兵)으로 당의 강남을 기습하여 월주(越州:지금 紹興) 등지를 점령하여 착착 해외의 개척지(拓地)를 경영하다가, 마침내 임자(任子)의 중상모략으로 드디어 왕의 박대를 받게 되어 그 뜻을 이루지 못했다. 이것은 제 3장에 자세히 기술하겠다. 〈이 책을 읽다보면 이따금 단재가 "왜 고구려와 백제를 보는 눈으로 신라는 보지 못했을까"하는 의문에 사로잡힌다. 아무리 미워도 그 역사는 우리의 역사이고 나의 역사이기 때문이다. 한갓 소설인 「삼국지연의」가 오랜 세월 사랑받는 이유도 거기에 있다. 위·오·촉 3국 중 어느 한 나라도 밉다고 역사기록을 왜곡하여 편벽되게 기록하지 않으려 노력했고 좋다고 역사에 없는 사실을 꾸며 기록에 없는 칭찬을 하거나 작자가 벼슬을 주는 등의 해괴한 무록(誣錄)이 거의 없기 때문이다. 그러므로 역사를 쓰거나 읽는 사람은 공평한 눈을 갖고 각 시대별 사항을 냉철히 재평가하여 자신의 소견을 넓히고 후대가 나가야 할 방향을 제시해 주는 것으로 그쳐야 한다. 어차피 역사란 승자의 것이기 때문에 "왜 패자의 역사가 없느냐"고 불평하며 그 행간을 읽는 것으로 족하게 여기지 않고 자신이 직접 고래적 패자의 역사까지 쓰겠다고 나선다면 그것은 소설은 되겠지만 역사는 될 수 없다. 더욱이 편협한 가치관에 빠져 잘못된 잣대로 옛 역사를 재려 든다면 그것은 역사를 파괴할 뿐 역사의 재해석이라고 할 수도 없다. "수만 명의 선병(船兵)으로 당의 강남 월주(越州) 등지를 점령했다"는 것 등이 그런 것이다. 그런 기록이 있느냐는 따질 필요도 없다. 역사에 조금이라도 관심이 있는 사람이라면 그런 말을 어떻게 생각하겠는가. 조선조 때 개발되어 전국에 배치되었던 병조선(兵漕船)인 맹선(猛船)이 대·중·소선을 다 합해도 488척밖에 되지 않았고 그곳에 군수물자를 빼고 군사만 가득 실어도 24,400명밖에 탈 수 없었다.(대맹선 88척 정원 80, 중맹선 192척 정원 60, 소맹선 216척 정원 30) 그런데 백제 때 무슨 군사와 배가 그렇게 많고 항해술이 그렇게 발달하여 한꺼번에 몇 만 명씩 대해를 횡단하여 중국 남부로 직항할 수 있었겠는가. 더욱이 백제의 7성 수복에 계백(階伯)이 참여했다는 근거는 어디에도 없고 성충(成忠)이 옥에 갇힌 것과 임자(任子)와도 아무런 관련이 없는 일이다. 좋아하는 사람이면 아무 곳에나 이름을 갖다 붙이고 싫어하는 사람이면 아무리 충성을 해도 이름(竹竹의 예처럼)을 뺐다. 김유신이라고 어찌 미움 받을 일만 했고 연개소문이라고 해서 어찌 우러러 받들릴 일만 하였겠는가. 역사를 기록함에 있어, 어느 인물의 잘한 일을 부각시키거나 못한 일을 부각시키는 범주를 벗어나면 자의적인 해석이 끼어들게 되어 두찬이나 무록이 되기 쉽다.–정해자〉

제2장. 김춘추의 외교와 김유신의 음모

(1) 김춘추(金春秋)의 복수운동

김춘추는 신라 내성(內省) 김용춘(金龍春), 백제 무왕(武王)과 동서전쟁(同 壻戰爭)을 하던 사람의 아들이다. 김용춘이 죽자, 춘추가 아버지의 직책을 물려받아 신라의 정치를 전단(專斷)하며 무왕과 혈전을 벌였다.

무왕이 죽은 뒤 의자왕은 직접 대야주(大耶城)을 쳐 김품석(金品釋) 부부를 죽이고 관내 40여성을 빼앗았다. 〈원문은 "의 자왕이 성충(成忠)의 계략을 써서 대야주를"로 되어 있다. 그러나 어디에도 그런 기록은 없다. 대야성 정벌은 의자 왕이 직접 계획하고 장군 윤충(允忠) 등을 앞세워 실행했 던 것으로 보여 "성충의 계략을 써서"라는 말을 빼었다.- 정해자〉

〈신라 금관총 금관(金冠)〉

김춘추는 자신의 딸(고타소낭)과 사위(김품석)가 죽었다는 소식을 듣고 얼마나 원통하고 분하게 여겼든지, 넋 잃은 사람처럼 벌겋게 상기된 얼 굴로 기둥에 기대어 선 채 하루 종일 먼 산만 바라보며, 사람이 앞을 지나가는 것도 몰랐다. 그러다가 갑자기 주먹으로 기둥을 치며, "아! 사나이가 어찌 백제를 주워 삼키지 못하겠는가!"라고 했 다. 〈원문은 "사나이가 어찌 앙갚음을 못 하리오" 했다고 되어 있다. 그러나 신라본기 선덕 왕기(善德王紀)에는 "嗟乎!大丈夫豈不能呑百濟乎"로 되어 있어 위와 같이 고쳤다.-정해자〉

그러나 '신라 같은 약소국(弱小國)이 무엇으로 백제를 먹겠는가. 오직 외 국의 군사지원에 기댈 수밖에 없다'는 것이 김춘추가 기둥에 기대어 장고 (長考)한 끝에 내린 결론이었다. 그래서 즉시 왕(善德女王)에게로 가서 "고 구려에 사신으로 보내 달라"고 했다. 군사를 얻어다 백제왕에게 원수를 갚 겠다는 것이었다. 왕은 허락했다.

김춘추는 고구려로 들어갔다. 고구려는 수군(隋軍) 백만을 무찌른 유일한 강국(强國)이고 연개소문은 고구려의 틀어쥔 거인(巨人)이니, 연개소문만 잘 구슬리면 백제의 원수를 갚을 수 있다고 생각했다. 그래서 신라·고구려 양 국이 동맹하면 무엇이 이로운지를 설파하여 거의 동맹이 이루어지게 되었 는데, 백제 사신 상좌평 성충(成忠)이 이를 알고 연개소문에게 글을 보내어 연개소문이 드디어 김춘추를 잡아 가두고 한강(郁利河)하류 일대의 땅을 요 구하기에 이른 것이다. 〈이것은 단재가 역사 사실(事實)을 왜곡한 것이다. 김춘추(金春 秋)가 고구려로 군사적 지원을 얻으러 간 것은 642년(고구려 보장왕 원년·신라 선덕왕 11·백제 의자 왕 2)이고 백제가 고구려와 동맹(和親)을 맺은 것은 그 다음해인 243년 11월의 일이다. 이것 을 마치 같은 시기에 일어난 일인 것처럼 이어 붙여 꾸미면서 백제의 모든 정치를 성충(成忠) 이 주도하는 것처럼 이어 간다. 위에서도 주했지만 성충은 여러 좌평 중의 한 사람일뿐 상좌 평이 아니다. 단재는 백제 관리의 벼슬까지 올려주고 고구려에 사신으로 파견하여 없었던 가 짜편지까지 쓰게 하는가 하면 성충이 연개소문을 숭배하는 사람처럼 만들고 있다. 김춘추가 고구려에서 구금되게 된 것은, 김춘추가 보장왕에게 군사지원을 요청하자, 집사(執事:연개소 문)는 왕에게 "죽령(竹嶺)은 본래 우리 땅이니, 네가 만일 죽령 이서(以西)의 땅을 돌려준다면 군사지원을 해 주겠다"고 말하게 했다. 춘추가 대답했다. "신은 임금의 명을 받들고 군사를 빌러 왔습니다. 대왕께서는 환란을 구원해 주실 뜻이 없으면서, 좋은 이웃으로서 땅을 가지 고 사자를 위협하십니까? 신은 죽을 따름입니다. 다른 것은 알지 못하옵니다."했다. 보장이 이 말을 듣고 노해 가두었다. 그러다가 김춘추가 떠나올 때 미리 준비한대로 김유신(金庾信) 이 결사대 1만 명을 이끌고 한강을 넘어 고구려 남쪽 국경에 다다랐다는 보고를 받은 연개소 문은 영류왕의 피도 채 마르기 전이라, 잘못하다가는 국내에 잠복해 있는 호족들까지 들고 일어나 제 목숨까지 위험해질 것을 직감하고 김춘추에게 압량주군주(押梁州軍主)라는 벼슬 을 주어 돌려보내게 했다. 그러므로 성충이나 백제·고구려 동맹 교섭과는 아무런 관련이 없 는 것이다.-정해자〉

김춘추가 은밀히 종자(從者)에게 고려왕의 총신(寵臣) 선도해(先道解)에게 뇌물을 주고 살려달라고 빌었다. 연개소문이 권력을 행사하는 마당에 총신 이 무슨 힘을 쓸 수 있겠는가. 그러나 선도해는 선물에 욕심이 생겨 청포(靑 布) 3백보(步)를 받고 "내가 공을 살릴 수는 없지만 공이 살아갈 방도는 가 르쳐 주겠다"하고 당시 고구려에서 유행하던 「거북이와 토끼 이야기(龜兎 談)」를 들려주었다. 그 내용은 이러했다.

옛날 동해(東海) 용왕의 딸 용녀(龍女)가 마음에 병이 났다. 의사가 말했

다. "토끼 간을 구해 약을 지으면 치료할 수 있겠습니다. 그러나 바다 속에
는 토끼가 없으니 어찌할 수가 없습니다." 백룡(白龍)이라는 거북이 이 말
을 듣고 용왕에게 "제가 토끼 간을 구해 오겠습니다." 하고 육지로 올라갔
다. 거북은 토끼를 만나자 이렇게 말했다. "바다 속에는 섬이 하나 있는데,
물은 수정처럼 맑고 돌들은 옥처럼 희며 무성한 숲에는 온갖 과일이 지천일
뿐 아니라, 춥지도 덥지도 않고 독수리나 매 따위도 들어올 수 없다. 네가
만일 그곳으로 간다면 아무 걱정 없이 살아갈 수 있을 것이다." 이리하여
거북은 토끼를 업고 바다 속으로 들어갈 수 있었다. 2~3리쯤 가자, 거북이
토끼를 돌아보며 말했다. "실은 지금 용녀가 병이 났는데, 꼭 토끼간이 있
어야 약을 지을 수 있다고 해서 무거운 너를 업고 가는 것뿐이다." 토끼가
별일 아니라는 듯이 말했다. "아, 그러면 어쩌지? 나는 신명(神明)의 자손이
기 때문에 오장(五臟)을 꺼내 깨끗이 씻어서 도로 넣는다. 일전에 속이 더부
룩해서 염통과 간을 꺼내 씻다가 무슨 일이 있어 바위 밑에 놔 둔 채 깜빡
잊고 있었다. 네가 간을 가지러 왔다면 빨리 간을 가지러 돌아가야겠다. 그
러면 너는 온 보람이 있을 것이고 나는 간이 없어도 살아갈 수 있으니 피차
에 좋은 일이 아니겠느냐." 거북은 이 말을 믿고 다시 육지로 돌아왔다. 토
끼는 거북에게, "이 어리석은 놈아! 어디 간 없이 살아가는 놈이 있다더냐!"
하고 풀밭으로 뛰어갔다. 〈이것이「삼국사기」김유신전(金庾信傳)에 실려 있는 기록이
다. 다음은 단재가 개작(改作)한 원문이다. ─정해자〉

　토끼가 거북의 꾐에 빠져서 그 등에 업혀 용왕국(龍王國)으로 벼슬을 하
려고 들어갔다. 들어가니 벼슬을 주려고 한 것이 아니라, 용왕(龍王)이 병이
들어 토끼의 간이 약이라고 하니까 거북을 보내어 꾀어 온 것이었다. 토끼
가 임기응변(臨機應變)으로 용왕을 속여 말하기를, "신은 월정(月精)의 자손
이라. 달을 보고 잉태(孕胎)하기 때문에, 초하루에서 보름까지 달이 찰 때에
는 간을 내어 놓고, 열엿새부터 그믐까지 달이 기울 때는 간을 다시 넣어 둡
니다. 신이 대왕의 나라로 들어올 때에 마침 위 보름이어서 간을 내어 놓는
때였습니다. 그렇기 때문에 지금은 신의 간이 신의 뱃속에 있지 않고 금강
산(金剛山) 어느 나무 밑, 감추어 두는 곳에 있습니다. 신을 다시 내보내 주
시면 그 간을 가져오겠습니다." 했다. 드디어 다시 거북의 등에 업혀 육지로

나와서는 "사람이나 짐승이나 간을 넣었다 뺐다하는 일이 어디 있다더냐. 아나 옜다, 간을 받아라" 하고 깡충 뛰어 달아났다.

김춘추가 선도해의 뜻을 알고, 이에 거짓으로 고구려왕에게 글을 올려 욱리하 일대를 고구려에 바치겠다고 했다. 연개소문이 김춘추와 이에 대한 맹약을 하고 석방하여 돌아가게 했다. 김춘추가 국경에 이르러 고구려 사자를 돌아보며 "땅은 무슨 땅이냐? 어제의 맹약은 죽지 않으려는 거짓말이었다."하고 토끼같이 뛰어 돌아왔다.

김춘추가 고구려에서 실패하고 돌아오자, 신라는 고구려와 백제 사이에 끼여 있는 외로운 약소국이 되어, 부득불 새로운 동맹을 바다 건너에서 찾을 수밖에 없었다. 그래서 김춘추는 바다를 건너 당(唐)으로 들어가 당태종에게 신라의 위급한 사정을 알리고 비사후례(卑辭厚禮)를 갖추어 군사적 지원을 요청했다.

당나라 조정 군신(君臣)들의 비위를 맞추기 위해 아들 법민(法敏:文武王)과 인문(仁問) 등을 당에 볼모로 보냈으며 신라 본연의 복식(服飾)을 버리고 당의 의관(衣冠)을 썼다. 진흥왕(眞興王) 이래 써온 신라 제왕의 연호도 버리고 당의 연호를 썼으며, 당태종이 편찬한 「진서(晉書)」와 깎아내고 덧붙인 「사기(史記)」·「한서(漢書)」·「삼국지(三國志)」 등, 조선에 대해 모욕하고 멸시하는 말이 많은 기록들을 그대로 가져다가 본국에 유전하여 사대주의의 병균을 전파하기 시작했다.

(2) 김유신의 등용(登用)

김춘추가 복수를 하려고 뛰는 동안 그를 보좌한 인물이 바로 김유신(金庾信)이다. 당시 연개소문이 고구려의 대표인물이라 하고, 성충(成忠)을 백제의 대표인물이라고 하면 김유신은 신라를 대표하는 인물이라고 할 것이다. 〈성충이 백제의 대표인물 이라는 것은 단재가 지어낸 것일 뿐 백제에는 기백 넘치던 호걸 의자왕을 비롯해 기라성 같은 인물이 많았다. 계백(階伯)도 그중 하나다.-정해자〉

고구려와 백제가 망한 뒤 신라 사가(史家)들이 두 나라 인물들의 전기적(傳記的) 자료를 말살하고 오직 김유신만을 칭송했기 때문에 「삼국사기」 열전(列傳)에 김유신 한 사람의 전기가 을지문덕(乙支文德)·계백(階伯) 등 수십 명의 전기보다 페이지 수가 훨씬 많고 성충 같은 이는 그 반열에 끼지도 못했다. 김유신전에 지나치게 칭찬하는 말이 많다는 것을 미루어 짐작할 수 있을 것이다. 그중 사리에 맞는 것만 추려보면 다음과 같다.

김유신은 신가라국 왕 구해(仇亥)의 증손이다. 다섯 가라가 거의 신라와 혈전을 벌이다가 망했으나, 신가라는 싸우지도 않고 나라를 넘겨주었기 때문에 신라같이 골품(骨品)을 다투는 나라에서도 구해에게 감사해 하며 식읍(食邑)을 주고 귀족에 준하는 대우를 했다.

구해의 아들 무력(武力)은 일찍이 군사를 가진 대원(大員)이 되어 구천(狗川:沃川) 싸움에서 백제 성왕(聖王)을 쳐 죽인 전공이 있었다. 그러나 신라 귀골(貴骨)들이 김무력을 밖에서 들어온 김씨라고 하여 박·석·김 세 성의 김씨와 구별하여 세 성씨의 사람들과의 혼인을 허락하지 않았다.

무력의 아들 서현(舒玄)이 일찍 놀러 나갔다가 3성의 김씨인 숙흘종(肅訖宗)의 딸 만명(萬明)과 눈이 맞아 야합(野合)하게 되었고 유신을 임신했다. 숙흘종이 이를 알고 크게 노해 만명을 가두었다. 만명은 도망쳐 금물내(今勿內), 지금의 진천(鎭川) 서현의 집으로 와서 부부의 예를 올리고 김유신을 낳았다.

아버지 서현은 일찍 죽고, 어머니 만명이 유신을 길렀는데, 유신이 처음에는 방탕하여 제멋대로 행동했다. 어머니가 울면서 타이르자, 그제야 정신을 차리고 공부를 했다. 나이 열일곱 살에 화랑의 무리가 되어 중악산(中岳山)·인박산(咽薄山) 등지로 들어가 나라를 구하겠다는 기도를 드리고 검술(劍術)을 익혀 점점 명성을 날렸다.

그러나 김유신은 가라 김씨이기 때문에 특별한 연줄이 없는 한 중용(重用)되지 못할 처지였다. 그래서 당시 총신(寵臣) 내성사신(內省私臣) 김용춘(金龍春)의 아들 춘추(春秋)와 사귀면서 장래 출세할 수 있는 사닥다리를 만들려고 하였다. 한번은 자기 집 부근에서 춘추와 제기차기를 하다가, 일부러 춘추의 단추를 차 떨어뜨리고 춘추를 데리고 집으로 들어가 자기의 막내 누이를 불러 단추를 달라고 하였다.

막내 누이 문희(文姬)가 엷은 화장에 가벼운 옷차림으로 바늘과 실을 가지고 나오는데 그 아름다운 모습과 가녀린 모매가 김춘추의 눈을 흐리게 했다. 춘추가 드디어 혼인을 청하여 춘추는 문희의 남편, 즉 김유신의 매부(妹夫)가 되었다.

이윽고 용춘이 죽고 춘추가 정권을 잡자, 김유신은 장재(將材)로 뿐만 아니라, 춘추가 끌어주는데 힘입어 드디어 신라의 각 군주(軍主)가 되었고 또 춘추가 왕이 되자, 소뿔한(벼슬이름. 宰相과 元帥를 겸한 것)의 직책에 올라 신라의 병마대권(兵馬大權)을 장악했다. 〈원문에는 문희(文姬)가 모두 寶姬(보희)로 되어 있다. 그러나 김춘추(金春秋), 즉 태종무열왕(太宗武烈王)의 비(妃)는 문명부인(文明夫人) 문희로 보희의 동생이다. 김유신의 손아래 누이들로 소판(蘇判) 김서현(金舒玄)의 딸이다. 그래서 모두 문희로 고쳤다. 「삼국유사」에 따르면 보희의 어릴 때의 이름은 '아해(阿海)' 였다. 일찍이 꿈에 서형산(西兄山:지금의 경주 西嶽) 꼭대기로 올라가서 오줌을 누니 오줌이 서라벌 안에 가득 찼다. 꿈을 깨어 동생인 문희(文姬)에게 꿈이야기를 하였다. 문희가 그 꿈을 팔라고 하여 비단치마를 받고 팔았다. 김유신이 김춘추와 축국(蹴鞠:가죽 주머니로 공을 만들어 겨를 넣고 그 위에 꿩의 깃을 꽂았다.)을 하다가 일부러 김춘추의 여밈꼭지(襟紐:천 끈을 훑쳐 만든 것)를 떨어뜨리고 집으로 데려와 보희에게 달아 주라고 하자 싫다고 하여 아우 문희에게 시켰다. 그로 인해 문희는 김춘추와 눈이 맞아 혼인했고 후에 문명왕후(文明王后)가 되었으며 법민(法敏:文武王)을 비롯하여 인문(仁問)·문왕(文王)·노차(老且)·지경(智鏡)·개원(愷元) 등을 낳았다. -정해자〉

(3) 허점 많은 김유신의 전공(戰功)

「삼국사기」 김유신전으로 보면, 유신은 전략과 전술이 모두 남보다 뛰어난 백전백승(百戰百勝)의 명장(名將)이다. 그러나 그의 패전은 쓰지 않고 작은 승리를 부풀려 적은 것이 대부분이다. 〈원문은 "패전은 숨기고 작은 승리를 과장한 무록(誣錄)"이라고 했는데, '숨기려' 했다면 관련 삼국 기사에서 패한 기록을 모두 숨기고 삭제했어야 한다. 패전 기록이 그대로 남아 있다면 그것은 김유신전에 쓰지 않은 것일 뿐 무록이라고 할 수 없다. 없는 사실을 꾸미고 있는 사실을 왜곡하는 것이 바로 무록이기 때문이다.-정해자〉

진덕여왕 원년(기원 647년) 10월 백제 병사가 무산(茂山:원문은 '花山'으로 잘못 되어 있다.-정해자)·감물(甘勿)·동잠(桐岑) 세 성을 공격했다. 왕이 유신에게 보병과 기병 1만 명을 이끌고 가서 막게 했다. 고전(苦戰)으로 힘이 다하자, 유신은 비녕자(丕寧子)에게 "오늘 일이 급하게 되었다. 그대가 아니면 누가 군사들의 마음을 격동시킬 수 있겠느냐?"고 했다.

비녕자가 두 번 절하며 응락하고 적진을 뛰어들어 싸우다 죽자 아들 거진(擧眞)과 종 합절(合節)이 연거푸 그 뒤를 따라 힘을 다해 싸우다 죽었다. 그것을 보고 있던 3군이 감동하여 다투어 분격에 나서 적병을 크게 무찌르고 3천여 급의 목을 베었다.

…유신이 압량주(押梁州) 군주(軍主)가 되어…대량주(大梁州:大耶城)의 원수를 갚으려 했다. 왕이 물었다. "작은 나라가 큰 나라를 건드렸다가 위태로워지는 것이 아니냐?" 김유신이 말했다. "지금 우리 국민들의 마음이 한 덩어리로 뭉쳤기 때문에 백제를 두려워할 것이 없습니다." 왕은 이에 허락했다.

드디어 주병(州兵)을 훈련시켜 대량성(大梁城:大耶城) 밖에 다다랐다. 백제가 맞아 싸우러 나왔다. 거짓 패한 체하고 옥문곡(玉門谷)으로 달아났다. 백제가 가벼이 보고 대병(大兵)을 몰고 추격해 왔다. 매복병이 뛰어나와 앞뒤에서 들이쳤다. 백제군은 크게 패해 장군 8명이 사로잡히고 1천여 명의 목이 잘렸다.

사신을 백제 장군에게 보내어 말하게 했다. "우리 군주 품석과 그의 부인 김씨가 너희 나라 감옥 안에 묻혀 있다. …지금 네가 죽은 두 사람의 해골(骸骨)을 보내준다면 너의 살아있는 비장 여덟 명과 바꿔 주겠다."

백제가…품석 부부의 해골을 돌려보내자, 유신은 …여덟 명을 돌려보내고 이긴 기세를 타고 백제로 쳐들어가 악성(嶽城) 등 12개의 성을 함락하고 1만여 급을 베었으며 9천명을 사로잡았다. 김유신은 이 공으로 이찬(伊飡: 신라 17등 가운데 둘째 품계)이 되었고 상주행군대총관(上州行軍大總管)이 되어

진례(進禮:錦山) 등 9개성을 도륙하여 9천여 급의 목을 베고 6백 명을 사로 잡았다.…

2년(기원648년) 8월 백제 장군 은상(殷相)이 석토(石吐) 등 7성을 공격했다. 왕이 유신(庾信)·죽지(竹旨)·진춘(陳春)·천존(天存) 등 장군에게 출동을 명했다. 3군이 다섯 갈래의 길로 갈라져 공격했다. 서로 이기고 지며 열흘이 되도록 승부가 나지 않아, 뻣뻣하게 굳은 시체가 들판에 가득하고 흐르는 피에 절굿공이도 떠내려갈 것 같았다.

이에 도살성(道薩城) 밑에 진을 치고 잠시 말도 쉬게 하고 군사들도 먹인 다음 다시 싸우려 했다. 마침 물새(水鳥) 한 마리가 동쪽에서 날아와 유신의 군막(軍幕)을 지나갔다. 장수와 사졸들이 모두 상서롭지 못한 징조하고 했다.

유신이 말했다. "오늘 백제의 첩자(諜者)가 올 터이니 너희들은 모르는 체하라"고 했다. 그리고 군사들에게 명령하기를, "방벽을 굳게 지키고 움직이지 말라. 내일 증원군이 온 다음 싸울 것이다."라고 했다.

백제의 첩자가 돌아가 은상(殷相)에게 고했다. 은상은 증원병이 오는 줄 알고 두려워했다. 김유신 등이 일시에 급습하여 크게 무찌르고 달솔 정중(達率正仲)과 사졸 1백 명을 사로잡고 좌평 은상(佐平殷相)·달솔 자견(達率自堅) 등 10명과 사졸 8천9백80명을 참했으며 말 1만 마리와 개갑(鎧甲) 1천8백 벌을 획득했고 기타 기계(器械)도 이와 비슷했다. 돌아오는 길에 백제의 좌평 정복(佐平正福)이 졸 1천명을 이끌고 항복해 왔으나 놓아 보냈다.…

본기의 기록도 이와 대략 같다. 악성(嶽城)은 어느 곳인지 알 수 없으나, 진례(進禮)는 바로 용담(龍潭)·진안(鎭安) 사이의 징을레(進仍乙:고구려의 본명. 신라에서 眞禮라 함)이다. 그러니, 악성도 그 부근일 것이다. 이것은 전라도 동북쪽이 신라의 위협을 받은 것이다.

석토(石吐) 역시 어느 곳인지 알 수 없으나, 도살(道薩)이 바로 청안(淸安:槐山)의 옛 이름이니, 석토도 그 부근일 것이다. 이것은 충청도 동북쪽이 신라의 영토였다는 말이다.

또 유신이 이렇게 늘 이기기만 했으면 백제의 영토가 무척 줄어들었을 터인데, 「당서」에 신라사자 김법민(金法敏:문무왕)이 구원을 청하는 말 가운데, "큰 성과 중요한 지역(鎭)이 백제에게 먹히어 강토가 날마다 줄어들고 있습니다.…그러나 옛 땅만 돌려받는다면 화친을 청하겠습니다(大城重鎭, 並爲百濟所倂. 疆宇日蹙…但得古地, 卽請交和)."라고 하였으며, 삼국유서(三國遺書)에 "태종대왕이 백제를 치려고 당에 군사지원을 요청하고 늘 혼자앉아 얼굴에 근심하는 빛을 띠고 있었다(太宗大王, 欲伐百濟, 請兵於唐. 嘗獨坐憂形於色)."고 했다. 〈「당서(唐書)」에 "大城重鎭, 並爲百濟所倂. 疆宇日蹙…但得故地, 卽請交和"라는 말은 없다. 「삼국사기」백제본기 의자왕 11년(新羅使金法敏奏言, 高句麗百濟脣齒相依, 竟擧干戈, 侵逼交至, 大城重鎭並爲百濟所倂, 疆宇日蹙, 威力並謝. 乞詔百濟, 令歸所侵之城, 若不奉詔, 卽自興兵打取, 但得古地, 卽請交和)에 있는 말을 가져다 축약해 쓰면서 「당서」에 있는 말이라고 하는 것이다. 「구당서」 백제전 정관16년에, "의자왕이 군사를 일으켜 신라 40여성을 공격 점거하고 지키면서 고구려와 손잡고 당항성까지 빼앗아 신라의 조근길을 막으려 한다고 신라가 사신을 보내 위급을 고하고 구원을 청했다(義慈興兵伐新羅四十餘城, 又發兵以守之. 與高麗和親通好, 謀欲取党項城以絶新羅入朝之路. 新羅遣使告急請救)"고 기록되어 있을 뿐이다. 더욱이 「삼국사기」 신라본기 태종무열왕 6년 10월에, "왕은 조당에 앉아 당에 군사지원을 요청한데 대해 아무 소식이 없자 얼굴 가득 근심하는 빛을 띠었다(王坐朝, 以請兵於唐不報, 憂形於色)"는 말을 가져다 개작(改作)해 쓰면서 듣도 보도 못한 「삼국유사(三國遺事)」에 있는 말이라고 했다. 혹시 「대동운부군옥(大東韻府羣玉)」의 고골선고(枯骨先告), 즉 귀신이 했다는 말 "新羅請兵於唐不報. 王嘗獨坐, 憂形於色(신라가 군사지원을 당에 요청하고 아무 소식도 없자 왕은 늘 혼자 앉아서 근심하는 빛을 띠었다)"을 끌어다 고쳐 쓴 것으로, 그 밑에 붙어 있는 '신녀밀고(神女密告)'가 신라유사(新羅遺事)에 있는 말이라고 붙어 있으니까, 그 말을 삼국유사(三國遺書)라고 고쳐 쓴 것이 아닌가도 싶다. 그러나 이 기록은 「삼국사기」 신라본기 태종무열왕 6년(659) 기사에 근거한 것으로, 그 기사는 다음과 같다. "여름 4월 백제가 자꾸 국경을 침범했다. 왕이 치려고하여 당으로 사신을 보내 군사지원을 요청했다.…겨울 10월 왕은 조당에 앉아서 당에 군사지원을 요청한 일에 대한 소식이 없자 근심하는 빛을 띠었다(夏四月, 百濟頻犯境, 王將伐之. 遣使入唐乞師. …冬十月. 王坐朝, 以請兵於唐不報, 憂形於色)."-정해자〉

이때 백제는 성충(成忠)·윤충(允忠)·계백(階伯)·의직(義直) 같은 어진 재상과 장수들이 숲처럼 늘어서 있고 백전(百戰)으로 단련된 병사들이 버티고 있어 도저히 신라가 감당할 수 있는 적수가 아니었다. 김유신이 몇 번 구구하게 작은 싸움에서 이긴 일은 있었을지 모르지만 김유신전과 신라본기의 기록처럼 혁혁(赫赫)하지는 못했을 것이다.

(4) 김유신의 장기 음모(陰謀)

앞에서 기술한 것과 같이 김유신의 전공(戰功)이 날조된 것이라고 하면 김유신을 무엇으로 칭찬할 것이 있겠는가. 대개 김유신은 지략과 용기가 있는 명장(名將)이 아니고 음흉하고 사나운 정치가이다. 그의 평생의 큰 공(大功)은 전쟁터에서 이룬 것이 아니라, 음모(陰謀)로 이웃나라를 어지럽힌 것이다. 그 실례를 하나 들겠다.

신라 부산현(夫山縣:鎭海. 단재는 "松都부근?"이라고 했다–정해자)의 현령(縣令) 조미곤(租未坤)이 백제에 포로로 잡혀 백제 좌평 임자(任子)의 집 종(家奴)이 되었다. 그는 충성스럽고 근면하게 임자를 섬겨 마음대로 출입할 수 있는 자유를 얻었다. 조미곤은 은밀히 도망쳐 신라로 돌아와 김유신에게 백제의 국내정세를 아뢰었다.

김유신이 말했다. "임자는 백제왕의 신임을 받는 대신이라 하니, 함께 도모하면 쓸모가 많을 것 같다. 자네가 나를 위해 위험을 무릅쓰고 다시 돌아가 말할 수 있겠느냐?"

조미곤이 말했다. "공께서 저를 불초하다 여기지 않으시고 시켜만 주신다면 비록 죽는다 하더라도 원망하지 않겠습니다."

조미곤은 유신의 밀명(密命)을 띠고 다시 백제로 돌아가 임자에게 말했다. "이 나라 국민이 되었으니, 이 나라 풍속을 알아야 하겠기에 이곳저곳 돌아다니다 몇 순(旬)이 지났습니다. 개나 말이 주인을 따르듯 집이 그리워 이렇게 돌아왔습니다."

임자는 이 말을 믿고 꾸짖지 않았다. 조미곤은 틈새를 보아 임자에게 사실을 털어놓았다. "실은 얼마 전 고향이 그리워 신라를 다녀왔습니다. 이곳저곳 돌아다녔다는 것은 꾸중이 무서워 꾸며낸 말입니다. 신라에 가서 김유신을 만났는데, 그가 나에게 돌아가서 좌평 어른께 아뢰라고 했습니다. 백제와 신라는 원수가 깊어 전쟁이 그치지 않을 것이고, 두 나라 중 한 나라는 반드시 망할 테니, 우리 두 사람 중 한 사람은 현재의 부귀를 잃고 남의 포로가 될 수밖에 없다. 그러니, 우리 두 사람이 약속을 하고 신라가 망하면 유신이 공에 의지하여 백제에서 다시 벼슬하고, 백제가 망하면 공이 유신에게 의지하여 신라에서 다시 벼슬하기로 했으면 더 바랄 것이 없겠다. 그리되면 두 나라 중 어느 나라가 망하든, 우리 두 사람은 여전히 부귀를 누릴 수 있지 않겠느냐.”고 했습니다.

임자는 이 말을 듣고 잠자코 말이 없었다. 조미곤은 황공한 모습으로 물러나왔다.

그 몇 달 뒤 임자가 조미곤을 불러 물었다. “네가 지난번에 유신이 뭐라고 했다고 말했느냐?” 조미곤은 전에 한 말을 다시 한 번 고했다.

임자가 말했다. “네가 전한 말을 내 이미 잘 안다. 돌아가서 고하거라.”했다. 드디어 조미곤은 신라로 돌아와 임자의 말을 전하고, 동시에 백제의 내외 사정을 상세하게 전했다. 이리하여 유신은 백제를 병합할 계획을 더욱 서둘렀다.

(이상이 「삼국사기」 ‘김유신전’에 실려 있는 조미곤에 관한 기사의 전부이다. 대화나 내용이 많이 고쳐져 김유신전을 참고해 일부 보충했다. 하문(下文)은 단재가 지어 김유신전에 있는 말인 것처럼 덧붙인 것이다. ―정해자)

그 며칠 뒤 임자(任子)가 조미곤을 불러 물었다. 조미곤이 다시 유신의 말을 되풀이하고, 또 고하기를, “국가는 꽃과 같고 인생은 나비와 같은 것인데, 만일 이 꽃이 진 뒤에 저 꽃이 핀다면, 이 꽃에서 놀던 나비가 저 꽃으로 옮아가 사시(四時)를 늘 봄처럼 놀 수 있는 것이 아니겠는가. 어찌 구태여 꽃을 위하여 절개를 지킨다고 부귀(富貴)를 버리고 몸을 죽이겠는가.”하니, 임자가 원래 부귀에 얼빠진 비루한 사내(鄙夫)이기 때문에, 이 말을 달게 여겨 조미곤을 보내어 김유신의 제안을 받아들였다.

유신이 이에 다시 임자를 꾀여 말하기를, "한 나라의 권력을 혼자 거머쥐지 못한다면 무슨 부귀의 위력이 있겠는가. 들으니, 백제에는 성충(成忠)이 왕의 총애(寵愛)를 받아 말하는 것이 모두 시행되고 공은 겨우 그 밑에서 노닌다 하니 어찌 치욕스럽지 않겠는가?" 하며 백방으로 임자를 꾀여 부여성충을 무고(誣告)하게 하고, 마침내 요녀금화(妖女錦花)를 임자에게 추천하여 백제 왕궁에 들이게 하여 성충 이하 어진 신하들을 살해하거나 쫓아내게 하여 백제로써 백제를 망치게 하였다.(다음장 참조) 〈「삼국사기」는 잘되었든 잘못되었든 우리의 역사이고 그 속에 나오는 인물은 밉든 곱든 다 우리의 조상이다. 처음에는 흉노와 선비까지 끌어들여 '조선'을 노래하던 단재가 신라, 특히 최치원(崔致遠)이나 김부식(金富軾)·김유신(金庾信)과는 철천의 원수를 진 사람처럼 변하여 요녀금화(妖女錦花)까지 만들어 내며 일방적으로 저주하는 듯한 전율을 느끼게 한다. 단재의 재주를 아까워하고 단재의 많은 부분을 높이 평가하는 사람 중의 하나로 이런 무록(誣錄)을 대할 때마다 부끄러운 마음이 앞서, 단재를 위해서라도 밑의 제3장 전체와 함께 고치거나 깎아버려야겠다는 생각을 하게 만든다. 슬픈 일이다.—정해자〉

제3장. 부여 성충(成忠)의 자살

(1) 금화(錦花)와 임자의 무고(誣告)

임자(任子)가 김유신이 보낸 무녀(巫女) 금화(錦花)를 국가의 운명과 화복에 대한 예지능력을 갖춘 선녀(仙女)라며 의자왕(義慈王)에게 천거했다. 왕이 고혹(蠱惑)되어 금화에게 백제의 앞길을 물었다.

금화가 눈을 감고 있다가 한참 만에 신(神)의 말을 전했다. "백제가 만일 충신 형제를 죽이지 않으면 눈앞에 망국(亡國)의 화가 미칠 것이고, 죽인다면 천만년 영원히 복된 나라를 누릴 것이다."

왕이 말했다. "충신을 쓰면 나라가 흥하고 충신을 죽이면 나라가 망한다는 것은 고금의 이치인데, 충신을 형제나 죽여야 백제의 국운이 영원할 것이라는 것이 무슨 말이냐?"

금화가 말했다. "그 이름은 충신이로되 그 실상은 충신이 아니기 때문이다."

왕이 말했다. "그 충신 형제가 누구냐?"

금화는 아무 말 없이 있다가, 깨어나는 듯한 표정을 지으며 "첩은 다만 신의 밀명(密命)을 전할 뿐, 그 말씀이 무슨 뜻인지는 모르옵니다."했다.

왕은 이에 성충과 윤충 형제가 모두 '충' 자가 이름에 들어 있다며 의심하기 시작했다.

임자는 왕의 성충에 대한 마음이 흔들린다는 것을 알고 바로 헐뜯고 무고하여 내쫓으려 했다.

때마침 왕이 임자와 한가하게 술을 마시다가 임자에게 물었다. "성충을 어떤 사람이라고 보느냐?"

임자가 대답했다. "성충은 재주와 책략이 또래 중에서는 제일입니다. 전쟁의 승패를 예단하면 백에 하나도 실수가 없고, 남의 속을 꿰뚫어보며 말하는 솜씨가 뛰어나 이웃 나라에 사자로 보내면 임금의 명을 욕되게 아니하니, 이는 천하의 기재(奇才)입니다. 그러나 흠이 있다면 그만큼 그를 다루기가 쉽지 않다는 것입니다. 신이 들으니, 고구려에 사신으로 갔을 때 연개소문과 친밀하여 연개소문에게 '고구려에 공이 있고 백제에 성충이 있으니, 우리 둘이 마음을 합치면 천하에 이루지 못할 일이 어디 있겠소?' 하며 분연히 백제의 개소문으로 자처했고, 연개소문은 성충에게 '나는 공이 아직 대권을 잡지 못하고 있는 것을 안타깝게 생각합니다.' 하며 매우 후하게 대접했다 합니다. 성충이 정말 불측(不測)한 마음을 갖고 이웃나라 강신(强臣)과 밀접하게 지낸다면, 그의 아우 윤충이 또한 명장이니, 신은 대왕 만만세(萬萬歲) 후에 이 백제가 대왕 자손의 백제가 아니라, 성충의 백제가 될 수도 있지 않을까 겁이 나옵니다."

의자왕은 윤충(允忠)을 파직시켜 소환하고 성충을 소원(疏遠)하게 대접했다. 이때 윤충은 바야흐로 오늘날 중국 남부 저쟝성 항저우(浙江省杭州) 지방인 월주(越州:紹興)에 머물러 지키며, 장수와 사졸들을 훈련시켜 당(唐)의 강남(江南)을 모두 먹으려고 계획을 세우고 있었는데, 갑자기 무고(誣告)를 당해 파면, 귀환되었고 월주는 오래지 않아 당에 함락됨으로써 윤충은 울분(鬱憤)이 터져 죽었다.

(2) 성충의 자살(自殺)과 그 무리의 몰락

윤충이 죽고 성충 또한 배척되자 금화는 더욱 기탄(忌憚)없이 의자왕에게 장엄하고 화려한 왕흥사(王興寺)와 태자궁(太子宮)을 지으라고 부축여 나라의 저축을 탕진하게 하고, "백제 산천의 지덕(地德)이 험악하니, 철(鐵)로 진압해야 좋다"면서 각처 명산에 철주(鐵柱), 또는 철정(鐵釘)을 박게 했으며, 강과 바다에 철기(鐵器)를 던지게 하여 나라 안에 철(쇠)의 씨를 말리니, 국민들이 원망하고 미워하여 금화를 '불가사리'라고 했다. 불가사리는 백제 신화(神話)의 '쇠먹는 신'의 이름이었다.

성충이 이에 글(疏)을 올려 임자와 금화의 죄를 극론(極論)했다. 왕의 좌우(左右:近臣)가 모두 임자와 금화의 심복이기 때문에 경쟁하듯 성충을 헐뜯었다. "성충이 대왕께 사랑을 잃은 뒤부터 늘 원통하고 억울하게 여기더니, 오늘은 이 글을 올렸습니다."하는 것이 전부였다.

왕은 성충을 잡아다 옥에 가두라 하고 좌평 흥수(興首)를 고마미지(古馬彌知:長興)로 귀양보내게 했으며, 서부은솔 복신(西部恩率福信)의 직책을 삭탈하여 가두게 했다. 모두 성충의 무리였다.

성충은 옥중에서 마지막으로 의자왕에게 글을 올렸다. "충신은 죽더라도 임금을 잊지 못합니다. 원하오니, 한 말씀 드리고 죽게 해 주십시오. 신이 돌아가는 형편을 살펴보니 반드시 전쟁이 일어날 것 같습니다. 무릇 군사를 쓰시려면 지세(地勢)를 살펴 상류(上流)에 자리 잡고 적(敵)에 대처해야 만전(萬全)을 기할 수 있습니다. 만일 다른 나라 군병이 육로(陸路)로 쳐들어오면 침현(沈峴:炭峴)을 넘지 못하게 하고 수군(水軍)이 쳐들어오면 기벌포(伎伐浦:白江口)로 들어오지 못하게 한 다음 험한 지형을 의지하고 싸워야 됩니다." 라고 하고 음식을 끊은 지 28일 만에 죽었다. 바로 고구려의 태대로 연개소문이 죽기 1년 전이었다. 〈"성충이 음식을 끊은 지 28일 만에 죽었다"는 기록은 어디에도 없다. 이 3장의 사실(史實)은 성충의 글만 빼고 모두 날조된 무록이다. 성충의 글도 원문에서는 "충신은 죽을지라도 임금을 잊지 못하나니, 신이 한 말을 올리고 죽으려 하나이다. 신이 천시(天時)와 인사(人事)를 살피건대, 오래지 않아 병혁(兵革)의 화(禍)가 있을지라. 무릇 병(兵)을 쓰려면 지세를 가려 상류에 자리 잡고 적에 응하여야 만전하나니, 적병이 만일 들거든 육로로는 탄현(炭峴)을 막으며 수로로는 백강(白江)을 막아 험저(險阻)를 거(據)한 뒤에 싸우는 것이 가하옵니다"로 고쳐져 있어 백제본기에 있는 내용대로 위와 같이 다시 고쳤다. 단재는 이곳에서 없는 사실을 꾸미면서 또 왕흥사(王興寺)가 의자왕 때 지어진 것처럼 썼는데 왕흥사 터에서 출토된 청동제사리합 명문에 따르면 577년 2월 15일 백제왕 창(百濟王 昌:威德王)이 죽은 왕자를 위하여 이 절을 세운 것으로 되어 있다. 충남 부여군 규암면 신리 '왕은이골'에 있었던 절이다. 1934년에 '王興(왕흥)'이라는 명문이 새겨진 기와 조각이 수습됨으로써 사찰 터임이 밝혀졌다. 절 앞 언덕에는 10여 명이 앉을 만한 바위가 있는데, 백제왕이 절에 예불 드리러 올 때는 먼저 이 바위에서 부처에게 절했다고 하는데, 그때마다 돌이 저절로 따뜻해졌으므로 '자온대(自溫臺)'라고 하였다고 전한다. 그래서 이 돌에서 '구들'이라는 이름이 나왔고 이 말이 다시 '구드레'로 변하였다고 말한다. 그러나 이것은 사리를 모르는 사람들이 하는 소리일 뿐, 귀담아 들을 필요가 없다. '구드레'나 '고드레'라는 말은 대왕포(大王浦)라고도 불린 북포(北浦)의 원 이름이 '구드레나루(古省津)', 또는 '고다래나루(古多津:고드레)'였다는 기록에서 비롯된 것인데 이 말은 '고마들나루', '구마들나루'에서 '마'자가 탈락된 형태로 '곰들나루'라는 뜻이다. 옛 사람들은 받침을 발음하기 어려워 '곰'을 '고므', 또는 '구므'라고 했고, '들'을 '드르', 또는 '드레'라고 하여 '곰들'을 '고므드레', 또는 '구무드레'라고 했는데, 그 말이 다시 '고드레', '구드레'로 줄어들어 '고드레나루'와 '고다래나루'가 된 것이다. 오늘의 금강(錦江)이 바로 '고마내', 또는 '구마내(熊川)'로 불리던 물길이기 때문이다. 엿바위(窺岩里) 밑으로 펼쳐진 구룡평야(九龍平野)도 다른 말이 아니다. '구(九)'는 단순히 소리를 딴 것이고 '평야'는 '들'이라는 한자말이니까, '구들'이 된다. 유의해 보아야할 것은 龍(룡)자이다. 여기서 용자는 우리조상들이 즐겨 쓰던 '내'나 '무르'·'미르'의 뜻으로 쓴 것이 아니다. '곰내(고마무르)평야'라는 뜻이 아니라, 옛날 관개용 농기구인 '용두레(미르두레)'에서 '두레', 또는 '드레'라는 소리를 나타내는 용자로, 바로 '곰내' 옆에 있는 '곰들(熊野)'이라는 뜻의 '고마드레'·'구마드레'라고 쓴 말인데, 그 후 '마'자가 탈락되며 이루어진 '구드레평야'라는 말을 九龍平野(구룡평야)라고 이두로 표기한 것이다. 웅야평야(熊野平野)라는 뜻의 겹말이다. ─정해자〉

탄현(炭峴)은 후대 사람들이 지금 여산(礪山:益山)의 탄현이라 하고, 백강(白江)은 지금 부여의 백강(錦江)이라고 하지만, 백제가 망할 때 신라군(新羅

軍)은 탄현을 넘어오고, 당병(唐兵)은 백강으로 올라온 뒤에 계백(階伯)이 황산(黃山:지금 連山부근)에서 싸우고, 의직(義直)이 부여 앞강에서 싸웠으니 탄현은 대개 지금 보은(報恩)의 탄현이고 백강은 대개 지금의 서천(舒川) 백마강의 하구로, 흥수(興首)가 말한 기벌포(岐伐浦:다음 장 참고)이다. 〈충북 보은(報恩)에는 '숯가마 골'이 변하여 된 '탄부(炭釜)'라는 곳은 있지만 '탄현(炭峴)'이라는 고개가 있었다는 말이 전해진 적은 없다. 탄부 주위 벽지에서 돌꽂이로 넘어가는 고갯길이 꼭 하나 있는데 그것은 방향도 틀리고 이름 역시 달라, 숯고개(탄현)로 불렸을 개연성이 없다. 단재는 신라군이 보은·옥천 쪽에서 논산(論山:黃山)으로 온 것으로 보고 보은에 '탄부'가 있으니까 그 주위에 '탄현'이 있을 것이라는 추측으로 이런 주장을 한 것이 아닌가 싶다. 그러나 '탄현'은 바로 오늘날 대전광역시 동구와 충청북도 옥천군 군서면의 경계에 있는 식장산(食藏山)에 있는 고개라는데 의견이 일치하고 있다. 정확한 위치는 옥천군 군서면 오동리와 군북면 자모리의 경계인 식장산 중심 산골의 깊은 자루목이다. 사서(史書)에 기록되어 있는 심현(沈峴)과 동일한 지역으로 추정되고 있다.-정해자〉

제4장. 나당(羅唐) 연합군의 침입과 사로잡힌 의자왕

(1) 신라와 당 양국군의 침입

기원 654년 진덕여왕(眞德女王)이 죽고 김춘추(金春秋)가 왕위에 올랐다. 바로 태종무열왕(太宗武烈王)이다. 태종의 아버지 용춘 때부터 이미 대왕의 실권을 갖고 있었으나 다만 동서(同壻)인 백제 무왕(武王)이 왕위를 다투고 있었으므로 그 감정을 완화시키기 위해 명목상의 왕이라는 직위를 선덕(善德)과 진덕(眞德), 두 출가여승(出家女僧)에게 주었던 것인데, 이제는 두 나라의 찢어진 상처가 다시 꿰맬 수 없을 만큼 깊었기 때문에 태종이 왕이라는 명의까지 갖게 된 것이었다.

태종은 왕이 되자 김품석(金品釋) 부부에 대한 앙갚음을 더욱 급하게 서둘렀고, 백제의 침략과 압박이 전보다 심해지자, 그의 태자 법민(法敏)을 당(唐)으로 보내 구원병을 요청했다. 당은 이때 당고종(唐高宗)이 즉위하여 고구려에 대한 아버지의 원수를 갚으려고 계획을 하고 있었다. 그러나 지난 시절 여러 번 고구려를 침공하였다가 실패하였으므로, 먼저 신라와 연합하여 백제를 쳐 없앤 뒤에 다시 고구려를 함께 쳐 없애기로 하고 태종의 청을 허락하였다.

(2) 계백(階伯)과 의직(義直)의 전사

기원 660년 3월 신라왕자 김인문(金仁問)은 당의 신구도행군총관 소정방(神丘道行軍摠管蘇定方)과 함께 병사 13만 명을 거느리고 내주(萊州:山東)에서 배를 타고 바다를 건너 6월에 덕물고(德勿島:지금 仁川 德積島)에 이르렀다. 〈신라 태종무열왕 때 나당(羅唐)연합으로 당나라 소정방(蘇定方)이 천리에 뻗친 전선을 이끌고 서해를 건너왔을 때, 신라의 태자 법민(法敏)이 전선 100척을 거느리고 나아가 영접한 곳. 바로 지금의 덕적면 소야도(蘇爺島)이다−정해자〉

신라 태종은 대각간 김유신(大角干金庾信)과 장군 진주(眞珠)·천존(天存) 등과 서라벌을 출발하여 금돌성(今突城:지금 尙州牟東,단재는 陰城이라고 했다.−정해자)으로 올라와 머물러 있었고 태자 법민에게 병선(兵船) 1백 척을 거느리고 덕물도로 가서 소정방을 맞게 했다.

소정방은 법민에게 "나당(羅唐) 양국군이 수륙으로 나누어 신라군은 육로로 진격하고 당군(唐軍)은 수로로 진격하여 7월 10일 백제 수도 소부리(所夫里)에서 만나자"고 하였다.

왕은 태자와 대장군 김유신, 장군 김품일(金品日)·김흠순(金欽純) 등에게 정병 5만을 이끌고 백제로 쳐들어가게 하였다.

의자왕은 그제야 밤늦도록 계속된 연회를 파하고 여러 신하들을 불러 싸워 지킬 수 있는 방책을 의논했다. 좌평 의직(佐平義直)은, "당병(唐兵)은 단련되지 못한 자들로 멀리서 바다를 건너왔으니, 반드시 녹초가 되어 있을 것입니다. 배에서 내리는 초기에 돌격하면 무찌르기 쉬울 것입니다. 당병을 무찌르면 신라는 제풀에 겁을 먹어 싸우기도 전에 무너질 것입니다."라고 했고, 좌평 상영(常永)은 "당병은 멀리서 왔으므로, 그들의 유리한 점이 속전속결(速戰速決)에 있습니다. 배에서 내리는 초기에는 장수나 사졸들이 모두 용감하게 떨쳐 일어날 터이니, 험한 지세를 이용하여 막아 지키고 있다가 군량이 바닥나고 군사들이 지친 다음에 싸워야 됩니다. 신라는 누차에 걸쳐 우리 군사에게 패하여 우리를 무서워하고 있으니, 먼저 신라군을 쳐 무찌르고 다시 형편을 보아 당병을 무찔러야 합니다."라고 하여 의논이 분분했다.

의자왕이 전에는 평시나 전시를 물론하고 배포 있고 박력 있게 밀어붙이며 용감하게 결단을 내렸는데, 이때에는 요망한 무녀(妖巫)와 뭇 소인배들에게 둘러싸여 근본적인 조치를 취하지 못하고 이럴까 저럴까 어찌할 바를 모르다가 갑자기 지략가로 유명하던 좌평, 성충의 무리로 지목되어 고마미지현으로 귀양가 있던 흥수(興首)에게 사자를 보내 계책을 물었다.

흥수가 대답하기를, "탄현(炭峴)과 기벌포(岐伐浦)는 국가의 요충이라, 한 사람이 칼을 들고 막으면 만 사람이 덤비지 못할 곳이니, 수륙군의 정예병을 뽑아 당병은 기벌포로 들어오지 못하게 하고 실라군은 탄현을 넘지 못하게 하며, 대왕은 왕성을 지키고 있다가 저들 두 적(敵)이 군량이 바닥나고 지치기를 기다려 들이치면 백전백승할 것입니다."라고 했다.

사자가 돌아와 그대로 보고했다. 임자 등은 성충의 남은 무리가 다시 쓰일까봐 "흥수는 오랫동안 귀양살이를 하고 있기 때문에 임금을 원망하고 성충의 은혜만 생각하며 늘 보복을 하려고 성충의 소장(疏章) 찌꺼기를 주어다가 나라를 망치려 하는 것입니다. 그 말을 쓸 수 없습니다. 당병은 기벌포를 지나게 하고 신라군은 탄현을 넘게 한 뒤에 일제히 공격하면 독 안에 든 자라를 잡는 것과 같아, 두 적을 모두 분쇄할 수 있는데, 어찌 험한 지형을 이용하여 막고 적병과 대치하느라 시일만 허비하며 군사들의 용기를 감쇠시켜서야 되겠습니까."

왕은 "그렇다."하고 다시 궁녀들에게 술을 들어 노래하게 하며 전쟁이 눈앞에 있다는 것을 잊으려 했다. 〈이 대목의 백제본기 기사의 내용은 다음과 같다. "의자왕은 사람을 보내 흥수에게 물었다. '일이 급하게 되었다. 어찌하면 되겠느냐?' 흥수가 말했다. '당병은 수도 많고 군율도 엄격합니다. 더구나 신라와 공모하여 기각지세(掎角之勢: 앞뒤에서 들이치는 것)를 이루고 있으니, 만일 넓은 들판에서 맞붙어 싸운다면 승패를 알 수 없습니다. 백강(白江:伎伐浦)과 탄현(炭峴:沈峴)은 우리나라의 요새입니다. 한사람이 창 한 자루만 갖고 막아도 만 사람이 당해낼 수 없습니다. 용사를 가려 보내 지키게 해야 합니다. 당병(唐兵)은 백강으로 들어오지 못하게 하고, 신라군은 탄현을 넘지 못하게 한 다음. 대왕께서는 굳게 성문을 닫고 지키다가 적군의 양식이 떨어지고 사졸들이 지칠 때를 기다려 일시에 들이치면, 반드시 무찌를 수 있을 것입니다." 그러나 이때 대신들은 이 말을 믿지 않았다. "흥수는 오랫동안 구금되어 있어 임금을 원망하고 나라를 사랑하지 않을 테니, 그 말을 쓸 수는 없다. 당병을 백강으로 끌어들여 강가에 배를 줄지어 대지 못하게 하고 신라군을 탄현으로 끌어들여 말들이 나란히 달릴 수도 없게 만든 다음, 군사를 놓아 들이치면 마치 닭장(鷄籠)에 있는 닭을 죽이고 그물에 걸린 고기를 잡는 것과 같을 것입니다."라고 했다. 왕도 그러리라 여겼다.─정해자〉

7월 9일 신라 대장 김유신(金庾信)·김품일(金品日) 등이 5만 명의 군사를 거느리고 탄현을 넘어 황등야군(黃登也郡:論山·連山 사이)으로 쳐들어왔다. 의자왕은 장군 계백(階伯)에게 결사대 5천명을 이끌고 나가 신라군을 막으라고 했다.

계백은 출전에 앞서 어처구니 없어하며, "탄현의 천험(天險)의 요새는 지키지 않고, 5천명의 병력으로 10배나 되는 군사를 막으라 하니, 내 일을 내가 알겠다." 하고 처자를 불러 말하기를, "조그만 나라가 당의 대군과 맞닥뜨리게 되었으니 나라의 존망(存亡)을 알 수 없다. 적들에게 사로잡혀 노비가 된다면, 그 굴욕적인 삶은 죽는 것만도 못할 것이다. 차라리 내 손에 죽어라."하고 칼을 빼어 그 자리에서 모두 쳐 죽였다.

황산(黃山) 벌판으로 나가 세 곳에 군영(軍營)을 설치하고 신라군을 맞아 싸우기에 앞서 군사들을 모아놓고 이렇게 맹세했다. "고구려 안시성주 양만춘은 5천 명의 군사로 당병 70만을 무찔렀다. 우리 5천 명의 병사는 한 사람이 열 명씩은 당해낼 수 있을 것이다. 어찌 신라의 5만군을 겁내겠느냐!" 하고 신라군을 맞아 밀어붙였다. 김유신 등은 네 번이나 진격했다가 네 번다 패하여 사상자가 1만 명이 넘었다. 〈위의 계백의 말 등은 「삼국사기」 계백전을 참고하여 일부 보충했다. 계백전에는 양만춘에 관한 말은 없다. 또 어느 사서(史書)에도 양만춘의 군사가 5천명이었다는 기록은 없다. 이 대목은 계백이 "옛날 구천(句踐)은 5천의 군사로 오(吳)의 70만 대군을 무찔렀다. 오늘 각자는 몸과 마음을 다해 기필코 승리하여 나라의 은혜에 보답해야할 것이다."라고 한 말을 다른 말로 고치면서 '구천'까지 '계백'으로 고친 것이다.-정해자〉

김유신은 싸워서 이길 수는 없고 소정방과 약속한 기일은 다가오자 마음이 급해졌다. 품일과 흠순을 돌아보며 물었다. "오늘 이기지 못하면 약속한 날짜를 지킬 수 없을 것이오. 당군(唐軍)이 독자적으로 싸우다 지면 신라가 수십 년 들인 공이 허사가 될 것이고, 당군이 이기면 비록 남의 힘으로 복수는 했다 하더라도 신라가 당의 모멸(侮蔑)을 견디지 못할 터이니 어찌하면 좋겠소?"

흠춘과 품일이 말했다. "오늘날 10배나 되는 군사를 이끌고 와서 이기지 못한다면 신라인은 다시는 얼굴을 들지 못할 것입니다. 먼저 우리 애들을 죽여 남의 자제(子弟)들이 죽도록 격려하여 혈전을 벌이지 않으면 아니 되겠습니다."

즉시 흠춘은 그의 아들 반굴(盤屈)을 부르고, 품일은 그의 아들 관창(官昌)을 불러 말했다. "신라의 화랑(花郎)은 어기차고 충성스러운 것으로 유명했다. 1만 명이나 되는 낭당군(郎幢軍:랑당은 신라의 군부대 이름.-정해자)이 수천 명의 백제 군사를 이기지 못한다면 화랑이 망하는 것이고, 신라 또한 망하는 것이다. 너희들은 낭당의 두령(頭領)이 되어 화랑을 망치려 하느냐! 남의 신하가 되었으면 충성을 다해야 하고 자식이 되었으면 효도를 다해야 할 것이다. 위태로운 일이 닥치면 목숨을 바쳐야 충·효를 다했다 할 것이다. 충·효를 다하고 공명(功名)을 세워야 하는 것이 오늘의 할 일이 아니겠느냐!"

반굴이 "예"하고 그의 무리와 함께 백제 진영으로 돌격해 나가 모두 전사했다. 관창은 그때 나이 겨우 열여섯 살로 화랑 중에서도 가장 어린 소년(少年)이었다. 반굴의 뒤를 이어 창 한 자루만 달랑 든 채 혼자 말을 달려 백제 군중으로 곧장 달려들어 몇 사람을 찔러 죽이고 사로잡혔다.

계백이 투구를 벗겨 보고는 어린 소년이 당차고 용감한 것을 가상히 여겨 차마 죽이지 못하고 "신라에는 기사(奇士)가 많다더니 소년까지 이렇다는 말이냐!"하고 돌려보냈다.

관창은 아버지 품일에게 "오늘 적진으로 들어가 적장(敵將)을 죽이지 못 했으니 참으로 부끄럽습니다."하고 손으로 우물물을 한 모금 떠 마시고는 다시 창을 꼬나들고 말을 채찍질 하여 백제 군중으로 뛰어들었다. 계백이 사로잡아 목을 베어 그의 말 말안장이 매달아 돌려보냈다.

품일이 그 머리를 잡고 소매로 얼굴의 피를 닦으며 "내 아들의 얼굴이 산 것 같으니, 왕사(王事:왕의 전쟁)를 위해 후회 없이 죽었구나."하고 부르짖었 다. 〈원문은 "계백이 이를 격살(擊殺)하여 그 머리를 말꼬리에 매어 보냈다"고 고쳐져 있다. 「삼국사기」 관창전(官昌傳)을 참고해 바로잡았다.—정해자〉

이것을 보고 있던 신라군사가 모두 격분하여 일어섰다. 김유신은 이때를 놓치지 않고 총공격 명령을 내렸다. 신라군 수만 명이 일제히 돌격해 들어 왔다. 계백은 직접 북을 치며 맞아 싸웠다. 양국의 병사들은 엉겨 붙어 육박 전을 벌였다.

계백과 그가 거느린 백제 병사가 아무리 용감하다한들 숫자가 너무 달리 는데 어찌하겠는가. 한갓 깨끗한 희생으로 백제사(百濟史)의 마지막 장을 장 식하고 전장에 넘어졌다. 신라 군사는 개가(凱歌)를 부르며 백제 도성(都城) 으로 몰려갔다.

이때 당장(唐將) 소정방(蘇定方)은 백강(白江) 어귀 기벌포에 이르러 있었 으나, 몇 리에 걸친 뻘밭(泥海)이 펼쳐져 있어 행군할 수가 없었다. 풀과 나 무를 베어다 깔고 가까스로 들어오는데, 백제왕은 임자(任子)의 말처럼 '독 안에서 자라를 잡으려고' 이곳을 지키지 않고, 수군(水軍)은 백탄(白灘:지금 白江)을 지키고 육군은 그 기슭에 진을 치고 있었다.

당군(唐軍)은 밀물을 타고 배들이 꼬리를 물고 올라왔다. 후퇴는 할 수 없 고 진진만 해야 했기 때문에 용기가 배로 올라 단숨에 백제 수군을 무찌르고 기슭으로 올라왔다. 의직(義直)이 군사를 호령하며 이들과 격렬한 전투를 벌였으나 얼마 버티지 못하고 잡혀 죽었다.

의직은 비록 지혜와 책략이 계백만은 못했지만, 비슷하게 어기차고 용감하여 한 때 당군의 간담을 써늘하게 했기 때문에 신라 사람들이 그가 죽은 곳을 '조룡대(釣龍臺)'라고 이름했다. 대개 의직을 용에 비교하고 의직을 죽인 것을 용을 낚은 것이라고 비해 말한 것이다. 〈조룡대(釣龍臺)는 충남 부여 쌍북리 고란사(皐蘭寺) 북동쪽 백마강 가운데 있는 바위이다. 용암, 또는 용바위라고도 한다. 이 바위 옆에서 의직이 죽었다는 기록은 어디에도 없다. 맹목적이다 싶을 정도로 백제 장수들을 추존하기 위해 지어내는 단재의 무록이다. 단재는 자신이 써 놓고도 멋쩍었든지 「동국여지승람」의 백마강에 대한 기록을 이어 붙이고 있다.-정해자〉

「동국여지승람(東國輿地勝覽)」에는 "소정방이 백강에 이르러 건너려 하자, 비바람이 크게 일어 행군할 수 없었다. 무당(巫子)에게 물었다. '강에 사는 용이 백제를 보호하려는 것이다' 라고 하였다. 소정방이 백마(白馬)를 미끼로 용을 낚아 잡았다. 그래서 강을 백마강이라고 하고 대를 조룡대라고 했다"고 기록되어 있다.

그러나 백마강(白馬江)이라는 이름은 소정방이 오기 전부터 있었다. 그래서 성충의 유소(遺疏)에 '白江口(백강구)' 라는 말이 있는 것이다. '백강' 은 바로 '백마강' 의 줄임말이다. 일본사(日本史)에서는 白村江(백촌강)이라고 했다. 촌은 바로 '말' 로 백촌강은 백마강이라는 또 다른 번역이다. 속설(野說) 자체가 근거 없고 허황할 뿐만 아니라, 역사에도 모순된다. 「해상잡록」에 나타난 대로 의직이 죽은 곳이라 하는 것이 좋을 것이다. 〈위에서도 말했지만 「해상잡록(海上雜錄)」이란 그 쓰임과 기록으로 보아 남이 지은 책이 아니라, 단재 자신이 배위에서 기록하기 시작한 일종의 메모장이 틀림없어 보인다. 그렇지 않고서는 그 기록이 시의적절 하게 단재의 생각과 그렇게 꼭 맞아 떨어질 수가 없다. 이곳만 해도 그렇다. 자신이 한 말을 증명하기 위해 예로 드는 「해상잡록」이 알맹이는 따로 없이 숱하게 이용된 전례를 반복하고 있다. 백마강(白馬江)의 해석에 대해서는 단재의 해석이 백번 옳다. 다만 馬(마)와 村(촌)이 '말' , 즉 '마을' 을 지칭한다는 것으로 그치고 있어 아쉽다. 白(백)자의 옛 소리는 '백' 이 아니라, '배' 로, '白馬(백마)' 는 바로 '배말' , 곧 '배를 만드는 마을' 이나 '배를 타는 마을' 에서 비롯된 것으로 '백마강' 은 '배말 앞 내' 나 ' 배말 앞 물' 이라는 뜻이기 때문이

다. -정해자〉

(3) 포로가 된 의자왕과 함락되는 백제 수도

김유신(金庾信) 등이 계백을 무찌르고 그 이튿날인 11일 백강에 다다랐다. 소정방은 약속한 기한이 지났다 하여 신라 독군 김문영(督軍金文穎)의 목을 베려했다. 유신은 당이 신라를 번속(藩屬:속국)으로 대하듯 하자, 분하고 화가 나 눈에서 불이 뚝뚝 떨어지더니. 어느덧 보검을 빼어 들고 여러 장수들을 돌아보며 "백제는 그만두고 당과 먼저 싸워야겠다."고 했다. 〈이 대목의 「삼국사기」 태종무열왕기의 기록은 "김유신이 군문(軍門)에서 군사들에게, '대장군(소정방)은 황산의 전투를 보지도 않고 기일이 늦었다고 죄주려 하는데, 나는 죄 없이 욕을 당할 수 없다. 반드시 먼저 당군과 결판을 낸 뒤에 백제를 격파하겠다.' 하고 즉시 도끼를 곧추세워 잡았는데, 머리털이 곤두서고 허리에 찬 보검이 저절로 튀어나올 것 같은 기세였다."고 되어 있다. -정해자〉

이렇게 되자, 소정방의 우장(右將) 동보량(董寶亮)이 소정방의 발을 밟으면서 "신라군이 변고를 일으킬 것 같습니다."하고 일깨워 주었다. 이리하여 소정방은 김문영을 놓아 주고, 두 나라 군사가 연합하여 백제의 수도 '솝울'을 공격했다. 〈'솝울'은 '所夫里(소부리)'의 독음(讀音)이다. 그러나 단재는 '所夫里'가 '셔부르', 즉 '새 부여'라는 말이고, '새 평양'이라는 말도 되는데, 그 말이 바로 오늘날 '서울'이라는 말인 '셔볼'의 원말이었다는 것은 미처 깨닫지 못했던 것으로 보인다(제4편 끝 주 참조). -정해자〉

의자왕은 태자(太子)이외의 적자(嫡子)가 몇 사람 있었고 서자(庶子)가 40여 명이었다. 왕은 평일에 그들에게 모두 좌평(佐平)이라는 벼슬을 주어 국가 경영에 참여하게 하고 심지어는 실권도 행사하게 했는데, 이때에는 대략 3개 파로 나누어졌다.

태자 효(孝) 등은 북경 곰나루성(熊津城:公州)으로 달아나 지키며 전국의 의병(義兵)을 불러 모으자고 했고, 둘째아들 태(泰)는 솝울(扶餘泗泌城)을 사

〈백제(百濟) 금관(金冠)〉

수(死守)하며 부자(父子) 군신(君臣)이 맞서 싸우면서 의병을 기다리자고 했고, 왕자 융(隆:원래 太子) 등은 우주(牛酒:쇠고기와 술)와 폐백(幣帛)을 적병(敵兵)에게 바치고 군사를 물려달라고 빌자고 하는 등, 40~50명의 적·서자가 각기 제 의견을 주장하며 왕 앞에서 떠들어댔다.

왕은 어느 말을 들어주어야할지 몰라 세 아들의 말을 모두 들어주었다. 융에게는 강화(講和)의 전권을 맡기고 태에게는 싸워 지키는 권한을 맡겼으며 자신은 태자와 함께 북경 곰나루성으로 도망쳤다.

융은 소정방에게 글을 올려 철군을 요청하며 술과 고기를 보냈다가 퇴짜를 맞았다. 둘째아들 태가 대왕 위에 올라 군사와 백성들을 거느리고 막아 싸웠다. 태자의 아들 문사(文思)가, "대왕과 태자가 생존해 계시는데, 숙부가 어찌 스스로 왕이 되느냐? 만일 사태가 평정되면 숙부를 따르는 자는 모두 역적으로 죽을 것이다."하고 좌우를 거느리고 성을 빠져나가 달아났다. 인민들이 모두 그 뒤를 따랐다. 군인들도 전의를 잃었다.

융은 화의(和議)를 성사시키지 못한 것을 부끄럽게 여겨 성문을 열고 나가 항복했다. 신라군과 당병은 줄을 걸어 잡고 성가퀴로 올라갔다. 〈원문은 "융(隆)은 또 화의가 성립되지 못함을 부끄러이 여겨 성문을 열고 나가 항복하니, 신라병과 당병이 이에 성가퀴(城堞)을 밧들고 성에 오르더라"로 되어 있다. '성가퀴를 밧든다' 는 것이 무슨 말인가. 삼국사기 기록은 '슭士超堞立唐旗幟(병사들에게 성을 넘어가 당의 깃발을 꽂게 했다)로 되어 있다. 그러나 말이 되지 않는다. 성문이 열렸는데 왜 사병들이 힘들게 성을 타고 넘어 들어가는가. 이것은 단재가 당시 상황을 자기 쓰고 싶은 대로 쓰기 때문이다.「삼국사기」백제본기 기록은 "당병이 이긴 기세를 타고 사비성을 육박하자 왕은 함락을 면하기 어렵다고 판단하고 태자 효(孝)와 함께 북쪽으로 달아났다. 소정방은 성을 포위했다. 왕의 둘째아들 태(泰)가 스스로 왕이 되어 무리를 이끌고 굳게 지켰다. 태자의 아들 문사(文思)가 왕자 융에게 말했다. '왕과 태자가 나가자 숙부가 멋대로 왕이 되었으니, 만일 당군이 포위를 풀고 물러간다면 우리라고 어찌 안전하겠습니까.' 하고 좌우와 함께 줄을 타고 성을 빠져나갔다. 백성들이 모두 그를 따랐다. 태는 말릴 수가 없었다. 소정방은 군사들에게 성을 타고 올라가 성첩에 당군의 깃발을 꽂으라고 했다. 태는 궁지로 몰리자 성문을 열어놓고 명을 기다렸다. 이리하여 왕 및 태자 효와 여러 성이 모두 항복했다."고 되어 있다. 왕자들이 세 파로 갈렸느니, 왕자 융이 화의를 성사시키지 못해 나가서 항복했느니, 하는 것은 단재가 꾸민 이야기일 뿐 사실이 아니다.—정해자〉

왕후와 왕의 희첩(姬妾) 및 태자의 비빈(妃嬪)들이 모두 적병에게 욕보지 않으려고 대왕포(大王浦)로 달아나 절벽 위에서 강으로 떨어져 죽었다. 그 바위 절벽이 낙화암(落花岩:墜死岩)이라는 이름으로 지금까지 그 열적(烈蹟)을 전하고 있다. 여러 아들들은 혹은 자살하고 혹은 달아났다.

의자왕은 곰나루성으로 달아나 지키고 있었다. 수성대장(守城大將)이 바로 임자(任子)의 무리였다. 왕을 잡아 항복하려 하자, 왕은 스스로 목을 찔러 죽으려 하였으나 동맥이 끊어지지 않았다. 태자 효 및 막내 연(演)과 함께 포로가 되어 꽁꽁 묶인 채 당군(唐軍) 군영으로 끌려갔다. 소정방은 반쯤 죽은 의자왕을 굴려 "이제도 대국에 항거하겠느냐?"하고 웃음거리로 삼았다.

신라 태자 법민(法敏:문무왕)은 대좌평 천복(大佐平千福) 등과 함께 항복하러 나와 자신의 말 앞에 꿇어앉은 왕자 융을 보고 꾸짖기를, "지난 날 너의 아비는 나의 누이동생을 억울하게 죽여 옥중에 묻어 나로 하여금 20년 동안이나 가슴 아프고 고통스럽게 했는데, 오늘은 너의 목숨이 내 손에 달려 있구나."했다. 〈원문은 "당장(唐將) 소정방(蘇定方)은 목을 찔러 절반이나 죽은 의자왕(義慈王)을 굴려 '이제도 대국(大國)을 항거하겠느냐?'고 웃음거리를 삼으며, 신라태자 법민은(法敏)은 왕자 융(隆)을 굴려 '네 아비가 우리 누이 내외를 죽인 일이 생각나느냐?' 고 앙갚음을 하더라."로 되어 있다. 그러나 이것은 사실이 아니다. 아무리 옛날이라고 해도 포로로 잡힌 적국의 왕과 왕자에게 이처럼 굴리며 경박하고 잔인한 짓을 한 예는 없다. 의자왕은 7월 18일 태자와 함께 웅진성에서 나와 항복했고 왕자 융은 그 닷새 전인 7월 13일 태자의 아들 문사(文思)와 함께 성을 넘어 나와 당군보다 먼저 와 지키고 있던 신라군에 항복했다. 그로인해 법민의 말 앞에 엎드리게 된 것이다. 그래서 법민이 한 말을 삼국사기 신라본기의 기록을 참조해서 위와 같이 고쳤다.—정해자〉

신라 태종이 소정방에게 고맙다는 안사(致謝)를 하기 위해 금돌성(今突城)에서 솝울(泗沘城:所夫里)로 달려왔다. 소정방은 일찍이 "백제를 멸하거든 기회를 보아 신라를 쳐 빼앗아라"라는 당고종(唐高宗)의 밀지(密旨)를 받고 있었기 때문에 신라의 틈을 엿보고 있었다.

김유신이 이를 알고 태종에게 고하여 어전회의(御前會議)를 열고 대책을 협의했다. 김다미(金多美)가 말했다. "우리 군사를 백제군으로 위장하여 당군 병영을 치게 하면 당군이 출전하며 우리에게 구원을 요청할 것입니다. 그때 불의에 습격을 가하면 당병을 무찌를 수 있을 것입니다. 그런 다음 백제 전체를 틀어쥐고 북쪽으로 고구려와 화친하여 서쪽의 당을 막고 백성들을 안정시키며 군사를 길러 때를 보아 움직인다면 누가 우리를 업신여기겠습니까."

태종이 말했다. "이미 당의 은혜를 입어 적국을 멸망시키고, 또 당을 친다면 하늘이 어찌 우리를 돕겠느냐?"

김유신이 말했다. "개의 꼬리를 밟으면 주인이라도 뭅니다. 당이 우리의 주인도 아닌데, 우리의 꼬리를 밟으려 할 뿐만 아니라, 곧 우리의 머리를 깨려 할 테니, 어찌 그 은혜만 생각하겠습니까."

김유신은 당을 치자고 여러 번 권했으나 태종은 끝내 듣지 않았다. 군중(軍中)에 모든 일에 철저히 대비하라고 엄하게 명할 뿐이었다. 소정방은 신라의 대비태세가 엄밀한 것을 보고 그 음모를 중지했다.

항간에 전해지는 말에 함창(咸昌:尙州) 당교(唐橋)에서 당병을 크게 무찔렀다는 설(說)이 게재되어 있으나 「삼국유사」에는 무실(無實)한 말이라고 변정(辨訂)되어 있다. 〈단재는 상주 '당교(唐橋)전설'에 의거하여 김다미라는 가공인물까지 만들어 내며 이 대목을 이어 쓰다 뒤늦게 「삼국유사」 기록을 참고하고 무리였다 싶었는지 여기서 그치고 있다. 「삼국유사」의 이 대목부터 살펴보자. "신라고전(新羅古傳)에 이르기를 '소정방이 이미 백제와 고구려를 쳐 없애고 또 은밀히 신라까지 토벌하려 계속 머물렀다. 김유신이 그 음모를 간파하고 당 나라 병사들에게 잔치를 베풀어 모두 독살했다. 지금 상주(尙州) 경계에 있는 당교(唐橋)가 바로 그들을 묻은 땅이다.(又新羅古傳云:定方既討麗濟二國, 又謀伐新羅而留連. 於是, 庚信知其謀, 餐唐兵鴆之, 皆死.坑之今尙州界有唐橋,是其坑地)'라고 했는데,

그 주에 당사(唐史)를 살펴보면 정방이 어디서 어떻게 죽었는지는 말하지 않고 다만 '죽었다'고만 기록하고 있다. 무슨 까닭일까? 뒤에 숨기려한 것일까? 항간에 떠도는 말이 근거가 없어서인가? 만일 임술년(壬戌年:662.문무왕 2년) 고구려와의 전쟁 때 신라인이 소정방의 군사를 죽였다면 그 뒤 총장(總章) 원년 무진년(戊辰年:668)에 어떻게 당에 군사를 청하여 고구려를 멸망시키는 일이 있었겠는가. 이로 보면 시골에 전해지는 말이 근거가 없다는 것을 알 수 있다. 다만 무진년에 고구려를 멸망시킨 이후 신라가 당을 신하로서 섬기지 않고 고구려 땅을 멋대로 점령하는 일이 있었을 뿐, 소정방(蘇定方)과 이적(李勣) 두 사람을 죽이기까지는 않았을 것이다."라고 기록되어 있다. 그러나 이 다리의 원래 이름은 요즘 말로 치면 '떼다리'였을 것으로 추측된다. 우리의 예전 다리들이 모두 돌다리 아니면 섶다리인 떼다리였기 때문이다. 그러나 영남지방의 옛 어른들은 된 발음을 하지 못했다. 그래서 떼다리를 '데다리'→'되다리' 등으로 불렀고 이두로 표기 되면서 '唐橋(당교)'가 된 것이다. 당시 당인(唐人)을 '되놈'이라고 했기 때문에 '되'라는 음을 '唐' 자를 가차해다 '橋' 자 위에 붙여 놓고 '되다리', 또는 '데다리'라고 읽은 것이다. 그러다 한자가 생활화하고 중국물이 들어가자 그 원뜻을 모르는 사람들이 '唐橋(당교)'라는 이름에 빗대어 당시 유명했던 김유신과 소정방의 얘기를 지어 붙여 전설로 전해지게 된 것이 아닌가 싶다. 한자와 연계된 우리나라 전설이 거의 그렇기 때문이다.─정해자〉

　백제는 수없이 싸워온 나라였기 때문에, 국민이 전쟁에 익숙하고 용감했다. 그러나 유교(儒敎)를 들여온 이후 일반사회가 명분(名分)의 굴레에 얽매여 성충(成忠)과 흥수(興首)가 비록 외적을 소탕할만한 재주와 책략을 가졌었으나, 명림답부(明臨答夫)와 같이 폭군(暴君)을 죽일만한 기백은 없었고, 계백(階伯)과 의직(義直)이 비록 자신을 희생시키는 충렬(忠烈)은 있었으나, 연개소문처럼 내부를 숙청하는 수완은 없어서, 마침내 미치광이 같은 의자왕을 처치하지 못하고 임자(任子) 같은 소인배들이 수십 년 동안 정치를 주름잡게 하여, 평시에는 국가 재정을 탕진하며 일신의 향락에 이바지하게 하고 난시에는 나라를 바치며 투항하게 했다.

　중경(中京)과 상경(上京)은 모두 왕자가 성문을 열어줌으로써 망했고, 고 밖의 삼경(三京)과 각 군현(郡縣) 역시 모두 저항 없이 적의 소유가 되었다. 그러나 인민들의 '다물(多勿:국토회복)' 운동은 의외로 격렬하여 군왕과 관리들이 나라를 팔아먹은 뒤에 궐기하여 맨주먹으로 적병과 싸워 끝나는 날의 망국사(亡國史)가 혈우(血雨)로 종지부를 찍었다.

만일 저들이 유교의 명분설에 속지 않고 혁명의 기분을 가졌다면 어찌 그 구구한 간인(奸人)들에게 나라를 망치도록 맡겨 두었겠는가. 이제 다음 장에서는 백제의 다물운동에 대해서 대강 말하려 한다. 〈단재는 불교국가였던 백제를 유교국가라며 유교 때문에 망했다고 한다. 옛날 유럽 사람들이 왕을 죽이지 않고 왕과의 의리를 지키다 죽는 것도 유교 탓이라고 하지 않았을까 싶다.―정해자〉

제5장. 백제의 의병봉기(義兵蜂起:福信의 略史)

(1) 의자왕 잡힌 뒤의 각지 의병

솝울(泗泌城)이 이미 적병에게 함락되고 의자왕(義慈王)이 사로잡혔다. 고위관직에 있는 귀한 사람들은 거의 임자나 충상(忠常) 등과 같은 매국(賣國)의 무리였기 때문에 모두 지키고 있던 성읍(城邑)을 적에게 바치고 항복하였다.

그러나 성충의 잔당으로 몰려 관직에서 쫓겨난 구신(舊臣)들과 초야(草野)의 의사(義士)들은 망한 나라를 구하겠다고 각처에서 벌떼처럼 일어났다. 이처럼 다물운동을 위해 일어난 열렬한 의사들을 신라사가(史家)들은 '잔적(殘賊)'이라고 배척하여 그 사적을 삭제하고 그 성명을 묻어버렸으니 얼마나 애석한 일이냐.

이에 「삼국사기」 신라본기와 김유신전·해상잡록·「당서」·「일본서기(日本書紀)」 등을 참조해 보면, 당시 백제 의병이 일어났던 지방은 대략 세 갈래로 나눌 수 있다. ㉠은 백제 남부의 동북쪽, 지금의 전라도 동북지방인 금산(錦山) 내지 진안(鎭安) 등지이고 ㉡은 백제 서부의 서반(西半)부, 지금의 충청도 서반의 대흥(大興:예산)·홍주(洪州:홍성) 내지 임천(林川) 등지이며 ㉢은 백제 중부, 지금의 충청남도 남쪽 끝의 연기(燕岐) 등지이다. 이제 이 세 갈래 의병들의 전말을 대략 서술하여 백제 말년 혈전사의 일부분을 보여주겠다.

〈단재는 또 신라 사가들이 전해져 오던 백제 다물운동가들의 사적과 이름을 일부러 삭제하고 묻어버렸다고, 본 것처럼 단정하며 나무란다. 그런 기록이 있었는지 없었는지도 모르는 것을 왜 기록하지 않았느냐고 다그치는 것이다. 설혹 그런 기록이 있었다 하더라도 채록하지 않은 것 뿐 없애거나 숨겼다고 볼 수도 없는 일인데도 말이다. '다물(多勿)'은 '옛 땅을 되찾는다'는 뜻의 고구려 말이다. 「삼국사기」 고구려본기 동명성왕 "2년 6월에 송양이 나라를 바치며 항복했다. 임금은 그곳을 다물도라 하고 송양을 그곳의 주인으로 봉했다. 고구려 말에 '구토 회복'을 '다물'이라고 하기 때문에 그렇게 이름 붙인 것이다(二年 夏六月 松讓以國來降.以其地爲多勿都,封松讓爲主.麗語謂復舊土爲多勿,故以名焉)"에 근거한 말이다. 그러나 이 말은 부여(夫餘)가 망한 후 부여 사람들이 다시 세운 두막루(豆莫婁), 즉 다모루(大莫婁·大莫盧·達末婁)로 보거나 고구려가 망한 뒤 발해가 구국(舊國)이라고 했던 점 등으로 보아, 현재 우리 지명에 많이 나타나는 '투마루'나 '토마루'·'도마리' 등이 모두 '다물'에서 파생된 말로 삼국(三國) 이전 부족 국가시대 북쪽에서 쫓겨 와 '다시 세운 나라'라는 뜻으로 붙인 이름에서 비롯된 말로 보인다.―정해자〉

(2) 중·남부 의병의 패망과 서부 의병

서부 의병장 부여 복신(福信)은 무왕(武王)의 조카이다. 일찍이 고구려와 당에 사신으로 가서 외교계의 인재로 꼽혀 왔다. 서부 은솔(恩率:16관등 중 佐平·達率 다음의 3품)이 되어 임존성(任存城)을 견고하게 수리했고, 성안 창고에 곡물과 사료를 비축하는 한편 미설(米屑:미싯가루, 또는 싸래기)을 채워 넣은 통주(筒柱:왕대나무기둥)를 세워 훗날 있을지 모를 뜻밖의 사태에 대비했다. 그러나 끝내 임자의 무고를 당해 관직에서 쫓겨나자, 군사와 백성들은 소리 내어 울며 보내려하지 않았다.

이윽고 당병이 중경 솝울(所夫里)과 상경 곰나루잣(熊津城)을 함락하고 왕이 잡혀가자, 성안의 군인들은 현임 은솔을 쫓아내고 복신을 은솔로 추대한 뒤 성을 점거한 채 버텼다. 구(舊) 좌평 자진(自進:「당서」의 道琛.)은 주류성(周留城:김유신전의 豆率城. 지금 서천 韓山. 단재는 燕岐라고 했다.―정해자)을, 구 좌평 정무(正武)는 두시이(豆尸伊:지금 茂州 남쪽. 신라 伊山縣)를 기습 점거하고 군사를 합쳐 곰나루잣을 수복(多勿)하려 하면서 복신에게 사람을 보내어 힘을 함께 보태자고 했다. 〈'자진(自進)'은 왜놈들이 '도침(道琛)'을 일컫던 이름이다. 단재는 무슨 이유로 우리의 「삼국사기」 백제본기나 「당서」가 기록하고 있는 승려 '道琛(도침)'을 버리고 「일본서기(日本書紀)」의 기록을 따라 '自進(자진)'으로 쓰고 있는지 의문이다. -정해자〉

　복신이 말했다. "이제 적의 대군(大軍)이 우리의 두 도성과 각 요새를 빼앗아 차지하고 우리의 군사물자와 기계들을 모두 몰수해 갔는데, 우리가 초야에 흩어졌던 병사들과 백성들을 불러 모아 죽창(竹槍)이나 몽둥이를 들고, 활과 창·칼로 무장을 한 저들을 치려하다가는 질 수밖에 없을 것이고, 우리 의병이 지면 백제의 운명도 끝장날 것이다. 지금 당이 10여만 군사를 이끌고 바다를 건너왔으니, 그 군량은 첫째 신라에서 공급하는 것과 둘째 우리나라에서 약탈한 것 뿐일 것이다. 그러나 신라는 해마다 계속돼온 전쟁으로 국고가 비어 많은 시일을 공급하지 못할 것이고 민간의 곡물을 약탈해가지고는 많은 군사의 양식을 충당할 수 없을 것이다. 더욱이 우리 국민의 반감만 더욱 쌓아 의병의 수만 늘릴 뿐이라는 것을 당인들도 알기 때문에 며칠만 지나면 반드시 1~2만 명의 수비병(戍兵)만 남겨 두고 대병은 모두 돌아갈 것이다. 우리는 험한 요충의 성읍을 굳게 지키고 있다가 이러한 때를 이용하여 저들 수비병을 격파하고 조종의 구업(朝宗舊業:百濟)을 되찾으면 될 것이다. 어찌 요행에 가까운 승리를 바라는가."

　그러나 정무 등은 듣지 않고 곰나루잣 동남쪽 진현성(眞峴城:大田)을 쳐 잡혀 있는 의자왕 이하 대신들과 장사(將士)들을 빼앗으려다가 정무는 두시성으로, 자진은 주유성으로 달아나 점거하고 버텼다. 〈진현성(眞峴城)은 현재 대전에 있던 성이다. 이곳을 쳐 사비성에 갇혀 있는 의자왕 등을 어떻게 빼앗아온다는 말인가. 사실을 왜곡하여 꾸미기 때문에 이런 오류가 생기는 것이다. 신라본기에 따르면 "9월 23일 백제의 잔적(餘賊)이 사비성(泗沘城)으로 쳐들어와 항복하여 살아남은 사람들을 빼앗으려 했다. 유수(留守) 유인원(劉仁願)이 당군과 신라군을 출동시켜 물리쳤다. 적들은 사비성 남쪽 산위로 올라가 4~5개의 목책(木柵)을 세우고 주둔하며, 틈을 노려 각 성읍을 노략질 했다"고 기록되어 있다. 단재는 이것을 진현성이니, 왕흥사 영책(王興寺嶺柵)이니 하며 뒤집어 꾸미다 보니 독자에게 혼란만 주는 것이다. -정해자〉.

　얼마 뒤 당은 곰나루잣(泗沘城)에 웅진도독부(熊津都督府)를 설치했다. 당장(唐將) 유인원(劉仁願)과 신라 왕자 인태(仁泰)에게 당군 1만 명과 신라병사 7천명을 거느리고 지키게 했다. 기타 중요한 성읍마다 양국의 병사를 약간 명씩 배치했다. 신라 태종무열왕은 각지에서 일어나는 의병을 토벌, 평정하는 책임을 맡았다.

　9월 3일 당장(唐將) 소정방(蘇定方)은 의자왕과 태자 호, 왕자 태·융·연을 비롯한 왕족과 대신·장사 등 88명 및 백성 1만2천8백7명을 데리고 당나라로 돌아갔다. 〈원문은 "당장 소정방이 10만 병사를 거느리고 9월 3일 돌아갔다"로 되어 있다. 백제본기 기록대로 보정했다. 신라본기에는 "의자왕과 왕족 및 신료 93명과 백성 1만 2천명이 사비성에서 배를 타고 당으로 잡혀갔다"고 기록되어 있다. ─정해자〉

〈부여 왕흥사(王興寺) 목탑 자리에서 출토된 금·은·동 사리장엄구〉

　자진(自進:道琛)은 복신(福信)과 군사를 합쳐 곰나루잣(熊津城)을 치려했다. 복신이 말했다. "아군이 패망한 뒤끝이라, 한차례 크게 승리했다는 첩보가 없으면 떨어진 인심을 떨쳐 일으킬 수가 없다. 곰나루잣은 지세가 험준하여 무찌르기가 무척 어려운 곳이다. 차라리 정예병을 뽑아 신라병의 귀로(歸路)를 끊고 공격하는 것이 나을 것이다."

　자진은 또 듣지 않고 즉시 군사들을 지휘하여 성의 동남쪽 진현성(眞峴城)과 왕흥사(王興寺) 영책(嶺柵)을 돌파하여 군량과 기계를 많이 빼앗고 곰나루잣 사방에 4~5개의 목책을 세운 다음 신라의 군량운송로를 차단했다.

　일시에 의병의 기세가 크게 떨쳐지며 남부 20여성이 모두 호응했다. 그러나 신라 태종의 태자 법민(法敏)과 각간 김유신(角干金庾信)이 여러 장수들과 함께 여례성(黎禮城:지금 茂州 남쪽)을 공격하자, 진무(眞武)는 싸우러 나갔다가 패하여 죽었고 진현성의 의병들도 신라군의 습격을 받아 1천 5백 명이 죽었으며, 왕흥사 영책의 의병도 7백 명이 전사했다. 신라군은 이어 임존성(任存城:禮山)을 쳤다. 복신(福信)은 주도면밀하게 방어했다. 신라군은 이기지 못하고 군량 수송이 여의치 않자 11월 1일 철수했다. 〈이 대목은 태종무열왕기 7년(660)조의 "10월 9일 왕은 태자 및 여러 군사를 거느리고 이례성(尒禮城)을 공격하기 시작하여 18일 그 성을 함락하고 관리를 두어 지키게 하니 백제 20여성이 두려워하여 모두 항복했다. 30일에 사비성 남쪽 산위에 있는 영군책(嶺軍柵)을 공격하여 1천 5백 명을 참수했다. 11월 5일 왕은 계탄(鷄灘)을 건너 왕흥사잠성(王興寺岑城)을 공격하기 시작하여 7일에 함락하고 7백 명을 참수했다"는 기록을 조작해 꾸민 것이다. 이런 것을 읽다 보면 끝까지 다 읽어도 백제 부흥운동이 어떻게 전개되었는지 파악하기 힘들어진다. 우선 그 전말을 살펴보자. 백제부흥운동의 지도자 복신(福信)은 백제 무왕(武王)의 조카이자 의자왕의 사촌 아우다. 660년 사비성(泗沘城)이 나당 연합군에 함락되고 의자왕이 항복하자, 승려 도침(道琛)과 함께 주류성(周留城:현재의 韓山)을 근거로 부흥운동을 시작했다. 이들은 일본에 머물러 있던 왕자 풍(豊)을 왕으로 추대하고 일본에 구원병을 요청하는 한편, 서북지방 백제 유민들의 호응을 얻어 한때 사비성까지 쳐들어가는 성과를 올렸다. 사비성을 지키고 있던 유인원(劉仁願)이 포위되자, 당은 유인궤(劉仁軌)를 급파하여 구원했다. 백제 부흥군의 전세는 크게 불리해져 복신은 임존성(任存城)으로 퇴각했다. 이 때 복신은 "당과 신라가 백제 사람을 다 죽이고 땅은 신라에 주기로 약속했다니, 어차피 죽을 몸이다. 싸우기나 하자"는 격문을 돌려 백제 유민의 호응을 얻어 여러 차례 나당 연합군을 무찔렀다. 백제부흥군은 신라와 당나라가 연합해 고구려를 치는 틈을 이용하여 옹산성(甕山城:대덕 계족산성)·사정성(沙井城:대전 중구 사정동)·진현성(眞峴城:대전 서구 흑석산성) 등을 공격해 탈환했다. 그 밖에 신라군이 금강 상류를 통해 내려 보내는 군량 수송로를 차단해 나당 연합군은 한때 곤궁에 빠지기도 했다. 그러나 복신은 도침과 반목해 도침을 죽였고, 자기 세력을 믿고 실권을 장악하기 위해 부여 풍까지 제거하려 하였다. 그래서 거짓 병이 났다고 하며 부여 풍이 문병 오기를 기다려 죽이려고 계획했다. 그러나 이 사실을 알아챈 부여 풍이 먼저 부하들을 이끌고 와서 복신을 죽였다. 이처럼 지도부의 분열로 전후 4년에 걸친 백제 부흥운동은 막을 내리고 말았다.-정해자〉

(3) 싸울 때마다 크게 이긴 부여 복신(福信)

이듬해(661) 2월 부여 복신이 강 서쪽의 산졸(散卒)을 모집하여 강을 건너

진현성(眞峴城)을 수복했다. 당장(唐將) 웅진도독 유인원이 정예병 1천 명을 보내어 쳐들어왔다. 복신이 중로(中路)에서 불의의 습격을 가하여 1천명 중 단 한사람도 돌려보내지 않았다.

유인원은 신라로 사자를 보내어 자꾸 구원병을 요청했다. 신라 태종은 이찬(伊飡:17관등의 둘째) 품일(品日)을 대동장군(大幢將軍)으로, 잡찬(迊飡:17등의 셋째) 문왕(文王)·대아찬(大阿飡:17관등의 다섯째) 양도(良圖)·아찬(阿飡:17관등의 여섯째) 충상(忠常)등을 부장군(副將軍)으로, 잡찬 문충(文忠)을 상주장군(上州將軍)으로, 아찬 진왕(眞王)을 부장군으로, 아찬 의복(義服)을 하주장군(下州將軍)으로, 무훌(武欻)·욱천(旭川) 등을 남천대감(南川大監:장군 다음)으로, 문품(文品)을 서동장군(誓幢將軍)으로, 의광(義光)을 낭당장군(郎幢將軍)으로 삼아 구원하러 보냈다. 〈위 인사는 태종무열왕기의 기록에 따른 것으로 원문이 欻(훌)자가 軟(연)자로 되는 등 많이 축소되어 있어 보충했다.─정해자〉

3월 5일 그 선발대가 두량이성(豆良伊城:지금 定山) 남쪽에 이르러 진지 터를 물색하고 있었다. 복신은 신라군의 대오가 어지러운 것을 보고 불시에 돌격하여 전멸시키고 그 군기(軍器)를 빼앗아 목봉(木棒)과 바꿔 들고 성을 지켰다. 신라 대군이 도착하여 성을 에워싸고 공격한지 36일 만에 사상자만 많이 내고 성을 빼앗지 못하자, 군사를 거두어 돌아갔다.

복신은 사방의 의병을 지휘하여 좌우에서 들이쳐 많은 장수와 사졸들을 죽이고 군수물자와 기계(機械)를 모두 빼앗았으며 가소천(可召川)에 이르러서는 신라가 구원병으로 보낸 김흠순(金欽純)의 군사와 싸워 크게 무질렀다. 흠순 등은 혼자 말을 타고 도망쳐 다시는 싸우러 나오지 못했다.

복신은 이에 일본(日本:倭)에 체류하고 있던 의자왕의 아들 부여 풍(扶餘豊)을 맞아 왕으로 추대하고 곰나루잣을 포위하여 신라의 군량수송로를 끊었다. 복신의 명성이 천지를 흔들었고 백제의 각 성읍(城邑)이 이에 동조하여 신라와 당이 임명한 관리들을 죽이며 복신을 따랐다. 고구려의 남생(男生)은 구원병을 보내 신라의 북한산성(北漢山城)를 쳐 멀리서 복신을 성원했고 일본은 화살 10만개를 조공하여 군용(軍用)을 도왔다. 〈부여 풍(豊)을 왕으로 세운 것은 661년 1월이고 3월 5일 신라군이 두량이성을 공격하기 이전 복신(福信)은 도침

(道琛), 즉 자진(自進)을 죽이고 그의 군사를 자신의 군사로 합쳐 임존성으로 옮겼다가 두량 이 성으로 온 것이다. 단재는 이런 사실을 섞어 쓰고 있다.-정해자〉

제6장. 고구려의 당군 격퇴와 백제 의병의 전성(全盛)

(1) 연개소문 사후(死後)의 고구려 내정

고구려 말년의 역사는 이전 역사(삼국사기)가 모두 「당서」의 무록(誣錄)을 뽑아다 기록하여, ① 연개소문의 죽은 해를 뒤로 늘렸고 ② 연개소문이 회 득한 요수(遼水) 서쪽의 땅을 삭감했으며 ③ 연개소문의 생전과 사후 고구려 와 당과의 관계 사실을 위조하여 고구려가 멸망하게 된 진상을 잘 알 수 없 을 뿐 아니라, 백제와 고구려의 관계도 알 수 없게 되었다.

연개소문이 기원 657년에 죽었다는 것은 이미 제11편에 기술했다. 개소 문이 죽은 뒤에 그 뒤를 계승한 자도 그의 아들 남생(男生)이다. 천남생(泉男 生)의 묘지(墓誌)에 따르면 "9세부터 총명하여 조의선인(皁衣仙人)이 되고 아 버지의 선임으로 낭관이 되어, 중리대형·중리위두대형의 요직을 역임하고 24세에 막리지가 되어 3군대장군을 겸임했다(九歲卽授先人, 父任爲郎, 中裏大 兄, 中裏位頭大兄. 卄四任莫離支, 兼授三軍大將軍)"고 했으니, 연개소문이 죽고 남생이 그 직위를 물려받은 것이 명백하다. 〈이상은 천남생묘지(泉男生墓誌), 돌 판 에 새겨져 있는 "九歲卽授先人父任爲郎…年十五授中裏小兄, 十八授中裏大兄, 年卄三改任中 裏位頭大兄, 卄四兼授將軍餘官如故, 卄八任莫離支兼授三軍大將軍·二加太莫離支摠錄軍國阿衡 元首"라는 기록 중에서 단재가 卄四(24)라는 글자 다음부터 卄八(28)이란 글자까지 열 글자 (兼授將軍餘官如故. 卄八)를 빼내고 32세, 즉 연개소문이 죽은 해에 태막리지가 되어 군권과 국권을 총괄했다는 내용과 나이를 모두 빼고 증거라고 내세우며 주장하는 내용이다.-정해 자〉

연개소문이 죽은 뒤, 고구려와 당의 관계가 어떠했는지는 사책의 기록이 불분명하다. 그러나 「신·구당서」의 고(구)려전이나 정명진전(程名振傳)에는

"당고종(唐高宗) 영휘(永徽) 6년(655)에 정명진과 소정방 등이 고구려를 치려고 5월에 요수를 건너 귀단수(貴端水)에서 고구려군을 무찌르고 천여 명을 죽이거나 사로잡았다"했고〈「신·구당서」에는 '고(구)려전'에는 이런 기록이 없다. '정명진전'이라는 것도 없다. 그의 아들 '정무정전(程務挺傳)'이 있는데, 그곳에 "군사를 거느리고 고구려군을 귀단수에서 무찌르고 많은 무리를 죽이거나 사로잡았다(又奉兵破高麗於貴端水, 焚其新城, 殺獲甚衆)"는 간단한 기록이 있을 뿐이다. 위 기사는 「자치통감(資治通鑑)」당기(唐紀)의 "고종 영휘 6년 고구려와 백제·말갈이 연합하여 신라 북쪽 33개 성을 빼앗자, 신라왕 춘추가 사자를 보내 구원을 청했다. 2월 영주도독 정명진과 좌위중랑장 소정방에게 군사를 이끌고 가서 고구려를 치라고 보냈다. 5월 명진 등이 요수를 건너자, 고구려는 군사가 적은 것을 보고 성문을 열고 나와 귀단수를 건너 역습했다.〔구당서 정명진전을 보면 귀단수는 신성 서남쪽에 있을 것이다〕명진 등이 분발, 공격하여 크게 무찌르고 천여 명을 죽이거나 사로잡았으며 그 외곽 및 촌락을 불태우고 돌아왔다(高宗永徽六年(655) 乙卯 高麗與百濟·靺鞨連兵, 侵新羅北境, 取三十三城, 新羅王春秋遣使求援, 二月乙丑, 遣營州都督程名振·左衛中郎將蘇定方發兵擊高麗. 夏五月壬午, 名振等渡遼水, 高麗見其兵少, 開門渡貴端水逆戰,〔按舊書程名振傳, 貴端水當在新城西南〕名振等奮擊, 大破之, 殺獲千餘人, 焚其外郭及村落而還)"고 한 것을 옮겨 쓰면서 당서를 찾아보지도 않고 귀단수 설명만 보고 '정명진전'에 있는 말인 것처럼 쓴 것이다. 여기서 말하는 신성(新城)은 오늘날 치평(赤峰)을 가리킨다. –정해자〉

「구당서」유인궤전(劉仁軌傳)에는 "당고종 현경(顯慶) 2년(657)에 인궤가 정명진을 부장(副將)으로 삼아 고구려를 귀단수에서 무찌르고 3천 급을 베었다"고 했다.〈「유인궤전」에는 이런 내용이 없다. 「구당서」설인귀전(薛仁貴傳)에 있는 기록의 "인귀(仁貴)"를 "인궤(仁軌)"로 고쳐 '유인궤전'에 있는 말인 것처럼 기록한 것이다. '설인귀전'의 기록은 이러하다. "현경 2년 인귀에게 명진을 부장으로 하여 요동을 경략(經略)하라고 조서를 내렸다. 귀단성에서 고구려를 격파하고 3천 덩이의 목을 베었다(顯慶二年, 詔仁貴副程名振於遼東經略, 破高麗於貴端城, 斬首三千級)". 「신당서」'설인귀전'에는 현경 3년(658)으로 되어 있다. –정해자〉

대개 당태종이 안시성에서 연개소문에게 패하여 돌아갈 때, 화살에 맞은 눈이 덧나 죽었으니, 그의 친아들인 고종과 그의 신하인 이적(李勣)·소정방(蘇定方) 등의 복수심이 얼마나 간절했겠는가마는, 여러 해 동안 한 명의 군사도 내보내지 못한 것은 연개소문을 두려워한 때문일 것이다.

이제 갑자기 귀단수의 전쟁이 있게 된 것은 이용할 만한 기회를 엿본 것일 것이다. 그 기회가 무엇이냐 하면, 현경 2년은 바로 기원 657년으로 연개소문이 죽은 해이므로(연개소문은 666년 5월에 죽었다) 연개소문이 죽은 기회를 노리려한 것일 것이다.

그러면 당서 '고려전'·'정명진전' 등에는 무슨 까닭으로 '귀단수 싸움'을 영휘 6년, 곧 기원 655년, 연개소문이 죽기 3년 전의 일로 기록하였는가. 〈「자치통감」의 귀단수 싸움은 655년 정명진(程名振)과 소정방(蘇定方)이 한 것이고, 「설인귀전(薛仁貴傳)」의 현경 2년(657), 또는 3년(658)의 귀단수 싸움은 설인귀와 정명진이 한 것으로 두 가지가 별개의 싸움이다. 그것을 단재는 고려전에 있다, 정명진전에 있다,며 '인귀'를 '인궤'로까지 고치면서 한 사건으로 묶어 자기주장의 거짓 증거로 대려는 것이다. 근거를 흐려 놓으면 아무도 모를 것으로 생각했던 것이 아닌가 싶다.-정해자〉

이것은 대개 이 전쟁의 동기가 당이 연개소문의 죽음을 이용하려던 것인데, 이제 당의 사관(史官)이 연개소문의 죽은 해를 뒤로 늘려 기록하여 그 전쟁의 동기가 무엇인지 알 수 없게 된 것이다.

저들이 그 전쟁의 동기, 곧 저들의 소위 "군사를 출동시키려면 명분이 있어야 한다(師出有名)"는 구실을 만들려고, 이에 신라 태종즉위 원년, 곧 신라 사자가 구원을 청한 해로 이 전쟁이 시작된 해로 삼아 각 전기(傳記)에 그대로 무록(誣錄)하고, 오직 '유인궤전(劉仁軌傳)'에는 우연히 점검을 하지 못하여 그 전쟁이 일어난 해를 그대로 적은 것이다. 〈끝까지 자신이 '인귀(仁貴)'를 '인궤(仁軌)'로 고쳐 있지도 않은 「유인궤전(劉仁軌傳)」을 만들어 놓고 그 기록을 증거로 바른 기록을 무록이라고 한다.-정해자〉

그렇다면 이 전쟁은 연개소문이 죽은 뒤 당이 고구려로 쳐들어온 첫 번째 전쟁이다. 그 승패의 상황이 자세히 전해지지는 않았으나, 대개 연개소문이 점령하였던 산해관(山海關) 서쪽의 영토, 바로 당의 옛 땅은 당이 다시 차지했고, 다시 전진하여 누차 요수(遼水) 동쪽으로 쳐들어왔었으나 패하고 물러갔다.

당인(唐人)들은 이리하여 당 혼자의 힘만으로는 도저히 고구려를 이기지 못할 것이라고 판단하고 신라와 연합하여 위아래에서 협공(挾攻)해야겠다는 생각을 애타게 하고 있었다.

이때 백제와 고구려는, 또 신라를 함께 쳐 없애려고 신라 북쪽 국경지대를 자꾸 먹어 들어갔다. 신라에서는 태종이 새로 즉위하여 그의 태자 법민(法敏)을 당으로 보내 군사지원을 요청했다. 아울러 백제에는 현신(賢臣)들이 쫓겨나거나 죽고 의자왕은 점점 교만하고 포악해져 밖으로는 강성해 보이나, 속은 텅 빈 껍데기뿐이니, 두 나라가 연합해서 치면 쉽게 없앨 수 있을 것이라고 진술했다.

당의 임금과 신하들은 이 말을 듣고 대단히 기뻐했다. 드디어 13만 대군(大軍)을 출동시켜 신라와 협력하여 백제를 멸망시킨 것이다.

백제가 멸망한 것은 앞장에서 대략 기술했지만, 백제가 망할 때, 남생(男生)이 백제로 구원병을 보내지 않은 것은 큰 실책이다. 〈백제가 망한 것은 660년이고 연개소문이 죽은 것은 666년이다. 단재는 연개소문이 살아 있었다면 백제가 망하는 것을 보고 있지 않았을 것이라는 생각에서, 자신이 떠받드는 연개소문에게 허물이 돌아가지 않게 하려고 기록을 조작하여 연개소문이 657년에 죽었다고 주장하며 엉뚱하게 그의 아들 남생(男生)을 나무라는 것이다. -정해자〉

백제가 망한 뒤에도 당병(唐兵)의 주력부대가 다 돌아가고 의병(義兵)들이 사방에서 일어났을 때, 고구려가 수만 명의 군사를 출동시켜 곧장 곰나루잿이나 솝울 등지로 나가 복신(福信)·자진(自進∶道琛) 등과 연합하여 혈전을 벌였다면, 백제가 중흥(中興)할 수 있었을 것이고, 백제가 중흥했다면 신라를 넉넉히 견제하여 당병에 대한 군량공급을 못하게 막을 수 있었을 것이다.

신라의 양곡이 아니었으면 고구려에 비록 연개소문이나 양만춘 같은 영웅적 인물이 없었다 하더라도 당병이 평양까지 쳐들어가지 못했을 것이고, 설령 쳐들어갔다 하더라도 수양제의 장졸(將卒)들처럼 괴멸(壞滅)했을 뿐일 것이다.

그러므로 당시 고구려의 안전을 도모하려면 먼저 백제가 망하는 것을 구해야 했다. 그런데 사책을 보면 신라와 당의 양국군이 백제를 멸망시킨 뒤에 소수의 병력을 파견하여 칠중성(七重城:지금 積城)을 무찌르고 철수했으며, 부여 복신이 군사를 일으켜 백제 전국이 거의 회복된 뒤에도 겨우 수천 명의 군사를 출동시켜 북한산성(北漢山城), 남녀 합하여 겨우 2천7백 명의 신라인이 있는 외로운 성(孤城)을 공격하여 무찌르지 못하고 물러갔다. 그밖에는 백제를 지원하려 한 움직임이 없다.

남생(泉男生)은 후일 나라를 팔아먹은 죄를 짓기 이전의, 나라를 그르친 그 죄도 적지 않다. 이같이 용렬(庸劣)한 자식 남생에게 정권을 물려주고 죽은 연개소문도 어찌 죄가 없다 하겠는가.

(2) 평양의 당병과 웅진 신라군의 대패

보장왕(寶藏王) 20년(661) 당은 임아상(任雅相)·키비헤어리(契苾何力)·소정방(蘇定方)·설인귀(薛仁貴)·방효태(龐孝泰) 등 35군(軍)을 바다와 육지로 길을 나누어 고구려로 쳐들어오게 했고, 하남·북(河南·北)과 회남(淮南) 67주에서 뽑은 4만4천 명의 군사도 평양·누방행영(平壤·鏤方行營)으로 보냈으며, 함자도총관 유덕민(含資道總管劉德敏)을 신라로 보내어 고구려의 남쪽 국경을 치라고 이르는 동시에 신라의 군량을 평양으로 실어 보내라고 했다.

신라는 이때 태종무열왕(김춘추)의 상고(喪故) 중이었음에도 불구하고 새로운 왕인 문무왕(文武王:법민)은 김유신(金庾信)·김인문(金仁問)·김양도(金良圖) 등 9명의 장군에게 우차(牛車) 2천여 량(輛)에 쌀 4천 석(石)과 벼(租) 2만2천여 석을 실어다 평양의 당군 군영으로 가져다주라고 했다. 〈원문에는 "9장군에게 전국의 군사를 총동원하게 하는 동시에, 큰 차(大車) 20량을 만들어 쌀 4천석과…"으로 되어 있다. 아무리 큰 차라고 해도 그 많은 곡식을 20량에 어떻게 다 싣겠는가. 「삼국사기」 문무왕 2년 기록을 참고하여 위와 같이 다시 고쳤다.–정해자〉

이때 백제 의병은 옹산성(甕山城:鷄足山城)을 점거하고 복신의 지시에 따라 행동했다. 당의 웅진도독 유인궤(熊津都督劉仁軌)가 문무왕에게 급사(急使)를 보내어 아뢰었다. "만일 옹산(甕山)의 백제 병을 그대로 두어 세력이 공고해지면 군량수송로가 끊기어 이곳을 지키고 있는 1만 7천명의 양국 군사가 다 굶어 죽고 웅진(熊津)은 다시 백제 것이 될 것입니다. 백제가 다시 살아난다면 고구려를 도모하기가 어려울 터이니, 먼저 옹산성을 쳐 무찔러 주십시오."했다. 〈원문은 '甕山(옹산)'을 '兒山(형산:錦山)'·'兌山(태산)'으로 기록해 놓아 국내외 온갖 관련 자료를 뒤지며 근거를 찾느라고 많은 시간을 허비했다. 그러나 兌山(태산)이나 兒山(형산)으로 볼만한 근거는 어디에도 없었다. 밑의 '9월 19일' 등의 글을 단서로 甕(옹)자의 반자인 瓮(옹)자를 兌(태)자로 바꿨고, 세 瓮(옹)자중 한자가 兒(형)자로 잘못되었다는 것을 깨달았다. 그래서 모든 '태산'을 '옹산성'으로 고쳤다. 지금 대전에 있는 '계족산성'을 말하는 것이다. 「삼국사기」 문무왕기는 "백제 잔적(殘賊)이 옹산(瓮山)을 점거했다. 왕이 사자를 보내어 달랬으나 듣지 않았다. 원년(661) 9월19일 대왕은 웅현(熊峴)으로 출진했다. 25일 진격하여 옹산성을 포위했다. 27일에 먼저 대책(大柵)을 불사르고 수천 명을 참살하자 드디어 항복했다."고 기록되어 있다. 그러나 이 싸움은 고구려가 평양의 당군 진영으로 군량을 실어다 주기 4개월 전의 일이다. 또 김유신전은 이 대목을 "6월 당고종은 소정방 등에게 고구려를 정벌하라 하고 당으로 들어가 숙위(宿衛)하고 있던 김인문(金仁問)을 귀국시켜 기일을 알려주며 함께 고구려를 치도록 하라고 했다. 문무대왕은 김유신·김인문·김문훈(金文訓) 등과 함께 대군(大軍)을 동원하여 고구려로 향했다. 남천주(南川州)에 다다르자, 웅진도독(熊津都督) 유인원(劉仁願)이 부하 군사들을 이끌고 사비성에서 배를 타고 혜포(鞋浦)에서 내려 역시 남천주에 병영(兵營)을 치고 있었다. 이때 유사(有司)가 보고했다. '앞에 백제 잔적이 옹산성(甕山城)을 점거한 채 길을 막고 있어 전진할 수가 없습니다.' 했다. 이리하여 김유신이 군사를 이끌고 가서 성을 에워싼 채 사람을 시켜 성 밑에서 적장(賊將)과 말하게 했다. '너희 나라가 공순하지 못해 대국의 토벌을 받게 된 것이다. 순순히 명을 따르는 자에게는 상을 주겠지만, 명을 따르지 않는다면 죽음이 있을 뿐이다. 지금 너희들은 외딴 성을 외롭게 지키면서 무엇을 어쩌겠다는 것이냐? 끝내 피와 내장을 땅에 처바르기 전에 나와서 항복하는 것이 나을 것이다. 그것이 목숨을 부지하는 일일 뿐만 아니라, 부귀를 기약하는 일이다.' 적이 큰 소리로 외쳤다. '비록 작디작은 성이지만 병사와 먹을 것이 풍족하고 사졸들은 의롭고 어기차다. 차라리 싸우다 죽을지언정, 맹세코 살아서 항복하지는 않을 것이다.' 김유신이 웃으며 말했다. '막다른 길로 몰린 새와 짐승도 오히려 저 살기 위해 덤빈다더니, 이런 것을 두고 하는 말이구나.' 하고 북을 치며 공격했다. 9월 27일 성은 함락되었다. 적장을 잡아 죽였고 백성들은 놓아 주었다."고 했다. 단재는 이 사건을 위에서 이미 기술한 1년 전(660) 10월의 백제 부흥군이 금강의 군량수송로를 끊었던 사건과 뒤섞어 재탕하고 있다.-정해자〉

이리하여 문무왕은 김유신등 여러 장수와 함께 9월 25일 웅산성 밑에 이르러 항복하라고 달래며 부귀(富貴)로써 꾀었다. 의병이 큰소리로 외치기를, "성은 비록 작으나 장수나 사졸이 다 의롭고 어기차 싸우다 죽은 백제귀신이 될지언정, 살아서 항복하여 신라 사람이 되지는 않겠다."하고 항거하며 싸웠다. 이틀 만에 성안 군사 수천 명이 다 죽고 성은 함락되었다. 〈원문은 '9월 25일'을 '9월 19일'이라고 썼고 '이틀' 만에 함락된 것을 '8일' 만에 함락되었다고 기록했다. 앞 주 문무왕기의 기록을 참조하면 그가 글을 잘못 읽어 그렇게 쓴 것이 아닐 수도 있다. 태산이 금산에 있는 산인 것처럼 "兌山(錦山)"이라는 원주(原注)까지 달려 있기 때문이다.─정해자〉

신라병은 전진하여 우술성(雨述城:懷德)을 포위했다. 우술성은 복신(福信)이 신라의 군량수송로를 끊기 위해 장수를 파견하여 지키던 곳이다. 대치한 지 며칠 만에 성안에서 달솔 조복(達奉助服)과 은솔 파가(恩奉波伽)가 내응하여 의병 1천명이 전사하고 성은 함락되었다.

이리하여 웅진으로의 군량 수송로는 열렸으나, 평양의 당병이 고구려 군사에 크게 패하여 패강도총관 임아상(浿江道總管任阿相)이 화살에 맞아 죽고, 옥저도총관 방효태(沃沮道總管龐孝泰)는 그의 아들 13명과 함께 사수(蛇水:지금 普通江)에서 싸우다 패해 전군이 몰사했으며 소정방(蘇定方) 등 각 군은 한시성(韓始城:지금 平壤부근 西施村)을 점거하고 있었으나, 군량이 바닥나 신라의 구량공급 차가 오기만 눈이 빠지게 기다렸다.

채근하는 사자가 자주 왔다. 신라 대장군 김유신은 이에 군사를 둘로 갈라 일부는 김유신이 거느리고 평양으로 군량을 운반하고, 일부는 김흠순이 인솔하여 웅진으로 군량을 운반하게 했다. 〈단재는 또 역사기록을 지어내고 있다. 김흠순은 김유신의 동생으로 흠춘(欽春)이라고도 한다. 황산벌 전투에서 계백에게 죽은 소년병 반굴(盤屈)의 아버지이다. 그가 군량수송대의 일원으로 형 김유신을 따라갔다는 기록도 없지만 갖고 가던 군량을 반으로 나누거나 웅진으로 운반해간 사실도 없다. 웅진으로 군량을 수송하려면 옥천(沃川)이나 이원(伊院)쯤에서 배에 실어 금강을 따라 보내면 될 일을 군이 칠중하(七重河), 즉 임진강(臨津江)까지 끌고 올라와 웅진으로 다시 내려 보낸다는 말인가. 그러므로 군사를 반으로 나누었느니, 웅진으로 어쨌느니 하는 말은 없는 것으로 치고 읽어야 할 것이다.─정해자〉

칠중하(七重河:임진강)에 다다르자, 여러 장수가 모두 두려워하며 건너지 않으려 했다. 유신이 말했다. "고구려와 백제가 망하지 않으면 백제는 부흥하고 신라는 위태로워질 것이다. 우리가 어찌 위험하다고 꺼릴 수 있겠느냐!" 〈김유신전에는 이 말이 "고구려와 백제는 늘 우리나라로 쳐들어와서 인민과 장정들을 쳐 죽이고 여자들과 어린 것들은 잡아다가 종으로 부려먹는지가 오래다. 어찌 그 억울하고 가슴 아픈 원한을 잊을 수 있겠느냐. 내가 죽음을 무릅쓰고 어려운 일을 맡은 것은 대국의 힘을 빌려 두 나라를 멸망시키고 나라의 원수를 갚아 맺힌 한을 풀려는 것이다. 그대들의 생각은 어떤지 말해 보아라. 만일 적을 가볍게 여긴다면 반드시 성공하여 돌아올 것이고, 만일 적을 무서워한다면 어찌 사로잡히지 않을 수 있겠느냐. 모두가 한마음으로 협력하여 너나없이 일당백(一當百)이 되어야 한다는 것이 내가 여러분에게 바라는 것이다."로 기록되어 있다.─정해자〉 하고 여러 장수들과 강을 건너갔다. 그리고 고구려인의 눈을 피해 사이 길로 험한 산을 넘어 수10일만에 평양에 도착했다. 소정방(蘇定方)에게 양곡을 넘겨주자, 소정방 군은 한 끼를 먹고는 패전한 끝이라 다시 진격할 수

〈파주시 적성면 구읍리에 있는 칠중성(七重城). 고구려의 성이다〉

없다며 바닷길을 이용하여 도망치듯 돌아갔다.

신라군은 남아서 싸우려 했으나, 군사의 수가 고구려에 상대도 되지 않았다. 돌아가려고 나섰다가 고구려군의 추격을 받을 것이 걱정되었다. 유신은 군영에 깃발들을 그대로 꽂아 두고 소들의 허리에는 북을, 꼬리에는 북채를 잡아매어 꼬리를 흔들 때마다 북소리가 나게 했다. 그리고 풀과 나무(柴草)를 쌓아 놓고 불을 지펴 연기와 계속 피어오르게 했다. 그런 다음 한밤에 군사를 이끌고 은밀히 빠져나와 임진강(瓠河:七重河)을 건넜다. 그제야 고구려군이 알고 추격했으나 작은 싸움으로 끝을 맺었다. 〈단재는 이 밑에도 "그와 동시에 웅진으로 군량을 운반해 갔던 신라 병사들은 돌아오는 길에 큰 눈(大雪)을 만났을 뿐 아니라, 또 백제 병사들의 포위공격을 당하여 살아남아 돌아간 자가 백 명에 하나도 안 되었

다."라고 무록했다.-정해자〉

부여 복신은 다시 곰나루잣으로 나와 성 부근 사방에 목책(木柵)을 설치하고 신라군과 당병의 교통로를 차단했다. 백제 적국이 다 호응하여 신라와 당이 임명한 관리들을 죽이고 백제의 관리를 임명하여 부여 복신의 지휘아래 두었다. 이때는 백제 다물사업(多勿事業)이 이미 완성되었다고 할만 했다.

제7장. 부여 복신의 죽음과 고구려의 내란

(1) 자진(自進:道琛)의 밀고(通款)와 피주

부여 복신(扶餘福信)이 처음 군사를 일으킬 적에 어떤 사람이 복신에게 "남의 견제를 받게 되면 큰일을 그르치기 쉬울 것이오. 공은 무왕(武王)의 조카이고 명성이 안팎으로 멀리까지 알려졌으니, 왕으로 자립하여 전국의 병마를 지휘하는 것이 좋을 것이오."했다. 그러나 복신은 "그렇게 하면 사사로운 마음을 인민들에게 보는 것이니, 의(義)라고 할 수 없을 것이오."하고, 의자왕(義慈王)의 아들 풍(豊)을 맞아다 왕으로 추대했다.

그리고 또, 자진(自進:道琛)은 의병(義兵)을 가장 먼저 주장한 공이 있고 일찍이 좌평(佐平)을 지낸 대신(大臣)이라 하여 영군대장군(領軍大將軍) 자리를 양보하고 자신은 상잠장군(霜岑將軍)이 되어 강서(江西)의 병마만을 관장했다.

이윽고 복신이 신라와 당의 군사를 연거푸 무찌르고 곰나루잣을 포위 공격하자, 당장 유인궤는 감히 싸우러 나오지도 못했다. 또 소정방 등이 평양에서 패하여 달아나자, 당인들은 크게 낭패(狼狽)한 모습을 보이고 있었다. 당고종이 유인궤에게 조서를 내려 명했다. "웅진 고성(孤城)을 지켜내기 어려우니, 전군을 철수시켜 해로(海路)로 돌아오도록 하라." 이리하여 유인궤 등은 돌아가려 했다.

복신은 이러한 사실을 탐지해내고 여러 장수들을 모아 놓고 당병이 돌아

갈 때 요격하여 인궤를 사로잡을 대책을 협의했다. 자진(도침)도 그 자리에
있었다. 복신의 재능과 명성이 자신보다 낫다는 것을 늘 시샘하던 자진은
이 이야기를 듣자, 복신이 큰 공을 세울까봐 겁이 났다.

자진(도침)은 드디어 인궤에게 복신의 계책을 밀고했다. 그리고 또 "당의
황제가 만일 백제가 하나의 나라로 남아있게 해 준다면, 백제가 영원히 당
의 은혜에 감사해하며 당을 높이 받들 것이고, 복신 등을 잡아 바치겠습니
다."라고 했다. 유인궤는 이리하여 돌아갈 생각을 접고 자진과 편지를 자주
교환하였다.

복신의 부장(副長) 사수원(沙首原)이 그 비밀모의(秘密謀議)의 증거를 얻어
복신에게 아뢰었다. 복신은 크게 노해 연회를 핑계로 여러 장수들을 모아놓
고 그 자리에서 자진을 잡아 그의 범죄사실을 여러 사람들에게 알렸다. 그
리고 풍왕(豊王)에게 아뢰어 참형에 처하려 하였다.

왕은 자진이 비록 죄가 있다고는 하지만 대신이니, 극형에 처하는 것은
부당하다며 형을 감하려 했다. 복신은 나라를 배반한 자를 살려둘 수는 없
다고 고집하며 (661년 3월) 끝내 자진의 목을 베었다. 〈당고종은 웅진도독 유인궤
(劉仁軌)에게 철수를 명령한 적은 없다. 또 유인궤가 도침(道琛), 일본명 자진(自進)과 접촉했
다는 기록도 없다. 661년 백제부흥군은 부여 풍(豊)을 왕으로 추대한 후 곧바로 지도권을 둘
러싸고 내부갈등을 빚다 복신(福信)이 도침을 죽이고 그의 군사를 합병해 두량이성(豆良伊城)
전투를 벌였다. 단재는 복신의 편에 서서 복신이 도침을 죽인 사실을 정당화하기 위해 뒤늦
게 사수원(沙首原)이라는 사람까지 만들어내어 근거 없는 이야기를 꾸민 것이다. -정해자〉

(2) 부여 복신(福信)의 피살

풍왕(豊王)은 복신에게 옹립(擁立)되어 왕이 되었지만, 늘 병권(兵權: 군사지
휘권)이 여러 장수들의 손에 있는 것을 탐탁하게 여기지 않았다. 그런데 복
신이 자진(도침)을 죽이고 전국의 병권을 독차지하자, 왕의 좌우(近臣)는 왕
에게, "복신이 전권을 휘두르며 멋대로 대장을 죽이는데, 그의 눈에 대왕이
보이겠습니까? 대왕께서 복신을 죽이지 않으시면 복신이 멀지 않아 대왕을
죽일 것입니다."라고 했다.

좌우는 풍왕과 복신을 죽이기로 모의하였다. 662년 7월⟨원문은 '동년 6월'로 되어 있다.-정해자⟩ 복신은 마침내 병이 들어 굴실(窟室)에서 치료하고 있었다. 이러한 기회를 이용하여 왕은 문병을 핑계로 좌우 등 신임하는 사람들을 거느리고 갑자기 들이닥쳐 복신을 잡아 결박했다. 그리고 왕명(王命)으로 좌평(佐平) 이하 각 대신들을 불러 놓고 복신의 손바닥(掌心)을 가죽 끈을 꿰어 달아매고 죄를 의논했다.

복신이 죽으면 적병을 막아내기가 힘들 것이라는 것을 잘 아는 왕은 다시 중심이 흔들렸다. 그래서 "복신의 죄가 죽어야 되는 것이냐?"하고 물었다. 달솔 집덕(達率執德)이, "이런 못된 반역자는 죽어도 죄가 남습니다."라고 대답했다. 복신이 집덕의 얼굴을 향해 침을 뱉으며, "개 같은 천치 놈(癡奴)아!"하고 드디어 희관이(劊子手)의 칼에 목을 맡겼다. 백제 인민은 복신이 죽었다는 소식을 듣고 모두 눈물을 뿌렸다.

「구당서」 백제전(百濟傳)에는 당고종 용삭(龍朔) 2년(기원 662년) "7월 인궤(劉仁軌)·유인원(劉仁願) 등이 머물러 지키고 있는 병사들을 이끌고 복신의 무리를 웅진 동쪽에서 크게 무찔렀다. 그들의 지라성(支羅城)과 윤성(尹城)·대산(大山)·사정(沙井) 등의 성책을 점령했다. …인궤는 신라군을 이끌고 밤을 이용해 성으로 접근하여 사방에서 성첩으로 기어올랐다. 동틀 무렵 그 성을 점거하고 8백급을 베었으며 드디어 신라의 군량수송로를 열었다. …이때 복신을 이미 병권을 전단(專斷)하고 있었기 때문에 부여풍과 점점 속으로 서로를 의심했다. 복신은 병을 핑계로 굴실(窟室)에 누워 부여풍이 문병을 오기만 기다렸다. 기습적으로 잡아 죽이려는 계획이었다. 부여풍이 이 사실을 알고 그가 신임하는 사람들을 데리고 가서 엄습해 복신을 잡아 죽였다.(七月,仁軌·仁願等率留鎮之兵,大破福信餘衆於熊津之東,拔其支羅城及尹城·大山·沙井等柵,…仁軌引新羅之兵乘夜薄城,四面攀堞而上,比明而入據其城,斬首八百級,遂通新羅運糧之路.…時福信既專其兵權,與扶餘豊漸相猜貳.福信稱疾,臥於窟室,將候扶餘豊問疾,謀襲殺之,扶餘豊覺而率其親信,掩殺福信.)"라고 했고,

「일본서기(日本書紀)」 천지(天智) 2년(기원 663년)에는 "6월, 백제왕 풍장(豊

璋)은 복신이 모반하려는 마음을 품고 있다고 의심하여 가죽 끈으로 손바닥을 뚫고 꿰어 결박해 놓았다. 이때 스스로 결정하기가 어려워 어찌해야 할지를 몰랐다. 그래서 여러 신하들에게 물었다. '복신이 이런 죄를 지었다. 죽여야겠느냐, 살려 두어야 하겠느냐?' 달솔 덕집득(德執得)이 말했다. '이런 못된 역적은 살려두면 안됩니다.' 복신은 즉시 집득에게 침을 뱉으며 '개새끼 멍충이 놈아!' 했다. 왕은 희관이를 채근하여 그의 목을 베어 소금에 절였다. 8월 갑오일(13일)신라는 백제왕이 이미 양장(良將:福信)을 죽였다는 소식을 듣고 곧장 백제로 쳐들어가 먼저 주유성(州柔城)을 빼앗으려 도모했다.(六月, 百濟王豊璋嫌福信有謀反心, 以革穿掌而縛. 時難自決. 不知所爲. 乃問諸臣曰, 福信之罪旣如此焉. 可斬不. 於是達率德執得曰, 此惡逆人不合放捨, 福信卽唾於執得曰, 腐狗癡奴. 王勒健兒, 斬而醢首. 八月, 甲午(13일). 新羅以百濟王斬己良將, 謀直入國先取州柔.)라고 하여, 두 책의 연대와 사실이 조금씩 다르다. 〈원문의 글자들이 바뀌거나 첨삭되어 있어 「구당서」와 「일본서기」를 참조하여 모두 위와 같이 다시 고치거나 보완했다. -정해자〉

복신이 죽은 해는 「삼국사기」 신라본기에 따르면 「일본서기」의 기록과 같다. 또 사실을 말하더라도 복신은 이미 [도침(道琛:自進)을 죽이고] 대병(大兵)을 장악한 뒤의 일이니, 병권이 없는 풍왕을 죽이려면 즉시 기습 살해하면 될 일인데, 무엇하러 굴실에 누워서 풍왕이 문병 오는 기회를 이용하여 죽이려 했겠는가. 그것이 첫째로 의심스러운 일이고,

신라나 당이 복신에게 여러 번 패하여 1만 7천 명의 군사로 위험한 성을 지키고 있었는데, 어찌 아무런 형세변동도 없이 갑자기 출전하여 지라성(支羅城:현 迭峴城.대전 비래동 산), 바로 주류성(周留城:燕岐)과 윤성(尹城:定山)·대산(大山:韓山)·사정(沙井柵:溫陽:현 대전 사정동 산) 등 각지를 평정하였겠는가. 그것이 둘째로 「당서」의 기록이 의심스러운 것이며,

의병이 여러 번 이겨 백제 전 국토를 대략 수복했기 때문에 풍왕이 모든 권한을 장악하여 군권(君權)을 더욱 강화하기 위해 복신을 죽인 것일 것이다. 어찌 각처의 성책이 거의 함락되어 망해가려는 판에 병권을 빼앗기 위해 복신을 죽였겠는가. 그것이 셋째로 의심스러운 일이다. 그러므로 「당서」

를 버리고 「일본서기」를 따르는 동시, 「해상잡록」의 설(說)을 따라 백제 최후 위인(偉人)의 빠져 있는 사적을 보충한다.

(3) 복신이 죽은 뒤 풍왕도 망하다

유인궤가 곰나루잣에 포위되어 있었으나, 신라와 당이 모두 복신을 무서워하여 구하러 나가지 못했다.

이윽고 복신이 죽었다는 소식을 듣고 당고종은 그의 장군(將軍) 손인사(孫仁師)에게 2만 7천명의 군사를 이끌고, 백제왕자 융(隆), 바로 의자왕의 아들로 당에 포로로 잡혀가 있던 자를 백제왕(百濟王)이라 칭하여 함께 바닷길을 따라 덕물포(德勿浦)로 들여보낸 것이다.

그리고 은밀히 사자를 보내어 "풍왕은 잔인하고 의심이 많아 자신을 옹립하고 큰 공을 세운 복신까지 죽였는데, 하물며 여러 장수들이겠는가. 당은 원래 백제의 영토를 빼앗으려던 것이 아니라, 오직 백제가 고구려와 한통속이 되는 것이 미워서 신라와 함께 친 것이다. 이제 융은 백제선왕이 사랑하던 아들로 대세(大勢)를 알고 황제(당황제)의 신임까지 받고 있어, '백제왕'이라는 벼슬을 주고 대군으로 호위하게 하여 귀국시킨다. 백제의 총명한 장수와 병사들은 짐의 말을 믿고, 융을 왕으로 받들어 모시면 수고롭게 싸울 필요 없이 고국을 회복하고 편안히 부귀를 누릴 수 있을 것이다. 그러나 만일 대군(大軍)에 완강히 맞서려 한다면 짐도 여러분을 용서치 않을 것이다. 여러분이 잔인한 풍을 임금으로 받들며 싸우다 지면 대군의 주륙(誅戮)을 받을 것이고 이긴다 해도 풍의 의심을 받아 복신처럼 죽기 십상이니, 어찌 슬기롭다 하겠는가." 하고 풍왕의 여러 장수들을 회유했다.

남부달솔(南部達率) 흑치상지(黑齒常之)와 진현성주(眞峴城主) 사타상여(沙吒相如)가 바야흐로 풍왕이 복신을 죽인 것에 실망하고 있다가, 드디어 관내 2백여 성을 가지고 융에게 투항했고, 흑치상지는 서부달솔 지수신(遲受信)에게 글을 보내 "풍왕은 잔인하여 백제를 중흥시킬만한 영특한 군주가 못된다."고 논하면서 지수신에게 함께 항복하자고 권유했다. 그러나 지수신은 "우리는 상좌평(上佐平:福信을 가리킴)과 함께 의병을 일으켜 백제를 부흥시키려다 중도에 불행하게 간신들에 그르친바 되었으니, 어찌 우리에게 지극히 통탄할 일이 아니겠는가. 그러나 상좌평이 의병을 일으킨 것은 본디 당적 (唐賊)을 쫓아내려 한 것인데, 어찌 상좌평의 죽음을 애통히 여겨, 그 복수를 위해 당에 투항한다면 이것은 상좌평만 배반하는 것이 아니라, 바로 백제를 배반하는 것이다. 상좌평의 영이 있다면 그 마음의 아픔이 손바닥을 꿰던 독한 형벌보다 더할 것이다. 나는 공이 퍼뜩 깨닫고 다시 돌아오기 바란다."고 하였다.

흑치상지는 아무런 답을 하지 않고 8월에 신라와 당의 선봉군이 되어 부하 5만병을 이끌고 주류성을 포위했다. 이렇게 되자, 백제가 둘로 나뉘어 지수신이 관할하는 서부는 풍(豊)왕에게 속하여 서백제가 되고 흑치상지가 관할하는 남부는 융(隆)왕에게 속하여 남백제가 되었다. 서백제는 당에 맞서 싸우는 동시에, 당의 노예가 되어 그 지휘를 받는 남백제의 공격을 받아야 했다.

아! 백제 중흥의 대업을 이처럼 창피하게 만든 사람은 부여 풍, 상좌평 부여 복신을 죽인 부여 풍이다. 풍은 바로 중흥하는 백제를 멸망시킨 제일 큰 죄인이다. 풍이 비록 죄인이지만, 풍이 못됐다하여 백제를 배반하고 당의 노예가 되었으니, 흑치상지는 백제를 멸망시킨 두 번 째 죄인이다. 전사(前史:三國史記)에 오직 「당서」의 포폄(褒貶:표창과 폄하)에 따라 흑치상지를 보통 이상으로 칭찬하였으니 이 어찌 '어리석은 아이(癡兒)'의 붓장난이 아니냐.

풍왕이 복신을 죽이고 적국을 막을만한 방략(方略)이 없었으므로, 사자를 보내 고구려와 왜(倭)에 구원병을 요청했다. 고구려는 바야흐로 당의 침입을 염려하여 군사를 출동시키지 못했고 왜는 병선(兵船) 4백 척을 보내어 지원했다.

왜병은 백마강 가운데, 서백제 군은 그 기슭에 진을 펼치고 남백제·신라·당의 세 나라 군사와 맞붙어 싸웠다. 신라의 병선이 강 상류로부터 곧바로 왜선으로 돌진해 와서 불을 질러 모두 태워버렸다. 왜병은 싸움에 지고 거의가 물에 빠져 죽었다. 기슭에서 싸우던 서백제군은 남백제와 당병의 협공을 받고 무너졌다. 3국 군사는 이에 집결하여 주류성을 쳤다. 풍왕은 드디어 달아나고 장수와 사병들은 전사했다. 〈주류성(周留城) 싸움에서 패하자 부여 풍(扶餘豊)은 고구려로 달아났고, 왕자 충승(忠勝)·충지(忠志) 등은 그 무리를 이끌고 왜인(倭人)들과 함께 항복했다. 끝까지 임존성(任存城)에서 버티던 지수신(遲受信)은 흑치상지(黑齒常之)와 사탁상여(沙吒相如)의 공격을 받자, 663년말 성을 버리고 고구려로 달아났다. 그러나 고구려 역시 신라와 당의 공격을 받고 668년(문무왕 8년) 2월 멸망했다. 흑치상지는 달솔(達率) 겸 풍달군장(風達郡將)으로 남부달솔(南部達率)이 아니었고, 사타상여도 진현성주(眞峴城主)도 아니었으며 복신은 상좌평(上佐平)이 된 적이 없다. 모두 단재가 준 벼슬들이다. 이 장은 사실이 아니라 거의가 무록이다. 손인사(孫仁師)는 2만 7천명의 군사를 끌고 온 것이 아니라, 치·청·래·해(淄靑萊海:山東)주의 병사 7천명을 이끌고 왔고, 부여 융(隆)은 '백제왕(百濟王)'이라는 벼슬을 받지도 않았다. 부여융은 원래 의자왕 4년에 태자(太子)로 책봉되었던 백제 태자로 뒤에 바뀐 것으로 보이지만 660년 7월 백제의 왕성이 함락될 때 사비성(泗沘城)을 지키다가 성을 넘어 신라군에 항복하여 당의 포로가 되었다. 당(唐)은 백제의 부흥운동을 종식시키고 백제 유민(遺民)을 안정시키기 위해 663년 9월 그를, 광록태부태상원외경(光祿太夫太常員外卿) 겸 웅진도독 대방군왕(熊津都督帶方郡王)으로 임명하여, 손인사(孫仁師)와 함께 돌려보냈다. 그는 백촌강(白村江)전투에 참전했고, 664년 2월 웅령(熊嶺)에서 신라의 김인문(金仁問)과 서맹(誓盟)했으며 이듬해 8월에는 신라의 문무왕과 취리산회맹(就利山會盟)을 하여, 백제 옛 땅에 대한 웅진도독부의 지배권을 신라로부터 인정받고, 옛 백제의 귀족·관료들을 중심으로 1도독부 7주 51현제를 실시하였다. 그러나 유인원(劉仁願) 등, 남아 있던 당군(唐軍)이 모두 당으로 돌아가게 되자 그 역시 신라의 압력이 무서워 당으로 따라간 뒤 다시는 돌아오지 않았다. 그래서 신라는 백제의 수도였던 사비성(泗沘城)에 소부리주(所夫里州)를 설치하고 백제 옛 땅에 대한 지배권을 확보했다. 한반도에서 쫓겨난 웅진도독부는 677년 2월 만주의 건안고성(建安故城)으로 옮겨졌고 융은 그곳에서 백제 유민을 안정시켰다. 그는 중국 허난성(河南省) 뤄양(洛陽)에서 죽어 북망산(北芒山)에 묻혔다. -정해자〉

신 채 호 의
조선상고사

초판 인쇄 2014. 9. 10
초판 발행 2014. 9. 15

옮 긴 이　정 소 문
발 행 인　최 석 로
발 행 처　서 문 당
주　　소　경기도 고양시 일산서구 가좌동 630
우편번호　411-440
전　　화　(031) 923-8258
팩　　스　(031) 923-8259
등록번호　제 2012-000197호
등록일자　2001. 1.10
창업일자　1968.12.24

ISBN　　978-89-7243-665-2